JN343500

Take a look to the sky just before you die
죽기 직전에 하늘을 한 번 바라봐

It's the last time you will
하늘을 볼 수 있는 마지막 기회야

Blackened roar, massive roar, fills the crumbling sky
칠흑의 굉음이 무너져가는 하늘을 가득 채우고

Shattered goal fills his soul with a ruthless cry
산산조각 난 꿈들은 한 영혼을 무자비한 외침으로 가득 채우지

Stranger now, are his eyes, to this mystery
이 미스터리함은 눈에 의문만을 남긴 채

He hears the silence so loud
커다란 침묵이 들려올 뿐이야

Crack of dawn, all is gone except the will to be
새벽녘, (살아남을) 의지를 제외한 모든 것이 사라지고

Now they see what will be, blinded eyes to see
이제 다른 사람들이 눈이 먼 채로 보고 있어

For whom the bell tolls
누구를 위하여 종을 울리나

−메탈리카 <For whom the bell tolls> 中

전쟁의 역사
戰爭 歷史

전쟁의 역사

초판 1쇄 발행 2025년 09월 15일

지은이 최경식 / **펴낸이** 배충현 / **펴낸곳** 갈라북스 / **출판등록** 2011년 9월 19일(제2015-000098호) / **전화** (031)970-9102 **팩스** (031)970-9103 / **블로그** blog.naver.galabooks / **페이스북** www.facebook.com/bookgala / **이메일** galabooks@naver.com / ISBN 979-11-86518-94-6 (03900)

※ 이 책의 내용에 대한 무단 전재 및 복제를 금합니다. / 책의 내용은 저자의 견해로 갈라북스와 무관합니다. / 갈라북스는 ㈜아이디어스토리지의 출판브랜드입니다. / 값은 뒤표지에 있습니다.

전쟁의 역사

● 서문

마지막 '다크 투어리즘'을 떠나며

역사 시리즈의 최종판이라고 할 수 있는 '전쟁의 역사'를 출간했다. 개인적으로 전쟁사와 군사학에 관심이 많은 (해병대 출신) '밀리터리 덕후'이기에 전쟁을 테마로 한 책을 꼭 쓰고 싶었다. 다만 집필을 하다 보니, 생각보다 만만치 않다는 사실을 깨달았다. 전쟁사는 무척 방대한 테마였다. 이전 책들에서 다룬 테마들보다 훨씬 방대했으며, 다소 어려운 내용들을 내포하고 있었다.

그럼에도 흥미롭고 유익한 양질의 책을 내기 위해 최선을 다했다. 다양한 전쟁사 관련 책들과 논문들을 심도 깊게 연구 분석했고, 이해가 안 되는 부분은 전문가에게 직접 물어보면서 풀어냈다. 가급적 독자들이 재미를 느낄 수 있도록 알기 쉽게 쓰려고 노력했다. 많은 품을 들여서 나름 괜찮은 책을 썼다고 자부하지만, 만에 하나 오류가 있는 부분이 존재한다면 그것은 전적으로 본인의 부족함 때문이다. 독자들이 너그럽게 이해해 주셨으면 좋겠다.

전쟁은 인류 문명을 파괴하는 '초극단적 재난'이다. 국제정세, 개별 국가, 인간의 운명을 깊은 수렁으로 몰아넣는 부정적 대사건이다. 이것은 주로 개인의 심리, 국가 내부의 정치, 국가 간의 정치 등이 원인이 돼 발발한다. 군사학자인 클라우제비츠는 〈전쟁론〉에서 전쟁의 성격을 다음과 같이 분석하기도 했다. 첫째, 전쟁은 '위험'의 영역이다. 전장에서 활동하는 군인은 위험을 극복할 수 있는 용기가 필요하다. 둘째, 전쟁은 '육체적 피로와 고통'의 영역이다. 군인은 육체적 피로와 노동을 이겨낼 수 있는 완력과 정신적 고통을 감내할 수 있는 확고한 정신능력이 수반돼야 한다. 셋째, 전쟁은 '불확실성'의 영역이다. 군인은 불확실한 상황 속에서도 기민하고 정확한 판단을 할 수 있는 지적, 군사적 자질을 갖춰야 한다. 넷째, 전쟁은 '우연'의 영역이다. 군인은 우연을 극복할 수 있는 이성과 결단력을 겸비해야 한다.

본인이 이 책에서 다루는 10가지 전쟁사들은 앞서 언급한 내용들을 일목요연하게 담고 있다. 독자들은 실증적 사례를 통해 전쟁의 정체(正體)가 무엇인지를 폭넓게 이해하게 될 것이다.

대체로 전쟁사들을 객관적이고 담담하게 서술하고 있지만, 역설적인 측면이 존재한다. 전쟁의 참상을 적나라하게 노출시킴으로써 '평화'의 당위성을 강조하는 것이다. 현재 세계 각지에서 크고 작은 전쟁이 발발하고 있다는 점을 감안할 때, 평화라는 집필 의도는 매우 시의적절하다고 생각한다. 지난 역사를 돌이켜보면 좋은 전쟁은 거의 없었고, 나쁜 평화도 거의 없었다. 역사는 인류가 왜 전쟁을 회피하고 평화를 지향해야 하는지를 명확하게 설명해주고 있다.

지금껏 해온 역사책 출간은 상당한 의미를 지닌다. 판매고 여부를 떠나 괜찮은 지적 성취를 이룬 것 같아 뿌듯하다. 또한 많은 이들에게 역사 지식을 전달했고, 역사에 눈을 뜨게 만들었다. 이것만으로도 충분하다고 생각한다. 다만 이 같은 유형의 책은 여기까지다. (6번에 걸쳐 진행해 온) '어두운 역사'를 테마별로 조명하는 작업은 더 이상 하지 않을 것이다. 앞으로 책을 또 쓰게 된다면, 사뭇 다른 형태의 결과물이 나올 것이다.

책이 나오기까지 브런치스토리 구독자들의 존재가 큰 힘이 됐다. 글과 책을 좋아하는 이들은, 본인의 글도 진심 어린 관심과 애정을 갖고 읽어줬다. 조언이나 격려도 아끼지 않았다. 덕분에 완주할 수 있었다. 특별한 감사의 마음을 담아 구독자들의 이름(필명 포함)을 기록해두고자 한다.

죽림헌, 초동급부, 붕어만세, 박정옥, Liu Ming, 제이, 너울, 소소하고 사사로운, DreamHunter, 현동인, 너구리, 폴 클루니, trustwons, Calm, 송영희, 허진년, 수노아 레인, 헤일리 데일리, 발자꾹, 김용기, 오백살공주, 복덩이, Dark Back of Time, 하늘에는 별땅에는꽃, 나길 조경희, 말랑한 마시멜로우, 피터정, 미친 PD, 에재오, 에스, 글쓰는 언니, 팥쥐아재, 생선가게, 오성진, 담소,

Unikim, 작가지미, 희서, 보이저, 단아 Pixel, 모든, 루미상지, 옥상 위에서, 우아랑 아이랑, 김미선, 블라썸도윤, 플로리오, 잇슈, 한나 Kim, 열정적인 콤플렉스, 최재운, 최은아 Choi ena, 서담, 북곰, 최병석, 은섬, 디바인힐러, 보리, 보현, 김준한, 운채, 아름숲, 철봉러너, 물길, 철부지 이부장, 김현정, 킴 소여, 책읽는 엄마의 보석창고, 정영의, 해조음, Yoon, 자유를 그리다, 글쓰는 디자이너, 북레터, 포도봉봉, 문학소녀

― 최경식

● 차 례 ●

[01] 남북 전쟁
도덕과 경제의 정면충돌 | 미국 내전사 전말 • 14

[02] 러일 전쟁
대제국 격침된 전쟁사 최대 이변 | 20세기 최초의 세계 전쟁 전말 • 97

[03] 제1차 세계대전
모든 전쟁을 끝내기 위한 전쟁 | 고기분쇄기 소모전 전말 • 139

[04] 중일 전쟁
망각된 동아시아 최악의 전쟁 | 용과 사무라이의 대전 전말 • 219

[05] 서부 전역
가장 어두운 시간과 희망의 빛 | 프랑스 참패와 영국의 항전 전말 • 267

[06] 독소 전쟁
인류 역사상 최대 최악의 전쟁 | 히틀러와 스탈린의 총력전 전말 • 333

[07] 태평양 전쟁
일본 제국주의의 몰락 | 광기 어린 폭주의 종지부 전말 • 413

[08] 국공 내전
중국 대륙 패권 둘러싼 거대한 충돌 | 국민당과 공산당의 대회전 전말 • 490

[09] 한국 전쟁
냉전 시대 최악의 열전 | 동족상잔의 비극 전말 • 555

[10] 베트남 전쟁
가장 치욕스러운 전역 | 월남 패망사 전말 • 633

전쟁의 역사

01
남북 전쟁
도덕과 경제의 정면충돌

○ 미국 내전사 전말

미국은 1861년부터 1865년까지 '남북 전쟁'이라는 거대한 내전을 치렀다. 노예제 갈등에서 비롯된 이 전쟁은 도덕과 경제의 정면충돌이었다.

"스스로 분열된 집은 서 있을 수 없습니다. 저는 이 정부가 반 노예, 반 자유 상태를 영구히 지속할 수는 없다고 생각합니다. 저는 연방이 해체될 것이라고 기대하지 않습니다. 집이 무너질 것이라고도 기대하지 않습니다. 하지만 분열이 끝날 것이라고는 기대합니다. 모든 것이 하나가 되거나 다른 하나가 될 것입니다."

-링컨 '분열된 집' 연설 中

오늘날 세계에서 유일 초강대국으로 군림하는 국가는 미국이다. 이 국가의 역사는 비교적 짧지만, 단기간 내에 눈부신 성장을 이룸으로써 오늘에 이르렀다. 다만 그 과정에서 커다란 진통도 있었다. 미국 내전사로 기록되는 '남북 전쟁'이다. 이 전쟁은 자유주로 구성된 북부연방과 노예주로 구성된 남부연합이 정면으로 충돌한 사건이다. 당시 노예제도의 찬반 여부를 둘러싸고 두 세력은 첨예한 갈등을 빚었다. 북부연방은 도덕적 가치에 기반해 노예제를 폐지해야 한다고 주장한 반면 남부연합은 경제적 가치를 내세우며 노예제를 존속시켜야 한다고 주장했다. 노예제 갈등은 말로만이 아닌 유혈충돌로 이어졌으며, 노예주의 연방 탈퇴라는 극단적 상황으로까지 치달았다. 급기야 미국 역사상 최악의 비상시국인 '내전'을 촉발시키고 말았다. 남북 전쟁은 결코 간단한 전쟁이 아니었다. 당초 쉽게 승리하리라 믿었던 북부군이 고전을 면치 못하면서, 전쟁은 끝을 알 수 없는 수렁으로 빠져들었다. 그 결과 전쟁은 미국 동부 및 서부 지역에서 약 4년 간 지속됐으며, 당시 인구의 3%인 103만 명의 사상자를 발생시켰다. 이는 지금껏 미국이 참전한 모든 전쟁에서의 사상자 수와 맞먹는 규모였다. 참고로 전쟁에 동원된 총병력은 북부군 약 220만 명, 남부군 약 100만 명이었다.

이 시기 (각각의 주로 이뤄진) 연방국가 미국은, 영원히 분단될 수도 있는 절체절명의 위기에 처해있었다. 이런 상황에서 '에이브러햄 링컨'의 탁월한 리더십이 빛났다. 그는 남부연합과의 타협을 거부하고 끝까지 전쟁을 감수하면서까지 분단을 막아냈다. 이 과정에서 오래전부터 마음속에 품어온 숭고한 가치, '노예 해방'도 이뤄냈다. 링컨이 노예제 폐지 과정에서 보여준 집요할 정도의 정치적 노력은 특기할 만하다. 전쟁에서 승리한 후에는, 반역자라 할 수 있는 남부연합 지도자들을 기꺼이 용서하며 국가를 하나로 통합시키려 했다. 그야말로 링컨은 지도자가 어떤 자세로 국가를 운영해야 하는지를 몸소 보여준 모범 사례였다. 남북 전쟁이라는 국가적 위기를 전화위복으로 삼아, 미국은 진정으로 성숙하고 발전된 국가로 발돋움하는 기틀을 마련했다. 이로 인해 오늘날의 미국은 자유주의를 대표함은 물론 하나로 완성된 '미합중국'으로 거듭났다. 남북 전쟁 이전의 미국이 어디까지나 각 주의 연합체 성격이 강했다면, 남북 전쟁 이후의 미국은 비로소 통합된 국가가 된 것이다. 단적인 예로 이전에는 'The United States are~'이라고 복수형으로 표현해 주들의 연합체를 나타냈다면, 이후에는 'The United States is~'라고 단수형으로 표현해 하나의 국가를 나타냈다. 사실상 국가 통합이라는 위대한 업적을 일궈낸 링컨은, 언제나 미국인들이 가장 존경하는 대통령으로 손꼽히고 있다. 초강대국 미국의 참혹한 내전사, 이른바 도덕과 경제의 정면충돌이었던 '남북 전쟁' 및 링컨의 활약상 전말을 되돌아봤다.

■ 美 노예제 갈등

미국은 19세기 초부터 양 진영으로 극명하게 나뉘기 시작했다. 노예제를 허용하는 주와 그렇지 않은 주였다. 후자인 북부주의 경우 농업보다 자유 임노동에 기반한 상공업이 발달했다. 주로 이민자들을 중심으로 노동력이 형성돼 굳이 흑인 노예가 필요하지 않았다. 전자인 남부주의 경우는 달랐다. 여기선 면화 농장이 발달했으며, 노예를 동원한 대규모 노동력을 필요로 했다. (조면기가 발명됨으로써 면화의 씨앗을 빼내는 과정이 수월해졌다. 이에 따라 씨앗 제거에 종사하던 노예들을 대거 목화재배에 투입했고, 목화를 대량으로 시장에 내놓게 되면서 엄청난 경제적 이득을 취했다. 노예들을 활용한 수익성이 입증됨에 따라 남부는 더욱 노예제에 집착하게 됐다.) 남부에게 있어 면화 산업은 핵심 기반이었고, 노예는 이를 지탱하는 유용한 수단이었다. 남부에서의 노예 숫자는 지속적으로 늘어나 수백 만 명에 이르렀다. 노예제를 둘러싼 북부와 남부의 대립, 갈등은 서서히 표출됐다. 기독교 신앙과 계몽주의, 독립선언문의 영향을 크게 받은 북부는 노예제를 사악한 것으로 규정했다. 노예라고 학대받는 이들도 최소한 자유와 생명, 행복을 추구할 권리가 있다는 인식이 대세를 형성했다. 이에 북부는 미국의 모든 영토에서 노예제를 폐지해야 한다고 주장했다. 반면 남부는 독립 당시부터 유지해 온 생존권인 노예제를 존속시켜야 한다고 맞섰다. 이런 가운데 1818년 서부의 미주리 준주가 노예주로 연방 가입을 신청했다. 이전까지 북부 자유주와 남부 노예주의 수는 11대 11이었는데, 미주리가 노예주로 연방에 들어올 경우 이 균형이 깨질 판이었다. 북부는 미주리의 연방 가입을 적극 반대했고, 남부는 적극 찬성하면서 갈등의 골이 깊어졌다. 다행히 헨리 클레이 상원의원이 등장해 '미주리 타협'을 이끌어내면서 갈등이 극적으로 봉합됐다. 미주리를 노예주로 연방에 가입시키는 대신 매사추세츠 북부를 메인주로 승격시켜 자유주의 숫자도 늘렸다. 아울러 루이지애나 구입으로 얻은 지역들을 위도 36도 30분선을 기준으로 이북은 자유주, 이남은 노예주로 삼기로 합의했다. 매우 절묘한 균형 맞추기가 이뤄진 셈이었다. 하지만 미국-멕시코 전쟁에서 얻은 영토를 둘러싸고 또다시 갈등이 발생했다. 북부는 신규 영토에서 노예제를 금지하는 윌몬 법안을 제시했다. 더욱이 신규 영토 중의 하나인 캘리포니아가 위도 36도 30분선 아래에 있음에도 자유주가 되길 소망했다. 이에 대응해 남부는 새로운 노예주를 찾으려 했다. 서로가 밀리지 않겠다는 각오로 나서면서 긴장감은 극에 달했다. 이번에도 헨리 클레이가 나섰다. 연방 붕괴를 걱정한 그는 중재안을 내놨다. 핵심은 캘리포니아를 자유주로 편입하되, 유타와 뉴멕시코는 주민투표에 근거해 노예주로 삼을지 여부를 결정하자는 것이었다. 클레이의 안은 의회에서 적잖은 진통을 겪었다. 가까스로 관련 법안이 통과된 뒤, 미국은 아슬아슬한 균형 상태를 유지할 수 있었다.

지금껏 노예제 갈등이 생길 때마다 극적 타협으로 무마됐다. 다만 여전히 곳곳이 지뢰밭이었다. 1854년 갈등을 격화시키는 사건,

'캔자스-네브래스카 법' 제정이 이뤄졌다. 이는 준주에서 주로 승격될 캔자스의 주민들이, 인민주권 원칙에 따라 노예제 존폐 여부를 투표로 결정하게 하자는 게 골자였다. 앞선 미주리 타협에 따르면 캔자스는 위도 36도 30분선 이북에 있었기 때문에 자유주가 되는 게 합당했다. 해당 법안은 이 타협을 무시하고 불투명한 상황에 처하게 했다. 이때 북부의 노예제 폐지론자들과 남부의 노예제 존속론자들이 대거 캔자스로 몰려들었다. 양 진영은 캔자스를 자신들이 선호하는 지역으로 만들려 했다. 저마다 중무장을 한 채 개표 조작과 무력 사용을 남발했다. 극심한 부정 선거가 이뤄진 가운데 캔자스는 노예주가 됐다. (추후 1861년에 캔자스는 자유주로 변경됐다.) 투표 이후에도 문제는 끊이지 않고 발생했다. 일명 '유혈의 캔자스'였다. 노예제 존속론자들이 대표적인 자유주의 마을인 로렌스에서 약탈과 방화를 자행했다. 이에 급진적인 노예제 폐지론자인 '존 브라운' 등이 무장 투쟁을 전개했다. 그는 캔자스 프랭클린군의 포타와토미 골짜기에 거주하는 노예제 존속론자들을 무참히 살해했다. 1859년 10월에는 결사대를 조직한 뒤, 하퍼스 페리의 연방정부 무기창고를 급습했다. 이를 통해 노예들을 무장시킨 다음 노예제 존속론자들을 공격하려 했다. 그러나 무장투쟁 인원이 너무 적었고 연방군의 신속한 반격으로 실패했다. 체포된 브라운은 재판 변론 과정에서 기독교 윤리에 입각한 도덕주의와 합리성에 기반해 노예제를 맹렬히 공격했다. 이를 본 사람들은 커다란 감명을 받았다고 한다. 대문호인 빅토르 위고 등이 브라운의 사면을 요구하거나 물리적으로 탈출시키려는 계획도 모색됐다. 브라운은 자신을 향한 우호적인 움직임들을 모두 사양하고 순순히 사형대로 걸어갔다. 북부에서는 그를 순교자로 추앙했지만, 남부에서는 부정적 평가가 뒤따랐다. 노예제 폐지론자들과 노예제 존속론자들의 갈등 격화와 맞물려 정치인들 사이에서도 폭력과 분열의 양상이 나타났다. 특히 남부 사우스캐롤라이나 출신 하원 의원이 북부 출신 의원인 찰스 섬너를 죽기 직전까지 구타하는 사건이 발생했다. 남부 출신 의원들은 이를 말리지 않고 크게 웃으며 즐겼다. 심지어 어떤 의원은 의회 안에 권총까지 들고 와 생각이 다른 의원들을 위협했다. 남부 출신 의원들은 의회에서 노예제에 관해 토론하는 것 자체를 막기도 했다. 설상가상으로, 이 즈음에 연방대법원이 갈등에 불을 지르는 판결도 했다. 흑인 노예였던 '드레드 스콧'의 자유를 인정할 수 없으며, 특정 지역에서 노예제를 금지한 미주리 타협은 위헌이라고 판결했다. 사실상 연방대법원이 미국은 전 근대적인 노예 국가라는 것을 인증한 셈이었다. 상황 개선의 실마리가 조금도 보이지 않는 암담한 상황이 지속됐다. 이런 가운데 대망의 1860년 대통령 선거가 다가오고 있었다. 여기서 누가 대통령이 되느냐에 따라 노예제의 운명이 좌우될 수 있었다. 북부와 남부는 그 어느 때보다 촉각을 곤두세웠다.

■ 링컨 등장과 미국의 분열

당시 대선을 주도하는 정당은 공화당과 민주당이었다. 신생 정당이었던 공화당은 노예제를 반대하는 세력이 뭉친 연립정당이나 다름없었다. 중앙정부가 이미 노예제를 시행하는 주들을 간섭할 순 없지만, 아직 주 정부가 출범하지 않은 지역에서는 노예제를 폐지해야 한다고 주장했다. 장기적 관점에서 현재의 노예주들이 스스로 노예제를 포기하도록 만든다는 목표도 세웠다. (북부) 민주당은 공화당과 다른 노선을 견지했다. 노예제를 소극적으로 지지하거나 현상유지를 택했다. 백인 우월주의를 공공연히 내세우기도 했다. 나아가 남부 민주당은 노예제를 적극적으로 옹호하는 모습을 보였다. 공화당의 유력 주자로 떠오른 인물은 에이브러햄 링컨이고, 민주당 유력 주자는 스티븐 더글러스였다. 특히 링컨의 인생을 잠시 살펴볼 필요가 있는데, 그는 실패와 슬픔으로 점철된 인생을 살아왔다. 켄터키주에서 가난한 목수의 아들로 태어난 뒤 우체국 직원, 뱃사공, 측량기사, 프로레슬러, 가게 점원 등 여러 직업들을 전전했다. 개인사업도 벌였지만 연이어 실패했다. 그 대가로 빚을 갚는 데에만 17년이 걸렸다. 1832년에는 일리노이 주 의원 선거에 출마해 13명 중 8위로 낙선했다. 힘들게 공부해 변호사 자격증을 취득한 후 일리노이 주 의원 선거에 재출마해 당선됐다. 비로소 정계에 발을 들인 것이다. 개인사만큼이나 링컨의 정치 인생도 가시밭길의 연속이었다. 1840년 대통령 선거인단 선거에서 낙선했고, 1844년 연방 하원의원에 도전했지만 공천 관문에서 좌절을 맛보았다. 1846년 연방 하원의원에 당선돼 워싱턴 중앙정치 무대에 간신히 등단했다. (20대 초반에 정계에 투신한 것 치고는 상당히 늦은 편이었다.) 그러나 1855년 상원의원 선거에서 낙선, 1856년 부통령 후보 경선에서 3분의 1 정도의 지지만 받으며 낙선했다. 이때 링컨의 나이는 50대에 근접하고 있었다. 매번 낙선의 고배를 마셨지만 링컨은 절대로 꺾이지 않았다. 그는 1858년 상원의원 선거에 다시 출마해 더글러스와 불꽃 튀는 경쟁을 벌였다. 비록 이 선거에서도 낙선했으나, 탁월한 언변으로 노예제 반대 입장을 표명하며 국민들에게 강렬한 인상을 남겼다. 이때 링컨이 더글러스와 행한 세 차례의 노예제 관련 토론은 미국 역사에 길이 남을 명토론으로 평가되고 있다. 결과적으로 해당 토론과 더글러스와의 경쟁은, 링컨의 대권가도를 활짝 열어주는 기적을 불러일으켰다.

공화당이 링컨을 중심으로 뭉친 반면 민주당은 북부 민주당과 남부 민주당으로 분열돼 홍역을 치르고 있었다. 북부 민주당을 대표하는 더글러스를 남부 민주당은 탐탁지 않게 여겼다. 그가 노예제를 명확히 지지하지 않고 애매모호한 입장을 취하고 있다고 비난했다. 결국 남부 민주당은 별도의 후보를 내놓기에 이르렀다. 링컨은 대선에서 어부지리 효과를 누릴 수 있었으며, 약 40%의 득표율로 제16대 대통령에 당선됐다. 남부는 커다란 충격에 휩싸였다. 노예제를 격렬히 반대하는 강경주의자와 그 세력이 백악관까지 점령했다고 판단했다. 기실 링컨은 기본적으로 노예제를 혐오했고, 노예제 폐지라는 신념도 갖고 있었다. 한 연설에서 그는 "노예제가 잘못된 것이 아니라면, 이 세상에서 잘못된 것은 아무것도 없다"라고 말했다. 다만 급진적 폐지론자는 아니었다. 점진적인 폐지를 추구했다. 이는 정치적 현실을 감안했기 때문이다. 노예제 문제로 인해, 남부의 연방 탈퇴라는 불상사가 발생할 가능성을 극도로 우려했다. "누군가가 연방이 분열되는 한이 있더라도 노예제를 당장 폐지하자고 한다면, 나는 절대로 동의하지 않겠다"라는 발언은 링컨의 현실

인식을 정확히 보여준다. 즉 개인적으로는 기독교 신앙, 자유, 평등에 기반해 노예제 폐지를 적극 옹호했지만, 수많은 사안들을 감안해야 하는 공직자의 위치에서 개인적 신념을 함부로 내세울 수 없었던 셈이다. 그럼에도 남부에서는 링컨이 당선되자마자 연방 탈퇴론이 거세졌다. 입법부에서 아군인 민주당이 분열된 것에 더해 행정부까지 넘어간 이상, 연방 차원에서는 미래가 없다고 확신했다. 노예제에 기반한 강고한 기득권을 지속적으로 빼앗기는 일만 남았다는 위기감이 확산됐다. 급기야 1860년 12월부터 우려했던 일이 터지고 말았다. 대표적인 남부 노예주인 사우스캐롤라이나가 연방 탈퇴를 선언했다. 이곳은 남부 극단주의자들이 가장 많이 존재하는 지역이었다. 뒤이어 루이지애나, 미시시피, 조지아, 앨라배마, 플로리다, 텍사스 등이 줄줄이 연방을 탈퇴했다. 또 다른 노예주인 델라웨어, 켄터키, 미주리는 연방에 남았다. 남부는 1861년 2월 제퍼슨 데이비스를 임시 대통령으로 추대한 뒤, 앨라배마의 몽고메리를 수도로 삼아 '아메리카 연합국'을 건국했다. (수도는 추후 버지니아의 리치먼드로 이전했다.) 이들이 제정한 헌법을 살펴보면, 전문에 '전능하신 하나님의 은총과 인도를 구하면서'라는 문구가 들어갔다. 대통령의 권한을 대폭 강화시키는 조항도 추가됐다. 대통령은 개별조항 거부권을 부여받았는데, 이를 통해 의회에서 제정한 법안들을 무력화시킬 수 있었다. 또한 노예 가격이 낮아지는 것을 방지하기 위한 노예 수입 금지 조항도 넣었다.

이 같은 일들은 링컨이 대통령으로 취임하기 직전에 이뤄진 것이었다. 이전 대통령인 제임스 뷰캐넌은 상당히 무능했기 때문에, 갈등을 조정하거나 남부의 준동을 조금도 막지 못했다. 표면적으로는 남부의 연방 탈퇴에 반대하는 목소리를 냈지만, 그렇다고 무력을 사용해 강경 대응하겠다는 의지도 피력하지 않고 수수방관했다. 사실상 문제 해결을 차기 정부에 떠넘기는 모습을 보였다. 이런 상황에서 남부의 연방 탈퇴는 가속화됐고, 연방정부 기관을 무력 공격하는 사건까지 발생했다. 남부에 있는 연방정부 조폐국이 습격당해 금이 탈취됐다. 이는 추후에 전쟁을 위한 군자금으로 사용될 터였다. 아울러 연방군의 요새와 병기창 등이 무력 점령되기도 했다. 남부연합은 군사들까지 모집하며 노골적으로 전쟁 의지를 드러냈다.

링컨은 이처럼 어려운 상황 속에서 대통령에 취임했다. 그는 취임식 연설에서 "갈라진 집안은 올바로 설 수 없다"라며 연방의 유지를 강력히 역설했다. 그러면서 남부연합의 움직임을 명백한 '반란' 행위로 규정했고, 군사력을 동원하는 한이 있더라도 진압할 것이라고 경고했다. 이와 함께 남부연합의 노예제에 간섭하지 않을 테니, 알아서 연방으로 돌아오라는 회유책도 병행했다. 링컨은 통합적인 내각 구성을 통해 국가의 분열상을 극복하려는 의지도 표출했다. 국무장관에 정치적 라이벌인 윌리엄 수어드를, 전쟁장관에 민주당원인 에드윈 스탠턴 등을 임명했다. 또한 열차를 타고 70여 개의 마을을 돌아다니며 분열이 아닌 통합을 강조하는 연설도 했다. 남부연합은 링컨의 메시지에 전혀 화답하지 않았다. 링컨의 연설에서 드러난 궁극적인 목표는 미국 영토 내에서 노예제의 완전 폐지라고 결론 내렸다. 남부연합은 링컨과 북부연방을 무력으로 굴복시키는

1861년 4월 12일, 남부군이 섬터요새에 대한 포격을 감행하면서 남북전쟁이 발발했다.

것만이 살 길이라고 판단했다. 파국적인 남북 전쟁의 시간은 서서히 다가오고 있었다.

■ 섬터요새 포격, 불런 전투

남부연합은 사우스캐롤라이나의 찰스턴 항 인근에 있는 섬터 요새를 주목했다. 이곳에는 연방군이 주둔하고 있었다. 앞서 남부군은 자국 내에 있는 연방군 요새와 무기고 등을 공격 점령했는데, 이 섬터 요새만큼은 아직까지 점령을 못하고 있었다. 남부연합의 입장에선, 찰스턴 항을 오가는 남부군 함선에 큰 위협이 될 수 있는 해당 요새를 반드시 점령해야만 했다. 원래 찰스턴 항에 기지를 두고 있던 연방군은 남부군의 움직임이 심상치 않자 섬터 요새로 들어가 농성을 벌였다. 처음에는 남부군이 회유책을 펼쳤다. 찰스턴 지역 남부군 사령관인 보우리가드는 섬터 요새의 연방군 지휘관인 로버트 앤더슨에게 수차례 항복을 권유했다. 보우리가드는 앤더슨의 제자였기 때문에 가급적 무력이 아닌 대화로 해결하길 원했다. 요새의 수비 병력도 89명밖에 되지 않았기에 순순히 항복할 것이라 예상했다. 이는 착각이었다. 앤더슨은 남부 출신임에도 불구하고 연방주의에 대한 강한 신념을 갖고 있었다. 그는 남부군이 명백한 반란 행위를 하고 있다고 생각했으며 끝까지 항전하기로 마음먹었다. 백악관도 긴박하게 돌아갔다. 섬터 요새를 지원할지를 두고 격론이 벌어졌다. 이 요새가 강 한가운데에 위치해 있고 주변을 남부군이 포위하고 있는 만큼, 서투르게 보급선을 보내기가 어려웠다. 그렇다고 해군 함선을 같이 보내면 곧바로 전쟁이 발발할 수도 있었다. 이에 북부군 총사령관인 윈필드 스콧, 해군장관인 기드온 웰스 등 적잖은 사람들이 요새를 포기하자고 제안했다. 하지만 링컨은 보급선과 해군 함선을 동원해 요새를 지원하기로 최종 결정했다. 요새 자체가 전략적 요충지였고, 초반부터 남부연합에게 밀려서는 안 된다는 생각이 확고했다. 만약 요새를 자발적으로 내준다면, 연방 정부가 남부연합을 인정하는 꼴이 된다는 지적도 의식했다. 링컨은 사우스캐롤라이나 주지사에게 연방군의 요새 지원을 통보했다. 남부연합 정부에게 통보하지 않고 주지사에게 통보했다는 것은, 남부연합을 국가로 인정하지 않겠다는 의지를 드러낸 것이다. 이 소식을 접한 남부연합 수뇌부는 강경하게 나가기로 했다. 제퍼슨 데이비스는 보급선이 도착하기 전에 항복을 받아내라고 명했다. 그는 강경책을 통해 남부연합을 단결시키려는 의도도 갖고 있었다.

 1861년 4월 12일, 남부군은 섬터요새에 대한 포격을 감행했다. 비교적 강한 공세였지만, 상당히 튼튼했던 섬터요새는 무너지지 않았고 사상자도 발생하지 않았다. 섬터 요새의 연방군은 만만치 않은 반격까지 단행할 정도였다. 다만 연방군의 탄약 및 포탄이 거의 다 소진됨에 따라 한계에 직면했다. 앤더슨은 요새를 포기하기로 결정했다. 이 대가로 연방군 병력은 무난한 철수를 약속받았다. 그런데 뜻밖의 사고가 발생했다. 성조기를 회수할 때 예포를 발사했는데, 이 과정에서 오폭이 발생해 4명의 사상자가 나왔다. 남북전쟁의 최초 전사자는 폭발 사고에 의해 발생한 셈이었다. 섬터요새 포격 및 함락 소식을 접한 링컨은 크게 분노했다. 나아가 대다수의 북부연방 정치인들과 국민들도 분노하면서 전쟁 여론이 들끓었다. 그동안 남부연합에 우호적이었던 민주당 정치인들도 돌아섰다. 스티븐 더글러스는 "중립은 없다. 이제 애국자와 반역자만 있을 뿐"이라고 목소리를 높였다. 이전까지 다소 분열된 양태를 보였던 북부연방이 섬터요새 사건을 계기로 단합하기 시작했다. 양호한 여론에 힘입어 링컨은 모든 주들에 민병대 소집을 요구했다. 남부연합의 반란을 진압한다는 목표를 공개적으로 천명하면서, 본격적으로 전쟁의 길로 들어섰다. (곧바로 반작용이 뒤따르기도 했다. 링컨의 조치에 반발해 버지니아, 테네시, 아칸소와 같은 노예주들이 추가로 남부연합에 가담했다.) 전쟁 서술에 앞서, 당시 북부연방과 남부연합의 군 전력을 비교해 볼 필요가 있다. 여러 측면에서 북부연방이 우세했는데, 인구의 경우 남부연합보다 2배 이상 많았다. 동원된 병력 규모도 북부군이 220만 명, 남부군이 100만 명이었다. 웨스트포인트 사관학교 출신 장교들도 북부연방에 더 많이 가담했다. 북부연방은 공업이 크게 발달돼 있었던 만큼 군수물자 생산에서도 우세를 보였다. 철도망도 잘 갖춰져 있었기에 병력이나 물자 수송을 훨씬 수월하게 했다. 미국의 주요 항구가 북부연방 손에 있어서 제해권도 장악한 상태였다. 반면 남부연합은 공업화가 덜 이뤄져 군수물자 생산에서 뚜렷한 한계를 보였다. 철도망도 부실해 보급의 어려움도 있었다. 누가 봐도 전쟁은 북부연방이 유리해 보였으며, 이들의 손쉬운 승리가 예상됐다.

북부군의 전쟁 초반 대전략은 윈필드 스콧이 제안한 '아나콘다 작전'이었다. 남부연합을 말려죽이자는 것이었다. 즉 해군 함선을 대거 동원해 남부연합의 모든 수출입 해상을 봉쇄함으로써 유럽과의 교역을 차단하는 전략이었다. 목화 등 플랜테이션 작물 수출을 핵심 근간으로 하는 남부연합의 경제를 정면으로 겨냥했다. 아울러 해군 함선을 미시시피 강으로 파견해 남부연합을 동서로 분리시키려 했다. 북부군은 이러한 작전을 통해 큰 희생을 치르지 않고 전쟁을 종결할 수 있다고 판단했다. 실제로 봉쇄 작전은 어느 정도 성과를 거뒀다. 남부연합은 유럽으로의 목화 수출에 어려움을 겪었다. 영국 등은 남부연합의 목화를 수입하지 못하자 식민지인 인도와 이집트에서 생산량을 늘려나갔다. 다만 남부연합이 봉쇄 작전으로 무너지지는 않았다. 북부군이 남부연합의 모든 수출입 해상을 봉쇄하는 것은 불가능했기 때문이다. 봉쇄 작전과 병행된 분리 작전의 경우, 북부군이 원하는 대로 전개될지 지켜볼 일이었다. 남북 전쟁의 첫 지상 전투는 동부 전선인 웨스트버지니아 일대에서 발발했다. 앞서 버지니아가 남부연합에 가담했는데, 버지니아 서북부 지역은 이에 반발해 별도로 연방 가입을 추진했다. 그러자 남부군은 웨스트버지니아를 점령하기 위해 움직였다. 북부연방은 연방 가입을 원하는 웨스트버지니아를 지키기 위해 오하이오 민병대를 투입했다. 오하이오 지역군 사령관인 조지 맥클레런과 윌리엄 로즈크랜스가 해당 병력을 진두지휘했다. 이들은 6주 간의 전투 끝에 남부군을 격퇴했고, 웨스트버지니아를 사수하는 데 성공했다. (맥클레런은 자신이 처음으로 남부연합에게 강력한 펀치를 날렸다고 자랑했다. 실은 소극적 병력 운용을 했으며, 로즈크랜스의 공로가 더 컸다.) 1861년 7월이 됐을 때, 매너서스에서 군단급이 맞붙은 대규모 전투가 벌어졌다. '제1차 불런 전투'였다. 매너서스는 핵심 지역으로 연결되는 중요 교통로이자 농업 생산도 활발한 곳이었다. 웨스트버지니아에서의 승리에 힘입은 북부군은 이곳을 장악한 뒤 곧바로 남부연합의 수도인 리치먼드를 노리기로 했다. 전쟁을 조기에 끝내려는 속셈이었다. 알렉산드리아에 있던 맥도웰의 병력(3만 5000명)을 주공으로, 찰스타운 인근에 있던 패터슨의 병력(1만 8000명)을 조공으로 삼았다. 남부군은 북부군의 공세를 저지해야만 했다. 보우리가드(2만 3000명)와 존스턴(1만 2000명)이 지휘하는 병력이 투입됐다. 병력 규모를 감안할 때 북부군의 승리가 예상됐다. 더욱이 보우리가드와 존스턴 사이에는 80km에 달하는 거리가 있었다. 상호 간의 협조가 쉽지 않은 상황이었다. 그런데 북부군은 기회를 살리지 못했다. 주력인 맥도웰의 군대가 공세에 소극적인 태도를 보였다. 링컨은 맥도웰에게 신속한 공세를 명했지만, 맥도웰의 군대는 느리게 움직였다. 하루에 10km밖에 전진하지 못했다. 맥도웰은 자신의 군대가 풋내기이기 때문에 섣불리 공격해선 안 된다고 고집했다. 이에 링컨은 남부군도 풋내기이니만큼, 두려워하지 말고 진격하라고 명했다. 기실 당시 북부군은 3개월의 계약 기간을 가진 민병대에 크게 의존했다. 제1차 불런 전투 때에는 민병대의 계약 기간이 끝나가는 상황이라 병사들의 전투 의욕이 높지 않았다. 게다가 무더운 여름 날씨와 50파운드에 달하는 군장은 이들을 더욱 힘들게 만들었다. 맥도웰은 이러한 병사들을 제대로 통솔하지 못했다. 초전에 눈에 띄는 전과를 필요로 했던 링컨은, 맥도웰 군대의 속사정에 아랑곳하지 않고 진격만을 재촉했다.

북부군의 진격이 지체되자, 역으로 남부군에게 기회가 왔다. 무엇보다 방어력을 강화하고 병력을 규합할 수 있는 시간을 벌었다. 떨어져 있던 존스턴은 철도를 활용해 보우리가드의 군대가 있는 매너서스로 병력을 이동시키기 시작했다. 이때 찰스타운에 있던 패터슨의 북부군이 존스턴의 군대를 저지할 수도 있었지만, 복지부동하는 모습을 보였다. 지나칠 정도로 조심성이 많았던 패터슨은 존스턴의 군대가 실제보다 많다고 생각했다. 이에 함부로 저지에 나섰다간 궤멸될 수 있다고 판단해 가만히 있었다. 결과적으로 심각한 패착이었던 셈이다. 뒤늦게 센터빌을 거쳐 불런강을 도하한 맥도웰의 북부군은 남부군의 우측방을 겨냥했다. 남부군은 이미 북부군의 공세 지점을 예측하고 방어를 강화한 상태였다. 당황한 맥도웰은 작전을 변경하기로 했다. 스톤브리지 다리로 일부 병력을 보내 남부군을 유인한 다음, 대규모 병력을 은밀히 후방으로 보내 포위 섬멸할 계획을 세웠다. 하지만 남부군에 네이선 에반스라는 눈치 빠른 군인이 있었다는 게 문제였다. 그는 북부군의 기만 전술을 눈치챈 뒤, 병력을 급히 매튜스힐로 보낼 것을 상부에 건의했다. 후방 급습을 노리는 북부군을 저지하기 위해서였다. 남부군은 비교적 병력이 적었지만, 매튜스힐에서 매우 용감하게 싸우며 버텨냈다. 이런 상황에서 스톤브리지에 있는 북부군이, 남부군이 매튜스힐로 이동한 틈을 타 공격해 들어왔다. 남부군은 양 측에서 협공을 당할 수도 있었기에 다소 후퇴했다. 이후 헨리힐 고지에 방어선을 형성한 뒤 전투를 이어갔다. 지금껏 남부군은 상당히 선방했지만, 북부군이 작심하고 헨리힐을 빠르게 공격했다면 무너졌을 수도 있다. 그런데 연이은 행군과 공세로 지쳐버린 북부군은 머뭇거렸다. 그 사이에 헨리힐의 남부군은 전열을 재정비했다. 나아가 존스턴의 군대까지 합세하면서 남부군은 기사회생의 계기를 마련했다. 얼마 뒤 북부군은 공세를 재개했다. 맥도웰이 선두에 서서 지휘했는데 이상한 모습이 나타났다. 공격 시 보병에 앞서 포대를 먼저 진격시켰다. 이는 남부군에게 근접 포격을 가하기 위해서였지만, 대단히 위험한 행동이었다. 보병이 헨리힐 고지를 향해 나아갈 때, 포대가 앞에 있으면 진격이 매우 어려울 수 있었기 때문이다. 되레 적군에게 반격의 빌미를 제공하는 격이었다. 남부군은 북부군이 실수했다고 직감한 뒤, 기병과 보병을 즉시 이동시켰다. 고지에서 물밀듯이 밀고 내려오는 남부군을 목격한 북부군은, 일순간 겁을 먹고 혼란에 빠졌다. 힘겹게 진격시키던 포대를 허무하게 피탈당했으며 급격히 뒤로 밀려나기 시작했다. 맥도웰은 전열을 가다듬으려 노력했지만, 북부군은 전혀 통제되지 않고 패퇴를 거듭했다. 결국 병력의 우세에도 불구하고 북부군은 잇따른 실수로 비참한 패배를 기록했다. 퇴각 과정에서 무기와 장비도 버리는 바람에, 이것들이 모두 남부군의 손에 들어갔다.

제1차 불런 전투의 여파로 북부연방은 커다란 충격에 휩싸였다. 당초에는 이 전투에서 손쉽게 승리한 뒤 리치먼드까지 함락시켜 전쟁을 조기에 끝낼 것이라 확신했다. 초전부터 예상치 못한 패배를 당하자 전쟁의 장기화를 걱정하기 시작했다. 링컨도 잠시동안 충격에서 헤어 나오지 못했다. 남부연합은 매너서스에서 기적과 같은 승리를 거둔 것에 크게 고무됐다. 제퍼슨 데이비스와 보우리가드 등은 남부인들의 신망도 얻었다. 다만 전투에서 수많은 사상자가 발생했기 때문에 전과를 확대시키진 못했다. (제퍼슨 데이비스는 보우리가드와 존스턴에게 여세를 몰아 북부연방의 수도인 워싱턴 D.C까지 진격하라고 명했다. 하지만 인적 손실과 폭우에 따른 진격로의 황폐화로 뜻을 이루지 못했다.) 링컨은 분위기를 전환하기 위해 맥도웰을 해임하고 맥클레런을 주력인 포토맥군 사령관에 임명했다. 포토맥군은 북동버지니아군, 워싱턴군, 셰넌도어군을 통합해 신규 결성한 것이다. 아울러 자원병 규모 확대와 반란진압 관련 법안을 승인했다. 이를 통해 병사들의 복무기간을 3년으로 늘리고 50만 명을 소집했다. 국가가 비상 상황에 처한 만큼, 연방의회는 링컨에게 강력한 권한이 부여되는 데 동조해 줬다. 북부군은 맥클레런의 활약으로 패배의 충격에서 벗어나 회복돼 갔다. 그는 병사들의 복지와 처우에 각별히 신경 쓰며 사기를 북돋웠다. 윈필드 스콧이 물러나자 짧은 기간 동안 북부군 총사령관까지 맡았다. 그런데 맥클레런은 남부연합을 겨냥한 공세를 좀처럼 개시하지 않았다. 링컨이 지속적으로 공세를 압박해도, 이를 무시하며 시간만 끌 뿐이었다. 맥클레런은 남부군의 전력이 상당히 강하다고 판단, 신중한 태도를 보였다. 이에 따라 1861년에는 북부군의 공세가 이뤄지지 않았다. 화가 난 링컨은 맥클레런에 대한 신임을 거두려는 생각도 했다. 그러나 군대 내에서 신망이 두터웠던 그를 해임하는 것은 어려운 일이었다. 마지못해 맥클레런의 노선을 존중하며 지켜보기로 했다.

■ 미시시피강 전역

동부 전역 외에, 비슷한 시기 서부 지역에서 발생한 전역도 살펴볼 필요가 있다. 상술했듯 북부군은 아나콘다 작전의 일환으로 미시시피 강 일대를 장악해 남부연합을 동서로 분리시키려 했다. 이를 위해 일리노이, 인디애나, 오하이오 방면에서 아칸소, 테네시 방면으로 나아가는 게 중요했다. 이 과정에서 반드시 거쳐야 할 곳은 경계주인 미주리와 켄터키였다. 켄터키의 경우 전쟁 발발 즉시 중립을 선언했으나, 미주리는 어느 편에 붙을지를 두고 격론이 벌어졌다. 주지사인 클레이븐 잭슨은 남부연합 가입을 선호한 데 반해 주의회는 연방 잔류를 선호했다. 이에 미주리 내에서는 주지사

파와 주의회파 간에 유혈충돌이 벌어지기도 했다. 주지사가 5만 명에 달하는 민병대 소집까지 명하자, 너새니얼 라이언이 이끄는 북부군이 미주리로 진격해 들어갔다. 이들은 주지사의 민병대를 가볍게 격파한 뒤 주의 수도인 제퍼슨 시티를 점령했다. 뒤이어 퇴각하는 친남부 민병대를 추격해 스프링필드까지 진격했다. 이제 미주리가 북부군에게 완전히 장악될 것처럼 보였다. 이때 벤자민 맥클로치가 이끄는 아칸소의 남부군이 개입하기 시작했다. 미주리가 넘어가면 아칸소마저 무너질 수 있다는 위기감이 작용했다. 이에 따라 1861년 8월 10일, 협곡인 윌슨스 크릭에서 아칸소 남부군 및 미주리의 친남부 민병대(1만 2000명)와 북부군(5300명)이 격돌했다. 라이언의 북부군은 병력의 열세에도 불구하고 친남부 민병대에 선제공격을 가했다. 아칸소 남부군이 완전히 합류하기 전에 민병대부터 끝장낼 속셈이었다. 아울러 프란츠 시겔이 이끄는 북부군이 후방으로 진격해 친남부 민병대의 뒤통수를 쳤다. 이 작전은 어느 정도 성과를 올리며 북부군에게 희망을 안겼다. 하지만 양호한 전황은 오래가지 못했다. 머지않아 아칸소 남부군이 다가와 프란츠 시겔의 북부군을 공격, 궤멸시켰다. 그런 다음 아칸소 남부군과 친남부 민병대가 힘을 합쳐 라이언의 북부군에게 총공세를 감행했다. 놀랍게도 북부군은 압도적인 적군의 공격을 2차례나 막아내는 데 성공했다. 이때 양측은 피의 능선 전투를 치르며 커다란 희생을 양산했다. 북부군은 적군의 3번째 공격은 막아내지 못했다. 특히 사령관인 라이언이 총탄에 맞아 전사하자, 북부군은 전의를 잃고 퇴각했다. 라이언은 남북 전쟁에서 사망한 최초의 장군이었다. 극적으로 승리한 아칸소 남부군과 민병대는 북부군을 추격하지 않았다. 되레 아칸소 남부군은 자신들의 지역으로 철수했다. 미주리에는 오직 친남부 민병대만이 남게 됐는데, 이는 미주리를 적군에게 넘겨주는 결과를 초래했다. 북부군이 지속적으로 미주리로 진입해 허약한 민병대를 격파한 뒤 해당 지역을 완전히 장악했다. 남부연합은 많은 피를 흘리면서 전과를 달성했음에도, 정작 가장 중요한 미주리를 사수하지 못했다.

한편 미주리에서는 많은 사람들을 놀라게 한 해프닝이 있었다. 북부군 서부 방면군 사령관인 존 프리몬트가 군자금 횡령 의혹에 휘말리며 궁지에 몰렸다. 그는 위기를 타개하기 위해 미주리에서 독단적으로 노예해방선언 및 계엄령을 선포했다. 원래 노예주였던 미주리의 주민들은 격렬히 반발했다. 링컨도 충격을 받아 프리몬트에게 해당 선언을 취소하라고 명했다. 프리몬트는 링컨의 명령을 무시하고 독단적 행태를 이어갔다. 격분한 링컨은 프리몬트를 서부 사령관직에서 해임했다. 즉각적인 노예제 폐지를 주장한 공화당 급진파는 프리몬트를 옹호하고 링컨을 맹비난했다. 이런 가운데 남부연합은 아칸소와 테네시를 방어하기 위해 미시시피 강과 테네시 강의 요충지들을 요새화하는 작업에 착수했다. 치명적인 실수가 뒤따랐다. 북부군의 진격을 견제한다는 목적으로 켄터키의 콜럼버스 마을을 점령했는데, 이에 격분한 켄터키가 중립 입장을 철회하고 연방에 가담했다. 기존에는 남부군이 미주리에서 밀고 내려오는 북부군만 상대하면 됐지만, 이제는 켄터키를 통해 진격해 오는 북부군까지 상대해야 했다. 혹을 떼려다 혹을 하나 더 추가한 셈이다. 이 시기 북부군에서는 남북 전쟁의 영웅인 율리시스 그랜트가 등장했다. 그는 수세적이고 신중한 여타 북부군 지휘관들과 달리 공세적이고 과감한 스타일이었다. 탁월한 전략가적인 면모도 갖추고 있었다. 링컨은 그랜트에 주목했고 곧바로 서부 전역에 투입했다. 카이로라는 지역에 있던 그랜트는 우선 병력을 파두카와 스미스랜드로 이동시켰다. 이곳은 테네시 강, 컴벌랜드 강과 인접해 있었다. 또한 3000명의 병력을 수송선에 태운 뒤, 콜럼버스 마을과 가까운 벨몬트를 기습 공격했다. 북부군의 과감한 전개에 남부군은 크게 당황했다. 간신히 전열을 가다듬고 벨몬트의 북부군을 상대했다. 남부군은 우세한 병력을 기반으로 북부군을 포위해 나갔다. 북부군이 타고 온 수송선까지 빼앗았다. 이에 북부군 내부에서 항복하자는 의견이 대두했다. 그랜트는 이를 거부했고, 수송선을 되찾은 뒤 포위망을 돌파하라고 명했다. 북부군이 항복할 것이라 예상했던 남부군은 방심하고 있다가 허를 찔렸다. 그랜트의 북부군은 벨몬트에서 무사히 철수하는 데 성공했다. 비록 뚜렷한 전과를 올리지는 못했지만, 그랜트는 일련의 전투로 아군과 적군에게 깊은 인상을 남겼다.

욕심이 컸던 그랜트는 얼른 뚜렷한 전과를 올리고 싶어 했다. 상관인 헨리 할렉에게 추가 공세를 하자고 계속 건의했다. 부하를 시기했던 할렉은 이를 몇 차례 거부했다. 링컨의 강력한 공세 압박이 들어오자 할렉도 그랜트를 따랐다. 그랜트가 노렸던 것은 헨리 요새였다. 여기를 점령하면 테네시 강을 장악할 수 있다고 판단했다. 그랜트는 해군 함선으로 1만 7000명의 병력을 이동시킨 뒤 요새를 공격하려 했다. 벨몬트 전투를 교훈 삼아 육군뿐만 아니라 해군도 공격하게 했다. 철제 장갑함 4척과 목제 장갑함 3척이 동원됐는데, 여기에는 8인치 포가 탑재돼 있었다. 당시로서는 매우 기발한 육해군 합동작전이 빛을 발할 것처럼 보였다. 그런데 갑작스러운 기상 악화로 인해 요새 인근에 상륙한 육군이 제대로 공격하지 못했다. 어쩔 수 없이 해군이 홀로 공격에 나섰다. 강력한 8인치 포가 일제히 불을 뿜었다. 포격은 4시간 동안 이뤄졌으며, 헨리 요새에 있던 남부군은 심각한 타격을 입었다. 의외로 북부군은 앤드루 헐 푸트가 지휘한 해군만으로 요새를 함락시켰다. 그랜트는 여세를 몰아 컴벌랜드 강에 있는 도넬슨 요새도 공격하기로 했다. 상부에 먼저 보고하지 않고 독자적인 판단에 의한 것이었다. 이번에는 육군이 무난하게 진격해 나갔고 해군도 공격에 동참했다. 남부군은 헨리요새 전투 때와 달리 어느 정도 방어력을 갖추고 있었다. 특히 고지대에 위치해 있었기 때문에 적군에게 반격을 가하기가 수월했다. 실제로 북부군의 함선들이 집중적인 반격을 받고 후퇴했다. 북부군은 육군만으로 도넬슨 요새를 공격했다. 남부군은 지리적 이점을 활용해 지속적으로 선방했다. 조여 오는 북부군의 정면을 돌파하려는 시도도 단행했다. (정면 돌파는 탈출 시도이기도 했다.) 그랜트는 남부군이 돌파 혹은 탈출을 위해 한쪽으로 몰려 있을 때, 상대적으로 취약해진 다른 곳을 공격하라고 명했다. 이것이 적중하면서 남부군의 도넬슨 요새는 함락 직전까지 몰렸다. 당시 요새 안의 남부군을 이끌고 있던 사이먼 버크너는 개인적 친분을 활용해 그랜트와 협상을 시도했다. 그랜트는 무조건 항복을 요구했다. 단호한 태도에 당황한 버크너는 결국 도넬슨 요새를 북부군에게 넘겨줬다. 이로써 북부군은 1862년 2월 테네시 강과 컴벌랜드 강을 완전히 장악했다. 이의 여파로 콜럼버스에 있던 남부군도 퇴각했다. 남부연합은 미시시피 강 일대의 통제권을 상실할 수 있다는 위기감에 휩싸였다. 반격이 필요한 절박한 상황이었다. 명망 높은 남부군 장군인 시드니 존스턴이 미시시피주 북단 끝에 위치한 코린스에 4만 명의 병력을 집결시켰다. 보우리가드도 병력을 이끌고 가담했다. 이들은 도넬슨 요새 점령 후 강을 따라 샤일로로 향하는 북부군을 기습 공격할 계획을 세웠다. 북부군이 샤일로에 상륙했을 때, 남부군의 급습이 전개됐다. 예상치 못한 공격에 북부군은 커다란 피해를 입었다. 다음날 전황을 파악한 그랜트는 당황하지 않고 과감하게 대처했다. 예비 병력까지 모조리 투입해 남부군의 공세에 맞대응했다. 자칫 엄청난 참사로 이어질 수도 있었지만, 다행히 성공적인 결과를 낳았다. 병력이 불어나고 재정비에 성공한 북부군은, 남부군에게 맹렬한 반격을 가해 전황을 역전시켰다. 나아가 적장인 존스턴을 전사시키기까지 했다. 혼란에 빠진 남부군은 샤일로에서 퇴각했다. 이 전투에서 양 측을 다 합쳐 약 2만 4000명의 사상자가 발생했다. 그랜트는 샤일로 전투에서 극적 승리를 일궈냈지만, 국내에서 커다란 비판에 직면했다. 무리하게 예비대를 증원해 수많은 사상자를 발생시켰다는 것이다. '도살자 그랜트'라는 불명예스러운 비판까지 받은 그랜트는 한때 지휘권까지 박탈당했다. (그랜트는 7월에 지휘권을 회복하게 된다.)

　샤일로에서의 막대한 희생을 뒤로하고 북부군은 진격을 거듭했다. 할렉의 지휘 하에 교통의 요지인 코린스를 추가로 점령했다. 켄터키 대부분의 지역과 테네시의 절반 이상이 북부군의 수중에 떨어졌다. 4월에는 미시시피 강 중류에 있는 남부군 요충지인 10번 섬을 함락시켰다. 이 과정에서 남부군 병사 7000여 명이 포로로 잡혔다. 북부군은 미시시피 강 상류와 중류에서만이 아닌 하류에서도 공세를 전개했다. 강 하류에는 뉴올리언스라는 도시가 있었는데, 북부군은 이곳을 점령한 후 북상해 미시시피 강을 완전히 장악할 속셈이었다. 남부군은 뉴올리언스 인근에 잭슨 요새와 세인트필립 요새를 설치했다. 수많은 대포와 (요새를 연결하는) 방어용 사슬로 무장해 놓은 상태였다. 이 정도면 북부군이 공격할 엄두를 내지 못할 것이라 확신했다. 이에 대해 북부군 해군은 함선들로 맹렬한 포격을 가하면서 나아가면 충분히 돌파할 수 있다고 주장했다. 링컨은 해군의 계획을 적극 지지한 반면, 맥클레런은 해군 작전에 육군 병력이 과하게 동원될 수 있다며 반대했다. 해군과의 논의 끝에, 병력을 1만 8000명가량 투입하기로 합의하면서 이견은 일단락됐다. 1862년 4월 말, 데이비드 패러것이 이끄는 북부군 해군이 뉴올리언스의 요새를 향해 진격했다. 패러것은 13인치 박격포를 화력의 중심으로 삼았다. 고지대에 있는 요새들을 제압하기 위해선, 고각 사격이 가능한 박격포가 필수적이었기 때문이다. 북부군은 5일 동안 남부군 요새에 박격포탄을 퍼부었다. 하루에만 약 3000발의 박격포탄이 쏟아졌으나, 남부군에게 치명상을 입히지는 못했다. 포탄의 정확도가 떨어졌으며 요새의 남부군이 나름대로 대비를 잘했기 때문이다. 그럼에도 패러것은 흔들리지 않고 지속적인 공세를 명했다. 북부군은 야간에 방어용 사슬을 절단한 뒤, (요새를 무시하고) 그대로 뉴올리언스를 향해 쇄도해 들어갔다. 요새의 남부군은 어두컴컴한 밤에 북부군이 빠르게 진격하는 것을 지켜볼 수밖에 없었다. 뉴올리언스에는 도시를 방어할 남부군이 많지 않았기 때문에, 북부군의 쇄도 전술은 매우 적절한 것이었다. 결국 뉴올리언스는 북부군에게 손쉽게 함락됐다. 북부군이 뉴올리언스에 무혈입성했다는 소식이 전해지자, 잭슨 요새와 세인트필립 요새에 있던 남부군도 항복했다. 뉴올리언스 함락은 엄청난 의미를 지녔다. 남부인들은 남부연합 최대의 도시가 넘어갔다는 사실에 큰 충격을 받았다. 북부군은 빅스버그를 제외한 미시시피 강 대부분을 통제할 수 있게 됐다. 북부인들과 군인들의 사기도 하늘을 찔렀다. 이후에 전개될 서부 전역은 후술 하겠다.

■ **남부연합의 기사회생**

그동안 동부 전선에서 공세를 지연시켜 온 맥클레런은 이제 뭔가를 보여줘야 한다고 생각했다. 이에 1862년 초에 체서피크 만 건너편의 먼로 요새에 북부군을 상륙시킨 뒤, 요크타운을 거쳐 남부연합의 수도인 리치먼드를 직격한다는 계획을 세웠다. 매우 과감한 작전이었다. 링컨은 북부연방의 수도인 워싱턴 D.C가 위협에 노출될 수 있다는 이유를 들며 반대했다. 맥클레런이 강력하게 작전 결행을 주장하자 마지못해 수용했다. 1862년 3월 17일, 맥클레런이 지휘하는 포토맥군 약 10만 명이 함선을 타고 이동하기 시작했다. 링컨의 우려를 감안해 4만 5000명의 병력은 워싱턴 D.C에 남겨두기도 했다. 북부군은 4월 2일 먼로 요새에 도달했다. 그러자 남부연합은 비상사태에 빠졌다. 사전에 북부군이 이곳으로 올 줄은 예상했지만, 그 규모가 10만 명에 육박할 줄은 몰랐다. 당황한 남부군은 일단 북부군의 상륙 지점에서부터 방어에 나서기로 했다. 여기서 적군의 진격을 최대한 지연시키면서, 증원군 합류 및 리치먼드 방어 강화에 필요한 시간을 벌려했다. 북부군의 입장에선 리치먼드를 향해 신속히 치고 나가는 게 중요했다. 그런데 맥클레런은 재빠른 공세 대신에 주로 포위전을 수행했다. 또다시 신중함이 발휘된 것이다. 남부군의 병력 규모를 과대평가하고 있었기 때문이다. 아울러 큰 희생 없이 온건한 방법으로 목표를 달성하고 싶어 했다. 이런 와중에 북부군이 요크타운을 점령하면서 체면치레를 하는 듯했다. 다만 이 상황은 북부군의 공세 때문이라기보단 남부군이 스스로 물러난 탓이 컸다. 남부군은 적군이 알아서 느리게 움직여주니 시간을 벌었고, 이제 후방으로 물러가 리치먼드 사수에 총력을 기울이기로 했다. (요크타운 점령 시 특기할 만한 점은, 북부군이 대형 정찰기구를 활용해 남부군의 동향을 파악했다는 것이다. 이 기구에는 전신기까지 탑재돼 있어서, 빠르고 정확하게 적군의 상황을 알 수 있었다.) 요크타운 점령이라는 전과에도 불구하고, 맥클레런의 북부군이 미적지근한 모습을 보이자 링컨은 화가 머리끝까지 났다. 그는 반복적으로 맥클레런에게 신속한 공세를 주문했다. 맥클레런은 좀처럼 말을 듣지 않았다. 후방으로 철수하는 남부군을 추격하지도 않고 느리게 움직였다. 이동하는 도중에 윌리엄스버그라는 곳에서 전투를 치르면서 속도는 더욱 느려졌다. 게다가 남부군이 장악하고 있다가 물러난 노퍽은 점령할 생각도 하지 않았다. 링컨은 특단의 조치를 취해야 한다고 생각했다. 멀리서 지시만 할게 아니라 직접 전장을 방문하기로 했다. 이에 스탠턴과 함께 증기선을 타고 먼로 요새로 갔다. 이는 미국 대통령이 전투 지역에 가장 가까이 다가간 사례로 꼽힌다. 링컨과 스탠턴은 맥클레런의 면전에서 노퍽 점령 및 리치먼드로의 신속한 진격을 명했다. 전례 없는 압박을 받은 맥클레런은 대통령의 뜻을 잘 받들겠다고 답했다.

이후 북부군은 리치먼드와 가까운 치카호미니 강까지 진격했다. 이곳에서는 리치먼드 시내에 있는 교회 첨탑을 볼 수 있었다. 맥클레런의 군대와 더불어 북쪽에서 맥도웰이 이끄는 북부군이 (리치먼드와 가까운) 프레더릭스버그까지 다가왔다. 맥클레런과 맥도웰의 군대가 힘을 합쳐 리치먼드를 공격하는 것도 가능했다. 이럴 경우 북부군은 총 14만 5000명에 달했기 때문에, 리치먼드에 있는 존스턴의 남부군 6만 명은 상대가 될 수 없었다. 졸지에 수도가 위태로워진 남부연합은 절체절명의 위기에 빠졌다. 다급해진 남부연합은 17세~50세에 해당하는 남성들을 강제로 징집하려 했다. 그러나 인구의 한계로 인해, 빠른 기간 내에 충분한 병력을 모으기란 쉽지 않았다. 사실상 이때 북부군이 잘만 한다면 전쟁을 조기에 끝내는 것도 가능한 상황이었다. 하지만 북부군은 그렇게 하지 못했다. 왜 그랬을까. 우선 다른 지역의 전황과 맞물려 살펴봐야 한다. 웨스트버지니아와 메릴랜드 일대에 있던 북부군이 셰넌도어 계곡을 장악한 뒤 남쪽으로 내려가 맥클레런의 포토맥군과 합류할 예정이었다. 셰넌도어 계곡을 지키고 있던 것은 토마스 잭슨이 지휘하는 남부군이었다. 북부군의 병력이 훨씬 우세했기 때문에 과감하게 쳐들어갔으면 승리할 가능성이 높았다. 그런데 북부군은 적군의 규모를 과대평가하며 주저하는 모습을 보였다. 남부군의 병력은 1만 5000명 정도였지만, 5만 명이 넘는다고 오판했던 것이다. 이를 간파한 잭슨은 남부군을 과감하고 신속하게 움직이기 시작했다. 상당히 먼 거리(종횡으로 100km)를 오가면서, 느릿하게 각개 기동하고 있던 북부군을 각개 격파해 버렸다. 소수의 병력이었음에도 협공해 오는 적군을 축차적으로 격파한 내선작전의 진수를 선보였다. 잭슨 사단의 눈부신 활약은 링컨에게 위기의식을 불러일으켰다. 잭슨 사단이 주둔하고 있는 지역이 워싱턴 D.C에서 멀지 않았던 만큼, 수도가 위협받을 수 있다고 우려했다. 이에 링컨은 프레더릭스버그에 있는 맥도웰의 군대를 급히 워싱턴 D.C로 소환했다. 이로써 리치먼드 코앞에 있던 맥클레런과 맥도웰의 군대가 연합하지 못하게 됐다.

전황이 심상치 않게 돌아가더라도, 맥클레런의 군대는 여전히 적군을 압도했고 곧바로 리치먼드를 공격하면 될 일이었다. 맥클레런의 오판과 우유부단함은 이번에도 어김없이 표출됐다. 그는 리치먼드에 있는 남부군의 규모가 약 20만 명일 것이라고 예상했다. 또한 맥도웰군이 워싱턴 D.C로 소환된 사실도 모른 채, 이들이 합류하기만을 기다렸다. 수세적 태도로 일관하는 북부군을 목격한 남부군은 먼저 행동하기로 결심했다. 1862년 5월 31일, 세븐 파인즈 전투에서 남부군이 북부군을 선제 공격했다. 대범한 공격이었으나 북부군의 포위망을 뚫지는 못했다. 이 과정에서 남부군 사령관 존스턴이 부상당하기까지 했다. 남부군의 기습 공격을 막아낸 북부군은 곧바로 공세로 전환해야 했지만, 또다시 과감하게 나가지 못하고 주저했다. 맥클레런은 별다른 효과가 없는 포위전을 전개할 뿐이었다. 이때 남부군에서는 존스턴의 후임으로 그 유명한 로버트 리가 사령관으로 부임했다. 이는 전황을 극적으로 반전시킬 터였다. 리는 압박하는 북부군에 맞서 승부수 찾기에 몰두했다. 그 결과 스튜어트 기병대를 활용해 후방 교란작전을 펼치기로 결심했다. 실제로 스튜어트 기병대가 야간에 적군 포위망을 우회한 다음 후방으로 진격했다. 이들은 북부군의 보급 철도로까지 나아가 급습을 단행했다. 전혀 예상치 못한 공세에 후방의 북부군은 저항 없이 항복했다. 스튜어트 기병대는 수많은 군수물자들도 노획한 뒤 리치먼드로 무사히 돌아왔다. 이 사실을 접한 맥클레런은 더욱 소심해졌다. 적군의 대규모 병력이 언제든 전방과 후방에서 공격할 수 있다고 판단했다. 반면 리는 여세를 몰아 과감하게 몰아붙여야 한다고 생각했다. 이에 셰넌도어 계곡에서 오는 잭슨의 군대가 합류하자마자 대반격을 개시했다. 6월 26일, 상대적으로 취약한 북부군의 북쪽에 공세가 집중됐다. 약 20만 명에 달하는 양측의 군대가 7일 동안 격전을 벌였다. 사실상 남북전쟁 최대의 전투라 해도 과언이 아니었다. 7일 전투는 남부군의 리치먼드 사수 성공으로 귀결됐다.

맥클레런은 적군의 병력이 아군을 압도하고, 조만간 대규모 증원군까지 올 수 있다고 오판했다. 별안간 북부군에게 제임스 강으로 후퇴하라고 명했다. 실제로는 맥클레런의 병력이 더 많았으며 남부군 증원군도 존재하지 않았다. 북부군이 과감하게 행동했다면 승산이 있었겠지만, 맥클레런 특유의 소심함이 또 발현돼 대사를 그르치고 말았다. (당시 북부군은 적군의 전력을 제대로 파악할 만한 정보력을 갖추지 못했다. 전력 분석을 사설탐정사무소에 위탁할 정도였다.) 남부연합은 리치먼드 코앞에서 극적으로 기사회생했다. 다만 남부군은 7일 전투에서 북부군의 정교한 후미대형 방어에 말려들어 막대한 희생을 치렀다.

리는 전과 확대를 위해 적군을 추격 섬멸하기를 원했다. 제대로 되지는 않았다. 격전을 치르면서 병사들이 크게 지쳤기 때문에 추격이 원활하게 이뤄지지 않았다. 그나마 멜버른힐까지 추격하긴 했지만, 이곳에서 북부군의 기습적인 포격을 받았다. 리는 여기서 밀리면 안 된다고 판단, 남부군에게 정면공격을 명했다. 남부군 병사들은 무모하게 진격하다가 북부군의 포격에 잇따라 쓰러졌다. 리는 한계를 절감하고 군대를 후방으로 돌렸다. 리치먼드로 돌아온 리는 남부연합을 구원한 영웅으로 칭송받았다. 반면 어처구니없게 리치먼드 점령에 실패한 맥클레런은 궤변으로 자신을 변호하기에 급급했다. 그는 압도적인 남부군의 위협을 물리치고 아군을 성공적으로 퇴각시켰다고 주장했다. 또한 지원이 충분히 이뤄지지 않아 승리를 거두지 못했다며, 링컨에게 책임을 전가하는 듯한 발언도 했다. 전투의 실상을 아는 사람이라면 기가 찰 노릇이었다. 링컨은 화가 잔뜩 났지만 맥클레런을 즉각 해임시키진 않았다. 대신 맥클레런의 지휘 하에 있는 병력을 서서히 줄여나갔다. 얼마 뒤, 북부군 총사령관인 할렉은 맥클레런의 포토맥군을 북쪽으로 철수시키라고 명했다. 북쪽에 있는 포프의 군대와 결합시키려 했다. 이때에도 맥클레런 군대는 느리게 움직였다. 그 사이에 리의 남부군이 빠르게 북진하기 시작했다. 북부군이 상호 결합하기 전에 포프의 군대를 각개격파하려 했다. 이 계획이 큰 성공을 거두면서 매너서스에 있던 포프의 북부군이 격파됐다.(제2차 불런전투) 남부군은 멈추지 않고 워싱턴 D.C와 매우 가까운 메릴랜드까지 진격하려 했다. 이때 리는 북부연방의 수도를 위협하면서 링컨을 협상테이블로 유인할 목적을 갖고 있었다. 이를 통해 남부연합을 공식적으로 승인받으려 했다. 아울러 메릴랜드를 연방에서 탈퇴시켜 남부연합에 가입시키려 했으며, 볼티모어와 오하이오를 연결하는 간선 철도도 확보하려 했다. 나아가 프레더릭을 거쳐 해리스버그까지 진격해 북부군의 보급선을 끊어버리려는 계획도 가졌다. 그동안 방어적 입장에 있던 남부군이 본격적으로 공세로 전환하면서, 전쟁은 새로운 양상으로 나아갔다. 8월, 남부군은 포토맥 강을 무난하게 도하한 뒤 메릴랜드로 진입했다. 이 과정에서 스튜어트 기병대가 워싱턴 D.C 인근에서 (마치 공격할 것처럼) 기만 전술을 펼쳐 남부군의 도하를 도왔다. 그런데 머지않아 문제가 발생했다. 당초 남부군은 메릴랜드에서 주민들의 환영을 받고, 현지에서 보급품을 조달받을 수 있다고 전망했다. 기대와 달리 메릴랜드 주민들은 남부군에 대해 환영은커녕 반감을 표출했다. 보급품 조달도 원활하게 이뤄지지 못했다. 난감해진 남부군은 하퍼스페리를 노렸다. 이곳에 있는 수많은 보급품을 취득할 목적이었다. 정예병력인 잭슨 사단이 나서서 하퍼스페리를 공격했다. 의외로 하퍼스페리에 있는 소수의 북부군이 거세게 저항하자, 리는 프레더릭에 있는 병력을 추가로 보내 공격하게 했다. 남부군은 2배에 달하는 병력으로 포위공격을 단행해 하퍼스페리를 함락시켰다. 가까스로 목적을 달성하긴 했지만, 이때 남부군은 병력이 분산된 상태였다. 하퍼스페리, 프레더릭, 해거즈타운 등에 각각 병력이 주둔하고 있었다. 집중화된 병력 운용을 하는 게 적합한 마당에, 이러한 모습은 치명적인 약점이 될 수 있었다. 적군의 대병력이 각 부대들을 각개격파하기가 용이했기 때문이다.

■ 앤티텀 전투와 노예해방 선언

워싱턴 D.C에서 수도방위를 담당하고 있던 맥클레런에게 이 같은 정보가 입수됐다. 상식적이라면 이때 맥클레런은 즉시 병력을 이동시켜 각개격파에 나서야 했다. 하지만 또다시 우유부단함을 드러냈다. 무려 18시간을 지체하면서 남부군이 재정비할 시간을 허용했다. 프레더릭에 있던 남부군이 샤프스버그로 이동해 방어선을 형성한 뒤, 흩어져있던 다른 부대들을 한 곳으로 모았다. 포토맥 강을 배수진으로 삼은 샤프스버그 앞에는 앤티텀 개울이 흐르고 있었다. 리는 앤티텀을 넘어오려는 북부군을 요격할 방침이었다. 다만 작은 개울이었기 때문에, 8만 명이 넘는 북부군을 상대하기가 쉽지 않을 터였다. 9월 15일이 됐을 때, 북부군이 앤티텀의 북쪽 전장에 도착했다. 맥클레런은 하루 동안 뜸을 들인 뒤 16일 오후에 기동 명령을 하달했다. 먼저 후커의 제1군단이 앤티텀 개울을 건너 기동했다. 이들은 남부군의 좌익으로 공격해 들어갔다. (맨스필드의 군대가 후커 군단 가까이에서 협조할 예정이었으나 적잖게 떨어지고 말았다.) 광대한 옥수수밭을 가로질러 진격하자, 존스와 로턴이 지휘하는 남부군과 맞닥뜨렸다. 양 측은 36.5m 거리를 두고 총격전을 벌였다. 이와 함께 대포를 적군과 가까운 곳으로 이동시킨 다음 포격을 퍼부었다. 사용된 포탄은 캐니스터탄이었는데, 이는 원통형 용기에 다량의 산탄을 채워서 대량 살상을 유발했다. 이로 인해 양 측에서 단시간에 수천 명의 사상자가 발생했다. 남부군의 거센 저항으로 후커 군단의 기세가 꺾이자, 맥클레런은 후속하고 있던 맨스필드의 제12군단에게 공격 명령을 내렸다. 축차적인 병력 투입이 이뤄지는 것이었다. 어이없게도 맨스필드는 전장에 도착하자마자 남부군 저격수의 총에 맞고 전사했다. 최고 지휘관이 사망한 상태에서 북부군은 적진을 향해 돌격을 감행했다. 이번에는 양 측의 병사들이 옥수수밭에서 뒤엉켜 혈투를 벌였다. 죽고 죽이는 공방전 과정에서 1만 3000명의 사상자가 발생했으며, 옥수수밭의 주인이 15번이나 바뀌었다. 남부군은 이번에도 북부군의 공세를 막아냈다. 전장의 다른 곳에서도 치열한 격전이 벌어졌다. 북부군 섬너 군단 예하의 프렌치 사단이 샤프스버그 북쪽을 공격하려 했다. 남부군에서는 맥로즈 사단과 앤더슨 사단이 대응에 나섰다. 북부군은 착검한 후 일제히 돌격을 감행했다. 남부군은 병력이 열세였던 만큼, 가급적 백병전을 회피하려 했다. 그 대신 결정적 한방을 위해 인내심을 갖고 기다렸다. 북부군이 10m 앞까지 오자, 남부군은 일제히 사격을 개시했다. 근거리에서 정확한 사격이 이뤄짐에 따라, 순식간에 북부군 500여 명이 죽어나갔다. 엎친 데 덮친 격으로 소집된 지 1개월 밖에 안된 신참 병사들이, 피아식별을 하지 못하고 아군에게 발포하는 일까지 발생했다. 북부군은 극심한 혼란 상태에 빠졌다. 이들은 더 이상 싸우지 않고 퇴각을 단행했다. 북부군을 지휘하던 프렌치는 앞선 병력이 퇴각하면 축차적으로 또 다른 병력을 투입했다. 그러면 남부군은 대기하고 있다가 또다시 근거리에서 일제 사격을 가했다. 북부군의 희생이 눈덩이처럼 불어나면서 전사자가 약 2000명에 달했다. 북부군은 '피의 통로'를 자초하며 완벽한 실패를 경험하고 말았다.

지금껏 남부군은 상대적으로 전력이 떨어짐에도 크게 선방했다.

작은 개울가를 사이에 두고 벌어진 앤티텀 전투. 어느 진영이 이겼다고 말하기 어려운 전투였지만, 링컨은 이 직후 노예해방 선언을 함으로써 전략적 승리를 일궈냈다.

복수심에 들끓는 북부군은 전열을 가다듬고 제대로 된 공세를 준비했다. 섬너 군단은 기존과 달리 포병을 전면에 내세워 공격하기로 했다. 당시 섬너 군단이 갖추고 있던 포의 화력은 막강했다. 무지막지한 포격이 이뤄지면서 남부군은 커다란 타격을 입었다. 한계를 절감한 남부군은 피의 통로에서 퇴각했다. 이로써 북부군은 남부군의 방어선 안으로 치고 들어왔다. 북부군이 더욱 강력한 공세를 행한다면 남부군 진영이 쪼개질 수도 있었다. 하지만 앞선 전투로 인해 섬너 군단의 전력 손실이 심각해져 추가 공세가 여의치 않았다. 만약 예비대로 존재하고 있던 2개 군단 3만 명을 투입했다면 얘기가 달라질 수도 있었지만, 맥클레런은 끝까지 예비대를 투입하지 않았다. 롱스트리트가 지휘하는 소수의 남부군이 적군을 교란할 목적으로 행한 후방공격 시도에 겁을 먹었기 때문이다. 결정적인 순간마다 나오는 맥클레런의 실책으로 북부군은 절호의 기회를 놓치고 말았다. 이의 대안으로써 맥클레런은 시야를 북쪽에서 남쪽으로 돌렸다. 해당 지역에 있는 암브로스 번사이드의 제9군단에게 남부군의 남측방을 공격하라고 명했다. 남부군의 관심이 온통 북쪽에 집중돼 있었기에 제9군단의 남측방 공격이 주효할 수 있었다. 남측방에 있는 남부군 병력은 2000명에 불과했다. 그런데 제9군단은 신속하게 공격에 나서지 않았다. 당시 제9군단은 번사이드와 제이콥 콕스 사이에 존재하는 애매한 지휘체계로 혼란에 빠져있었다. 뒤늦게 공격에 나섰지만 또 다른 문제가 있었다. 번사이드가 누구나 예상할 수 있는 작전을 지시했다. 앤티텀 개울을 가로지르는 로어교를 통해 진격하라고 했는데, 남부군은 이를 간파하고 포대를 잔뜩 배치했다. 북부군이 다리를 건너려 하자 남부군의 대포가 일제히 불을 뿜었다. 수많은 북부군 병사들이 포탄에 맞아 죽거나 다쳤다. 충격을 받은 나머지 병사들은 도망치기 바빴다. 당황한 번사이드는 작전을 바꿔서 다리 밑의 개울을 건너라고 명했다. 이번에도 남부군은 미리 예측하고 대비했다. 북부군이 개울을 반쯤 건넜을 때 무차별 사격을 가했다. 사상자가 속출했지만, 첫 전투 때와 달리 북부군은 무너지지 않았다. 이들은 교량을 방패막이로 삼아 피해를 줄일 수 있었다. 또한 뒤에 있던 병사들이 포대를 끌고 와서 강력한 포격을 가했다. 이에 남부군 병력의 25%가 손실을 입었다. 남부군은 사용할 수 있는 탄약도 거의 다 떨어져 갔기에, 더 이상 방어하기가 힘들었다. 결국 북부군은 남부군의 남측방을 붕괴시키고 앤티텀 전투에서 결정적 승기를 잡는 듯했다. 그러나 남부군은 끝까지 호락호락하지 않았다. 북부군 제9군단의 로드아일랜드 연대와 코네티컷 연대가 진격해 들어갈 때, 남쪽으로부터 북부군 군복을 입은 병사들이 다가오고 있었다. 처음에 북부군은 아군인 줄 알고 기뻐했다. 알고 봤더니 AP힐이 지휘하는 남부군이 하퍼스페리로부터 진격해오고 있었다. 이들의 병력은 2000명에 불과했으나 북부군 입장에선 그야말로 공포스러운 기습이었다. 경험이 많았던 로드아일랜드 연대는 버텨냈지만, 신병이 대다수였던 코네티컷 연대는 궤멸됐다. 이를 목격한 번사이드는 전군에 퇴각 명령을 내렸다. 샤프스버그를 코앞에 둔 상황에서 실로 뼈아픈 일이었다.

리는 퇴각하는 북부군을 추격하라고 명했다. 병력이 많진 않았지만 추격을 통해 기세를 올리려 했다. 후방에 있던 북부군은 이를 눈치채고 중포를 대기시켰다. 리는 적군의 동태를 파악한 뒤, 남부군이 보유하고 있는 대포를 총동원해 맞대응했다. 포병 대 포병이 맞붙은 결과, 포가 더 많았던 북부군이 승리했다. 리는 적군보다 취약한 전력을 직시하고 뒤로 물러났다. 북부군은 남부군을 추격하지 않고 가만히 있었다. 해군장관인 기드온 웰스가 추격할 것을 종용했지만, 맥클레런은 아무런 명령을 내리지 않았다. 그 대신 워싱턴에 승전 소식을 전했고, 아내에게는 "천재적인 용병술로 리를 때려눕혔다. 역사는 나를 위대한 승자로 기억할 것"이라는 허황된 편지를 보냈다. 여하튼 뚜렷한 승자가 없는 애매한 상황 속에서 앤티텀 전투는 종결됐다. 이 전투에서 북부군은 총 1만 1650명의 사상자가 발생했다. 남부군은 총 9300명의 사상자가 나왔다. 기실 북부군이 처음부터 모든 병력을 집중 투입했다면 승리했을 가능성이 높았다. 그러나 맥클레런이 병력을 다방면으로 분산, 축차 투입하면서 실기하고 말았다. 더욱이 핵심 예비대를 석연치 않게 아껴두면서 전황의 악화를 초래했다. 남부군도 매우 불만족스러운 결과를 얻었다. 메릴랜드 진격을 통해 링컨을 협상장으로 끌어낸다는 전략적 목표가 실패로 돌아갔다. 역사가들은 이 점을 이유로 앤티텀 전투에서 사실상 북부군이 승리했다고 평가한다.

링컨은 이쯤에서 자신이 뭔가를 보여줘야 한다고 생각했다. 이에 전투가 종결된 직후인 1862년 9월 22일, 노예해방 예비 선언을 발표했다. 기막힌 묘수였다. 자신의 고결한 이상을 구현함과 동시에 애매한 결과를 양산한 앤티텀 전투에 정치적 의미를 부여함으로써 전략적 승리로 이끌었다. 선언문에는 "1863년 1월 1일부터 연방정부에 대항하는 남부연합 내의 모든 노예들을 해방한다"라는 내용이 담겨있다. 또한 링컨은 자신이 미합중국의 대통령이자 육해군 총사령관임을 상기시킨 뒤, 미국과 남부연합의 '헌법적 관계'를 회복하기 위해 이 전쟁을 강력하게 수행해 나갈 것이라고 경고했다. 사실상 남부연합이 1863년 1월 1일까지 연방에 복귀해야 하며, 그렇지 않을 경우 모든 불이익을 감수해야 함을 천명한 셈이다. 선언문은 해외 국가들을 염두에 둔 것이기도 했다. 당시 남부연합은 영국과 프랑스에게 국가 승인 및 지원을 얻어내려 노력했다. 만약 영국, 프랑스가 이를 수락하면 전쟁은 끝없이 이어지거나 미국의 분단이 고착화될 수도 있었다. 이때 링컨이 노예해방 선언이라는 히든카드를 꺼내 듦으로써, 천부인권 사상을 옹호하는 영국과 프랑스가 남부연합을 승인할 도덕적 명분을 상실하게 만들었다. 궁극적으로 전쟁의 명분을 연방의 보존에서 '인간의 자유'로 전환시키면서 대내외적으로 큰 공감대를 형성했다. 이를 목도한 북부인들의 사기는 크게 증진된 반면 남부인들은 좌절했다. 선언문의 여파로 북부연방에서는 흑인 노예들의 적극적인 참전이 이뤄졌으나, 남부연합은 노예 인력을 동원하는 것이 어려워지면서 전쟁 수행 능력이 저하됐다. 여러모로 유리한 환경을 조성한 링컨은, 10월에 다시 전장으로 가서 맥클레런을 만났다. 이전과 마찬가지로 신속한 공세를 주문했다. 하지만 맥클레런은 또다시 우유부단한 태도로 일관했다. 이번에는 링컨만 분노한 게 아니었다. 그동안 참아왔던 북부군 장교들, 공화당 정치인들, 언론 등이 모두 나서서 맥클레런을 비난했다. 이들의 입에서는 '반역자'라는 소리까지 나왔으며, 맥클레런 해임을 촉구하는 여론이 높아졌다. 링컨은 군대의 사기를 고려해 맥클레런을 즉시 해임하지 않고 한번 더 기회를 주려 했다. 정중하게 편지를 써서 하퍼스페리에 있는 남부군을 공격하라고 명했다. 맥클레런은 요지부동이었다. 링컨이 전황을 잘 알지도 못하면서 성급하게 공세를 권한다고 불평했다. 링컨의 압박이 계속되자, 맥클레런은 마지못해 군대를 이동시키는 모습을 보였다. 그런데 포토맥 강을 건너는 데에만 9일이나 소요됐다. 링컨은 더 이상 참지 못했다. 맥클레런이 전투 의지가 없다고 확신했고, 11월 5일에 그를 해임했다. 새로운 포토맥군 사령관으로 번사이드가 임명됐다.

번사이드는 전임자와 달리 기동전을 전개할 속셈이었다. 그는 컬페퍼에 있는 롱스트리트의 남부군을 우회해 프레드릭스버그로 진격한 다음 리치먼드로 곧장 나아갈 계획을 세웠다. 번사이드 휘하에는 7개 군단, 약 12만 명의 병력이 있었다. 남부군은 이 시기에 상당히 지쳐있고 병력도 분산돼 있었다. 북부군은 이틀 만에 프레드릭스버그 건너편에 있는 팔머스에 도달했다. 이 지역에 있던 남부군은 가볍게 격파됐다. 당황한 리는 롱스트리트에게 신속하게 이동해 북부군을 막으라고 명했다. 지금과 같은 북부군의 속도라면 리치먼드까지 금방 진격할 것처럼 보였다. 남부군에게는 다행스럽게도 북부군의 진격이 지체되는 모습이 나타났다. 북부군 앞에는 래퍼해녹강이 있었는데, 당시 늦가을 폭우로 강물이 불어났고 도하할 부교 장비도 부족했다. 이에 팔머스에서 7일 동안이나 지체할 수밖에 없었다. 그 사이에 롱스트리트의 남부군이 프레드릭스버그에 도달해 방어 태세를 갖췄다. 게다가 잭슨의 남부군도 매일 30km 이상 진군해 이른 시일에 프레드릭스버그에 도달했다. 기동전을 통해 승부를 보려 했던 번사이드의 계획은 완전히 틀어졌다. 북부군은 12월 12일 뒤늦게 주력 부대를 도하시키기 시작했다. 남부군은 북부군이 강을 건널 때에는 공격하지 않았다. 언덕 위에 주둔하면서 도하하는 북부군을 지켜보고만 있었다. 지형상 매우 유리한 위치에 있었기 때문에 자신감이 넘쳤다. 북부군은 강은 무사히 건넜지만 언덕을 힘겹게 올라가야 했다. 대규모 병력이 언덕을 올라갈 때, 남부군의 무차별 사격이 가해졌다. 북부군 병사들은 속절없이 쓰러져 나갔다. 하루에만 약 1만 2000명의 사상자가 발생했다. 북부군의 공격이 저돌적이었던 만큼, 남부군도 약 5000명의 사상자가 나왔다. 번사이드는 북부군 총병력의 10%가 소멸되자 일단 후퇴를 명했다. 이후 패전의 불명예를 벗어나기 위해 프레드릭스버그 상류 쪽에서 측면 공격을 모색했다. 번사이드 스스로는 괜찮은 작전이라 생각했는데, 돌연 걸림돌이 발생했다. 포토맥군 사단장이 번사이드 몰래 워싱턴 D.C로 달려가 링컨에게 공격을 중단시켜 달라고 요청했다. 직속상관에 대한 항명 행위였지만, 이들의 요청은 설득력이 있었다. 당시 날씨는 몹시 추웠고 폭풍우까지 몰려왔다. 이런 상황에서 번사이드가 계획한 측면 기동전은 매우 위험할 수 있었다. 링컨은 요청을 받아들여 번사이드에게 공격 중단을 명했다. 번사이드는 쉽사리 물러서지 않았다. 공격을 허락하지 않으면 자진사임하겠다고 목소리를 높였다. 예상외로 번사이드가 강하게 나오자 링컨은 마지못해 공격을 허락했다. 1863년 1월 20일, 북부군은 진격을 개시했으나 처음부터 고난의 연속이었다. 겨울비가 내리고 땅바닥은 진흙탕이어서 제대로 나아가지 못했다. 북부군은 3일도 채 안돼서 탈진 상태에 빠져버렸다. 결국 번사이드의 북부군은 비참하게 패배했다. 번사이드는 의욕만 넘쳤지, 대군을 정교하게 지휘하기에는 부적합하다는 판단이 내려졌다. 그는 해임됐고 조지프 후커가 신임 사령관으로 부임했다.

■ 빅스버그 전역

이제 1862년 12월 초부터 서부에서 벌어진 대규모 전투를 살펴보겠다. 앞서 북부군은 서부 전역에서의 연이은 승리로 미시시피 강 일대를 대부분 장악했다. 해당 지역에서 남은 곳은 빅스버그였다. 이곳은 수면을 활용한 화물수송의 중간기지이자 동서로 장거리 철도가 깔려있는 교통의 요지였다. 링컨은 빅스버그를 매우 중요하게 여겼다. 심지어 "전쟁을 끝낼 수 있는 열쇠"라는 말까지 했다. 점령할 경우 미시시피 강 전역을 통제함으로써, 남부연합을 동서로 분리시키는 게 가능했기 때문이다. 다만 빅스버그를 함락시키는 것은 결코 쉽지 않았다. 북부군이 대규모 병력을 상륙시킬만한 장소가 마땅치 않을 만큼 천혜의 요새였다. 그나마 상륙이 가능한 고지대에는 남부군이 이미 요새를 건설해 놨다. 요새에는 참호선을 구축했으며 참호마다 포대를 배치했다. 특히 도시 전설로 불리는 대포인 '휘파람 딕'을 배치했는데, 이는 철로 만든 강선포였다. 여기서 포탄이 날아갈 때의 소리가 마치 고문당하는 사람의 비명처럼 들렸다고 한다. 적군에게는 심리적 공포 효과를 불러일으키기 충분했다. 더욱이 제퍼슨 데이비스까지 직접 빅스버그로 와서 방어태세를 꼼꼼히 점검했다. 북부군은 빅스버그를 리치먼드 이상으로 난공불락의 요새로 생각했을 법하다. 그럼에도 전쟁에서 확고한 승기를 잡으려면 빅스버그를 반드시 점령해야만 했다. 북부군은 면밀하게 전투 준비를 해나갔다. 당시에는 그랜트가 현장 지휘관으로 복귀한 상태였다. 그는 북부군에게 그랜드정션에서부터 남진하라고 명했다. 이때는 해군 없이 육군만 움직였다. 빅스버그가 천혜의 요새였던 만큼, 해군 활용은 힘들다는 판단에 따른 것이다. 이에 남부군은 북부 출신인 펨버턴을 내세워 대응에 나섰다. 남부군은 그레나다에 주둔한 뒤, 옥스퍼드까지 내려온 북부군에 맞설 준비를 했다. 그랜트는 3만 명이 넘는 병력으로 견고한 방어선까지 구축한 남부군을 정면으로 상대하는 것은 어려운 일이라고 판단했다. 대안으로 강상 해군과의 협력을 통해 적군 배후(빅스버그)로 기습 상륙을 도모하기로 했다. 그러면 그레나다의 남부군이 혼란에 빠질 수 있고, (그레나다로의 차출로) 병력이 부족해진 빅스버그에도 적잖은 타격을 입힐 수 있다고 예측했다. 윌리엄 셔먼이 육해군을 이끌고 미시시피 강을 따라 남하했다. 그런데 예기치 못한 사건이 발생했다. 남부군 기병대가 옥스퍼드의 북부군 뒤쪽에 있는 보급 기지인 홀리 스프링스를 급습했다. 기지가 완전히 파괴되고 150만 달러어치의 보급품이 손실됐다. 옥스퍼드의 북부군은 보급에 문제가 생김에 따라 아무것도 하지 못하는 처지에 이르렀다. 이런 상황에서 믿을 만한 것은 미시시피 강을 따라 남하하고 있는 셔먼의 북부군이었다. 이들은 최대한 은밀하게 나아갔지만, 머지않아 빅스버그의 남부군에게 목격됐다. 남부군은 곧바로 그레나다에 있는 아군에게 긴급 지원을 요청했다. 펨버턴은 철도를 활용해 1만 5000명의 병력을 급히 빅스버그로 보냈다. 북부군의 상륙 예상 지점에는 총 2만 명의 남부군이 배치됐다. 반격을 우려한 북부군은 남부군과 떨어져 있다고 판단되는 빅스버그 북쪽 늪지대에 상륙했다. 교두보를 건설하려던 찰나, 이곳에도 남부군이 대거 존재한다는 사실을 알았다. 북부군은 당황했지만 그대로 공격을 감행했다. 그러나 절대적으로 불리했다. 북부군은 늪지대에서 허우적거렸고, 이미 주요 공격로에서 탄탄한 방어 체계를 갖추고 있던 남부군에게 고전을 면치 못했다. 결국 1862년 12월 29일에 벌어진 치카소베이유 전투에서 북부군은 패배했다.

동부 전선뿐만 아니라 서부 전선 전황도 녹록지 않자 링컨은 몹시 스트레스를 받았다. 이때 존 맥클레넌드가 등장, 링컨에게 자신이 일리노이에서 병력을 모아 공격하겠다고 말했다. 허락을 받자마자 남부군 일부가 주둔하고 있는 아칸소포스트를 공격했다. 이는 북부군 내부의 불협화음만 낳았다. 그랜트는 그레나다와 빅스버그 공략에 집중해야 할 판에 엉뚱한 곳을 공격하고 있다고 비판했다. 할렉의 중재로 맥클레넌드가 그랜트의 휘하로 들어가면서 갈등은 일단락됐다. 이후 그랜트의 북부군은 1863년 1월부터 3월까지 다양한 수단을 통해 빅스버그로의 진격을 모색했다. 모든 노력은 실패하고 말았다. 남부군은 자신감을 얻었다. 북부군이 아무리 발버

둥 쳐도 그레나다 돌파 및 빅스버그 함락은 못할 것이라고 확신했다. 자신감을 넘어 오만해지기까지 한 남부군의 태도는 방어 태세를 느슨하게 만들었다. 이런 상황에서 그랜트는 '대우회 기동 작전'을 고안했다. 이는 서남쪽으로 한참 내려온 다음, 하드타임스와 그랜드걸프를 거쳐 빅스버그 남쪽을 공격하는 것이었다. 셔먼과 포터 등 측근들은 격렬히 반대했다. 매우 먼 거리를 돌아서 공격하는 것인 만큼, 병사들의 체력이 극도로 저하될 수 있었다. 진격하는 도중에 밀림과 같은 습지를 잇따라 만나는 것도 고욕이었다. 우회 기동이 노출되지 않도록 남부군을 기만하는 것도 필요했으며 보급로 확보도 관건이었다. 또한 북부군이 하드타임스까지 오더라도 미시시피 강을 건너야 했는데, 이 도하를 도와줄 함선이 빅스버그를 거쳐서 올 수밖에 없었다. 만약 함선이 빅스버그에 가로막힌다면, 북부군의 작전 계획은 물거품이 될 가능성이 높았다. 여러 위험요소에도 불구하고 그랜트는 작전 계획을 그대로 밀고 나갔다. 그는 이전과 같은 전술로는 적진을 돌파할 수 없으며, 새로운 전술이 필요하다고 강조했다. 사실상 도박을 걸어본 셈이다. 북부군은 4월부터 행동에 들어갔는데, 육군의 경우 군단별로 나뉘어 전개했다. 우선 셔먼 군단이 빅스버그 북쪽 방면에서 기만 작전을 전개했다. 남부군은 이를 신경 쓰지 않을 수 없었다. 그 사이에 맥클레넌드 군단과 맥퍼슨 군단이 서남부 방면으로 우회 기동을 단행했다. 이 과정은 무척 고되었으나, 북부군은 기어이 하드타임스에 도달하는 데 성공했다. 운 좋게도 미시시피 강 도하를 도와줄 함선도 도착했다. 함선은 야간에 강행 돌파를 시도해 빅스버그를 통과해 냈다. 하드타임스의 북부군은 도하에 앞서 건너편에 있는 그랜드걸프를 공격했지만, 남부군의 방어에 막혔다. 이에 그랜트는 군대를 더 아래쪽에 있는 브루인스버그로 내려보낸 뒤 도하시켰다. 북부군은 곧바로 깁슨 요새를 점령한 데 이어 그랜드걸프도 함락시켰다. 북부군이 미시시피 강을 도하하고 깁슨 요새까지 점령했다는 소식에, 그랜드걸프의 남부군은 겁을 먹고 도망치기 바빴다. 북부군의 계획은 순조롭게 풀려나갔다. 보급도 원활하게 이뤄졌으며, 북쪽에서 기만 작전을 수행하던 셔먼 군단도 합류했다. (북부군은 주로 바지선을 통해 보급을 수행했다. 이를 파악하지 못한 남부군이 철도 파괴에만 전념하면서, 북부군의 보급은 피해를 입지 않았다.) 나아가 뉴올리언스에서 북진하는 뱅크스 군단과

북부군이 빅스버그에 있는 남부군 요새를 공격하고 있다. 우여곡절 끝에 빅스버그를 함락시킴으로써, 북부군은 미시시피강 일대를 완전히 장악했다.

도 결합해 빅스버그에 총공세를 펼치려고 했다. 군단 내 사정으로 인해 뱅크스 군단과의 결합은 끝내 좌절됐지만, 북부군은 빅스버그를 겨냥한 공세를 이어갔다.

우선적으로 셔먼 군단과 맥퍼슨 군단이 빅스버그로 향하는 보급로 격인 잭슨 지역을 공격했다. 동시에 맥클레넌드 군단은 빅스버그 인근의 에드워드역에 주둔하고 있는 펨버턴의 남부군을 견제했다. 잭슨 지역에는 남부군 병력이 6000명 밖에 되지 않았다. 이들은 진격하는 북부군의 기세에 눌려 알아서 철수했다. 잭슨을 점령한 북부군은 빅스버그로의 보급을 차단하기 위해 이 지역의 절반 이상을 불태웠다. 뒤이어 북부군은 챔피언스힐 전투에서 펨버턴의 남부군을 격파했다. 남부군 패잔병들은 급히 빅스버그로 후퇴했다. 이제 남은 것은 빅스버그뿐이었다. 5월 19일, 셔먼 군단이 단독으로 빅스버그에 대한 첫 공세를 감행했다. 이게 실패하자 모든 북부군이 공세에 나섰다. 포병들의 무지막지한 포격이 전개됐지만, 이번에도 공세는 실패로 돌아갔다. 그랜트는 정면 공격이 여의치 않자 포위전을 전개하기로 결심했다. 어차피 보급로가 끊겼기 때문에, 이 전술이 훨씬 유용할 듯했다. 더욱이 빅스버그 안에는 식량과 생필품이 부족한 상태였다. 북부군은 빅스버그 주변에 지그재그형으로 참호를 파고 들어앉았다. 이러한 참호 형태는 적군의 정면 공격을 효과적으로 방어하고, 자신들의 공격 위치를 가급적 앞에 놓을 수 있었다. 포위전을 전개함과 더불어 (참호 형태의 이점을 살려) 치명타를 가할 수 있는 포격전도 행했다. 북부군은 전투기간 동안 하루 평균 650발, 총 11만 2000발의 포탄을 빅스버그에 쏟아부었다. 육군 뿐만 아니라 해군의 함포 사격도 맹위를 떨쳤다. 빅스버그 내의 남부군과 시민들은 포격을 피하기 위해 땅굴을 파거나 동굴로 숨어들었다. 가뜩이나 먹을 식량도 부족한데 맹렬한 포격까지 더해지다 보니, 그야말로 생지옥이 따로 없었다. (남부군과 시민들은 500여 개의 동굴에서 쥐와 뱀, 전갈을 대거 잡아먹었다. 그 결과 해당 지역에 있던 쥐, 뱀, 전갈이 모두 사라졌다고 한다.) 그랜트는 보다 직접적인 공세도 준비했다. 갱도 건설이다. 13개 지점에 있는 남부군 방어선 아래에 땅굴을 파고 화약을 터뜨린 다음, 지반이 무너지면 곧바로 병력을 돌진시키려 했다. 이 작전은 6월 25일에 시행됐다. 북부군은 갱도를 건설한 후, 1톤에 달하는 화약을 남부군 방어선 아래에 설치했다. 그런데 남부군은 속수무책으로 당하지 않았다. 이미 북부군이 갱도를 파면서 다가온다는 사실을 감지하고 있었다. 지하에서 폭발이 일어나기 전에 서둘러 뒤로 물러났다. 조만간 폭발로 인해 깊이가 3.65m에 이르는 분화구가 생겼지만, 남부군은 아무런 피해를 입지 않았다. 북부군은 잘못됐다는 사실을 인지하지 못한 채, 사다리를 타고 분화구 위쪽으로 올라갔다. 대기하고 있던 남부군이 북부군을 지하로 밀어 넣기 위해 공세를 펼쳤다. 분화구에서 양측 사이에 잔혹한 백병전이 벌어졌다. 총칼로 죽고 죽이는 전투가 20시간이나 지속되면서 분화구가 병사들의 시체로 뒤덮였다. 이의 결과는 남부군의 승리였다. 남부군은 북부군이 야심 차게 전개한 갱도 작전을 가까스로 막아냈다.

지극히 어려운 형편에도 불구하고, 남부군은 빅스버그를 극적으로 사수하고 있었다. 과감한 그랜트가 심각한 고민에 빠질 정도였다. 하지만 버티는 데에도 분명 한계가 있었다. 빅스버그 안에 있던 남부군과 시민들은 지칠 대로 지쳤다. 특히 마실 물이 부족한 게 치명적이었다. 바로 옆에 미시시피 강이 있었지만 이는 흙탕물에 불과했다. 계절도 여름으로 접어들면서 온갖 질병이 창궐하기 시작했다. 남부군과 시민들의 3분의 2 이상이 질병에 걸린 환자로 전락했다. 막다른 길로 가는 빅스버그를 구원하기 위해, 다른 지역에 있던 남부군이 북부군의 보급선을 급습하려 했다. 그러나 남부군은 밀리켄스 밴드 전투에서 아프리카계 미국인으로 구성된 보병연대에게 참패했다. 빅스버그는 철저하게 고립돼 버렸다. 더 이상 버티기가 어렵다고 판단한 남부군 장교들이 7월 3일 백기를 내걸고 바깥으로 나왔다. 이들은 그랜트를 만나 펨버턴의 편지를 전달했다. 여기에는 불필요한 희생을 막기 위해 휴전을 체결하자는 내용이 담겼다. 그랜트는 펨버턴을 직접 만나 대화해 보기로 했다. 실제로 만남이 성사됐다. 그랜트는 펨버턴 면전에서 무조건 항복을 요구했다. 펨버턴을 비롯한 남부군 측은 빅스버그에서 명예로운 철수를 하게 해 달라며 맞섰다. 그랜트는 요지부동이었다. 심지어 7월 10일까지 항복하지 않을 경우, '최종 선언'을 듣게 될 것이라는 협박도 했다. 이랬던 그랜트가 얼마 뒤에는 다소 완화된 방안을 제시했다. 북부군이 억류하고 있는 남부군 포로들을 석방하겠다는 조건부 항복안을 제시한 것이다. 남쪽에서 존스턴의 남부군이 진격해오고 있다는 소식이 전향적 태도로 이끌었다. 남부군이 이를 받아들임에 따라 7월 4일 독립기념일에 빅스버그 전역이 종결됐다. 47일 만이었다. 도시 곳곳에 백기가 내걸렸고, 2만 9000명의 남부군 병사들이 바깥으로 나와 행진했다. 그랜트는 이 전역 승리의 공로를 인정받아 북부연방 영웅으로 떠올랐다. 한편 빅스버그 남쪽에 있는 허드슨 요새도 뱅크스의 북부군이 포위 공격을 단행해 함락시켰다. 함락의 대가는 엄청났다. 1만 명에 달하는 북부군이 전사하거나 병에 걸려 죽었다. 이처럼 여러 우여곡절들을 극복하고, 북부군은 마침내 미시시피 강 일대를 완전히 장악했다. 남부연합을 봉쇄하고 동서로 분리시키는 아나콘다 작전이 완성되는 순간이었다.

■ 운명의 게티즈버그

남부연합은 서부 전선에서는 크게 밀렸지만, 동부 전선에서는 선방을 이어갔다. 여전히 리를 비롯한 명장들이 맹활약을 했기 때문이다. 이러한 모습은 1863년 4월 말 래퍼해녹강에서 벌어진 챈슬러스빌 전투 때도 두드러졌다. 새로운 포토맥군 사령관이 된 후커가 13만 명의 북부군을 이끌고 래퍼해녹강을 크게 우회해 남부군의 뒤통수를 치려 했다. 남부군의 총병력은 고작 6만 명에 불과해 대단히 불리한 상황이었다. 이때 리의 전술이 빛을 발했다. 잭슨에게 2만 5000명의 병력을 내어준 뒤, 북부군보다 더 크게 우회해 측후방을 급습하라고 명했다. 해당 지역에는 북부군 제11군단이 있었는데, 예기치 못한 야간 기습에 의해 빠르게 무너졌다. 그런데 이 과정에서 남부군은 뼈아픈 일을 겪었다. 지휘관인 잭슨이 어이없게 전사한 것이다. 측후방 공격 시, 잭슨과 AP힐은 선두에 선 1개 연대 주변에 머무르고 있었다. 그 뒤에는 4개 연대가 뒷받침하고 있었다. 야간에 공격을 하다 보니 피아식별이 제대로 되지 않았다. 뒤에 있는 연대들은 잭슨과 AP힐을 알아보지 못하고 오인 사격을 가했다. AP힐은 가까스로 생존했지만 잭슨은 왼팔 등에 총탄 3발을 맞고 일주일 뒤 사망했다. 리는 챈슬러스빌 전투에서 기적 같은 승리를 일궈냈으나, 가장 유능한 부하를 잃고 말았다. 상심이 컸지만 마냥 슬퍼하고 있을 수만은 없었다. 리는 북부연방을 향해 북진하기로 결정했다. 필라델피아 등으로 진격해 워싱턴 D.C를 압박함으로써, 링컨을 종전협상 테이블로 나오게 하려는 의도였다. 6월 3일, 남부군은 3개 군단으로 나뉘어 진격했다. 제1군단은 롱스트리트, 제2군단은 이월, 제3군단은 AP힐이 각각 맡았다. 추가로 스튜어트 기병사단도 있었다. 총병력은 7만 5000명이었으며, 주요 진격로는 셰넌도어 계곡이었다. 제2군단이 선봉에 섰고 제1군단은 그 뒤를 따랐다. 제3군단과 스튜어트 기병대는 래퍼해녹강에 있는 후커의 북부군을 붙잡아두는 역할을 수행했다. 셰넌도어 계곡을 통해 북진하는 남부군을 알아채지 못하도록 하기 위해서였다. 이에 대응해 후커는 적군의 공세 방향을 간파하기 위해 노력했다. 정찰용 기병대를 브랜디역 등에 파견했다. 그러다가 스튜어트 기병대와 일대 격전이 벌어지기도 했다. 기다란 검을 장착한 양측의 기병대가 충돌해 처참한 살육전이 초래됐다. 북부군은 1000명에 육박하는 병력이, 남부군은 500명에 달하는 병력이 각각 전사했다. 일련의 정찰을 통해 후커는 남부군이 몰래 북진했다는 사실을 알았다. 곧바로 북쪽으로 추격을 단행했다. 이 시기에 남부군은 셰넌도어 계곡을 지나 펜실베이니아의 칼라일을 향해 진격하는 중이었다. 추격하는 북부군에 맞서 스튜어트 기병대가 방해 공작을 시도하려 했다. 이들은 예정된 이동 경로까지 이탈해 후방교란 작전을 펼쳤다. 문제가 뒤따랐다. 원래는 예정된 경로를 따라가면서 북진하는 남부군을 엄호하고, 북부군과 관련한 정보를 전달해줘야 했다. 스튜어트의 오판으로 인해 북진하는 남부군은 필요한 도움을 받지 못하게 됐다. 스튜어트 기병대는 북부군의 후방을 급습하거나 철도, 전신망을 파괴하는 전과를 올렸으나, 아군과 완전히 동떨어지게 됐다.

어느덧 메릴랜드를 넘어 펜실베이니아에 도달한 남부군은 이곳에서 만행을 저질렀다. 각종 물자를 약탈하거나 방화를 했다. 수많은 흑인들을 납치해서 죽여버리기도 했다. 만행이 심각한 수준에 이르자, 리는 명령 72호를 발령해 고결하게 행동할 것을 당부했다. 북부인들은 남부군의 진격 속도와 잔학 행위에 경악을 금치 못했다. 이대로 가다간 북부연방의 핵심 지역인 필라델피아까지 남부군이 진격할 수 있다고 우려했다. 이 당시 새로운 포토맥군 사령관이 된 조지 미드는, 북부군의 추격에 더욱 속도를 낼 것을 명했다. 북부군은 포토맥 강 등을 가열하게 통과해 나갔다. 예상보다 빠른 추격에 남부군은 위기의식을 가지기 시작했다. 리는 북진을 잠시 멈추고, 뒤쫓아오는 북부군과 결전을 치러야 한다고 생각했다. 이에 북부군과 인접한 사우스마운틴의 캐시타운 산지에 병력을 집결시키려 했다. 지형상 이곳이 적군을 효과적으로 저지할 수 있는 장소라고 판단했기 때문이다. 반면 미드는 캐시타운보다 남쪽에 있는 파이프크릭에 북부군을 집결시킨 뒤, 결전을 치르겠다는 생각을 했다. 그런데 캐시타운과 파이프크릭 사이에 있는 게티즈버그에서 양 진영의 충돌이 발생했다. 사전에 전혀 의도하지 않았던 장소에서, 역사상 가장 유명한 전투가 발생한 셈이다. 이유는 다음과 같다. 남부군의 경우 북진 선봉에 섰던 이월의 제2군단이 펜실베이니아의 칼라일까지 진격한 상태였다. 다른 부대와의 격차를 크게 벌려서 매우 멀리까지 와 있는 것이었다. 별안간 캐시타운으로의 집결 명령이 떨어지자, 제2군단은 먼 거리를 돌아가야 했다. 그나마 상대적으로 빨리 갈 수 있는 경로가 있었는데, 이 과정에서 맞닥뜨리는 곳이 게티즈버그였다. AP힐의 제3군단과 롱스트리트의 제1군단은 챔버스버그에서 캐시타운으로 이동했다. 그러다가 캐시타운과 가까운 게티즈버그에 지대한 관심이 생겼다. 그동안 물자 약탈을 통해 상당량의 보급품을 확보했던 남부군은, 게티즈버그에서도 비슷한 재미를 볼 수 있을 것이라 생각했다. 그만큼 해당 지역에서 전쟁에 필요한 물자가 많이 생산된다고 봤기 때문이다. 이로 인해 남부군의 각 군단은 예정했던 캐시타운이 아닌 게티즈버그로 속속 모여들었다. 북부군의 경우 포토맥군 제1군단 예하에 있는 뷰포드 기병대가 정찰을 하던 중, 게티즈버그에 남부군이 있다는 것을 확인했다. 뷰포드 기병대는 상부에 보고를 올린 후 게티즈버그 타운 서북쪽을 점령했다. 이후 미드가 현지 지형을 살펴본 뒤에 이곳에서 전투를 치르는 게 유리할 수 있다는 판단을 내렸다. 게티즈버그 타운 주변에는 세미터리 힐, 컬프스 힐, 오크 힐, 맥퍼슨 리지, 허스 리지 등 능선들이 있어서 방어하기가 용이했기 때문이다. 북부군도 게티즈버그로 향하기 시작했다.

7월 1일, 남부군 제1군단과 제3군단이 게티즈버그 타운에 대한 공격을 개시하면서 게티즈버그 전투의 서막이 올랐다. 아직 북부군은 해당 지역으로 전군이 집결하지 못한 상태였다. 뷰포드 기병대는 증원군이 올 때까지 최대한의 지연전을 펼치려 했다. 이들은 주변의 능선들을 적절히 활용했고, 획기적인 스펜서 연발 소총(탄피식 소총)까지 사용하며 지연전에 어느 정도 성공했다. 조만간 레이놀즈가 이끄는 북부군 제1군단이 게티즈버그 타운에 도달해 전투에 합류했다. 다만 이후의 전황이 좋지 않게 흘러갔다. 제1군단 지휘관인 레이놀즈가 남부군 저격수의 총에 맞아 전사했다. 뒤이어 이월이 이끄는 남부군 제2군단이 게티즈버그에 도달했다. 제2군단의 공격은 제1군단, 제3군단과는 또 다른 방향(측면)에서 이뤄질 수 있었다. 협공의 위기에 처한 북부군은 크게 긴장했다. 결정적으로 리가 게티즈버그에 도착하자마자 총공세를 명했다. 남부군은 정면보단 측면 공세에 주력했다. 이에 따라 이월의 제2군단이 주공을 전개했다. 공세 방향을 예측하지 못한 게티즈버그 타운의 북부군은 빠르게 무너졌다. 북부군은 세미터리 힐로 퇴각했다. 리는 여세를 몰아 제2군단이 세미터리 힐로 곧장 진격하라고 명했다. 그런데 제2군단 지휘관인 이월이 세미터리 힐 공격을 주저했다. 북부군이 해당 지역에 견고한 방어선을 구축해 놓았을 것이라는 판단 때문이다. 제1군단의 롱스트리트마저도 리의 공격 계획에 반기를 들었다. 그는 북부군의 증원 병력이 다가오는 마당에, 무리한 공격으로 화를 자초해선 안 된다고 주장했다. 그러면서 게티즈버그를 크게 우회해 적군의 후방을 급습할 것을 제안했다. 리는 부하들의 반대를 모두 물리치고 정면 공격만을 고집했다. 북부군이 아직 세미터리 힐에 총집결하지 않았으며, 우호적인 분위기를 살려 결정적 승기를 잡아야 한다고 강조했다. (남부군은 스튜어트 기병대의 부재로 인해 상대방과 관련한 정보를 제대로 취득하지 못했다. 이것이 전술적 혼선의 주요 원인으로 작용했다.) 남부군이 추가 공세 여부를 확정 짓지 못하고 우왕좌왕하는 사이, 북부군은 세미터리 힐과 컬프스 힐에 약 3만 명에 달하는 병력을 집결시키고 있었다. 후속 부대도 속속 들어왔다. 남부군은 리의 완강한 고집에 따라 공격을 단행하기로 최종 결정했다. 세미터리 힐뿐만 아니라 게티즈버그 여러 지역에서 군사 작전을 전개할 터였다. 롱스트리트의 제1군단이 주공을 맡아, 취약지점으로 여겨지는 북부군의 좌측방을 노렸다. 제2군단과 제3군단은 각각 우측방과 중앙에서 기만 견제를 수행할 것이었다. 북부군이 좌측방으로 가지 못하도록 묶어두기 위해서였다. 다만 남부군의 전개는 때늦은 감이 있었다. 남부군 관련 정보를 취득한 북부군은 게티즈버그 여러 지역에 방어선을 구축했다. 방어선의 모습은 마치 낚싯바늘과 같았다. 특히 지형지물을 적절히 활용함으로써 방어 효과를 극대화시켰다.

머지않아 이의 영향이 나타났다. 남부군 제1군단은 좌측방 공격 시, 데블스 덴, 리틀 라운드 탑, 빅 라운드 탑 등을 거쳐야만 했다. 당초 남부군은 이 지역들에 적군이 없을 것이라 예상했지만, 상당수의 북부군이 존재하고 있었다. 북부군의 사이크스 군단은 데블스 덴에서 거대한 돌 등을 엄폐물로 삼아 남부군을 무진장 괴롭혔다. 더욱이 핸콕 군단이 절묘한 시점에 증원군으로 가담하면서 남부군을 격퇴하는 데 성공했다. 리틀 라운드 탑 전투에서도 북부군은 남부군을 막아냈다. 제5군단 예하 1사단 빈센트 여단이 고지를 향해 돌격하는 남부군에게 무차별 사격을 가했다. 남부군은 수많은 사상자가 나오면서 흔들렸다. 뒤이어 북부군이 착검을 한 후 적군에게 돌격했다. 착검 돌격을 미처 예상하지 못한 남부군은 크게 당황했다. 양 진영 간 대규모 육박전이 벌어지면서 해당 지역이 병사들의 피로 물들었다. 비록 북부군에서 더 많은 희생자가 나오긴 했지만, 남부군을 밀어내고 지역을 사수해 냈다.

리는 더 이상 좌측방 침투가 어렵다고 판단, 공세 방향을 바꾸기로 했다. 이번에는 중앙 돌파를 모색했다. 여기를 돌파하면 북부군을 둘로 쪼갤 수 있고, 이후 좌측방과 우측방에 있는 적군을 손쉽게 각개격파할 수 있다고 판단했다. 남부군의 중앙 공세는 특별한 부대가 주도했다. 롱스트리트 군단의 피켓 사단이다. 1만 3000명의 병력으로 구성된 이 사단은, 7월 3일 그 유명한 '피켓의 돌격'을 감행할 터였다. (롱스트리트를 비롯한 많은 이들이 무모하다고 반대했으나, 리가 집요하게 밀어붙여 돌격하게 만들었다.) 우선 남부군이 보유하고 있는 모든 대포들이 불을 뿜었다. 이에 맞서 북부군도 포병 사격을 가했다. 어느 순간 북부군에서 포성이 멎자, 남부군은 기회가 왔다고 판단했다. 적군의 탄약이 모두 소진됐다는 전제 하에, 오후 2시 피켓의 돌격을 감행했다. 이들은 "프레드릭스버그"를 외치며 실로 용맹하게 앞으로 나아갔다. 여전히 북부군의 포격이 없을 것으로 확신하는 상태였다. 그런데 북부군 진영에서 엄청난 양의 포탄이 쏟아져 들어왔다. 돌진하던 피켓 사단은 포탄 세례를 받고 속절없이 쓰러져 나갔다. 기적적으로 포탄을 뚫고 앞으로 나아간 병력도 있었지만, 이들 앞에 놓여있는 것은 북부군의 연발 소총이었다. 더욱이 일부 병사들은 산탄총 효과를 내는 활강식 머스킷까지 사용했다. 이는 탄환이 흩어짐으로써 짧은 거리에서 엄청난 살상 효과를 발휘했다. 거센 반격의 여파로 순식간에 피켓 사단의 절반 이상이 소멸했다. 말 그대로 무모한 돌격을 감행했다가 처참한 지경에 이르고 말았다. 결국 피켓 사단은 퇴각했고, 리가 야심 차게 계획한 중앙 돌파도 실패로 돌아갔다. 이를 계기로 남부군은 공세 여력을 완전히 상실했다. 링컨과 할렉은 곧바로 강력한 반격을 펼쳐서 게티즈버그의 남부군을 모조리 섬멸할 것을 명했다. 미드의 생각은 달랐다. 3일 동안의 격전으로 북부군이 몹시 지쳤고, 섣불리 반격했다가 남부군에게 역공을 당할 수도 있다고 생각했다. 북부군이 즉각적인 반격을 하지 않는 사이, 남부군은 7월 4일 밤부터 철수를 단행했다. 게티즈버그 전투에서 북부군은 2만 3000명, 남부군은 3만 명에 가까운 병력이 전사했다. 북버지니아군 총병력의 3분의 1이 소멸함에 따라 남부군은 돌이킬 수 없는 수렁에 빠져버렸다. 이후 종전 때까지 방어전으로 일관할 수밖에 없게 됐다.

1863년 11월 19일, 링컨은 전사한 병사들을 위한 국립묘지 봉헌식에서 그 유명한 '게티즈버그 연설'을 했다. 이 연설은 인류 역사상 가장 위대한 연설로 손꼽힌다.

■ 게티즈버그 연설

게티즈버그는 이곳에서 행해진 전투보다 그 이후에 있었던 세기의 연설로 더 유명해졌다. 바로 링컨의 '게티즈버그 연설'이다. 1863년 11월 19일, 링컨은 전사한 병사들을 위한 국립묘지 봉헌식에서 해당 연설을 했다. 당시 목격자들의 증언에 따르면, "(링컨이) 망원경이라도 끄집어내는 것처럼 어색한 동작으로 일어나 안경을 고쳐 쓴 뒤, 원고에서 거의 눈을 떼지 않고 높은 음성으로 연설을 시작했다"라고 한다. 원래는 당대 최고의 웅변가였던 에드워드 에버렛의 1시간 연설이 주목을 받아야 했다. 하지만 에버렛의 연설은 묻혔고, 고작 10개의 문장으로 구성된 링컨의 2분 연설만이 두고두고 회자되고 있다. 미국의 건국 정신을 수호하기 위해 목숨을 바쳤던 병사들의 뜻을 이어받아, 살아남은 자들이 '민주주의'의 가치를 굳건하게 지켜나가야 한다는 요지의 연설이었다. 미국 역사상 가장 많이 인용된 연설이자, 가장 위대한 연설로 손꼽히는 게티즈버그 연설의 내용은 다음과 같다.

"87년 전에, 우리의 선조들은 자유가 실현되고 모든 인간은 평등하다는 원리가 충실히 지켜지는 새로운 국가를 이 대륙에 탄생시켰습니다. 우리는 지금 내전에 휩싸여, 우리 선조들이 그토록 지켜지길 원했던 국가가 오랫동안 존립할 수 있을지를 시험받고 있습니다. 오늘 우리는 격렬한 전투가 벌어졌던 그 자리에 모였습니다. 우리는 조국을 구하려다 전사한 분들에게 마지막 안식처로서 이 전쟁터의 일부를 바치고자 합니다. 하지만 더 엄밀한 의미에서 보면, 이 땅을 봉헌하고 성지로 만드는 존재는 결코 우리가 아닙니다. 우리가 끼어들 여지도 없이 여기서 싸웠던 용감한 분들이 이미 이곳을 성스러운 공간으로 탈바꿈시켰습니다. 세상 사람들은 우리가 여기서 하는 말에 그다지 주목하지 않을 것이며, 오래 기억하지도 않을 것입니다. 그러나 그분들이 여기서 이뤄낸 업적만큼은 결코 잊지 못할 것입니다.

이제 우리는 살아남은 자로서, 이곳에서 싸웠던 분들이 그토록 애타게 이루고자 염원했던 미완의 과업을 달성하기 위해 헌신해야 합니다. 우리는 대의에 헌신할 수 있는 커다란 힘을 그분들로부터 얻고, 그분들의 죽음을 결코 헛되이 하지 않겠다고 굳게 다짐함으로써 위대한 과업 달성에 헌신할 수 있습니다. 이처럼 우리가 헌신적인 노력을 기울일 때, 우리나라는 하나님의 가호 속에서 새롭게 보장된 자유를 누릴 수 있을 것입니다. 그리고 '국민의, 국민에 의한, 국민을 위한 정부'(government of the people, by the people, for the people)가 이 지구상에서 결코 사라지지 않을 것입니다."

■ 북부군의 총공세

북부연방은 남북전쟁에선 승기를 잡아나갔지만, 심각한 내부 문제로 인해 골머리를 앓았다. 1863년 중순에 뉴욕에서 대규모 폭동 사태가 발생했다. 이유는 징병법과 입대장려금 도입 때문이다. 당시 북부군은 병력 확충의 필요성을 절감해 적극적 징병을 도모했는데, 이에 불만을 품은 사람들이 정부 및 군대 관련 건물을 공격했다. 나아가 흑인들을 표적으로 삼아 무자비한 공격을 가했다. 흑인들이 거주하고 있던 시설에 방화를 하거나 흑인들을 강제로 끌고 나와 목매달았다. 연방 정부는 위기감을 느끼고 단호한 대처에 나섰다. 게티즈버그 전투에서 돌아온 군대를 동원해 무력 진압을 감행했다. 이때 북부군이 사용한 신무기가 개틀링 건이다. 손잡이를 돌려 총신을 회전시키면서 1분당 최대 200발에 달하는 총탄을 발사했다. 상당히 비싸긴 했지만 상대에게 엄청난 살상을 가할 수 있었다. 이에 힘입어 북부연방은 폭동을 진압하고 안정을 되찾았다. 내부 문제를 해결한 링컨은, 이제 남부연합을 완전히 무릎 꿇리기 위한 총공세를 계획했다. 우선 1864년 초에 그랜트를 북부군 총사령관으로, 셔먼을 서부지역군 사령관으로 임명했다. 그런 다음 이들과 논의해 공세 전략을 수립했다. 핵심은 동부 전선과 서부 전선,

전 지역에서 동시에 진격하는 것이었다. 압도적인 공세로 남부군의 전쟁수행 능력은 물론 전쟁 의지까지 확실히 꺾어버린다는 목표였다. 북부군은 병력이 우세하고 철도망을 통한 이동도 수월한 만큼 매우 유리한 위치에 있었다. 반면 병력과 물자가 부족했던 남부군은 북부군의 동시다발적인 공격에 취약할 수밖에 없었다. 먼저 동부 전선을 살펴보면, 프란츠 시겔이 이끄는 포토맥군 제11군단이 셰넌도어 계곡으로 진격했다. 벤자민 버틀러가 이끄는 제임스군(버지니아+노스캐롤라이나 부대)은 먼로 요새에서 피터즈버그로 진격했다. 피터즈버그는 리치먼드 바로 아래쪽에 있었다. 그랜트는 미드와 함께 포토맥군을 직접 이끌고 리치먼드를 향해 남진하기로 했다. 북쪽과 남쪽에서 동시 공격하면서 남부군을 곤경에 빠뜨리려 한 것이다. 리는 리치먼드를 사수하기 위해 전의를 불태우긴 했으나 누가 봐도 역부족인 상황처럼 보였다. 북쪽에서 내려오는 그랜트와 미드의 군대를 막아내는 것도 힘들었고, 남쪽에서 치고 올라오는 버틀러 군단도 만만치 않았다. 그럼에도 리는 어떻게든 북부군을 저지하기 위해 몸부림쳤다. 롱스트리트 군단 등을 끌어들여 남부군을 3개 군단 체제로 편성했다. 병력은 약 6만 5000명까지 모았다. 비록 10만 명이 넘는 북부군에 비할 바는 아니었지만, 병력을 최대한도로 집결시켰다.

리치먼드를 목표로 한 그랜트의 포토맥군은 1864년 5월 4일 래피단 강을 건넌 뒤 윌더니스로 향했다. 이곳은 나무와 습지가 많았기 때문에 대군이 진격하기가 불편했다. 그래도 포토맥군은 남부군의 우측방으로 우회하기 위해 해당 지역으로 진격했다. 문제는 남부군이 이를 눈치채고 빠르게 대처했다는 것이다. 이들은 윌더니스로 신속히 진격한 다음, 지형지물을 적절히 활용해 방어 태세를 갖췄다. 실제로 북부군의 우세한 병력, 무기는 윌더니스에서 효력을 발휘하지 못했다. 남부군은 빽빽한 나무 등을 엄폐물로 삼아 북부군에게 효과적인 반격을 가했다. 북부군은 정면 돌파를 고집하다가 2만 명에 달하는 사상자가 발생했다. 그랜트는 막대한 희생에도 불구하고 공세를 포기하지 않았다. 그만의 과단성 있는 기질이 발휘된 탓도 있지만, 남부군에서 불의의 사고가 발생한 것이 큰 영향을 미쳤다. 어느 날 롱스트리트 군단이 숲 속에서 기동하다가 피아식별을 제대로 하지 못하는 일이 벌어졌다. 아군끼리 오인 사격이 이뤄지면서 남부군의 젠킨스 여단장과 수많은 병사들이 전사했다. 롱스트리트도 총상을 입고 병원으로 후송됐다. 리의 핵심 측근이 전선에서 이탈함에 따라 남부군은 치명타를 입었다. 이를 틈타 북부군은 스폿실베이니아로 진격했다. 이곳을 점령해 리치먼드로 향하는 보급선을 끊으려 했다. 그런데 이번에도 남부군이 재빠르게 기동 했다. 스폿실베이니아에서 참호를 파고 방어전에 돌입했다. 북부군은 남부군의 참호선을 돌파하기 위해 온갖 노력을 기울였다. 포사격은 물론 백병전까지 불사했다. 남부군은 참호를 기반으로 필사의 방어전을 펼쳤다. 전투는 무려 12일 동안이나 지속됐다. 앞선 전투와 마찬가지로, 스폿실베이니아 전투에서도 방어자가 좀 더 유리했다. 북부군은 잠시 후방에 있는 뮬슈로 물러났다. 남부군은 영악하게 움직였다. 곧장 뮬슈 인근으로 나아가서 또 다른 참호선을 구축했다. 리는 이러한 방식으로 전투를 소모전, 지연전 양상으로 끌고 가려 했다. 이렇게 해야만 병력과 물자의 근원적 열세를 극복할 수 있다는 것을 알았기 때문이다. 예상외로 남부군이 만만치 않게 나오자 북부군은 당황했다. 그랜트는 전황을 반전시킬 수 있는 대안을 모색했다. 그 결과 필립 셰리든이 지휘하는 북부군 기병군단을 동원하기로 했다. 이들은 막강한 기동력에 기반한 게릴라 전술로 남부군을 크게 괴롭혔다. 후방에서 남부군의 보급선을 위협했고, 포로로 잡힌 북부군 병사들을 구출하기도 했다. 남부군은 스튜어트 기병대를 동원해 맞대응했다. 노란 선술집이란 빈 여관 앞에서 양 측 기병대가 조우한 뒤, 자존심을 건 치열한 혈투를 벌였다. 전투가 한창 진행되던 중, 남부군 기병대가 치명타를 입는 사건이 발생했다. 기병단장인 스튜어트가 북부군 저격수가 쏜 총탄에 맞았다. (전투에 앞서 그랜트는 셰리든에게 스튜어트를 정밀 조준해 제거할 것을 명했다.) 저격당한 스튜어트는 곧바로 죽지는 않았지만 굉장히 위태로운 처지에 놓였다. 어쩔 수 없이 지휘권을 부하에게 넘기고 리치먼드로 후송됐다. 스튜어트는 다음날에 사망했다. 리는 핵심 측근들을 잇따라 잃어버리면서 상심이 커졌다. 반면 북부군 기병대는 노란 선술집 전투에서 승리하며 기세를 올렸다.

그렇다고 북부군에게 당장 획기적인 돌파구가 마련된 것은 아니었다. 그랜트의 포토맥군은 여전히 나아가지 못했다. 시겔의 포토맥군 제11군단도 셰넌도어 계곡에서 막혔으며, 버틀러의 제임스군도 피터즈버그를 공략하지 못하고 있었다. 그랜트가 구상했던 대전략이 커다란 차질을 빚는 모습이었다. 그럼에도 그랜트의 포토맥군은 포기하지 않고 돌파를 시도했다. 적군의 우측방을 크게 돌아서 남진해 들어갔다. 남부군은 허겁지겁 따라붙으면서, 북부군을 저지하기 위해 안간힘을 썼다. 그랜트는 결코 멈춰서지 말고 끈질기게 남진하라고 명했다. 진격 도중에 자리를 잡고 전투를 벌이기보단 무조건적인 남진에 주안점을 뒀다. 이 작전은 매우 주효했다. 남부군의 방어를 궤멸시키진 못했지만, 6월 리치먼드에서 10km 떨어져 있는 콜드하버까지 진출하는 데 성공했다. 더 이상 물러날 곳이 없는 남부군은, 이곳에 새로운 방어선을 형성한 뒤 결사항전 태세를 갖췄다. 그랜트는 좌고우면 하지 않고 곧바로 정면 공격을 감행하라고 명했다. 용맹해 보일 수도 있었으나 굉장히 무모한 공세였다. 돌진해 오는 북부군 병사들을 겨냥해 남부군의 맹렬한 포사격이 이어졌다. 별안간 수천 명의 사상자가 발생했다. (추후 북부연방에서는 그랜트의 해당 작전에 대해 맹비난이 쏟아졌다. 그랜트도 잘못을 인정하고 후회했다고 한다.) 그랜트는 정면 공격을 접고 제임스 강을 도하하기로 했다. 이것이 성공한다면, 피터즈버그와 리치먼드를 보다 용이하게 공략할 수 있을 것이라 판단했다. 그런데 제임스 강은 버지니아에서 가장 긴 강으로써, 폭이 600m에 달했다. 건널 만한 다리도 존재하지 않았다. 물리적인 어려움에도 불구하고, 북부군은 강력한 의지를 바탕으로 부교를 건설해 나갔다. 고정된 뗏목 위로 목재를 연결해 부교를 완성했다. 아울러 북부군은 남부군이 제임스 강 도하를 눈치채지 못하도록 기만 전술을 펼쳤다. 일부 병력을 콜드하버에 남겨놓았고, 또 다른 병력은 치카호마니 강을 건너게 했다. 셰리든 기병대를 통해 트레빌리안 역을 습격하기도 했다. 남부군의 시선은 제임스 강보다 다른 곳에 있을 수밖에 없었다. 눈치 빠른 리도 제임스 강 도하가 주공인지를 까마득히 몰랐다. 그 사이에 10만 명의 북부군은 제임스 강 도하에 무난히 성공했다. 이후 피터즈버그를 향해 진격했다. 이곳은 미국 면화 공장의 3분의 1이 있을 정도로 산업의 중심지였다. 리치먼드로 수많은 물자를 보내는 보급기지였으며 철도 교통의 중심지이기도 했다. 북부군이 피터즈버그를 점령한다면, 리치먼드를 말려 죽이는 것도 가능할 터였다. 이처럼 북부군이 턱 밑까지 다가오자 남부군은 황급히 방어선 구축에 나섰다. 공병 장교인 찰스 딤목이 주도해 피터즈버그에 '딤목 라인'을 만들었다. 이 방어선은 비교적 튼튼했기 때문에 북부군이 쉽게 뚫을 수 있을지는 미지수였다. 게다가 보우리가드가 지휘하는 남부군이 합류한 뒤, 피터즈버그 북서쪽에 있는 버뮤다 헌드레드에서 북부군의 증원군인 제임스군 제18군단을 저지했다. 뒤이어 핸콕이 지휘하는 북부군 제2군단도 막아냈다. 보우리가드의 남부군 병력은 4500명에 불과했지만, 마치 병력이 많아 보이게 하는 기만 전술을 적절히 구사해 성공했다.

시간이 갈수록 피터즈버그에 남부군 증원군이 속속 도착하면서 방어가 강화됐다. 북부군은 과거 전투의 악몽이 떠올라 즉각적인 공세를 주저했다. 대신 주변에 있는 웰던 철도 등을 차단하며 피터즈버그를 고립시키려 했다. 남부군이 신속히 역공을 가하면서 철도 차단은 무위에 그쳤다. 다음으로 북부군은 피터즈버그 전면 포위를 시도했다. 이와 함께 빅스버그 전역 때처럼, 땅굴을 파낸 뒤 적군의 참호선 아래에 4톤에 달하는 폭탄을 설치하려 했다. 제48펜실베이니아연대의 전문 광부출신 병사들이 동원, 남부군이 알아채지 못하게 은밀히 폭탄을 설치하는 데 성공했다. 당시 전장에서 앞장서 지휘하던 번사이드는 폭탄이 터진 직후 곧바로 흑인 보병부대(제4사단)를 돌격시킨다는 계획을 세웠다. 흑인 부대는 이 같은 상황을 대비해 충분히 훈련한 상태였다. 그러나 미드가 막판에 흑인 부대를 공격에서 제외시키라고 명했다. 흑인들을 총알받이로 이용한 것 아니냐는 비판을 우려했기 때문이다. 그러면서 훈련이 전혀 안된 제1사단이 작전을 수행하게 됐다.

7월 30일 새벽, 마침내 피터즈버그의 남부군 참호선 아래에서 폭탄이 터졌다. 귀를 찢어버릴 듯한 어마어마한 폭발음이 발생했다. 이 직후에 깊이 9m, 길이 51m, 폭 18m에 이르는 거대한 분화구가 형성됐다. 폭발의 충격으로 말미암아 현장에 있던 남부군 300여 명은 온몸이 분해되며 죽어나갔다. 북부군은 절호의 기회를 맞았다. 적군이 혼란한 틈을 타서 제1사단이 곧장 돌격해야 했다. 그런데 이들은 10분 동안 가만히 있었다. 생각보다 큰 폭발에 당황했으며, 공격 훈련이 제대로 돼있지 않았기 때문이다. 그 사이 남부군은 빠르게 방어선을 재정비했다. 지휘관이었던 윌리엄 머혼이 병사들을 적극 독려한 결과였다. 뒤늦게 북부군 제1사단이 분화구를 넘어 돌파를 시도했지만, 남부군의 저항에 가로막혔다. 번사이드는 제4사단까지 투입하는 승부수를 뒀다. 양 측간 포격전은 물론 피 튀기는 백병전이 벌어졌다. 전투가 무려 9시간 이상 지속되는 가운데 6000명이 넘는 사상자가 발생했다. 크레이터 전투의 승자는 남부군이었다. 북부군은 기회를 살리지 못하고 흑인 부대가 거의 전멸하는 치명상을 입고 퇴각했다. 이쯤에서 전체 전황을 살펴보면, 북부군은 대부분의 전선에서 지지부진한 모습을 보였다. 동부 전선에서는 피터즈버그와 셰넌도어 계곡에서 꽉 막혔고, 서부 전선에서도 녹록지 않은 모습이 나타났다. 뉴올리언스에 있던 뱅크스 군단은 예정했던 모빌로 가지 않고 전략적 가치가 떨어지는 알렉산드리아로 가버렸다. 동부와 서부, 전 지역에서의 압도적인 공세로 남부군의 전쟁수행 능력 및 전쟁 의지를 꺾어버리려 했던 그랜트의 계획은 틀어졌다.

그나마 눈에 띄는 움직임을 보였던 것은 서부 전선에 있는 셔먼의 군대였다. 약 11만 명에 달했던 이들은, 채터누가에서 남부연합으로 깊숙이 침투해 들어가는 전략을 세웠다. 무엇보다 철도업 및 제조업의 중심지였던 애틀랜타를 표적으로 삼았다. 셔먼의 북부군을 상대하는 것은, 약 5만 명의 병력을 갖춘 존스턴의 남부군이었다. 병력 측면에서 현저히 열세였으나 애팔래치아 산맥을 활용해 방어를 용이하게 할 수 있었다. 북부군의 취약한 보급선을 급습해 절단할 수도 있었다. 셔먼은 이 같은 위험성을 감안해 군대를 3개 군단으로 나눴고, 가급적 우회기동을 하라고 명했다. 그런데 남부군이 제대로 싸워보지도 않고 철수하기 급급했다. 이에 북부군은 돌턴, 리사카, 아데어스빌 등을 잇따라 함락시키며 애틀랜타로 접

셔먼의 북부군은 서부 지역에 있는 남부연합 도시들을 잇따라 함락시키며 전황을 호전시켜 나갔다.

근해 갔다. 그러다가 애틀랜타와 매우 가까운 케너소 마운틴에서 양 측이 충돌했다. 북부군은 연이은 진격으로 자신감이 차올라 이곳에서 정면 공격을 감행했다. 이번에도 북부군은 지역을 점령하는 데 성공했다. 다만 2000여 명에 달하는 사상자가 발생, 대가를 톡톡히 치렀다. 어느덧 북부군은 애틀랜타 코앞까지 다가갔다. 존스턴의 남부군은 일찌감치 애틀랜타로 들어가 요새를 기반으로 한 방어전에 돌입했다. 존스턴은 적군에게 치명타를 가할 수 있는 한 방을 노렸다. 잇따른 남진으로 인해 늘어진 북부군의 보급선을 기습 절단할 계획을 세웠다. 어쩌면 그동안의 퇴각은 이를 위한 전략적 차원의 행위일 수 있었다. 만약 보급선 절단 작전이 성공한다면, 지금껏 잘 나가던 셔먼의 군대는 일순간 무너질 가능성도 존재했다. 그런데 남부군 내부에 격변이 발생했다. 남부연합 대통령인 제퍼슨 데이비스가 존스턴을 전격 해임했다. 존스턴이 제대로 싸우지 않고 후퇴를 계속한 것에 대한 문책이었다. 나름대로 존스턴에겐 한 방이 있었지만, 데이비스는 이를 이해하지 못했다. 존스턴의 후임으로 테네시군 제2군단장인 존 후드가 왔다. 후드는 애틀랜타에서 격렬히 저항할 것을 천명했다. 존스턴과 달리 북부군의 보급선을 급습할 생각은 하지 않았다. 7월 22일, 애틀랜타 전투가 발발하자 일방적인 양상이 나타났다. 셔먼의 북부군은 신속한 기동전을 펼치면서, 애틀랜타 외곽에 있는 남부군 방어선을 일일이 격파해 나갔다. 애즈라 교회 전투, 유토이크리크 전투에서 잇따라 승리했다. 진격 도중에 애틀랜타로 향하는 철도도 파괴했다. 이로 인해 남부연합의 심장 격인 애틀랜타는 완전히 고립무원의 상태가 됐다. 8월 31일에 있었던 존즈버러 전투에서도 북부군이 승리하면서, 남부군은 더 이상 애틀랜타를 사수할 수 없는 지경에 이르렀다. 다음날부터 남부군과 애틀랜타 시민들의 대규모 피난 행렬이 나타났다. 수많은 물자들이 28대의 기관차에 실렸으며, 미처 가져가지 못하는 것들은 모조리 불태워졌다. 피난 과정에서 돌발 상황이 발생하기도 했다. 기관차에 실었던 화약들이 연쇄적으로 폭발한 것이다. 폭발음은 30km 떨어져 있는 셔먼에게까지 들릴 정도였다. 불길이 급속도로 번지면서 애틀랜타는 화염에 휩싸였고 무수한 사상자들이 발생했다. 9월 2일, 마침내 북부군이 애틀랜타에 입성했다. 셔먼은 군악대를 동원해 축제 같은 분위기를 조성했다. 애틀랜타에 있던 수많은 흑인노예들은 북부군을 해방군으로 간주하며 환호했다. 이와 비숫한 시기에 또 하나의 낭보가 날아들었다. 뱅크스 군단이 핵심 지역인 모빌을 점령하는 데 성공했다. 이제 북부연방은 서부 전선을 완전히 장악하며 승전의 문턱에 성큼 다가섰다.

■ 수정헌법 제13조

남부연합은 깊은 좌절의 늪에 빠졌다. 승전은 고사하고 협상을 통해 이득을 취할 기회도 사라졌다. 1864년 11월 8일에 치러진 대통령 선거에서 링컨이 재선 됨에 따라 상황은 더욱 나빠졌다. 당초 링컨의 재선 가능성은 높지 않았다. 공화당 내에서도 회의적인 반응이 잇따랐다. 정치적으로 암담한 상황에서, 애틀랜타 전역 승리 소식이 전해졌다. 북부인들은 애틀랜타 점령을 매우 의미있게 받아들였으며, 링컨의 공로가 크다고 평가했다. 별안간 링컨의 재선 가도에 청신호가 켜졌다. 결정적인 호재로 작용하는 사건은 또 있었다. 셰넌도어 계곡에서 파생된 전투였다. 초반에 주발 얼리가 지휘하는 남부군이 셰넌도어 계곡에서 헌터의 북부군을 격파하고 빠르게 북진했다. 이들은 포토맥 강을 도하한 뒤 프레드릭까지 나아갔다. 피터즈버그에 집중하고 있었던 그랜트는 깜짝 놀랐다. 북부연방의 수도인 워싱턴 D.C에 위협이 가해질 수 있었기 때문이다. 대부분의 병력이 피터즈버그 등으로 차출된 만큼, 워싱턴 D.C에는 방어 병력이 부족한 상태였다. 소개령이 발령될 조짐까지 보일 정도로 워싱턴 D.C에는 초비상이 걸렸다. 이때 프레드릭에 있는 루이스 월리스의 북부군이 사력을 다해 저항했다. 병력이 6000명에 불과해 적군(1만 4000명)보다 열세인 상황이었지만, 하루 이상 남부군의 진격을 지연시켰다. 그럼에도 워싱턴 D.C는 위기에서 빠져나오지 못했다. 남부군은 전열을 재정비한 뒤, 워싱턴 D.C에 근접한 스티븐스 요새까지 나아갔다. 겁먹은 연방정부 인사들이 링컨에게 얼른 대피할 것을 권했다. 그런데 링컨은 매우 초연한 자세를 유지하며 수도를 사수할 것을 명했다. 직접 전장으로 달려가 병사들을 격려하고 사기를 북돋기까지 했다. 기적이 일어났다. 최고사령관의 용기 있는 행동에 감명을 받은 북부군은, 요새에서 뛰쳐나와 남부군에게 맹렬히 돌진했다. 북부군 중에는 부상병들과 노병들도 많았는데, 이들마저도 죽음의 두려움을 과감히 벗어던지고 돌진했다. 전혀 예상치 못한 반격에 남부군은 크게 당황했다. 여전히 병력이 더 많았음에도 기세에 눌려 물러나고 말았다. 조만간 그랜트가 급파한 지원군까지 다가오면서, 남부군은 셰넌도어 계곡으로 철수하기로 했다. 이로써 북부연방은 수도 함락의 위기에서 벗어났다.

사상 초유의 위기 상황을 주도적으로 극복해 낸 링컨에게 찬사가 쏟아졌다. 이에 힘입어 링컨의 재선은 거의 확정적이 됐다. 실제로 링컨은 대통령 선거에서 (남부연합을 제외한) 자유주 25개 주 가운데 23개 주에서 승리했다. 압도적 지지를 기반으로 한 링컨은 커다란 자신감을 갖게 됐다. 앞으로 자신이 해야 할 과업을 명확히 설정했다. 전쟁을 조속히 끝내는 것은 기본 전제였다. 나아가 노예 해방을 영구화해야 한다고 결심했다. 앞서 링컨은 노예 해방 선언을 한 적이 있었다. 이 자체만으로 큰 의미가 있었지만, 노예 해방이라는 목표를 완벽히 달성하는 데에는 한계가 있었다. 노예 해방 선언을 뒷받침하는 법적 토대가 미약했기 때문이다. 법적인 측면이 갖춰지지 않음으로써, 노예 해방 선언에 별로 개의치 않는 노예주들도 많았다. 링컨은 이대로라면 노예 해방 선언이 언제든 각 주의 자의적 판단 내지는 사법적 판단으로 뒤집힐 수 있다고 우려했다. 그동안 남북 전쟁에서 흘린 막대한 피와 수많은 정치적 노력들이 무의미해지는 것을 결코 좌시할 수 없었다. 링컨은 고심 끝에 해법을 찾아냈다. 바로 '헌법 개정'이다. 재선에 성공한 링컨은 곧바로 '수정헌법 제13조'를 추가하는 작업에 착수했다. 수정헌법의 주요 내용은 다음과 같다. '제1항- 어떠한 노예제나 강제 노역도, 해당자가 정식으로 기소돼 판결로써 확정된 형벌이 아닌 이상, 미국과 그 사법권이 관할하는 영역 내에서 존재할 수 없다.' '제2항- 의회는 적절한 입법을 통해 본조(本條)를 집행할 권한(Power to enforce)을 갖는다.' 다만 현실은 녹록지 않았다. 헌법 개정안이 의회를 통과하기 위해선 의원들 3분의 2 이상의 찬성이 필요했다. 당시 링컨이 속해있던 공화당 의원 수는 전체의 50%를 갓 넘는 수준에 불과했다. 반대편에 있는 민주당 의원들의 지지가 반드시 필요했다. 노예제 폐지에 소극적인 공화당 보수파도 사로잡아야 했다. 보수파는 부담스러운 노예제 폐지보다 하루빨리 전쟁이 종결되기만을 바랐다. 논란이 되는 수정헌법을 통과시켜 남부연합을 자극할 필요는 없으며, 남부연합과의 평화협상을 서둘러 진행해야 한다는 주장을 펼쳤다.

링컨은 현실에 굴복하지 않고 당초 계획을 강행하기로 했다. 반대하는 민주당 의원들을 끈질기게 설득하는 한편, 아직 입장을 정하지 못하고 망설이는 공화당 의원들을 일일이 만나 토론하고 논쟁하며 설득했다. 때로는 다소 부정한 방법까지 동원했다. 일부 민주당 의원들에게 정부 요직을 약속하거나 돈으로 매수하기도 했고 교활한 거짓말도 서슴지 않았다. 공화당 보수파의 반발을 최소화하기 위한 노력도 병행했다. 이의 일환으로 노예 해방은 물론 흑인 투표권까지 주장한 공화당 급진파를 온건화시켰으며, 수정헌법 제13조의 목적을 (완화된 용어인) '법적 평등'으로 조정했다. 또한 링컨은 노예제 폐지에 불리하게 작용할 수 있는 평화협상을 지연시키기 위해 일부러 전쟁을 질질 끌기도 했다. 이러한 모습들은 그동안 우리가 인식했던 링컨의 모습과는 상반된 것이다. 고결한 도덕적 이상을 실현하기 위해 자신의 손을 더럽히는 비도덕적 행위까지도 할 줄 알았던, 그야말로 마키아벨리적인 '현실 정치인'의 면모를 가감 없이 선보였던 셈이다. 더 큰 대의를 위해 물불을 가리지 않는 수단들을 동원한 노력은 마침내 빛을 봤다. 1865년 1월 31일, 수정헌법 제13조는 단 2표 차이로 의회를 통과했다. 이로써 노예제는 미국 내에서 공식적으로 사라졌다. 링컨이 사망한 후인 12월 6일에 각 주에서 수정헌법이 비준됐다.

■ 바다로의 행군, 리치먼드 함락

애틀랜타를 점령한 셔먼은 야심 찬 계획을 수립했다. 바다와 맞닿아 있는 항구도시인 서배너까지 진격하면서, 남부연합의 조지아를 초토화시키겠다는 것이었다. 일명 '바다로의 행군'이다. 그러나 그랜트는 이를 허락하지 않았다. 애틀랜타에서 후퇴했던 후드의 남부군을 견제할 필요가 있었기 때문이다. 셔먼은 휘하에 있는 토머스 군단에게 남부군을 견제하게 했고, 자신의 군대는 행군을 하게 해달라고 거듭 요청했다. 최종 승인이 떨어졌다. 약 6만 명에 이르는 셔먼의 북부군이 1864년 11월 15일부터 행군을 개시했다. 행군 거리는 무려 460km에 달했다. 이 엄청난 거리를 지나가는 동안 북부군은 특이한 모습을 나타냈다. 자신들의 후방 보급선(교량, 철도)을 파괴하면서 행군한 것이다. 이는 후드의 남부군이 후방을 급습할 요인을 완전히 제거한 셈이다. 어찌 보면 굉장히 무리수인 것처럼 보였지만, 북부군은 이미 20일분의 식량을 준비했고 부족할 경우 현지에서 보급할 계획이었다. 셔먼의 차고 넘치는 자신감에 기반한 획기적 전술이었다. 행군의 초점은 곡창지대인 조지아 초토화에 맞춰져 있었다. 해당 지역에 있는 식량을 모조리 탈취하고 산업시설을 철저히 파괴함으로써, 남부연합의 전쟁 수행 의지를 꺾어버리려 했다. 실제로 북부군은 지나가는 곳마다 초토화 작전을 전개했다. 특히 면화 제조에 필요한 조면기를 집중적으로 박살 냈다. 사방으로 연결된 철도도 대거 파괴했으며 남부군의 무기고도 없애버렸다. 쌀이나 과일, 육류 등은 남김없이 쓸어 담았다. 일부 조지아 시민들이 저항하자 북부군은 단호하게 처단했다. 조지아에 있던 흑인 노예들은 북부군을 대환영했다. 북부군의 뒤를 따라 행군에 동참했고 일부는 입대하기도 했다. 무자비한 셔먼의 행군으로 인해, 조지아는 현재 가치로 약 20억 달러(2조 8000억 원)에 달하는 경제적 손실을 입었다. (보기와 달리 내성적이었던 셔먼은 민간인 피해가 많이 발생한 것에 괴로워했다고 한다. 그럼에도 전쟁을 신속히 종결하기 위해 초토화 작전을 결행할 수밖에 없었다고 밝혔다.) 남부인들에게 셔먼은 '공포' 그 자체로 여겨졌다. 남부연합의 어린아이가 울다가도 셔먼이 온다 하면 울음을 그쳤다는 소문이 돌 정도였다. 북부군이 거침없이 조지아를 휩쓸고 다닐 때, 남부군의 저항은 거의 없었다. 매우 과감하고 신속했던 셔먼의 작전을 미처 눈치채지 못했고, 유의미한 병력을 갖춘 군대도 부재했기 때문이다. 그나마 대적할 만했던 후드의 남부군은 북진한 상태였다.

북부군이 '조지아를 행진하며'라는 노래를 부르면서 약 1개월 간 행군한 결과, 12월 12일 서배너 인근까지 도달했다. 이들은 부족해진 물자를 보급받을 필요가 있었다. 이에 해군에게서 원활하게 보급을 받기 위해, 항구도시인 서배너에 대한 공격을 감행했다. 우선 외곽에 있는 맥앨리스터 요새를 노렸는데, 여기에는 남부군 병력이 극히 적고 진입로도 많았다. 북부군은 병력을 분산시킨 다음 사방에서 동시 공격을 가했다. 전투는 단 15분 만에 북부군의 승리로 끝났다. 요새 점령 후에는 곧바로 해군까지 동원해 서배너를 포위했다. 셔먼은 당시 서배너를 지키고 있던 테네시군 제1군단장 윌리엄 하디에게 항복을 종용했다. 하디는 항복을 거부한 뒤 병사들과 함께 사우스캐롤라이나로 몰래 도망쳤다. 서배너 시장인 리처드 아널드는 서배너 주민들의 생명과 재산을 보장한다는 조건 하에 항복을 수용하겠다고 밝혔다. 셔먼이 조건을 받아들이면서 12월 21일 북부군이 서배너를 점령했다. 셔먼은 "아름다운 항구도시 서배너를 각하께 크리스마스 선물로 바칩니다"라는 편지와 함께 2만 4000 베일에 달하는 목화를 링컨에게 보냈다. 이후 셔먼의 군대는 사우스캐롤라이나와 노스캐롤라이나를 경유해 북쪽으로 진격했다. 최후의 표적인 리치먼드를 공략하기 위해서였다. 한편, 피터즈버그에 있는 그랜트는 동부 전선 상황을 호전시키려 애썼다. 양호한 서부 전선 상황이 그와 북부군에게 큰 자극이 됐다. 우선적으로 셰리든 기병대를 앞세워 골칫거리였던 셰넌도어 계곡 평정에 나섰다. 이들도 셔먼의 군대처럼 초토화 작전을 전개했다. 거쳐가는 곳마다 수많은 농가와 기반 시설들을 파괴했다. 이의 여파로 셰넌도어 계곡 일대가 2주일가량 화염에 휩싸였다고 한다. 잔혹한 기세로 쳐들어오는 셰리든 기병대를 목도한 얼리의 남부군은 겁을 잔뜩 집어먹고 퇴각을 거듭했다. 셰넌도어 계곡 최남단 지역까지 밀린 남부군은 희망이 없어 보였다. 그러다가 극적 반전이 일어났다. 셰리든이 워싱턴 D.C에서의 회의 때문에 잠시 자리를 비웠다. 이를 틈타 남부군이 새벽에 신속히 기동한 뒤 북부군 기병대를 기습 공격했다. 상당히 방심하고 있던 북부군은 처참하게 패배했다. 그동안 셰넌도어 계곡 전선에서 잇따라 고배를 마셨던 북부군이 이번에도 실패하는 듯했다. 그런데 또다시 반전이 일어났다. 회의를 마치고 전장으로 돌아오던 셰리든의 눈에, 퇴각하는 북부군의 모습이 잡혔다. 셰리든은 즉각적으로 병사들 앞으로 나아가 남부군을 다시 공격할 것을 명했다. 용맹한 지휘관의 명령에 자극을 받은 북부군은, 전열을 재정비한 뒤 남부군에게 대대적인 반격을 가했다. 그 결과 시더 크리크 전투에서 대승을 거두는 데 성공했다. 이 전투의 여파로 남부군은 셰넌도어 계곡에서 주도권을 상실했다. 비로소 북부군이 해당 지역을 완전히 장악했다.

　남부연합은 점차 궁지에 몰렸다. 북부군이 조만간 피터즈버그와 리치먼드를 겨냥한 대규모 공세를 펼칠 것을 두려워했다. 이런 상황에서 리는 조금이라도 희망의 불씨를 살려보기 위해 노력했다. 서부 전선에 있던 후드 군단에게 테네시를 공격한 다음 자신들과 연합해 방어전에 나설 것을 명했다. 후드 군단은 테네시의 내슈빌을 거쳐 루이스빌, 신시내티까지 진격할 계획을 세웠다. 하지만 명백한 어려움이 존재했다. 테네시 원정을 제대로 수행할 만한 병력이 충분치 않았다. 후드 군단이 머뭇거리는 사이, 그랜트가 남부군의 계획 정보를 입수했다. 즉시 조지 토머스가 이끄는 컴벌랜드 군단을 투입해 저지에 나섰다. 스코필드 군단까지 합세한 북부군은 내슈빌은 물론 이곳으로 향하는 진격로에 방어선을 구축했다. 뒤늦게 후드의 남부군이 정면 공격을 감행했지만 중과부적이었다. 북부군은 무리하게 돌격하는 남부군에게 일제사격을 가했다. 순식간에 남부군 장군 5명을 비롯해 수많은 병사들이 목숨을 잃었다. 병력이 크게 감소했음에도, 후드 군단은 포기하지 않고 내슈빌로의 무리한 진격을 시도했다. 가까스로 내슈빌 근처에 도달하긴 했지만, 단단하게 요새화된 내슈빌을 뚫기란 불가능했다. 더욱이 내슈빌에 있던 토머스의 북부군이 잠시 지체했다가 반격을 단행했다. 우세한 병력을 기반으로 야간에 남부군의 좌측을 급습했다. 큰 타격을 받은 남부군은 퇴각할 수밖에 없었다. 북부군 기병대는 순순히 퇴각을 허용하지 않고 추격전까지 펼쳤다. 남부군의 수많은 병력이 추가로 소멸됐다. 무모한 테네시 원정으로 말미암아, 후드의 남부군은 총병력의 약 80%가 전사하면서 완전히 궤멸됐다. 리가 염원했던 희망의 불씨도 사그라졌다. 극히 암담한 상황에 처했지만 남부연합은 저항의 몸부림을 거두지 않았다. 정규전 외에 비정규전까지 수행했다. 파르티잔 레인저라는 비정규군을 모집해 게릴라전을 행한 것이다. 이들은 미시시피 강 일대 등에서 각종 만행을 저지르며 북부군 및 민간인들을 괴롭혔다. 그랜트를 비롯해 북부군의 핵심 장군들에 대한 납치 살해도 획책했으나 실패했다. 나아가 남부연합은 흑인노예들의 입대를 허용하기도 했다. 이는 부족한 병력을 보충하기 위해서였지만, 노예제 유지라는 전쟁의 명분을 근원적으로 갉아먹는 조치여서 반발이 컸다. 입대한 노예들도 고작 200여 명에 불과했다. 이처럼 막다른 길에 내몰린 남부연합은 다양한 수들을 모색했으나, 이미 기울어진 전황을 결코 바꿀 수 없었다.

이쯤에서 다시 셔먼에게 주목할 필요가 있다. 상술했듯 서배너를 점령한 셔먼의 북부군은 1865년 2월 리치먼드를 목표로 북진하기 시작했다. 사우스캐롤라이나와 노스캐롤라이나를 지나간 뒤, 그랜트의 군대와 합세해 협공하려는 계획이었다. 진격 과정은 매우 고단했다. 험준한 지형과 날씨가 발목을 잡았다. 폭이 넓은 강과 산들이 산재했으며 폭풍우가 세차게 휘몰아치곤 했다. 남부군의 만만치 않은 저항도 있었다. 특히 존스턴의 남부군이 벤턴빌에서 북부군에 격렬히 맞섰다. 북부군의 진격 과정에서, 조지아에서와 같은 대규모 파괴 행위도 나타났다. 북부군은 사우스캐롤라이나가 남북 전쟁의 원흉이라고 생각했다. 복수심에 불탔던 이들은 이곳의 절반 이상을 폐허로 만들었다. 특히 민간인이 거주하는 집들을 대거 불태워버렸다. 어느덧 셔먼의 북부군은 골즈버러까지 진격했다. 여기서 스코필드 군단과 연합한 뒤 버지니아로 북상했다. 이런 가운데 피터즈버그에 있는 그랜트는 셔먼과 스코필드 군단이 빨리 오기만을 기다렸다. 그동안 별다른 공세를 펼치지 않은 채, 남부군과 대치하거나 포위전을 전개했다. 남부군의 상황은 갈수록 악화됐다. 패색이 짙어짐에 따라 병사들의 사기가 극도로 저하됐다. 식량이 부족해 병사들은 굶주림에 시달렸고, 창궐한 질병으로 인해 사망하는 병사들도 적지 않았다. 그러면서 탈영병들도 속출했다. 북부군은 취약해진 남부군의 남쪽과 북쪽, 측면 등을 포위해 나갔다. 셰넌도어 계곡에 있던 셰리든 군단까지 끌어들여 남부군의 서측방을 조였다. 리는 여전히 포기하지 않고 어떻게든 반전을 모색했다. 피터즈버그에서 탈출한 뒤, 존스턴의 남부군과 연합해 셔먼 군단을 먼저 쳐부수고 그랜트의 포토맥군까지 각개격파할 계획을 세웠다. 실제로 리의 남부군은 피터즈버그에서 탈출하기 위해 스테드먼 요새를 공격했다. 이곳을 공격해서 북부군을 유인한 다음, 곧바로 다른 방향으로 빠져나가려는 속셈이었다. 하지만 이 계획은 4000명이 넘는 사상자만 남긴 채 실패하고 말았다. 이제 공은 북부군에게 넘어왔다. 그랜트는 공격 준비가 모두 갖춰졌다고 판단, 셰리든에게 측방에 있는 파이브포크스부터 공격하라고 명했다. 셰리든 군단의 맹렬한 공격으로 인해 파이브포크스가 단시간에 함락됐다. 뒤이어 북부군이 사방에서 공격해 들어갔다. 이미 전의를 상실한 남부군은 속절없이 밀렸다. 이 과정에서 AP힐 등 남부군 명장들도 잇따라 전사했다. 한계를 절감한 리는 전군에게 서쪽으로의 퇴각 명령을 내렸다. 이로써 피터즈버그와 리치먼드에 더 이상 남부군이 존재하지 않게 됐다. (제퍼슨 데이비스 등 정부 인사들은 일찌감치 제임스 강을 건너 도망쳤다. 다만 리의 부인은 극심한 관절염에 시달려 리치먼드를 탈출하지 못했다.) 4월 3일, 마침내 북부군이 리치먼드에 무혈 입성했다. 오랜 숙원이었던 남부연합 수도를 점령함에 따라 북부군은 크게 고무됐다. 길고 길었던 전쟁의 끝이 다가온 듯했다.

하지만 이것으로 끝난 게 아니었다. 남부연합 군인들과 정부 인사들을 잡아서 정식으로 항복을 받아내야 했다. 특히 리의 신병을 확보하는 게 중요했다. 이 당시 리는 3만 명의 패잔병들을 이끌고 존스턴에게로 가고 있었다. 북부군은 신속하게 추격전을 펼쳤다. 막강한 기동력을 갖춘 셰리든 기병대가 앞장섰다. 이들의 추격 속도가 워낙 빨랐던 만큼, 어느새 도주하는 남부군의 후방을 공격했다. 후방의 남부군은 별다른 저항을 하지 않고 순순히 포로로 잡혔

1865년 4월 9일, 남부연합군 총사령관인 로버트 리가 애퍼매턱스 코트하우스에서 항복 문서에 조인하고 있다. 북부연방군 총사령관인 율리시스 그랜트는 관대한 처분을 내렸다.

다. 나아가 셰리든 기병대는 남부군을 앞질러간 다음 도주로를 차단했다. 남부군은 애퍼매턱스 코트하우스에서 고립됐다. 사면초가에 빠진 리는 어떻게 할 것인지를 고심했다. 그랜트는 신속하게 항복할 것을 종용하고 있었다. 4월 9일, 리는 북부군에게 전령을 보내 평화협정을 맺자고 제안했다. 이에 그랜트는 깔끔하게 항복으로 끝내자고 역제안했다. 다른 방도가 없었던 리는 결국 그랜트의 제안을 수용했다. 드디어 코트하우스에 있는 한 가정집에서 항복문서 조인식이 열렸다. 리는 끝까지 품위를 잃지 않기 위해 말끔한 정장을 입고 조인식에 나왔다. 여기서 그랜트가 제안한 항복 조건이 특기할 만했다. 첫째, 남부군이 연방에 저항하지 않겠다고 선언하면 별도 추궁 없이 모두 사면한다. 둘째, 무기를 내려놓으면 고향에 돌아갈 수 있게 편의를 제공한다. 셋째, 장교들은 호신용 무기와 말을 지참할 수 있다. 리는 깜짝 놀랄 수밖에 없었다. 당초 그는 자신과 부하들이 모두 포로가 돼 억류될 것이라 예상했다. 뜻밖의 좋은 조건이 제시되자 큰 감동을 받았다고 한다. 원칙대로라면 리와 남부군 장교 및 병사들은 '반란군'으로 규정돼 사형 아니면 무기징역을 받아야만 했다. 가혹한 처벌은커녕 각종 편의를 봐주는 것은 사전에 전혀 예상하지 못한 파격이었다. 이는 '국가 통합'을 최우선시한 링컨과 그랜트의 노선에서 비롯된 것이다. 가혹한 처벌로 추가적인 갈등을 초래할 게 아니라, 관대한 처분을 통해 상처를 봉합하고 다시 하나가 되는 데 중점을 뒀다. 공화당 강경파가 이에 반발하며 가혹한 처벌을 주장했으나 링컨의 뜻을 꺾을 수 없었다. 4월 12일, 존 고든의 지휘 하에 남부군이 모든 무기를 반납하면서 비로소 남북 전쟁이 종결됐다. 정규군 외에 게릴라전을 펼치던 비정규군도 무기를 내려놨다. (특이하게도 남부연합 해군은 1865년 11월 영국에서 정식으로 항복했다. 이들은 바다 멀리 나가 있어서 남부연합의 항복 소식을 뒤늦게 접했다.) 제퍼슨 데이비스는 5월 5일에 남부연합 정부를 공식적으로 해산했다. 전쟁이 끝나자 북부연방 전역에는 축제 분위기가 조성됐다. 백악관 앞에는 3000여 명의 시민들이 모여서 링컨을 연호했다. 링컨은 의외로 굳은 표정을 하고 있었다. 그러면서 의미심장한 연설을 했다. "이제 평화가 옵니다. 다만 우리는 국가 재건이라는 어려운 시기에 직면할 것입니다. 앞으로 우리가 헤쳐나가야 할 과제가 참으로 많습니다." 그만큼 승전의 기쁨보다 향후 국가적인 문제 해결에 대한 고민이 훨씬 컸던 것이다. 그러나 링컨은 전후에 국정 운영을 지속하지 못했다. 4월 15일, 존 윌크스 부스라는 남부인에게 암살당했기 때문이다. 비록 링컨이라는 위대한 지도자는 역사의 뒤안길로 사라졌지만, 후임자들이 그의 뜻을 잘 받들어 국가 통합의 기조를 이어갔다. 남북 전쟁을 계기로 완전히 하나가 된 미국은, 이후 급속도로 발전하며 초강대국의 길로 나아갔다.

> "전쟁은 누가 옳고 그른지를 결정해주지 않는다.
> 다만 누가 살아남는지를 결정할 뿐이다."
> —버트런드 러셀

02

러일 전쟁

대제국 격침된 전쟁사 최대 이변

○ 20세기 최초의 세계 전쟁 전말

러일 전쟁 당시의 국제 정세를 풍자한 그림. 러시아에 맞서는 일본군 병사 뒤에 영국과 미국이 존재하고 있다.

"특히 군사 행동의 첫 시기 동안, 우리 최고 지휘부의 주된 특성은 주도권의 결핍, 공격적 전투 수행 능력과 불굴의 투지 부족이라고 언급하면 거의 틀리지 않을 것이다. 그 결과는 언제나 대규모 단위 부대의 행동 불일치, 인접 부대의 상황에 대한 무관심, 패전을 서둘러 인정하는 것 등이었다. 전방을 향한 용감한 돌파 같은 것들은 그 누구에게서도 거의 찾아볼 수 없었다."

—러시아군 총사령관 쿠로파트킨 청원서 中

20세기에 들어서자마자 발발한 '러일 전쟁'은, 단순히 전통 강국인 러시아와 이제 막 근대화에 성공한 신생 강국 일본 간의 전쟁만은 아니었다. 이 전쟁은 폭넓은 관점에서 바라봐야 할, '판이 큰' 세계 전쟁이었다. 일본의 배후에는 당시 최강대국인 영국이 있었다. 이전부터 영국은 러시아의 팽창 정책을 억제하기 위해 세계 곳곳에서 온갖 노력을 기울였다. 극동아시아에선 대리자라 할 수 있는 일본을 적극 지원하며 러시아에 맞섰다. 기실 러일 전쟁은 영국과 러시아 간의 국제적 경쟁인 'The Great Game'의 최종판이라고 할 수 있다. 조선 등에 대한 침략 야욕을 갖고 있던 일본은, 영국의 지원에 힘입어 불가항력적으로 보였던 러시아에 정면으로 도전했다. 전 세계는 아무리 영국이 지원한다 해도, 그때까지 아시아의 소국으로 여겨지던 일본 따위가 감히 대제국 러시아의 상대가 될 수 없을 것이라고 단언했다. 러시아의 손쉬운 압승이 예상되는 전쟁이었다.

그런데 '대이변'이 발생했다. 일본군이 전쟁 초기부터 줄곧 앞서 가더니 최종적으로 승리를 거머쥐었다. 전 세계는 놀라움을 금치 못했다. 무엇보다 지휘관들의 극명한 능력 차이가 승패를 가른 주요인으로 꼽혔다. 일본군에서는 명장들의 훌륭한 전술이 빛을 발한 반면 러시아군에서는 시원치 않은 전술이 잇따랐다. 특히 러시아군은 내선 작전 방침에 따른 나폴레옹식 집중 공격을 고집하다가, 과감한 공격 한번 해보지 못하고 방어와 후퇴 현상만 야기했다. 병사들의 상태도 크게 대비됐다. 일본군 병사들은 대체로 승리를 향한 일념으로 무장됐으나, 러시아군 병사들은 내부에 침투한 혁명 사상 등의 여파로 사기가 극도로 저하됐다. 러일 전쟁에서 일본군은 장점이 눈에 띄게 부각되는데 반해 러시아군은 단점들만이 곳곳에서 쏟아지는 것처럼 보였다. 비록 일본군도 육상에서 추격전을 전개하지 않아 압도적 승기를 잡지 못했고 떨어지는 국력 등으로 인해 심각한 위기에 처할 때도 있었지만, 쓰시마 해전 등 결정적 전투에서 대승을 거둠으로써 가까스로 최종 승전의 고지에 올라섰다. 러일 전쟁은 이후의 역사를 돌이켜 봤을 때에도 지대한 의미를 가진다. 대한제국이 일본에게 완전히 병탄되고, 일본이 본격적으로 군국주의와 제국주의의 길로 들어서는 계기가 됐다. 나아가 러시아에서 인류 최초의 사회주의 혁명을 촉진시켰으며, 수많은 인명 살상을 야기한 세계대전의 전조를 낳았다. 우리는 러일 전쟁을 통해 일련의 역사적 사건들이 유기적으로 연결된다는 사실을 다시 한번 확인할 수 있다. 20세기 최초의 세계 전쟁이자, 전쟁사 최대 이변인 '러일 전쟁' 전말을 되돌아봤다.

■ The Great Game

19세기는 열강들이 전 세계를 누비며 경쟁적으로 식민지를 건설해 가던 시대였다. 당시 이를 주도했던 국가는 단연 '해가 지지 않는 나라', 영국(대영제국)이었다. 영국은 강력한 해군력을 기반으로 아프리카, 인도, 아시아 등 세계 곳곳에 식민지를 건설했다. 그런데 영국처럼 해군력을 바탕으로 세력을 확대하고 싶어 하는 국가가 있었다. 바로 러시아다. 러시아는 표트르 대제 이후부터 바다를 누비기 위해 해군력을 눈에 띄게 증강했다. 다만 현실은 녹록지 않았다. 해상에서 영국의 절대적 존재감으로 인해 러시아는 별다른 성과를 올리지 못했다. 전 세계 거점 해로에 강력한 영국 해군이 포진해 러시아 해군의 진출을 봉쇄했다. 영국은 나이팅게일로 유명한 '크림반도 전쟁'에서는 러시아의 흑해 함대를 궤멸시키기도 했다. 러시아는 해상을 통한 세력 확대가 쉽지 않음을 깨달았고, 육로를 통한 세력 확대를 모색했다. 이에 자국의 영토와 닿아있는 중앙아시아에 눈독을 들였다. 이번에도 영국은 가만히 있지 않았다. 러시아가 중앙아시아를 통해 남하해 궁극적으로 인도까지 위협할 수 있다고 우려했다. 이를 억제하기 위해 온갖 수단을 동원했다. (정치학에서는 이 시기 영국과 러시아의 경쟁을 'The Great Game'이라고 일컫는다.) 러시아는 영국의 노골적인 견제가 지속되자 중앙아시아로의 진출 계획도 접었다. 그러나 이대로 손을 놓을 수는 없었다. 대안으로 극동아시아 진출이 입안됐다. 이 지역에서 바다로 나가는 거점을 확보한다는 계획이었다. 구체적으로 '부동항'(얼지 않는 항구)을 차지해 태평양으로 용이하게 진출할 교두보를 마련한다는 것이었다. 그동안 겨울이면 꽁

꽁 얼어붙어 쓸모없어진 항구만을 경험했던 러시아에게, 언제든 사용 가능한 부동항은 바다로 힘차게 뻗어나갈 꿈을 실현시킬 주요 수단이었다. 이에 적합한 곳은 중국 랴오둥(요동) 반도의 남단에 위치한 뤼순항이었다. 러시아는 극동아시아 진출 계획의 일환으로, 군대를 빠르게 실어 나를 수 있는 시베리아 횡단철도도 건설해 나갔다.

이 같은 러시아의 움직임에 대해 영국은 1885년 조선의 영토인 거문도를 점령하며 견제에 나섰다. 다만 극동아시아에서 영국과 러시아의 직접적 충돌이 발생한 것은 아니었다. 충돌의 당사자는 영국의 대리자라 할 수 있는 일본이었다. 메이지 유신으로 근대화에 성공한 일본은 조선 등을 침략해 영토를 넓힐 기회를 호시탐탐 엿보고 있었다. 1894년 발발한 '청일 전쟁'에서의 승리는, 일본의 목표를 달성할 커다란 촉매제가 될 것처럼 보였다. 일본은 시모노세키 조약을 통해 청나라로부터 막대한 전쟁 배상금을 지급받았고, 요동반도도 할양받게 됐다. 할양받을 영토 중에는 러시아가 그토록 노렸던 뤼순도 포함됐다. 조선에서의 일본 영향력이 더욱 커진 것은 두말할 나위가 없었다. 이렇게 되자 러시아가 가만히 있지 않았다. 자신들이 진출하려던 지역에 아시아의 작은 소국인 일본이 겁도 없이 들어오려 하니, 기가 찰 노릇이었다. 러시아는 독일, 프랑스를 끌어들여 '삼국 간섭'을 행했다. 일본이 요동반도를 즉시 청나라에 반환하라고 압박한 것이다. 일본은 러시아의 행태에 불만이 많았지만 수용하지 않을 수 없었다. 러시아 하나만을 상대하기도 벅찬데 독일, 프랑스까지 개입했기 때문이다. 반면 삼국 간섭을 계기로 러시아는 뤼순과 다롄을 조차 받아 해군 기지 및 요새를 건설했다. 독일은 칭다오 일대를 조차 받았다. 해당 사건은 극동아시아에서 누가 우위에 있는지를 여실히 드러내는 대목이었다.

한편 조선의 고종과 민비는 일련의 사태를 예의주시했다. 그동안 상국으로 떠받들었던 청나라를 무릎 꿇린 일본을, 그저 말로써 굴복시킨 러시아에게 깊은 인상을 받았다. 조선이 기대야 할 곳은 러시아밖에 없다고 판단했다. 이의 영향으로 조정에서 친일파가 사그라들고 친러파가 대두했다. 일본의 위기감은 극대화됐다. 급기야 1895년 10월, 일본은 야만적인 방식을 동원해 '을미사변'을 일으켰다. 한 나라의 군왕과 왕비의 침소에 긴 칼을 찬 일본 낭인들이 무단으로 난입했다. 이들은 궁궐을 수비하던 병사들과 궁내부 대신 및 궁녀들을 참혹하게 죽였다. 그런 다음 민비를 찾아내 음부 검사를 한 뒤 여러 군데 칼질을 했다. 고통 속에 몸부림치는 민비를 발로 밟기도 했다. 마지막으로 증거 인멸을 위해 민비의 시신에 기름을 부어 불태워버렸다. 일본은 역사상 유례를 찾아보기 힘든 천인공노할 만행을 통해 조선 조정에서 다시금 주도권을 쥐었다. 고종은 일본에 대한 공포감 속에서 하루하루를 겨우 살아나갔다. 머지않아 생존을 위한 몸부림을 펼쳤다. 1896년 2월에 러시아 공사관으로 몰래 거처를 옮겼다. '아관파천'이다. 이를 계기로 조정에선 다시 친일 내각이 몰락하고 친러 내각이 수립됐다. 이후 러시아와 일본 사이에선 조선을 둘러싸고 크고 작은 신경전이 계속됐다.

이런 가운데 1899년 청나라 북부 지역에서 러일 전쟁의 결정적 배경이 되는 '의화단 운동'이 일어났다. 이는 극단적인 외세 배격 운동이었다. 의화단은 청나라 정부와 손을 잡고 톈진과 베이징 등을 누비며 외국 공사관들을 습격했다. 외세에 도움이 되는 철도와 전신선 등 핵심 시설들도 파괴했다. 영국과 러시아를 포함한 8개국은 연합군을 결성해 의화단 진압에 나섰다. 이로 인해 약 2년에 걸쳐 일어났던 의화단 운동은 완전히 진압됐다. 문제가 해결되면, 각 국의 군대는 청나라에서 철수하는 것으로 돼 있었다. 그런데 러시아의 경우 자국민들을 보호한다는 명분으로 군대를 철수시키지 않고 만주에 계속 주둔시켰다. 영국과 일본은 물론 미국까지 러시아의 움직임에 분노를 표출했다. 영국은 더 이상 좌시하지 않고 일본과의 밀착에 나섰다. 비록 이 당시 일본이 아시아의 소국으로 인식됐을지언정, 영국 입장에서는 러시아를 막는 방파제로 써먹을 필요가 있었다. 일본도 러시아를 혼자 상대하기 버거운 마당에 든든한 지원군을 얻은 셈이었다. 이의 결과로 1902년 '제1차 영일 동맹'이 체결됐다. 영국은 대한제국에서의 일본 우위를 승인했고 저리로 전쟁 자금까지 지원해 줬다. (일본이 러일 전쟁에서 사용한 전비는 총 20억 엔이다. 이 가운데 절반 가량은 영국과 미국이 빌려준 것이었다.) **커다란 역사적 의미를 갖는 이 동맹으로 말미암아, 일본은 비로소 러시아와의 전쟁을 각오할 수 있게 됐다.**

■ 전쟁 대비 실태

러일 전쟁 이전, 양국의 전쟁 대비 실태를 살펴볼 필요가 있다. 우선 러시아는 곳곳에서 단점들이 노출됐다. 이들은 기본적으로 일본을 얕잡아 봤다. 여전히 약소국으로 인식했고, 유럽에서의 전쟁 대비에 큰 지장을 주지 않는 선에서 갈등을 일단락 지으려 했다. 이에 만주 지역에 충분한 병력을 배치하지 않았다. 일본이 감히 강대국 러시아를 선제공격하지 못할 것이라는 판단도 기저에 깔려있었다. 만에 하나 일본과의 전쟁이 발발하더라도 반드시 격파할 수 있을 것이라 장담했다. 일본군은 뤼순, 랴오양, 블라디보스토크 등 두 곳 이상을 공격할 역량을 갖추지 못했으며, 랴오둥 반도로의 상륙 시도는 꿈도 꾸지 못할 것이라고 예상했다. 러시아는 일본의 군사적 발전상을 고려하지 않았을 뿐만 아니라 과거의 기준에만 입각해 일본군 전력을 과소평가하는 오류를 범했다. 더욱이 러시아는 해군력을 집중하지 않고 분할함에 따라, 일본군의 공격 시에 취약성을 고스란히 드러냈다. 첩보 활동도 게을리해서 사전에 적군의 전력을 제대로 파악하지 못했다. 만주로의 병력 충원도 느리게 이뤄질 터였다. 무엇보다 시베리아 횡단철도가 아직 단선이었고 환바이칼 구간이 준공되지 않았다. 이에 러시아군 지휘부는 전쟁 발발 후 6개월 정도는 지나야 전면적인 공세를 감행할 수 있을 것으로 전망했다. 그전까지는 주로 방어 전술을 구사하며 적군의 진격을 지연시키고, 전력을 한데 모을 시간을 벌려고 했다. 이는 일본군의 적극적인 공세와 극명히 대비될 대목이었다. (러시아 내부에서 서서히 달아오르는 혁명의 열기도 러시아의 전쟁 수행에 지장을 초래하는 또 하나의 요인이었다.)

일본은 러시아와의 전쟁을 심각하게 바라보며 철저히 준비했다. 일본은 주도 면밀한 분석에 의거해 자국 함대가 우세하다고 판단, 이에 기반해 전쟁 초기 뤼순에서 러시아 태평양 함대를 궤멸시켜 제해권을 장악한다는 계획을 세웠다. 대한제국의 제물포와 한양 등에도 신속히 병력을 상륙시키고, (유럽으로부터의 병력 충원이 완료되기 전에) 만주에 있는 러시아 육군을 격파한다는 목표였다. 이 과정에서 대한제국은 만주의 일본군에게 군수물자를 빠르게 공급할 중간 보급기지로써 이용될 터였다. 일본 육군은 '우회'와 포위라는 명확한 공격 전술도 수립했다. 아울러 육군과 해군의 능동적인 협력 하에 공세를 전개할 예정이었다. 일본은 러시아와 달리 전장에서의 첩보 활동도 활발히 전개할 만반의 준비를 갖췄다. 이에 따라 적군의 전력과 진격 경로 등을 어느 정도 파악하고 대처할 수 있었다. 최악의 경우, 일본은 든든한 후원자인 영국이 직접 나서줄 것이라는 믿음도 있었다. 이는 일본의 군사 행동에 상당한 자신감을 불어넣었다. 전쟁 분위기가 무르익자, 일본은 마침내 전쟁 계획을 실행에 옮기기 시작했다. 그 첫 단계로 일본에서 '군신'으로 추앙받는 도고 헤이하치로의 함대가 뤼순에 정박 중인 러시아 태평양 함대를 공격하고, 우류 소토키치의 함대는 제물포에 정박 중인 러시아 순양함 바랴그호와 포함인 코레예츠호를 공격하기로 했다. 첫 전투에서의 완벽한 성공을 위해 일본은 '선전포고 없이' 기습 공격을 감행할 것이었다.

러시아군에 무차별 포격을 가하고 있는 일본군의 모습. 일본군은 모두의 예상을 깨고, 러일전쟁 초반부터 러시아군을 몰아붙였다.

■ 뤼순 포위

1904년 2월 8일, 일본 육군이 제물포에 상륙해 그곳에 정박 중인 러시아 전함이 뤼순항으로 출항하지 못하게 막았다. 순양함과 구축함 등으로 구성된 일본 해군도 나타나 압박을 가했다. 이에 러시아군의 바랴크호와 코레예츠호 등이 돌파를 시도했지만, 맹렬한 공격을 받고 침몰했다. 러일 전쟁의 서막이었다. 비슷한 시점에 도고 헤이하치로가 이끄는 일본 해군이 뤼순항 인근에 모습을 드러냈다. 이를 본 러시아 해군은 대응에 나섰다. 약 8500 미터 거리에서 양국 해군 간에 치열한 함포 사격전이 벌어졌다. 전투는 약 50분 가까이 지속됐다. 일본군은 뤼순 요새의 포문이 열리자 일단 후퇴했다.

전쟁 초반에 뤼순항에 있던 태평양 함대를 기습 궤멸시키려던 일본군의 계획은 수포로 돌아갔다. 일본 해군은 작전을 바꿔서, 향후 일본 육군의 진격을 용이하게 하기 위해 러시아 함대를 뤼순항에 '봉쇄'하기로 했다. 비좁은 뤼순항 입구에 폐색선을 침몰시킴으로써 봉쇄를 도모하려 했으나, 러시아군의 저항으로 성공하지는 못했다. 이때 새로 부임한 러시아 사령관인 마카로프는 연안 포대의 엄호를 받으며 공격에 나서기로 했다. 그런데 진격해 들어오는 일본 장갑함들을 목격한 뒤, 별안간 뤼순항으로의 회항을 시도했다. 그러다가 불행한 일을 맞았다. 마카로프 등이 탑승한 러시아군의 기함이 일본군이 설치한 기뢰에 의해 폭파되면서 침몰했다. 마카로프와 수많은 병사들이 전사했다. 사령관과 기함을 잃은 러시아군은 허겁지겁 뤼순항으로 귀항해 방어 태세에 돌입했다. 결과적으로 뤼순항 봉쇄가 이뤄지면서 일본군은 전쟁 초기 제해권을 어느 정도 장악했다.

일본군의 전개는 계속됐다. 구로키가 이끄는 일본군(제1군)이 조선에서 집결을 완료한 뒤 압록강을 향해 진격했다. 이 부대는 압록강을 도하해 평황청 방면으로 진격한 뒤, 오쿠가 이끄는 일본군(제2군)이 랴오둥 반도의 피쯔워에 상륙하는 것을 보호할 계획이었다. 러시아군 지휘부는 군대를 압록강 하구 쪽에 전진 배치했다. 러시아군은 일본군이 압록강에서 시위 행위만 할 것이라는 안이한 예상을 했다. 방어 태세도 허술했다. 참호를 경시해 제대로 된 진지를 구축하지 않았고, 포병들은 산악 경사면에서 노출된 상태로 있었다. 부대 간 의사소통 수단인 전신선도 절단됐다. 일본군은 첩보 활동을 통해 러시아군의 상태를 파악했다. 4월 26일, 일본군 주력은 압록강 하구 쪽을 지키고 있던 러시아 의용기병대를 물리친 뒤 압록강을 도하하기 시작했다. 압록강 인근의 섬에 포병을 배치해 보병의 도하를 엄호했다. 아울러 또 다른 일본군(우익 제12사단)이 압록강과 연결된 아이허를 도하해 주롄청~사허쯔 선에 있는 러시아군 주 진지의 측면과 후면을 공격해 들어갔다. 일본군은 보병과 포병의 합동 작전을 적절히 전개했고, 개방된 공간에 노출돼 있던 러시아 포병들을 손쉽게 격파했다. 러시아군은 중요한 시점에 반격을 가하지 않았으며, 극도의 혼란 속에서 퇴각했다. 일본군은 압록강 전투에서 특별한 손실 없이 승리했다. 러시아군은 3000명 가까운 사상자를 냈다. 구로키가 이끄는 제1군의 성공적인 전개로 일본군의 랴오둥 반도 상륙이 확실히 보장됐다.

얼마 뒤, 일본군을 태운 26척의 수송선 편대가 랴오둥 반도의 피쯔워에 상륙했다. 오쿠가 이끄는 약 4만 명의 일본군도 랴오둥 반도에 추가 상륙, 뤼순과의 연결로를 차단한 뒤 진저우 지협을 향해 진격했다. 진저우는 뤼순으로 향하는 주요 관문이었다. 당초 일본군이 랴오둥 반도에 상륙하지 못할 것이라던 러시아군의 예측은 완전히 빗나갔다. 일본군이 상륙했다는 소식을 접한 러시아군 지휘부는 공격하지 말고 요새와 협력해 방어하라고 명했다. 러시아의 군사력이 병력 증원을 통해 완전체가 되기 전까지 방어에 집중한다는 계획이었다. 이때 러시아군은 일본군의 전력과 움직임도 제대로 파악하지 못했다. 첩보 활동이 매우 부실했기 때문이다. 정밀한 대응이 이뤄지지 못하는 것은 당연한 일이었다. (그나마 수송 여건 등으로 일본군의 상륙이 지체된 사이, 러시아군은 유럽에서 온 병력으로 전력을 다소 보강했다.) 5월 26일, 일본군은 진저우 진지를 향해 맹렬히 돌격했다. 일본군 함대도 진지를 겨냥해 함포 사격을 가했다. 초반에는 일본군의 공격이 여의치 않았고 막대한 병력 손실을 입었다. 그럼에도 돌격과 포격을 끈질기게 행한 결과, 진지 전선을 가까스로 돌파하는 데 성공했다. 러시아군은 적지 않은 전쟁 물자를 방치한 채 뤼순 방면으로 퇴각했다. 진저우를 점령한 일본군은 퇴각하는 적군을 추격하지는 않았다. 다음으로 일본군은 다롄 가까이에 있는 난산을 공격했다. 전투는 이틀 만에 일본군의 승리로 끝났지만 혈전이었다. 러시아군의 기관총이 위력을 발휘해 일본군은 4000명 넘게 전사했다. 5월 30일, 일본군은 난산 함락으로 무방비 상태에 놓인 다롄에 입성했다. 다롄과 인접한 뤼순은 완전히 고립됐다. 이후 오쿠의 일본군은 랴오양으로 북진했고, 뤼순 점령을 목표로 하는 노기 마레스케의 일본군(제3군)이 새로 편성됐다.

뤼순이 위기에 처하자 러시아 정부는 다급해졌다. 이들은 뤼순을 차르 체제의 핵심 보루라고 여겼다. 만약 여기를 잃는다면, 러시아의 정치적 군사적 위신이 크게 실추될 것이라고 판단했다. 러시아 정부는 현지 사정을 제대로 검토하지 않은 채, 즉시 3만 명이 넘는 병력을 출격시켜 뤼순을 지원하라고 명했다. 이에 시타켈베르크의 러시아군이 뤼순항 북부에 위치한 와팡거우로 진격했다. 군사학계에선 이러한 전개를 '모험'이라고 평가했다. 일본군의 전력을 파악하지 못한 상황임에도 불구하고, 러시아군 주력으로부터 너무 멀리 떨어졌기 때문이다. 게다가 러시아군은 참호 구축에서도 잘못을 저질렀다. 적군의 우회포위 공격을 쉽게 허용할 수 있는 장소에 참호를 판 것이다. 실제로 일본군 제5사단과 요시후루 기병여단의 집요한 우회기동 및 제4사단의 포위공격이 성공적으로 전개됐다. 이로 인해 러시아군의 때늦은 뤼순 지원은 무위에 그쳤다. 연이은 패배와 후퇴로 말미암아 러시아군 내부에선 불길한 패배주의가 발현되기 시작했다. (다만 이 시기에 블라디보스토크 순양함 편대의 맹활약은 러시아에 실낱같은 희망을 안겨줬다.)

■ 랴오양 회전

뤼순과 더불어 중국 동북부에 위치한 랴오양이 러일 전쟁의 핵심 승부처로 떠올랐다. 일본군은 10만 명이 넘는 3개 집단군(오쿠, 구로키, 가게아키)을 편성해 공격 태세를 갖췄다. 이에 대응하는 러시아군은 약 15만 명이었다. 이들은 랴오양은 물론 이곳으로 향하는 길목에 요새형 진지를 구축했다. 표면적으로는 러시아군이 우세해 보였지만, 방어와 후퇴 지향적인 태도로 화를 자초하게 될 터였다. 러시아군은 랴오양으로 향하는 길목에서 적극적 공세를 통해 적군의 진격을 차단하는 게 필요했다. 그러나 쿠로파트킨을 중심으로 한 지휘부는 길목에선 소극적 저항과 전략적 후퇴를 하고, 최종적으로 랴오양에 집결해 승부를 본다는 계획을 갖고 있었다. 나폴레옹식 작전을 일정 부분 도입한 것으로 알려졌다. 7월 23일, 오쿠의 일본군이 길목 중 하나인 다스차오에서 러시아군을 공격했다. 양측 사이에 포격전이 벌어졌다. 이전과 달리 러시아군 포병들은 엄폐된 지형에서 효과적으로 대응했다. 일본군이 적군의 우측으로 공격해 들어갔지만 백병전에 의해 격퇴됐다. 여기까지는 러시아군이 좋았다. 그런데 이들은 갑자기 한밤 중에 퇴각했다. 랴오양에서의 결전을 대비하라는 지휘부의 방침에 따른 것이다. 일본군은 고전했지만, 러시아군의 성급한 후퇴 덕분에 승리했고 잉커우까지 점령했다. 오쿠가 이끄는 일본군의 우측 후방에는 노즈의 제4군이 있었다. 이들은 시무전에 있는 러시아군 진지를 향해 진격했다. 이때 노즈의 절묘한 전술이 빛을 발했다. 일본군은 별안간 강력한 진지를 회피한 뒤, 비교적 허술해 보이는 두 러시아군 부대(제2시베리아군단, 제4시베리아군단) 사이를 집중 공격했다. 타격을 받은 러시아군은 또다시 후퇴할 수밖에 없었다.

7월 31일에는 구로키가 이끄는 일본군이 포병대대의 엄호 하에 위수린의 거점을 공격했다. 러시아군은 뒤쪽으로 후퇴해 진지를 구축했고, 돌격하는 일본군에게 포격을 가했다. 일본군은 굴곡진 지형을 활용한 엄폐술 등으로 적군의 공격을 무력화했다. 머지않아 위수린도 일본군의 수중에 떨어졌다. 다음으로 타완 거점에 대한 공세가 펼쳐졌다. 구로키는 제2사단 소속의 모든 여단을 집결시키는 등 전력을 총동원했다. 러시아군은 어느 정도 저항하다가 진지를 내주고 후퇴했다. 일련의 전투들에서도 러시아군의 치명적 허점이 드러났다. 일본군의 우측이 위험에 노출됐음에도 공격하지 않았고, 엄호용 포병을 충분히 투입하지 않아 보병의 전개를 힘들게 만들었다. 이후 비를 동반한 무더위로 일본군의 공세는 잠시 주춤했다. 이때 일본군은 병력을 증원하고 군수물자 수송을 원활하게 하는 작업에 열중했다. 러시아군 역시 병력을 증원했다. 그러다가 8월 24일 구로키의 일본군이 안핑링 거점을 공격하면서 전투가 재개됐다. 구로키는 러시아군을 기만하는 전술을 구사했다. 근위사단을 먼저 보내 러시아군 제3시베리아군단의 우측을 공격함으로써, 주공격 방향이 여기라고 믿게 만들었다. 실제로는 안핑링 진지에 있는 러시아군 제10군단이 표적이었다. 기만책의 성공으로 주공격이 원활하게 이뤄질 수 있었다. 강력한 포위 압박이 지속되자 제10군단은 무기들을 버리고 후퇴했다. (이 즈음에 러시아군이 밀리기만 한 것은 아니다. 러시아군의 자라이스키연대가 일본군 근위사단에게 반격을 가해 패퇴시켰다.) 상술했듯, 러시아군 지휘부는 랴오양에서의 결전에 과도하게 집착했다. 이에 랴오양으로 향하는 길목에서의 전투들은 그저 부차적인 것으로 여겼다. 러시아군 병사들은 전장에서 용감하게 싸울 때가 많았지만, 지휘부의 석연치 않은 방침이 모든 노력을 상쇄시켰고 사기를 떨어뜨리는 결과를 낳았다. 러시아군 지휘부가 일본군의 공세를 계속 도와주는 셈이었다. 덕분에 일본군의 사기는 하늘을 찌를 듯했다. 지휘부는 물론 병사들 사이에서도 승전에 대한 기대감이 확산됐다.

8월 29일에 이르자, 러시아군은 랴오양으로의 집결을 완료했다. 이들은 랴오양 '전진 진지'에 대규모 병력을 조밀하게 배치했다. 일본군은 별도로 예비대를 편성하지 않았고, 모든 병력을 총동원해 공세에 나섰다. 핵심은 정면 공격과 더불어 후방에서 러시아군의 보급로를 위협하기 위해 타이쯔허 우안으로 도하하는 것이었다. 구로키는 도하 시점에 맞춰 랴오양 진지에 대한 정면 공격을 명했다. 390문에 달하는 포에서 일제히 포격이 이뤄졌다. 일본군은 수수밭을 통과해 적군 진지로 빠르게 나아갔다. 하지만 러시아군의 기관총 사격으로 물러날 수밖에 없었다. 일본군은 중간에 참호를 구축했다. (이때 러시아군 예비대 소속 1개 연대의 진격으로 일본군을 몰아낼 기회가 있었지만, 러시아군 지휘부는 과감하지 못했다.) 비슷한 시점에 진지의 또 다른 지점에서 전투가 벌어졌다. 일본군은 포격과 우회 공격 등을 구사했지만, 러시아군의 적극적인 반격으로 실패했다. 쿠로파트킨 등 러시아군 지휘부는 잇따른 방어 성공으로 잠시 고무됐다. 이런 가운데 일본군이 타이쯔허 우안으로의 도하에 성공했다. 도하 소식을 접한 러시아군 지휘부는 또다시 석연치 않은 명령을 하달했다. 모든 부대가 랴오양 '주 진지'로 후퇴하라는 것이었다. 그동안 전진 진지 방어를 성공적으로 수행한 것은 일순간 무용지물이 됐다. 기실 도하한 일본군 전위대의 전력(1.5개 사단)이 비교적 약했음에도, 러시아군은 선제 타격을 가하기는커녕 냉큼 뒤로 물러서는 모양새를 나타냈다. 그만큼 당황한 측면도 있었기 때문이다. 일본군의 허를 찌르는 전개로 인해 자신들의 후방이 크게 위험해질 수 있다고 판단한 것이다. 결과적으로 러시아군은 부실한 첩보 활동으로 일본군의 전력이 어느 정도인지 파악하지 못했고, 우세한 전력과 유리한 상황을 살리지도 못했다. 일본군은 러시아군 지휘부의 후퇴 지향적 성향을 간파해 과감한 전개를 단행했고 성공한 셈이었다.

랴오양 전진 진지를 장악한 일본군은, 정면이 랴오양 주 진지로 향하는 진지를 새로 구축했다. 타이쯔허 우안에는 일본군이 증강 배치됐고 좌안에도 일본군이 잔류했다. 우안의 일본군은 조만간 진격을 개시했다. 눈에 띄는 움직임은 9월 1일 포병의 지원 하에 (주요 거점인) 네진스카야 언덕으로의 진격이었다. 포격이 강력해 러시아군은 언덕을 방어하는 스관툰 진지로부터 후퇴했다. 뒤이어 언덕을 둘러싸고 일진일퇴의 공방전이 벌어졌다. 일본군은 격전 끝에 네진스카야 언덕~스관툰 진지를 장악했다. 러시아군은 즉각 반격을 도모했다. 기실 타이쯔허 우안에서 병력 우위에 있던 러시아군은 빼앗겼던 네진스카야 언덕을 탈환하려 했다. 빌데를링이 지휘하는 러시아군은 촘촘한 수수밭을 헤치며 공격해 들어갔다. 하지만 일본군의 저항이 워낙 거셌다. 이들은 지형을 활용해 적군의 포격을 회피했고, 정밀한 소총 사격을 가했다. 러시아군은 보병과 포병의 합동작전도 제대로 이뤄지지 못하면서 고전을 면치 못했다. 결국 무리하게 정면 공격을 감행했던 러시아군은 3000명이 넘는 사상자가 발생했다. 막대한 손실만 입고 목표했던 바를 달성하지 못했다. 최근에 빌데를링 예하로 편입됐던 오를로프의 러시아군도 수적으로 열세인 일본군에게 참패하고 말았다. 당초 이들도 네진스카야 언덕 탈환 작전에 투입됐으나 여의치 않자 빌데를링 부대를 지원하기 위해 사후툰으로 이동한다는 결정을 내렸다. 그러던 중에 다야오푸 지역에서 시마무라의 일본군과 전투를 치렀다. 일본군은 러시아군의 우측을 공격하는 동시에 좌측을 포위했다. 포병도 적절히 활용해 큰 효과를 봤다. 반면 러시아군은 수수밭에 갇혀 자중지란에 빠졌다. 후퇴하는 과정에서 일본군의 강력한 포격을 받아 큰 피해를 입기도 했다. 지휘관인 오를로프도 부상을 당했다.

마침내 일본군은 랴오양 주 진지에 대한 공격도 개시했다. 200문 이상에 달하는 포가 하루 종일 불을 뿜었다. 러시아군은 참호 속에 재빠르게 숨었기 때문에 큰 피해를 보지는 않았다. 일본군의 정면 공격도 효과를 거두지 못했다. 그동안 러시아군 지휘부가 강조했던 바대로라면, 바로 이쯤에서 러시아군의 응집된 전투력이 발휘돼야 했다. 이때를 위해 랴오양 길목에서 전략적 후퇴를 했었기 때문이다. 그러나 응집된 전투력이 발휘되기는커녕, 이번에도 어처구니없는 후퇴를 단행했다. 군수 물자와 예비대 부족 등으로 진지를 오랜 기간 사수하기 어렵다는 비관적인 보고가 올라왔기 때문이다. 가장 결정적으로 일본군이 조만간 대규모 병력을 동원해 봉천(선양)을 공격할 것이라는 거짓 정보가 큰 영향을 미쳤다. 쿠로파트킨은 사실 관계를 확인해보지도 않고 전군에 봉천으로의 후퇴를 명했다. 점점 지쳐가던 일본군은 뜻밖의 결정으로 기사회생할 수 있었다. 일각에서 뒤늦게 추격 의견이 나오기도 했지만, 그럴만한 여력과 시간이 부족했다. 적군 지휘부의 무능에 힘입어 일본군은 만주에서 가장 중요한 군수물자 기지를 확보했다. 참혹한 대가도 뒤따랐다. 일본군은 랴오양 회전에서 전체의 약 20%에 해당하는 병력을 잃었다. 한편 러시아는 랴오양 회전의 패배로 크게 술렁였다. 국민들 사

러시아군은 러일 전쟁에서 군사 강국다운 모습을 좀처럼 보여주지 못했다. 전술 미비로 시종일관 일본군에게 끌려다녔다.

이에서는 전쟁에 대한 회의감이 확산됐고, 병사들 역시 패배주의에 매몰됐다. 군 일각에서는 혁명 사상이 침투해 차르 체제에 대한 충성도를 크게 갉아먹었다.

■ 러시아군의 애매한 반격

랴오양 회전 이후 봉천으로 퇴각한 러시아군은, 차르 정부의 극동 정책을 주관하는 알렉세예프의 권고에 따라 다른 곳으로 가지 않고 이곳에 계속 주둔하며 전력을 증강시켰다. 이 시기 러시아군의 총병력은 약 21만 명이었다. 다만 적지 않은 병력을 측면이나 후방 방어로 차출하면서 정면 전투력은 약화됐다. 일본군도 점령지에서 당분간 진지를 강화하거나 전력을 증강시켰다. 총병력은 약 17만 명이었다. 차르 정부는 랴오양에서의 실패를 조속히 만회하길 원했다. 민심이 급속도로 나빠지고 혁명 사상이 널리 퍼지면서 위기감을 느낀 이들은, 포위돼 있는 뤼순을 구원함으로써 분위기 반전을 노렸다. 시종일관 무능과 수동적 방어를 선보였던 러시아군 사령관 쿠로파트킨은 이제 공세적인 면모를 보여줘야 했다. 러시아군은 뤼순으로 가는 길목이라 할 수 있는 사허, 번시호, 타이쯔허 우안 방면 등으로 진격해 군사 행동을 하기로 했다. 그런데 러시아군은 이번에도 여러 문제점들을 노출했다. 사전에 일본군의 전략 등을 제대로 파악하지 못했다. 적군 후방을 위협하는 등의 특별한 공격 전술도 전무했고, 기병대를 산악지형에 배치하는 등 부대 배치도 엉망이었다. 쓸데없이 예비대를 크게 만들어 공격력을 약화시킨 것도 문제였다. 반면 일본군은 활발한 첩보 활동을 통해 러시아군의 계획과 움직임을 간파하고 있었다. 여전히 러시아군이 소극적인 태도에서 벗어나지 않을 것이라는 확신도 있었다.

쿠로파트킨은 당초 러시아군의 공격 개시일을 9월 28일로 잡았다가 석연치 않게 연기했다. 그만큼 자신이 없다는 방증이기도 했다. 10월 5일이 되자, 빌데를링이 지휘하는 러시아군 서부집단군이 일본군을 기만하기 위한 시위적 군사 행동의 일환으로 사허를 향해 진격했다. 일본군의 예상대로 소극적인 면모가 고스란히 드러났다. 러시아군의 이동 속도는 극도로 더디었다. 또 다른 방면에서 이동하는 시타켈베르크의 러시아군 동부집단군도 (주력군이었음에도) 신속하지 못했다. 이들은 10월 8일 적군이 있었던 벤뉴푸쯔를 포위 공격하기로 했지만, 이미 일본군은 전략상 철수한 상태였다. 큰 의미가 없는 벤뉴푸쯔 공격과 맞물려 렌넨캄프가 지휘하는 동부집단 러시아군이 웨이닝잉~번시호 방면을 공격했다. 일본군을 후퇴시키긴 했지만, 이 역시 큰 의미는 없었다. 되레 러시아군의 더딘 진격으로 인해 일본군은 별다른 피해를 입지 않고 후방으로 이동했다. 그나마 서부집단 러시아군이 일본군 전위부대를 크게 격파하며 전진하는 의미 있는 모습을 보였다. 동부집단 전선에서 렌넨캄프와 류바빈의 부대가 상호 협력해 번시호를 공격, 적군을 추가로 격퇴하기도 했다. 다만 여기까지였다. 그다음 공세가 신속하게 이뤄지지 않았다. 특히 일본군의 우측을 포위 공격해 섬멸시킬 결정적 기회도 놓쳤다. 쿠로파트킨이 조심스러운 군사 행동을 지시했기 때문이다. 러시아군은 우세한 병력 규모를 갖고도 과감하게 활용하지 못했다. (당초 주공격을 담당한 동부집단 러시아군에겐, 현 위치를 고수한 상태에서 전위부대를 통해 적군 진지로 향하는 접근로를 정찰하라는 임무만이 부여됐었다.) 러시아군의 전반적인 모습을 목도한 일본군은 자신들의 확신이 틀리지 않았음을 눈치챘다. 그러면서 공세로 전환할 태세를 갖췄다. 10월 10일, 서부집단 전선에서 일본군의 대대적인 반격이 개시됐다. 일본군은 솽룽쓰, 솽타이쯔~다둥산푸 등에 있는 적군의 주요 진지들을 잇따라 공격해 함락시켰다. 다음날에는 포병연대의 지원 하에 인더뉴루촌에서 공세를 전개했다. 러시아군은 강력한 포격과 백병전 등을 펼치며 거세게 저항했다. 초반 공세가 여의치 않았던 일본군은 모든 사단 병력을 총동원해 재차 공격했다. 이에 따라 가까스로 인더뉴루촌을 점령할 수 있었다. 러시아군은 이곳에 있는 일본군이 중앙 돌파를 시도할 수 있다고 우려했다. 이에 반드시 탈환한다는 목표 하에 한밤 중 기습 공격을 감행했다. 이번에는 일본군이 큰 타격을 받고 퇴각했다.

   이 즈음에 구로키가 이끄는 일본군이 러시아군 중앙부를 겨냥한 공세에 나섰다. 예하 부대인 마쓰나가의 제3여단이 산오쉬산 대산괴 기슭으로 진격, 백병전 끝에 러시아군을 격퇴했다. 또 다른 예하 부대인 오카자키의 제15여단은 우회와 포위를 수월하게 할 수 있는 레스나야 언덕을 공격했다. 일본군은 굴곡진 지형을 활용해 언덕을 적절히 포위하며 적군을 곤란하게 만들었다. 근위사단도 와이터우산 대산괴와 와타나베산을 공격, 대산괴의 남쪽 능선 및 와타나베산을 점령하는 데 성공했다. 러시아군은 와타나베산을 탈환하기 위해 일본군과 치열한 야간 전투까지 벌였지만, 성과를 거두지 못했다. 결과적으로 러시아군은 중앙부를 사수하는 데 실패했다. 이런 가운데 동부집단 러시아군이 소극적 태도에서 벗어나 3개 종대로 움직이기 시작했다. 첸가오링, 투먼링, 투먼쯔링 고개가 표적이었다. 결과는 좋지 못했다. 러시아군은 주간에 일본군과 접전을 벌였고 야간에도 공격을 감행했지만 잇따라 실패했다. 뒤튀링, 휘자푸쯔 등과 같은 바위산도 공격했으나, 암석과 협곡 등으로 인해 전과를 달성하지 못했다. 러시아군은 이곳 지형에 대한 사전 조사를 충실히 하지 않아 무진장 애를 먹었다. 더욱이 일본군이 암벽 정상의 엄폐된 진지에서 기관총을 난사하며 러시아군에게 치명적인 타격을 입혔다. 결국 동부집단 러시아군은 익숙하지 않은 산악 지형 공세에서 뼈저린 패배를 맛봐야 했다. 일련의 과정들을 통해 일본군의 사기는 크게 고양됐다. 여세를 몰아 10월 12일 야간에 적군 중앙부에 위치한 양자오산을 공격해 중요한 전과를 달성했다. (피아식별을 위해) 군용 외투의 왼쪽 소매에 하얀 붕대를 감고 착검을 한 일본군은, 불빛 신호에 따라 맹렬히 적진을 향해 돌격했다. 러시아군은 산 정상에서 일본군에게 무차별 사격을 가하며 대응했다. 별안간 1500명이 넘는 일본군 병력이 소멸됐다. 막대한 희생에도 불구하고 일본군은 공세를 멈추지 않았다. 러시아군이 혀를 내두를 정도의 집요함을 선보인 결과, 양자오산은 함락됐다. (일본군은 특별히 야간 전투에서 강점을 드러냈다. 라오쥔위, 몐화거우, 스리허촌에서 벌어진 야간 전투에서 모두 승리했다.)

서부집단 전선 및 동부집단 전선에서도 일본군은 눈에 띄는 승리를 이어갔다. 강력한 기습 공격을 통해 서부집단 전선에 있는 러시아군(제17군단 등)을 물리쳤다. 동부집단 전선에선, 군사 작전의 잇따른 실패로 사기가 크게 저하된 러시아군의 상황을 적극 이용했다. 러시아군이 사실상 공격을 포기한 상황에서, 일본군은 포병을 대거 동원해 적군의 측면을 강하게 두들겼다. 류바빈, 렌넨캄프, 이바노프가 이끄는 러시아군은 후퇴하기로 결정했다. 이제 쿠로파트킨은 초기에 보였던 공세가 아닌 익숙한 방어로의 전환을 결정했다. 차르 정부가 그토록 소망했던 뤼순 구원도 물 건너간 셈이었다. 러시아군은 사허 경계선과 벤뉴푸쯔~가오투링 고개 등에서 방어 체계를 형성했다. 얼핏 보면 일본군의 추가적인 공세도 성공할 것처럼 보였다. 러시아군 제10군단과 제37사단 등을 물리치며 승리를 이어가긴 했지만, 상황이 마냥 녹록하지만은 않았다. 넓은 전선에 걸쳐 전개한 러시아군이 부분적으로 큰 선방을 했기 때문이다. 러시아군 제88여단은 거센 공격을 버틴 후 역공을 가해 일본군을 물리쳤다. 빌데를링이 이끄는 러시아군도 공세를 가해, 오야마의 일본군이 시도한 포위작전 계획을 무산시켰다. 나아가 러시아군은 노브고로드산과 푸틸로프산 전투에서 의미 있는 전과를 달성하기도 했다. 10월 16일, 일본군은 기관총 및 포격 세례를 퍼부어 노브고로드산 등을 점령했다. 쿠로파트킨은 전략적으로 중요한 이 산들을 반드시 탈환해야 한다고 생각했다. 이에 러시아군은 적군의 쏟아지는 기관총 세례 속에서도 끈질기게 반격을 단행했다. 일본군의 전진 참호를 급습하는 등의 과감함을 선보였고, 치열한 백병전 혈투도 마다하지 않았다. 러시아군은 3000명 넘는 인명 손실을 무릅쓰고 노브고로드산 등을 탈환하는 데 성공했다. 일본군은 그동안 볼 수 없었던 러시아군의 적극성과 선방에 당혹감을 감추지 못했다. 이후 양국 군대는 (뤼순을 제외한 지역에서) 한동안 공세를 중단하고 진지 및 전력 강화에 몰두했다. 상호 간 거리는 매우 가까웠다. 지금껏 펼쳐진 '사허 회전'은 전쟁의 향방에 큰 영향을 끼치지는 못했다. 추후 회전에서 판가름이 날 것이었다.

■ 뤼순 공방전

상당 기간 포위 상태에 놓여있던 뤼순의 운명이 조만간 결정될 터였다. 노기 마레스케가 이끄는 일본군은 8월부터 뤼순 요새의 동부 구역을 겨냥해 반복적인 공격을 가했다. 청일 전쟁 당시, 단 하루 만에 뤼순 요새를 점령했던 일본군은 이번에도 신속히 목적을 달성하려 했다. 뤼순 요새에는 약 6만 명에 달하는 러시아군과 646문의 포, 62정의 기관총이 있었다. 겉보기에는 강력한 방어 요새처럼 보였지만 허점도 많았다. 신형 포가 부족했고 구식인 은폐 포대는 노출돼 있었다. 전반적으로 요새는 완성되지 않은 상태였다. 일본군은 포격을 가한 뒤 수수밭을 가로질러 적진으로 돌격했다. 이른바 '반자이 돌격'으로 일컬어지는 군사 행동이었다. 일본군이 용맹했을진 모르지만 매우 무모한 행동이었다. 러시아군은 무차별적인 기관총 사격으로 응수했다. 수많은 일본군 병사들이 총탄 세례를 받고 쓰러졌다. 막대한 희생을 낳았음에도 불구하고, 일본군은 전열을 재정비하고 똑같은 방식으로 돌격했다. 그럴 때마다 어김없이 기관총 사격이 뒤따랐고 병사들의 시체가 산처럼 쌓였다. 운 좋게 강화 진지와 보루 인근에 접근하더라도 이내 총탄을 맞고 쓰러지기 일쑤였다. 노기 마레스케는 기본적으로 사무라이 정신이 강했으며, 청일전쟁 때의 성공 경험(돌격전)을 재현하길 원했다. 하지만 실상은 전술의 부재로 인한 대규모 '학살' 유발이었다. 일본군은 공세 초반에만 약 2만 명에 달하는 사상자가 발생했다.

중과부적을 절감한 노기 마레스케는 병력을 충원하고 280밀리 곡사포까지 들여왔다. 평행호도 구축했다. 9월에 접어들자, 일본군은 뤼순 요새 주변에 있는 산과 보루에 대한 공격을 개시했다. 공격의 핵심 목표는 비소카야산의 '203 고지'였다. 여기를 점령하면 뤼순항에 정박해 있는 러시아군 태평양 함대를 포격해 격침시킬 수 있다고 판단했다. 이번에도 무모해 보이긴 마찬가지였다. 고지를 향해

러일전쟁 당시, 처참한 소모전이 펼쳐졌던 비소카야산 203 고지.

돌격전을 전개하다가 이틀 만에 6000명 넘는 일본군 병력이 소멸됐다. 공세는 실패로 돌아갔다. 다만 뤼순 요새 공략에 있어 진전이 아예 없는 것은 아니었다. 일부 다각형 보루에 대한 기습 공격은 성공했다. 아울러 일본군은 좁고 깊은 호를 파는 '대호' 작업을 전개하면서 조금씩 요새로 접근해 나갔다. 280밀리 곡사포도 가동해 요새의 콘크리트 구조물들을 파괴하기도 했다. 일본군은 10월에도 뤼순 요새의 동부 구역을 향해 집요하게 돌격했다. 이 역시 막대한 병력 손실을 낳고 실패로 돌아갔다. 그런데 얼마 지나지 않아 호재가 뒤따랐다. 대호 작업이 상당히 진전됨에 따라, 일본군은 강화진지 전면 제방까지 접근할 수 있었다. 러시아군은 적군의 작업을 무산시키기 위해 좁은 호에 폭탄 등을 투척했으나 역부족이었다. 11월 말에 접어들면, 동부 구역에 구축된 강화 진지의 모든 해자들을 일본군이 점령하기에 이르렀다. 이렇게 되기까지 무수한 희생이 동반된 것은 두말할 나위가 없었다. 비슷한 시점에 일본군이 그토록 점령하길 원했던 비소카야산 203 고지 공략에도 청신호가 켜졌다. 일본군은 5일 간 벌어진 203 고지 전투에서 1만 명 가까운 전사자가 나오는 등 처참한 소모전에 빠졌다. 그러다가 갱도를 파고 들어감으로써 결정적 전환점이 마련됐다. 이를 통해 일본군은 가까스로 고지를 점령하는 데 성공했다.

이제 일본군은 뤼순 공방전에서 결정적 승기를 잡았다. 12월, 비소카야산 203 고지를 통해 뤼순항에 있는 태평양 함대에 집중 포격을 가해 궤멸시켰다. 전세가 급격히 기운 가운데, 뤼순 요새 안에 있는 러시아군은 최악의 상황에 처했다. 식량은 떨어졌고 질병이 확산됐다. 부상당한 병사들은 제대로 치료를 받지 못해 나뒹굴었다. 전투를 할 만한 병사들이 많이 사라졌고 사기는 급격히 저하됐다. 일본군은 다시 병력을 충원한 뒤 거듭 공격에 나섰다. 마침내 러시아군 지휘관인 스테스셸은 측근들과 함께 항복하기로 결정했다. 그는 니콜라이 2세에게 패전 소식을 알리면서 "위대하신 황제 폐하, 용서하십시오. 우리는 인간이 할 수 있는 것은 다 했습니다. 우리를 심판하시되 자비를 베푸소서"라고 촉구했다. 1905년 1월 2일, 일본군은 뤼순 공방전에서 승리함으로써 수많은 포로와 군수물자를 손에 넣었다. 이에 따른 대가는 참혹했다. 일본군은 약 10만 명에 육박하는 병사들을 잃었다. 여담으로 군대를 지휘한 노기 마레스케는 막대한 군사적 희생에 대한 죄책감을 크게 가진 것으로 알려졌다. 사무라이 정신이 투철했던 그는 추후에 일왕을 찾아가 책임을 지고 자살하겠다고 선언했다. 일왕은 이를 만류하면서 "죽으려면 내가 죽은 다음에 죽어라"라고 말했다. 실제로 노기 마레스케는 일왕이 죽은 뒤에 스스로 목숨을 끊었다. 여하튼 뤼순 공방전에 매달렸던 노기 마레스케의 일본군은, 이제 오야마의 군대와 협력해 또 한 번 대규모 회전에 나서게 될 것이었다.

■ 봉천 대회전

러시아군은 연이은 패전에 더해 국내에서 발생한 불길한 사건으로 또 한 번 흔들렸다. 1905년 1월 9일, 러시아 노동자들이 황제가 머무르는 겨울 궁전 앞에서 총격을 받고 죽임을 당하는 사건이 발생했다. 이른바 '피의 일요일 사건'이다. 국내 소식에 관심이 많았던 러시아군 병사들은 크게 낙담했고, 전쟁에 임하는 의지가 더욱 약화됐다. 자국민들을 함부로 죽이는 차르 체제를 위해 목숨을 걸고 싸워야만 하는지에 대한 의구심이 확산됐다. 이는 '봉천 대회전'이라는 중요한 결전을 앞둔 러시아군에게 상당한 악재로 작용했다. 일본군의 상황도 좋지만은 않았다. 대체로 승전을 이어갔지만 병사들의 희생이 너무 컸다. 당초 계획했던 전비 대부분도 소비했다. 점차 국력의 한계치에 근접해가고 있었다. (유럽 러시아로부터의 지속적인 증원군 도착과 러시아가 자랑하는 '발트 함대'의 존재도 일본군에겐 부담스러운 요소였다.) 일본군은 가급적 빠른 시일 내에 러시아군을 크게 격파한 뒤, 유리한 위치에서 강화 조약을 체결하는 게 중요하다고 판단했다.

러시아군과 일본군의 격전을 묘사한 그림. 일본군은 '봉천 대회전'에서 우회 기동을 통해 승리를 거머쥐었다.

이에 양국 군대의 전력이 집결된 봉천 회전을 러일 전쟁의 최대 승부처로 인식했다. 여기서 승리하면 원하는 바를 달성할 가능성이 높아지겠지만, 그렇지 않다면 사실상 패전이나 다름없을 것이라고 봤다. 이 당시 러시아군의 총병력은 약 33만 명, 포는 1266문에 달했다. 일본군의 총병력은 약 27만 명, 포는 1062문이었다.

기본적인 전력에서 밀리는 일본군은 이길 수 있는 전술을 고민했다. 일본군 총사령관인 오야마는 보불전쟁 당시 프로이센군의 지휘관인 몰트케가 스당 전투에서 구사한 전술에 주목했다. 핵심은 '우회와 포위'였다. 한편으로는 일본군 제5군이 러시아군의 좌익을 포위 공격해 유인한 다음, 약 7만 명에 달하는 노기 마레스케의 제3군이 적군의 우익을 우회한 뒤 후방에서 가와무라의 부대와 합류해 뒤통수를 치는 것이었다. 전선의 중앙에 배치된 노즈의 일본군도 우회를 돕기 위해 적극적으로 움직일 터였다. 즉 러시아군의 신경을 좌익에 집중시켜 (결정타를 날릴) 노기 부대의 우회 기동을 은폐하고, 중앙의 러시아군이 양 측방으로 부대를 보내지 못하게 만드는 전술이었다. 당시 만주 전장에서는 우회 기동에 필요한 공간이 충분했으며, 일본군은 우회 방면에서만큼은 전력 우위를 확보할 수 있을 것으로 보였다. 또한 일본군 지휘부는 이번에도 러시아군이 중앙 돌파와 같은 공격적인 모습을 보이지 않을 것이라고 확신했다. 러시아군이 일본군의 작전 계획을 아예 몰랐던 것은 아니다. 노기 부대의 우회 기동을 예측했고 나름의 대비도 했다. 쿠로파트킨과 카울바르스는 3개 종대를 편성한 뒤, 각 종대를 우익에서부터 단계적으로 진격시켜 노기 부대의 좌익을 포위 공격한다는 계획을 세웠다. 모든 부대가 일제히 공격하는 것이 아닌 차례로 공격하는 게 특징이었다. 다만 이러한 계획이 성공을 거둘지는 미지수였다.

2월 말, 일본군은 러시아군이 좌익에 신경 쓰도록 노력하는 한편 우회 기동을 준비했다. 노기의 부대를 노린 카울바르스의 러시아군이 적군의 우회가 시작되기 전에 포위 공격을 모색했으나, 공격태세 전환 및 진격이 느려져 무산됐다. 3월 5일부터 일본군의 우회 기동이 시작됐다. 우회를 하는 노기의 부대 옆에 오쿠가 이끄는 제2군도 있었다. 오쿠의 부대 역시 노기의 부대와 함께 우회 기동을 한 뒤 후방으로 나아가려는 것처럼 보였다. 우회의 길목에는 체르피츠키의 러시아군이 눈을 번뜩이고 있었다. 일본군은 이 부대에게 우회 기동이 노출돼 선제공격을 당할 수도 있었다. 반전이 일어났다.

오쿠의 부대가 우회하는 체하다가 갑자기 태세를 전환, 체르피츠키의 러시아군에게 공세를 퍼부었다. 러시아군 지휘부는 사전에 예측하지 못한 공세에 당황하는 기색이 역력했다. 호들갑스러운 체르피츠키는 일본군의 전력을 과대평가하면서 상부에 과도한 지원을 요청했다. 러시아군의 신경이 오쿠의 부대에게 쏠려있는 동안, 노기의 부대는 계속 우회 기동을 전개해 나갔다. 기실 오쿠의 부대는 노기 부대의 우회를 엄호하는 핵심이었던 셈이다. 한편 카울바르스는 노기의 부대에게 타격을 가하기 위해 재차 움직였다. 뚜렷한 문제점들이 동반됐다. 카울바르스는 주변 여건상 많은 병력을 공격에 투입하지 못했다. 게른그로스의 33개 대대만을 활용할 수 있었다. 공격 전술도 양호하지 못했다. 상술했듯 카울바르스는 전 병력을 일제히 공격에 투입하기는커녕 단계적으로 움직이게 했다. 한 종대가 어떠한 목표를 완수하면 그제야 또 다른 종대들이 나서는 것이었다. 한 종대가 목표를 완수하기 전까지 다른 종대들은 특별한 행동을 취하지 않았다. 이러한 소극성과 후진성은 필연적으로 노기 부대의 우회 기동을 막을 수 없었다.

이 와중에 러시아군 지휘부는 극심한 혼란까지 빚었다. 당초에는 노기 부대의 우회 기동을 주공격이라 여겨 이의 차단에 몰두했다. 그런데 오쿠 부대의 공격이 주공격일 수도 있겠다는 판단을 하게 됐다. 원인은 체르피츠키였다. 그는 오쿠 부대의 공격은 강력하며, 머지않아 대규모 일본군이 이쪽으로 쳐들어올 수도 있다는 과장된 보고를 계속 올렸다. 소심한 러시아군 지휘부는 이를 무시하지 못하고 우왕좌왕했다. 그 사이 노기 부대의 우회 기동은 지속됐다. 러시아군의 후방인 봉천의 싼타이쯔~황제릉 지역으로 점차 나아갔다. 다른 지역에서의 일본군 전개도 노기 부대를 크게 도왔다. 특히 위훙툰 전투에서 일본군은 러시아군 35개 대대를 유인하는 데 성공했다. 러시아군은 단 1개 여단에 불과한 적군을 상대하기 위해 대규모 병력을 집결시키는 무리수를 뒀다. 그만큼 위훙툰을 핵심 지역으로 봤기 때문이지만, 정작 중요한 노기 부대의 우회를 막는 데에는 하등 도움이 되지 않았다. 어느덧 성공적으로 전개된 노기 부대의 우회 기동은 마무리 단계에 접어들었다. 비로소 일본군 내에서는 전력의 열세를 극복하고 봉천 회전에서 승기를 잡았다는 긍정적 분위기가 형성됐다. 노기 부대는 라우니츠의 러시아군을 공격하며 본격적으로 적군의 후방을 위협하기 시작했다. 오쿠 부대 등도 전 전선에 걸쳐 공격을 감행하며 노기 부대를 계속 지원했다. 위기감을 느낀 러시아군 지휘부는 새로운 부대를 급히 편성해 후방으로 보냈다. 밀로프가 이끄는 러시아군은 라우니츠의 부대와 협력해 노기 부대를 궤멸시키려 했다. 그러나 미약한 전력과 일본군의 새로운 압박 전술로 인해 실패로 돌아갔다. 이 즈음 러시아군 지휘부는 일부 병력(제1군과 제3군)을 훈허 뒤편으로 퇴각시키는 등 벌써부터 물러날 조짐을 보였다.

3월 9일에 이르러 일본군은 라우니츠 부대를 밀어내고 싼타이쯔를 점령했다. 후방뿐만이 아닌 다른 전선에서도 일본군은 적진을 부분적으로 돌파하는 데 성공했다. 앞과 뒤에서의 일본군 전개로 암울한 상황이 닥쳐오는 가운데, 쿠로파트킨은 전투를 지속할 것인지 아니면 퇴각할 것인지를 두고 깊은 고민에 빠졌다. 그는 봉천에서의 전투가 더 이상 어렵다고 판단했다. 이에 3월 10일 전군에 퇴각 명령을 하달했다. 앞서 일본군은 러시아군이 퇴각한다 해도 좀처럼 추격을 하지 않았었다. 이번에는 달랐다. 국력의 한계로 강화 조약 체결이 시급했던 일본군은, 이참에 러시아군 주력을 반드시 섬멸할 필요가 있었다. 그래야 예기가 꺾인 러시아군이 순순히 자신들의 뜻대로 나올 가능성이 높았기 때문이다. 노기와 구로키의 일본군은 무질서하게 퇴각하는 러시아군을 맹렬히 추격했다. 기동력이 좋은 일부 부대가 적군 가까이 다가가 총격과 포격을 퍼부었다. 러시아군은 여러모로 힘든 여건 속에서 퇴각을 이어갔다. 일본군의 가오칸 전선 돌파로 퇴각로를 급히 변경하기도 했다. 자칫 심각한 상황에 처할 수도 있었던 러시아군은, 가까스로 일본군의 공격권 내에서 벗어났다. 3월 30일, 러시아군은 이미 파괴돼 있는 쓰핑 진지에 당도했다. 추후 강화 조약이 체결될 때까지 여기서 머무르게 된다. 일본군은 매우 중요한 회전에서 탁월한 전술 구사로 승리했지만, 간절히 원했던 목적은 달성하지 못했다. 점점 떨어져 가는 국력을 힘겹게 부여잡고 다음 결전을 준비해야만 했다. 봉천 회전의 여파는 러시아와 러시아군을 강타했다. 무능한 쿠로파트킨은 총사령관 직위에서 전격 해임됐다. 러시아군의 사기는 돌이킬 수 없을 정도로 나빠졌다. 국내에서는 혁명과 반전 운동의 열기가 크게 고조됐다. 노동자들의 파업이 들불처럼 번졌으며, 강화 조약 체결을 요구하는 목소리가 봇물처럼 터져 나왔다. 그럼에도 차르 정부는 아직 전쟁을 포기할 생각이 없었다. 비장의 카드인 발트 함대가 먼 길을 돌아 전장으로 오고 있었기 때문이다.

■ 쓰시마 해전

봉천 대회전 이후 양국 군대는 방어에 집중했다. 일본군은 더 이상 공격에 나서지 않았고 주둔지 강화에 힘썼다. 러시아군도 대체로 방어에 중점을 뒀다. 일각에서 공격 전환에 대한 의견이 제시됐지만, 이는 일본군의 공격을 격퇴한 후에 추진하는 것으로 결정됐다. (추후 러시아군은 수차례 토론을 통해 일본군의 공격을 기다리지 않고, 우익을 동원해 선제공격에 나선다는 구체적인 공격 계획을 수립했다. 그러나 이 계획은 강화 조약 체결로 무산됐다.) 양국 군대의 병력은 지속적으로 충원됐다. 이 시기에 러시아군은 44만 6500명, 일본군은 33만 7500명이었다. 어쩌다가 러시아군 기병대가 파쿠먼을 습격하기도 했지만, 육상에선 전황에 특별한 영향을 끼치는 전투 없이 교착 상태가 이어졌다. 이제 러일 전쟁의 운명은 육상이 아닌 해상에서 판가름 날 것이었다. 앞서 서술한 것처럼 러시아에게는 강력한 발트 함대가 있었다. 이 함대에 근무하는 병사들은 1만 명이 넘었으며, 총 47척 중 전투함이 38척에 달했다. 그야말로 세계 어디에 내놔도 손색이 없는 대함대였다. 발트 함대는 1904년 10월 15일 러시아의 상트페테르부르크 인근의 리바바 항에서 출항했다. 최종 목적지는 극동아시아의 블라디보스토크였다. 다만 발트 함대의 앞길에는 필연적으로 험난함이 예정돼 있었다. 대부분의 함선들이 남쪽으로 향해 아프리카를 돌아가는 항로를 택할 수밖에 없었다. 이집트의 수에즈 운하를 통과하면 더 빨리 갈 수 있었지만, 극히 일부 함선들만이 그렇게 했다. 이유는 대부분 함선들의 실제 흘수선(선체가 잠기는 한계선)이 당시 수에즈 운하의 통항 제한 수심보다 깊었기 때문이다. 발트 함대는 부득이 '세계 일주'를 할 수밖에 없게 됐다. 항로상에 마땅한 해군 기지도 없어 한 번에 긴 거리를 이동해야만 했다.

초기에는 사고도 발생했다. 10월 22일, 발트 함대가 도거뱅크 해역을 지날 때 영국 어선에 오인 포격을 가했다. 해당 어선을 일본군의 수뢰정이라고 판단했던 것이다. 당시 러시아 첩보기관은 일본군 수뢰정이 이동해 와서 주요 항로에 매복해 있다가 기습 공격할 수 있다는 첩보를 입수한 상태였다. 이에 발트 함대가 더욱 예민하게 반응한 측면이 있었다. 러시아는 즉각 잘못을 인정하고 영국에 거액의 배상금을 지불했다. 수많은 우여곡절을 겪으며 발트 함대는 포르투갈, 모로코, 가봉, 남아프리카 희망봉, 실론 섬, 말레이시아, 베트남 등을 거쳐갔다. 항해 도중에 함선을 추동하는 주원료인 석탄을 어렵게 공급받았다. 지구를 무려 반바퀴(2만 8800km) 돌아올 때까지 탈락한 함선은 단 한 척도 없었다. 이때까지만 해도 발트 함대는 그 명성에 걸맞은 찬사를 받았다. 한편 도고 헤이하치로가 이끄는 일본 연합함대는 발트 함대가 오는 것에 촉각을 곤두세우고 있었다. 이들은 발트 함대가 블라디보스토크에 입항하기 전에 결판을 내야 한다고 생각했다. 장거리 항해로 지친 발트 함대가 블라디보스토크에서 재정비한 뒤 전투에 나선다면, 일본군은 상당히 어려워질 것이라고 예상했다. 그동안 장악했던 제해권이 순식간에 러시아군에게 넘어갈 수 있었다. 그런데 일본군을 혼란스럽게 만드는 결정적 사안이 존재했다. 발트 함대가 어느 항로를 통해 블라디보스토크로 향할 것인지였다. 총 3개의 항로가 있었다. 대한 해협과 쓰시마 해협을 통과하는 직선 항로, 일본 열도를 돌아 쓰가루 해협을 통과하는 항로, 홋카이도와 사할린 사이에 있는 소야 해협을 통과하는 항로였다. 일본군은 이 모든 항로를 틀어막는 게 불가능했던 만큼, 어느 한 개의 항로를 정해 결전을 벌일 수밖에 없었다. 만약 예상치 못한 항로로 발트 함대가 지나간다면 일본군은 비상 상황에 처할 터였다.

당초 일본군 지휘부에선 발트 함대가 소야 해협에 진입할 것이라는 예측이 다수였다. 도고 헤이하치로의 생각은 달랐다. 그는 적군이 최단 거리인 대한 해협과 쓰시마 해협을 통과할 것이라고 확신했다. 이에 대한해협의 남쪽 연안에 있는 마산포와 쓰시마 등에 함대를 배치했다. 함대의 주력은 3개 분함대로 나눠졌으며 각 분함대는 2~3개의 편대로 구성됐다. 개별 함선들을 대대적으로 정비했고, 대한제국의 취도를 과녁으로 삼아 함포사격 훈련을 하는 등 만반의 준비를 했다. (취도는 일본군의 훈련으로 말미암아 현재 전체의 2%만이 남게 됐다고 한다.) 과연 도고의 예측이 적중했다. 발트 함대 사령관은 먼 길을 돌아온 함대의 처지를 고려해, 가장 빠르게 블라디보스토크로 입항할 수 있는 직선 항로를 선택했다. 1905년 5월 25일, 발트 함대는 중간에 수송선을 배치한 2열 종대(세로)로 나아갔다. 함선들은 대부분 조명을 켜지 않은 상태였으나 뒤에 있던 병원선이 불을 밝혔다. 5월 27일, 이 불빛을 목격한 일본군 순양함 1척이 은밀히 추격하다가 함대를 발견했다. 발트 함대는 이 순양함의 존재를 눈치채지 못했다. 얼마 뒤, 짙은 바다 안갯속에서 일본군 순양함 편대가 모습을 드러냈다. 화들짝 놀란 발트 함대는 잠시 포격을 가했다. 그러다가 일본군 순양함이 사라지자 다시 블라디보스토크를 향해 나아갔다. 정찰용인 순양함으로부터 적군 함대의 출현 소식을 접한 도고 헤이하치로는 즉시 마산포에 있는 주력 함대를 출동시켰다. 장갑함 4척, 장갑순양함 8척, 구축함 16척 등으로 구성된 주력 2개 편대가 발트 함대와의 거리를 빠르게 좁히며 나아갔다. 속도는 15노트였다. 발트 함대도 일본군 주력 함대의 진격을 눈치채고 전투태세에 돌입했다. 양국 함대의 정면충돌이 초읽기에 들어갔다.

바로 여기서 일본군 해전 역사상 가장 뛰어난 전술로 평가받는 것이 나왔다. 처음에 일본군 함대는 종대를 기반으로 나아갔다. 어느 순간, 일본군 함선들이 발트 함대 항로의 좌측 전방에서 차례대로 반대 방향으로 '급선회'하기 시작했다. 종대였던 일본군 함대가 별안간 횡대(가로)를 형성했다. 이러한 전술은 선회하는 도중에 적군에게 측면을 노출시킬 수 있는 위험성을 갖고 있었다. 일본군은 사전에 철저한 훈련으로 말미암아 완벽에 가까운 선회 기동을 선보였다. 이제 일본군은 대부분의 함선들이 적군에게 집중 포격을 가할 수 있는 진용을 갖췄다. 반면 종대였던 발트 함대는 선두에 있는 함선들만이 포격을 가할 수 있었다. 나머지 함선들은 별다른 역할을 하지 못했다. 천재일우의 기회를 잡았다고 판단한 일본군은,

러일 전쟁의 최대 분수령이 된 쓰시마 해전. 이 해전에서 도고 헤이하치로가 이끄는 일본 연합 함대는 러시아의 자랑인 발트 함대를 격파했다.

기함인 수보로프호와 오슬랴뱌호를 겨냥해 맹포격을 퍼부었다. 지휘관이 탑승해 있던 이 함선들은 순식간에 파괴되기 시작했다. 치명적 타격을 입은 오슬랴뱌호가 침몰했고, 수보로프호도 곳곳이 파손돼 화염에 휩싸였다. 지휘관인 로제스트벤스키는 큰 부상을 입었다. 나머지 함선들이 적군의 공격에서 벗어나려 안간힘을 썼지만, 일본군은 민첩한 기동으로 이들의 항로를 차단하며 한쪽으로 몰아세웠다. 이 와중에 바다 안개가 짙어져 잠시 전투가 중단되기도 했다. 이를 틈타 수보로프호를 비롯한 발트 함대는 블라디보스토크로의 탈출을 시도했다. 그러나 일본군의 손아귀를 벗어나지 못했고, 재차 거센 공격을 받았다. (이때 일본군은 가와무라가 이끄는 해군도 합류해 전력이 증강됐다.) 일본군 수뢰정의 어뢰 공격으로 수보로프호가 침몰했다. 알렉산드르 3세호와 보로디노호 등도 비슷한 운명을 맞았다. 격침된 러시아군 함선은 총 19척에 달했다. 나머지 순양함 및 장갑함은 포위된 상태에서 항복하거나 필리핀, 상하이, 블라디보스토크 등으로 필사적으로 도망쳤다. 5000명 이상의 러시아군 병사들이 전사했으며, 로제스트벤스키를 포함해 수천 명이 포로로 잡혔다. 목적지인 블라디보스토크에 도달한 함선은 3척에 불과했다.

지구를 반 바퀴 돌아온 러시아의 자랑, 발트 함대는 이렇게 어처구니없이 궤멸됐다. 일본군은 모두의 예상을 뒤엎고 발트 함대를 상대로 한 '쓰시마 해전'에서 대승을 거뒀다. 이들은 고작 수뢰정 3척을 잃었으며 117명이 전사하는 경미한 피해를 입었다. 지휘관인 도고 헤이하치로는 자국에서 '군신'으로 추앙받았다. 상술했듯 일본군은 전술적 측면에서부터 러시아군을 압도했다. 이뿐만 아니라 여러 요인들이 일본군의 승리를 이끌었다. 일본군 함포의 발사 속도는 러시아군의 2~3배에 달했다. 포탄에 들어가는 화약의 세기도 일본군이 훨씬 우월했다. 러시아군 함선의 겉면에 칠해진 색깔은 일본군 병사들의 눈에 너무 잘 띄었으며, 프랑스식 텀블홈 선체를 사용한 러시아군 함선들은 피탄 시 침몰이 빠르게 진행됐다. 쓰시마 해전의 여파로 일본은 승전 분위기에 도취된 반면 러시아는 총체적 난국의 늪으로 빠져들었다. 혁명 운동이 날이 갈수록 격화돼, 심지어 군부대 내에서도 소요와 폭동이 빈번하게 일어났다. 차르 정부는 내심 전쟁을 지속하고 싶었지만, 악화하는 국내 상황을 더는 좌시할 수 없었다. 이에 전쟁 종결을 본격적으로 검토하기 시작했다. 일본 역시 극심한 소모전에서 벗어나 강화 조약을 체결하길 간절히 원했다.

■ 포츠머스 강화 조약

일본은 뒤에 있던 미국에 도움을 요청했다. 당시 미국 대통령인 시어도어 루스벨트에게 중재를 청한 것이다. 1905년 8월, 러시아와 일본의 대표단이 미국의 포츠머스에서 만났다. 이 자리에서 양국 대표단은 강화 협상을 벌였지만, 조항에 대한 의견 차이로 신경전을 이어갔다. 일본 외상인 고무라 주타로가 전쟁 배상금과 사할린 섬 할양을 요구하자, 러시아 대사인 세르게이 비테는 "승자도 패자도 없으니 한 치의 땅도, 1 루블의 배상금도 물어줄 수 없다"라고 맞섰다. 나아가 전쟁을 재개한다면 러시아가 승리할 것이라는 경고도 했다. 만약 러시아 대표단의 말대로 전쟁이 재개됐다면, 러일 전쟁의 최종 결과는 달라졌을 수도 있다. 종합적인 국력상, 일본은 한계치에 도달한 반면 러시아는 전쟁을 감당할 여력이 있었기 때문이다.

양국은 약 1개월 간의 진통 끝에 9월 5일 협상을 타결했다. 그 결과 일본은 대한제국에 대한 지도 보호 감리조치를 승인받았고, 북위 50도 이남의 사할린 섬 남쪽을 할양받았다. 뤼순과 다롄의 조차권 승인 및 장춘 이남의 철도 부설권도 할양받았다. 러시아에게 전쟁 배상금을 지급받지는 못했다. 해당 조약을 성공적으로 이끈 공로로 시어도어 루스벨트는 노벨평화상을 수상했다. 사실상 포츠머스 강화 조약은 러일 전쟁에서 일본이 승리했음을 확인한 것이었다. 이로써 일본은 극동아시아의 새로운 강자로 급부상했다. 대한제국을 완전히 손아귀에 움켜쥐었으며 만주 침략의 교두보도 마련했다. (러일 전쟁 직후 체결된 미국과의 '가쓰라–태프트 밀약'으로 대한제국 지배를 국제적으로 공인받았다.) 의기양양해진 일본은 앞으로 군국주의를 내세우며 대규모 침략 전쟁을 벌일 것을 예고했다. 이와 달리 러시아의 국제적 위상은 크게 실추됐다. 오랜 기간 이어져 온 영국과의 'The Great Game'은 종지부를 찍었고, 격렬한 혁명의 소용돌이에 휘말리게 된다.

> **"좋은 전쟁도, 나쁜 평화도 결코 없다."**
> −벤자민 프랭클린

03
제1차 세계대전

모든 전쟁을 끝내기 위한 전쟁

○ 고기분쇄기 소모전 전말

제1차 세계대전은 역사상 최악의 소모전으로 기록됐다. 막대한 희생에도 불구하고 전쟁은 긴 교착 상태에 머물렀다.

"많은 병사들이 쓰러져 죽은 곳에 바로 매장됐다. 새로운 참호를 파다 보면, 십중팔구 지표 바로 아래에 묻힌 채 썩어가던 상당수의 시신이 발견되곤 했다. 이런 시신과 더불어 참호의 여기저기 버려진 상당량의 음식 찌꺼기들을 쥐들이 놓칠 리가 없었다. 쥐들은 엄청나게 컸으며, 자신을 방어할 수 없는 부상병의 상처를 뜯어먹기도 했다. 설상가상으로 쥐의 번식력은 왕성해 한 쌍의 부부 쥐가 1년에 880마리의 새끼를 낳았다. 특히 쥐들이 가장 좋아하는 것은 시체의 눈과 간이었다. 죽은 병사들의 시신을 파먹기 위해, 쥐들이 뚫어놓은 참호 옹벽상의 작은 구멍들이 발견되는 것은 흔한 현상이었다." 　　　　　　　　　　　　　－이프르 전선 영국군 병사 증언 中

현대인들은 아돌프 히틀러가 일으킨 '제2차 세계대전'의 참상에 대해선 곧잘 알고 있다. 하지만 이에 못지않게 끔찍한 전쟁이었던 '제1차 세계대전'에 대해선 잘 알지 못한다. 제2차 세계대전의 여파가 워낙 강력했기 때문에, 이것에 가리어진 측면이 있다. 그럼에도 세계사의 흐름을 이해하려면 "20세기의 시작"이라고 불렸던 제1차 세계대전을 반드시 알아야만 한다. 이것이 발발하기 전, 유럽 대륙은 호전적인 민족주의와 제국주의에 휩싸여 있었다. 열강들은 저마다 민족적 우월성을 드러내며 해외 식민지들을 경쟁적으로 탈취했다. 산업의 발전에 힘입어 대량살상 무기들을 대거 생산하며 군사력을 강화했다. 뜻을 같이 하는 국가들끼리 진영도 형성하면서 대립이 격화됐다. 이를 조정할 만한 국제기구가 부재했던 만큼, 전면적인 대결의 가능성은 날이 갈수록 높아졌다. 결국 발칸의 한 작은 국가에서 발생한 암살 사건이 세계 전쟁의 방아쇠를 당기고 말았다. 영국, 독일, 프랑스, 러시아, 오스트리아 등 주요 열강들은 연쇄적으로 전쟁의 블랙홀에 빨려 들어갔다. 전선은 서부와 동부, 제3의 지역에 이르기까지 다방면으로 펼쳐졌다.

인류 역사상 최초로 전 세계 주요 국가들이 모두 참전한 이 전쟁은, 악몽 같은 '소모전'으로 대변된다. 초기에 행해졌던 일진일퇴의 공방전이 지나간 후, 서구 연합군(영국, 프랑스)과 독일군은 참호를 파고 오랜 기간 대치하는 형국으로 돌입했다. 이른바 '참호전'으로 불리는 소모전에서, 양 진영은 의미 있는 영토 획득 없이 막대한 희생만 초래했다. 병사들은 기관총과 중포가 도사리고 있는 적진을 향해 무작정 돌진하다가 소멸되기 일쑤였다. 문제를 해결할 만한 전략 전술의 부재 속에서, 이 같은 무의미한 군사 행동은 반복됐다. 사상자가 기하급수적으로 증가하고 병사들의 고통은 하늘을 찌름에도, 전쟁은 협상이나 종결 없이 몇 년 간 지속됐다. 열강들은 유사시 군사적 우위를 확보하는 것을 유일한 정책 목표로 삼았기 때문에 다른 여지가 끼어들 수 없었다. 독일군 및 오스트리아군과 러시아군이 맞붙은 동부 전선에서는 (참호전은 없었지만) 상호 간 치열한 난타전이 벌어지며 수많은 병사들이 목숨을 잃었다. 끝나지 않을 것만 같았던 악몽은 대서양 너머에 있는 미국이 참전하면서 비로소 해결의 실마리를 찾았다. 이전만 해도 2류 국가로 분류됐던 미국은 엄청난 산업 생산과 인적조직 능력을 발휘하며 '종결자'의 역할을 톡톡히 수행했다. 이는 미국이 초강대국으로 급부상하는 계기가 됐다.

제1차 세계대전은 전후 세계 질서를 뒤바꿔놓았다. 독일과 오스트리아 등 제국이 몰락했고, 독립국가들이 대거 생겨났다. 러시아는 전쟁의 여파로 사회주의 혁명이 발생해 이전과는 완전히 다른 국가로 변모했다. 미국의 주도로 국제분쟁을 조정할 국제연맹도 탄생했다. 아울러 극심한 인명 살상에 몸서리친 세계인들 사이에서 전쟁을 혐오하는 염전적 사상이 싹트기도 했다. 이에 제1차 세계대전을 '모든 전쟁을 끝내기 위한 전쟁'으로 평가하는 목소리도 나왔다. 전 세계는 두 번 다시 세계대전의 비극을 경험하지 않을 것처럼 보였다. 그러나 제1차 세계대전은 더 큰 비극인 제2차 세계대전을 배태하고 있었다. 전쟁으로 인한 경제 불황과 패전국에 대한 가혹한 배상 요구는, 특정 국가에서 극단주의가 나타나는 배경으로 작용했다. 이러한 부정적 흐름은 고스란히 방치됐고, 또 한 차례의 세계대전으로 이어지는 대참사를 낳았다. 이는 전 세계(유럽)가 제1차 세계대전에서 심대한 교훈을 얻지 못했다는 것을 방증한다. 역사의 교훈을 망각한다면, 앞으로도 비극적 사건이 되풀이될 수 있다는 점을 잊지 말아야 할 것이다. 20세기의 문을 연 대전쟁이자 고기분쇄기 소모전인 '제1차 세계대전' 전말을 되돌아봤다.

■ 유럽 열강들의 대립

19세기 초부터 20세기 초까지, 유럽에서는 대규모 전쟁이 발발하지 않는 장기간의 평화가 조성됐다. 이 기간 동안 유럽 열강들의 경제 산업은 지속적으로 발전했다. 그러면서 열강들은 자국의 상품을 용이하게 판매할 커다란 시장을 필요로 했다. 유럽 시장으로는 부족했다. 수요보다 공급이 많아져 이미 '레드오션'이 됐기 때문이다. 눈을 바깥으로 돌릴 수밖에 없었다. 자연스럽게 식민지 쟁탈전이 가속화됐다. 여기서 가장 두드러진 모습을 보인 것은 영국이다. 이들은 막강한 해군력을 바탕으로 세계 각지에 식민지를 건설했다. 프랑스도 이에 질세라 경쟁적으로 식민지를 늘려나갔다. 그런데 영국과 프랑스가 우세를 보이는 국제 정세에 도전장을 내밀 수 있는 위협적인 국가가 등장했다. 독일이다. 1871년 '보불 전쟁'에서 승리하고 통일을 달성한 독일은 신흥 강국으로 급부상했다. 향후 독일은 계속 치고 올라가려 하고 영국과 프랑스는 집요한 견제에 나서면서, 대립이 격화될 것처럼 보였다. 다행히 독일의 '오토 폰 비스마르크'라는 인물로 인해 절묘한 세력 균형과 평화가 유지될 수 있었다. 탁월한 군사 전략가이자 외교 천재였던 그는, 국제 정세를 면밀히 파악한 뒤 독일이 지향해야 할 외교 전략은 팽창이 아닌 주변국들과의 친선 및 현상 유지라고 강조했다. 앞선 나폴레옹 등의 사례를 반면교사로 삼아 지나친 팽창은 되레 독일을 위험에 빠뜨릴 수 있다고 생각했다. 이 같은 전략을 기반으로 독일, 러시아, 오스트리아-헝가리 제국 간의 '3제 동맹'을 추진했다. 영국, 프랑스와 동등한 세력을 구축함은 물론 양면 전선의 위험성을 경감하는 효과도 노렸다. 특히 독일 최대의 적국인 프랑스의 외교적 고립을 획책해, 함부로 발호하지 못하게 만들려는 의도도 강했다. 당시 독일 황제였던 빌헬름 1세는 비스마르크의 노선을 절대적으로 신임하고 지지했다. 여러 호재들이 부합되면서 비스마르크의 의도대로 국제 정세가 돌아갔다. 우려됐던 유럽의 전운도 사그라드는 모양새를 나타냈다.

하지만 이 같은 상황이 오래가진 못했다. 독일에서 빌헬름 2세가 즉위하면서 유럽의 정세가 급변하기 시작했다. 호전적인 성품을 갖고 있던 그는, 독일 게르만 민족이 다른 민족들보다 우수하며 적극적인 팽창 정책을 통해 초강대국으로 거듭나야 한다고 강조했다. 이는 필연적으로 비스마르크의 노선과 충돌할 수밖에 없었다. 계속된 갈등으로 비스마르크가 실각했고, 빌헬름 2세가 독일을 전적으로 주도하게 됐다. 우선적으로 외교 체제 개편에 나섰다. 3제 동맹을 대표하는 러시아와의 관계를 단절했다. 이에 대한 반발로 러시아는 독일의 맞수인 프랑스와 손을 잡았다. 비스마르크가 그토록 회피하려 했던 양면 전선의 위험성이 증폭됐다. 표면적으로는 빌헬름 2세의 결정이 비합리적으로 보일 수 있으나, 당시 정황상 예고된 수순일 수도 있었다. 기실 러시아 내부에서는 급부상하는 독일을 가장 큰 위협으로 여기는 사람들이 많았다. 독일이 당장은 유화적으로 나올지 모르나 언젠가는 뒤통수를 칠 가능성이 높다고 전망했다. 민족성 등 여러 측면에서 이질적인 부분이 많다고 느끼는 것도 다분했다. 독일 내부에서도 러시아를 탐탁지 않게 여기는 것은 마찬가지였다. 그동안은 비스마르크와 빌헬름 1세의 강력한 의지로 우호적 관계가 애써 유지됐지만, 이것이 오래 지속되는 것은 사실상 불가능에 가까웠다. 더욱이 러시아와 오스트리아-헝가리 제국은 예로부터 동유럽과 발칸 반도의 패권을 놓고 극심한 갈등을 빚었다. 이러한 근본적인 문제가 일시적 동맹으로 해결될 수는 없는 노릇이었다. 독일은 러시아의 빈자리에 이탈리아를 끌어들여 '3국 동맹'을 결성했다. 나아가 빌헬름 2세는 군사력의 핵심인 해군력을 대대적으로 증강했다. 영국과 어깨를 나란히 하고 해외 식민지를 용이하게 개척하기 위해서였다. 런던 주재 독일대사인 메테르니히가 "해군력을 계속 증강할 경우, 1915년 안에 영국과 전쟁이 벌어질 것"이라고 경고했지만, 빌헬름 2세는 메테르니히를 해임한 뒤 해군력 증강에 박차를 가했다.

당연히 영국의 심기는 매우 불편해졌다. 독일의 조치를 심각한 도전으로 받아들였다. 더 이상 좌시하지 않고 견제에 들어가기로 한 결과, 1904년 전통적 숙적인 프랑스와 '영불 협상'을 체결했다. HMS 드레드노트 등 주력함 건조에도 열을 올렸다. 아울러 '러일 전쟁'으로 인해 사이가 안 좋았던 러시아와도 손을 잡았다. 독일이라는 공동의 적 앞에서 과거의 앙금은 내려놓기로 했다. (팽창 정책을 지양하고 세력 균형을 중시했던 영국 자유당이 1906년 선거에서 승리하면서 대독 강경책은 더욱 강화됐다.) 이로써 독일, 이탈리아, 오스트리아-헝가리 제국의 '3국 동맹'에 대항하는 영국, 프랑스, 러시아의 '3국 협상'이 결성됐다. 별안간 유럽 열강들이 양 진영으로 나뉘어 대립하는 형국이 조성됐다. 시간이 갈수록 상황은 개선의 기미를 보이기는커녕 악화 일로를 걸었다. 프랑스가 아프리카 북부에 있는 모로코를 식민지화하려 할 때, 독일이 개입해 방해 공작을 펼쳤다. 또한 독일은 베를린, 튀르키예의 비잔티움, 이라크의 바그다드를 연결하는 철도 노선 건설을 추진했다. 자신들의 영향력을 동유럽에서 중동까지 확대하려는 의도였다. 인근 지역에서 패권을 행사하고 있던 영국은 경악을 금치 못했다. 이에 3국 협상을 더욱 강화하며 독일을 압박하는 전략을 취했다. 비스마르크 시대에 사그라드는 것처럼 보였던 유럽의 전운이 점차 되살아나는 모습이었다. 일각에서 제기됐던 국가 간 상호의존성에 기반한 전쟁 불가능론도 힘을 잃어갔다. 자본의 세계적 이동과 국제협의회들의 설치 등은 세계대전을 원천봉쇄할 것이라는 기대를 모았다. 결과적으로 완벽한 허상이었으며, 제1차 세계대전이라는 악몽의 시간은 서서히 다가오고 있었다.

■ 화약고, 발칸 반도

열강들 간의 대립과 연계해 유럽에서 화약고 역할을 한 곳은 발칸 반도였다. 원래 이 지역은 오스만 제국이 15세기부터 지배했던 곳이다. 그런데 바로 위에 있던 러시아가 남하 정책을 추진하며 발칸 반도를 호시탐탐 노리기 시작했다. 이에 러시아와 오스만 제국 간에 여러 차례 전쟁이 발발했다. 결정적으로 1878년 제12차 '러시아-튀르크(오스만 제국) 전쟁'에서 오스만 제국이 대패함으로써 발칸 반도에서의 영향력이 급속도로 약화됐다. 이제 러시아가 발칸의 새로운 패권국으로 떠오를 것처럼 보였다. 이때 영국과 프랑스 등이 적극적으로 개입했다. 이들은 러시아 혼자서 발칸을 독점하게 놔둘 수 없었다. 그 결과 도출된 것이 '베를린 조약'이다. 러시아는 발칸의 일부 지역을 얻었다. 나머지 지역은 세르비아 공국, 루마니아 왕국, 불가리아 공국 등으로 쪼개졌다. 훗날 비극적인 암살 사건이 발생하는 보스니아 헤르체고비나는 형식상 오스만 제국의 영토로 남았다. 신생 국가들 중 슬라브 민족이 주류인 세르비아가 주목을 받았는데, 이곳에선 민족주의 열기가 크게 달아올랐다. 세르비아는 보스니아와 헝가리 등에 자국민들이 폭넓게 분포돼 있는 만큼, 자신들이 이 지역을 통치해야 한다고 주장했다. 같은 슬라브계 국가인 러시아가 세르비아를 지원하고 있었다. 하지만 1908년 청년튀르크당 혁명으로 오스만 제국이 혼란한 틈을 타 오스트리아-헝가리 제국이 보스니아를 합병했다. 게르만 민족이 주류인 오스트리아-헝가리 제국은 독일의 지원을 받고 있었다. 세르비아는 불쾌감을 감추지 못했다. 보스니아에 살고 있던 수많은 세르비아인들도 마찬가지였다. 여기에는 오스트리아-헝가리 제국의 황태자인 프란츠 페르디난트를 암살하는 가브릴로 프린치프도 있었다.

이후 세르비아는 1912~1913년 두 차례에 걸쳐 벌어진 '발칸 전쟁'을 통해 오스만 제국 및 불가리아를 굴복시켰고 마케도니아를 점령했다. (세르비아가 포함된 발칸동맹 국가들은 1차 발칸 전쟁에서 다시금 발칸에 영향력을 행사하려던 오스만 제국을 패퇴시켰다. 2차 발칸 전쟁에서는 발칸의 프로이센이라 불렸던 불가리아를 무릎 꿇렸다.) 다만 바다를 확보할 목적으로 알바니아까지 점령하려 할 때, 또다시 오스트리아-헝가리 제국이 개입해 이를 저지했다. 오스트리아-헝가리 제국을 향한 세르비아인들의 분노는 극에 달했다. 사사건건 발목이 잡히면서 감정의 골은 돌이킬 수 없을 정도로 깊어졌다. 이 시기에 보스니아 내 세르비아인 민족운동 단체인 '젊은 보스니아'의 반 오스트리아 활동도 두드러지기 시작했다. 이런 가운데 차기 오스트리아-헝가리 제국의 황제로 유력한 페르디난트가 획기적인 계획을 들고 나왔다. 기실 오스트리아-헝가리 제국은 다민족 국가였는데, 페르디난트는 제국 내의 복잡한 민족 문제를 해결할 방안으로 '대오스트리아 합중국론'을 제창했다. 일종의 연방제 형태로서, 제국 내 여러 민족들에게 광범위한 주권을 부여해 주류 민족들과 동등한 대우를 받게 하려는 것이었다. 사실상 주류 민족들의 기득권을 포기하는 것인 만큼, 독일계와 헝가리계의 반발을 불렀다. 소수 민족들인 슬라브계, 루마니아계 등은 대체로 공감과 지지를 보냈다. 페르디난트가 합중국론을 내세운 이유는 제국을 안정적으로 존속시키기 위해서였다. 제국 내에 소수 민족들이 절반 가까이 존재했기 때문에 이들을 끌어안고 가는 게 중요했다. 특히 호전적인 민족주의 성향이 강한 세르비아인들을 효과적으로 온건화시킬 수도 있었다. 조만간 고령인 프란츠 요제프 1세 황제의 뒤를 이어 페르디난트가 황제로 즉위해 해당 정책을 신속히 밀어붙일 것처럼 보였다. 극단적인 세르비아 민족주의자들은 이 상황을 결코 좌시할 수 없었다. 그들은 합중국론이 세르비아인들을 오스트리아-헝가리 제국에 동화시키려는 술책이라고 주장했다. 여기에 현혹되지 말고 세르비아가 보스니아 등을 무력으로 점령해야 한다고 외쳤다. 나아가 기만책의 대가인 페르디난트를 제거해야 한다는 목소리도 터져 나왔다.

■ **전쟁의 불길**

위와 같은 움직임은 제1차 세계대전의 결정적 원인이 되는 비극적 사건을 초래하고 말았다. 1914년 6월 28일, 페르디난트가 부인과 함께 보스니아의 수도인 사라예보를 방문했다가 암살자 프린치프에게 살해됐다. 사후 조사에서 프린치프를 비롯해 암살에 관여한 자들이 세르비아 민족주의 단체와 연관돼 있음이 밝혀졌다. 다만 세르비아 정부가 이 사건에 얼마나 연루돼 있는지는 정확히 밝혀지지 않았다. 오스트리아-헝가리 제국은 공격적인 외교전을 펼치며 눈엣가시였던 세르비아에 대해 압박을 가하기 시작했다. 외무장관인 베르히톨트는 베를린으로 가서 "오스트리아-헝가리 제국과 세르비아 간의 분쟁이 불가피하며, 범슬라브주의 정책의 중심축(세르비아)을 제거해야 한다"라고 주장했다. 어느 정도 설득된 빌헬름 2세는 해당 주장을 지지한다고 말했다. 이에 힘입어 베르히톨트는 7월 7일에 열린 제국내각 회의에서 즉각적인 군사 행동을 주장했다. 헝가리의 수상인 티서가 반대하고 나섰다. 그는 군사 행동 이전에 요구 조건을 담은 문서를 먼저 제시하자고 했다. 오스트리아 황제인 프란츠 요제프는 여기에 동의했다. 요구 조건은 강경했다. 우선 세르비아 정부에게 제국 영토의 일부 분리를 주장하는 모든 선전을 비난하라고 요구했다. 이 비난을 세르비아 군대에 일일 훈령으로 주입시키라고도 했다. 또한 암살에 연루된 세르비아 공무원들을 체포 심문 처벌하고, 오스트리아-헝가리 제국의 공무원들이 세르비아 영토에서 관련 절차에 참여해야 한다고 요구했다. 요구 조건에 대한 답변 시한은 전달 후 48시간으로 못 박았다. 당초 세르비아 정부는 요구 조건을 순순히 받아들이려고 했다. 영국과 프랑스 등도 가급적 수용하라고 조언했다. 이때까지만 해도 사라예보 사건의 후폭풍은 오스트리아-헝가리 제국과 세르비아 선에서 해결될 수 있을 것처럼 보였다. 그러나 세르비아가 돌연 입장을 바꾸면서 상황이 급변했다. 이의 배경에는 러시아가 있었다. (오스트리아-헝가리 제국을 아니꼽게 봤던) 러시아 차르 정부가 세르비아를 전적으로 지지하며, 예방적 차원의 '전쟁준비 태세'를 선언했다는 소식이 알려졌다. 이에 세르비아 정부는 오스트리아 공무원이 자국의 영토에 들어와 조사하는 것 등을 단호히 거부했다. 나아가 군대까지 동원하는 모습을 보였다.

러시아가 젊은 예비군을 소집했다는 사실이 알려지자, 독일이 가만히 있지 않았다. 상트페테르부르크의 독일 대사는 "러시아의 군사 조치들이 중단되지 않는다면 독일도 동원할 수밖에 없고, 이것은 '전쟁'을 의미한다"라고 말했다. 세계 각지에서 우려가 터져 나왔다. 영국 외교관인 조지 뷰캐넌은 한 국가가 다른 국가를 겨냥해 동원을 선포할 경우 발생할 '부정적 연쇄효과'를 걱정했다. 실제로 부대 배치까지 이뤄지면 전쟁은 피할 수 없다고 경고했다. 다행히 러시아가 완화된 태도를 보였다. 오스트리아-헝가리 제국에 세르비아에 대한 요구 조건을 경감하자는 취지의 협상을 제안했다. 세르비아에 있는 열강의 대사들에겐, 세르비아의 강경한 태도를 누그러뜨리기 위한 압력을 행사하자고 했다. 독일도 러시아와 오스트리아-헝가리 제국 간의 직접 협상에 우호적인 반응을 나타냈다. 하지만 오스트리아-헝가리 제국은 강경파의 입김이 강하게 작용하고 있었다. 이 기회에 건방진 세르비아의 버릇을 고쳐놓기 위해 7월 28일 전쟁을 선포했다. 러시아는 깊은 고뇌에 빠졌다. 세르비아를 보호하기 위한 군사 조치를 내려야 했는데, 문제는 얼마만큼의 강도로 조치를 내릴 것인지였다. 니콜라이 2세는 부분동원과 총동원 사이에서 고민했다. 의외로 강경한 조치가 내려졌다. 일부 장군들의 의견을 받아들여 부분동원은 물론 총동원도 승인한 것이다. 독일과 인접한 지대에서의 동원까지도 포함하는 후자는, 곧 독일과의 전면전을 각오한다는 의미로도 해석될 수 있었다. 니콜라이 2세는 결정을 내리긴 했지만, 독일의 반응을 예의주시하며 초긴장 상태를 유지했다. (러시아의 의도는 어디까지나 세르비아 보호와 오스트리아-헝가리 제국에 대한 억제에 국한됐다. 독일과의 전쟁은 피하고 싶은 것이었다.) 조만간 빌헬름 2세가 차르에게 전보를 보냈다. 러시아가 다른 국가들의 분쟁에 개입하지 말아야 끔찍한 전쟁을 피할 수 있다는 내용이 담겼다. 독일의 중재자 역할을 암시하는 내용도 포함됐다. 니콜라이 2세와 정부 각료들은 독일의 경고성 전보를 무시할 수 없었다. 총동원을 취소하고 부분동원만 하기로 결정했다. 그런데 이것으로는 독일을 안심시킬 수 없었다. 독일 군부는 부분동원도 위협적이라고 판단했다. 전쟁장관인 폰 팔켄하인은 물론 참모총장인 몰트케도 비슷한 생각을 했다. 더욱이 러시아와 오스트리아-헝가리 제국 간에 전쟁이 발발할 경우, 자칫 독일의 동부전선이 큰 위기에 처할 수 있다는 우려가 제기됐다. 결국 몰트케는 러시아의 동원에 맞서서 독일도 강력한 동원령을 내려야 한다고 주장했다. 빌헬름 2세는 사라예보 사건으로 전쟁까지 가는 것을 원치 않았지만, 마음이 서서히 바뀌어가고 있었다. 독일의 강경한 분위기를 직감한 오스트리아-헝가리 제국은 총동원령까지 선포하며 확전 분위기를 조성해 나갔다.

러시아는 독일과 오스트리아-헝가리 제국의 움직임에 심대한 위협을 느꼈다. 특히 외무장관인 사조노프와 군부 지휘관들이 그랬다. 기저에는 발칸 지역과 러시아의 흑해 출구인 보스포루스 해협을 잃어버릴 수 있다는 위기감이 존재했다. 상호 간 느끼는 위기감의 증폭이 상황을 악화시키고 있었다. 사조노프는 차르를 만나 위기의식을 고스란히 전달했고, 세계대전의 가능성을 크게 높이는 결정을 이끌어냈다. 러시아의 총동원령이었다. 독일은 즉각적으로 대응했다. '전쟁위험상태'를 선언한 뒤 러시아와 프랑스에 최후통첩을 보냈다. 이에 따르면 러시아는 12시간 이내에 군사 조치를 중단할 것을 확실히 보장해야 했다. 그렇지 않을 경우, 독일의 총동원령이 뒤따를 것이었다. 프랑스는 18시간 이내에 독일과 러시아의 전쟁에서 중립을 선언해야 했다. 전쟁의 불길은 걷잡을 수 없이 확산돼 갔다. 이번에는 프랑스가 움직였다. 이들은 (1892년 러시아와 맺은 협정에 따라) 러시아가 독일에 공격받으면 자연스럽게 참전하게 돼 있었다. 프랑스 수뇌부에게는 독일에게 유럽의 주도권을 빼앗기고 침략당할 수 있다는 공포감이 상존했다. 평소 침착함을 잃지 않았던 프랑스군 원수 조프르도 상황이 심각하다고 판단했다. 얼마 뒤에 그는 대통령을 만나 총동원령을 내려달라고 요구했다. 8월 2일, 프랑스의 총동원령이 선포됐다. 1시간 뒤에 독일도 총동원령을 선포했다. 조지 뷰캐넌이 우려했던 부정적 연쇄효과가 현실화되면서, 제1차 세계대전은 이미 시작된 것이나 다름없었다. 영국도 움직일 태세였다. 그동안 영국은 물리적 충돌보다는 협상을 통한 문제 해결을 선호했다. 이제는 그러지 못하는 상황이 됐다. 프랑스가 위기의식을 공유하며 양국 간 협정에 기반해 적극적인 행동을 취할 것을 요구했다. 급박하게 돌아가는 국제정세도 영국을 가만히 놔두지 않았다. 독일이 벨기에를 겨냥해 최후통첩을 보낸 게 결정적이었다. 이에 따르면 독일은 프랑스를 공격하기 위해 벨기에 영토를 사용해야 하며, 만약 벨기에가 길을 내주지 않을 경우 적으로 간주하겠다고 했다. 앞서 1839년에 영국은 벨기에의 중립을 보장한 바 있었다. 이에 근거해 영국 내각은 8월 4일 벨기에를 겨냥한 독일의 군사 작전 계획을 중단하라는 최후통첩을 보냈다. 독일은 영국의 통첩을 무시했다. 결국 영국도 이날 자정을 기해 프랑스, 러시아와 함께 전쟁에 돌입하게 됐다. (영국과 프랑스는 12일 오스트리아-헝가리 제국에게도 선전포고했다. 3국 동맹의 한 축이었던 이탈리아는 일단 중립을 선언했다.) 사라예보라는 작은 도시에서 발생한 암살 사건의 후폭풍에 모든 유럽 열강들이 휘말려 들면서, 인류 역사상 최대의 비극이 고개를 쳐들고야 말았다.

■ 서부 전선 공방전

전쟁의 소용돌이에 휩싸인 유럽 각국은 매우 들떠 있었다. 마치 오랫동안 전쟁을 손꼽아 기다렸다는 듯 기뻐했다. 청년들은 국가를 부르며 자발적으로 입대했고 부모는 웃으면서 자식을 전쟁터로 보냈다. 프랑스에서의 한 장면이 이를 잘 보여준다. 프랑스의 어느 기차역에 수많은 군인들이 모여 '라마르세예즈'를 열창했다. 조만간 생사를 넘나드는 전장으로 가야 했지만, 이에 아랑곳하지 않고 즐

독일군과 영국 프랑스 연합군은 1914년 8월부터 11월까지 서부 전선에서 일진일퇴의 공방전을 벌였다.

거운 얼굴로 힘차게 노래를 불렀다. 이를 지켜보는 군중은 손수건과 모자를 흔들며 화답했다. 그 어떤 곳에서도 전쟁과 죽음에 대한 두려움은 찾아볼 수 없었다. 어떻게 그럴 수 있었을까. 이 당시는 유럽 전역에 애국심과 민족주의의 열기가 달아오르던 때였다. 또한 장기간의 평화가 유지돼 전쟁의 참상을 제대로 알지 못했다. 전쟁이 단기전으로 끝날 것이라는 낙관주의와 아름다운 전쟁 서사가 만들어질 수 있다는 이상한 낭만주의도 팽배했다. 한 연합군 병사는 "강력한 우리의 군대가 적군을 금세 물리치고, 나는 그곳에서 영웅처럼 싸워서 승리하고, 명예롭게 훈장과 포상을 받고 제대할 것이다"라고 외쳤다. 한마디로 이때의 유럽은 제정신이 아니었다. 전쟁의 중심에 있었던 것은 단연 독일군이다. 이들은 서부 및 동부 전선 등에서 전쟁을 치러야 했다. 초기에 독일군이 내세운 전략은 '슐리펜 계획'이다. 독일군 참모총장을 역임한 슐리펜 장군이 양면 전쟁을 대비해 고안해 냈다. 즉 러시아의 경우 국토가 넓고 병력 수송이 재빠르지 않을 것이니, 먼저 벨기에 북부를 거쳐 프랑스 파리를 신속하게 점령한 뒤 모든 병력을 동부 전선으로 보내 러시아를 격파한다는 전략이었다. (앞선 보불 전쟁에서 파리를 점령했던 경험이 독일군에게 커다란 자신감을 갖게 했다.) 독일군은 6주(40일) 안에 결판을 내겠다는 계획 하에 프랑스로 향하는 관문인 벨기에 북부를 침공했다. 앞서 보낸 최후통첩은 벨기에가 거부했지만, 독일군은 무난하게 벨기에를 통과할 수 있을 것이라 예상했다. 오판이었다. 벨기에는 국왕인 알베르트 1세를 중심으로 항전 태세를 갖췄다. 그는 독일군의 진격을 용이하게 할 교량, 철교, 터널 등을 폭파하고, 방어지점을 철저히 사수하라고 명했다. 벨기에의 군사 요새들은 상당히 탄탄했다. 철근 콘크리트와 장갑판으로 둘러싸여 있었으며, 구경이 최대 6인치에 달하는 포가 400개나 배치돼 있었다.

초전부터 난관이 예상됐지만, 독일군의 에미히 특별기동대는 8월 4일 벨기에 국경을 넘어 리에주를 향해 진격했다. 210밀리 곡사포 중대 2개가 함께 했다. 독일군은 리에주 근처에 도달해 벨기에군에게 항복을 요구했다. 이것이 거부되자 리에주 동쪽 요새들에 포격을 가했다. 뒤이어 보병과 기병이 전진하려 했으나 다리가 파괴돼 여의치 않았다. 특별기동대에 소속된 제43여단 등이 배다리를 통한 뫼즈강 도하 및 방어선 돌파를 시도했다. 요새와 참호에 있던 벨기에군이 격렬하게 응사하며 저항했다. 방어선을 뚫으려던 독일군 병사들이 속절없이 쓰러져 나가면서 사상자가 급속히 증가했다. 예기치 못한 어려운 상황 가운데, 독일군 명장인 루덴도르프가 돌파구를 찾아냈다. 그는 6000여 명의 병력을 이끌고 크드부아의 마을 등을 거쳐 리에주를 내려다볼 수 있는 고지에 도달했다. 벨기에 방어선 안으로 매우 과감하고 은밀하게 침투해 들어간 것이다. 벨기에군을 이끌고 있던 르망은 당황했고 롱생 요새로 피신했다. 또한 보병 제3사단 등을 브뤼셀 외곽의 헤터 강가에 있는 야전군으로 돌려보냈다. 루덴도르프는 제14여단을 리에주 중심부로 진격시켰다. 병력이 충분치 않아 벨기에군의 거센 반격이 이뤄지면 승리를 장담할 수 없었다. 독일군에겐 다행스럽게도 벨기에군의 특별한 저항이 없었다. 옛 성채에 있던 수비대가 항복하면서 루덴도르프의 독일군은 리에주를 점령했다. 방어선 바깥에서 고전을 면치 못했던 에미히 특별기동대도 결정적 승기를 잡을 수 있는 시간이 왔다. 괴물 곡사포가 가세함으로써 이전 대비 강력한 공세를 펼칠 수 있게 됐다. 2000파운드에 달하는 포탄이 무차별적으로 요새를 강타했다. 이의 영향으로 요새의 철근 콘크리트와 장갑판이 허물어졌으며, 화염 기둥이 하늘 높이 치솟았다. 벨기에의 주요 요새들은 차례로 무너졌다. 퐁티스, 앙부르, 쇼드퐁텐, 리에르, 플레롱, 봉셀에 이어 르망이 피신했던 롱생 요새도 파괴됐다. 르망은 큰 부상을 입고 적군에게 사로잡혔다. 독일군은 여세를 몰아 8월 24일 나뮈르까지 산산조각 내버렸다. 이로써 프랑스로 진격할 수 있는 길이 열렸다. 벨기에군은 최후의 거점인 안트베르펜 요새로 밀려났다. 한편 독일군이 벨기에 침공 과정에서 자행한 무자비한 학살을 간과할 수 없다. 디낭, 타민, 안뎬, 뢰번, 세예 등 수많은 벨기에 마을들에서 1500명이 넘는 무고한 민간인들이 죽임을 당했다. 남자는 물론 여자와 어린 아이, 노인도 다수 포함됐다. 독일군은 사람들을 한 자리에 모아 총으로 쏴 죽였으며, 때로는 대검으로 사지를 찢어 죽이기도 했다. 도서관 등 주요 건물 파괴도 극심했다. 독일군 지휘부는 자국 군대의 행동이 잔인하다는 점을 인정하면서도, 앞길을 막는 것들은 누구든 희생될 수밖에 없다고 합리화했다.

비슷한 시기에 프랑스군도 움직이기 시작했다. 뒤바유의 제1군과 카스텔노의 제2군이 독일과 맞닿은 국경을 넘어 사르부르로 진격했다. 프랑스군은 독일군의 역량을 과소평가했고 방어적 태도를 취할 것이라 예측했다. 실제로 독일군은 초전에 별다른 반격을 가하지 않고 물러서는 모습을 보였다. 프랑스군은 독일의 영토인 샤토살랭, 디외즈, 사르부르를 잇따라 점령했다. 과거 자신들의 영토를 탈환한 셈이다. 그런데 독일군은 나름의 전략적 판단 하에 움직이는 것이었다. 프랑스군을 깊숙이 들어오게 한 다음 반격을 전개할 속셈이었다. 행운도 따라줬다. 프랑스군 내부에서 문제가 발생함에 따라 저절로 유리한 상황이 조성됐다. 프랑스군 제1군과 제2군 사이에 연락이 유지되지 않아 협조가 이뤄지지 못했다. 독일군은 부대 간에 유기적 협조가 이뤄지고 있었다. 이런 상황에서 프랑스군 제1군이 야간 공격을 했을 때, 독일군은 기다렸다는 듯 적절히 대응해 패퇴시켰다. 뒤이어 독일군 8개 군단이 전면적인 반격을 감행했다. 독일군의 강력한 중포가 불을 뿜었고, 포병의 지원에 힘입은 보병이 맹렬하게 돌진해 프랑스군을 잇따라 격퇴했다. 제1군과 더불어 제2군도 심각한 타격을 받고 뫼르트 강 너머로 퇴각했다. 프랑스군은 뫼르트 강에서 참호를 파고 독일군의 추격 공세에 대비했다. 프랑스군 제1군과 제2군의 위쪽에 있었던 제3군과 제4군의 상황도 심각했다. 이들은 아르덴 숲 지대를 통과해 벨기에 남부의 아를롱과 뇌프샤토로 진격했다. 막강한 정보력을 갖춘 독일군은 프랑스군의 움직임을 어느 정도 파악했다. 북쪽의 프랑스군 제3군 선발대가 진격하다가 예기치 못하게 독일군의 포격을 받았다. 공포에 빠진 선발대는 곧바로 퇴각했고 제3군의 나머지 병력은 타격을 받은 뒤 멈춰 섰다. 제3군의 지원을 받아야만 했던 남쪽의 제4군도 지원의 부재로 더 이상 나아가지 못했다. 그나마 중앙에 있던 식민지군이 진격해 들어갔는데, 이는 무모한 시도였다. 독일군은 밀려오는 식민지군에게 기관총 및 소총 사격을 퍼부었다. 8월 22일 하루에만 1만 명이 넘는 사상자가 발생하며 사실상 식민지군은 전멸했다. 결국 난관에 직면한 프랑스군 제3군과 제4군은 뫼즈 강을 따라 퇴각했다.

다시 벨기에 북부 전선을 살펴보겠다. 독일군이 리에주 등을 함락시키며 프랑스를 향해 진격해오고 있었지만, 당초 프랑스군 지휘부는 이곳을 대수롭지 않게 생각했다. 그러다가 문제의식을 갖고 조치를 취했다. 랑르자크가 지휘하는 프랑스군 제5군은 뫼즈 강과 상브르 강 사이로 이동했다. 이후 프랑스군은 상브르 강 남안의 고지대에 주둔했다. 이곳을 중심으로 독일군의 도하를 저지하고 반격까지 단행해 벨기에 깊숙이 진격할 요량이었다. 그러나 문제에 봉착했다. 지켜야 할 교량이 너무 많았다. 독일군은 정찰을 통해 이러한 약점을 간파했다. 독일군 제2근위사단이 프랑스군이 미처 주목하지 못한 교량을 건너 거점을 마련했다. 독일군 제19사단도 또 다른 교량을 발견한 뒤 곧바로 건너갔다. 이로써 독일군은 상브르 강의 만곡부 2곳을 장악했다. 이 소식을 접한 프랑스군은 당황한 나머지 무리수를 두고 말았다. 만곡부 탈환 임무를 부여받은 제3군단과 제10군단이 아침에 사탕무 밭을 가로질러 돌진했다. 엄폐하고 있던 독일군의 기관총과 소총 사격이 뒤따랐다. 여기에 고스란히 노출된 프랑스군은 수많은 사상자를 내고 퇴각했다. 야간에도 프랑스군은 참담한 패배를 경험했다. 더 많은 병력으로 전투를 치렀음에도 더 적은 독일군에게 패했다. 설상가상으로 프랑스군 제5군은 뫼즈 강의 제4군, 몽스의 영국군과 연락이 두절됐다. 독일군은 여세를 몰아 대부분의 병력을 도하시켰다. 랑르자크는 전세가 완전히 기울었음을 깨닫고 상브르 강에서 전면 철수를 단행했다. 그나마 몽스의 영국군이 선방을 하며 독일군을 괴롭혔다. 이들은 몽스-콩데 운하를 사수하기 위해 참호를 팠다. 독일군이 공격해 올 때, 영국군은 조준이 잘 되고 사거리가 긴 리엔필드 소총으로 정밀 사격을 가했다. 진격하던 독일군 병사들은 사방에서 쏟아지는 총탄에 맞고 쓰러졌다. 소총을 쏘는 영국군 병사들 뒤에서 포병들이 지원 포격까지 하면서 방어력은 극대화됐다. 독일군은 5000명이 넘는 사상자가 발생했다. 막대한 희생에도 불구하고 지휘관인 폰 클루크는 독일군의 진격을 재촉했다. 마지못해 진격할 때마다 영국군의 효과적인 방어에 속수무책으로 당할 뿐이었다. 영국군은 상당한 전과를 올리면서 크게 고무됐다. 그런데 별안간 퇴각 명령이 떨어졌다. 벨기에로 함께 나아가려 했던 프랑스군 제5군이 퇴각했기 때문이다. 손발을 맞춰야 할 동맹국이 무너진 만큼, 혼자서 무언가를 계속 도모하기는 어려웠다.

프랑스군과 영국군은 14일 동안 대퇴각을 단행했다. (총사령부가 파리 센 강의 샤틸롱쉬르센으로 옮겨졌다.) 이들은 전열을 가다듬고 반격을 단행할 수 있는 위치까지 퇴각하려 했다. 독일군은 적군의 방어선을 성공적으로 뚫었으며, 최종 승리까지 거둘 수 있다는 판단 하에 힘차게 전진했다. 목표는 프랑스의 수도인 파리였다. 연합군은 퇴각하면서도 독일군의 진격을 지연시키기 위해 필사적으로 노력했다. 이에 따라 기즈, 랑드레시, 마루아유, 르카토 등에서 크고 작은 전투가 벌어졌다. 특히 프랑스군은 기즈 전투에서 과감한 작전으로 독일군을 곤란하게 만들었다. 맹장인 프랑셰 데스페레의 지휘 하에 프랑스군 제10군단과 제3군단이 위치 사수를 넘어 반격에 유리한 거점까지 확보했다. 이의 영향으로 프랑스군 전체의 사기가 올랐다. 부분적으로 연합군의 선방이 이뤄지긴 했지만, 여전히 주도권은 독일군에게 있었다. 이들은 적군의 저항을 뚫고 파리를 겨냥한 공세의 고삐를 당기려 했다. 다만 독일군 지휘부는 어느 방향으로 진격할지를 두고 고민에 빠졌다. 쉽사리 결정이 내려지지 않았다. 어느 방향으로 가더라도 맹점이 존재했기 때문이다. 파리 오른쪽으로 남서진하면, 독일군의 외곽이 파리 요새지대에 있는 수비대에게 공격받을 수 있었다. 파리 왼쪽으로 남동진하면, 독일군 본대와 외곽 부대 사이에 상당한 간격이 발생할 수 있었다. 행선지 선택에서부터 독일군의 발목이 잡히는 모양새였다. 아울러 독일군은 병력을 분산시키는 전술적 실수도 저질렀다. 적잖은 병력을 러시아군과의 전투에 대비해 동부 전선으로 돌려버렸다. 파리를 표적으로 삼은 제1군과 제2군도 산개시켰다. 제1군은 파리를 포위하기 위해 서쪽 방면으로 진격하게 했고 제2군은 파리를 직접 공격하게 했다. 독일군은 병력 집중을 통한 규모의 우세를 점할 수 있는 기회를 놓치고 있었다. 이후 진격 방향의 변동이 발생했다. 제1군을 지휘하는 클루크가 군대를 파리 남동쪽으로 진격시키기로 했다. 그는 프랑스군 제5군의 좌측면을 타격해 격파함으로써, 이들을 파리와 분리시키는 게 중요하다고 판단했다. 상관인 몰트케의 방침(서쪽 방면 진격)을 거스르는 것이었지만, 그대로 수용됐다. 어느 정도 방향성이 정해지자 독일군은 파리를 향해 진격을 거듭했다. 여러 지류로 갈라진 수계를 힘겹게 통과했고 연합군과 산발적인 총격 및 포격을 주고받았다. 무더운 날씨 속에서도 독일군은 행군을 지속했으며, 중간에 지쳐서 낙오하는 병사들도 있었다. 그런데 독일군 제1군이 노렸던 프랑스군 제5군은 동쪽으로 빠져나와 측면 타격 위험성을 없앴다. 클루크는 파리 포위기동을 하지 않고 프랑스군 제5군을 추격해 섬멸하려 했다. 이는 패착이었다. 독일군 제1군이 적군을 추격하는 동안 제2군과의 간격이 크게 벌어졌다. 원래 제1군과 제2군이 긴밀하게 연결돼야 원활한 공세가 가능했는데, 그러지 못하는 상황이 발생했다. 더욱이 조프르의 주도 하에 대규모 프랑스

기동군이 신속히 조직되고 있었다. 발달된 철도망을 통해 여러 지역에 있던 병력이 빠르게 모였다. 영국군까지 가세해 총 36개 사단으로 불어났다. 이 군대는 독일군 제1군의 측면과 적군 간 벌어진 틈 등을 겨냥할 것이었다. 기동군을 실질적으로 지휘하는 갈리에니는 파리 안팎에 참호를 파고 무기들을 대거 배치하기도 했다. 만약을 대비해 수도를 요새화시키는 작업이었다.

프랑스 기동군 일부가 9월 6일 독일군 제1군의 측면에 대한 기습 포위를 시도했다. 자칫 위험해질 수 있었던 위기 상황에서, 독일군 포병 장교인 폰 그로나우의 부대가 맹활약을 펼쳤다. 이 덕분에 독일군 제1군은 기사회생했지만 우르크 강으로 퇴각했다. 어느덧 독일군이 설정한 서부전선 승리 시한인 40일이 다 돼가고 있었다. 계획대로라면 이때 프랑스 파리를 점령한 뒤, 러시아를 상대하기 위해 병력을 동부 전선으로 돌려야 했다. 하지만 연합군에게 반격의 빌미를 제공하는 등 전황은 심상치 않게 돌아갔다. 설상가상으로 기동군에 배속된 영국군이 독일군 제1군과 제2군 사이의 벌어진 틈으로 공격해 들어왔다. 이의 여파로 폰 뷜로우가 이끄는 독일군 제2군은 안전을 위해 후퇴했다. 특히 적군의 압박으로 군대의 우익을 마른 강까지 후퇴시키면서 제1군과의 간격이 40마일로 벌어졌다. 연합군이 마른 강으로 치고 나갈 수 있는 계기가 마련됐다. 다만 독일군의 기세가 완전히 꺾인 것은 아니었다. 폰 하우젠이 이끄는 독일군 제3군과 폰 뷜로우의 제2군 좌익이, 생공 습지에서 포슈의 프랑스군 제9군을 맞아 전과를 올렸다. 습지를 사이에 두고 이틀간 치열한 포격전을 펼친 뒤, 야간 기습공격을 감행해 적군을 일시적으로 격퇴했다. 여전히 파리를 넘볼 수 있는 여력도 존재했다. 클루크의 독일군 제1군은 우르크에서 프랑스군 제6군을 압도했다. 결정적으로 제1군에 소속된 폰 크바스트의 제9군단이 프랑스군 제61예비군사단을 패퇴시킨 뒤, 파리로 나아갈 수 있는 길을 열어젖혔다. 파리까지는 30마일 정도였고, 진격로 상에서 강력한 저항은 없을 것으로 예상됐다. 독일군은 마침내 목표한 바를 달성할 수 있을 것처럼 보였다. 갑작스러운 반전이 일어났다. 클루크가 리하르트 헨치 중령의 조언을 받아들여 퇴각 명령을 내린 것이다. 어쩔 수 없는 측면이 있었다. 상술했듯 연합군이 독일군 제1군과 제2군의 벌어진 틈으로 들어왔다. 제2군이 퇴각을 한 상태에서 제1군이 단독으로 파리로 진격했다가 파국적 상황을 맞이할 수도 있다는 위기감이 작용했다. 결국 독일군 제1군과 제3군은 퇴각을 단행했다. 제4군과 제5군도 뒤를 따랐다. 목표 지점에 근접했던 독일군으로서는 매우 뼈아픈 순간이었다. 독일군은 다급하게 엔강까지 후퇴한 다음 참호를 파기 시작했다. 참호를 파는 데 능숙했던 독일군은 엔강 고지대 산마루를 따라 기다란 참호선을 구축했다. (참호는 베르됭, 뫼르트 강, 보주 산맥, 바젤, 스위스 국경으로까지 이어졌다.) 독일군은 무리한 진격과 전투, 퇴각으로 지쳐 있었다. 당분간 공세적인 면모를 보이는 게 불가능했기 때문에 참호에 의존했다. 프랑스군과 영국군은 이를 돌파하기 위해 노력했다. 몇 차례에 걸쳐 공세를 전개했지만 여의치 않았다. 독일군은 참호를 기반으로 필사적으로 저항했고 방어선은 갈수록 두터워졌다.

프랑스군은 난관을 타개하기 위해 새로운 전술을 모색했다. 현재 전선의 북쪽, 즉 엔강과 바다 사이의 틈을 장악해 승기를 잡는 것이었다. 100마일에 이르는 이 지역에는 어떠한 군대도 존재하지 않았다. 이곳을 선취한 뒤 진격을 거듭해 독일군의 방어선을 배후에서 무너뜨릴 계획이었다. 그러나 독일군 역시 프랑스군과 비슷한 생각을 갖고 있었다. 즉각 북쪽으로 병력을 급파했다. 신설된 독일군 제6군은, 북쪽의 백악토 고지대에서 남동쪽으로 밀고 내려가려는 프랑스군 제10군을 공격했다. 여기서 적군을 무너뜨려 북부 프랑스를 꿰뚫고, 다시 파리를 향한 공세를 도모하려 했다. 뜻대로 되지는 않았다. 승리를 장담했던 독일군의 예측과 달리 프랑스군이 강력히 맞대응하면서 실패했다. 또한 8개 기병사단으로 플란데런 해안을 휩쓸려했으나 프랑스군의 증원으로 수포로 돌아갔다. 그나마 안트베르펜에서 벨기에군을 비롯한 연합군을 격퇴하는 데 성공했다. 대체로 북쪽 지역에서도 뚜렷한 승기를 잡는 진영은 존재하지 않았다. 10월이 되면, 북쪽의 고대 성채도시인 이프르 인근에서 치열한 전투가 벌어졌다. 우선 영국군 제2군단과 제3군단이 이프르 동쪽으로부터 솟아오른 능선을 향해 공격을 감행했다. 독일군 제7군단, 제13군단, 제19군단이 효과적으로 방어하면서 격퇴됐다. 이후에는 독일군 24개 사단이 전선 전역(남쪽의 라바세 운하~북쪽의 에이저르 강)에 걸쳐 전면 공세를 펼쳤다. 이번에는 영국군이 성공적인 방어력을 선보였다. 비록 포병 전력에서 절대 열세였으나 우수한 소총(머스킷)으로 대응했다. 독일군은 비좁게 정렬해 들어오다가 맹렬한 소총 사격을 받고 쓰러졌다. 독일군이 기관총으로 오인할 정도로 영국군의 소총은 무시무시했다. 결국 5만 명에 달하는 막대한 전사자만을 남긴 채 공세는 실패했다. 제1차 이프르 전투는 11월 20일까지 지속됐다. 이 과정에서 독일군은 파베크 부대를 활용해 유의미한 전과를 올렸다. 후허와 수녀의 숲 등에 무자비한 중포 공격을 퍼부어 적군에 큰 피해를 입혔다. 다만 연합군의 격렬한 저항이 뒤따르면서 조만간 무력화됐다. 약 4개월 간의 공방전이 정신없이 이어지는 사이, 어느덧 서부 전선에는 추운 겨울이 찾아오고 있었다. 이 시기에 연합군도 기다란 참호를 구축하면서, 양 진영은 더 이상의 공세 없이 참호를 기반으로 대치하는 형국이 조성됐다. 참호선은 북해에서 스위스의 국경 산악지대까지 475마일에 달했으며, 양 진영의 참호선 사이에는 중립지대가 놓였다. 웬만한 공격으로는 무너지지 않는 강력한 참호선이 형성됨에 따라 악명 높은 '참호전'이 예고됐다. 서부전선 초기 전황은 무승부로 보이지만, 사실상 독일군의 패배라고 할 수 있다. 슐리펜 계획이 수포로 돌아가면서, 43년 전 보불 전쟁의 영광을 재현할 수 없음은 물론 양면 전선의 늪에 빠졌다. 반면 프랑스군은 수도의 위기에서 벗어나 주변부 영토에서 독일군을 저지하는 데 성공했다. 단기간의 공방전 과정에서 엄청난 희생이 수반된 점이 특기할 만하다. 프랑스군은 30만 명 이상, 독일군은 24만 명 이상이 전사했다. 전쟁 발발 직후, 비정상적으로 발생했던 '전쟁의 열광'은 빠르게 사그라들었고 처참한 비극만이 존재하게 됐다.

■ 동부 전선 혈투

러시아군 지휘부는 독일군의 동부 전선 전력이 취약할 것이라고 판단했다. 이에 오스트리아를 묶어두고 대규모 병력으로 독일의 동 프로이센을 공격한 뒤 베를린을 위협할 수 있다고 봤다. 실제로 독일군이 초전에 동부 전선에 배치한 병력 규모는 크지 않았다. 독일군 제8군만이 프로이센에 주둔하고 있었다. 우선적으로 서부 전선에 집중했기 때문이다. 반면 러시아군은 훈련 상태는 미비했지만 대규모 병력을 갖췄다. 러시아군이 빠르게 집중적으로 밀고 들어갔으면, 독일군은 매우 어려워졌을 가능성이 높다. 그러나 러시아군에게는 몇 가지 맹점들이 존재했다. 렌넨캄프의 제1군과 삼소노프의 제2군이 서로 협조하면서 진격했어야 했는데, 이들은 8월 중순에 사흘의 시차를 두고 따로 출발했다. 지리적 요인도 발목을 잡았다. 진격로 상에 있는 물의 장벽(앙게라프 강)이 진격을 지지부진하게

동부 전선에서 벌어진 타넨베르크 전투. 독일군은 이 전투에서 러시아군 제2군을 박살냈다.

만들었다. 두 군대 사이에는 50마일에 달하는 호수 지대도 존재했다. 또한 두 군대 모두 별로 위험하지 않은 측면에 신경 쓰느라 전력을 분산하는 우를 범했다. 독일군은 우수한 정보력을 바탕으로 러시아군이 분리된 채 진격한다는 사실을 알았다. 자신감이 붙은 제8군 대부분이 러시아군 제1군 방면으로 전개했다. 제8군에 소속된 제1군단이 야간을 틈타 러시아군에 선제공격까지 가했다. 하지만 러시아군은 호락호락하지 않았다. 참호와 건물을 효과적으로 활용하며 응전했다. 의외로 포병까지 맹활약을 펼치면서 독일군을 곤혹스럽게 만들었다. 독일군 제1군단은 사상자가 많아지자 전투를 멈췄다. 가까운 곳에 있던 독일군 제17군단도 러시아군의 측면을 공격하려다 실패했다. 여기서도 러시아군이 참호를 적절히 활용하며 적군에게 맹반격을 가했다. 독일군은 아군끼리의 오인 포격까지 겹치면서 지리멸렬해졌다. 러시아군은 독일군의 공격을 물리친 데 이어 동프로이센을 공략할 수 있는 전략 거점인 굼비넨까지 점령했다. 독일군 제8군의 상황이 극도로 위태로워졌다. 사령관인 프리트비츠는 동프로이센을 포기하고 비스와 강 너머로 퇴각해야 한다고 주장했다. 독일군의 전쟁 계획이 완전히 꼬이는 듯했다. 슐리펜 계획에 따르면, 동부 전선의 독일군은 서부 전선에서 승전보를 울리기 전까지 버텨줘야 했다. 벌써부터 퇴각 소리가 나온다는 것은 매우 불길한 징조였다.

다급해진 독일군 지휘부는 구원투수를 출전시켰다. 벨기에 전선에서 탁월한 전과를 올렸던 루덴도르프를 동부 전선으로 급파했다.

프리트비츠를 해임하고 퇴역 장군인 힌덴부르크를 임명하기도 했다. 두 사람은 역사상 가장 훌륭한 군사적 협력 관계를 선보일 터였다. 새로운 독일군 지휘관들이 온 이후, 전황은 극적 반전으로 치달았다. 독일군은 러시아군 무선 통신에서 중요한 정보를 취득했다. 러시아군 제1군이 얼마간 진격하지 않고 멈추리라는 것이었다. 독일군은 이를 틈타 상대적으로 취약한 러시아군 제2군을 쳐부수기로 결정했다. 러시아군 제1군을 상대했던 독일군 제1군단과 제17군단이 러시아군 제2군 쪽으로 이동했다. 독일군 제1군단과 제17군단은 러시아군 제2군의 북쪽을, 독일군 제1예비군단과 제3예비군단은 남쪽을 틀어막는 거대한 포위망을 형성해 나갔다. 독일군 제20군단이 정면에서 러시아군 제2군을 저지하는 사이, 양 측면에 있던 독일군이 포위 섬멸을 단행할 것이었다. 작전은 은밀하게 진행됐기에 삼소노프의 러시아군은 전혀 눈치채지 못했다. 비스와 강을 향해 진격하던 러시아군은 이 포위망에 고스란히 걸려들었다. 독일군은 사냥감을 만난 호랑이처럼 무지막지한 공격을 퍼부었다. 삼소노프는 러시아군 제1군에게 긴급 지원을 요청했지만 거부당했다. '타넨베르크 전투'로 명명된 이 전투에서 러시아군 제2군은 말 그대로 박살이 났다. 10만 명이 넘는 사상자와 9만 명이 넘는 포로가 발생했다. 패장인 삼소노프는 상황을 비관해 자살했다. 독일군은 여세를 몰아 러시아군 제1군까지 궤멸시키려 했다. 힌덴부르크의 주도로 마주리안 호수에서 포위 공격을 시도했다. 이번에는 독일군의 뜻대로 되지 않았다. 러시아군은 부분적인 피해에도 불구하고, 필사의 퇴각 전투를 벌이며 자국 영토로 되돌아오는 데 성공했다. 여기까지만 보면 독일군의 극적 회생과 기대 이상의 승전이 빛을 발했다. 동부 전선에서 버티고 사수하는 것을 넘어 적군을 격파까지 할 수 있다는 사실에, 독일군 지휘부는 기쁨을 감추지 못했다. 그러나 기쁨도 잠시, 러시아군의 공세가 재개됨으로써 재차 위기에 빠졌다. 러시아군 제1군과 제10군은 전열을 재정비하고 반격을 단행, 독일군을 다시 밀어냈다. 9월 말 아우구스투프 전투와 수바우키 전투에서 승리해 빼앗겼던 자국 영토를 되찾았다. 나아가 러시아군은 네만 강을 넘어 독일 영토로 진입했고 동프로이센 일부 지역까지 점령했다. 러시아군이 심장부인 쾨니히스베르크마저 넘보는 상황에서, 독일군 제8군이 결사적으로 반격을 단행했다. 가까스로 러시아군의 진격이 저지됐다. 이들은 점령지를 지키기 위해 참호를 팠고, 굼비넨-마주리안 방어선을 구축했다. 이곳에서는 한동안 교착 상태가 이어지다가 1915년 2월에 변화가 찾아온다. 이에 대해선 후술 하겠다.

동부 전선에서는 (각기 다른 지역에서) 오스트리아군과 러시아군, 세르비아군 간의 전투도 벌어졌다. 당초 오스트리아는 오로지 세르비아를 응징하는 데에만 주안점을 뒀다. 전쟁 계획도 세르비아와의 전쟁만을 염두에 두고 세워졌다. 다만 러시아군이 오스트리아 도시인 갈리치아를 공격할 가능성이 높아지면서 계획이 수정됐다. 세르비아를 공격할 발칸집단군 이외에 러시아군과의 전쟁을 감안한 갈리치아행 A제대, 상황에 따라 세르비아 또는 러시아 전쟁에 참전할 B제대를 추가로 꾸렸다. 오스트리아는 발칸집단군과 B제대를 기반으로 먼저 세르비아를 공격했다. 적군을 크게 얕잡아봤던 오스트리아군은 손쉬운 승리를 예상했다. 하지만 세르비아군은 만만치 않았다. 베테랑 장군인 푸트니크의 지휘 하에 세르비아군은 드리나 강과 사바 강 전투에서 오스트리아군을 패퇴시켰다. 세르비아군은 자국 영토에서 적군을 몰아낸 데 이어 9월 6일 오스트리아 영토로 넘어가기까지 했다. 다만 오스트리아군의 강력한 반격을 받아 5000명 넘는 사상자를 내고 퇴각했다. 집요한 세르비아군은 포기하지 않고 오스트리아군을 계속 괴롭혔다. 포티오레크 방어선의 취약점을 돌파해 보스니아로 진입했다. 이후 40일 동안 보스니아 동부를 점령했다. 오스트리아군도 가만히 있지 않았다. 조만간 증원군과 중포를 앞세워 맹렬하게 반격했다. 치명상을 입은 세르비아군은 멀리 있는 모라바 강까지 퇴각했다. 오스트리아군은 여세를 몰아 세르비아 영토로 진입해 수도인 베오그라드를 함락시켰다. 이 상황도 오래가진 못했다. 머지않아 세르비아군의 반격이 이어졌다. 12일간의 전투 끝에, 오스트리아군은 베오그라드는 물론 세르비아 영토에서 완전히 물러났다. 오스트리아군과 세르비아군 간의 전투는 한동안 소강상태를 보이다가 1915년 가을에 재개된다.

오스트리아군 최대의 적은 러시아군이었다. 당시 오스트리아군은 카르파티아 산맥의 능선을 따라 포진했다. 이에 맞서 러시아군은 폴란드 돌출부의 남쪽에 주둔했다. 수적으로는 러시아군이 우세했다. 53개 보병사단과 18개 기병사단을 보유한 반면 오스트리아군은 37개 보병사단, 10개 기병사단을 갖췄다. 향후 러시아군은 오스트리아의 서부 갈리치아 및 동부 갈리치아를 겨냥해 포위 공격을 전개할 예정이었다. 오스트리아군은 바르샤바 남쪽의 폴란드 평원에서 러시아군의 측면을 포위 공격하고, 동부 갈리치아에서 렘베르크와 프셰미실 요새를 활용해 적극 방어한다는 계획이었다. 지형상 러시아군이 유리해 보였다. 카르파티아 산맥에 있는 오스트리아군 진지는 왼쪽의 비스와 강과 오른쪽의 드네스트르 강 사이로 돌출돼 있었다. 이러한 강들은 오스트리아군의 활동을 제약하는 반면 러시아군에겐 공격의 이점을 제공했다. 그럼에도 카르파티아 전선에서의 초반 전투는 오스트리아군이 선방했다. 오스트리아군 제1군은 산과 강을 건너 크라시니크에 있는 러시아군 우익을 공격했다. 러시아군 제18사단 등이 큰 피해를 입었고 루블린 방면으로 20마일 퇴각했다. 오스트리아군 제4군은 코마로프에서 러시아군 제3군과 싸워 승리했다. 그러나 오스트리아군 제3군은 무리하게 나서다 참패했다. 당초 오스트리아 영토 내에서 방어에 전념해야 했던 이들은, 러시아군이 타르노폴에서 서진한다는 소식을 접한 뒤 공세로 전환했다. 대적해야 할 러시아군은 200개 보병대대, 700문에 달하는 대포를 보유하고 있었다. 결국 적군의 막강한 화력에 휘말려 즐로초프에서 패배한 뒤 급히 도망쳤다. 오스트리아군 제2군도 두 개의 리파 강 사이에 있는 러시아군을 공격했다가, 수천 명의 사상자와 2만 명의 포로를 내고 퇴각했다. 제3군과 제2군의 참패에도 불구하고 오스트리아군 지휘관인 콘라트는 매우 낙관적이었다. 나름의 전술이 있었기 때문이다. 그는 제3군과 제2군을 렘베르크 후방(베레시차 강)까지 퇴각시켜 러시아군을 유인한 다음, 제4군을 북쪽에서 남하시켜 적군의 측면을 파괴할 수 있다고 생각했다. 이 당시 독일군이 서부 전선에서 상당한 전과를 올리는 것에 자극받은 콘라트는 어떻게든 전과를 올리길 갈망했다. 이에 따라 참패로 사기가 꺾인 군대를 엄하게 다그치며 나아갔다. 무리수는 불행한 결말로 이어지기 마련이다. 러시아군 기병대 등이 오스트리아군 방어선의 벌어진 틈을 돌파, 적군의 후방으로 진격했다. 허를 찔린 콘라트는 전군에 총퇴각 명령을 내렸다. 15만 명의 오스트리아군 수비대가 있는 프셰미실 요새는 덩그러니 남겨져 고립됐다. 지금껏 일련의 전투 과정에서 오스트리아군은 치명상을 입었다. 10만 명의 사상자와 30만 명의 포로가 발생했다. 150마일에 달하는 영토까지 빼앗겼다.

오스트리아군의 패배로 독일군도 다급해졌다. 자칫 독일의 영토가 공격당할 수도 있었다. 자구책으로 독일군은 제9군을 창설했고, 9월 23일 방어가 아닌 적극적 공세에 나섰다. 비스와 강 상류를 넘어 러시아군의 핵심 거점인 바르샤바로 진격했다. 루덴도르프 등은 바르샤바의 러시아군을 과소평가해 쉽게 포위를 달성할 것으로 예상했다. 오산이었다. 러시아군 지휘부는 대비책을 마련해 놨다. 러시아군 제4군과 제9군을 독일군 정면에서 맞서게 하고, 제2군과 제5군, 제1군을 측면 공격에 투입할 계획이었다. 측면을 급습할 준비는 빠르게 완료됐다. 더욱이 러시아군 병력 규모가 독일군을 압도하고 있었다. 루덴도르프는 곧 현실을 자각했고 독일군의 철수를 명할 수밖에 없었다. 이와 비슷한 시점에 오스트리아군 제1군이 무모하게 러시아군을 공격했다가 4만 명의 사상자를 내고 퇴각하기도 했다. 러시아군은 양호한 전황에 힘입어 더 큰 목표를 상정했다. 제2군 및 제5군으로 구성된 중앙군으로 베를린을 향해 진격하려 했다. 이의 남쪽에 있는 군대는 갈리치아 등에 있는 오스트리아군을 완전히 격파하기 위해, 크라쿠프와 프셰미실 사이에서 공세를 전개하기로 했다. 위기감을 느낀 독일군은 재빨리 선수를 쳐야 한다고 판단했다. 이들은 서부 폴란드 평원에서 러시아군의 측면을 공격할 계획을 세웠다. 11월 11일, 독일군 제9군은 러시아군 (제2군에 소속된) 제5시베리아 군단에 대대적인 포격을 퍼부었다. 독일군은 비교적 병력이 적었지만 유리한 상황을 만들 수 있었다. 제5시베리아 군단과 나머지 러시아군 사이에 틈이 벌어진 것을 적절히 활용했다. 러시아군은 전황이 녹록지 않다고 판단해 우치로의 퇴각 결정을 내렸다. 뒤이어 우치에서도 전투가 벌어졌다. 서부 전선에서 온 증원군으로 구성된 독일군 제10군은 북쪽에서 정면 공격을 단행, 12월 초에 우치를 함락시켰다. 이후 바르샤바 남서쪽에 위치한 비스와 강의 작은 지류인 라프카 강과 브주라 강까지 진격했다. 러시아군은 해당 지역 인근에 참호를 파고 방어 태세를 갖췄다. 독일군은 더 이상 나아가기 어렵다고 판단했다. 개활지여서 무리하게 진격했다가 총탄 세례를 받을 수 있었기 때문이다. 독일군도 러시아군처럼 참호를 파고 대치에 들어갔다. 이로써 동부 전선의 중앙부는 한동안 교착 상태에 빠졌다.

동부 전선 남쪽에서는 오스트리아군이 존폐 위기에 처해있었다. 이들은 독일군의 지원에 힘입어 크라쿠프와 쳉스토호바 사이에 있는 영토를 잠시 얻었다가, 러시아군 남서전선군의 맹공으로 후퇴해야 했다. 크라쿠프 남쪽에서도 러시아군의 공세에 휘말렸다. 이에 카르파티아 산맥에 있는 병력이 크게 희생됐다. 산맥을 통과할 수 있는 주요 고갯길도 빼앗겨 부다페스트가 적군의 공격에 노출됐다. 그런데 러시아군 지휘부 내의 혼란으로 오스트리아군이 기사회생했다. 러시아군 지휘부는 오스트리아군에 대한 공격을 이어갈지 아니면 (우치 전투 패배의 여파로) 북서전선군을 바르샤바로 철수시킬지를 두고 고심했다. 오스트리아군은 적군의 혼란을 틈타 역공을 가했다. 제14군단이 크라쿠프 남쪽의 러시아군 제3군과 카르파티아의 러시아군 제8군 사이에 상당한 틈이 있다는 것을 발견한 뒤 공세를 펼쳤다. 독일군 제43사단도 가세했다. 4일 간 전개된 공세가 어느 정도 효과를 거두면서 러시아군은 후퇴했다. 러시아로선 뼈아픈 패배였다. 크라쿠프를 거쳐 베를린으로 진격한다는 계획과 부다페스트를 공격한다는 계획 모두가 어그러졌기 때문이다. 한 달 뒤 오스트리아군은 카르파티아 산맥 동쪽 방면으로 추가 공세를 펼쳤다. 초반에는 의외로 성공적이었다. 콜로메아 전투에서 러시아군을 격퇴했고 체르노비츠로 나아갔다. 다만 더 이상의 진격은 없었다. 오스트리아군은 산맥의 험준한 지형과 혹독한 추위로 인해 전의를 상실해 갔다. 러시아군의 강력한 반격까지 뒤따르면서 오스트리아군은 수많은 사상자를 내고 퇴각했다. 이후에는 러시아군의 일방적 우세가 나타났다. 오스트리아군의 프셰미실 요새가 함락됐고, 카르파티아 전선이 완전히 장악됐다. 한계점에 도달한 오스트리아군은 독일군의 지원 없이 자력으로는 전쟁 수행이 불가능하게 됐다. 한편, 이와 비슷한 시기에 독일군 제8군과 제10군이 동프로이센 일부 지역에 있는 러시아군 제10군을 몰아내기 위해 움직였다. 혹독한 추위를 뚫고, 마주리안 호수 지대의 남쪽과 북쪽에서 적군을 포위해 나갔다. 독일군을 깔보던 러시아군은 큰 코를 다쳤다. 포병의 지원 없이 저항하다가 한쪽으로 서서히 몰렸다. 결국 러시아군은 독일군에 항복하거나 도망쳤다. 동프로이센은 러시아군의 지속적인 위협에서 벗어날 수 있게 됐다.

■ 악몽의 참호전

 1915년 봄, 서부 전선은 이전에는 볼 수 없었던 새로운 전황이 펼쳐지고 있었다. 양 진영의 군대가 방대한 참호를 기반으로 대치했다. 참호는 병사들이 엄폐하기에 충분할 만큼 깊었다. 참호들을 연결하는 교통호도 광범위하게 조성됐다. 참호 밑에는 계단을 통해 내려갈 수 있는 지하 대피호도 존재했다. 참호 주변에는 적군이 다가올 수 없도록 촘촘한 가시철망까지 만들어졌다. 최일선의 참호 뒤에 2중, 3중의 참호도 구축됐다. 병사들의 참호 생활은 끔찍했다. 비가 많이 내려 참호 안은 항상 물이 가득했고 쥐떼들이 득실거렸다. 질병도 만연했다. 병사들은 마치 '미로'처럼 된 참호 및 교통호에서 길을 잃기도 했다. 무엇보다 병사들을 힘들게 만든 것은 무기한 교착 상태와 극악한 소모전이었다. 어느 군대도 상대방의 참호선을 돌파할 수 없었다. 정면은 물론 우회 돌파도 불가능했다. 전 전선에 걸쳐 병력이 빽빽이 들어차 있고, 기관총 야포 철조망 등이 철저히 방어하고 있는 만큼 취약점을 찾기가 어려웠다. 무작정 돌격했다간 희생만 눈덩이처럼 불어날 가능성이 높았다. 참호전에 열심이었던 쪽은 독일군이다. 이는 동부 전선 전황과 관련이 있다. 독일군은 시간이 갈수록 동부 전선으로 병력 수송을 늘렸다. 동맹국인 오스트리아가 심각한 타격을 입어 지원이 불가피했다. 또한 동부 전선에서의 공세를 통해 결정적 승기를 잡는 게, 전쟁에 유리하다는 판단이 우세해졌다. (팔켄하인과 몰트케는 서부 전선을 중요시했지만, 동부 전선에 있는 힌덴부르크와 루덴도르프의 입김이 더 강해진 상태였다.) 동부 전선에서 승부를 보는 동안, 서부 전선에서는 참호를 기반으로 '버티는 전략'으로 나가려 했다. 방어가 핵심이 된 서부 전선의 독일군은 아르투아와 솜 강의 백악토 지대, 엔 강의 고지대 등에 있는 참호를 요새화시켰다. 독일군과 달리 프랑스군과 영국군은 공세에 중점을 뒀다. 과거에 비해 병력 규모가 눈에 띄게 커진 이들은 플란데런과 아르투아, 샹파뉴를 주된 공격 목표로 삼았다.

1915년 3월, 영국군 제7사단과 제8사단, 인도군단이 아르투아 구역에 있는 뇌브샤펠을 공격했다. 영국군은 초전에 의미 있는 전과를 올렸다. 보병이 적군 참호 인근에 은밀히 다가간 뒤 맹공을 퍼부어 방어선에 틈을 내는 데 성공했다. 뒤이어 강력한 포격도 가해져 독일군이 밀려나기 시작했다. 영국군은 퇴각하는 적군을 추격해 승기를 잡는 듯했다. 그런데 얼마 지나지 않아 멈춰 섰다. 영국군이 지체하는 사이, 독일군은 방어력을 강화하고 예비군을 신속히 동원해 저지하려 했다. 조만간 영국군의 공격이 재개됐으나 난관에 부딪혔다. 독일군 기관총 진지에서 무차별적인 사격이 가해졌다. 순식간에 1000명에 달하는 영국군 병사들이 쓰러졌다. 이후의 공세도 짙은 안개와 강력한 저항으로 인해 여의치 않았다. 영국군이 고전을 면치 못하는 반면, 독일군은 후방에서 급파된 예비군으로 적군을 밀어내고 방어선의 틈을 메워나갔다. 공수 교대도 이뤄졌다. 이번에는 독일군이 반격할 차례였다. 이들은 영국군의 참호로 맹렬히 돌진했다. 영국군은 20 정의 기관총으로 응수했다. 독일군은 사방에서 날아오는 총탄 세례를 받고 쓰러져 나갔다. 유의미한 공격은커녕 막대한 희생만 낳고 퇴각할 수밖에 없었다. 뇌브샤펠 전투에서는 참호전의 부정적 양상이 고스란히 드러났다. 공격 측이 공세를 펼치면 참호에 있는 방어 측이 기관총 등으로 대응, 공격 측은 무수한 사상자만 내고 퇴각했다. 다음으로 방어 측이 공세를 펼치면 비슷한 현상이 반복됐다. 그야말로 일진일퇴의 공방전, 비참한 소모전의 모습이었다. 이러한 양태는 앞으로의 참호전에서 계속될 것이었다. 4월에는 제2차 이프르 전투가 벌어졌다. 이때에는 사상 유례를 찾아보기 힘든 만행이 발생했다. 독일군이 염소 형태의 '살인가스' 160톤을 담은 실린더 6000개를 이프르 북쪽 랑에마르크 반대편에 투하했다. 회녹색 연무가 밀려오고 있었지만, 참호 안의 프랑스군은 대수롭지 않게 생각했다. 어느 순간, 프랑스군 병사들이 기침을 하고 토하고 비틀거리기 시작했다. 곧이어 쓰러지는 병사들이 속출했고, 고통스러운 얼굴로 도망치는 병사들도 많았다. 예상치 못한 비대칭 전력으로 인해 프랑스군 방어선에 틈이 생겼다. 독일군은 당장 공격하지 않고 참호 안에 머물렀다. 북쪽에 이어 이프르 남쪽에서도 독가스 공격이 행해졌다. 독일군 보병의 공격도 병행됐다. 이때 프랑스군 도르셋 연대가 초인적인 힘을 발휘하며 전선 사수에 성공했다. 이후에도 독일군은 수포성 겨자, 질식제 포스겐 등 치명적 가스를 자주 사용했다. (동부 전선에서도 염소 가스가 사용돼 다량의 러시아군이 희생됐다.) 살인 가스는 전황에 영향을 줬지만, 승패를 가를 만한 요인은 아니었다. 프랑스군과 영국군은 물에 적신 천을 입에 두르거나 방독면을 써가며 대처했다. 적군과 마찬가지로 독가스를 살포하기도 했다.

연합군은 5월에 이르렀을 때, 아르투아 지역에서 공세를 단행했다. 영국군은 오베르 능선, 프랑스군은 비미 능선을 겨냥했다. 이곳에서 자신들의 진지를 내려다보는 독일군을 격퇴하려 했으나 전과를 올리진 못했다. 영국군은 손쉽게 저지당했다. 프랑스군은 능선 점령에 성공했지만, 머지않아 독일군 예비군의 반격을 받고 후퇴했다. 이 시기 연합군은 지지부진한 전황에 더해 내부의견 충돌까지 겹치면서 골머리를 앓았다. 영국군은 준비가 부족하니 추가 공세를 연기하자고 주장했다. 프랑스군은 가급적 신속한 공세를 주장했다. 실제로 전투를 치르기 위해선 많은 준비가 필요했다. 병력과 군수물자를 비축하고 진지와 도로도 건설해야 했다. 이에 따라 당초 8월이었던 추가 공세 개시일이 9월 말까지 미뤄졌다. 독일군은 연합군의 지체를 틈타 공격이 예상되는 지점을 강화해 나갔다. 참호선을 겹겹이 마련했고, 그 주변에 포대와 기관총 초소도 설치했다. 연합군이 어떠한 공격을 가해도 돌파가 불가능할 것이란 예측이 지배적이었다. 이는 들어맞았다. 영국군이 아르투아의 루스에서 10열

종대로 진격해 들어갈 때, 독일군이 기관총을 무자비하게 난사했다. 기관총 1정당 1만 2000발이 넘는 총탄이 쏟아졌다. 영국군 병사들은 풀밭에서 줄줄이 쓰러져 나갔다. 적군의 총탄 세례에서 가까스로 살아남았다 해도, 촘촘히 설치된 가시철조망에 막혔다. 영국군은 투입된 병력의 절반을 잃은 채 퇴각해야만 했다. 이들은 이후에도 3주 간 공격을 이어갔지만, 영토는 거의 차지하지 못하고 3만 명 넘는 사상자만 발생했다. 루스 전투는 비참한 패착으로 귀결됐다. 프랑스군이 주축이 된 샹파뉴 전투는 더 심각했다. 먼저 독가스를 살포한 뒤, 20개 사단이 중포의 지원을 받으며 돌격했다. 애국심과 전의가 남아있던 병사들은 샹파뉴 고지대 등에서 용감하게 싸웠다. 그러나 독일군의 무지막지한 기관총과 포탄 세례 앞에 뚜렷한 한계를 드러냈다. 날이 갈수록 사상자가 급증했고, 목표로 했던 영토 획득은 번번이 실패했다. 결국 프랑스군은 1개월 동안 14만 명이 넘는 사상자가 발생하면서 전투를 중단할 수밖에 없었다. 연합군의 1915년 전황은 '악몽' 그 자체였다. 전술의 부재 속에 주로 돌격만을 감행하다가 독일군의 손쉬운 먹잇감으로 전락했다. 전과는 없고 막대한 희생만 남았다. 반면 독일군은 당초 계획대로 참호를 기반으로 버티는 데 성공했다.

■ 제3의 전선

동부 전선에 공을 들인 독일군은 조만간 열매를 보게 될 터였다. 이들은 오스트리아군과 연합해 고를리체-타르누프 지역에 병력과 대포를 집결시켰다. 공격 준비는 철저했다. 적군이 알아차리지 못하게 은밀히 이동했고, 2000문이 넘는 포와 수많은 탄약이 마련됐다. 동맹군 측은 과거에 비해 취약해진 러시아군의 전력에 주목했다. 1915년의 러시아군은 여전히 병력 규모는 컸지만 군수물자 부족에 시달렸다. 러시아 군수공장의 생산량이 떨어져, 러시아군의 개인화기 및 포탄 부족은 심각한 수준에 이르렀다. 이러한 맹점으로 말미암아 동부 전선의 무게추가 동맹군에게 급격히 쏠리게 된다. 공격에 앞서 독일군 내부에선 방향성을 놓고 논쟁이 벌어졌다. 힌덴부르크와 루덴도르프는 정면 돌파가 아니라 카르파티아, 발트 전선을 통해 포위 기동을 해야 한다고 주장했다. 러시아군이 다른 곳에 있는 군대와 교류하지 못하게 고립시키는 게 중요하다고 봤다. 반면 동프로이센 전투에서 맹활약을 한 마켄젠은, 러시아군이 증원군을 동원하기 전에 정면으로 신속하고 깊숙이 침투해야 한다고 주장했다. 잠시간의 논쟁 끝에, 엄청난 성공으로 이어지는 마켄젠의 주장이 채택됐다. 1915년 5월 초, 동맹군의 기습적인 공격이 개시됐다. 이를 예상하지 못한 러시아군은 당황하는 기색이 역력했다. 맞서 싸울 수단인 화기와 탄약의 부족은 공포감마저 유발했다. 일순간 전의가 흐트러진 러시아군 병사들이 제대로 싸워보지도 않고 도망치는 현상이 발생했다. 호기를 잡았다고 판단한 동맹군은 파죽지세로 진격했다. 러시아군 전선 곳곳이 도미노처럼 붕괴됐다. 6월에 렘베르크가 함락된 데 이어 8월에는 바르샤바까지 무너졌다. 브레스트-리토프스크, 코브노, 노보게오르기옙스크, 빌나, 핀스크 등 러시아 국경 지대에 있는 주요 요새 및 도시들도 동맹군의 수중에 떨어졌다. 이 과정에서 100만 명에 달하는 러시아군이 죽거나 다쳤으며, 75만 명이 포로로 잡혔다. 대패의 여파로 수많은 러시아군 장군들이 해임되거나 투옥됐다. 보다 못한 니콜라이 2세가 스스로 최고사령관에 올라 전쟁을 직접 지휘하기에 이르렀다.

러시아 기후가 동맹군의 진격을 멈춰 서게 만들었다. 가을철에 흑토대의 토양이 진흙탕으로 변하는 현상인 '라스푸티차'가 발생한 것이다. 이로 인해 러시아는 자국의 영토까지 침략당하지는 않았다. 또한 (적군의 진격으로) 전선 범위가 축소되면서 중앙부와 발트해에 병력을 집중시켜 방어할 수 있었다. 군수공장에서의 생산량도 증가해 군수물자가 충당됐으며, 가용할 수 있는 예비군도 많아졌다. 러시아군은 건재한 상태를 유지했다. 독일군은 더 이상 나아가진 못했지만, 놀랄 만한 승리를 거둔 셈이었다. 동부 전선에서 여유를 갖게 된 이들은 1916년 서부 전선에서 공세로 전환하게 된다. 자국 영토를 대거 빼앗길 수 있었던 오스트리아도 위기에서 벗어났다. 한편, 유럽이 아닌 다른 지역에서도 전쟁이 발발했다. 독일 식민지에서의 전쟁이 대표적이다. 연합군 및 이들과 친선 관계에 있는 세력이 독일이 장악한 해외 영토들을 빼앗으려 하면서 촉발됐다. 영국과 동맹을 맺은 일본은 독일의 영향력 하에 있는 중국 칭다오와 태평양 중부 섬들을 공격했다. 칭다오에 있던 독일군은 맹렬히 저항하며 일본군 1455명을 소멸시켰다. 일본군은 11인치 곡사포까지 동원해서 칭다오를 겨우 점령했다. 독일령 뉴기니와 토고도 연합군 측에게 공격을 받고 함락됐다. 카메룬은 칭다오처럼 공략이 쉽지 않았다. 연합군이 나이지리아를 넘어 침투했으나 거센 저항에 휘말렸다. 폭우도 쏟아져 진격이 크게 지체됐다. 다행히 증원군 도착과 순양함 지원, 건기가 나타나면서 돌파구를 마련할 수 있었고 수도인 두알라 등을 점령했다. 이후 연합군은 독일령 남서아프리카를 장악한 데 이어 동아프리카(탄자니아)도 공격했다. 여기서는 1918년 전쟁이 끝날 때까지 전투가 지속됐다. 탁월한 능력을 가진 독일군의 폰 레토프 대령이 교묘한 게릴라전을 펼치며 연합군을 장기전의 늪으로 빠뜨렸다.

'제3의 전선'이 열리기도 했다. 캅카스 전선이었다. 이는 독일 편에 선 오스만 제국(튀르키예)이 러시아를 공격하면서 형성됐다. 오스만 제국은 캅카스가 러시아에 반대하는 세력들의 중심지라고 생각했다. 총사령관인 엔베르는 공격 시 해당 지역에 있는 반 러시아 세력 및 이슬람교도들이 도움을 줄 것이라 믿었다. 병력도 러시아군보다 많은 상태였다. 하지만 돌아온 것은 어처구니없는 패배였다. 무엇보다 혹독한 추위를 간과한 게 치명적이었다. 눈도 높이 쌓여서 진격이 지지부진해졌다. 최악의 여건 속에서 러시아군의 역공이 가해졌다. 오스만 제국군은 속절없이 밀리며 7만 명 넘는 사상자가 발생했다. 화가 난 오스만 제국 정부는 극악무도한 만행을 저질렀다. 기독교도 아르메니아인들이 러시아 편에서 전투에 참가했다고 주장하며, 자국 내에 있는 아르메니아인들을 겨냥한 대규모 종족학살을 자행했다. 1915년 6월부터 1917년 말까지, 무려 70만 명에 육박하는 사람들이 죽임을 당했다. 캅카스 전투와 관련한 영국, 프랑스군의 움직임도 살펴볼 필요가 있다. 오스만 제국의 캅카스 공격 직후, 영국 프랑스군은 다르다넬스 해협으로 이동했다. 발칸의 강자인 오스만 제국 참전에 놀란 러시아가 서구 연합군에게 도움을 요청했기 때문이다. 연합군은 위기에 처한 동맹국을 도와주기 위해, 오스만 제국 인근에서 육해상 합동 공세를 전개할 계획이었다. 이를 통해 서부 전선의 교착 상태를 타개하려는 의도도 있었다. 작전은 윈스턴 처칠이 주도했다. 그는 다르다넬스 해협에서 오스만 제국군의 요새들에 해상 포격을 가한 뒤, 지상군을 '갈리폴리' 반도에 상륙시키려 했다. 해상 포격에는 영국군과 프랑스군의 오래된 군함들이 동원될 터였다. 모험의 성격이 짙었으나, 작전이 잘 풀린다면 이스탄불까지 진격하는 것도 가능하리라 봤다. 이 작전 계획은 연합군에 우호적인 정치적 효과를 발생시켰다. 그동안 모호한 입장을 취했던 이탈리아가 연합군 측으로 참전할 가능성이 높아졌고, 불가리아는 독일과의 협상을 중단했다. 그리스도 연합군에 병력을 지원하며 참전했다. 대다수 국가들이 연합군의 작전 성공을 예상했으며, 이로 인해 남부유럽 전선을 포함한 서부전선 전체에서 연합군이 유리해질 것이라 판단했다.

본격적인 공세는 1915년 3월 초부터 개시됐다. 일각에서 제기된 낙관적 전망은 빠르게 사그라들었다. 오스만 제국군의 대처가 예사롭지 않았기 때문이다. 이들은 포들을 빠르게 이동시키며 적군의 해상 포격을 피해나갔고, 안정적인 지점에서 맹렬한 반격까지 가했다. 더욱이 바다에 기뢰가 촘촘히 부설돼 있어서 군함이 해안가에 다가가는 게 매우 어려웠다. 소해정이 기뢰를 제거하려 하면, 여지

갈리폴리 반도에 상륙을 시도하는 연합군. 이들은 여러 난관들로 인해 고전을 면치 못했다.

없이 오스만 제국군의 포탄이 날아와 방해했다. 첫 공격이 실패한 뒤, 연합군은 전열을 재정비하고 16척의 군함을 동원해 재차 공세에 나섰다. 이번에는 작전이 순조롭게 전개될 것처럼 보였다. 군함들이 적군의 포격을 회피하며 상당한 거리를 전진했고 해상 포격도 뚜렷한 효과를 발휘했다. 오스만 제국군의 방어력은 점차 약화돼 갔다. 소해정이 많아서 기뢰 제거도 빠르게 이뤄질 것 같았다. 그런데 예상치 못한 불행이 뒤따랐다. 프랑스 군함인 부베 호가 내부 폭발을 일으켰다. 머지않아 그 안에 타고 있던 승무원들과 함께 바닷속으로 가라앉았다. 뒤이어 오션 호도 내부 폭발을 일으켰다. 군함들이 낙후됐기 때문이었다. 이로 인해 연합군 전체가 극도의 혼란 상태에 빠졌다. 이를 틈타 오스만 제국군은 포탄 세례를 퍼부었다.

쉬프랑 호, 골루아 호, 샤를마뉴 호 등 수많은 군함들이 포격에 노출돼 큰 손실을 입었다. 날씨마저 어두워지자 연합군 함대는 철수하지 않을 수 없었다. 참담한 패배에도 불구하고 연합군은 작전을 포기하지 않았다. 약 1개월가량 고민한 끝에, 상륙을 용이하게 할 만한 장소로 헬레스 곶을 선정했다. 4월 25일, 맹렬한 포격과 함께 연합군 군함들이 헬레스 곶의 다양한 지점들로 빠르게 접근했다. 상륙 지점들마다 희비가 엇갈렸다. 지중해의 Y해변, X해변, 다르다넬스 해협 안쪽의 S해변에서는 적군의 저항을 받지 않고 무사히 상륙했다. 다만 아래쪽 해안의 W해변, V해변에서는 참극이 벌어졌다. 연합군 병사들이 단정에서 내려 해안가에 닿았을 때, 참호 안에 있던 오스만 제국군이 기관총 세례를 퍼부었다. 수많은 병사들이 비명을 지르며 쓰러졌고, 이내 바닷물은 핏빛으로 물들었다. 오스트레일리아와 뉴질랜드 연합군단(앤잭)은 당초 계획했던 해변에서 북쪽으로 1마일 떨어진 지점에 상륙했다. 이들은 별다른 저항을 받지 않고 정면의 능선을 올랐다.

결과적으로 연합군 전체가 갈리폴리 반도에 상륙하는 데에는 성공했다. 하지만 또 다른 난관이 기다리고 있었다. 연합군이 내륙에 있는 핵심 도시인 크리티아를 점령하려 했으나, 오스만 제국군이 증원군까지 동원해 막아섰다. 연합군도 증원군을 동원했지만 유의미한 전진을 이뤄내지 못했다. 앤잭도 험준한 지형 및 적군의 반격에 휘말려 1만 명의 전사자를 내고 멈춰 섰다. 오스만 제국군은 신속히 참호도 팠다. 진격이 더욱 어려워지게 됐음을 직감한 연합군도 참호를 팠다. 서부 전선과 같이, 한동안 참호전의 양상이 나타났다. 희생은 날로 증가하지만 특별한 전과가 발생하지 않는 상황이 지속됐다. 연합군 내에서는 전쟁 회의론과 철수 목소리가 높아졌다. 설상가상으로 해당 지역에 폭풍우가 찾아오면서, 참호에 있는 병사들은 더욱 힘들어졌다. 결국 연합군은 1915년 12월 28일부터 철수하기로 결정했다. 오스만 제국군이 미처 눈치채지 못할 정도로 은밀하게 이뤄졌다. 지금껏 전투 과정에서 오스만 제국군은 약 30만 명의 사상자가 발생했다. 연합군 사상자도 26만 5000명에 달했다. 소득 없이 값비싼 대가만 치른 갈리폴리 전투는, 추후 제2차 세계대전에서 위업을 달성할 처칠의 흑역사로 기록됐다. 한때 기대됐던 정치적 효과도 일부 사그라졌다. 특히 불가리아는 독일과의 협상을 재개한 뒤 동맹군으로 참전했다. (제2차 발칸전쟁의 여파로) 그리스와 세르비아에게 빼앗겼던 마케도니아 영토를 되찾을 수 있다는 희망이 작용했다. 불가리아는 독일군, 오스트리아군과 함께 세르비아 공략에 나섰다. 세르비아를 도와주려던 연합군을 마케도니아 지역에서 효과적으로 저지했다. 그 사이에 독일군과 오스트리아군이 북쪽에서 밀고 내려와 세르비아를 압박했다. 중과부적에 직면한 세르비아군은 수많은 피난민들을 이끌고 다른 나라로 탈출했다. 탈출 과정은 매우 혹독해 15만 명 이상이 목숨을 잃었다. 동맹군은 세르비아의 영토를 점령하는 데 성공했고, 탈출한 세르비아군은 그리스나 프랑스로 가서 항전을 지속했다. 이탈리아의 경우는 불가리아와 달랐다. 3국 동맹을 배신하고 연합군 측에서 참전했다. 이탈리아군은 이손초 강과 산악지대의 장벽을 넘어 오스트리아의 심장부로 쳐들어갈 계획을 세웠다. 뜻대로 될 리가 없었다. 이손초 강 너머는 이동하기 힘든 지형이었고, 카르파티아 산맥보다 더 험준한 알프스 산맥이 가로막고 있었다. 그럼에도 이탈리아군은 이손초 강 일대에서 12차례나 전투를 치르며 돌파를 시도했다. 결과는 비참했다. 수많은 사상자만 내고 유의미한 영토는 전혀 확보하지 못했다. 유럽의 강국으로 인식됐던 이탈리아는 동맹군에게 조금의 위협도 되지 못하는 '그저 그런 존재'에 불과했다. 루마니아도 연합군으로 참전했지만 재앙만을 초래했다. 동맹군에게 삼면에서 포위 공격을 당해, 31만 명의 사상자와 자국 영토 대부분을 빼앗겼다. 독일군은 루마니아 점령을 통해 100만 톤의 석유와 200만 톤의 식량을 확보할 수 있었다.

■ 고기 분쇄기

1916년에 접어들자 독일군 지휘부에선 서부 전선 대공세 의견이 대두했다. 팔켄하인은 그동안 프랑스군이 열심히 싸웠지만, 한계점에 도달했다고 분석했다. 1915년에 입었던 극심한 피해의 여파가 프랑스군에게 큰 악영향을 미치고 있다고 봤다. 이제 핵심 지점에 공세를 가해 프랑스군 주력을 격파한다면, 전황을 매우 유리하게 만들 수 있을 것이라고 전망했다. 그러면 강력한 영국군이 프랑스에서 손을 떼게 만드는 효과도 노려볼 만했다. 그 핵심 지점은 '베르됭' 일대였다. 이곳은 프랑스군이 자랑하는 강력한 요새로 여겨졌다. 공세가 펼쳐지면 프랑스군 병력이 대거 몰려올 것이고, 함락된다면 프랑스군의 전력과 사기가 크게 꺾일 수 있었다. 독일군은 '심판 작전'을 위한 준비에 들어갔다. 대규모 병력과 수천문의 중포, 수백만 발의 포탄을 비축했다. 공세가 개시되면, 프랑스군 방어선 전체에 엄청난 포격을 퍼부을 것이었다. 독일군은 초반 포격전으로 기선을 제압할 계획이었다. 1916년 2월 21일 오전, 계획대로 포격이 시작됐다. 포탄이 18마일에 이르는 프랑스군 방어선에 소나기처럼 쏟아졌다. 포격은 오후까지 이어졌다. 이날 하루에만 총 8만 발의 포탄이 쏟아진 것으로 추정된다. 포격 이후에는 보병이 돌진할 차례였다. 이들은 양 측면에서 맹렬히 돌진했다. 외곽 참호선에 있던 프랑스군은 적군의 기세에 눌렸다. 참호선이 조금씩 무너져갔다. 프랑스군이 퇴각하면서 외곽 참호선이 완전히 돌파됐다. 독일군의 진격은 멈추지 않았다. 이들은 두오몽 요새까지 공격했다. 이 요새는 철조망과 높은 담벼락, 해자들이 즐비한 최강의 요새로 여겨졌다. 이에 따라 독일군이 함락시킬 수 없을 것으로 예상됐다. 하지만 의외로 쉽게 함락됐다. 펠릭스 쿤체 중사가 지휘하는 독일군 공병 1개 분대가 우연히 방어가 취약한 곳을 통해 요새 내부로 들어갔다. 요새를 지키고 있던 프랑스군 수비대는 일순간 공황 상태에 빠졌다. 적군의 대규모 병력이 진입한 것으로 오판했기 때문이다. (수비대는 요새 바깥에 있던 부대와 통신 연계가 돼있지 않았던 만큼, 독일군의 병력을 정확히 파악하지 못했다.) 수비대가 허겁지겁 퇴각함에 따라 독일군은 소수의 병력으로 두오몽 요새를 장악할 수 있었다. 이제 베르됭 일대가 위기에 처할 판이었다.

프랑스군은 다소 흔들렸지만, 뛰어난 지휘관들이 기강을 다잡았다. 드 카스텔노와 필리프 페탱은 베르됭 일대에 와서 병사들을 격려하며 이곳을 반드시 사수할 것을 명했다. 그런 다음 병력과 군수물자를 매우 신속하게 보충해 나갔다. 수송 과정에서 약 1만 2000대의 트럭이 동원됐다. 효과적인 반격을 가할 수 있도록 포대도 정비했다. 독일군은 프랑스군의 저항을 분쇄하기 위해 포대를 전선 가까이에 배치하려 했다. 이에 말들을 대거 동원해 포들을 이동시켰다. 그런데 물기가 많아 축축한 땅을 건너는 게 여간 쉬운 일이 아니었다. 그 결과 말들에 대한 혹사가 이뤄지면서 수천 마리의 말들이 죽었다. 우여곡절 끝에 독일군은 뫼즈 강 동쪽 강둑의 협소한 지점에 포격을 퍼부었다. 프랑스군 방어선은 별다른 타격을 받지 않았다. 독일군은 뫼즈 강 서쪽 강둑까지 공격하기로 했다. 여기에 숨어있는 프랑스군 포대를 파괴한 뒤, 베르됭 요새를 내려다볼 수 있는 지점을 점령하려 했다. 서쪽 강둑으로 향하는 길은 개활지여서 (동쪽 강둑에 비해) 독일군의 진격이 비교적 수월했다. 진격 과정에서 프랑스군 제67예비군 사단을 격파했다. 하지만 전의가 드높았던 프랑스군은 좀처럼 무너지지 않았다. 해당 지역에 있는 모르 옴과 304고지에서 격렬한 사격을 가해 적군의 진격을 저지하는 데 성공했다. 비슷한 시점에 독일군이 뫼즈 강 동쪽 강둑에서 보 요새 방면으로 공격을 감행했으나, 이 역시 실패했다. 4월 초에 접어들었을 때에는, 나흘간 전선 전체에서 독일군의 대대적인 공세가 펼쳐졌다. 이번에도 여의치 않았다. 동부 전선의 라스푸티차에 버금가는 폭우로 인해 전투를 지속할 수 없었다. 공세가 잇따라 좌절되자, 독일군 지휘부 내에서는 작전의 지속 여부를 둘러싸고 논쟁이 벌어졌다. 일각에서 작전 중단 의견이 나왔지만 최종적으로 작전을 지속하기로 결정했다. 그럼에도 전황이 나아질 기미는 보이지 않았다. 독일군은 5월에 모르 옴 고지를 공격해 정상을 차지했으나, 프랑스군이 인근 산비탈에서 버티면서 저항했다. 이에 독일군의 공세 효과는 반감됐다.

프랑스군이 역공에 나서는 경우도 있었다. 페탱의 뒤를 이어 니벨이 베르됭 방어군 사령관이 된 이후, 두오몽 요새를 탈환하기 위해 움직였다. 독일군 병사의 부주의로 요새 안에서 탄약고가 폭발하자 프랑스군의 사기는 높아졌다. 샤를 망젱이 지휘하는 프랑스군 제5사단이 중심이 돼 요새에 대한 집중 포격을 가했다. 요새 안의 독일군은 극심한 타격을 입었다. 포격에 이어 보병이 요새의 서쪽과 남쪽으로 몰려들었다. 프랑스군은 한때 요새 안으로 진입하는 데 성공했지만, 오래 머무르지는 못했다. 증원군이 부재한 상황에서 독일군의 강력한 반격까지 단행돼 후퇴할 수밖에 없었다. 6월이 되자, 독일군은 다시 공세에 나서려 했다. 목표는 보 요새였다. 포 600문을 갖춘 독일군은 6일 간 요새를 겨냥해 맹렬한 공세를 퍼부었다. 이에 맞서 프랑스군도 격렬히 저항했다. 가까스로 독일군이 보 요새를 점령했으나 병력 손실이 눈덩이처럼 불어났다. 팔켄하인은 막대한 희생과 솜 전투, 동부 전선 상황을 감안해 추가 공세를 망설였다. 측근인 크노벨스도르프의 설득으로, 보 요새 주변 지역에 대한 공세를 이어갔다. 티오몽 진지는 점령했지만 수빌 요새가 문제였다. 독일군은 이틀간 포격을 가한 뒤 요새를 향해 맹렬히 돌진했다. 프랑스군은 기다렸다는 듯 무자비한 기관총 사격으로 응수했다. 또다시 희생이 불어나자 팔켄하인은 공세를 중단시켰다. 어느덧 베르됭 일대의 독일군은 공세 종말점에 다다르고 있었다. 공격을 전개하기보단 탈취한 지역을 사수하는 단계로 넘어갔다. 힌덴부르크가 새로운 참모총장으로 부임하면서 이 같은 기조는 더욱 강화됐다. 명확한 공수 교대가 이뤄졌다. 프랑스군은 전열을 재정비하고 대규모 반격을 감행했다. 기진맥진해 있는 독일군은 고전을 면치 못했다. 이에 두오몽 요새 등이 프랑스군에게 다시 넘어갔다. 결국 전선은 전투가 개시됐을 때로 되돌아갔다. 1916년 2월부터 12월까지, 10개월가량 지속된 베르됭 전투는 '고기 분쇄기'로 불리며 대량 살육전으로 기록됐다. 양 진영에서 각각 20만 명이 넘는 사상자가 발생했다. 막대한 희생만 치르고 어느 것 하나 얻은 것이 없었다. 전투가 벌어지는 동안 약 200만 발의 포탄이 쏟아져, 전투 지역의 지형도가 크게 변하기도 했다.

베르됭과 더불어 '솜 강' 일대에서도 전쟁의 참혹함이 발현됐다. 이 전투를 주도한 인물은 새로이 영국군 사령관이 된 더글러스 헤이그였다. 무모했던 그는 세르와 몽토방 일대의 독일군 참호선을 반드시 허물어버린다는 계획을 세웠다. 이후 솜 강 고지대 쪽에 있는 바폼까지 진격하려 했다. 영국군 제4군이 선봉에 서고, 그 좌우에 영국군 제3군과 프랑스군 제6군이 존재했다. 베르됭에서 독일군이 그랬던 것처럼, 영국군도 무지막지한 포격을 먼저 퍼붓기로 했다. 1916년 6월 24일부터 8일 간, 약 300만 발의 포탄이 적진에 쏟아졌다. 중포에서 발사된 포탄은 적 포대와 참호를, 야포의 포탄은 참호 앞의 철조망을 겨냥했다. 영국군 지휘부는 독일군의 참호가 심각한 피해를 입었을 것이라고 예측했다. 실상은 전혀 달랐다. 독일군 참호는 포격을 꿋꿋이 견뎌낼 정도로 탄탄하고 깊었다. 철조망 등의 걸림돌로 인해 불발탄이 된 포탄도 적지 않았다. 독일군 병사들은 포격 개시 직전에 무기를 갖고 안전한 곳으로 대피하기도 했다. 이 모든 요인들이 영국군의 포격 효과를 반감시켰다. 영국군 지휘부는 이러한 사실을 모르고 보병을 진격시켰다. 7월 1일, 무거운 군장을 둘러멘 병사들이 승리에 대한 확신을 갖고 돌진했다. 대피호에 숨어있던 독일군은 적군이 다가온다는 소식을 접한 뒤, 서둘러 기관총을 설치하고 무차별 총격을 가했다. 영국군은 대다수가 기초훈련만 받은 병사들로 구성돼 있어, 적절한 회피를 하지 못하고 속절없이 쓰러져 나갔다. (영국군은 포격에 따른 이동탄막의 형성이 독일군의 시야를 가려 진격에 도움을 줄 것이라 예상했다. 이마저도 별다른 효과가 없었다.) 전장은 대규모 살육장으로 변했다. 하루에만 5만 명이 넘는 사상자가 발생했다. 영국군은 진격을 멈췄다. 희생이 막심했던 만큼, 영국군 지휘부는 다른 전술을 고민할 법도 했다. 그런데 헤이그는 독일군도 큰 피해를 입었고, 예비부대가 거의 없다는 이유를 들며 재차 공세를 명했다. 독일군은 이미 여러 개의 예비부대를 끌어와 방어하고 있는 상태였다. 또다시 영국군의 무리한 정면돌파가 행해진 가운데, 첫 돌격 때와 마찬가지로 엄청난 희생이 동반됐다. 사상자가 기하급수적으로 늘어났다. 그럼에도 약간의 전과를 올리기는 했다. 솜 강 양안에 있는 구역들을 확보했고, 콩탈메종 등 독일군 제2방어선에 도달했다. 그러자 독일군도 가만히 있지 않았다. 베르됭에 있던 병력 일부를 솜 강으로 이동시켰으며, 포격에 의해 깊게 파인 구덩이를 중심으로 한 '종심 방어'를 채택했다.

강대강 대치로 인해 솜 강 전투는 소모전으로 변모했다. 영국군과 프랑스군은 9월에 모르발, 플레르, 장시, 기유몽 등을 겨냥해 대대적인 공세를 펼쳤으나 막대한 희생만 치렀다. 확보한 영토는 거의 없었다. 독일군도 방어하는 과정에서 무수한 사상자가 발생했다. 철통 같은 적진을 뚫기 위한 몸부림으로써, 사상 최초의 전차인 '마크 원'까지 출현했다. 기관총과 대포로 무장한 36대의 전차들은 초반에는 어느 정도 효과를 발휘했다. "괴물"이라는 외침이 절로

최악의 소모전으로 꼽히는 솜 강 전투. 이 전투에서 방독면을 쓴 영국군 병사들이 기관총을 쏘고 있다.

나오게 할 만큼 독일군을 크게 당황시켰으며, 연합군 보병의 진격을 용이하게 만들었다. 이에 따라 플레르, 쿠르슬레트 등을 점령하는 데 성공했다. 하지만 전차의 효용성은 오래가지 못했다. 독일군은 재빨리 전차에 적응했고, 적절한 포격전을 펼치며 이를 무력화시켰다. 전차가 고장 나서 멈춰 서는 경우도 많았다. 뚜렷한 돌파구 없이 전선은 다시금 교착 상태로 빠져들었다. 악명 높은 솜 강 전투는 11월 18일까지 지속됐다. 이 과정에서 연합군은 티에프발, 르 사르 요새 등을 점령했지만, 매우 조그마한 성취에 불과했다. 당초 목표(바품)의 절반도 달성하지 못한 채 전투를 종결해야 했다. 양 진영의 사상자 규모는 베르됭 전투를 능가했다. 영국군은 42만 명, 프랑스군은 20만 명, 독일군은 60만 명의 사상자를 냈다. 결과적으로 베르됭과 솜에서 펼쳐진 대량 살육전은 서부 전선을 바꾸지 못했다. 악몽과 같은 전황은 지속될 것이었다. 비슷한 시기에 동부 전선에서도 눈에 띄는 전투가 벌어졌다. 1916년 6월 4일, 알렉세이 브루실로프가 지휘하는 러시아군 제8군이 오스트리아군과 맞닿아 있는 전선에 정밀 포격을 가했다. 잃어버린 영토를 탈환하고, 베르됭에서 난관에 처한 연합군을 간접적으로 지원하기 위해서였다. 갑작스러운 공세에 오스트리아군은 극도로 당황했다. 곧이어 러시아군 보병이 빠르게 치고 나가며 적군을 압도했다. 특히 드네스트르 강과 카르파티아 산맥 사이에서 오스트리아군을 크게 격파했다. 겁을 잔뜩 집어먹은 오스트리아군이 제대로 싸워보지도 않고 항복하면서 수만 명의 포로가 발생했다. 프리피야트 습지 북쪽에 있는 러시아군 제9군도 공세를 감행해 커다란 전과를 올렸다. 브루실로프 러시아군의 승승장구는 계속돼 체르노비치, 부코비나 등을 잇따라 함락 시켰다. 다급해진 오스트리아군은 독일군에게 긴급 지원을 요청했다. 독일군은 베르됭에서 일부 병력을 빼내 동부 전선으로 급파했다.

7월 말에 러시아군은 철도 요충지인 코벨도 노렸다. 이곳을 점령하면, 후방에 있는 대규모 병력을 신속히 전선으로 투입할 수 있었다. 병력이 적군보다 훨씬 많았기 때문에 손쉬운 승리가 예상됐다. 그러나 실패하고 말았다. 독일군 및 오스트리아군은 방어에 용이한 장소를 선점한 뒤, 러시아군의 공세를 효과적으로 차단해 나갔다. 게다가 항공기까지 동원해 러시아군의 포격과 보병 돌격을 무력화시켰다. 초반에 60마일이 넘는 거리를 진격하며 맹위를 떨쳤던 '브루실로프 공세'는 코벨에서 확연히 꺾였다. 다른 지역에 있던 러시아군도 렘베르크 탈환전에서 실패를 경험했다. 앞으로가 더 문제였다. 러시아군이 탈환한 영토를 사수하고 추가 공세를 이어가기 위해선, 증원군의 신속한 도착이 필수적이었다. 하지만 열악한 철도망으로 인해 이것이 불가능했다. 러시아군의 한계를 눈치챈 독일군은 러시아군의 돌출부를 강하게 조여오기 시작했다. 브루실로프는 전투를 지속했다간 막대한 희생만이 뒤따를 것이라고 생각했다. 결국 지휘부를 설득해 후퇴를 단행했다. 3개월 이상 전개된 브루실로프 공세는 사실상 러시아군의 마지막 노력으로 기록됐다. 조만간 내부에서 발생할 거대한 폭풍이 러시아의 심대한 변화를 초래할 것이었다. 오스트리아군은 독일군의 도움으로 위기를 넘겼지만, 최소

60만 명 이상의 사상자가 발생했고 수많은 무기들을 노획당했다. 오스트리아군의 군사 지휘권도 독일군에게 완전히 넘어갔다. 한편 제1차 세계대전은 육상에서만 벌어진 게 아니었다. 해상에서도 전투가 발생했다. 대표적으로 영국 해군과 독일 해군 간의 유틀란트 해전이 있었다. 이는 드레드노트급 전함 44척이 동원된 대해전으로 평가된다. 독일군은 영국의 해상 봉쇄를 뚫기 위해 각고의 노력을 기울이며 선방했다. 다만 영국군이 워낙 막강해 목표한 바를 달성하지 못했다. 독일군은 해상 전력의 근본적 한계를 절감한 뒤 드레드노트 함대전을 포기했다. 대신 유보트를 기반으로 한 '무제한 잠수함 작전'에 열을 올리게 된다.

■ 요동치는 전선

영국군과 프랑스군 지휘부는 1916년 말 프랑스군 총사령부가 있는 샹티이에 모여 1917년 대공세를 논의했다. 여기서 솜 강 구역의 양 측면, 즉 영국군은 솜 강 구역 북쪽인 아라스와 비미 능선을, 프랑스군은 남쪽인 슈맹데담을 공격할 계획을 세웠다. 뒤이어 플란데런에서 공세를 전개해 벨기에 해안을 휩쓸고, 독일군의 유보트 기지들을 장악할 생각도 했다. (이 즈음 독일군은 '힌덴부르크 선'이라 명명된 새로운 참호선을 솜 강 전선 배후에 조성하고 있었다.) 영국군이 1917년 4월 초에 캐나다 군단을 앞세워 먼저 공세를 개시할 터였다. 비미 능선 정상을 점령한 뒤, 두에 평원을 통해 적군의 후방 지역으로 진격할 계획이었다. 40대의 전차, 2900문의 포, 269만 발의 포탄이 준비됐다. 독일군은 비미와 아라스 구간의 최일선에 7개 사단만을 배치했다.

15일 뒤에 반격할 군대를 놔뒀다. 전선을 담당하고 있던 팔켄하우젠은 7개 사단만으로도 공세를 저지할 수 있다고 판단했다. 이는 안이한 판단이었으며 비참한 결과를 초래했다. 영국군은 공세 첫날 엄청난 포격을 퍼부어 독일군 진지를 파괴해 나갔다. 병사들의 희생이 급증했고 통신과 포대가 철저히 박살 났다. 영국군은 돌격을 감행해 최대 3마일을 전진했으며, 1만 명에 달하는 포로들을 사로잡았다. 비미 능선 정상까지 빠르게 점령함에 따라 두에 평원으로 나아갈 길이 열렸다. 그런데 영국군은 추가 공세를 신속히 전개하지 않으면서 기회를 놓치고 말았다. 몇 시간이나 휴식을 갖는 바람에, 날이 어두워졌고 기세가 자연스럽게 누그러졌다. 날씨도 굉장히 추워졌다. 그 사이에 독일군은 전력을 보강하고 반격 태세를 갖췄다. 재개된 전투에서는 어느 한 편의 뚜렷한 우위 없이 소모전이 전개됐다. 양 진영 모두 이렇다 할 영토를 확보하지 못한 채, 수많은 사상자만 발생했다. 이 같은 양상이 1개월가량 지속되다가 전선은 고착됐다.

슈맹데담 공세를 앞둔 프랑스군은 자신감이 충만했다. 지휘관인 니벨은 '격파' 계획을 세웠고, 병사들은 낙관적인 전망을 숨기지 않았다. 이에 대응해 독일군은 종심 방어를 채택하고 있었다. 최일선에는 비교적 적은 병력을 배치했고 중간 지대에도 군데군데 기관총 사수들만을 놔뒀다. 주된 방어 병력은 최일선에서 크게 뒤떨어진 후방 지역에 있었다. 프랑스군은 4월 16일 공격을 개시했다. 프랑스군 보병과 기병대가 커다란 함성을 내지르며 돌진했다. 기세는 매우 좋았으나 기후가 이상하게 돌아갔다. 비를 동반한 진눈깨비와 더불어 안개까지 끼어서 시야 확보가 제대로 되지 않았다. 프랑스군은 당황할 수밖에 없었다. 이런 가운데 독일군의 거센 반격이 전개됐다. 구덩이 등에 은신해 있던 독일군의 기관총이 격하게 불을 뿜었다. 프랑스군을 보호해야 할 이동탄막이 전혀 효과를 발휘하지 못하면서 무차별 사격에 그대로 노출됐다. 희생이 눈덩이처럼 불어났다. 가까스로 사격의 피해에서 벗어난 병사들은 가시철조망에 막혔다. 공격에 동원된 경전차들은 포탄에 의해 심하게 파인 구덩이에 빠져 허우적거렸다. 니벨의 격파 계획에 따르면 프랑스군은 공격 첫날부터 상당한 거리를 전진해야만 했다. 하지만 여러 걸림돌로 인해 제1선에서부터 막혀버렸다. 이후 프랑스군은 병력의 우세를 기반으로 조금씩 나아가긴 했지만, 독일군의 깊은 방어선을 뚫는 것은 요원해 보였다. 결국 10만 명이 넘는 사상자를 낸 채 공세는 중단됐다. 이 전투의 후폭풍은 컸다. 공세를 지휘한 니벨은 해임됐고 페탱이 뒤를 이었다. 프랑스군의 사기도 크게 저하됐다. 더욱이 군사 파업이라고 불리는 '1917년 폭동'이 발생했다. 프랑스군 병사들은 더 나은 처우를 요구하며 들고일어났다. 구체적으로 더 많은 휴가, 더 좋은 음식, 가족들에 대한 더 나은 보상, 부정부패 척결, 평화 등이었다. 위기감을 느낀 프랑스군 지휘부는 적극적으로 대처했다. 몇 가지 처우들을 개선했으며, 한동안 공격이 아닌 방어에 중점을 두면서 병사들의 불만을 누그러뜨렸다. 이로 인해 1918년 7월까지, 일부 지역을 제외한 대부분의 서부 전선에서 프랑스군의 공격 움직임을 찾아볼 수 없었다. 독일군도 프랑스군에게 공격을 가하지 않으면서 비전투적 일상이 지속됐다. 다만 영국군은 끊임없이 적진에 공격을 가하며 크고 작은 전투를 이어갔다.

1917년에 접어들자 동부 전선의 상황은 급변했다. 식량 부족과 과도한 전쟁 비용, 정부의 부정부패에 따른 불만이 누적돼 러시아에서 '2월 혁명'이 촉발됐다. 20만 명의 노동자가 페트로그라드 중심지에서 파업 시위를 벌였다. 페트로그라드 수비대가 이들에게 합세하면서 혁명은 걷잡을 수 없이 확산됐다. 이의 여파로 니콜라이 2세가 퇴위하기에 이르렀다. 이후 러시아의 권력을 장악한 인물은 알렉산드르 케렌스키였다. 그는 민족주의적 열정 때문에 전쟁을 지속하려 했다. 이에 따라 6월에 오스트리아군과 렘베르크를 겨냥한 '케렌스키 공세'를 단행했다. 러시아군은 초반 이틀 동안에는 선방했으나 더 이상 나아가지 못했다. 전쟁을 원치 않았던 러시아군 병사들이 집단 탈영을 하는 상황이 발생했다. 독일군과 오스트리아군은 전의를 상실한 러시아군을 가볍게 격파했다. 나아가 발트해의 핵심 항구도시인 리가도 점령했다. 케렌스키의 임시정부가 국민 신뢰를 잃어가는 가운데, 볼셰비키당을 이끄는 블라디미르 레닌이 발 빠르게 움직였다. 레닌은 독일 정부의 도움으로 귀국한 뒤 전쟁 종결, 은행과 토지의 국유화, 임시정부에 대한 비협조 등을 역설했다. 그러면서 2차 혁명까지 계획해 나갔다. 혁명의 기회는 서서히 다가오고 있었다. 케렌스키가 코르닐로프를 해임하면서 온건파와 고위 장교들의 지지를 잃었다. 독일군은 9월 페트로그라드를 위협할 수 있는 발트지역 북부 거점을 확보했다. 임시정부가 수도를 모스크바로 옮기자고 제안하자, 레닌과 볼셰비키는 반혁명적 기도라고 비난하면서 페트로그라드 사수를 위한 국방위원회를 창설했다. 이로써 독자적인 군대 격인 붉은 수비대를 조직 운영해 무력 혁명의 기반을 다졌다. 10월 24일, 마침내 붉은 수비대는 군사 행동을 개시해 페트로그라드의 주요 기관들을 일거에 장악했다. 한없이 무기력했던 임시정부는 빠르게 붕괴됐다. 러시아의 권력을 잡은 레닌은 새로운 정부인 인민위원회를 설치한 뒤, 토지 국유화와 3개월 휴전을 골자로 한 강화를 선포했다. 추후에는 독일과의 전쟁을 완전히 종결하기 위한 협상도 진행했다. 이 과정은 녹록지 않았다. 독일이 폴란드 및 동쪽 지역에 있는 광대한 영토를 요구했기 때문이다. 곤란해진 레닌은 협상을 질질 끌었다. 화가 난 독일은 강화를 취소하고 영토를 강제로 취득하기 위한 군사 행동을 전개했다. 독일군은 순식간에 150마일을 진격했다. 소비에트 정부는 어쩔 수 없이 독일이 원하는 바를 들어줬다. 이로써 독일과 러시아의 동부 전선 전황은 일단락됐다. 이제 독일군은 동부 전선에 최소한의 병력만 남겨두고 서부 전선에 집중할 수 있게 됐다. (이 시기에 독일군은 이탈리아 전선에서도 대승을 거뒀다. 오스트리아군과 연합해 카포레토 전투에서 이탈리아군을 격파했다. 이탈리아군은 베네치아와 인접한 피아베 강까지 후퇴했다.)

■ 미국의 참전, 루덴도르프 공세

지금까지 미국은 세계대전에 참전할 움직임을 보이지 않았다. 대통령인 우드로 윌슨은 시종일관 교전국들이 협상을 통해 문제를 해결할 것을 종용했다. 전쟁은 유럽 국가들만의 문제로 여겨졌다. 그

제1차 세계대전 당시 미군의 모병 포스터. 전황을 관망하던 미국이 연합군으로 참전하면서 대세는 급격히 기울었다.

런데 두 가지 결정적 사건들이 미국의 태도를 급변하게 만들었다. 우선 독일군의 무제한 잠수함 작전 재개다. 1915년에 이것을 전개했다가 미국인들이 대거 탑승해 있는 루시타니아호를 침몰시킨 적이 있었다. 이때 윌슨이 미국 해군을 참전시키겠다고 위협하자, 독일은 미국에 사과하고 잠수함 작전을 폐기했다. 그러다가 얼마 뒤 독일군 해군참모총장인 헤닝 폰 홀첸도르프가 영국의 해상 보급을 끊어버리기 위해 잠수함 작전을 다시 전개해야 한다고 주장했다. 2000만 톤에 달하는 연합국 선박을 침몰시킨다면, 영국 본토의 생존이 힘들어질 것이라고 확신했다. 일각에서 미국과의 관계 악화를 우려했으나, 홀첸도르프는 "확실한 승리를 담보하는 이 작전을 작은 이유 때문에 못하는 일이 발생해선 안 된다"라고 강조했다. 무제한 잠수함 작전은 1917년 2월부터 영국 주변 바다, 프랑스 서부 해안, 지중해 등에서 전개됐다. 연합국 선박은 물론 미국 상선까지 공격을 받았다. 실제로 격침되는 선박 수가 급증하면서 큰 효과를 발휘했다. 2월은 52만 톤, 3월은 56만 톤, 4월은 86만 톤에 달했다. 이에 더해 '치머만 전보 사건'까지 터졌다. 이는 독일이 멕시코에게 어설픈 작업을 하다가 걸린 사건이었다. 미국이 독일과 전쟁을 개시할 경우를 대비해 미국 옆에 있는 멕시코의 참전을 부탁했다. 그 대가로 뉴멕시코, 텍사스, 애리조나 등을 되찾아주겠다고 약속했다. 이 같은 요인들로 인해 미국 내부의 여론이 들끓기 시작했다. 윌슨은 즉각 의회에 "교전국의 지위를 수용해 달라"라고 요청했다. 의회는 4월 대독일 전쟁이 공식 선포됐음을 결의했다. 이 당시 미군의 규모는 아직 미약했다. 육군은 고작 10만 명이 조금 넘었다. 그러나 전시 체제에 들어가자 엄청난 산업 생산과 인적 조직 능력을 발휘했다. 현대적 중화기들이 대량으로 생산됐고, 수백 만 명에 달하는 신병 징집이 이뤄졌다. 미국은 먼저 1개 사단과 2개 해병여단을 프랑스에 선발대로 보냈다. (미국원정군 사령관인 존 퍼싱 휘하의 제1사단 선발대가 1917년 6월 파리에서 열병식을 거행했다. 이때 "라파예트여, 우리가 왔다"라는 유명한 말이 나왔다. 라파예트는 미국 독립전쟁을 지원했던 프랑스군 총사령관이었다.) 순차적으로 총 300만 명의 대군을 파견할 계획이었다. 단 충분한 훈련이 필요했기 때문에, 실제로 모든 병력이 전선에 투입되는 것은 1918년 중순까지 기다려야 했다.

그 사이 영국군은 6월에 제3차 이프르 전투를 준비했다. 이프르 지역을 거쳐 플란데런 해안으로 진격, 최종적으로 파스샹달을 점령하겠다는 복안이었다. 지휘관인 헤이그는 커다란 전과를 올릴 것이라고 호언장담하며 수상인 로이드 조지를 설득했다. 하지만 플란데런 진지에서의 독일군 방어 태세를 감안할 때, 만만치 않은 어려움이 예상됐다. 진지 주변은 엄폐 장소가 없는 개활지였고 땅바닥은 진흙투성이였다. 독일군의 참호는 매우 깊었으며, 그 주변에는 철조망과 콘크리트로 된 토치카, 기관총이 설치된 벙커가 있었다. 방어선은 겹겹이 이뤄져 있었고, 후방 지역에 반격할 수 있는 예비부대도 존재했다. 이러함에도 불구하고 영국군은 솜 전투 때보다 훨씬 많은 대포, 항공기, 전차를 동원해 공세를 펼칠 터였다. 공세 첫 단계는 이프르 남동쪽의 겔루벨트 고지였다. 7월 말, 영국군은 400만 발이 넘는 포탄을 퍼부으며 공세의 시작을 알렸다. 영국군 제2군, 제5군이 프랑스군 제1군 일부와 함께 진격했다. 136대에 달하는 전차가 동반됐다. 초반 진격은 예상외로 순조로웠다. 보병은 대체로 막힘없이 전진했고 늪에 빠져서 지체되는 전차도 드물었다. 양호한 상황이 오래 지속되지는 못했다. 조만간 통신선이 절단돼 부대 간 연락이 원활하지 못했다. 게다가 독일군의 맹렬한 반격이 전개됐다. 상당량의 포탄이 겔루벨트로 향하는 연합군에게 쏟아졌다. 연합군 선봉대가 타격을 받아 공황 상태에 빠지자, 전 부대에 연쇄적으로 부정적 영향이 미쳤다. 하늘에서 폭우까지 내려 땅바닥이 진창으로 변했다. 자신만만했던 헤이그는 8월 초에 공세 중단을 명했다. 비록 계획이 틀어졌으나 헤이그는 포기할 생각이 없었다.

그는 어떠한 난관에 처하더라도, 극심한 소모전을 불사하고서라도 끝내 목표를 달성할 심산이었다. 영국군(캐나다 군단)은 8월 16일 적군의 주의를 분산시킬 목적으로 랑스 근처의 탄광 지대를 공격함과 동시에 겔루벨트를 재차 공격했다. 이때에도 영국군은 전과 없이 값비싼 희생만 치렀다. 8월 말에는 겔루벨트 마을 북쪽에 있는 두 개의 숲에서 전투를 치렀지만, 폭우와 독일군의 기관총 사격에 의해 저지당했다. 전과 없이 희생만 늘어나자, 로이드 조지는 미군이 오기 전까지 영국군의 공세를 중단해야 한다고 주장했다. 헤이그가 끝까지 고집을 부리면서 이프르 전투는 지속됐다. 대신에 전투 지휘권을 기존의 고프에서 제2군 사령관인 허버트 플러머에게 넘기면서 전술 변화를 꾀했다. 이제 영국군은 무작정 적진 깊숙이 돌진하기보단, 제한된 목표물을 겨냥해 단계적 공세를 펼칠 것이었다. 즉 선두에 있는 보병들이 먼저 독일군의 방어선을 뚫고 나가면, 2차 부대들이 후속해 앞서 전진한 부대가 남겨 놓은 잔적들을 소탕하며 나아가는 방식이었다. 이러한 방식으로 독일군 각각의 진지에 차례로 침투할 계획이었다. 공격 부대 뒤에는 보병 예비대도 배치해 독일군의 반격에 대비했다. 새로운 전술은 우호적인 기상 조건과 맞물려 훌륭한 전과로 이어졌다. 영국군과 오스트레일리아군은 9월 이프르 동쪽의 메넹가도, 폴리곤 우드 전투에서 잇따라 승리했다. 당황한 독일군은 종심방어 전술에서 벗어나 전방에 더 많은 병력을 배치하는 전술로 변경했다. 그래도 영국군의 기세를 꺾을 수는 없었다. 브로드세인더 전투에서 영국군은 밀집된 포대를 동원해 전방으로 집결한 독일군을 급습, 궤멸시켰다. 뒤이어 겔루벨트 고지 동쪽 끝단을 점령하는 데에도 성공했다.

 10월 중순에 이르자 영국군 지휘부는 최종 목표지점인 파스샹달을 겨냥했다. 제1차 파스샹달 전투에서는 앤잭군이 공세의 중심에 섰다. 이들은 독일군에게 상당한 피해를 입히긴 했다. 그러나 물웅덩이와 늪지에 빠져 고전을 면치 못하기도 했다. 결정적으로 플란데런 진지에서 가해지는 기관총 사격에 급격히 무너졌다. 앤잭군 중에서도 뉴질랜드군의 희생이 막대했으며, 일 평균 사상자 수가 세 번째로 많은 전투로 기록됐다. 그나마 제2차 파스샹달 전투에서 캐나다 군단이 눈부신 활약을 펼치며 극적 반전을 이끌었다. 이들은 적잖은 인적 손실을 겪으면서도 유기적인 분대 공격을 전개했다. 그 결과 난공불락처럼 보였던 플란데런 진지를 돌파했다. 뒤이어 진격을 계속해 11월 6일 파스샹달을 함락시켰다. 영국군은 매우 험난한 환경 속에서도 기어이 목표한 바를 달성했다. 다만 실질적으로 얻은 것보다 잃은 것이 더 많았다. 24만 명의 사상자가 나왔고, "맹목적인 살육이자 쓸데없는 인명의 낭비"라는 비난이 쏟아졌다. 헤이그의 무모함으로 인해 굳이 발생하지 않아도 될 비극적인 전투와 희생이 초래된 셈이었다. 로이드 조지의 말처럼, 미군이 오기 전까지 기다리는 게 더 나은 선택이었을 것이다. 헤이그는 비난의 무게를 경감하기 위해 과거와 사뭇 다른 공세도 준비했다. '엘리스-튜더 계획', 즉 전차 324대를 동원해 캉브레 지역을 공격하는 것이었다. 8개 보병 사단, 1000문의 포도 동반됐다. 캉브레 전선을 방어하는 독일군은 비교적 적었다. 11월 20일, 거센 포격과 함께 영국군 전차들이 조밀한 대형으로 진격했다. 보병들도 전차에 바짝 붙어서 전진했다. 초반 공세는 성공적이었다. 전차의 위력으로 말미암아 캉브레 전선 좌측과 우측에 있는 독일군 진지가 여지없이 뚫렸다. 영국군은 별다른 희생 없이 4마일 이상을 전진했다. 하지만 캉브레 전선 중앙에서 문제가 발생했다. 좌측이나 우측과 달리, 이곳의 영국군 전차들은 보병의 지원도 받지 않고 산발적으로 진격하는 우를 범했다. 뛰어난 독일군 포병들이 영국군 전차를 차례로 파괴해 나갔다. 위기에 직면한 중앙의 영국군은 진격을 중지할 수밖에 없었다. 좌측과 우측 지역에서도 유의미한 전과가 달성되지 못하는 상황이 벌어졌다. 해당 지역 사령관인 독일의 황태자 루프레흐트가 병력을 급히 모아 맹렬한 반격을 가했다. 당황한 영국군은 퇴각했고 점령했던 영토를 다시 독일군에게 내줬다. 이후 전선은 드로쿠르-케앙 스위치 선을 따라 애매하게 고착됐다. 헤이그의 욕심으로 촉발된 캉브레 전투는 뚜렷한 전과 달성 없이 끝났다.

이제 독일군의 상황을 주목해야 한다. 미국의 참전으로 마음이 급해진 이들은 서부 전선에서 대대적인 공세를 예고했다. 미군의 모든 병력이 서부 전선에 합류하기 전에 승부를 내야 한다는 절박함이 있었다. 192개에 달하는 독일군 사단이 전선에 배치됐다. 여기에는 정예부대인 근위사단, 프로이센군, 경보병사단 등이 포진했다. 일부 사단은 카빈총과 수류탄으로 무장한 특수부대도 꾸렸다. 특수부대가 적군 방어선에 틈을 내면, 보병들이 대거 몰려와 그 틈을 확대하고 돌파할 계획이었다. 총지휘관인 루덴도르프가 공세에서 가장 중요시한 것은 맹렬한 포격과 신속한 전진이었다. 병사들은 전선에서 빠르게 치고 나가는 것은 물론 막히더라도 후퇴하지 말고 '우회' 침투를 단행해야 했다. 아울러 6473문의 야포, 3532문의 박격포, 100만 발의 포탄이 마련됐다. 독일군은 표적에 명중시킬 확률을 높이기 위해 노력했고, 포탄 안에 질식 포스겐 등 독가스까지 탑재했다. 루덴도르프는 이 같은 공격이 성공한다면, 유리한 위치에서 연합군과 협상할 수 있을 것이라고 판단했다. 다만 전차 전력에서의 절대 열세는 마음에 걸리는 부분이었다. 이 당시 연합군이 보유한 전차가 800대인데 반해 독일군의 전차는 10대에 불과했다. 구체적으로 어디를 공격할 지도 고민거리였다. 독일군 지휘부가 1917년 11월 몽스에서 작전 회의를 열었을 때, 공격 방향성을 놓고 의견이 엇갈렸다. 일각에서 베르됭을 한번 더 공격하자는 제안이 나왔다. 여기서 프랑스군을 격파한다면, 영국군 역시 위기에 빠뜨릴 수 있고 미군의 참전 효과도 반감시킬 수 있다고 전망했다. 루덴도르프는 다른 의견을 제시했다. 표적은 솜 강 지구(생캉탱 인근)에 있는 영국군 제5군이 돼야 한다고 주장했다. 앞으로 행하게 될 '미하엘 작전'을 통해 이들을 포위 섬멸하는 게 가능하다고 봤다. 영국군 제5군은 앞선 파스샹달 전투에서 심각한 타격을 입었고, 병력 규모와 방어 전력 등이 취약했기 때문이다. 더욱이 지휘관인 고프는 전술 능력이 부족한 인물이었다. 최종적으로 루덴도르프의 의견대로 공격 방향이 정해졌다. 1918년 3월 21일, 독일군이 해당 지역에 있는 영국군 제5군에게 기습 공격을 감행했다. 엄청난 포격과 함께 독가스가 대량으로 살포됐다. 영국군 제5군은 독가스에 따른 안개와 이동탄막으로 인해 앞을 제대로 보지 못했다. 포탄도 어마어마하게 쏟아졌다. 어느 정도 시간이 지난 후 독일군 보병이 진격해 들어갔다. 적군이 심각한 타격을 입었을 것이라고 예상했지만, 의외로 영국군 제5군은 저항 능력을 상실하지 않았다. 표적을 빗나간 독일군 포탄이 많았으며, 영국군은 충분한 방독면으로 독가스 피해를 최소화했다. 뒤이어 참호와 토치카에서 기관총과 중포 등으로 맞대응했다. 돌진하던 독일군 병사들이 잇따라 쓰러졌다. 그럼에도 독일군이 규모 면에서 압도했기 때문에 전황을 유리하게 이끌어 나갔다. 이들은 곧 영국군 제5군의 전초선을 돌파했고 레드선을 향해 진격했다. 영국군 제5군은 이곳에서도 격렬히 저항했지만 역부족이었다. 후방으로 퇴각하면서 독일군은 생캉탱 남쪽 지역 및 우아즈 강 유역을 장악했다. 이때 영국군 제5군과 연결돼 있던 프랑스군도 퇴각했다. 이후 독일군은 영국군 제3군을 영국해협 방면에서 포위했고, 적군의 플란데런 지배력을 위협했다. 전쟁이 발발한 이래 영국군이 이렇게 밀린 적은 처음이었다. 독일군은 적군보다 훨씬 많은 사상자가 발생했지만 의미 있는 전과를 올렸다.

　독일군은 영국군과 프랑스군을 분리시키기 위한 공세도 단행했다. 다급해진 헤이그는 연합군 협의회를 열어 페탱에게 프랑스 지원군을 급파해 달라고 요청했다. 페탱은 독일군의 베르됭 공격 가능성을 배제할 수 없으며, 아미앵 및 파리도 방어해야 한다면서 난색을 표했다. 실제로 독일군은 영국군과 프랑스군이 맞닿아 있는 경계선을 돌파, 분리시킨 뒤 앞으로 전진했다. 독일군은 상당한 거리를 나아가는 데 성공했다. 저항이 취약한 방어 진지들을 함락시키며 20마일을 진격했다. 급기야 파리에서 멀지 않은 아미앵 외곽까지 도달했다. 빌헬름 2세가 잠시 승리감에 도취될 정도로 훌륭한 전과였다. 하지만 여러 걸림돌로 인해 독일군은 공세 종말점에 다다랐다. 진격 과정에서 험난한 지형들(파괴된 도로, 포탄 구덩이 등)을 통과하느라 피로가 누적됐다. 보급선이 뒤쳐져 제대로 된 보급도 받지 못했다. 결정적으로 아미앵에서 반격을 노리고 있던 영국군과 프랑스군에게 덜미를 잡혔다. (연합군은 다른 곳에는 병력을 조금 놔두고, 아미앵 철도역과 채널 항구 등 핵심 요지에 병력을 집중시켰다.) 독일군은 초반 우세에도 불구하고 더 이상 나아가지 못했다. 결국 루덴도르프의 미하엘 작전은 중단될 수밖에 없었다. 작전 과정에서 독일군의 최정예병들이 많이 희생된 게 치명적이었다. 이로 인해 루덴도르프는 군부 내에서 거센 비판을 받았다. 그는 실패를 만회하기 위해 플란데런에 있는 영국군을 공격하기로 했다. 여기서도 전황이 녹록지 않았다. 영국군이 배수의 진을 치고 결사적으로 저항했다. 영국군 항공기들이 날아와 근접지원을 했으며, 전차들도 대거 동원돼 방어에 나섰다. 독일군은 중포 포격에 힘입어 플란데런 고지대인 케멀베르흐와 스헤르펜베르호를 점령했으나, 곧 적군의 저항으로 한계를 드러냈다. 목표로 했던 이프르 배후의 영국해협 해안으로는 나아갈 수 없었다. 루덴도르프는 여전히 공세를 포기할 생각이 없었다. 이번에는 이전 공세의 성과물인 우아즈 강 유역을 따라 파리를 공격할 계획을 세웠다. 적군의 수도가 멀리 있지 않다는 생각은, 루덴도르프로 하여금 이 계획에 집착하게 만들었다. 파리 외곽으로 연합군 예비대를 유인한 뒤 북부에서 공세를 전개한다는 작전안도 마련했다. 멀리서 파리를 타격할 수 있는 장거리포인 '빅베르타'를 포함해 6000문의 포들이 동원됐다. 5월 27일, 가공할 포격이 가해진 뒤 독일군은 진격을 개시했다. 5일 동안 수아송, 샤토티에리 등을 거치며 14마일을 전진했다. 미군 제2사단과 제3사단이 포함된 연합군은 독일군 저지에 총력을 기울였다. 특히 미군 제2사단에 배속된 미 해병대 1개 여단이 부아벨로-랭스 도로에서 눈부신 선방을 하며 독일군을 막아냈다. 앞선 두 번의 전투처럼 독일군의 공격 기세는 서서히 사그라졌다. 지속적으로 증원되는 연합군 병력에 더해 보급선의 문제도 생기면서 난관에 봉착했다. 독일군은 공격을 일시 중단한 뒤 재정비 시간을 가졌다. 그러다가 6월 9일 우아즈 강의 지류인 마츠 강에서 공격을 재개했다. 이마저도 미군의 지원을 받은 프랑스군의 반격으로 실패했다. 이 당시 독일군을 괴롭히는 의외의 복병도 나타났다. '스페인 독감'이다. 이 질병은 독일군 내에서 급속도로 확산돼 치명적인 타격을 입혔다. 약 50만 명에 달하는 독일군 병사들이 질병에 걸려 드러누웠다. 설상가상으로 독일군이 그토록 우려했던 미군의 대병력(한 달에 25만 명씩)이 본격적으로 전선에 투입됐다.

악화 일로를 걷는 전선 상황과 경제 사정은 독일군 내부에 전쟁 회의론을 불러일으켰다. 그럼에도 빌헬름 2세와 독일군 지휘부는 전쟁을 당장 그만둘 생각이 없었다. 이들은 서부 전선에서 만족할 만한 수준의 영토를 획득한 뒤, 유리한 위치에서 전쟁을 종결할 생각이었다. 동부 전선에서 얻은 광대한 영토까지 포함하면, 사실상 전쟁에서 최종 승리했다고 생색낼 수도 있었다. 이에 따라 7월에 온 힘을 쥐어짜서 막판 공세를 전개할 계획을 세웠다. 루덴도르프의 주도로 독일군 52개 사단이 파리를 겨냥한 총공세에 나섰다. 여느 때처럼 출발은 좋았다. 그러나 이들에 맞설 프랑스군은 빌레르-코트레에서 강력한 방어선을 형성한 뒤 반격할 태세까지 갖췄다. 여기에는 최정예 전력을 갖춘 미군 사단까지 합류해 있었다. 지휘관인 샤를 망쟁은 기회를 엿본 후에 대대적인 반격을 지시했다. 한동안 치열한 격전이 벌어졌다. 미군의 맹활약이 빛을 발하면서 연합군이 점차 유리해졌다. 결국 독일군은 불리함을 느끼고 마른 강 너머로 후퇴했다. 독일군에게는 더 이상 공세 여력이 남아있지 않았다. 수차례의 '루덴도르프 공세'(춘계 공세)가 실패로 돌아가면서 가용 병력이 크게 감소했다. 이제는 철저히 수세적인 입장에서 전쟁을 치러야만 했다. 독일군 지휘부 내에서 연합군과의 협상론이 고개를 들기 시작한 것은 자연스러운 일이었다. 특히 대규모 미군 병력이 거의 다 전선에 투입된 이상, 승전 가능성은 완전히 소멸했다는 전망이 지배적이었다. 오로지 현 전선을 어떻게든 유지하는 것만이 지상 목표가 됐다.

■ 100일 대공세, 전쟁 종결

독일군의 최후 공세를 견뎌낸 연합군은 이제 '모든 전쟁을 끝내기 위한 전쟁'을 치르기 위해 움직였다. 7월 24일, 페르디낭 포슈(프랑스), 헤이그(영국), 퍼싱(미국) 등 연합군 사령관들이 모여 작전 계획을 논의했다. 우선적으로 영국, 프랑스 연합군이 8월 8일 아미앵 지역 돌출부를 공격해 수복하기로 했다. 무려 600대에 달하는 전차가 동원될 예정이었다. 이 지역에는 독일군 제2군이 방어하고 있었다. 이들은 충분한 포와 예비대를 갖추지 못해 취약한 상태였다. 영프 연합군은 매우 은밀하게 기동한 뒤 강력한 제병 협동 전술을 구사했다. 독일군 제2군은 순식간에 격파됐고, 연합군은 하루 만에 8마일 이상 전진했다. 아미앵 전선의 붕괴는 독일군 '암흑의 날'로 기록됐다. 연합군은 다음 날부턴 공격 기세가 누그러졌다. 포격으로 파괴된 지형과 뒤쳐진 보급선 등이 악영향을 미쳤다. 독일군은 추격전의 위협을 떨쳐내고 무난히 퇴각할 수 있었다. 연합군의 공세는 끝난 게 아니라 시작에 불과했다. 전열을 가다듬은 뒤 다시금 대대적인 공세를 단행했다. 망쟁이 이끄는 프랑스군 제10군이 엔 강을 넘어 독일군의 측면을 타격, 솜 강 지역 방어선에서 완전히 물러나게 했다. 측면 공격을 예상하지 못했던 독일군은 포위 섬멸의 위협을 느껴 서둘러 퇴각했다. 여세를 몰아 영국군 제3군과 제1군도 공격에 나섰다. 파상 공세에 직면한 독일군은 최후 방어선인 힌덴부르크 선까지 후퇴하기로 결정했다. 루덴도르프는 이 방어선까지 후퇴하는 게 뼈아픈 일이었지만, 여기서 겨울까지 버텨낸다면 유리하게 협상할 수 있다고 주장했다. 한편 미군은 제1야전군을 독립적으로 편성한 후, 9월 생미이엘 돌출부에 대한 기습 공격을 감행했다. 전차 부대까지 동원한 제병 협동 전술로 돌출부의 독일군을 포위 섬멸하는 게 목표였다. 독일군이 힌덴부르크 선으로 퇴각하라는 명을 받고 돌출부를 어느 정도 빠져나갔기 때문에, 완벽한 섬멸 전과를 달성하진 못했다. 하지만 미군의 맹렬한 공세는 적잖은 효과를 거둬, 독일군 1만 3251명을 포로로 잡았고 466문의 포를 노획했다. 생미이엘 전투를 지켜본 프랑스군은 미군의 전력에 크게 놀랐다고 한다. 연합군 총사령관인 포슈가 구상한 '100일 대공세'의 첫 단계는 매우 성공적이었다. 독일군을 (루덴도르프 공세를 통해) 탈취했던 영토에서 물러나게 만들었다. 철도망에 대한 위협도 제거함에 따라 향후 공세에서 병참의 이점도 누리게 됐다. 연합군은 잠시 재정비를 하면서 추가 공세를 준비했다.

연합군은 겨울이 오기 전까지 힌덴부르크 선을 돌파한다는 목표를 세웠다. 구체적인 작전 계획을 살펴보면, 미국 프랑스 연합군이 뫼즈-아르곤 지역에서 공격을 개시해 메지에르-스당 지역까지 도달하기로 했다. 다음으로 영국군 제1군과 제3군이 캉브레 지역으로 쳐들어가기로 했다. 벨기에군까지 포함해 결성한 플란데런 집단군은 이프르 지역에서 공세를 펼치고, 영국 프랑스 연합군은 생캉탱 지역의 지크프리트 참호선을 공략하기로 했다. 포슈는 다방면에서 독일군 전선을 돌파해 전선의 균형을 일거에 무너뜨릴 심산이었다. 9월 26일부터 작전이 개시됐다. 먼저 미국 프랑스 연합군이 몽포콩 지역으로 가열하게 돌진했다. 이들은 해당 전선을 조기에 돌파할 수 있을 것이라 자신했다. 그런데 고전을 면치 못했다. 원인은 미군의 미숙한 전술 때문이었다. 미군은 집중화된 공세를 펼치기는커녕 병력을 넓게 벌려서 싸우는 산개전을 행했다. 이는 독일군에게 손쉬운 표적이 되고 말았다. 독일군은 기관총과 중포로 미군에게 심각한 타격을 입혔다. 실패에 직면한 미군은 좌측에 있던 프랑스군에게 의존했다. 이들 역시 독일군의 강력한 저항에 휘말려 기대한 만큼의 전과를 올리지 못했다. 겨우 2마일 정도를 전진하는 데 그쳤다. 포슈가 야심 차게 계획한 공세 작전은 초반부터 틀어지는 모습이었다. 그나마 이튿날부터 연합군이 양호한 움직임과 전과를 올리기 시작했다. 영국군 제1군과 제3군은 독일군의 교통 요지인 캉브레 지역을 향해 진격했다. 운하 때문에 진격이 잠시 지체되기도 했지만, 부교를 설치한 후 도하에 성공했다. 루덴도르프는 캉브레를 중시한 만큼, 플란데런 지역에 있던 독일군 예비사단을 이쪽으로 보냈다. 패착이었다. 이 기회를 틈타 연합군의 플란데런 집단군이 병력이 줄어든 독일군을 맹공격했다. 순식간에 독일군의 북쪽 전선이 허물어졌다. 플란데런 집단군은 하루 만에 4마일 이상 전진했다. 다음날에는 영국군 제4군과 프랑스군 제1군이 생캉탱 지역에서 공세를 펼쳤다. 영프 연합군은 선두 부대를 먼저 진격시켜 독일군의 관심을 끈 뒤, 후속 부대로 기습 돌파를 감행해 허를 찔렀다. 프랑스군이 다소 소극적인 모습을 보여 영국군을 난감하게 만들 때도 있었지만, 연합군은 목표로 했던 초기 지점들을 대부분 장악했다.

연합군의 파상 공세는 10월 초까지 이어졌다. 이 과정에서 영국군 제1군과 제3군이 캉브레 전투에서 독일군을 밀어내며 해당 지역을 점령했다. 프랑스군 제1군도 우아즈 강을 일시 도하한 뒤, 독일군에게 상당한 타격을 입혔다. 다만 미프 연합군은 여전히 의미 있는 진격을 하지 못했고, 플란데런 집단군의 진격 속도도 눈에 띄게 둔화됐다. 연합군은 공세를 중단하고 재정비에 들어가기로 했다. 이때까지만 해도 독일군은 힌덴부르크 선을 사수하는 게 가능하다고 믿었다. 전쟁은 1919년이나 1920년까지 지속될 것이며, 유리한 위치에서 협상할 수 있다는 낙관론에 힘이 실렸다. 그러나 연합군은 절치부심하며 결정적 공세를 준비했다. 병력을 교대하고 강력한 포와 전차를 전진 배치했다. 병참을 용이하게 하기 위해 철도와 도로를 대대적으로 정비했다. 명철한 지휘관인 포슈의 주도로 다시금 정밀한 작전도 수립됐다. 연합군의 공세는 10월 14일부터 재개됐다. 우선 플란데런 집단군이 독일군을 맹렬하게 몰아붙였다. 이전보다 훨씬 강력해진 공세에 독일군은 속절없이 밀렸다. 급기야 플란데런 집단군은 힌덴부르크 선 중앙을 돌파해 들어갔으며, 벨기에 북서부 지역으로도 진입했다. 독일군은 힌덴부르크 선 후방이라 할 수 있는 헤르만 선까지 후퇴했다. 이런 가운데 영국군 제4군과 캐나다군, 미군도 셀 강 일대에서 공세를 단행했다. 독일군의 만만치 않은 저항을 물리치고 셀 강 도하에 성공한 뒤, 3일간의 격전 끝에 발랑시엔 인근까지 도달했다. 생캉탱 지역에 있던 프랑스군 제1군도 성공적인 공세를 전개해 독일군을 훈딩 참호선으로 밀어냈다. 즉각적인 후속 공세까지 이뤄짐으로써 훈딩 참호선마저 돌파됐다. 일방적으로 밀리던 독일군은 반격을 시도하기도 했지만, 현저한 전력차만을 드러내며 패퇴했다. 10월 하순이 되자 독일군은 매우 심각한 상태에 이르렀다. 굳건하다고 믿었던 힌덴부르크 선 곳곳이 파괴됐고, 항복을 권고하는 연합군의 선전 공작까지 펼쳐지면서 독일군의 사기는 땅에 떨어졌다. 탈영하는 병사들이 속출하기 시작했다. 오랜 기간 군대를 이끌었던 루덴도르프는 정신병 증상을 호소함과 더불어 연이은 패배의 책임을 지고 물러났다. 더할 나위 없이 좋은 분위기 하에서, 연합군은 11월 최후의 일격 태세를 갖췄다. 이를 주도한 것은 가장 부진한 모습을 보였던 (뫼즈-아르곤의) 미군이었다. 이들은 전술 능력을 회복한 후 거침없는 돌파전을 전개했다. 앞서 나갔던 프랑스군은 속도를 늦추고 미군과 유기적으로 협력했다. 나아가 미프 연합군은 결정적인 돌파를 통해 목표지였던 메지에르 지역으로 나아갈 길을 열었다. 다른 군대도 매우 순조로운 움직임을 보였다. 플란데런 집단군은 벨기에 브뤼셀 지역으로 나아갔고, 영국군 제4군 우익과 프랑스군 제1군은 이르종 지역으로 진격했다. 영국군 제1군, 제3군은 모뵈주 지역으로 진격한 뒤, 독일군을 아르덴 숲으로 쫓아냈다.

이 시기 독일군 주력은 안트베르펀-뫼즈 강 참호선까지 후퇴했다. 이쯤 되면 힌덴부르크 선은 사실상 붕괴된 것이나 다름없었다. 이제는 독일의 영토까지 공격받을 위기에 처했다. 독일 내부도 심상치 않게 돌아갔다. 특히 항구도시인 킬에서 수병들이 반란을 일으켰다. 이 여파가 독일 전역으로 번져 전국의 노동자들도 파업을 선언했다. 빌헬름 2세에 대한 퇴위 요구도 본격화했다. 독일의 황제는 전황이 어떻든, 가급적 자리를 지키기를 소망했다. 또한 군대가 끝까지 자신에게 충성할 것이라 믿었다. 오산이었다. 사민당의 프리드리히 에베르트가 새로이 총리가 된 후, 빌헬름 2세의 퇴위를 강하게 요구했다. 황제가 퇴위하지 않을 경우 혁명이 일어날 것이라고 경고도 했다. 빌헬름 2세는 어쩔 수 없이 퇴위할 수밖에 없었다. 그는 11월 10일에 기차를 타고 네덜란드로 망명했다. 독일을 도와줄 동맹국들도 존재하지 않았다. 연합군의 대공세로 인해 동맹국들이 도미노처럼 붕괴됐다. 불가리아, 오스만 제국, 오스트리아-헝가리 제국이 각각 테살로니키 휴전 협정, 무드로스 휴전 협정, 빌라주스티 휴전 협정을 맺고 항복했다. 대내외적으로 곤경에 처한 독일군 지휘부는 윌슨과 포슈에게 휴전 협상을 제의했다. 매우 불리한 위치에서 협상을 해야 함에도, 본토가 피바다가 되는 것을 막기 위해 감수하기로 했다. 11월 11일, 양 진영의 대표단이 콩피에뉴 지역의 한 열차칸에서 만났다. 무게추가 확연히 기울어진 만큼, 휴전은 빠르게 성사될 수 있었다. 마침내 전 세계를 끔찍한 참화 속에 빠뜨렸던 제1차 세계대전이 종결됐다. 미국, 영국, 프랑스는 승전국이 된 반면 독일, 오스트리아는 패전국으로 전락했다. (러시아는 조기에 전쟁에서 이탈했기 때문에 승전국 반열에 오르지 못했다. 되레 폴란드, 발트 3국, 핀란드 등을 독립시키고 루마니아에 베사라비아를 할양했다.) 승자와 패자를 명확하게 규정한 것이 1919년 6월에 체결된 '베르사유 조약'이다. 독일은 1871년 보불 전쟁을 통해 획득한 알자스, 로렌 지역을 프랑스에게 되돌려줘야 했다. 슐레지엔과 서프로이센도 독립국이 된 폴란드에게 양도했다. 육군은 10만 명 정도의 헌병대로 축소됐으며 해군과 공군은 폐지됐다. 감당하기 어려운 막대한 배상금도 토해내야 했다. 오스트리아-헝가리 제국, 오스만 제국, 불가리아도 수많은 영토를 잃고 쪼그라들었다. 이와 달리 미국은 새로운 강대국으로 떠올랐고, 영국과 프랑스는 승전의 과실을 톡톡히 누렸다. 철없는 환호로 시작됐던 제1차 세계대전은 이제껏 본 적이 없는 재앙적인 참사를 낳았다. 전사자 900만 명, 부상자 2700만 명, 민간인 사망자 600만 명을 기록했다. 국가별 전사자를 보면 독일군 200만 명, 러시아군 170만 명, 프랑스군 170만 명, 영국군 100만 명, 오스트리아군 150만 명, 이탈리아군 46만 명 등이다. 경제적으로도 큰 피해를 양산했다. 대부분의 참전국들이 군비를 차용금, 금 매매로 마련했기 때문에 국가 채무가 심각한 수준에 이르렀다. 평균 350%에 달하는 인플레이션도 야기됐다. 이러한 부정적 현상은 추후 또 다른 비극의 씨앗을 뿌렸다.

> "전쟁이란, 겪어보지 않은 자에겐 감미로운 것이다.
> 하지만 겪어본 자에겐 소름 끼치는 것이다."
> ─핀다로스

04
중일 전쟁
망각된 동아시아 최악의 전쟁

○ 용과 사무라이의 대전 전말

아시아의 용과 사무라이인 중국군(위)과 일본군(아래). 두 국가는 1937년부터 1945년까지 명운을 건 대전쟁을 치렀다.

"오늘 저녁 적 항공기들이 다시 충칭을 폭격했다. 도시는 여전히 불타고 있다. 내가 살면서 보았던 가장 참혹한 모습이다. 끔찍한 광경을 차마 눈뜨고 볼 수 없다. 신이 있다면 왜 우리의 적에게 응당한 대가를 치르게 하지 않는 것인가…(중략)… 일본군은 백주 대낮에 도착하자마자 돈을 빼앗고 강간했다. 거리에서 많은 사람들이 총검에 찔려 죽었고, 심지어 안전구역 안에서도 마찬가지였다. 구역 밖에서는 더 많은 사람들이 살해당했기에 어느 누구도 감히 밖으로 나갈 수 없었다. 피살당한 사람들 대부분이 청년들이었다."

-중일 전쟁 증언 中

1939년 유럽이 세계대전의 참화에 빠지기 전, 이미 동아시아에서는 세계대전의 예고편이라 할 수 있는 전쟁이 발발했다. 중국과 일본, 용과 사무라이의 대전인 '중일 전쟁'이다. 1937년부터 1945년까지, 약 8년간 지속된 이 전쟁은 그야말로 처참한 결과를 양산했다. 중국인 2000만 명이 목숨을 잃었고, 주요 도시 및 기반 시설이 철저히 파괴됐다. 갓 근대화의 수순을 밟아나가던 중국을, 다시금 전 근대 사회로 되돌릴 수 있다는 우려가 나올 정도의 대참사였다. 일본군 역시 수백만 명의 사상자가 발생했다. 중일 전쟁은 거대하고 처참한 전쟁이었음에도, 오래 기억되지 못하고 '망각'되는 불운을 겪었다. 중일 전쟁을 주도한 장제스의 국민당이 전후에 벌어진 내전에서 참패해 대만으로 쫓겨났고, 중일 전쟁에서 별다른 기여를 하지 않은 마오쩌둥의 공산당이 집권한 게 결정적 원인이었다. 공산당은 초반에 국민당 주도의 항일전을 마치 '없던 일' 취급했다. 개혁

개방 시기에는 그 실체를 다소 인정하면서도 마오쩌둥과 공산당의 역할론만을 부각했다. 명백한 역사 왜곡을 저지르며 중국인들과 세계인들의 눈과 귀를 가렸던 것이다. 서방 세계도 유럽이나 태평양에서 벌어진 전쟁에 비해 중일 전쟁의 가치를 낮게 평가하며 망각에 일조했다.

하지만 중일 전쟁은 결코 망각돼서는 안 될 매우 의미있는 사건이다. 이는 파시즘 세력에 맞서는 중국인들의 결연함, 영웅적인 분투를 여실히 보여준다. 일찌감치 뚜렷한 열세를 직시했음에도 국민당 정부와 중국인들은 굴하지 않고 일본군에 분연히 맞서 싸웠다. 서방 세계의 적절한 지원도 거의 없는 상황에서, 사실상 단독으로 전쟁에 임해 끝까지 버텨내는 데 성공했다. 더욱이 중일 전쟁은 연합국의 일원으로서 중국의 전쟁 기여도가 결코 가볍지 않다는 것도 드러낸다. 만약 중국이 수많은 일본군을 중국 본토에 묶어두지 않았다면, 세계대전의 양상은 연합국에게 우호적으로 돌아가지 않았을 것이다. 이는 소련의 전쟁 기여도에도 비견될 수 있다고 생각한다. 이념과 호불호를 떠나 중일 전쟁 및 중국(국민당)의 항전 노력은 지금이라도 높은 관심과 합당한 평가를 받아야 마땅하다. 중국 전역을 핏빛과 암울함으로 물들였던 동아시아 최악의 전쟁, '중일 전쟁' 전말을 되돌아봤다.

■ 대결로 치닫는 용과 사무라이

1925년 중국 국민당의 창설자인 쑨원이 사망한 후 그의 후계자가 누가 될 지에 관심이 집중됐다. 1926년 1월에 열린 제2차 국민당 전국대표대회에서 왕징웨이가 공식적으로 국민당의 영수가 됐다. 다만 표면적인 모습만 그랬을 뿐, 실제로는 다른 인물이 실권을 거머쥐었다. 바로 장제스였다. 그는 앞서 군사위원회 위원으로 선출된 뒤, 당내 지위가 갈수록 높아졌고 군부의 강력한 지지도 받았다. 왕징웨이가 행정적, 사상적 측면에서 강점을 가졌을지 몰라도 장제스의 무력 앞에서는 아무것도 아니었다. 장제스는 1926년 6월 국민혁명군을 완전히 장악하면서 권력의 정점에 올라섰다. 이후 장제스의 국민혁명군은 2년 넘는 기간 동안 북벌 전쟁을 전개, 중국 중부 및 동부 지역 대부분을 차지했다. 1928년, 장제스는 중부 도시인 난징을 수도로 정한 뒤 새로운 정부를 수립했다. 사실상 중국의 통일 정부였다. (다만 국민당 정부의 통제력이 중국 전역에 미친 것은 아니었다. 난징에서 멀리 떨어진 지역은 정부의 통제력이 미비했고 군벌들이 영향력을 행사했다.) 장제스는 제국주의와 공산주의에 대한 반감을 고스란히 드러냈다. 19세기부터 수많은 제국주의 열강들이 중국을 침략해 수탈한 역사를 직시했다. 소련 당국과 중국에 있는 공산주의자들은 국민당의 통제력을 약화시킨다고 생각했다. 이에 대해 일본과 중국 공산당은 깊은 우려감을 나타냈다. 특히 중국 대륙에 대한 침략 야욕을 갖고 있던 일본은, 장제스의 국민당 정부를 적대 세력으로 간주하기 시작했다. 중국 공산당은 이미 1927년 상하이에서 국민당 군대의 대대적인 공산당 토벌 작전(상하이 쿠데타)을 경험한 바 있는 만큼, 극도의 경계 태세를 갖췄다.

국민당 정부는 집권 초기부터 중국의 근대화를 이루기 위해 노력하기도 했다. 도로 등 도시 기반 시설들을 정비했고, 직물 등 토착사업들을 발전시켰다. 이에 힘입어 중국 경제는 개선세를 보이는 듯했다. 나아가 정부는 경제 독립을 달성하려는 모습도 보였다. 대표적으로 80여 년동안 해외 열강들의 통제 하에 있던 관세 자주권을 회복하려 했다. 이는 중국으로 수입되는 상품에 대한 수입관세 세율을 중국 스스로 결정할 수 있는 권리를 의미했다. 일본은 이러한 움직임들도 우려스러운 눈으로 바라봤다. 중국이 서서히 회복돼 대등한 힘을 갖추면 안 된다고 생각했다. 다분히 침략을 염두에 둔 발상이었다. 마침 이 시기에 일본은 경제 대공황도 겪고 있었는데, 이를 타개할 수 있는 방안 마련이 시급했다. 그 방안으로서 일본은 만주와 중국 본토에 더욱 눈독을 들였다. 이제 본격적으로 제국주의와 군국주의의 길로 들어서려 했다. 이런 가운데 1931년 9월 18일, 만주 서부에 있는 선양이라는 도시에서 심상치 않은 사건이 발생했다. 철로에서 폭탄이 터진 것이다. 이는 일본군의 소행이었지만, 일본 관동군은 중국 반일분자들의 소행이라며 즉각적인 군사행동을 개시했다. 해당 지역에 사는 일본인들의 생명과 안전을 지킨다는 명분을 내걸었다. 나름 출중한 군사력을 갖췄던 관동군은 짧은 기간 내에 만주 전역을 점령했다. '만주 사변'이었다. 이후 관동군은 이 지역에 만주국을 설립했다. 청나라의 마지막 황제인 푸이가 만주국의 꼭두각시 황제가 됐다. (일본은 침략 사실을 은폐하기 위해, 현지 주민들이 부패한 군벌인 장쉐량을 축출한 뒤 일본에 우호적인 만주국을 세웠다고 주장했다.) 일본군은 점령지에서 끔찍한 학살 행위를 저질렀다. 다른 한편으론 현지 인프라 투자 등을 통해 주민들을 회유했다. 일본에게 있어 만주 점령은 장차 중국 본토 침략을 위한 예행연습이나 다름없었다.

국민당 정부는 국제 사회에 일본군의 만행을 알렸고 지원을 요청했다. 만주에서 탈출한 사람들은 '둥베이 민중항일구국회'를 조직한 뒤, 국민당 정부가 조속히 만주를 회복할 것을 촉구했다. 이 즈음에 장제스는 만주 상실에 대한 책임을 지고 사퇴했다. 그러나 카리스마 넘치는 그를 대체할 만한 사람이 없다는 것을 확인한 군 지휘부와 정부 인사들, 중국인들은 장제스의 복귀를 희망했다. 장제스는 이들의 바람대로 복귀했고 되레 이전보다 정치적 입지가 강화됐다. 정적이었던 왕징웨이 등도 끌어들여 (군사적 권한은 없는) 주요 직책을 맡게 했다. 장제스는 만주 사변을 통해 일본의 야욕을 확실히 눈치챘다. 일본군이 만주에만 머무르지 않고, 머지않아 중국 본토로 밀고 내려올 것이라 확신했다. 전면 전쟁을 직감한 것이다. 전쟁 준비의 필요성을 절감한 그는 구체적인 계획을 세웠다. 1932년 11월 '국방계획위원회'가 설치됐고, 전쟁 발발 시 공급할 수 있는 자원에 대한 조사와 생산 지시가 이뤄졌다. 또한 독일인인 한스 폰 제크트와 알렉산더 폰 팔켄하우젠을 군사고문단장으로 영입해 중국군이 독일식 훈련을 받도록 했다. 다만 장제스에게는 시간이 좀 더 필요했다. 당장 일본과 싸우기에는 중국군의 역량이 부족했고, 눈엣가시였던 공산당을 토벌하는 것도 필요했기 때문이다. 이에 장제스는 1933년 5월 일본과 '탕구 협정'을 체결했다. 장제스는 만주국의 존재를 인정했으며, 만리장성과 베이핑, 톈진 북쪽 지역을 일본군이 감독할 권한을 갖는 비무장 지대로 만드는 데 동의했다. 비록 굴욕적인 협정이었지만 전쟁에 대비할 시간을 벌 수 있었다. 동시에 장제스의 국민혁명군은 공산당을 토벌하기 위한 초공 작전을 전개했다. 공산당은 이를 피하기 위해 1934년 마오쩌둥의 지휘 하에 시베이로의 대장정을 단행했다. 공산당은 1만 2000km를 도보로 행군했다. 당초 9만 명의 병력 가운데 7000명 만이 시베이 옌안에 도착했다. 국민혁명군은 공산당을 크게 약화시키긴 했지만 완전히 토벌하진 못했다. 일본과의 전쟁 분위기가 크게 고조됐기 때문이다. 장제스는 일본과 전쟁을 치르는 데 있어 (중국 공산당의 뒷배인) 소련의 원조가 필수적이라고 판단했다. 소련 역시 나치 독일 등에 대항한 국제 반파시즘 전선을 선언했고, 중국 공산당은 장제스의 명령을 따르라고 지시했다. 자연스럽게 국민당과 공산당 간 연대 분위기가 형성됐다.

1936년 12월 국공 합작에 쐐기를 박는 사건이 발생했다. 장제스가 시안에서 납치 구금됐다. 해당 지역 군벌인 장쉐량이 이 사건을 일으킨 주체였다. 그의 행위엔 복합적인 동기가 작용한 것으로 전해진다. 우선 장제스가 일본의 위협은 등한시하고 같은 중국인들 (공산당)과 싸우는 데에만 집중한다며 불만을 품었다고 한다. 또 다른 동기는 장제스가 본인을 쫓아낼 수도 있다는 우려였다. 뜻밖의 사건으로 인해 잠시동안 장제스의 운명이 불투명해 보였다. 소련을 비롯한 주요 열강들과 중국 국민들은 장제스를 대체할 만한 사람이 없다는 것을 직시했다. 이러한 시각은 장쉐량 등도 공유하고 있었다. 조만간 석방 협상이 열렸다. 장제스는 항일통일전선을 굳건히 하겠다는 약속을 한 뒤 풀려났다. 중국 전역에서 대원수 장제스의 석방을 열렬히 환영하는 모습이 나타났다. 그만큼 이 시기에 장제스는 명실상부 국가 최고 지도자로서 인정받고 있었다. 이후 중국은 급속도로 대일 강경 노선으로 나아갔다. 일본에서도 강경한 움직임이 나타났다. 1937년 6월 비교적 온건파였던 하야시 내각이 물러났고, 새로이 고노에 후미마로 내각이 들어섰다. 외무대신으로 임명된 히로타 고키는 대표적인 대중 강경파였다. 이로써 중국과 일본의 무력 충돌은 초읽기에 들어간 것이나 다름없었다.

■ 일본군의 연이은 승전

동아시아 최악의 전쟁은 비교적 사소해 보이는 한 사건에서 비롯됐다. 1937년 7월 7일, 일본군이 베이핑에서 15km 떨어진 작은 마을인 완핑 인근에서 중국군을 겨냥해 총격을 가했다. 앞서 일본군 지휘관은 병사 1명이 실종돼 완핑에 진입해 수색을 하겠다고 통고했다. 중국군을 지휘하고 있던 쑹저위안이 수색을 거부하자 '루거우차오'라는 다리를 사이에 놓고 소규모 전투가 벌어졌다. 이틀간 벌어진 전투는 장제스에게 곧바로 보고됐다. 그는 이를 심각하게 받아들였다. 자신의 일기에 "왜구가 루거우차오를 공격했다. 그들은 여기서 멈추지 않을 것이다"라고 썼다. 그러면서 군대를 투입해 일본의 야욕을 꺾어버릴 것이라고 단언했다. 더욱이 사건 현장에서 멀지 않은 곳에 위치한 베이핑은, 역사적 상징성이 큰 만큼 가급적 지켜야 한다고 생각했다. 국민당 정부는 일본과의 전면전에 대비해 군대를 동원하기 시작했다. 일본도 발 빠르게 움직였다. 고노에는 "가장 극단적인 조치를 취할 준비가 돼 있다"라고 밝혔으며, 일본 육군참모본부는 총동원령을 선포했다. 일본군은 자신감에 차 있었다. 중국군을 일거에 무너뜨리고 목표로 하는 주요 도시들을 빠르게 점령할 수 있을 것이라 판단했다. 7월 26일, 일본군이 기습공격을 가했다. 표적은 베이핑과 톈진이었다. 폭격기 등을 동원한 일본군의 강력한 공격에 이 도시들은 빠르게 무너졌다. 중국 북부 지역에서 벌어진 일련의 전투에서도 일본군은 중국군을 거세게 몰아붙였다. 당시 장제스는 당초 결의와 달리 정예병력을 신속히 북부 지역에 투입하지 않았다. 해당 군벌들에게 방어를 맡기다시피 했다. 다가오는 더 큰 전투에 대비해 병력을 아껴야 한다고 생각했기 때문이다.

장제스는 난징으로 돌아와 군사위원회 회의 및 비밀 합동국방회의 등을 열어 전쟁과 관련해 논의했다. 이 회의에는 저우언라이, 주더 등 중국 공산당 지도자들도 참가해 항일통일전선이 실현됐음을 보여줬다. 장제스는 이 전쟁이 "중국 민족 전체의 운명이 걸린 전쟁"이라고 강조했다. 전쟁에서 승리한다면 중국이 크게 부흥할 것이지만, 패배한다면 돌이킬 수 없는 수렁에 빠져들 것이라고 경고했다. 그는 자리에 모인 사람들에게 "싸울 것인가, 아니면 멸망할 것인가"라며 결단을 촉구했다. 일본군의 침략 행위와 장제스의 열정적인 연설로 인해 회의장 분위기는 전쟁 지지로 쏠렸다. 전쟁을 지지하는 사람들은 자리에서 기립하라는 구체적인 의사표시 요구도 있었다. 원래 장제스의 노선을 지지했던 사람들은 물론 일본과의 협상을 선호했던 왕징웨이 등도 (자의 반 타의 반으로) 일어섰다. 이로써 중국 정부의 방향성은 보다 명확해졌고, 본격적으로 중일 전쟁의 서막이 올랐다.

중국과 일본은 1937년 9월 중부 지역에 있는 대표적 도시인 상하이에서 맞붙게 될 것이었다. 상하이는 중국 근대화와 관련한 모든 것이 응집된 장소였다. 장제스는 북부 지역과 달리 상하이를 전략상 매우 중요하게 여겼다. 해외에도 널리 알려진 상하이에서의 전투를 통해 전 세계의 이목을 집중시킬 수 있을 것이라 판단했다. 즉시 정예부대인 국민혁명군 제87사단, 제88사단을 전투에 투입했다. 주요 군벌들도 군대를 파견해 지원했다. 일본도 육군과 더불어 해군 부대를 대거 상하이로 이동시켰다. 풍족하고 평온한 도시였던 상하이는 전투가 임박하자 공황 상태에 빠졌다. 지역을 탈출하려는 피난민들이 대폭 증가했다. 지역 시설들도 이전을 시도했다. 이런 가운데 국민혁명군 지휘부는 상하이에 있는 일본 전함인 이즈모를 폭격하기로 했다. 이즈모는 일본 해군의 주요 자산이었다. 하지만 중국군 폭격기들은 큰 실수를 저지르고 말았다. 목표물에 타격을 가하기는커녕 사람들이 밀집해 있는 도심지에 폭탄을 투하했다. 별안간 수천 명의 민간인들이 폭사했다. '검은 토요일'이었다. 일본군은 이를 빌미로 삼아 공격을 개시했다. 대규모 폭격과 함께 치열한 시가전까지 펼쳐졌다. 상하이 곳곳이 속절없이 파괴됐다. 일본군은 우수한 화력으로 중국인들이 밀집해 있는 지역과 군사적 거점들을 정밀 타격해 전과를 올렸다. 외국인들이 머물렀던 국제 공공 조계 지역도 공격했으며, 민간인들을 대거 학살했다. 10월 말에 이르자 중국군은 쑤저우허로 밀렸다. 승기를 잡은 일본군은 병력을 증원해 추가적인 공격을 퍼부었다. 11월, 중국군은 더 이상 상하이를 방어할 수 없다는 사실을 깨달았다. 장제스는 어쩔 수 없이 퇴각하기로 결정했다. 상하이가 함락됨에 따라 난징 방어도 곤란해졌다. 중국군 총사령부는 우한으로 이동해 새로운 전투를 준비해야만 했다. 국민당이 상하이 전투에 투입한 병력은 총 50만 명에 달했다. 여기서 약 19만 명이 죽거나 다쳤다. 공산당군은 이 전투에 참전하지 않았다.

비슷한 시기, 북부 지역에 위치한 산시성의 주요 도시인 타이위안과 다퉁에서도 전투가 벌어졌다. 이 도시들은 군수공장과 지하자원이 많은 곳이었다. 주요 군벌인 옌시산의 군대가 타이위안에서 상당히 선방했다. 그러나 일본군을 당해내기엔 역부족이었다. 1937년 말, 중국 북부 도시들은 거의 대부분 일본군의 수중에 떨어졌다. 일본군이 점령한 도시들에 살았던 중국인들은 필사의 탈출을 감행했다. 이들은 일본군의 잔학성을 익히 알고 있었고, 피난만이 살 길이라고 생각했다. 선착장 등 대규모 탈출이 시행될 곳들과 우한 등 국민당 정부가 옮겨갈 곳들은 넘쳐나는 피난민들로 아수라장이 됐다. 때로는 가족들을 버리고 혼자 몸을 피하는 사람들도 있었다. 전쟁 기간 내내 최대 1억 명에 달하는 중국인들이 피난길에 나선 것으로 전해진다.

■ 난징 대학살

당초 일본군은 상하이 전투 등에서 손쉽게 중국군을 격파할 수 있을 것이라 예상했다. 자신들의 전력을 과신한 반면 중국군의 전력은 얕잡아 봤다. 그런데 승리를 하긴 했지만 적지 않은 피해를 입었다. 상하이 전투에서 일본군은 4만 명이 넘는 사상자를 냈다. 일본군은 중국군의 저항 능력에 놀라면서도 독기를 품었다. 열등한 것들이 감히 천황의 군대에 생채기를 낸 데 대한 복수를 하기로 다짐했다. 그 처참한 현장이 될 곳이 바로 난징이었다. 국민당 정부와 중국군이 난징을 포기했을 때, 이곳에선 대규모 혼란이 발생했다. 일부 중국군 병사들이 건물에 불을 질렀고 상거래가 무너졌으며 주요 피신처로 두려움에 사로잡힌 사람들이 몰려와 빽빽해졌다. 무엇보다 위생 시설이 제대로 작동하지 않아 난징 곳곳에 온갖 배설물들이 가득했다.

12월 13일, 마침내 일본군이 난징에 입성했다. 중국인들은 그들이 무슨 짓을 할지 몰라 신경을 곤두세웠다. 상술했듯 일본군은 이미 이성을 상실한 상태였다. 거리에 있는 무고한 중국인들에게 다가가 무차별적으로 총을 쏘고 총검을 휘둘렀다. 총탄은 수많은 중국인들의 머리와 몸을 박살 냈고, 날카로운 칼은 그들의 사지를 갈기갈기 찢었다. 일부 중국인들은 비명을 지르며 도망갔지만, 이내 붙잡혀서 잔인하게 죽임을 당했다. 눈과 귀가 사라지고 코는 일부

일본군의 난징 대학살 장면들. 이때 소멸된 중국인들은 약 30만 명에 달하는 것으로 추정된다.

만 남았다. 참수를 당해 떨어진 머리가 도처에 나뒹굴기도 했다. 난징은 순식간에 아비규환의 현장이 됐다. 일본군의 학살 방식에서 특기할 만한 점은, 병사들이 총보다 칼로 사람을 죽이는 데 능숙했다는 것이다. 자신들을 봉건 시대의 무사인 '사무라이'라고 생각하며 시도 때도 없이 난도질을 했다. 심지어 일부 병사들은 '목베기 대회'를 하기도 했다. 누가 먼저 중국인 100명의 목을 베는지를 두고 경쟁했다. 여기서 우승한 병사는 중국인들의 잘린 머리통을 들고 환하게 웃으며 기념사진을 찍었다. 중국인들은 일본군에 의해 죽임을 당한 뒤 아무 곳에나 암매장됐다. 그런데 산 채로 '생매장'을 당하기도 했다. 일본군은 넓은 구덩이를 판 후에 손이 뒤로 묶인 중국인들을 대거 밀어 넣었다. 중국인들은 저마다 살려달라고 애원했지만 아무런 소용이 없었다. 구덩이가 중국인들로 빼곡해지자 일본군은 그 위를 흙으로 덮기 시작했다. 사람들이 결코 빠져나올 수 없도록 매우 단단하게 무덤을 만들었다. 생매장된 곳에서 중국인들의 끔찍한 비명소리가 한동안 이어지다가 잠잠해졌다. 당시 난징에서 학살 현장을 목격한 사람들은 "시체들을 밟지 않고는 좀처럼 거리를 걸을 수 없을 정도였다"라고 말했다. 이때 소멸된 중국인들은 약 30만 명에 달하는 것으로 추정된다. 일본군은 자신들이 그저 패잔병들을 소탕하고 있다고 주장하며 학살을 정당화했다. 무자비한 행위를 통해 중국인들에게 명백한 공포를 심어주고, 항전 의지를 꺾으려 했던 것으로 보인다.

학살에 더해 여성들을 대상으로 한 '강간'도 무차별적으로 자행됐다. 매일, 매시간마다 중국 여성들이 일본군에게 강간을 당했다는 보고가 올라왔다. 하루에만 1000여 명의 여성들이 강간을 당했다는 기록도 있다. 12세 소녀에서부터 60세 할머니에 이르기까지, 강간은 전방위로 이뤄졌다. 수많은 여성들이 원치 않는 임신과 출산을 해야 했다. 가끔씩 처절한 저항도 있었다. 일부 여성들은 순결을 지키기 위해 맨몸으로 맞서 싸웠다. 더러운 배설물을 자신의 온몸에 발라 접근하지 못하게 만들기도 했다. 맞서 싸운 여성들은 결말이 좋지 못했다. 일본군은 그 자리에서 칼을 뽑아 해당 여성들의 목을 내리쳤다. 1938년 1월 중순이 될 때까지, 약 6주 동안 일본군은 난징을 비롯한 중국 중부 지역에서 학살과 강간, 약탈 등 온갖 만행을 저질렀다. 국제 사회가 이를 제대로 인지하지 못하도록 보안에 각별히 신경 쓰기도 했다. 하지만 국제안전위원회 등의 노력으로 일본군의 만행은 서서히 알려졌다. 2월 중순에 접어들어서야 일본군의 광기는 사그라졌다. 이제는 공포 유발보단 주민들의 협력을 유도하는 방향으로 노선을 전환했다. 중국군과의 또 다른 대규모 전투를 대비한 포석이었다.

■ 중국군의 깜짝 승리

이 즈음 일본 도쿄에선 일왕이 참석한 어전회의가 열렸다. 여기서 국민당 정부에 대한 최후통첩이 나왔다. 72시간 내로 막대한 배상금을 지불하고, 중국 북부 지역을 영원히 넘길 것을 요구했다. 당연히 중국 정부가 받아들이지 않자, 일본은 "앞으로 국민당 정부와 어떠한 타협도 없을 것"이라고 선언했다. 이틀 후에는 국민당 정부를 '말살'시키겠다고 경고했다. 일본군은 기세등등하게 승전을 이어갔다. 산둥성의 성도인 지난과 항저우 등을 잇따라 함락시켰다. 국민당 정부는 크게 술렁였다. 강경파였던 인사들까지 중국의 항전에 깊은 의구심을 갖고 불안해했다. 왕징웨이는 일본과 빨리 협상하라고 촉구했다. 안팎의 압박에도 불구하고 장제스는 흔들리지 않았다. 그는 군부 내의 부패와 기강 해이가 연이은 패전의 원인이라고 분석했다. 이에 극단적인 처방을 내렸다. 산둥성 군벌인 한푸쥐를 비롯해 41명에 달하는 고위급 장성들을 체포해 총살했다. 이를 본 중국군 장성들과 병사들은 바짝 긴장하며 전쟁에 임하게 됐다. 얼마 뒤, 중국 중동부에 위치한 쉬저우가 최대 관심 지역으로 떠올랐다. 이곳은 인구밀집지역을 연결하는 교통의 요지였다. 일본군 북지나방면군 제2군 사령관인 니시오 도시조 등은 대본영(일본제국 육군 및 해군의 최고 통수 기관)의 명령이 떨어지기도 전에 쉬저우를 공격하려 했다. 장제스는 쉬저우가 함락되면 중국에서 가장 큰 산업도시인 우한도 위태로워질 것이라고 염려했다. 현지 사령관인 리쫑런과 중국군에게 사활을 걸라고 명하면서, 탕언보 휘하에 있는 중앙군을 증원해 줬다. 리쫑런은 쉬저우 방어의 핵심이자 오래된 성벽 도시인 타이얼좡에 중국군 제2집단군, 제22집단군, 제59군을 배치해 방어선을 구축했다.

1938년 3월에 벌어진 타이얼좡 전투. 중국군이 개전 이래 처음으로 승리한 전투로 기록됐다.

일본군은 타이얼좡 북쪽과 남쪽, 두 방향에서 진격했다. 무기나 기술적인 측면에서 우위에 있었던 만큼, 이전처럼 손쉬운 승리가 예상됐다. 그런데 의외로 고전을 면치 못했다. 셴야가 지휘하는 일본군이 타이얼좡 내부로 진입하긴 했지만, 되레 중국군에게 포위당하는 상황이 발생했다. 타이얼좡의 거리와 골목에서는 육탄전까지 불사하는 중국군의 완강한 저항에 부딪혔다. 더욱이 중국군은 병력과 물자를 효율적으로 재보급하는 동시에 일본군의 보급로를 차단하기도 했다. 셴야의 군대가 타이얼좡에서 포위됐다는 소식이 전해지자, 그 북쪽의 린이에 있던 사카모토의 군대는 겁을 먹고 철수하기 시작했다. 승기를 잡았다고 판단한 중국군은 셴야와 사카모토의 일본군에게 맹공을 퍼부었다. 셴야의 군대는 전멸에 가까운 피해를 입었고, 사카모토의 군대는 가까스로 퇴각에 성공했다. 중국군은 1938년 4월 7일 전쟁 발발 후 처음으로 승리를 거뒀다. 2만 명이 넘는 일본군을 소멸시켰으며, 1만 정의 소총과 40대의 전차, 50여 문의 대포 등을 노획했다. 쉬저우는 물론 여타 중국정부 관할 지역에서 기쁨에 찬 환호성이 터져 나왔다. 리쭝런은 "항전을 시작한 이래 처음으로 행복한 순간이다"라고 말했다. 국제 사회도 타이얼좡 전투를 의미 있는 승리로 규정하며 중국의 항전 의지에 크게 주목했다. (다만 국제 사회는 여전히 중국을 무력으로 지원할 생각이 없었다. 중국은 계속 단독으로 싸워야 했다.)

환호성이 오래 지속된 것은 아니었다. 일본군은 타이얼좡 패배를 계기로 심기일전했다. 조만간 약 20만 명의 병력을 동원해 쉬저우를 공격했다. 중국군은 이번에도 일본군 제5사단과 제10사단을 포위하며 선방하는 모습을 보였다. 그러나 일본군은 제16사단, 제13사단, 제14사단 등을 신속히 증원하면서 중국군을 밀어내거나 역포위를 도모했다. 공격 과정에서 일본군의 강력한 폭격도 뒤따랐다. 이로 인해 수많은 중국군 병사들과 쉬저우의 건물, 다리 등이 철저히 파괴됐다. 처참하게 훼손된 시체들이 곳곳에 널브러졌으며 도시는 크게 황폐화됐다. 일순간 중국군 병사들과 쉬저우 주민들은 공포에 휩싸였다. 장제스와 리쭝런은 쉬저우를 포기하고 철수할 수밖에 없다고 판단했다. 이대로 가다간 일본군의 무차별 공격으로 모조리 궤멸될 수 있다고 우려했다. 중국군은 부대를 5개로 나눠서 결사적인 철수를 단행했다. 다행히 안전하게 철수했지만, 전략상 중요한 지역인 쉬저우를 내줌으로써 장제스는 한층 급박해졌다. 머지않아 일본군이 우한으로까지 밀려들 수 있는 길이 열렸기 때문이다.

■ 황허강 폭파, 우한 함락

일본군은 우한을 공격하기에 앞서 정저우를 먼저 노렸다. 이 도시는 동서남북을 연결하는 두 간선 철도가 교차하는 지역이었다. 정저우가 일본군의 수중에 떨어지면, 우한은 물론 시안마저 위기에 처할 터였다. 1938년 5월 말, 일본군은 정저우에서 겨우 40km 떨어진 곳까지 진격했다. 장제스는 일본군의 진격 속도가 예상보다 빠르다고 생각했다. 어떻게 해서든 그 속도를 늦춰야 한다고 판단했다. 그는 정저우와 우한을 최종 방어하기가 어렵다고 생각했을 법하다. 그렇다면 최소한 일본군의 진격 속도만이라도 늦춤으로써, 우한에서의 최후 항전 및 충칭으로의 철수 시간 등을 벌어야 했다. 하지만 장제스는 일본군의 진격 속도를 늦출 만한 방안을 좀처럼 찾아내지 못했다. 고심이 깊어지는 가운데 제1전구 사령관인 청첸이 뜻밖의 방안을 제시했다. 요지는 "물로 군대를 대신하자"라는 것이었다.

중국 중부 지역에는 문명의 발상지로 여겨지는 황허강이 흐르고 있었다. 일본군은 우한에 진입하기 위해선 이곳을 거쳐야만 했다. 청첸은 황허강의 물길을 통제하는 (정저우 주변부에 있는) 거대한 제방에 구멍을 뚫자고 했다. 그렇게 한다면 대홍수가 발생해 일본군의 진격을 획기적으로 지연시킬 수 있을 것이라 확신했다. 다만 커다란 문제점이 병존했다. 대홍수의 여파로 중부 지역 대부분이 침수되고, 수많은 중국인들이 목숨을 잃을 가능성이 높았다. 장제스는 심각하게 고민했다. 결론은 제방 폭파였다. 그는 최후의 수단을 사용하지 않는다면, 우한이라는 주요 도시 하나가 신속하게 넘어가는 것은 물론 국민당 지도부도 충칭으로 제때 철수하지 못해 사로잡힐 수 있다고 판단했다. 그새 일본군은 더욱 가까이 다가왔기 때문에 신속한 폭파가 이뤄져야 했다. 중국군은 소도시인 자오커우 등에서 폭파를 단행했지만, 제방이 워낙 단단해 목표한 바를 달성하지 못했다. 폭파 작전 총책임자인 웨이루린 장군은 재조사 끝에 화위안커우가 폭파가 용이하게 이뤄질 장소라고 결론 내렸다. 그 즉시 2000여 명의 병력이 해당 지역에 투입돼 폭파를 단행했다. 제방은 몇 시간 만에 파괴됐고 수백 미터 폭의 거대한 물줄기가 동남쪽으로 쏟아졌다. 순식간에 5만 4000평방 킬로미터에 달하는 지역이 물에 잠겼다. 허난성, 안후이성, 장쑤성 등 수많은 도시들이 막대한 피해를 입었다. 약 85만 명이 사망했고 480만 명의 이재민이 발생했다. 국민당 정부는 이 사건이 일본군의 공습에 의한 것이라고 발표했다. 일본은 즉각적으로 부인했다. 추후 미국 대사 등 수많은 사람들의 진술에 따라 중국군의 소행임이 밝혀졌다.

중국군은 엄청난 인명 손실을 무릅쓰고 일본군의 우한 진격을 일시적으로 저지하는 데 성공했다. 중국군은 우한에서의 항전을, 국민당 정부는 충칭으로의 철수를 어느 정도 준비할 수 있었다. 그러나 얼마 후에 일본군은 진격을 재개했다. 8월 22일, 대륙명 188호에 따라 중지나방면군 제2군이 갑군과 을군으로 나뉘어 공세를 전개했다. 갑군은 1달가량의 전투를 통해 주요 지역을 차례로 점령하면서 우한으로 나아갔다. 국민당에게 상징적인 지역인 광저우에 이어 루안을 점령했다. 특히 광저우의 경우 지휘관인 위한머우가 싸우지도 않고 적전도주해, 갑군은 매우 손쉽게 함락시킬 수 있었다. 뒤이어 갑군은 뤄산을 돌파한 뒤 신양까지 함락시켰다. 다만 이 과정에서 중국군의 거센 저항에 휘말려 갑군은 막대한 희생을 치렀다. 을군과 일본군 제11군도 중국군의 저항으로 인해 큰 타격을 입었다. (일본군은 중국군의 저항을 무력화하기 위해 독가스까지 살포했다. 이는 명백히 국제법 위반이었다.) 제11군은 기존 목표였던 마안산을 포기하기까지 했다. 대신 마터우전을 공격했는데, 이곳에서 일주일 동안 격전을 벌인 끝에 가까스로 점령에 성공했다. 이후 일본군은 제3함대와 해병대까지 총동원해서 우한 방어의 중핵을 돌파하기 위해 안간힘을 썼다. 그 결과 광지와 톈자전까지 밀고 들어갔다. 머지않아 우한이 함락될 게 불을 보듯 뻔해졌다. 이 당시 우한에서 항전을 지휘하던 장제스는 방어의 한계를 절감했다. 10월 17일 군사위원회를 충칭으로 철수시키고 전군에 퇴각 명령을 내렸다. 일본군은 우한 삼진인 한커우, 우창, 한양을 잇따라 점령하며 우한을 완전히 손아귀에 넣었다. 우한 주민들은 일본군이 난징에서처럼 무자비한 학살을 자행할 것을 두려워했다. 의외로 일본군은 별다른 만행을 저지르지 않고 기율을 유지했다. 비록 6만 명이 넘는 사상자가 나왔지만, 일본군은 우한 점령을 뜻깊게 받아들였다. 일본 문화의 날인 '명치절'을 이곳에서 성대하게 치렀으며, 전쟁의 최종 승자가 될 계기를 마련했다고 자축했다.

일본군의 무자비한 폭격을 받고 있는 충칭. 1939년 초부터 시작된 '충칭 대공습'으로 중국인들은 엄청난 피해를 입었다.

■ 왕징웨이의 변절

　국민당 정부는 중국 동부 지역을 일본에게 완전히 내줬다. 발달된 국가기반시설과 주요 곡창지대 등을 잃었지만, 항전의 동력이 절망적으로 꺾인 것은 아니었다. 무엇보다 장제스는 중일 전쟁을 '혁명전쟁'으로 규정하며, 여전히 전의를 불태우고 있었다. 그는 전국에 징병령을 하달했고 장교와 병사들을 적극적으로 훈련시키라고 명했다. 중국군의 전력을 한층 강화하기 위한 군사 개혁안들도 공유했다. 최측근인 바이충시 등은 러시아로 원정 갔다가 패망한 나폴레옹의 사례를 들면서, 일본도 궁극적으로 패망할 것이라고 주장했다. 아울러 중국군의 주력은 파괴되지 않고 후방에 온존하고 있었다. 일본군 점령지를 기습적으로 교란시킬 유격 부대도 만들어져 갔다. '자유 중국'의 새로운 대일 항전 중심지도 정해졌다. 충칭이었다. 수많은 피난민들이 몰려들면서 충칭의 인구는 단기간에 급증했다. 이 도시는 마치 국가의 축소판 같았다. 다만 충칭에서의 생활은 열악하기 그지없었다. 전기가 제대로 들어오지 않아 어두컴컴했고 식수는 턱없이 부족했다. 사람들이 생활할 만한 거주지도 마땅치 않았으며 판자촌이 크게 형성됐다. 무엇보다 충칭의 중국인들을 고통스럽게 만든 것은 일본군의 공습이었다. 1939년 초부터 본격적인 공습이 이뤄졌다. 일본군 폭격기들이 굉음을 내며 나타날 때마다 천둥이 내리치고 땅이 갈라지는 듯했다고 한다. 미처 방공 시설로 대피하지 못한 사람들은 속절없이 죽임을 당했다. 설령 방공 시설로 대피했어도 지극히 갑갑한 상황을 마주해야 했다. 공습의 여파로 길거리에 시체들이 가득했기 때문에, 바쁘게 움직이는 전문 시체 운송원들을 어렵지 않게 목격할 수 있었다. 국민당 정부는 국가 차원의 구호위원회 등을 만들어 기본적인 도움을 제공했다. 일자리와 생필품을 지원하거나 효과적인 피난을 위한 수송 시설도 만들었다. 피난을 간 중국인들을 일본 치하의 고향으로 돌아오게 만들려는 공작을 저지하는 선전 활동에도 힘을 쏟았다. 정부는 여성들도 각종 사업에 투입해 적극 활용했다. 하지만 전시 상황을 뒷받침하는 경제 실정은 녹록지 않았다. 세입보다 세출이 많아지면서 재정이 큰 폭으로 감소했다. 군수 산업을 비롯한 전시 산업 경제도 적절히 가동되지 않아 중국군의 전쟁수행 능력을 향상하지 못했다.

이 즈음에 일본군은 점령지에서 친일 부역자들을 선발해 괴뢰정부를 세웠다. 상하이 등에서 대도정부, 중화민국 유신정부가 수립됐다. 그런데 중국 내에서도 일본에게 우호적인 움직임이 나타났다. 전쟁이 아닌 일본과의 평화 협정을 선호하는 움직임이 본격화한 것이다. 왕징웨이와 저우포하이 등이 주도했다. 이들은 이전부터 협정에 뜻을 뒀지만 우한 함락으로 입장이 더욱 분명해졌다. 마침 고노에가 라디오 연설을 통해 아시아에서의 '신 질서'를 역설했다. 이는 중국과 일본이 대등한 위치에서 힘을 모아 공산주의에 맞서야 한다는 것이었다. 일본도 무력 일변도보단 화전양면이나 분열 전술의 필요성을 느꼈던 듯하다. 왕징웨이와 저우포하이 등은 마음이 크게 흔들렸다. 왕징웨이는 비밀리에 상하이로 측근을 보내 일본과 평화협정 관련한 구체적인 조건을 논의했다. 여기서 왕징웨이를 수반으로 하는 신 정부가 일본군 점령 지역에 수립되고, 일본군은 평화가 회복된 후에 철수한다는 1차 합의가 이뤄졌다. (만주국 승인, 배상, 치외법권 등 민감한 문제에 대한 격한 논쟁도 오고 갔다.) 왕징웨이는 오래된 정적인 장제스에 반대하기 위해서가 아니라 오로지 평화를 위해 일본과 합의했다고 발표했다. 중국의 국부인 쑨원이 표방한 '대아시아주의'도 일본과의 평화 및 협력에 방점을 두고 있다고 첨언했다. 그는 일찌감치 국민당 정부의 통제력이 미치지 않는 지역으로 망명도 한 상태였다.

왕징웨이와 저우포하이의 변절을 알아챈 장제스는 당황했다. 그는 일기에 "왕징웨이가 정신을 차리고 돌아오기만을 희망할 뿐"이라고 썼다. 아울러 왕징웨이가 긍정적으로 평가한 고노에의 신질서는, 중국인들을 노예화하고 다른 지역들을 점령하기 위한 술책이라고 비난했다. 중국의 거의 모든 언론들과 국민들이 왕징웨이 등에게 손가락질을 했다. 머지않아 국민당 정부는 왕징웨이를 공식 지위에서 해임했다. 아마도 왕징웨이는 자신의 주도 하에 평화나 중국의 재통합이 정말로 이뤄질 것이라 믿었을 수 있다. 그러나 이 같은 꿈은 빠르게 깨졌다. 일본은 본색을 드러냈다. 다시 열린 협상 테이블에서 일본 측은 자국의 군대와 고문단이 중국에서 철수하지 말아야 하며 중국 북부 지역 분리, 상하이 등 특정 지역에 대한 일본의 통제, 주요 산업에 대한 특혜 등을 평화협정 조건으로 내걸었다. 왕징웨이의 신 정부도 여러 괴뢰정부 중 하나로만 인식했다. 이미 국민당 정부와 결별한 왕징웨이 등은 명백히 불리한 조건을 수용하지 않을 수도 없었다. 그들만의 평화 협정은 체결됐고 1940년 3월 왕징웨이 정부가 난징에 세워졌다. 극히 소수의 친 왕징웨이 언론이 "정통 국민당 정부가 부활했다"라고 보도했지만, 아무런 힘도 없는 친일적인 정부에 불과했다. 실체를 눈치챈 중국 국민들은 이 정부를 지지하지 않았다. 왕징웨이를 통해 중국의 분열을 획책하려 했던 일본의 전략도 무위에 그쳤다.

■ 일시적 전과와 짙어지는 암울함

이 시기에 중국군이 항상 밀리기만 한 것은 아니다. 온갖 어려움에도 불구하고 의미 있는 전과를 올리기도 했다. 요충지였던 창사에서 일본군의 공세를 성공적으로 막아낸 게 대표적이다. 앞서 난창에서 철수한 쉐웨의 제9전구는 후난성의 창사로 들어가 방어에 돌입했다. 일본군 제11군은 우한의 안전을 확보한단 명분으로 창사를 공격했다. 총 10만 명의 병력이 동원됐다. 중국군 제9전구는 3개의 방어선을 구축한 다음 필사적으로 저항했다. 가오안, 상가오, 신창허 강 등에서 일본군은 큰 피해를 입으며 고전했다. 독기가 바짝 오른 일본군은 독가스까지 살포하며 방어선 돌파를 시도했다. 가까스로 신창허 강을 도하하는 데에는 성공했다. 하지만 중국군의 매복 공격과 기관총 사격이 기다리고 있었다. 엎친 데 덮친 격으로, 독한 질병과 무더운 날씨가 일본군을 공격했다. 제11군 사령관인 오카무라는 포위섬멸의 위험까지 닥치자 전군에 퇴각 명령을 내렸다. 중국군이 창사 전투에서 승리하자, 장제스는 매우 기뻐했다. 직접 쉐웨를 찾아가 훈장을 주며 치하했다. 나아가 중국군은 1939년

12월 초부터 80개 사단을 동원해 동계 공세를 감행하기도 했다. 이는 북부의 산시성에서 남서부의 광시성에 이르는 광대한 영토를 탈환하기 위해서였다. 중국군은 40여 일 동안 무려 1340회의 전투를 치르며 난닝 등 일부 지역을 탈환했다. 한때는 강력한 포위 공격을 기반으로 우한까지 탈환할 가능성도 엿보였다. 그러나 예비대, 항공기, 전차를 대거 동원한 일본군의 반격으로 실패했다. 중국군의 동계 공세는 1940년 1월 중순에 사그라졌다. 비록 전과가 오래 지속되진 못했지만, 일본군에게 커다란 충격을 안겨다 줬다. 당초 일본군은 중국군의 공세 여력이 전무하다고 판단했다. 자만하고 있던 차에, 중국군에게 한 방을 얻어맞자 놀라지 않을 수 없었다.

한편 중일 전쟁이 한창 진행되고 있을 때, 유럽의 상황이 심상치 않게 돌아갔다. 아돌프 히틀러의 나치 독일이 소련과 '독소 불가침 조약'을 체결한 뒤 폴란드를 침공함으로써 제2차 세계대전이 발발했다. 이는 장제스에게 지극히 불리한 일로 여겨졌다. 그동안 서유럽 국가들은 중일 전쟁에 대한 관심도가 낮았다. 이제 서유럽이 전쟁의 소용돌이에 휘말리면서, 중일 전쟁 관심도가 더욱 낮아질 것이라고 봤다. 장제스가 상당히 의존했던 소련도, 일본의 동맹국인 독일과의 조약 체결로 인해 일본과 대놓고 각을 세울 수 없었다. 또한 비공식적인 원조 루트도 막혔다. 영국, 프랑스 등 일부 서유럽 국가들은 중일 전쟁에 적극적으로 관여하진 않았지만, 자유 중국에 대한 연민의 감정을 갖고 은밀히 전쟁 물자를 공급했다. 이제 세계대전의 여파로 버마, 남중국해, 인도차이나 등을 통한 원조가 중단됐다. 중국은 그 누구의 조그마한 도움도 기대할 것 없이, 철저히 혼자서 싸워야 하는 형편이었다.

장제스는 중국 공산당의 움직임에도 신경 써야 했다. 앞서 국공 합작을 한 공산당은 국민당의 지휘 하에 대일 항전에 적극 나서기로 했었다. 그러나 공산당은 중일 전쟁에서 제대로 된 역할을 한 적이 거의 없었다. 주요 전투에 좀처럼 모습을 드러내지 않았고, 옌안 등을 근거지로 삼아 세력을 넓히는 데에만 집중했다. (유일하게 내세울 수 있는 것은 펑더화이가 지휘한 '백단대전' 뿐이었다.) 전쟁 이전에 비해 공산당이 영향력을 미치는 지역이 크게 확대됐다. 군사력도 눈에 띄게 증강됐다. 장제스는 공산당의 교활한 세력 팽창을 더 이상 좌시할 수 없었다. 40만 명의 병력을 동원해 공산당이 관할하는 핵심 지역들을 봉쇄했다. 이 지역들은 흉작까지 겹치면서 심각한 경제적 타격을 입었다. 아울러 국민혁명군 지휘부는 공산당군이 이동할 것을 요구했다. 정해진 기한 내에 정해진 경로를 따라, 공산당 신4군은 황허강 이북으로 북상해야 했다. 국민혁명군은 만약 요구를 수용하지 않을 경우 "관용 없이 처리할 것"이라고 경고했다. 공산당군 지휘부는 어떤 행동을 취할지를 두고 깊이 고심한 끝에 이동하기로 결정했다. 기실 국민혁명군은 신4군의 이동 여부와 상관없이 일찍 감치 공격 계획을 세워놨다. 신4군이 특정 장소에 진입했을 때, 갑자기 국민혁명군이 나타나 가차 없이 공격을 가했다. 병력 열세에 있던 신4군은 필사적으로 저항했지만, 수천 명이 죽임을 당했고 지휘관인 샹잉도 목숨을 잃었다. (마오쩌둥은 당내 유일한 경쟁자였던 샹잉의 죽음으로 정치적 이득을 봤다.)

학살에 가까운 국민혁명군의 행위는 거센 역풍을 불러일으켰다. 국민들은 손을 잡고 일본과 싸워도 시원치 않을 판에, 장제스가 국내의 적을 제거하는 데 혈안이 돼 있다고 비판했다. 해외 언론에서도 비판이 쏟아졌다. 장제스는 공산당을 더는 제어하기가 힘들다고 판단했다. 전시에 일본군과 더불어 공산당과도 싸우는 것은 역부족이라고 느꼈다. 공산당을 토벌하는 것은 전쟁 뒤로 미루기로 했다. 국민당의 방관 하에 공산당은 계속해서 세력 확장에 나설 수 있었다. 이런 와중에 국민당 정부의 수도인 충칭을 겨냥한 일본군의 공습은 날로 극악해졌다. 수많은 중국인들이 방공호 안팎에서 처참하게 목숨을 잃었다. 가까스로 살아남은 자들은 언제 또 들이닥칠지 모르는 공습에 몸서리를 쳤다. 전쟁의 일상화에 중국인들은 점점 지쳐갔다. 암울함이 짙어지던 중 1941년 극적인 변화가 감지됐다. 미국이 움직이기 시작했다. 당시 미국 대통령인 프랭클린 루스벨트는 충칭에 특사를 파견해 군수 장비 지원을 약속했다. 비슷한 시기에 영국에 대한 원조도 시행했다. 그해 6월 독일군이 불가침 조약을 파기하고 소련을 공격한 후에는 소련에도 상당한 원조를 했다. 독일, 일본 등 파시즘 세력의 위험성을 직감한 미국이 그동안의 중립 노선에서 벗어나 전쟁의 문턱으로 서서히 진입했다.

■ 미국의 참전

일본군은 전쟁 발발 이후 전반적으로 승전을 거듭했다. 하지만 어느 순간부터 전쟁의 동력이 약화되고 있다고 판단했다. 기본적인 전력에서 중국군보다 우세했지만, 워낙 중국 영토가 거대하고 중국군과 국민들의 항전 의지가 거세다 보니 승전을 원활하게 이어가는 게 힘들어졌다. 군수물자 보급도 순조롭게 이뤄지지 못했다. 이에 중국의 전시 수도인 충칭으로 가열하게 나아가지 못하고 있었다. 중일 전쟁은 점차 교착 상태로 빠져들었다. 이때 일본은 석유 등 '자원'의 중요성을 절감했다. 장기전으로 치닫는 중국과의 전쟁을 지속가능하게 수행하려면, 충분한 자원이 뒷받침돼야 한다고 생각했다. 일본은 중국 대륙 아래에 있는 동남아시아로 눈길을 돌렸다. 동남아에는 일본이 전쟁을 감당할 만한 수준의 자원이 매장돼 있었다. 미국은 일본의 움직임을 우려스러운 눈으로 지켜봤다. 원래 일본의 중국 침략도 탐탁지 않게 여겼던 미국은 그들이 동남아에서까지 활개 치는 것을 묵과할 수 없었다. 루스벨트 행정부는 일본에 설득과 경고를 번갈아가며 했다. 그러나 일본군은 크게 개의치 않고 프랑스령 인도차이나 남부로 진출했다. 미국은 강력한 제재에 들어갔다. 특히 '대일 석유 금수조치'를 단행했는데, 당시 대부분의 석유를 미국에서 수입했던 일본은 치명타를 입을 수밖에 없었다. 미국은 일본군이 동남아는 물론 중국 대륙에서 철수한다면 제재를 풀어줄 것이라고 밝혔다. 말을 듣지 않는다면 더욱 강력한 제재를 단행할 것이라고 했다.

일본은 깊은 고심에 빠졌다. 미국의 요구에 따라 그동안의 성과들을 내려놓기는 어려웠다. 그렇다고 미국과 대결로 가는 것도 쉽지 않았다. 미국은 지금껏 상대한 국가들과는 차원이 달랐다. 기본적으로 엄청난 자원과 생산 능력을 갖추고 있었다. 전시 체제로 전환 시 군사력은 예측 불가능한 수준으로 강대해질 것이었다. 그럼에도 일본은 최종적으로 미국과의 대결을 선택했다. 1941년 10월 초강경파인 도조 히데키 내각이 출범했다. 수뇌부는 미국의 요구를 들어주는 것은 치욕적인 굴복이라고 규정했다. 그러면서 기습공격을 통해 미국의 군사력을 무력화하고 유리한 방향으로 협상할 수 있을 것이라고 단언했다. (수뇌부 중 일부 사람들은 미국의 어마어마한 군사적 역량을 걱정하며 고집스럽게 전쟁 반대를 외쳤다.) 1941년 12월 7일, 일본군 항공기들이 6척의 항공모함에서 대거 출격했다. 이들의 공격 목표물은 하와이 진주만에 정박해 있는 미 태평양 함대였다. 비교적 평온한 삶을 누리고 있던 미군의 머리 위에서 난데없는 폭격이 시작됐다. 방어가 전혀 돼있지 않던 미군은 속절없이 무너졌다. 이날 거의 모든 함대가 파괴됐고, 약 2500명에 달하는 미군이 목숨을 잃었다. 루스벨트는 즉각적으로 대응했다. 의회 연설에서 "치욕적인 날로 기억될 것"이라고 말한 뒤 일본을 비롯한 추축국들에게 선전포고했다. 마침내 영국의 윈스턴 처칠과 장제스 등이 그토록 소망했던 미국의 참전이 이뤄졌다.

장제스는 루스벨트에게 편지를 써서 "새로운 공동의 전쟁에 헌신하겠다"라고 약속했다. 국민들에게는 "전 세계의 90%가 참전했고 중국을 포함한 연합국이 자유, 정의, 평화를 지키기 위해 싸우고 있다"라고 강조했다. 홀로 외롭게 싸웠던 중국에게 이제 미국과 영국이라는 매우 든든한 우군이 생겼다. 암울했던 충칭에는 미국인들이 자주 눈에 띄면서 모처럼 활기가 넘쳤다. 비록 전투 병력이 들어온 것은 아니었지만, 미국 관료들과 군 관계자들이 찾아와 한편임을 암시했다. 중국인들의 얼굴에는 이전에는 볼 수 없었던 안도감과 기쁨이 넘쳐났다. 좋은 현상만 있었던 것은 아니다. 장제스는 그동안의 희생을 감안할 때, 중국이 동등한 열강으로 대우받을 자격이 충분하며 명실상부 연합국의 한축을 담당하고 있다고 자신했다. 하지만 미국, 영국 등은 중국을 주요 동맹국이나 핵심 전장으로 여기지 않았다. 이는 소련을 대하는 자세와 극명히 대비됐다. 그만큼 중국군의 군사적 역량과 중국인들의 항전 의지를 과소평가했던 것이다. 다만 60만 명에 달하는 일본군이 태평양 전쟁에 배치되지 않도록 중국 대륙에 묶어두고 있다는 점에서는 효용 가치가 있었다.

장제스는 중국에 파견된 미군 고문인 조지프 스틸웰과 큰 마찰도 겪었다. 일본군이 (버마 로드를 통한) 충칭으로의 군수물자 공급을 차단하고 영국령 인도의 동쪽 측면을 위협할 때, 스틸웰은 중국군 정예병력을 동원해 타웅우 등에서 공격적으로 나간다면 큰 효과를 거둘 수 있다고 장담했다. 장제스는 다른 연합군의 지원이 불충분한 상황이고, 만약 정예병력인 제5군과 제6군을 잃는다면 중국 서남부에 대한 방어가 어려워질 것이라고 우려했다. 이에 스틸웰의 주장에 손사래를 쳤다. 스틸웰은 장제스를 겁쟁이라고 비난했다. 여기에는 장제스와 중국군을 몇 수 아래로 보는 오만한 인식도 자리 잡고 있었다. 장제스는 대립 일변도로만 갈 수는 없었기 때문에 마지

못해 스틸웰의 작전을 수용했다. 결과는 그의 예상대로 참패였다. 일본군은 스틸웰의 작전 계획 하에 움직이는 군대를 격파했다. 중국군 2만 5000여 명, 영국-인도군 1만여 명이 죽거나 다쳤다. 충칭으로 연결되는 보급로도 차단됨에 따라 중국은 외부와 완전히 단절될 위기에 처했다. 그런데 스틸웰의 오판으로 발생한 이 버마 참사는, 미국과 영국이 중국의 전쟁 수행 능력을 더욱 불신하게 만드는 계기로 작용했다. 지휘관의 잘못된 판단보다 뿌리 깊은 편견의 대상에게 의심의 눈초리를 보냈던 것이다. 또한 미군은 자국 전투기의 운용과 관련한 정보를 중국군에게 절대로 알려주지 않았다. 아마추어적인 중국군에게 정보를 알려줄 경우, 그것이 일본군에게 넘어갈 가능성이 크다고 판단했다. 장제스와 중국군은 심각한 모욕으로 받아들였다. 이처럼 동맹은 상당히 불평등한 관계를 기반으로 했다. 장제스는 "동맹이 속 빈 강정에 불과하다"라고 한탄했다.

■ 민생 악화, 공포정치

일본군은 태평양 전쟁 초반에 승전을 거듭했다. 미군이 기습공격의 충격에서 벗어나 본격적으로 반격에 나서기까진 시간이 좀 더 필요했다. 일본군의 승승장구로 인해 중국은 더욱 고립됐고, 군사적 경제적 위기가 높아졌다. 이 시기에 국민당 정부는 군사적 필요에 의해 새로운 정책을 추진했다. 식량으로 세금을 내는 것, 즉 현금 대신 곡물로 토지세를 납부하게 했다. 군대를 뒷받침할 군량을 효과적으로 확보하기 위해서였다. 정부는 1942년부터 매년 약 300만 톤의 곡물을 징발했다. 그런데 이러한 정책은 이미 취약해진 민생에 심각한 타격을 가했다. 가뜩이나 흉작 등으로 쌀 수확량이 급감하는 가운데, 먹거리를 비축하지 못한 수많은 국민들이 굶주림에 시달렸다. 문제점이 두드러진 곳은 중부 지역에 있는 허난성이었다. 이미 황허강 대홍수 여파로 크게 취약해진 이곳에선, 기근에 허덕이는 사람들이 풀뿌리를 캐고 나무껍질을 벗겨 먹는 일이 흔했다. 거리에는 구걸하는 걸인들과 굶어 죽은 시체들이 넘쳐났다. 소량의 음식물을 구하기 위해 자식을 팔아넘기는 인신매매 현상도 벌어졌다. 심지어 사람이 사람을 잡아먹는 '인육'도 행해졌다고 한다. 상황의 심각성을 인지한 정부가 곡물 징발 할당량을 줄인다고 했지만, 지역 관리들이 이를 무시하고 자의적으로 과도한 곡물을 징발하곤 했다. 설상가상으로 인플레이션도 극성을 부렸다. 정부는 전쟁 비용을 충당하기 위해 화폐를 대량으로 찍어냈다. 이에 물가가 천정부지로 치솟았다. 당시 국민들의 소득으론 감당하기 힘든 수준이었고 민생은 극도로 피폐해졌다. (공산당 근거지인 옌안도 경제 상황이 매우 안 좋았지만, 공산당은 최하층에 대한 세금 면제와 수탈 억제 등을 통해 차별화된 모습을 나타냈다. 이로써 공산당이 대안으로 부각될 수 있었다.)

국민당 정부는 흔들리는 민심을 통제하기 위해 공포정치를 행하는 무리수를 두기도 했다. 초기에 잠깐 선보였던 개혁과 개방, 다원주의적인 측면은 전쟁과 혼란이라는 실존적 위협 앞에서 온 데 간 데 없이 사라졌다. 이제 스탈린식 통치가 발현되고 있었다. 공포정치를 주도한 것은 장제스의 최측근인 다이리였다. 장제스에 의해 방첩부대장으로 임명되기도 했던 다이리는 상당히 잔인한 인물이었다. 장제스나 정부에 위협이 된다고 판단되는 모든 이들을 무자비하게 탄압했다. '진정한 죽음의 사자'라는 평가가 나오는 것은 자연스러운 일이었다. 다이리가 전쟁 중에 설립한 군사위원회 조사통계국은 납치, 고문, 처형을 빈번하게 행함으로써 악명이 높았다. 이 기관의 표적에는 공산당도 당연히 포함됐다. 정치범 수용소인 바이궁관에서는 매일마다 잡혀온 사람들의 끔찍한 비명소리가 울려 퍼졌다. 다이리는 자신의 행위가 진정으로 국가를 위한 일이라고 생각했다. 이렇게 내부를 다잡아야만, 혹독한 일본 제국주의 앞에서 스스로 무너지지 않을 것이라 확신했다. 장제스도 비슷한 생각을 갖고 있었기에 다이리의 행위를 방관했던 것으로 보인다. 이러한 방식이 일시적으로는 효과를 거뒀을지 모르지만, 궁극적으로 민심이 국민당 정부에게서 등을 돌리는 결정적 계기로 작용했다. 한편 마오쩌둥의 공산당도 캉성이라는 인물을 앞세워 반혁명분자 등으로 규정된 사람들을 대거 숙청하며 권력 기반을 공고히 했다. 캉성은 소련의 비밀경찰인 NKVD(내무인민위원부)의 수장 예조프에게서 숙청 방식을 배워왔다. 이에 전형적인 소련식 숙청 기법을 적용했으며, 정적으로 여겨지는 사람들을 국민당의 간첩으로 몰아 죽였다. 사실상 국민당과 공산당 모두 극도로 혼란스러운 사회상 앞에서 폭력과 강압을 강화하는 방향으로 나아갔던 것이다.

■ 1943년의 상황

1942~1943년에 세계대전의 향방은 급변하고 있었다. 태평양 전쟁 초반에 줄곧 밀렸던 미군은, 전열을 재정비한 뒤 미드웨이 해전

에서 일본군을 대파했다. 전세 역전을 직감한 미군은 일본군을 거세게 몰아붙였다. 유럽에서도 소련군이 스탈린그라드 전투에서 독일군에게 대승을 거뒀다. 전쟁 승리의 무게추가 연합군 쪽으로 급격히 쏠렸다. 일본군은 급한 불인 태평양 전쟁을 우선적으로 상대해야 했다. 중국에 있던 병력을 태평양 전선으로 차출하기 시작했다. 중국 전선에서의 일본군 전력은 과거 대비 약화됐다. 그렇다고 중국에서의 군사 행동이 없었던 것은 아니다. 일본군은 1943년 2월 초부터 후베이성을 겨냥한 공세를 단행했다. 후베이성 남부의 웨이저우에 있는 중국군을 우선적으로 공격해 격퇴했다. 중국군은 8000명 넘는 병력이 전사했고, 2만 3000명이 포로로 잡혔다. 4월에는 왕징웨이 괴뢰정부 산하의 화평군 1만 명까지 동원해 2차 공세를 펼쳤다. 영토 획득과 더불어 후베이성의 곡물을 약탈하는 게 주목표였는데, 실질적으로 상당한 성과를 거뒀다. 중국군은 연이어 패배해, 어느덧 쓰촨성과 후베이성의 경계인 스파이 요새까지 밀려났다. 이 요새마저 함락된다면, 일본군이 충칭으로 물밀듯이 밀려올 수 있었다. 장제스는 이를 저지하기 위해 최정예 부대인 제11사단을 스파이 요새에 배치했다. 조만간 일본군 제13사단이 주축이 돼 맹렬한 공세를 퍼부었다. 중국군은 사력을 다해 맞서 싸웠다. 이들은 익숙한 지형지물을 적절히 활용했고, 항공기까지 동원해 일본군의 보급로를 급습했다. 항공 작전에는 미군까지 가담해 힘을 보탰다. 나아가 다른 지역에 있던 중국군 제6전구가 재빠르게 이동한 뒤, (스파이 요새 공격에 집중하고 있는) 일본군의 후방에서 포위를 시도했다. 별안간 포위섬멸에 대한 위기감이 고조된 일본군은 공세를 중단하고 급히 퇴각하기로 결정했다. 자칫 전시수도인 충칭이 위기에 빠질 수 있는 상황에서, 중국군은 극적으로 적군을 돌려세웠다.

일본군의 공세는 이것으로 끝이 아니었다. 일본군 제11군 사령관인 요코야마 이사무는 태평양 전선으로 더 많은 병력이 차출되기 전에, 중국 전선에서의 위협을 완전히 제거해야 한다고 주장했다. 이에 따라 11월 2일부터 '중국의 스탈린그라드'라고 일컬어지는 창더 전투가 발발했다. 제11군, 제13군, 제3비행사단 등에서 차출된 병력으로 구성된 일본군 6만 명은, 창더의 외곽 방어선을 분쇄한 다음 삼면에서 포위에 들어갔다. 창더를 지키고 있던 것은 위청완이 지휘하는 중국군 제57사단이었다. 이들은 8000명에 불과했지만, 창더의 지형지물을 활용해 튼튼한 방어선을 구축했다. 당초 일본군은 창더를 손쉽게 점령할 수 있을 것이라고 예상했다. 커다란 착각이었다. 일본군의 공격은 번번이 가로막히기 일쑤였다. 증원군까지 동원했음에도 불구하고 제대로 뚫지 못했다. 당황한 일본군은 또다시 만행을 저질렀다. 독가스를 무차별적으로 살포한 것이다. 이로 인해 중국군 7000명이 목숨을 잃었다. 일본군도 1만 명에 달하는 병력이 독가스 피해를 입고 소멸됐다. 위청완은 더 이상 창더를 사수하기가 어렵다고 판단, 생존한 병사들과 함께 탈출했다. 일본군은 어렵사리 창더를 장악했다. 다만 이곳을 오랫동안 갖고 있지는 못했다. 12월에 천청이 지휘하는 중국군 제6전구가 후베이성 북부에서 일본군을 섬멸한 뒤, 거대한 포위 전선을 형성했다. 창더를 비롯해 후베이성 곳곳에 주둔하고 있던 일본군은 위기감을 느끼고 퇴각하기 시작했다. 중국군은 빼앗겼던 영토를 대부분 탈환함은 물론 일본군을 추격해 큰 피해를 입혔다. 오랜만에 발현된 전과로 중국군의 사기는 크게 높아졌다. 반면 일본군은 계획이 헝클어지면서 곤경에 처했다. 이제 공세에서 물러나 일본 본토와 점령지에 대한 방어 및 현상유지를 하는 쪽으로 선회했다. 대본영은 중국과의 전쟁을 가급적 확대하지 말라는 엄명을 하달했다. 중국군 내부에선 당분간 혹독한 공세가 이뤄지지 않을 것이라는 긍정적 분위기가 생겨났다. 하지만 진절머리 나는 폭격과 교착상태는 계속 이어질 것이었다.

한편 이 시기에 장제스와 중국의 대외적 입장을 살펴볼 필요가 있다. 장제스는 수많은 우여곡절에도 불구하고 대내적으론 그 위신이 높은 편이었다. 다만 대외적으로는 지극히 낮았다. 상술했듯 중일 전쟁 전후로는 물론 중국이 연합국의 일원이 됐을 때에도 무시당하기 일쑤였다. 특히 영국의 처칠은 중국과 장제스를 노골적으로 경멸했다. 연합국 지도자들이 모이는 회의에 장제스는 좀처럼 참여할 수 없었다. 이념적으로 판이한 소련의 스탈린은 그 중요성을 인정받아 언제든 참여해 자기 목소리를 냈다. 그런데 극적인 변화가 1943년 11월에 찾아왔다. 이집트 카이로에서 중일 전쟁의 포괄적 해결 방안을 논의하기 위한 정상회담이 열렸다. 장제스도 여기에 초대를 받았다. 미국의 루스벨트, 영국의 처칠과 함께였다. 그는 "내가 외교무대에 모습을 드러내기는 처음"이라면서 이 회담에 상당한 의미부여를 했다. 일순간 대외적 위신이 급상승한 장제스가 회담장에서 강조할 것은 명백했다. 첫째, 중국이 새로운 국제 질서에서 동등한 대우를 받을 수 있도록 하는 것. 둘째, 버마 탈환 작전 시 연합군의 적극적 지원이었다. 장제스의 바람과는 달리 한계가 명백했다. 그의 첫 번째 강조점은 제대로 수용되지 않았다. 중국의 지위와 관련해 별다른 논의가 오고 가지 않았던 것이다. 처칠은 중국이 새로운 강대국이 되는 것을 결코 원하지 않았기 때문에, 끊임없이 견제구를 던졌다.

다음으로 버마 탈환 작전과 관련, 장제스는 영국군과 중국군이 함께 하는 타잔 작전을 지지했다. 아울러 연합군이 벵골만을 통해

1943년 11월 22일부터 26일까지 열린 이집트 '카이로 회담'. 장제스는 이 회담을 통해 자신과 중국의 국제적 위신을 드높이는 듯했지만, 이내 한계에 부딪혔다.

안다만 제도를 점령하고, 동남아에서 일본군의 보급로를 위협하는 '벵골만 상륙작전'(해적 작전)을 추진하길 희망했다. 이것이 현실화된다면, 중국군의 버마 탈환은 한층 수월해질 터였다. 처칠은 탐탁지 않았지만, 미국과 영국은 장제스의 희망을 정식으로 수용했다. 서구 열강들을 중국과 관련된 전선에 관심 갖게 만든 것은 큰 성과였다. 그동안 중국이 관심 대상에서 멀어져 있었던 만큼, 장제스는 이를 매우 긍정적으로 여겼다. 나아가 자신과 중국의 위신이 갈수록 높아질 것이라고 믿었다. 안쓰럽게도 이러한 생각은 오래가지 못했다. 루스벨트와 처칠은 며칠 뒤에 열린 테헤란 회담에서 스탈린의 요구에 따라 벵골만 작전을 없던 일로 했다. 스탈린은 "무조건 유럽 전선이 우선돼야 하며, 독일을 하루빨리 패망시키기 위해 '오버로드 작전'(노르망디 전투)이 펼쳐져야 한다"라고 강조했다. 이에 미국과 영국이 오버로드 작전에 집중하기로 하면서 중국의 전선은 또다시 후순위로 밀렸다. 장제스와 중국의 위신은 마치 롤러코스터처럼 출렁였다. 장제스는 깊은 실망감과 함께 우려감을 나타냈다. 서방의 결정은 일본으로 하여금 위험한 선택을 하게 만들 가능성이 높다고 봤다. 미국과 영국이 중국에 관심이 없다는 것을 드러냄으로써, 일본군이 안심하고 '총공세'에 나설 수도 있을 것이라고 예측했다. 과연 이 불길한 예측은 머지않아 들어맞았다.

■ 대륙타통작전

장제스는 루스벨트에게 편지를 보내 "일본군이 조만간 공세에 나설 것이고, 중국은 일본군의 강력한 무력 앞에 내버려질 것"이라고 토로했다. 미국과 영국은 장제스의 예측에 콧방귀를 뀌었다. 일본군이 방어에 집중할 것이라고 확신했다. 이때까지만 해도 장제스의 예측은 신경과민으로 취급받았고 서방의 예측이 좀 더 합리적인 것처럼 보였다. 그런데 일본군은 버마와 중국 본토에 대한 총공세를 단행하기로 결정했다. 뜻밖의 초강수였다. '이치고'(대륙타통작전)라고 명명된 군사작전은 중국 중부 지역을 관통하는 작전으로써, 약 50만 명에 달하는 일본군이 철도망을 따라 중부에서 프랑스령 인도차이나에 이르는 교통로를 확보하는 것이었다. 중부 지역에 있는 미군 비행장들을 파괴하는 것도 목표로 삼았다. '우고'라고 명명된 군사작전은 약 10만 명의 일본군이 버마 북부에서 인도로 진격하는 것이었다. 일본군이 초강수를 두기로 한 기저에는 일종의 도박 심리가 깔려 있었다. 전황이 매우 불리하게 돌아가고 있지만, 오히려 이때 과감한 작전으로 허를 찌른다면 미국과 협상의 여지가 생길 것이라고 판단했다.

1944년 4월, 일본군은 지금껏 볼 수 없었던 엄청난 규모와 기세로 허난성을 공격했다. 중국군은 허겁지겁 방어에 나섰지만 맹렬하게 쳐들어오는 일본군 앞에서 당황하는 기색이 역력했다. (장제스를 제외한 대부분의 중국군 구성원들은 일본군의 총공세를 예측하지 못했다.) 중국군은 통신이 제대로 작동하지 않았고, 부대 간에 원활한 의사소통도 이뤄지지 않아 지리멸렬한 모습을 보였다. 일본군뿐만 아니라 허난성에 있는 일부 주민들도 중국군에 대한 공격에 가세했다. 이들은 세금 납부 등에 있어 자국 군대가 보인 착취에 가까운 행위에 불만이 크게 누적된 상태였다. 장제스와 중국군은 배신과 다를 바 없는 허난성 주민들의 행위에 경악했다. 수많은 악재들로 인해 중국군은 3주 만에 비참한 퇴각을 할 수밖에 없었다. 뒤이어 창사가 위태로운 처지에 놓였다. 중국군은 몇 년 전에 창사 방어를 성공적으로 해낸 경험이 있었지만, 지금은 여러모로 열세여서 버티기가 어려웠다. 더욱이 장제스가 창사 방어를 책임진 쉐웨를 미워해 지원군을 보내지 않으면서, 단기간 내에 도시의 운명이 결정됐다. 창사도 일본군의 수중에 떨어졌다. 일본군의 다음 표적은 헝양이었다. 장제스는 쉐웨를 제치고 자신의 측근인 팡셴줴를 헝양 방어전에 투입했다. 초반에는 중국군이 방어에 성공하는 듯했다. 정예부대였던 팡셴줴의 제10군이 2차례에 걸친 일본군의 공세를 막아냈다. 하지만 전쟁 물자가 빠르게 떨어졌고, 일본의 증원군까지 합세하면서 곤경에 처했다. 장제스는 주변에 있는 군대를 헝양으로 급파했지만, 전력이 취약해 별다른 도움이 되지 못했다. 결국 8월 4일에 전개된 일본군의 3차 공세로 인해 헝양은 함락됐다. 패배하긴 했으나 헝양 전투는 중국군에게 각별한 의미가 있었다. 훨씬 적은 병력으로 2만 명에 달하는 적군을 소멸시켰으며, 일본군의 공세를 3개월이나 지연시켰다. 그러나 중국군의 부분적인 선방에도 불구하고 전황은 갈수록 악화됐다. 11월에는 난닝이 함락됐고 12월에는 불중 국경이 일본군에게 장악됐다. 중국군은 충칭 함락까지 걱정해야 하는 처지에 이르렀다.

일련의 전투 결과는 일본군의 파죽지세, 중국군의 치명적 패배

중국 중부 지역을 관통하는 '대륙타통작전'을 전개하고 있는 일본군. 상대의 허를 찌르는 대규모 공세로 인해 중국군은 급격히 붕괴됐다.

또는 붕괴로 요약될 수 있다. 일본군은 불과 몇 개월 만에 믿을 수 없는 승전을 기록했다. 중국군은 영토를 잇따라 내준 것은 물론 80만 명의 사상자가 발생하는 대참사를 겪었다. (버마 전선에서는 영국군의 맹활약으로 일본군이 완패했다. 이제 육로를 통해 중국으로 보급 물자를 보낼 수 있게 됐다.) 장제스와 중국군은 절망감과 패배주의에 휩싸였다. 미국과 영국도 이 같은 전황에 놀라움을 감추지 못했다. 그러면서 장제스와 중국군을 거칠게 비난하기 시작했다. 이들은 중일 전쟁 초반에 보여줬던 중국군의 높은 항전 의지는 온데간데없고, 안일하고 무기력한 돼지만이 남아있다고 혹평했다. 풍부한 곡창지대 상실, 헤아릴 수 없는 피난민들 감당, 인플레이션 극대화 등으로 국민당 정부의 수명이 얼마 남지 않았다는 비관적인 전망도 나왔다. 미국은 심각한 상황을 좌시하지 않고 장제스와 중국에 압박을 가했다. 루스벨트는 미국인 장성을 중국군 총사령관으로 임명하라고 요구했다. 장제스는 지도력을 상실할 수도 있다는 위기감을 느꼈다. 나아가 미국 일각에서는 국민당 정부의 대안으로써 옌안에 있는 공산당에 주목하는 모습도 나타났다. 장제스와 갈등을 빚고 있던 스틸웰도 공산당을 전쟁에 적극적으로 개입시켜야 한다고 주장했다. 실제로 미국 외교관인 존 데이비스 주니어 등이 옌안으로 가서 마오쩌둥과 공산당 인사들을 접촉하기도 했다. 시찰단은 옌안의 검소한 사회상과 마오쩌둥의 문화 정책 등을 높이 평가했다. 장제스에 대해선 은근히 비하하는 것을 잊지 않았다.

장제스가 입은 정신적 타격은 컸다. 그는 "미국인들이 내 정신을 극도로 압박하고 있다. 나에게 공산당과 타협하라고 강요한다. 제국주의 속성을 고스란히 드러냈다"라고 썼다. 한 때는 자진 사임 카드를 만지작거렸다. 과거처럼 자신이 물러났을 때 발생할 수 있는 혼란을 상기시키고, 사실상의 재신임을 얻어내려는 요량이었다. 하지만 최종 결정 단계에서 사임 카드를 접었다. 사임 파동으로 발생할 수 있는 최악의 경우들을 무시할 수 없었기 때문이다. 장제스에 대한 미국의 압박은 끊이지 않았다. 루스벨트는 장제스에게 버마 북부에서 중국군을 철수시켜선 아니 되며, 더 많은 군대를 파견하라고 요구했다. 아울러 스틸웰이 중국군 전체를 제한 없이 지휘해야 한다고도 주장했다. 장제스에게 스틸웰은 그야말로 악몽이었다. 스틸웰은 장제스와 중국군을 얕잡아봤고 자기 마음대로 군대를 운용하려 했다. 특히 버마에서 고집스러운 입장을 취하는 바람에 중국군의 전력을 그쪽으로 크게 빨아들였고, 중국 본토에 대한 효과적 방어를 어렵게 만들었다는 비판도 나왔다. 앞으로도 스틸웰은 장제스와 중국군의 처지는 아랑곳하지 않고 독단적인 언행을 할 터였다. 더 이상 물러설 곳이 없다고 판단한 장제스는 강경한 태도를 선보였다. 루스벨트에게 스틸웰의 부정적인 면모들을 상세히 열거하며 대놓고 해임시킬 것을 요구했다. 나름의 반전 모멘텀을 확보하기 위해서였다. 결과적으로 이것은 먹혀들었다. 장제스에게 우호적인 대통령 특사 헐리가 상당한 역할을 했다. 연합군 내에서의 갈등이 지속되는 가운데, 어느덧 일본군은 충칭으로 성큼 다가서고 있었다. 중국인들은 갑자기 찾아온 패전 위기에 극도의 공포감을 느끼며 피난길에 올랐다.

■ 외력에 힘입은 승리

중일 전쟁이 발발한 이래, 중국에 가장 큰 타격을 줬던 이치고 작전은 전쟁을 일본군의 승리로 귀결시킬 듯했다. 작전 개시 직전까지만 해도 이 같은 상황을 전혀 예측하지 못한 중국군과 국민들은 공황 상태에서 좀처럼 헤어 나오지 못했다. 벼랑 끝까지 내몰린 상황 속에서, 중국은 극적으로 기사회생할 수 있었다. 1944년 끄트머리에서 이치고 작전이 중단됐기 때문이다. 이 시기에 미군은 사이판 등을 점령함으로써 일본 본토를 직접적으로 위협할 수 있게 됐다. 급박하게 돌아가는 태평양 전황이 중국에서의 일본군 공세를 멈추게 한 결정적 요인이었다. 장제스는 다시금 희망을 가졌다. 앞서 종양과도 같았던 스틸웰을 본국으로 소환시키는 데 성공했고, 사실상 같은 편으로 여겨지는 헐리가 정식 대사로 임명되기까지 했다. (헐리는 미국이 공산당에 대한 유화책을 끊고 장제스에게 힘을 싣도록 만들었다. 이에 장제스의 영향력이 강화됐다.) 다만 이치고 작전의 후폭풍이 워낙 거셌던 만큼 여전히 열세에 놓여 있었다. 중국군은 더 이상 비참한 상황에 처하지 않기 위해 방어에 총력을 기울였다.

중일 전쟁의 판도를 최종 결정지을 요인은 외부에서 싹텄다. 1945년 초에 이르러 나치 독일이 유럽에서 패망할 것이 확실시됐다. 2월 4일 흑해 연안에 있는 얄타에서 미국, 영국, 소련 정상들이 모여 전후 국제질서에 대해 논의했다. 여기서 유럽뿐만 아니라 아시아에 대한 논의도 진지하게 오고 갔다. 루스벨트는 스탈린에게 소련군이 이른 시일 내로 대일 전에 참전할 것을 요구했다. 미군이 단독으로 싸울 경우, 태평양 전쟁은 1~2년 더 소요될 것으로 전망되는 만큼 소련군 참전이 절실한 과제였다. 스탈린은 루스벨트의 요구를 수용하는 대신 몇 가지 조건들을 내걸었다. 만주에서의 각종 이권 보장, 외몽골에 대한 영향력 행사, 쿠릴 열도 및 남부 사할린 섬에 대한 지배권 보장 등이었다. 루스벨트는 장제스에게 알리지 않은 채 해당 조건들을 비밀리에 수락했다. 스탈린은 유럽 전쟁이 완전히 종결되면 90일 이내에 대일 전에 참전하기로 결정했다. 아울러 그는 루스벨트의 추가적인 요구도 들어줬다. 소련이 중국 공산당을 적극적으로 지원하지 않겠다는 것이었다.

유럽 전장에서의 포성은 5월 8일에 완전히 멎었다. 나치 독일은 연합군에 무조건 항복했고 히틀러는 베를린 지하 벙커에서 권총으로 자살했다. 이제 전 세계의 이목은 아시아로 집중됐다. 미군은 일본 본토에 대한 압박을 강화했고, 은밀히 개발한 원자폭탄을 사용할 시점을 저울질했다. 장제스는 충칭 방어와 동부 지역 탈환 계획에 한껏 신경을 쓰는 한편, 아시아에서 영향력이 증대될 소련으로 친아들을 보내 스탈린과 협상했다. 스탈린은 장제스만을 중국의 통치자로 인정할 테니, 루스벨트와 비밀리에 합의한 내용들을 수용하라고 강요했다. 장제스는 크게 분노했지만 받아들일 수밖에 없었다. 이때 그는 소련군이 조만간 대일 전에 참전할 것이라는 정보도 취득했다. 비록 자력은 아니지만 중일 전쟁에서 중국이 최종 승리할 것이라는 확신이 생겼다. 8월 미국, 영국, 소련의 정상들이 모인 포츠담 회담에서 일본에 대한 최후통첩이 떨어졌다. 지금 즉시 무조건 항복을 하지 않으면 '신속하고 완전한 파괴'에 직면할 것이라는 경고였다. 이때까지만 해도 일본은 항복이 아닌 '1억 총 옥쇄론'을 운운하며 끝까지 저항할 것이라고 선언했다.

8월 6일, 미군은 히로시마를 표적으로 한 폭격기를 띄웠다. 여기에는 '리틀 보이'라고 이름 붙여진 폭탄이 실려 있었다. 히로시마에 떨어진 이 폭탄은 순식간에 7만 명에 달하는 일본인들을 즉사시켰다. 도시 곳곳은 쑥대밭이 됐다. 일본 수뇌부는 지금껏 보지 못했던

장제스가 1945년 8월 15일 전시수도 충칭에서 항일전쟁 승리를 선포한 뒤 방송국을 나서고 있다. 충칭 시민들은 장제스를 연호했다.

광경에 혀를 내두르며 공포에 휩싸였다. 3일 뒤 소련군이 대일 전에 참전했다. 이들은 엄청난 속도로 만주와 한반도 북부를 향해 진격했다. 이미 전의를 상실한 일본군은 속절없이 밀렸다. 같은 날에 나가사키에 두 번째 원자폭탄인 '팻 맨'이 떨어져 약 4만 명의 일본인들이 몰살됐다. 일왕과 내각은 버티는 게 힘들다고 판단했다. 8월 14일, 이들은 기존 입장인 총 옥쇄론을 접고 무조건 항복을 선언했다. 중국에서 일왕의 항복 소식을 접한 일본군은 무장을 해제하고 퇴각하기 시작했다. 이후 중국군은 일본군이 점령했던 지역들을 차례차례 수복했다. 마침내 외력에 힘입은 중국이 중일 전쟁에서 최종적으로 승리했다. 독실한 기독교 신자였던 장제스는 가장 먼저 감사기도를 드렸다. 그런 다음 '악인을 멸하시고 그들의 이름을 영원히 지우셨도다'라는 시편 9편의 말씀은 진실이라고 강조했다. 장제스는 라디오 방송국으로 가서 "암흑의 시기와 8년의 분투 끝에 우리들의 정의의 신념이 보상받았다"라고 말하며 승전 소식을 널리 알렸다. 중국인들은 처참하고 지긋지긋했던 전쟁에서 벗어났다는 사실에 일제히 환호성을 질렀다. 전후 중국의 위상은 많이 달라졌다. 1842년 이래 처음으로 완전한 독립국가로 설 수 있었고, 새로운 국제기구에서 핵심적인 역할을 담당할 강대국이 됐다. 다만 중국인 2000만 명이 목숨을 잃고 주요 도시가 철저히 파괴되는 등 심각한 희생 위에 세운 씁쓸한 성취임을 부정할 수 없었다. 이제 중국인들은 평화를 기반으로 국가 재건을 해야 할 과제를 떠안았다. 그런데 얼마 지나지 않아 이를 수행하지 못하게 됨이 명백해졌다. '국공 내전'이라는 새로운 전쟁의 구렁텅이가 기다리고 있었다.

> "평화로울 때는 자식이 부모를 땅에 묻는다.
> 전쟁이 일어나면 부모가 자식을 땅에 묻는다."
> —헤로도토스

05
서부 전역
가장 어두운 시간과 희망의 빛

○ 프랑스 참패와 영국의 항전 전말

개전 6주 만에 프랑스를 굴복시킨 독일군 지휘부. 프랑스의 상징인 에펠탑 앞에서 기념사진을 찍었다. 서부 전역의 여파로 전 세계는 충격과 공포에 휩싸였다.

"우리(프랑스)는 방금 도저히 믿을 수 없는 패배를 당했다. 누구에게 잘못이 있는가? 의회제도, 군대, 영국, 간첩의 탓이라고 우리 장군들은 대답한다. 결국 자신들을 제외한 모든 사람에게 잘못이 있다는 것이다.... 전투에서 돌아왔을 때, 내 주변의 장교들 사이에서 참패의 깊은 원인이 무엇이었건 간에 직접적인 원인은 '사령부의 무능'이었다는 점을 의심하는 사람은 없었다."

-이상한 패배, 1940년의 증언 中

"나는 지금 이 자리에서, 이미 정부 관료들에게 말했듯이, 의원 여러분들께 말씀드리고자 합니다. 제가 여러분들께 드릴 수 있는 것은 피와 수고와 눈물과 땀뿐입니다. 우리의 앞에는 가장 고통스러운 시험이 기다리고 있습니다. 우리의 앞에는 투쟁과 고통으로 점철될 수많은 세월들이 기다리고 있습니다. 우리의 정책이 무엇이냐고 물으신다면, 다음과 같이 대답하겠습니다. 육, 해, 공을 가리지 않고, 하나님께서 주신 모든 힘을 가지고, 이제껏 인류가 저질러 온 수많은 범죄 목록 중에서도 유례가 없었던 극악무도한 폭정에 맞서 싸우는 것이라고. 그것이 우리의 정책입니다. 우리의 목적이 무엇이냐고 물으신다면, 한 단어로 대답하겠습니다. 그것은 승리입니다."

-윈스턴 처칠 의회 연설 中

제1차 세계대전의 악몽이 채 가시기도 전에 유럽은 제2차 세계대전의 암운에 휩싸였다. 독일에서 아돌프 히틀러가 혜성처럼 등장, 강력한 카리스마와 선동으로 패배주의에 빠져있던 독일인들을 사로잡았다. 단기간에 권력을 장악한 히틀러는, 1차 대전 패배의 여파로 독일을 옭아맸던 베르사유 조약을 파기하고 군사력을 급속도로 증강했다. 주변 국가들의 시선은 아랑곳하지 않고 영토 확장 야욕도 노골적으로 드러냈다. 영국과 프랑스 등은 히틀러의 위험성을 충분히 인지했음에도 별다른 제어를 하지 못했다. 자신감을 얻은 독일은 급기야 전쟁까지 일으켰다. 제2차 세계대전 초반은 이른바 '서부 전역'으로 대변된다. 여기서 독일은 파죽지세로 진격하며 엄청난 전과를 올리는 데 성공했다. 그 정점에는 6주 만에 달성한 프랑스 점령이 있었다. 당시 프랑스는 유럽을 넘어 세계 최강으로 불려도 손색이 없는 육군을 보유하고 있었다. 병력 규모는 물론 탱크 등 기갑 전력도 대단했다. 여기에 영국 원정군까지 더해지면서 적국인 독일을 군사적으로 압도하는 듯했다. 하지만 믿기지 않는 이변이 발생했다. 독일군은 프랑스군과 영국군이 예측하지 못한 전략 전술을 선보이며 단숨에 전황을 유리하게 이끌었다. 북쪽에 미끼를 던져 적군을 유인하면서, 취약해진 중간 지점을 빠르게 돌파해 허를 찔렀다. 그런 다음 북쪽으로 치고 올라가 사실상 승부를 결정지었다. 뒤이은 파리 함락과 프랑스의 항복은 전 세계를 충격과 공포에 빠뜨렸다. 독일군은 무적의 군대로 여겨졌으며, 머지않아 유럽과 전 세계를 지배할 것처럼 보였다. 역사학자인 존 루카치의 분석처럼, 이때 히틀러는 자신이 벌인 전쟁을 승리로 마무리 짓는 데 가장 가까이 다가가 있었다.

인류의 삶에 '가장 어두운 시간'이 지속될 때, 한줄기 희망의 빛을 선사한 것이 윈스턴 처칠과 영국이다. 처칠은 주변에서 분출하는 (독일과의) 평화협상 요구를 모두 물리치고 끝까지 항전할 것을 천명했다. 매우 고독하고 처량한 신세였음에도, 군대와 국민들의 사기를 북돋우는 감동적인 연설을 통해 항전의 깃발 아래 모두를 단결시켰다. 굴욕적인 협상은 영원히 죽는 길이지만, 결사항전은 영원히 사는 길이라는 확신이 있었기에 가능했다. 뒤이어 전개된 독일군과의 대규모 항공전은 불굴의 항전 의지가 고스란히 표출된 역사적 현장이었다. 영국군과 국민들은 주요 도시들의 파괴를 무릅쓰고 가열하게 항전해 독일군의 침공을 막아내는 데 성공했다. 이는 작게는 영국과 연합국의 승리였으며, 크게는 인류 문명의 승리였다. 전체주의와 폭정의 위험을 제거하고 자유와 민주주의를 지켜내는 초석을 마련한 것이다. 역설적으로 가장 어두웠던 시간은 처칠과 영국에게 가장 빛나는 시간이 됐다. 아무리 제국주의의 역사를 들이밀며 폄하한다 해도, 이 당시 이들의 노력을 결코 가벼이 볼 수는 없는 노릇이다. 우리는 본편을 통해 위기의 순간에 지도자의 역량이 얼마나 중요한지 그리고 지도자의 표상은 무엇인지를, 영국과 프랑스의 사례를 극명히 대비시키며 통찰할 수 있을 것이다. 프랑스의 참패와 영국의 위대한 항전 역사, '서부 전역' 전말을 되돌아봤다.

■ 제2차 세계대전의 암운

아돌프 히틀러가 친위 쿠데타인 '장검의 밤'을 통해 권력을 장악한 이후, 나치 독일은 급격히 전쟁의 길로 나아갔다. 국제연맹을 탈퇴한 데 이어 군사력을 제한하고 있던 베르사유 조약을 파기, 재무장을 공식적으로 선언했다. 징병제가 시행되면서 독일 육군의 규모가 대대적으로 증강됐다. 군수공장도 활발히 가동됨에 따라 수많은 무기들이 생산됐다. 독일의 움직임에 가장 큰 위협을 느낀 국가는 프랑스였다. 이들은 소련, 체코슬로바키아와 상호원조 조약을 체결했다. 4개국(영국, 프랑스, 소련, 체코슬로바키아)이 참여하는 집단안보 체제도 구축했다. 나아가 베니토 무솔리니가 통치하는 이탈리아와도 손잡고 스트레사 체제를 수립했다. (무솔리니는 이 체제를 '제2차 이탈리아-에티오피아 전쟁'을 원만히 수행하기 위한 초석으로 삼으려 했다.) 프랑스는 독일을 사방에서 포위해 팽창 야욕을 억제하려는 속셈이었다. 하지만 이 같은 방침은 흔들리기 시작했다. 4개국이 군사적 공조를 이루기 위해선 소련군이 독일과 가까운 지역으로 이동할 수 있어야 했다. 이에 따라 붉은 군대가 폴란드와 루마니아 영토를 통과해야 하는 문제가 생겼다. 소련과 사이가 나빴던 폴란드가 소련군의 자국 영토 통과를 불허하면서 4개국 집단안보 체제가 큰 타격을 받았다. 영국의 자세도 애매했다. 당시 영국 수뇌부는 히틀러를 '대화가 가능하고 외교적 유화책으로 다룰 수 있는 인물'로 여겼다. 이에 따라 독일을 군사 외교적으로 고립시키는 것보단 어느 정도 달래면서 타협하는 게 낫다고 판단했다. 심지어 1935년 6월에 영국-독일 해군조약을 체결, 영국 해군 주력함 총배수량의 35%를 넘기지 않는다는 조건 하에 독일의 주력함 건조를 허용하기까지 했다. 이탈리아와의 관계도 틀어졌다. 영국, 프랑스가 무솔리니의 에티오피아 점령 계획에 제동을 걸면서 이탈리아의 외교 노선이 독일 친화적으로 변했다. 히틀러는 우호적인 국제정세를 바탕으로 더욱 과감한 모습을 보였다. 1936년 국제연맹이 이탈리아에 대한 석유 제재 논의로 정신없는 사이, 독일군을 비무장 지대인 라인란트에 진주시켰다. 이곳은 베르사유 조약에 의거해 군대가 들어갈 수 없었지만, 히틀러는 대놓고 무시했다. 독일 국민들은 열광했으며 라인란트 재무장 국민투표에서 압도적 지지표를 던졌다. 프랑스는 속으로 부글부글 끓었지만 어찌해 볼 도리가 없었다. 예상보다 과감하게 나오는 독일에 당황하는 기색도 역력했다. 기실 프랑스 수뇌부는 제1차 세계대전의 악몽에서 벗어나지 못한 상태였다. 마음 같아선 독일을 물리적으로 막고 싶었으나, 전쟁에 대한 두려움으로 인해 과감한 행동을 하지 못했다. 영국도 마찬가지 입장이었다. 히틀러의 독일은 이러한 약점을 교묘하게 파고들었다. 프랑스와 손을 잡았던 소련 및 동유럽 국가들도 독일의 기세에 짓눌려 별다른 조치를 취하지 못했다. 파시즘을 추구하는 무솔리니의 이탈리아는 히틀러를 공개적으로 지지한다고 선언했다. 결국 프랑스는 대독 강경책을 포기하고 라인란트 재무장을 인정했다. 히틀러는 프랑스와 영국이 무력하다는 것을 깨닫고 더 과감한 행동을 하기로 결심했다.

이번에는 자신의 고향인 오스트리아에 눈독을 들였다. 1938년 히틀러는 오스트리아의 수상인 슈슈니크를 자신의 별장으로 초대했다. 이 자리에서 오스트리아를 독일의 보호국으로 두기 위한 여러 조치들을 요구했다. 슈슈니크는 난색을 표했고, 국민투표를 통해 오스트리아의 독립을 확립하려 했다. 화가 난 히틀러는 국민투표 중단을 요구하는 한편 군대를 동원해 오스트리아를 점령할 계획을 세웠다. 오스트리아 각지에 있는 나치당원들도 일제히 들고일어나 정부를 압박했다. 겁을 먹은 슈슈니크는 총리직에서 사임했다. 후임 총리로 오스트리아 나치를 대표하는 자이스잉크바르트가 지명됐다. 이는 독일군의 오스트리아 진출 길을 열어줬다. 비록 독일군의 전개가 서투른 감이 있었지만, 오스트리아 국민들의 열렬한 환영을 받으며 무혈입성에 성공했다. 히틀러는 미크라스 대통령을 강제 사임시키고 오스트리아 수도인 빈에서 병합에 관한 법률안에 서명했다. 같은 민족이라는 이유로 양국이 하나가 되면서 '게르만 민족주의'가 그 어느 때보다 강하게 대두했다. 다른 국가에 있는 독일계 사람들도 목소리를 높이기 시작했다. 특히 독일계 인구가 가장 많은 체코슬로바키아의 주데텐란트에서 극심했다. 히틀러는 이를 묵과하지 않았다. 즉각 체코슬로바키아 독일인들의 소요를 조장 지원했고 이 지역 점령을 위한 무력 불사까지 공언했다. 위기감을 느낀 체코슬로바키아 정부는 국경 지대에 병력을 배치했다. 프랑스와 소련의 지원도 요청했다. 프랑스는 로카르노 조약에 의거해 유사시 참전할 의무가 있었다. 내부에서도 참전을 주장하는 목소리가 늘어났다. 소련도 체코슬로바키아의 요청에 군사적으로 호응할 준비가 돼 있었다. 별안간 유럽에 전쟁의 먹구름이 드리워졌다. 프랑스 정부는 일단 영국의 의사를 타진해 보기로 했다. 영국은 또다시 애매하게 나왔다. 조약 내용은 공감하면서도 실제 참전에 대해선 미적지근한 태도를 보였다. 영국 없이 호전적인 독일을 상대하는 것에 부담을 느낀 프랑스는 난처해했다. 서구권에서 대처에 혼선이 빚어지는 사이, 히틀러는 독일군에게 체코슬로바키아 침공을 명했다. 프랑스와 영국 정부에서는 비상이 걸렸다. 다급해진 영국 수상 체임벌린이 전면에 나섰다. 그는 어떻게 해서든 전쟁만은 막아야 한다는 생각이 앞섰다. 이에 따라 대단히 굴욕적인 처사를 선보였다. 프랑스의 양해를 구하고 체코슬로바키아에게 압력을 가한 뒤, 주데텐란트 일부 지역을 독일에 할양하려 했다. 졸지에 자국 영토를 넘겨주게 될 체코슬로바키아는 격분했지만, 현실적으로 강대국의 입장을 받아들여야 했다. 체임벌린은 해당 지역 할양이 점진적으로 이뤄질 것이고, 독일이 더 이상의 영토는 요구하지 않을 것이라며 체코슬로바키아를 달랬다.

문제는 히틀러가 다른 생각을 갖고 있었다는 점이다. 이미 전쟁을 각오했던 그는 독일군이 주데텐란트 전 지역을 즉시 점령해야 하고, 체코슬로바키아와 갈등을 빚는 폴란드 및 헝가리의 영토 문제도 조정해야 한다고 주장했다. 영국과 프랑스는 인내심의 한계에 도달했다. 독일의 요구를 받아들이지 않기로 결정한 뒤, (프랑스의 경우) 동원령을 선포했다. 체코슬로바키아의 총동원령에도 동의했다. 독일도 맞대응할 것을 천명하면서 유럽에 일촉즉발의 위기 상황이 도래했다. 미국의 루스벨트는 유럽 국가들이 평화 교섭을 포기하지 말라고 촉구했다. 전쟁 열차가 본격적으로 시동을 걸려는 찰나, 무솔리니가 중재안을 내놨다. 한 자리에 모여 유럽의 문제를 논의해보자는 것이었다. 의외로 히틀러가 먼저 동의했고 영국과 프랑스도 함께 하기로 했다. 이에 독일에서 '뮌헨 회담'이 열렸다. 유럽의

1938년, 체코슬로바키아와 유럽의 정세를 논의하기 위한 '뮌헨 회담'. 왼쪽부터 영국의 체임벌린, 프랑스의 달라디에, 독일의 히틀러, 이탈리아의 무솔리니.

4 거두가 모인 이 회담 결과의 핵심은, 주데텐란트를 독일에게 완전히 양도한다는 것과 회담 참여국들이 체코슬로바키아의 안전과 독립을 보장한다는 것이었다. 체코슬로바키아의 의사는 전혀 반영되지 않은 강대국들만의 합의였다. 결과적으로 독일의 승리라고 볼 수 있다. 이들은 300만 명에 달하는 인구와 수많은 산업시설 및 요새 등을 갖춘 핵심 지역 전체를 손아귀에 넣었다. 독일은 이 지역을 기반으로 체코슬로바키아의 나머지 지역도 노릴 수 있게 됐다. 무력하게 양보한 것이나 다름없음에도 체임벌린은 회담 결과에 만족해했다. 작은 것을 내주는 대신 평화라는 큰 것을 얻었다고 자평했다. 회담을 마치고 영국에 돌아온 그는, 히틀러의 친필 서명이 담긴 서약서를 흔들며 "명예로운 평화를 가지고 독일에서 돌아왔다. 이

것이 우리 시대를 위한 평화임을 믿는다"라고 말했다. 많은 사람들이 환호성을 질렀지만, 이를 크게 우려하는 사람도 있었다. 체임벌린의 뒤를 이어 수상이 되는 윈스턴 처칠이었다. 그는 회담 결과를 '불명예'라고 맹비난하며 다가올 전쟁 가능성을 경고했다.

과연 처칠의 예상이 들어맞았다. 히틀러는 머지않아 마수를 또 드러냈다. 1939년 3월, 독일은 체코슬로바키아 대통령을 협박해 체코를 보헤미아-모라바 보호령으로 편입시켰고, 슬로바키아는 괴뢰국으로 만들었다. 이미 주데텐란트를 잃을 때부터 저항력을 상실한 체코슬로바키아는 무력하게 굴복했다. 독일의 이 같은 행위는 뮌헨 협정 파기임에도 히틀러는 별로 개의치 않았다. 영국과 프랑스가 말로만 떠들고 특별한 조치는 취하지 못할 것이라고 확신했다. 상대방이 갖고 있는 전쟁에 대한 두려움을 이용한 '미치광이 전술' 또는 '벼랑 끝 전술'이 계속 통할 것으로 봤다. 실제로 영국과 프랑스 정부는 당혹감을 감추지 못하고 우왕좌왕했다. 다만 이전과 달리 영국 내부의 여론이 들끓었다. 이제 히틀러에 대한 일말의 신뢰도 사라졌으며 독일과의 전쟁이 불가피하다고 여겼다. 체임벌린도 자신의 오판을 인정하는 모습이었다. 이런 가운데 히틀러는 한발 더 나아갔다. 이번에는 폴란드의 항구 도시인 단치히를 노렸다. (독일 군부는 이미 히틀러의 지시에 따라 폴란드 침공 계획인 '백색 작전'을 수립해 놓았다.) 다급해진 폴란드는 영국과 프랑스에게 도움을 요청했다. 1939년 4월과 5월에 서구 국가들과 폴란드 간의 군사방위상호원조협정이 체결됐다. 만약 독일군이 폴란드를 침공할 경우, 영국과 프랑스는 군사적으로 강경 대응하겠다는 방침을 세웠다. 단 이것이 실제 행동으로 이어질지는 미지수였다. 히틀러는 서구권과 폴란드를 조롱하며, 이들의 뒤통수를 강타할 비장의 카드를 준비했다. 바로 소련과의 '불가침 조약' 체결이었다. 얼마 전까지만 해도 소련은 영국, 프랑스와 함께 집단안보 체제에 헌신하려 했다. 그런데 서구권이 자신들을 하위 파트너 정도로 여기며 무시하자 돌아서기 시작했다. 독일은 이 틈을 파고들어 소련에게 접근했다. 양면 전선의 위험을 떨쳐내기 위해선 소련과의 불가침 조약이 필수였다. 스탈린도 이를 강력히 원했던 만큼 무난하게 독소 불가침 조약이 체결됐다. 해당 소식을 접한 영국과 프랑스는 경악했다. 독일과 소련은 근본적으로 양립이 어렵다고 판단했었기 때문이다. 두 국가는 이념적 측면에서는 양립할 수 없었으나, 실용적 측면에서는 양립이 가능하다는 점을 간과했던 셈이다. 서구권은 대응 방안을 찾느라 고심했지만 파국을 피할 수 없었다.

1939년 9월 1일, 약 160만 명에 달하는 독일군이 선전 포고 없이 폴란드를 침공했다. 이로써 제2차 세계대전의 서막이 올랐다. 독일군은 폴란드 북부 해안일대에 대한 포격과 더불어 룬트슈테트의 남부 집단군으로 남부전선 전역에 걸쳐 파상 공세를 감행했다. 기갑사단과 보병사단이 가열하게 진격했고, 하늘에서는 무시무시한 융커스 급강하 폭격기가 적극적 지원에 나섰다. 이를 상대하는 폴란드군은 병력과 장비 면에서 뚜렷한 열세를 나타냈다. 조만간 폴란드 제6보병사단과 제55보병사단 등이 무너지면서 남부 방어선이 붕괴됐다. 독일 북부 집단군도 총공세를 감행했다. 폴란드군은 북부 전선에서는 비교적 선방했다. 므와바 지역에서 약 3000명에 달하는 독일군을 소멸시켰고 72대의 탱크를 파괴하는 전과를 올렸다. 그럼에도 독일 공군의 무자비한 폭격에 휘말려 퇴각할 수밖에 없었다. 북서 지역의 투홀라 숲에서는 독일군의 압도적 기갑 전력이 빛을 발함에 따라 폴란드군이 철저히 궤멸됐다. 기실 독일-폴란드 전쟁을 초전부터 결정지은 것은 독일 공군의 맹활약이었다. 독일군 항공기들은 폴란드군 후방으로 빠르게 날아가 보급, 통신, 지휘 체계를 파괴했다. 폴란드군 항공기들이 날아올라 독일군 항공기들에 적잖은 피해를 입혔지만, 질적 수적 열세에 직면해 제공권을 완전히 내주고 말았다. 이후에도 독일군은 진격과 승리를 거듭했다. 브주라 전투에서 독일군 탱크가 돌격해 오는 폴란드군 기병 부대를 대량 학살했다. 결정적으로 9월 8일에 폴란드 중서부의 공업도시인 우치를 함락시키면서, 폴란드군 전체가 연쇄적으로 뒤로 밀리는 상황을 조성했다. 이를 통해 독일군은 폴란드의 수도인 바르샤바까지 진격해 포위하기에 이르렀다. 다만 이 도시를 뚫는 것은 결코 쉬운 일이 아니었다. 서쪽 외곽에 약 12만 명의 폴란드군 병력이 배치됐고 강력한 모들린 요새도 있었다. 도시를 만만하게 봤던 독일군 제4기갑사단이 무작정 바르샤바로 진격했다가 격퇴당하기도 했다. 독일군은 지속적으로 바르샤바 방어선 돌파를 시도했지만 번번이 실패했다. 이에 전략을 바꾸기로 했다. 무리하게 지상으로 공격할 게 아니라 말려 죽이기로 한 것이다. 틈날 때마다 융단폭격을 가함과 더불어 바르샤바로 향하는 외부 보급로를 끊어버렸다. 폭격을 가할 때 민간인들도 정밀 타격했으며 소이탄 등으로 도시의 전소를 도모했다. 이러한 작전은 효과를 발휘해 바르샤바의 폴란드군은 무너지기 시작했다. 엎친 데 덮친 격으로 동쪽에서 약 61만 명의 소련군이 밀려오고 있었다. 독소 불가침 조약에 의거해 폴란드 동부 지역을 점령하기 위해서였다.

소련군의 참전은 폴란드 패망의 결정타였다. 만약 소련군이 참전하지 않았다면, 폴란드군은 더 오랜 기간 독일군에 저항했을 것이다. 바르샤바를 내준다 해도, 아직 전투를 치를 만한 영토와 여력이 남아 있었다. 영국과 프랑스의 군수물자 지원이 이뤄지고 있었고, 험준한 지형이 있는 남동부 방어선에서 반전을 도모할 수 있었다. 독일군은 탄약 부족 등으로 공세 종말점에 다다르고 있는 상태였다. 폴란드의 뜻대로 전쟁이 장기화됐다면, 독일군은 2차 세계대전 초반부터 전쟁 계획에 큰 차질을 빚었을 것이다. 영국과 프랑스가 대규모 군사 개입을 단행해 전쟁의 양상을 크게 바꿨을 가능성도 높다. 그러나 이 모든 가능성은 소련군의 참전으로 물거품이 됐다. 9월 28일, 폴란드는 독일에게 항복했다. 동부 지역은 소련군이 장악하면서 이 국가는 두 강대국에 의해 분할 점령됐다. 한편 영국과 프랑스는 독일군이 폴란드를 침공하자마자 독일에 선전포고했다. 히틀러는 이번에도 서구권이 온건하게 나올 것이란 예측이 빗나가자 당황했다. 독일군이 대거 폴란드 전쟁에 투입된 상황에서, 서구권 군대가 독일 쪽으로 진격해 온다면 막아낼 재간이 없었다. 실제로 프랑스군이 라인 강 둔치를 따라 다가오긴 했다. 방어해야 할 독일군의 전력은 매우 취약했다. 이 당시 히틀러는 "내 인생에서 가장 피 말리는 시간이었다"라고 말했다. 운 좋게도 프랑스군은 소극적으로 나왔다. 빠른 진격이나 포격 등을 일절 하지 않았다. 그저 독일을 비난하는 전단지만 뿌려댔고, 어느 순간에는 군대를 회군시켰다. 1차 세계대전의 악몽이 또다시 영향을 미쳤기 때문이다. 선전포고는 했으나 막상 전면전을 수행하는 것을 극도로 꺼렸다. 이에 적당히 무력시위를 하는 선에서 상황을 종결시키는 치명적 오판을 했다. 이때부터 프랑스의 재앙은 예고된 것이나 다름없었다. 그사이 폴란드를 굴복시킨 히틀러는 곧장 서구권을 겨냥한 군사 작전을 단행하길 희망했다. 프랑스가 군 전력을 완비하기 전에 선수를 치자는 생각이었다. 참모들은 격렬히 반대했다. 독일군의 사정이 녹록지 않으며 겨울이라는 날씨 환경을 무시할 수 없다고 했다. 좀 더 시간적 여유를 갖고 서구권을 겨냥한 전쟁 준비를 착실히 해야 한다고 설득했다. 히틀러는 참모들의 의견을 수용하는 대신 프랑스 등을 효과적으로 공략할 수 있는 작전 계획을 입안하라고 명했다. 이 시기에 영국과 프랑스도 방어적인 자세를 취하며 독일 침공을 대비해 나갔다. 이에 따라 서부 전선에서는 1940년 5월 초까지 전투가 발생하지 않는 '가짜 전쟁'이 지속됐다.

■ **독일과 프랑스의 전략**

히틀러와 독일군 지휘부는 전투 없는 전쟁 중에 프랑스 침공 작전을 고심했으나 쉽사리 해법을 찾지 못했다. 히틀러의 닦달로 독일군 지휘부에서 작전 계획이 도출되긴 했지만 영 시답잖았다. 이른바 '황색 작전'이었는데, 이는 독일군이 벨기에와 네덜란드에 구축된 연합군 방어선에 정면공격을 가하는 것이었다. 여기를 돌파한 뒤 프랑스 파리로 진격할 터였다. 제1차 세계대전 때 구사된 '슐리펜 계획'과 상당히 유사했다. 히틀러는 프랑스군이 이미 경험한 바 있는 작전에 당할 리가 없을 것이라고 주장했다. 만약 방어선을 돌파하지 못한다면, 1차 대전 때처럼 소모전의 늪에 빠져들 가능성이 높다고 경고했다. 작전 계획을 주도한 독일군 참모총장 프란츠 할더는 서부 전역에 매우 회의적이었다. 히틀러의 압박으로 작전을 내놓긴 했지만, 결정적 승리가 아닌 제한적 목표만을 달성할 수 있음을 인정했다. 일각에서는 할더와 참모본부가 희망이 없는 작전을 내놓음으로써 히틀러의 전쟁 포기를 유도했다는 설도 있다. 작전 계획은 몇 차례 수정이 이뤄졌으나 기존의 것에서 획기적인 변화나 희망은 찾아볼 수 없었다. 대부분의 군 지휘관들은 해당 작전이 기껏해야 벨기에 영내의 영불해협 탈취와 연합군에 대한 공중 및 해상 타격만을 가능케 할 것이라 예상했다. 히틀러의 궁극적 목표인 프랑스 점령은 결코 성사될 수 없다고 확신했다. 히틀러는 좌절과 혼란에 휩싸였다. 참모본부가 밀고 있는 작전은 가망성이 없고, 그렇다고 프랑스 침공을 포기할 수도 없었다. 이런 가운데 뜻밖의 사건이 발생했다. 한 독일 공군 소령이 경비행기를 타고 벨기에 상공을 비행하던 중 항로를 이탈해 벨기에 영토에 추락했다. 그에게는 황색 작전 계획이 담긴 문서가 있었다. 벨기에군은 이 문서를 통해 작전 계획을 확인했고 프랑스에게 알려줬다. 계획이 누설된 사실을 알게 된 히틀러와 참모본부는 즉각 황색 작전을 취소할 수밖에 없었다.

　총체적 난국에도 불구하고 히틀러는 프랑스에 대한 미련의 끈을 놓지 않았다. 그때, 군사보좌관이 와서 한 인물의 존재를 알렸다. 바로 '에리히 폰 만슈타인'이다. 이 사람이 기존 계획과는 근본적으로 다른 대안을 주장하고 있다고 말했다. 히틀러는 곧바로 만슈타인을 만나 논의했다. 당대 최고의 명장이라 해도 과언이 아니었던 만슈타인은 자신의 생각을 명확하게 이야기했다. 그는 황색 작전은 적군이 대기하고 있는 지점으로 아군을 고스란히 밀어 넣는 것이라고 비판했다. 뻔한 작전은 지양해야 하며, 적군이 전혀 예상하지 못한 지점을 강타해 허를 찔러야 한다고 강조했다. 구체적으로 연합군이 예상하는 벨기에 북부 등에는 조공을 가하고, 예상하지 못한 '아르덴' 일대에 주공을 가해야 한다는 것이었다. (아르덴은 벨기에 남동부와 룩셈부르크 일대, 프랑스 북동부 일부에 걸쳐 있는 지역이었다.) 조공이 마치 주공인 것처럼 위장해 연합군을 유인하는 사이, 실제 주력군이 아르덴을 돌파한 뒤 적군의 배후(프랑스 북부)로 진입해 포위섬멸을 단행한다면 승리할 수 있다고 단언했다. 그 유명한 '낫질 작전'이었다. 만슈타인은 대규모 기갑부대를 중심으로 한 기동전이 작전의 성패를 좌우한다고도 했다. 연합군이 진실을 깨닫고 역공을 가하기 전에 끝내는 게 관건이었기 때문이다. 이 작전은 표면적으로는 그럴듯해 보이지만 실은 굉장한 모험이었다. 아르덴 일대는 삼림이 울창하고 땅도 평탄하지 못했다. 탱크가 진격하다가 뒤엉켜버려 지체될 가능성이 높았다. 이럴 때 적군 정찰기에게 포착된다면 심각한 상황이 초래될 수 있었다. 아르덴 돌파에 성공해도 뫼즈 강이라는 장애물을 건너야 했다. 또한 아르덴 일대를 돌파한 주력군이 북프랑스를 향해 진격할 때, 마지노선 방면에 있던 프랑스군에게 측면을 공격당할 위험성도 있었다. 이 측면을 보호할 방안이 강구돼야 했다. 장단점이 병존했지만 히틀러의 마음을 사로잡는 데에는 성공했다. 그는 작전 설명을 진지하게 듣고는 매우 기뻐했다고 한다. 그 즉시 동석하고 있던 알프레트 요들에게 이에 부합하는 전쟁계획을 수립하라고 지시했다. 아마도 프랑스 침공에 집착하고 있던 히틀러에게, 낫질 작전은 사막의 오아시스처럼 느껴졌을 법하다.

할더는 일찌감치 만슈타인의 작전을 인지하고 있었다. 워 게임(전쟁 시뮬레이션)을 통해 해당 작전이 어느 정도 장점이 있다는 것도 확인했다. 특히 험지인 아르덴을 적정한 시간 내에 돌파해 전황을 유리하게 이끄는 게 가능할 수 있다고 봤다. 다만 실패 가능성도 배제할 수 없어서 채택하기를 주저했다. 이제 히틀러가 지지하고 다른 대안도 없는 만큼, 낫질 작전은 최종적으로 채택됐다. 이를 기초로 구체적인 전쟁 계획을 세울 때, 정작 작전 제안자인 만슈타인은 참여하지 못했다. 할더가 중심이 돼 계획을 세웠는데 불안 요소들이 적지 않았다. 기갑 운용 경험이 거의 없는 클라이스트 기병대장을 기갑군단 사령관에 앉혔다. 기갑군단도 정식 야전군이 아닌 특수목적군 형식을 취했다. 해결해야 할 측면위험 문제도 풀리지 않았다. 모든 주력군이 북쪽으로 사력을 다해 진격해 포위망을 형성하는 게 가장 중요하다는 판단이 앞선 만큼, 측면 보호에 배치될 병력은 마땅치 않아 보였다. 이처럼 불완전한 계획임에도 불구하고 독일군은 일단 모험을 해보기로 했다. 그렇다면 프랑스군의 전략은 어땠을까. 공격적인 독일군과는 달리 방어에 중점을 뒀다. 진지를 기반으로 효과적으로 방어한다면, 독일군의 예봉을 꺾고 승리할 수 있다고 판단했다. 프랑스군 지휘부는 벨기에 북부와 중부 지역을 독일군의 침공 가능성이 높은 곳으로 상정했다. 자연장애물이 없고 파리로 향하는 도로 및 철도가 잘 발달돼 있다는 점이 이러한 예측에 힘을 실었다. 이에 기동력과 화력이 우수한 부대를 벨기에 접경에 집중 배치했다. 이들은 전쟁 발발 즉시, 벨기에 북부와 중부로 신속히 이동해 방어선을 형성할 계획이었다. 프랑스군의 벨기에 방면 방어계획을 좀 더 구체적으로 살펴보면 두 가지였다. 첫 번째는 프랑스 국경 지역인 지베에서 나뮈르, 딜 강, 안트워프를 잇는 '딜 계획'이다. 두 번째는 투르네, 에스코 강, 안트워프를 잇는 '에스코 계획'이다. 프랑스군 총사령관인 모리스 가믈랭은 초반에 신중을 기하며 에스코 계획을 시행하려 했다. 추후 여러 상황을 감안한 뒤, 이보다 더 나아간 딜 계획을 시행할 수 있다는 판단을 내렸다. 결국 이것이 최종적으로 채택됐다. 전쟁이 발발하면, 프랑스군은 딜 강을 따라 신속히 전개해 벨기에 영토의 중앙을 가로지르는 방어선을 형성할 것이었다. 이는 에스코 계획과 달리 병력의 집중 배치가 가능해 방어력 증강을 꾀할 수 있었다. 가믈랭은 이 방어선에서 적군의 공격을 저지한다면, 전과 확대를 도모하는 게 수월해진다고 생각했다. (이 같은 전개는 사실상 독일군이 원하는 바였다. 프랑스군 지휘부는 독일군의 의도를 전혀 눈치채지 못하고 있었다.) 프랑스는 북동쪽 국경에 '마지노선'이라는 강력한 요새도 구축했다. 엄청난 비용을 들여 그 어떠한 군대도 감히 통과하지 못하게 만들었다. 다만 아르덴 정면까지 요새를 연장하지 않는 치명적 실수를 저질렀다. 독일군이 이곳으로는 진격해오지 못할 것이라고 예상했기 때문이다. 일부 지휘관들이 아르덴 돌파를 우려했으나, 모리스 가믈랭은 이의 가능성을 낮게 봤다.

얼마 뒤 프랑스군 내에서 작전 계획이 추가로 입안됐다. 가믈랭이 네덜란드의 전략적 중요성에 관심을 가진 뒤, 이곳까지 진출하는 방안도 적극 검토하기 시작했다. 이렇게 된다면 적잖은 네덜란드군을 활용할 수 있고, 북해를 통과하는 보급선의 안전도 보장받을 수 있었다. 가믈랭은 일반 예비대였던 프랑스군 제7군을 전선에 배치했고, 유사시 네덜란드의 도시인 브레다까지 진격하라고 명했다. '브레다 수정안'이었다. 조르주 등 일부 고위급 장군들이 격하게 반발했다. 예비대까지 전장에 투입하면, 독일군의 기습 기동에 대비할 역량이 크게 떨어진다고 지적했다. 제7군은 즉시 예비대로 복귀해야 한다고 강조했다. 결과적으로 맞는 말이었다. 추후 독일군이 아르덴을 통해 진격해 올 때, 프랑스군은 적절한 예비대가 없어 재앙을 맞이하게 된다. 가믈랭이 위험을 무릅쓰고 브레다 수정안을 밀어붙인 이유는 오만함이 가득했기 때문이다. 그는 독일군의 기습 기동을 생각하지 않았고, 벨기에 등에서 충분히 제압할 수 있다고 판단했다. 이처럼 프랑스군의 전략은 독일군의 노림수에 고스란히 걸려드는 양태를 띠었다. 독일군에게는 그야말로 천운이 따라주는 셈이었다. 여담으로 프랑스와 독일의 전통적 군사 교리도 살펴볼 필요가 있다. 프랑스군은 '정형화 전투'를 지향했다. 모든 부대와 무기를 세심하게 정렬하고 전장을 질서 있게 통제하려 했다. 군에서의 중앙집권화와 상명하복이 엄격히 고수됐다. 고위지휘관들의 의견만이 중시됐으며 하급지휘관들의 의견은 묵살되기 일쑤였다. 고위지휘관들이 전황을 제대로 파악할 수 없는 후방 지휘소에 머물렀음에도 이 교리는 깨지지 않았다. 또한 공격이나 기동성보다는 종심 깊은 방어와 화력을 우선시했다. 독일군은 상반된 모습을 나타냈다. '임무형 지휘'를 지향했는데, 이는 하급지휘관의 자율성과 분권화를 중시하는 것이었다. 이 덕분에 독일군은 시시각각 변하는 전황 속에서 융통성 있게 대처할 수 있었다. 방어보다는 돌파와 기동성에 훨씬 큰 가치를 부여하기도 했다. 가령 선두 부대는 돌파 지점을 탐색한 뒤 빠르게 치고 나가고, 후속 부대가 잔여 적군을 처리

아르덴 고원을 돌파하는 독일군 전차. 독일군은 프랑스군이 예측하지 못한 아르덴 돌파를 통해 결정적 승기를 잡았다.

하는 방식을 선호했다. 양 진영의 전통적 군사 교리는 서부 전역 판세에 막대한 영향을 끼칠 터였다.

■ 아르덴 돌파

1940년 5월 10일 새벽 5시 35분, 독일군은 공격을 개시했다. '단치히'라는 암호명이 하달되자, 독일 B집단군이 네덜란드와 벨기에 방면을 향해 공세를 펼치기 시작했다. 독일군 폭격기들이 날아가 네덜란드 도시와 비행장 등을 무차별 폭격했다. 제7항공사단과 제22공중강습사단이 도르트레흐, 뫼르빅, 로테르담, 헤이그 방면에 기습적으로 낙하했다. 공수작전은 헤이그를 제외하고 큰 성공을 거뒀다. 벨기에의 에반 에마엘 요새에도 독일군 제7항공사단이 낙하한 뒤 공작을 펼쳐 방어망을 무력화시켰다. 사전정지 작업을 통해 독일군 제16기갑군단의 진격로가 어느 정도 확보됐다. 독일군은 마스트리히트 인근에서 알베르 운하 등을 도하한 뒤, 뫼즈 강의 만곡부에 있는 젬블루 갭을 향해 진격했다. 가믈랭은 미소를 지었다. 자신이 예상했던 대로 독일군이 움직이고 있다고 판단했다. 영국 원정군이 합세한 연합군은 작전을 개시했다. 애초에 계획한 딜 방어선으로 병력을 이동시켰다. 프랑스군 제1군 예하에 있는 기병대가 딜 방어선 너머에 있는 지역까지 나아가 방어진지를 구축하기도 했다. 가믈랭과 주변 참모들은 전황이 순조롭게 전개되고 있다면서 환하게 웃었다. 그런데 이들보다 더 기분이 좋은 사람이 있었다. 바로 히틀러였다. 연합군이 미끼에 걸려들었다고 판단한 그는 "기쁨에 겨워 울 것 같다"라고 외쳤다. 독일 B집단군의 전개는 어디까지

나 조공에 불과했다. 진짜 공세는 아르덴 일대를 통과하는 A집단 군으로부터 나올 것이었다. 이의 일환으로 주력인 독일군 제19기갑군단의 선두 역할을 하는 '제1기갑사단'이, 룩셈부르크 국경을 넘어 마르틀랑주와 보당주의 벨기에군 방어선을 돌파하려 했다. 제1기갑사단은 룩셈부르크를 통과할 때에는 별다른 저항을 받지 않았다. 그러나 벨기에군 방어선에서는 저항에 직면했다. 벨기에군의 아르덴경보병 중대가 마르틀랑주와 보당주에 방어진지를 구축하고 항전 태세를 갖췄다. 제1기갑사단은 목적지인 뇌프샤토에 도달하기 위해, 반드시 마르틀랑주와 보당주를 거쳐야만 했다. 독일군 전위부대가 마르틀랑주 북서쪽에 있는 벨기에군 방어진지를 공격했다. 이후 중기관총반과 정찰차량 3대의 엄호 하에 마르틀랑주 시가지를 통과한 뒤 자우어 강을 도하했다. 독일군은 보당주를 향해 진격했고 이 지역의 북동쪽 고지를 우선 점령했다. 뒤이어 벨기에군 보당주 진지의 남측방에 있는 슈타인 언덕을 탈취하려 했다. 벨기에군 3소대가 매서운 반격을 펼침으로써 저지당했다. 이 과정에서 독일군은 적잖은 손실을 입고 시간을 지체했다. 독일군은 포병의 화력을 집중해 만회하려 했지만, 교통 정체로 포병을 속히 전방으로 데려오지 못했다. 다소 시간이 지나 포격을 가할 수 있었으며 오토바이대대로 보당주에 강습도 단행했다. 벨기에군은 지형지물을 활용해 버티려 했으나, 사상자가 늘어나고 탄약도 바닥나면서 항복할 수밖에 없었다. 보당주를 어렵게 장악한 독일군 제1기갑사단은 진격에 박차를 가하기가 쉽지 않았다. 경무장 부대는 빠르게 진격할 수 있었지만, 탱크, 포병, 중차량 등이 극심한 교통 정체에 시달려 속도를 내지 못했기 때문이다. 아르덴 일대의 협소한 길로 수많은 병력과 장비가 들어갔고 도로와 교량 등도 파괴된 탓이었다. 이에 제1기갑사단은 초전에는 보병 위주로 공세를 펼치다가, 추후에 가서야 기갑 전력을 본격적으로 활용하게 된다. 이 같은 모습은 아르덴 일대를 돌파하는 대부분의 독일군에게서 나타난 양태였다. 탱크와 보병이 유기적으로 어울리는 전격전 신화를 무색하게 만드는 대목이다. 한편 제1기갑사단의 공격과 맞물려 벨기에 후방 요새지대를 공략하기 위한 공중강습작전도 전개됐다. 대독일연대 3대대를 벨기에의 니베와 비트리에 공수하는 것이었다. '니비 작전'이다. 자욱한 안개와 벨기에 국경수비대의 총격으로 인해 수송기들이 뒤엉키는 등 큰 어려움을 겪었다. 이의 영향으로 남부 강습부대는 부득이 소수의 병력으로 작전을 실시했다. 그럼에도 후방 지역의 통신시설을 파괴하고 도로를 봉쇄하는 등의 전과를 올렸다. 북부 강습부대도 절반의 병력으로 벨기에군의 아르덴 방어병력과 프랑스군 제5기병사단 수색부대의 공격을 격퇴했다. 이 부대는 독일군 제1기갑사단의 우측면을 보호하는 제2기갑사단의 기동로를 개방함으로써 제1기갑사단의 측면 위험을 제거했다.

제19기갑군단의 좌익에 있는 '제10기갑사단'은 2개의 통로를 통해 룩셈부르크를 통과했다. 이들도 여기서는 적군의 저항이나 장애물을 만나지 않았다. 그런데 에딸르 동쪽에서 제10기갑사단의 우측 행군종대에 있던 대독일연대 2대대가 프랑스군과 격렬한 시가전에 휘말렸다. 사단의 좌측 행군통로에 있던 제69보병연대 등이 가세해 적군과 맞서 싸웠다. 이 전투에서 수많은 독일군 연대장과 대대장이 전사했다. 에딸르 전투가 일단락된 후, 독일군 제10기갑사단은 클라이스트의 명에 따라 남쪽인 플로렌빌로 진격하려 했다. 구데리안이 막아섰다. 남쪽이 아닌 북서쪽으로 선회한 다음, 모르테한 인근에서 세무아 강을 도하해야 한다고 주장했다. 그래야 측면 위험을 줄이고 작전 시간도 단축할 수 있다고 했다. 클라이스트는 플로렌빌을 거쳐 서쪽으로 진격한다면 세무아 강을 방어하는 프랑스군을 포위할 수 있을 것이라 판단, 몇 번이나 관련 명령을 하달했다. 구데리안과 그의 참모들은 끝까지 고집을 부려 자신들의 주장을 관철했다. 독일군의 임무형 지휘 전통이 발현된 전형적 사례였다. 제10기갑사단은 험준한 지형을 가로지르며 모르테한으로 힘겹게 진격했다. 기갑부대가 느리게 움직이면서 보병과의 거리가 벌어졌다. 숱한 어려움을 뚫고 제10기갑사단은 5월 12일 목적지에 도달한 뒤 세무아 강을 건넜다. 이후 라 샤펠과 쥐본느를 확보하면서 뫼즈 강을 도하할 수 있는 채비를 갖췄다. 제19기갑군단의 우익에 있는 '제2기갑사단'은 아르덴 일대의 가장 험한 지형을 통과해야 했다. 다른 사단들처럼 룩셈부르크에서 적군을 만나진 않았지만, 굴곡진 도로 등으로 인해 차량과 탱크가 지나가는 게 힘들었다. 앞서가는 수색 정찰대가 탱타쥬를 지나 스트랭샹에서 벨기에군과 교전을 벌였다. 후방에 있던 포병대대가 어렵게 앞으로 이동해 공격을 지원함으로써 스트랭샹을 탈취할 수 있었다. 자우어 강을 건넌 뒤에는 오뜨도 점령했다. 이 즈음에 제2기갑사단은 탱크를 전방에 배치하고 싶었지만, 다른 사단과의 교통 체증이 발생해 좀처럼 뜻을 이루지 못했다. 그러다가 몇 대의 탱크가 가까스로 전방으로 나와 리브하몽 공세를 지원했다. 이 덕분에 독일군은 프랑스군 기병대와의 치열한 시가전에서 승리했다. 기갑사단이라는 명칭에 걸맞지 않게, 2개 행군종대로 편성된 보병을 중심으로 한 진격이 계속됐다. 오샹을 점령함으로써 진격이 훨씬 수월해졌고, 5월 12일 17시에 세무아 강에 도달했다. 보병 부대는 교량 가설이 완료되기도 전에 도하했다. 교량이 만들어진 후에는 오토바이대대 등이 강을 건너 쑤니, 돈세리 등으로 향했다.

다시 제1기갑사단의 상황을 살펴보겠다. 이들은 보당주에서의 고전을 뒤로하고, 제2전차연대를 앞세워 뇌프샤토를 향해 진격했다. 5km 앞에 있는 내무쌀트 숲까지 이르렀을 때, 작전이 변경됐다. 뇌프샤토를 바로 공격하지 않고 남쪽으로 우회해 후방으로 나아갔다. (뇌프샤토 인근에 있던) 프랑스군 전방 방어선이 독일군의 우회 기동으로 인해 고립, 포위되는 지경에 이르렀다. 제2전차연대가 서쪽으로 길을 재촉하면서 페띠부아로 나아가는 사이, 이들을 뒤따라오던 제1전차연대가 혼란에 빠진 프랑스군 방어선과 뇌프샤토를 함락시켰다. 이후 제2전차연대가 페띠부아를, 제1전차연대가 뷔오주를 신속히 점령한 뒤 세무아 강을 향해 진격했다. 이들은 강을 건너기 위한 교량 탈취가 절실했는데, 부이용에서 이를 도모하려 했다. 독일군 1개 전차대대가 부이용으로 진격하는 도중에 프랑스군을 격파하면서 기세가 크게 올라갔다. 다만 부이용에 도달했을 때, 간발의 차로 프랑스군의 교량 폭파를 막지 못했다. 도하하는 데 시간이 걸리게 됐으나, 제1기갑사단은 과감한 진격으로 보당주에서의 시간 지체를 벌충했다. 제1기갑사단은 세무아 강 도하를 본격화하기 위해 예하부대를 2개 전투단으로 재편했다. 우선 크뤼거 전투단이 부이용에서 세무아 강을 도하한 뒤 교두보를 확보했다. 켈츠 전투단은 뜻밖에도 부이용 서쪽에 있는 무자이브에서 도하 지점을 탈취했다. 프랑스군은 이곳에서도 제대로 싸워보지 않고 서둘러 퇴각하는 모습을 보였다. 무자이브의 교량을 방어하던 프랑스군 제3스파히여단과 제5경기병사단이, 독일군의 기습 공격을 받은 후 상부에 보고도 하지 않은 채 도망쳤다. 켈츠 전투단은 무난하게 세무아 강을 건넜으며, 세무아 강변에 있던 프랑스군 방어선이 연쇄적으로 붕괴됐다. 제1기갑사단은 빠르게 남진해 프리뉴 인근 숲에 도달했다. 여기에는 울창한 삼림이 있었다. 독일군은 삼림을 헤치고 뫼즈 강 북안의 평탄한 지역에 진입했다. 이로써 독일군의 숙원이었던 아르덴 돌파가 성공적으로 이뤄졌다. 5월 10일부터 12일까지, 약 57시간이 소요됐다.

아르덴 일대를 통과할 때, 독일군은 미약한 저항을 받았다. 실질적으로 독일군에게 가장 큰 걸림돌이 된 것은 교통 체증이었다. 이로 인해 기갑부대를 효과적으로 활용할 수 없었다. 그 대신 구데리안의 엄명으로 독일군은 잠도 자지 않고 3일 밤낮으로 움직였다. 초인적인 노력으로 적정시간 내에 스당에 있는 뫼즈 강에 도달할 수 있었다. 만약 교통체증 상황에서 프랑스군의 대대적인 반격이 가해졌다면, 아르덴 일대의 독일군은 전멸에 가까운 타격을 입었을 가능성이 높다. 하지만 프랑스군은 그렇게 하지 못했다. 5월 12일 저녁까지도 프랑스군 지휘부는 독일군의 주공 방향이 아르덴이라는 사실을 깨닫지 못했다. 기실 개전 초기부터 룩셈부르크를 통한 독일군의 기동 정황이 상부에 보고됐다. 연합군 정찰기도 아르덴 일대의 독일군을 포착하고 보고를 올렸다. 그러나 몇 대의 차량과 보병만이 움직이고 있다는 잘못된 보고였다. 프랑스군 지휘부는 이 정도는 어느 정도 예상했기 때문에 대수롭지 않게 여겼다. 시간이 가면서 아르덴의 독일군 전력과 기동이 결코 무시할 수 없음을 나타내는 보고가 올라왔다. 이때에도 프랑스군 지휘부는 아르덴을 통과하는 게 불가능하다거나 자신들의 방어선이 굳건히 버티고 있다는 등의 낙관적 전망으로 일관했다. 여기보다 독일 B집단군이 공격해 오는 젬블루 갭이 시급하다고 판단했다. 실제로 이곳에 있는 독일군 제16기갑군단은 연합군을 최대한 오래 붙들어놓기 위해 강력한 공세를 펼쳤다. 이에 젬블루 갭의 동쪽에 있는 안뉘 일대에서 독일군과 프랑스군 간의 치열한 전투가 벌어졌다. 이 전투에서 독일군은 수많은 탱크가 파괴되는 등 큰 타격을 입었다. 그럼에도 프랑스군 제3경기계화사단의 책임 구역에 집중 공격을 가함으로써 돌파구를 만들어냈다. 당황한 프랑스군은 지연 전술을 펼치지 못하고 일렬종대로 철수하기에 급급했다. 독일군은 여세를 몰아 딜 방어선 일대로 빠르게 전진했다. 급기야 제3기갑사단이 일부 방어선을 돌파하기까지 했다. 이후 독일군은 큰 타격을 입고 더 이상 나아가지 못했지만, 목표로 했던 주공 기만을 성공적으로 달성했다. 강력한 공세를 통해 연합군으로 하여금 이곳이 주공이라는 확신을 갖게 했다. 독일 정부와 언론은 B집단군의 전과를 대대적으로 홍보하면서 연합군의 오판을 심화시키는 데 일조했다. 그 사이에 진짜 주공인 A집단군은 무섭게 나아가고 있었다. 아울러 B집단군은 A집단군의 측면을 위협할 수 있는 프랑스군 기병군단을 와해시키는 전과도 올렸다. 이에 힘입어 A집단군은 결정적 저지를 받지 않은 채 신속한 진격이 가능케 됐다. 독일군이 기대했던 것 이상으로 서부 전역이 잘 풀려가고 있었던 셈이다.

■ 뫼즈 강 도하

클라이스트는 독일군 제1기갑사단에게 5월 13일 15시에 뫼즈 강을 도하하라고 지시했다. 구데리안은 제2기갑사단과 연합하고 포병의 지원을 받기 위해서, 도하 시점을 다소 연기하자고 제안했다. 클라이스트는 프랑스군에게 방어를 강화할 시간적 여유를 줘선 안 된다며 급속도하를 재차 명했다. 구데리안은 마지못해 응했지만 걱정이 이만저만이 아니었다. 뫼즈 강 일대를 방어하는 프랑스군(제55보병사단) 포병과 벙커를 크게 의식했기 때문이다. 무작정 강을 건너다가 이들의 화력에 궤멸될 수도 있었다. 구데리안이 믿은 것은 공중 지원이었다. 다행히 뫼즈 강을 도하하기 직전에 수많은 독일군 폭격기들이 하늘에 나타났다. 이들은 적군 진영에 맹렬한 폭격을 퍼부었다. 프랑스군 방어선이 두꺼운 폭연으로 뒤덮였다. 구데리안은 매우 만족해했다. 이로 말미암아 프랑스군의 방어 전력이 크게 취약해졌을 것이라 확신했다. 실제로 프랑스군은 공중 폭격에 제대로 대처하지 못했다. 대공 방어망이 잘 갖춰지지 않아 소총 및 기관총으로 항공기에 맞았다. 적군의 도하를 막는 포병 전력에 커다란 손실이 발생했으며 병사들의 사기마저 극도로 저하됐다. 도하를 위해 뫼즈 강 동안에 밀집해 있던 독일군은 자칫 프랑스군에게 손쉬운 먹잇감이 될 수 있었지만, 시의적절한 공중 지원으로 위기를 모면했다. 뛰어난 지휘관인 발크가 이끄는 제1보병연대가 제1기갑사단의 선두에 서서 (골리에 부근에서) 뫼즈 강 도하에 착수했다. 마크IV 전차 1개 중대와 제660강습포대 등이 프랑스군 벙커에 직사를 가하며 엄호해 줬다. 강습공병대대와 장갑공병대대는 도선장이나 교량을 설치해 제1보병연대가 수월하게 강을 건널 수 있도록 도왔다. 다만 독일군은 도하하는 도중이나 직후에 프랑스군 일부의 기관총 사격을 받아 적잖은 피해도 입었다. 약간의 혼란이 발생했으나 제1보병연대는 곧바로 진격을 감행했다. 급강하 폭격기의 근접지원을 받으며 벨뷔와 프레누아로 빠르게 나아갔다. 전방 고지대에서 프랑스군의 반격이 있었지만, 아무렇지 않게 무시하고 종심으로 진격했다. 조만간 벨뷔 근처에 있는 프랑스군의 핵심 방어선과 맞닥뜨렸다. 제1보병연대는 우회 기동 및 과감한 공격을 통해 42번, 103번 벙커를 탈취했다. (다만 104번 벙커는 연대의 측면에 강력한 충격을 가하며 오랜 시간 저항했다.) 이후 벨뷔에서 남쪽으로 진격하면서 도로상에 있는 프랑스군 벙커들을 파괴해 나갔다. 제1보병연대의 진격은, 서쪽과 동쪽에서 병진하고 있는 제1오토바이대대 및 대독일연대와 비교해 볼 때 압도적인 것이었다. 이들의 과감하고 신속한 돌파로 인해 프랑스군 방어선에 거대한 구멍이 생겨났다.

대독일연대의 경우 글레르 천 하상과 뫼즈강 만곡부 남동쪽 사이에서 도하하려 했다. 포병 부대의 화력 지원이 있었음에도 프랑스군 벙커를 완전히 무력화하지 못했다. 이때 해결사 역할을 한 게 대공포였다. 높은 정확도를 갖고 벙커를 향해 직사탄을 날려 큰 효과를 봤다. 대공포의 엄호 하에 대독일연대 2대대가 강습 도하를 단행했다. 이들은 도하 직후 제1보병연대처럼 신속한 진격을 도모했지만 뜻대로 되지 않았다. 토르시 외곽의 시가전에 휘말려들지 않기 위해 우회 기동을 시도했으나, 247 고지에 있는 프랑스군의 거센 반격에 직면했다. 이에 따라 우회를 포기하고 정면에 있는 과수원과 토르시 주변으로 들어가 전투를 치렀다. 어느 정도 시간이 지난 후 대독일연대 2대대는 앞으로 나아갈 수 있었다. (후속으로 크뤼거가 지휘하는 대독일연대 3대대가 뫼즈 강을 도하했다. 이들은 토르시 외곽을 우회한 다음 프랑스군 방어진지를 후방에서 공격했다.) 대독일연대 2대대의 6중대장과 7중대장은 자율적 판단에 의거해 전황을 유리하게 만들어 나갔다. 양 중대 간 전투지경선을 넘나들며 효율적으로 공세를 펼쳤다. 임무형 지휘의 긍정적 측면이 또다시 빛을 발했다. 제1보병연대를 괴롭혔던 104번 벙커를 탈취함으로써, 벨뷔와 와들랭쿠르 사이의 프랑스군 방어선 균열을 확장했다. 104번 벙커 후방에 있던 7bis 벙커도 탈취했다. 나아가 대독일연대 2대대는 프랑스군의 마지막 진지인 247 고지까지 공격했다. 병사들이 능선을 오르는 동안 적군의 강력한 총격이 가해졌다. 2대대는 굴하지 않고 수류탄을 투척하는 등 맞대응하며 집요하게 전진했다. 치열한 백병전 끝에 247 고지도 탈취하는 데 성공했다. 이로써 프레누아 지역의 프랑스군 주요 방어선이 붕괴됐다. 한편 뫼즈 강에서는 후속하고 있던 기갑부대를 원활하게 도하시킬 수 있는 작업이 한창이었다. 공병대대가 대거 달려들어 골리에 등지에서 문교 가설을 시작했다. 가설이 완료되자 독일군은 먼저 장갑차량, 대공포, 자주포 등을 도하시켰다. 핵심이 었던 탱크는 바로 건너지 않고 어느 정도 집결을 완료한 뒤에 한꺼번에 도하했다. 이제 뫼즈 강 도하 이후의 전투에서는, 보병과 기갑 전력이 유기적으로 어우러지며 전과를 크게 확대하게 될 것이었다.

독일군 제10기갑사단의 뫼즈 강 도하는 제1기갑사단보다 힘들었다. 보트 수송이 지연되면서 퐁 모지 북쪽에서의 도하가 늦춰졌다. 그 사이에 프랑스군은 공중 폭격의 여파에서 벗어나 방어력을 회복했다. 독일군이 보트를 진수하던 중에 포격을 받아 다량의 보트가 손실됐다. 암담한 상황 가운데 한 독일군의 영웅적인 활약으로 돌파구가 마련됐다. 제49공병대대에 속해있는 루바르트와 그 분대원들이 주인공이다. 이들은 파괴된 부이요네 철교 북쪽에서 은밀히 도하한 뒤 프랑스군 벙커 7개를 잇따라 파괴했다. 적군은 물론 아군도 소스라치게 놀란 뛰어난 무훈이었다. 루바르트 부대에 이어 한바우어가 지휘하는 보병 부대가 와들랭쿠르 인근에서 뫼즈 강을 도하한 뒤 프랑스군 방어선을 돌파해 나갔다. 전방에 있는 고지 인근 거점들이 탈취됐다. 제10기갑사단은 여세를 몰아 제69, 제86 보병연대를 후속시켰다. 이들은 기대만큼 전진하지 못했다. 누와예와 프랑스 군인묘지 등에 있던 적군에게 막혀 지체됐다. 그래도 서서히 진격이 이뤄졌다. 제10기갑사단의 보병 부대가 선두에서 나아가는 사이, 와들랭쿠르 서쪽에 교량이 가설돼 기갑부대도 도하하기 시작했다. 독일군 제2기갑사단은 뫼즈 강을 건너는 군대 중에 가장 큰 어려움에 직면했다. 이들은 아르덴을 돌파할 때에도 각종 난관에 처했었으며, 다른 사단보다 늦게 세무아 강을 건넜다. 이후 브리뉴 오 브와 동쪽 고지를 탈취한 뒤 돈셰리 주변의 뫼즈 강 동안을 확보하고 도하하려 했다. 제2기갑사단이 예정대로 공격을 감행했으나 프랑스군이 거세게 저항해 진격이 지체됐다. 특히 뫼즈 강으로 향하는 개활지에서 적군의 포격에 고스란히 노출돼 상당한 피해를 입었다. 우여곡절 끝에 독일군이 돈셰리에 진입하는 데에는 성공했지만, 또 다른 시련이 뒤따랐다. 고무보트로 뫼즈 강을 건너려 할 때, 프랑스군이 맹렬한 사격 및 포격을 가했다. 제2기갑사단이 보유하고 있던 보트 대부분이 파괴됐다. 도하가 여의치 않자 독일군은 탱크와 대공포, 대전차포 등으로 프랑스군 벙커에 맹폭을 퍼부었다. 그럼에도 프랑스군 방어선이 건재해 도하하는 게 힘들었다. 사실상 제2기갑사단 자력으로는 강을 건널 수 없는 상황이었다. 이때 구원을 해준 것이 제1기갑사단이다. 이들이 돈셰리 건너편에 있는 뫼즈 강 남안의 프랑스군 벙커를 파괴한 후에야 제2기갑사단의 도하 길이 열렸다. 이로써 제19기갑군단에 배속된 모든 사단들이 핵심 승부처인 뫼즈 강을 도하하는 데 성공했다.

한편 제19기갑군단과 병진하기로 했던 라인하르트의 제41기갑군단은 비교적 느리게 움직였다. 5월 13일, 선두 부대가 어렵게 뫼즈 강에 도달한 뒤 몽테르메를 확보해 교두보를 만들었다. 이 직후에 프랑스군의 강력한 저항에 부딪혀 진격이 지체됐다. 전열을 가다듬은 제41기갑군단은 제6기갑사단을 중심으로 맹렬하게 돌파를 시도했다. 이들은 측면 위협에 대한 고려 없이, 오로지 적군의 종심으로 깊숙이 진격했다. 프랑스군은 당황하는 기색이 역력했다. 제6기갑사단은 5월 16일 몽코르네까지 진격해 제19기갑군단과 조우했다. 제19기갑군단의 우측방 엄호를 담당한 헤르만 호트의 제15기갑군단은 프랑스군의 교량 폭파로 뫼즈 강을 신속히 도하하지 못했다. 그러다가 예하에 있는 제5기갑사단이 뫼즈강 중간에 있는 작은 섬인 하중도와 강의 양안을 잇는 제방을 통해 도하에 성공했다. 이들은 오르바스티아 등을 함락시키며 전황을 유리하게 만드는 데 일조했다. 에르빈 롬멜이 지휘하는 제7기갑사단은 이브와 지역으로부터 3km 남쪽에 위치한 우 지역의 교두보를 통해 도하했다. 뒤이어

독일군 제19기갑군단은 서쪽으로 선회한 다음 적진으로 깊숙이 침투해 들어갔다. 프랑스군은 애매한 대처로 화를 자초했다.

옹에를 함락시킨데 이어 뫼즈 강 서쪽 12km에 위치한 모르빌까지 진격했다. 이 지역의 프랑스군은 나름대로 역습을 계획했지만 실제로는 매우 느리게 행동해 독일군의 돌파를 허용하고 말았다.

■ 선회와 돌파

독일군 제1기갑사단에 소속된 제2전차연대는 대대를 2개 방면으로 투입했다. 한 대대는 불송으로, 다른 대대는 세메리로 향했다. 전자가 콘나주와 불송을 연하는 선으로 들어왔을 때, 프랑스군 제213보병연대 및 제7전차대대와 마주쳤다. 당초 독일군에겐 전차가 부재해 매우 힘든 싸움이 예상됐다. 프랑스군이 공격을 본격화하려던 찰나에 극적으로 전차들이 합류했다. 불송 인근에서 독일군과 프랑스군 간에 치열한 교전이 벌어졌다. 여기서 독일군 전차대대 7중대의 활약이 빛났다. 이들은 전투에 유리한 지점을 선점했고, 불송 남쪽에서 등장한 프랑스군 전차 7대를 격파했다. 열세에 직면한 프랑스군이 불송 바깥으로 퇴각하자, 독일군은 불송을 점령한데 이어 메종셀로 진격했다. 메종셀 주변에는 프랑스군 제205보병연대 및 제4전차대대가 있었다. 독일군은 신속한 공격으로 메종셀의 프랑스군도 격파했으며 많은 포로와 장비들을 노획했다. 세메리를 겨냥한 공세도 전개됐다. 처음에는 제1기갑사단의 제14대전차중대가 선두에서 활약했다. 파괴된 건물 잔해로 인해 진격이 다소 지체됐고, (세메리로 가는 길목에 있는) 콘나주에서 프랑스군의 공격도 받았다. 상당량의 프랑스군 전차와 기병부대가 돌진해 왔는데, 독일군은 대전차포와 기관총으로 힘겹게 물리쳤다. 제14대전차중대는 세메리에서 공격을 받고 있는 독일군 정찰대의 지원요청을 무시하고 잠시동안 콘나주의 동쪽에 머물렀다. 이들 대신 후속하고 있던 독일군 제43강습공병대대가 선두에 서서 셰메리로 진격했다. 셰메리에서도 프랑스군은 거세게 저항했다. 독일군 공병대대는 마치 돌격대처럼 물러서지 않고 집요하게 전진했다. 뒤에서는 독일군 전차중대가 맹렬한 포격을 가해 프랑스군 전차와 기관총을 대거 파괴했다. 이에 힘입어 셰메리에서의 프랑스군 저항은 일소될 수 있었다. (독일군 폭격기들이 셰메리의 아군에게 폭탄을 투하해 소수의 병사와 기갑여단장 등이 전사하는 일이 발생했다. 독일 공군은 아군의 셰메리 점령을 모르고 있었다.) 힘겹게 뫼즈 강을 건넜던 제2기갑사단은 강을 따라서 서진했다. 탱크와 보병이 퐁 아 바르에 있는 아르덴 운하의 교량을 탈취한 뒤, 운하를 건너 남쪽으로 선회했다. 이후 뫼즈 강 남안과 아르덴 운하의 넓은 지역을 소탕해 나갔다. 제2기갑사단은 5월 14일 저녁에 프리즈, 부탄쿠르, 샤포뉴, 생 테냥을 연하는 선까지 확보했다. 와들랭쿠르 인근에서 뫼즈 강을 도하했던 제10기갑사단은 누와예 남쪽 3km 지점에 있는 불송 동쪽 고지를 향해 나아갔다. 이 고지 인근에서 프랑스군과 일대 격전을 벌인 끝에 고지를 점령하는 데 성공했다. 나아가 불송 남동쪽에 있는 320 고지를 탈취했고 메종셀 남동쪽을 목표로 공세를 이어갔다.

이 즈음 독일군 제19기갑군단 지휘부는 큰 고민에 휩싸였다. 진격의 갈림길에 놓이게 된 것이다. 서쪽으로 선회한 다음 적진으로 깊숙이 침투할지, 아니면 남측면 방어에 신경쓸지 여부가 화두로 떠올랐다. 전쟁 계획을 세울 때부터 골칫거리였던 측면 방어 문제가 다시 발목을 잡는 모습이었다. 제1기갑사단을 이끌던 구데리안은 서쪽으로의 즉시 선회가 최선의 방안이라고 주장했다. 적군의 종심으로 신속히 쳐들어가 전과를 확대해야 한다고 목소리를 높였다. 이에 대해 우려하는 목소리도 나왔다. 대규모 프랑스군이 남쪽에서 나타나 독일군의 뫼즈 강 교두보(스당 일대)를 공격할 수 있다는 보고가 올라왔다. 군단장인 클라이스트는 측면을 보호할 후속부대가 도착할 때까지 서진을 미루자고 제안했다. 제19기갑군단 후방에 있던 제12군도 남측면 교두보 방어가 최우선 과제라고 판단했다. 구데리안은 불같이 화를 내며 자신의 상관을 몰아붙였다. 우유부단하며 절호의 기회를 놓치고 있다고 맹비난했다. 구데리안은 몇 번이나 전화를 걸어 설득과 비난을 반복했다. 결국 클라이스트는 구데리안의 손을 들어줬다. 제1기갑사단과 제2기갑사단이 곧바로 방향을 바꿔 서진을 감행했다. 목표는 셍글리와 르텔까지 빠르게 진격하는 것이었다. 단 측면 방어도 간과할 수 없는 만큼, 제10기갑사단과 대독일연대, 제1기갑사단 예하 제4기갑수색대대를 측면에 투입했다. 주변 상관 및 참모들이 우물쭈물하고 있을 때, 과감하게 치고 나가자고 한 구데리안의 주장은 결과적으로 독일군 승리에 결정적 기여를 했다. 셍글리로 향하는 제1기갑사단은 방드레스 인근을 통과해야 했다. 사단은 2개 전투단으로 나눠 공세를 전개했다. 우선 네트비히 전투단(제1기갑여단)이 방드레스 및 후방 언덕 돌파를 시도했다. 그러나 프랑스군의 강력한 저항에 직면해 고전을 면치 못했다. 대전차 및 전차부대의 화력에 휘말려 수많은 독일군 장교, 병사들이 목숨을 잃었다. 전황의 심각성을 파악한 제1기갑사단은 네트비히 전투단에 추가 부대를 배속했다. 치열한 전투가 한동안 지속된 후에야 네트비히 전투단은 방드레스를 점령할 수 있었다. 이후 네트비히 전투단은 방드레스 남서쪽의 고지군을 돌파해 샤니로 나아갔지만, 프랑스군의 역습에 휘말려 오몽 남쪽으로 퇴각했다. 크뤼거 전투단(제1보병여단)은 비교적 순조로운 행보를 보였다. 이들은 방드레스 북쪽에 있는 마자랭 숲을 지나 빠르게 전진했다. 조만간 전위부대가 생글리를 점령한데 이어 동쪽 2km에 위치한 빌레르 티열도 장악했다. 크뤼거 전투단의 진격으로 제1기갑사단의 선회가 성공의 단초를 마련할 수 있었다. 독일군은 이제 르텔을 향해 나아가려 했다. 전방에 있는 라 호른 요새와 고지군들(발롱, 부벨몽)을 돌파하는 게 관건이었다. 5월 15일 크뤼거 전투단은 라 호른에서 프랑스군의 거센 반격을 받아 주춤했다. 이번에도 명장인 발크가 나서서 병사들을 적극 독려하며 나아갔다. 우회 기동을 통해 프랑스군의 배후로 진입, 격파하면서 라 호른을 넘어섰다. 다음으로 발롱과 부벨몽에 대한 공세를 전개했다. 발롱 인근에서는 소규모의 프랑스군을 가볍게 격파했으나, 부벨몽에서는 적군의 저항과 체력 저하로 고전을 거듭했다. 포병과 중화기 부대를 대거 동원한 끝에 부벨몽을 탈취했다. 이로써 크뤼거 전투단 앞에 있던 고지군들이 돌파됐으며 르텔로 성큼 다가서게 됐다.

구데리안은 조금의 지체 없이 계속 진격하길 원했다. 어느 정도 진격하다가 반드시 정지하라는 제12군의 명령도 아랑곳하지 않았다. 되레 클라이스트를 설득해 진격 허가를 받아냈다. 그런데 클라이스트가 24시간 동안만 진격하라고 했는데, 구데리안은 그 이상을 나아갔다. 번번이 구데리안에게서 한발 물러나는 모습을 보였던 클라이스트는 이번에는 크게 화를 내며 질책했다. 자존심이 상한 구데리안이 돌연 지휘권을 반납하겠다는 폭탄선언을 했다. 클라이스트가 이를 받아들이면서 잠시동안 제19기갑군단에 혼란이 발생했다. 제12군 사령관인 리스트가 달려와 구데리안을 진정시키고 지휘권 박탈을 승인하지 않으면서 혼란은 가라앉았다. 한편 측면 방어를 위해 남쪽으로 이동하는 제10기갑사단은 스톤, 몽 디외, 용크를 확보하려 했다. 초반부터 정보 부족으로 인해 문제가 발생했다. 대독일연대가 한때 스톤 인근을 점령했지만, 프랑스군의 역습을 받아 다시 빼앗기고 말았다. 점령 사실만 알고 있던 제10기갑사단은 잘못된 병력 배치를 했다. 용크와 몽 디외 쪽에만 다수의 병력을 놔뒀다. 스톤 방면에 있던 대독일연대가 압박을 받자, 그제야 프랑스군이 스톤을 고수하고 있다는 사실을 알았다. 대독일연대를 지원하고 스톤을 확보하기 위해 제69보병연대와 포병대대를 급파했다. 이들은 프랑스군의 격렬한 포격에 상당한 피해를 입으면서도 끈질기게 전진했다. 그 결과 스톤 인근 고지군을 가까스로 장악했다. 또 다른 목표지였던 용크와 몽 디외에서도 독일군은 간단치 않은 저항에 직면했다. 이곳들에서 프랑스군은 보병사단과 경기병사단, 전차 1개 중대 등으로 역습을 가했다. 제10기갑사단은 기갑여단과 보병대대 등을 증원해 적군에게 맞섰다. 양 진영 간에 치열한 난타전이 전개되다가 프랑스군이 물러났다. 제10기갑사단은 용크와 몽 디외를 연하는 선을 장악했다. 이것으로 끝이 아니었다. 얼마 뒤 프랑스군은 스톤을 재탈환하기 위해 전차 수십대를 앞세워 공격해 왔다. 한때 독일군은 스톤 인근 고지군에서 격퇴당하고, 아군의 실수로 많은 사상자가 발생하는 등 불운이 뒤따랐다. 그럼에도 적군의 역습을 견뎌냈고, 끝내 스톤을 사수하는 데 성공했다. 이후 제10기갑사단은 제16보병사단에게 해당 지역을 인계한 뒤 제1,2기갑사단과 합세하기 위해 이동했다.

■ 프랑스군의 실책

프랑스군은 독일군의 주공이 어디인지를 깨닫기 시작했다. 벨기에 북부가 아니라 아르덴과 뫼즈 강 등을 거치는 공격이 진짜임을 눈치챈 것이다. 이에 병력을 급파해 주공을 겨냥한 역습을 단행해야 했다. 하지만 어이없는 실책이 잇따르면서 결정적 실패를 맛보게 된다. 프랑스군 제55보병사단장인 라퐁텐은 제10군단으로부터 2개 보병연대 및 2개 전차대대를 지원받아 세메리, 불송, 아로쿠르를 연하는 선에서 방어 및 역습을 행해야 했다. 제10군단장인 그랑사르는 5월 13일 19시 라퐁텐에게 해당 부대의 지휘권을 이양한 뒤 역습을 가하라고 명했다. 그런데 라퐁텐은 23시까지 이 사실을 몰랐다. 통신 상황이 녹록지 않아 문제가 발생한 것이다. 24시가 됐을 때, 라퐁텐은 역습과 관련한 문서화된 명령서식을 받아야 한다며 제10군단 지휘소를 향해 떠났다. 다음날 3시 라퐁텐이 군단장을 만나지도 못한 채 돌아왔다. 교통 체증이 심해서 군단 지휘소까지 갈 수 없었기 때문이다. 한시라도 빨리 전장으로 이동해 역습을 해도 모자랄 판에, 석연치 않은 행동으로 소중한 시간을 낭비하고 말았다. 라퐁텐은 3시 45분 카슈 중령을 통해 역습 명령서식을 수령했고, 4시 15분에 역습 명령을 하달했다. 군단장이 역습을 명한 지 9시간이나 흐른 뒤였다. 실제로 프랑스군이 역습을 단행한 시간은 6시 45분이었다. 이미 때는 늦어버렸다. 우유부단한 라퐁텐과 프랑스군이 지체하는 사이, 독일군은 주요 지점을 돌파하고 있었다. 만약 프랑스군이 적기에 역습을 했다면 서부 전역의 향방은 달라졌을 수도 있다. 프랑스군 제213보병연대 및 제7전차대대가 뒤늦은 역습을 하기 위해 불송과 콘나주 인근에 이르렀을 때, 독일군 탱크들의 강력한 공격을 받았다. 프랑스군은 매우 심각한 피해를 입고 퇴각했다. 거의 비슷한 시점에, 메종셸에서 역습을 시도한 프랑스군 제71보병사단 예하 제205보병연대도 참담한 실패를 경험했다.

프랑스군은 독일군을 궤멸시키는데 필요한 공군력도 제대로 사용하지 못했다. 독일군이 아르덴에서 교통 정체에 시달릴 때나 뫼즈 강을 도하하기 위해 스당에 밀집해 있을 때, 대규모 프랑스군 항공기가 날아가 맹폭을 가했다면 독일군은 재앙에 가까운 타격을 받았을 것이다. 그러나 프랑스군 지휘부는 일찍이 해당 지역이 주공격지라고 판단하지 못한데 더해 공군력 사용 자체를 극도로 꺼렸다. 독일군 항공 전력에 대한 막연한 두려움이 있었으며, 적군이 이를 빌미로 강력한 보복을 행할 수도 있음을 우려했기 때문이다. 이에 독일군 항공기들이 아군을 지원하기 위해 뫼즈 강 인근에 나타났을 때, 이를 저지할 만한 프랑스군 항공기를 좀처럼 찾아볼 수 없었다. 어쩌다가 프랑스군 항공기가 스당의 독일군을 공격한 적이 있지만, 그 효과는 거의 없었다고 봐도 무방할 정도다. 뒤늦게 상황의 심각성을 인지한 프랑스군 지휘부는 도하 지점에 가설된 교량에 대대적인 공중폭격을 가하라고 지시했다. 폭격기 152대, 전투기 250대가 출격했다. (영국군 항공기까지 포함된 수치였다.) 하지만 독일군은 이를 예측하고 만반의 대비 태세를 갖춘 상태였다. 주요 표적인 골리에 교량 인근에 200문이 넘는 대공포를 설치했다. 설상가상으로 연합군 항공기들은 집중화된 전력으로 공격을 하기는커녕 축차적으로 공격을 하는 우를 범했다. 결과는 막대한 피해로 돌아왔다. 출격한 항공기의 11% 이상이 순식간에 파괴됐다. 독일군과 교량은 연합군 항공기의 폭격에 별다른 피해를 입지 않았다. 프랑스 공군 내에서 상충되는 명령이 나옴으로써 적잖은 혼란이 빚어지기도 했다. 당초 스당에 대한 항공지원 명령이 떨어졌는데, 어느 순간 메찌에르를 우선적으로 지원하라는 명령도 하달됐다. 병사들은 어떠한 명령을 따라야 할지를 두고 상당히 애를 먹었다.

측면(스당) 역습의 핵심이었던 프랑스군 제21군단의 실책도 빼놓을 수 없다. 이들은 제3흉갑기병사단, 제5경기병사단, 제3차량화보병사단 등 대병력을 거느렸다. 이 정도 규모라면 독일군을 충분히 감당하고도 남을 것처럼 보였다. 게다가 이 시기 독일군은 측면 방어보다 진격에 중점을 두고 있었던 만큼, 제21군단이 재빠르게 움직여 적군 측면에 치명타를 가한다면 전황을 유리하게 이끌 가능성이 높았다. 그런데 제21군단은 라퐁텐의 제55보병사단처럼 매우 느리게 움직였다. 그 사이에 독일군은 측면 방어의 핵심 지역인 스톤 일대를 장악했다. 원래 제21군단이 노렸던 스당 역습은 후순위로 밀렸고, 스톤을 탈환하기 위한 전투가 장시간 이어졌다. 사실상 프랑스군이 측면에서 독일군에게 막혀있는 동안, 구데리안이 지휘하는 독일군 주력 제1,2기갑사단은 신속하게 서쪽으로 돌진했다. 전황이 프랑스군에게 불리하게 돌아가는 가운데, 제21군단장인 플라비니는 치명적인 결정을 하고 말았다. 프랑스군 제10군단의 역습이 실패했다는 소식을 접한 뒤, 제21군단의 스당 역습 계획을 취소했다. 군단에 소속돼 있던 기갑부대는 해체돼 다른 지역으로 흩어졌다. 전선 소식을 접한 프랑스군 지휘부는 화들짝 놀랐고, 즉시 스당에 대한 역습을 재개하라고 명했다. 하지만 전의가 이미 꺾여버린 군단을 추슬러서 역습을 한다는 것은 불가능에 가까웠다. 결국 스당 역습은커녕 스톤 일대 전투에서 독일군에게 패배했다. 프랑스군 제6군에 소속된 제53보병사단이 너무나 쉽게 철수한 것도 문제였다. 이들은 독일군이 샤포뉴와 동 르 메닐을 공격한 뒤 사단의 양측방에서 압력을 가할 때, 뫼즈 강 서안으로 철수하기로 결정했다. 격전에 휘말리지도 않았고 충분히 버틸 수 있었음에도 스스로 철수함으로써, 독일군의 진격로를 쉽게 개방해 버렸다. 불행히도 일부 대대가 철수하다가 독일군의 기습 공격을 받고 무너지기도 했다. 실책과 더불어 프랑스군 가운데 명성이 가장 높았던 제14보병사단의 실패도 치명적이었다. 푸아 테롱, 부벨몽, 샤니를 연하는 선에 방어 진지를 구축했던 이들은 샤니를 제외한 대부분의 지역에서 붕괴됐다. 푸아 테롱에서는 독일군 제2기갑사단 탱크의 강습을 받아 격멸됐고, 부벨몽에서도 무지막지한 포격을 견디지 못하고 퇴각했다. 페이술과 라 바퀼에서도 적군의 돌파를 고스란히 허용했다. 그만큼 르텔에 도달하기 위해 남서쪽으로 공세를 펼치는 독일군의 기세가 막강했던 것이다. 전략적으로 중요한 프랑스군 제2기갑사단이 어이없는 이유로 (우 지역에서 도하하는) 독일군의 측면에 역습을 하지 못하기도 했다. 사단의 임무와 목적지가 수시로 변경됐기 때문이다. 처음에는 벨기에로 진격하는 군대의 예비대였다가, 어느 순간 제9군의 일부로서 디낭에 대해 역습을 가하라는 명을 받았다. 그러다가 제6군에 배속돼 작전을 수행해야 했다. 또한 도로가 아닌 철도로 병력을 수송하면서 시간을 낭비했다. 독일군의 지속적인 폭격으로 철도 수송 지연이 발생함에도 불구하고, 전차의 고장률이 높다는 이유만으로 철도 수송을 고집하다가 기회를 놓쳤다.

■ 대서양으로의 질주

독일군의 신속한 기동과 프랑스군의 무능이 겹쳐지면서, 서부 전역의 판세는 독일군 쪽으로 확연히 기우는 듯했다. 프랑스군은 새로 만든 제6군 등으로 어떻게든 방어선을 형성해 서쪽으로 진격하는 독일군을 저지하려 했다. 독일군은 이를 비웃기라도 하듯 재빠르게 돌파한 뒤, 5월 16일 아르덴 운하의 서쪽 구릉지대까지 나아갔다. (독일군은 제19기갑군단, 제41기갑군단, 제15기갑군단이 합쳐져 막강한 상태였다. 프랑스군 방어선에는 커다란 구멍이 생겼다.) 프랑스군은 엔 강을 따라서 동서로 뻗은 새로운 방어선을 구축했다. 독일군이 파리로 향할 것이라 예측했지만 이는 완전히 빗나갔다. 독일군은 파리가 아닌 대서양으로 향할 것이었다. 마치 '낫' 모양처럼 진격해 벨기에 북부에 있는 연합군의 배후를 공략할 터였다. 유일한 전략 예비대였던 제7군이 딜 방어선에 투입됐기 때문에 독일군의 진격을 막아낼 군대는 존재하지 않았다. 그나마 샤를 드골이 이끄는 제4흉갑기병사단이 무모할 정도의 역습을 감행, 독일군의 후위를 찌르며 선방했다. 잠시 주춤했던 독일군은 병력을 재정비하고 가용할 수 있는 대전차 전력을 총동원해 방어선을 구축했다. 공군 지원도 요청했다. 독일군은 육군과 공군의 유기적 협조를 기반으로 성공적으로 대처했다. 드골의 제4흉갑기병사단은 적절한 시간대에 용맹하게 싸웠으나, 독일군의 기민한 대응과 공군 지원 부재 등으로 무너졌다. 그런데 이 시기에 독일군에게 걸림돌이 되는 것은 따로 있었다. 히틀러였다. 그는 전과 확대에 기뻐할 법도 했으나 되레 불안에 떨고 있었다. 여전히 측면 방어에 대해 심각하게 우려하고 있었기 때문이다. 할더가 군대(A집단군)를 신속히 이동시켜 연합군을 포위 섬멸해야 한다고 주장했다. 불안감이 극에 달한 히틀러는 총참모부의 권한을 박탈한 뒤, 진격을 중지하고 남측면 일대의 방어를 강화하라고 지시했다. 이는 과도한 불안에 불과했다. 이미 이 시점부터 프랑스군과 지휘부는 패배주의에 휩싸여 무너져 내렸다. 실제로 프랑스 수상인 레이노는 처칠에게 "우리는 이 전쟁에서 패배할 것 같다"라고 말했다. 가믈랭도 비슷한 반응을 나타냈다. 허를 찔려 심리적으로 붕괴된 마당에 효율적인 역습을 가하는 것은 불가능했다. 그럼에도 히틀러는 신경 쇠약에 가까울 정도로 조심스러운 태도를 견지했다.

대부분의 지휘관들이 히틀러의 노선을 무시하지 못하고 머뭇거릴 때, 이에 아랑곳하지 않고 빠르게 치고 나간 부대가 있었다. 롬멜의 제7기갑사단이었다. 신속한 기동 전술을 신봉하고 구데리안의 기갑교리까지 심도 있게 터득한 롬멜은, 과감한 진격만이 승리의 열쇠라고 확신했다. 이에 제15기갑군단에서 공세 명령서가 도착하기도 전에, 제7기갑사단은 이미 아벤 방면으로 돌진하고 있었다. 프랑스군 101요새사단의 방어선을 연이어 돌파한 데 이어 진격로 상에 있는 프랑스군 숙영지도 궤멸시켰다. 프랑스군 제1흉갑기병사단의 탱크들이 독일군을 저지하려 했지만 중과부적이었다. 5월 17일, 롬멜의 군대는 아벤을 무난하게 점령했다. 뒤이어 서쪽으로 더 진격해 상브르 강에 도달했다. 여기서 2개 대대가 강을 도하한 뒤 르카토 일대까지 진출했다. 그런데 제7기갑사단의 본대가 진격 속도를 따라잡지 못하고 뒤쳐지는 일이 발생했다. 롬멜은 르카토에서 진격을 멈추고 사단 본대와 합류했다. 이처럼 롬멜 제7기갑사단의 맹활약은 프랑스군 방어선에 돌파구를 조성함은 물론 여타 독일군의 사기까지 북돋웠다. 고무된 할더는 다시 나서서 히틀러를 설득했다. 여전히 불안해하던 그에게 "확실한 승기를 잡을 기회가 왔다"라고 말했다. 마침내 히틀러는 5월 19일 대서양 연안으로의 진격을 허용했다. 할더는 "혈통 좋은 명마가 입에 물린 재갈이 풀려 결승선으로 질주하게 됐다"라고 기뻐했다. 제19기갑군단은 덩케르크로, 제15기갑군단은 아라스를 향해 맹렬하게 질주했다. 이들이 벨기에 북부에 있는 연합군의 후방 지역으로 빠르게 나아가는 동안, 독일 B집단군은 연합군이 후방 대처를 못하도록 격렬한 공세를 펼쳤다. 연합군은 앞에서는 독일 B집단군을, 뒤에서는 독일 A집단군을 동시에 상대해야 할 처지에 놓였다. 다만 연합군이 반전을 꾀할 만한 순간이 없지만은 않았다. 독일 A집단군이 대서양 연안으로 진격할 때, 속도 차이로 선두 부대와 후위 부대 사이에 상당한 간격이 발생했다. 이때 연합군(프랑스군)이 간격 안으로 치고 들어왔다면 독일군을 저지할 가능성이 있었다. 프랑스군은 이번 기회도 살리지 못했다. 당초 가믈랭은 작전명령 12호를 발령, 특수임무 부대에게 독일군의 간격을 치라고 명령했다. 하지만 가믈랭의 뒤를 이어 총사령관이 된 막심 베이강이 즉각적인 역습 계획을 취소해 버렸다. 베이강은 자신이 직접 전황을 살펴보고 판단하겠다면서 소중한 시간을 허망하게 낭비했다. 그 사이에 독일군은 간격을 좁혀 나갔고, 선두 부대는 솜 강 하구에 있는 아브빌까지 다다랐다.

한편 이 당시 영국군은 무능한 프랑스군에게 염증을 느끼고 있었다. 전황 역시 돌이킬 수 없을 정도로 심각해졌다고 판단했다. 다급해진 영국 육군 총참모장 아이언사이드의 주도로 아라스 일대에 대한 역습 계획이 세워졌다. 역습에 동원될 군대의 규모는 영국군 2개 사단, 프랑스군 2개 사단 등으로 상당히 컸다. 계획대로 역습이 이뤄진다면 실낱같은 희망을 가져볼 수도 있었다. 그러나 이마저도 어처구니없는 이유로 무위에 그쳤다. 영국군과 프랑스군 사이에서 역습 시점을 놓고 의견차가 발생했다. 영국군은 5월 21일에 역습하자고 제안했지만, 프랑스군은 22일에나 역습 준비가 완료된다고 했다. 21일 역습이 아니면 의미가 없다고 판단한 영국군이 단독으로 역습을 전개했다. 이들은 롬멜이 지휘하는 제7기갑사단의 방어선을 돌파했고, 사단을 지원하는 무장친위대 토텐코프 사단을 격파하는 등 크게 선방했다. 승전을 거듭했던 독일군은 영국군의 일격에 상당한 충격을 받고 주춤했다. 그러나 프랑스군과 함께 하지 못한 영국군의 선방이 오래가지는 못했다. 제7기갑사단은 대공포를 동원해 반격을 가했고, 급강하 폭격기인 슈투카까지 날아와 영국군에게 맹폭을 퍼부었다. 전력의 열세를 절감한 영국군은 대서양 해안으로 퇴각했다. 이후 베이강 계획 등 프랑스군이 계획한 역습도 무위에 그치거나 시행하기도 전에 취소됐다. 5월 23일, 독일 A집단군은 북프랑스 일대에 있는 항구 대부분을 점령하기에 이르렀다. 연합군은 유일하게 남아있는 항구인 덩케르크 일대에서 고립됐으며, 양면에서 압박해 오는 독일군에 의해 포위섬멸될 위기에 처했다. 서부 전역 초기, 예정된 지점에서 독일군을 막겠다며 호기롭게 나아갔던 연합군이 졸지에 전멸될 것 같았다. 바로 이때 기적이 일어났다. 히틀러가 덩케르크로의 진격을 중지시킨 것이다. 이는 제2차 세계대전의 최대 미스터리로 남아있다. 독일군이 곧바로 덩케르크로 밀고 들어갔다면, 해당 지역에 있던 30만 명 이상의 연합군은 무너졌을 가능성이 높다. 히틀러의 진격 중지 명령으로 독일군은 3일 8시간을 지체했다. 그 사이에 연합군은 방어 진지를 구축했고, 군용 및 민간 선박들을 총동원해 (영국으로의) 필사의 철수를 단행했다. '다이나모 작전'이었다. 간신히 살아남은 연합군 병력은 추후에 벌어질 전역에서 혁혁한 전과를 올리게 된다. 독일군으로서는 매우 뼈아픈 실책이었다. 히틀러는 왜 이러한 결정을 내렸던 것일까. 극도의 불안감이 또다시 발현됐기 때문으로 풀이된다. 그는 영국군의 아라스 역습과 같은 일이 재현될 가능성을 심하게 경계했다. 부대 간 간격 조정도 어느 정도 필요하다고 판단했다. A집단군 사령관인 룬트슈테트도 히틀러와 비슷한 생각이었다. 그동안 가열한 진격을 주장해 왔던 할더 등은 격하게 반발했다. 즉각 덩케르크로 쳐들어 가야 한다고 목소리를 높였지만 히틀러의 고집을 꺾을 수 없었다. 5월 26일이 돼서야 중지 명령이 해제돼 독일군이 진격했으나 때늦은 감이 있었다. 연합군의 방어선이 공고했고 폭우로 인해 바닥도 진창이었다. 상술했듯 연합군 병력 대부분이 철수를 완료한 상태이기도 했다.

파리 에투알 개선문에 입성하고 있는 독일군 제30사단 군악대.

■ 파리 함락

 덩케르크의 실책에도 불구하고 독일군은 확실한 승기를 잡았다. 이제 프랑스의 수도인 파리를 향해 총공세를 펼칠 작정이었다. 연합군 주력이 북동부 전선에서 궤멸된 이상 순조로운 전개가 예상됐다. 하지만 프랑스군은 패전을 예감하면서도 마지막 안간힘을 다해 저항할 태세였다. 베이강은 프랑스군 제7군과 제10군을 새로 만들었고, 고슴도치형 진지가 있는 탄탄한 방어선인 '베이강선'을 형성하려 했다. 이는 영국해협 해안에서부터 솜강, 엔강의 선을 따라 가다가 마지노선과 합쳐졌다. 진지는 수많은 군인들과 대전차 무기들로 채워질 계획이었다. 그런데 계획상으로는 그럴듯해 보였지만 실제로는 취약했다. 6월 5일, 독일군 기갑부대가 아미앵과 해안 사이에서 베이강선 우측을 공격하자 속절없이 무너졌다. 물량이 부족했기 때문이다. 프랑스군 병사들은 싸울 의지가 충만했지만 전차와 대전차 무기가 부족했다. 항공 엄호조차도 받지 못했다. 독일군이 막강한 항공 전력으로 방어선에 집중화된 폭격을 가한 것과 달리, 프랑스군은 공군 전력을 가용할 수 없는 상태였다. 그나마 베이강선의 다른 곳에서는 프랑스군이 강력히 저항해 수많은 독일군 병력을 전사시키고 상당량의 기갑전력을 파괴했다. 프랑스군의 부분적인 선방에도 불구하고 대세는 이미 정해졌다. 독일군은 돌파구를 통해 들어가 베이강선 좌측에 있는 적군을 후방에서 공략했다. 결국 베이강선의 프랑스군은 궤멸됐고, 독일군의 파리 진격에 가속도가 붙었다. 프랑스 정부는 파리를 중심으로 저항을 지속할지 아니면 포기할지를 두고 깊은 고민에 빠졌다. 드골을 중심으로 결사 항전하자는 목소리가 있었지만, 시간이 갈수록 후자에 무게가 실렸다. 항전할 경우, 아름다운 도시인 파리가 잿더미가 될 수 있다고 우려했기 때문이다. 6월 10일, 프랑스 정부는 파리를 무저항 도시로 선언했다. 쿠르트폰 브리젠이 지휘하는 독일군 제30사단이 가장 먼저 파리로 다가섰다. 이들은 파리 내부에서 격렬한 저항이 있을 것을 우려해 매우 조심스러운 태도를 보였다. 본대 입성 전에 선두 부대가 파리 군정청 및 경찰청장 등을 만나 협조를 당부했다. 방송을 통해 "파리 시민들은 가급적 건물 밖으로 나오지 말라"라고 전했다. 6월 14일, 독일군 제30사단 본대 병력이 두 갈래로 파리 시내로 입성했다. 파리 에투알 개선문을 지나는 모습은, 독일 승전 및 프랑스 패망을 상징하는 장면이 됐다. 이를 지켜보는 파리 시민들은 믿을 수 없다는 표정을 짓거나 눈물을 흘렸다. 유럽을 대표하는 국가이자 세계 최강의 육군 전력을 보유한 프랑스가 이렇게 빨리, 너무도 쉽게 무릎을 꿇었다는 사실을 받아들이기 힘들어하는 눈치였다. 이후 독일군은 파리의 주요 시설들을 차례로 점령했고 에펠탑에 나치를 상징하는 깃발도 게양했다. 여담으로 이 시기에 드골은 처칠에게 '영국-프랑스 연방'을 제안했다. 이렇게 해서라도 끝까지 싸우려 했던 것이다. 해당 제안을 수용한 처칠이 프랑스 정부에 연방 선언문을 내놨지만, 레이노 수상과 장관들이 거부하면서 무산됐다. 프랑스가 영국의 자치령이 되는 것을 바라지 않는다는 이유를 들었다. 곧 죽어도 자존심은 남아있었던 셈이다. 드골은 좌절했으나 라디오 방송을 통해 국민들에게 "어떠한 일이 있어도 저항의 불길이 꺼져서는 안 된다"라고 호소했다.

수도는 함락됐지만 전역이 종결된 것은 아니었다. 독일군은 잔존 프랑스군을 소탕하고 완전한 승리를 거두기 위해 바삐 움직였다. 독일 C집단군이 마지노선을 공략했고 구데리안이 이끄는 기갑집단은 프랑스 남부로 진격했다. 이미 전의를 상실한 프랑스군은 손쉽게 무너졌고 약 50만 명에 달하는 병력이 포로로 잡혔다. 프랑스에 잔류해 있던 영국군은 급히 본국으로 탈출했다. 이제 프랑스 항복이 초읽기에 들어갔다. 새롭게 수상이 된 필리프 페탱이 독일에게 정식으로 휴전을 제의했다. 6월 22일, 마침내 콩피에뉴에서 양국 간 정전 협정을 체결하기로 했다. 말이 정전 협정이지 실은 항복이나 다름없었다. 히틀러는 1차 대전의 패배를 설욕하기 위한 연출을 준비했다. 독일군 장군들이 1차 대전 패배 후 항복 문서에 서명했던 장소인 객실 열차를 콩피에뉴로 가져와 조인식을 하라고 명했다. 주변에 설치돼 있던 프랑스의 1차 대전 승전 기념물을 나치 깃발로 덮어버리기도 했다. 프랑스 대표단이 콩피에뉴의 객실 안으로 들어왔을 때, 히틀러는 단 한마디도 하지 않고 노려보기만 했다. 옆에 있던 카이텔이 프랑스가 먼저 전쟁을 일으켰다고 맹비난했다. 이어서 정전협정 조건을 전달했다. 히틀러는 이 직후에 자리를 박차고 나가버렸다. 프랑스는 매우 불리한 조건들을 받아들일 수밖에 없었다. 육군 병력은 10만 명으로 축소돼야 했다. 자국으로 도피해 온 반나치 독일인들을 송환하고 프랑스 북부 지역을 독일에 넘겨야 했다. 남부 지역에 '비시 정부'라는 독일 괴뢰 정부가 들어서는 것도 허용해야 했다. 6월 25일이 되자 전역은 완전히 종결됐다. 약 6주 만에 프랑스의 패전이 확정됐을 때, 전 세계는 커다란 충격에 휩싸였다. 소련의 스탈린은 불가침 조약을 맺은 히틀러에게 축전을 보내면서도 군사 강국인 프랑스의 패전을 매우 의아해했다. 바다 건너 미국도 비슷한 반응을 나타냈다. 대세를 파악한 이탈리아는 본격적으로 독일 편에 붙었다. 충격은 곧바로 두려움으로 발전했다. 독일군은 패배를 모르는 무적의 군대로 여겨졌으며, 이들에게 대항할 군대는 감히 존재하지 않는 것처럼 보였다. 전 세계가 독일군의 위세 앞에 숨을 죽였다. 히틀러는 한동안 자신의 군대가 거둔 눈부신 전과를 만끽했다. 파리의 샹젤리제 거리와 에투알 개선문을 방문했고, 에펠탑 인근에 가서 기념사진도 찍었다. 불가능할 것 같았던 프랑스 점령이 의외로 쉽게 현실화된 만큼, 성취감은 이루 말할 수 없었다. 그러면서 다음 전역으로 서서히 눈을 돌리기 시작했다. 이제 영국과의 대전을 염두에 두고 있었다.

■ 가장 어두운 시간

전 세계에서 독일에 맞설 수 있는 국가는 영국이 유일했다. 유럽 대부분의 국가들이 독일의 영향권 하에 놓였고, 그나마 대적할 만한 소련은 독일의 비위를 맞추느라 여념이 없었다. 미국의 경우 영국에 호의적이었지만 아직까지 참전할 생각은 없었다. 고독하게 홀로 남게 된 영국의 처지는 상당히 처량해 보였다. 프랑스의 패망을 전후한 시점에 영국 내부는 극도의 혼란 상태에 빠졌다. 독일과의 전쟁을 지속하자는 측과 타협하자는 측이 정면으로 충돌했다. 새로이 영국 수상이 된 처칠은 취임 연설에서 "어떠한 대가를 치르더라도 승리하고, 어떠한 두려움이 닥쳐와도 승리하고, 갈 길이 아무

프랑스가 패망한 직후, 영국은 세계에서 유일하게 '무적의 독일군'에게 맞섰다. 처칠은 이 시기를 "가장 어두운 시간"이라고 말했다.

리 멀고 험해도 극복하고 반드시 승리할 것이다. 승리가 없으면 생존도 없기 때문이다"라면서 전의를 불태웠다. 하지만 온건파들은 이탈리아의 중재 하에 독일과 평화협상을 진행해야 한다고 주장했다. 특히 보수당의 거물 정치인인 핼리팩스는 "조만간 영국은 역사상 가장 큰 규모의 적군에게 무방비로 짓밟힐 것"이라면서 "비극이 닥치기 전에 협상해야 유리한 카드를 쓸 수 있다"라고 밝혔다. 만약 평화협상 제안이 승인되지 않을 경우, 내각에서 사퇴하겠다고 엄포를 놓기도 했다. 처음에는 온건파 쪽에 무게중심이 쏠리는 듯했다.

지금껏 경험해 본 적이 없는 위기 상황에 처한 만큼, 온 나라에 패배주의와 두려움이 만연했기 때문이다. 처칠은 이 시기를 "가장 어두운 시간"(The Darkest Hour)이라고 규정했다. 여느 정치인이었으면 벌써 포기했을 암담한 상황, 그럼에도 처칠은 특유의 담대함을 버리지 않았다. 절망의 구렁텅이에 빠진 영국인들을 일으켜 세우고 '결사항전'을 하기로 마음먹었다. 막강한 독일군에 맞서는 게 두렵기도 했지만, 싸워보지도 않고 굴복하는 것은 영원히 죽는 길이라고 판단했다. 또한 어느 정도 버티는 데 성공한다면, 미국이 영국을 도와 참전하는 날이 반드시 올 것이라고 확신했다. 그 즉시 처칠은 평화협상을 선호하는 정치인들을 일일이 만나 설득했다. 국왕인 조지 6세와도 독대해 비관적인 왕의 마음을 낙관적으로 바꾸려고 노력했다. 나아가 모든 영국인들이 항전 의지를 갖도록 부단히 뛰었다. 의회에서 행한 처칠의 가장 유명한 연설은 이 모든 노력들의 결정판이라고 할 수 있다. "우리는 나약해지거나 실패하지 않을 것입니다. 우리는 끝까지 싸울 것입니다. 우리는 프랑스에서 싸울 것입니다. 우리는 바다와 대양에서 싸울 것입니다. 우리는 자신감과 힘을 길러 하늘에서 싸울 것입니다. 우리는 어떠한 대가를 치르더라도 조국을 지켜낼 것입니다. 우리는 해변에서 싸울 것입니다. 우리는 상륙 지점에서 싸울 것입니다. 우리는 들판과 거리에서 싸울 것입니다. 우리는 언덕에서 싸울 것입니다. 우리는 절대로 항복하지 않을 것입니다. 그리하여 하나님이 정하신 언젠가, 신세계(미국)가 온 힘을 다해 구세계(유럽)의 구원과 자유 수호에 동참하게 될 것입니다."

효과는 분명하게 나타났다. 영국인들은 패배주의에서 벗어나 처칠의 지도력 하에 총 단결했다. 한때 '해가 지지 않는 나라'로 불리며 세계 최강대국으로 군림한 '대영제국'의 자부심도 이들의 항전 의지에 불을 지폈다. 비관적 태도를 곧잘 드러냈던 조지 6세도 어머니에게 "개인적으로 즐겁습니다. 정중하게 대하고 비위를 맞춰야 할 동맹국(프랑스)이 우리에게 없으니 말입니다"라는 전향적 편지를 보냈다. 온건파 정치인들도 대부분 돌아섰다. 영국의 상황을 예의주시하던 히틀러는 이들이 스스로 굴복할 뜻이 없음을 확인했다. (히틀러는 초반에 외교 경로를 통해 영국을 회유해 보려고 했다. 측근들은 곧바로 쳐들어가야 한다고 주장했으나, 그는 영국이 자발적으로 항복할 가능성을 배제하지 않았다.) 결국 7월 4일 영국을 침공하기로 결정했다. 이 나라는 섬나라였기 때문에 독일군이 도버 해협을 건너야만 했다. 해군을 통한 침공은 승산이 없었다. 오랫동안 영국 해군은 세계 최강의 전력을 보유하고 있었기 때문이다. 더욱이 독일 해군은 앞서 발발한 노르웨이 전투에서 영국 함대에 의해 치명상을 입은 상태였다. 대안으로써 독일 공군총사령관인 헤르만 괴링이 나섰다. 괴링은 공군으로 영국을 침공하는 게 현실적으로 가장 유리하다고 주장했다. 당시 독일의 공군력은 양적으로나 질적으로 세계 최고 수준이었다. 공군에 의해 영국군의 방어망이 무력화되면, 그제야 해군이 육군을 실어 날라 영국 본토를 점령하면 된다고 첨언했다. 히틀러는 괴링의 주장에 동의했다. 이로써 영국군과 독일군 간의 대규모 공중전이 예고됐다. 영국은 독일이 해전이 아닌 공중전으로 나올 것이라 예상했으며 이와 관련한 대비를 해나갔다. 독일이 프랑스를 함락시킨

후 적지 않은 시간을 흘려보내면서 영국은 어느 정도 대비할 시간을 벌었다. 무엇보다 양적 측면의 열세를 보완할 비장의 카드가 마련됐다. '체인홈'이라고 불리는 레이더다. 전자파를 활용해 프랑스 해안가부터 100마일 떨어진 내륙까지 적군의 움직임을 사전에 포착할 수 있었다. 레이더에 기반한 영국군은 독일 공군의 예상 경로에 항공기를 미리 배치해 놨다. 독일군의 암호 체계인 에니그마도 해독해 냈다. 이를 통해 독일 공군의 작전을 사전에 파악할 수 있었는데, 독일군은 전쟁이 끝날 때까지 자신들의 암호가 해독되는 것을 몰랐다고 한다.

역사적인 공중전의 서막은 7월 10일에 올랐다. 70대에 달하는 독일군 항공기가 도버해협 상공에서 공세를 감행했다. 영국 공군은 총사령관인 휴 다우딩의 지휘 하에 적극적으로 맞대응했다. 54대의 항공기가 날아올라 치열한 교전을 벌였다. 이후에도 양국군은 공중에서의 난타전을 이어갔다. 독일군 폭격기가 도버 해협에 있는 영국군 수송선단 및 군함을 공격하면, 영국군 전투기가 등장해 요격을 시도하거나 전투기들 간 교전을 벌이는 양상을 띠었다. 도버해협 전투는 8월 11일까지 이어졌다. 이 기간 동안 영국군은 총 115대의 항공기를 상실한 반면 독일군은 200대가 넘는 항공기를 잃었다. 얼핏 보면 독일군이 실패한 것 같지만 실상은 달랐다. 본토 방어가 절실한 영국군 항공 전력을 적잖게 갉아먹는 효과를 냈다. 영국군 지휘부도 독일군의 전술에 말려들었음을 뒤늦게 깨달았다. 휴 다우딩은 적기를 추격하지 않음은 물론 해협에 있는 수송선단과 군함을 더 이상 보호하지 않겠다고 선언했다. 즉 도버해협에서 물러나 본토 방어에 전념하겠다는 것이었다. 처칠 등은 이에 동의하지 않았지만 완고한 사령관을 꺾을 수 없었다. 결국 전초전의 승리는 독일군이 가져갔다. 히틀러는 곧바로 영국 본토에 대한 폭격을 지시했다. 지상군을 본토에 상륙시키는 '바다사자 작전'에 앞서, 영국 공군과 주요 군사시설들을 쳐부수려는 속셈이었다. 단 영국의 수도인 런던에 대한 폭격은 보류했다. 일각에서 반발이 있었지만, 히틀러는 역효과를 우려해 이 같은 조치를 내렸다. 8월 13일, '독수리의 날 작전'이 시행됐다. 안 좋은 날씨로 인해 이날 오후에 공격이 시행될 예정이었지만, 명령 계통의 착오로 일부 폭격기들이 오전에 영국 남동부 지역으로 날아가는 일이 발생했다. 독일군으로서는 해당 폭격기들이 단숨에 몰살당할 수 있는 위험한 상황이었다. 다행히 영국군이 적절히 대처하지 않는 행운이 뒤따랐다. 이에 목표로 했던 비행장 폭격을 어느 정도 달성했다. 오후가 되자 정상적인 작전이 개시됐다. 수많은 독일군 항공기들이 영국 상공을 가로질러 나아갔다. 독일군은 오전에 괜찮은 전과를 올려서 자신감이 충만했다. 그러나 영국군은 만반의 대비를 하고 기다리고 있었다. 이미 레이더를 통해 적기의 규모와 이동경로 등을 파악했고, 항공기들을 적절한 위치에 배치해 놨다. 독일군 항공기들이 나타나자 영국군 항공기들이 적극적으로 요격에 나섰다. 독일군은 크게 당황하면서도, 적기에 대한 맞대응과 목표로 하는 비행장들을 폭격하려 애썼다. 양국군 사이의 공중전이 몇 시간 동안 이어졌다. 결과는 영국군의 승리였다. 약 50대에 달하는 독일군 항공기들을 격추했고 비행장도 가벼운 피해를 입었다.

며칠 뒤에 독일군은 재차 공격을 시도하려 했다. 이번에는 영국의 북부와 중부 지역에 있는 주요 시설들을 기습 공격한다는 계획을 세웠다. 해당 지역에 있는 영국군 항공기들이 남동부 지역의 영국군 제11전투비행단을 지원하러 감에 따라, 해당 지역이 상대적으로 취약해졌을 것이라고 예상했다. 하지만 영국군은 레이더와 암호 해독을 통해 독일군의 작전 계획을 간파하고 있었다. 독일군 제5항공군이 북해를 가로질러 나아갈 때, 갑자기 영국군 제13전투비행단이 나타나 맹렬한 공격을 퍼부었다. 제5항공군은 궤멸적인 타격을 입었다. 절반에 달하는 항공기들이 격추되거나 크게 손상됐다. 화가 난 독일군은 보복하기 위해 8월 18일 대대적인 공세를 감행했다. 영국군도 격렬히 맞서면서, 양측은 이날 항공전 전체를 통틀어 가장 극심한 혈투를 치렀다. 독일군은 70대가 넘는 항공기를 잃었고 영국군은 40대 이상의 항공기가 파괴됐다. 피해 규모를 보면 영국군이 선방한 듯 보이지만, 소모전에 따른 고통을 비켜갈 수 없었다. 영국 공군은 이때가 "가장 괴로웠던 날"이라고 밝혔다. 처칠도 "인류의 전쟁 역사상, 이렇게 많은 사람들이 이렇게 적은 사람들에게 이렇게 큰 빚을 진 적은 없었다"라고 말했다. 독일군 지휘부는 당초 예상과 달리 영국군의 저항이 만만치 않음을 느꼈다. 기실 괴링은 속전속결로 영국 공군과 군사 시설들을 쓸어버릴 수 있다고 확신했었다. 그 예상이 보기 좋게 빗나가자 전술 수정을 고민했다. 무엇보다 폭격기의 피해를 줄이기 위해 메서슈미트 전투기가 바짝 붙어서 호위하게 했다. 호위를 받지 않는 폭격기의 경우, 목표 지점에 폭탄만 떨어뜨리고 곧바로 철수하도록 했다. 항공기들이 레이더에 잘 걸려들지 않도록, 해협 상공에서 선회 비행을 하는 등의 기만책도 구사하게 했다. 또한 주간뿐만 아니라 야간에도 공세를 펼치라고 지시했다. 이에 맞서 영국군도 전투 대비를 강화하는 모습을 보였다. 무선 감청을 원천 봉쇄하기 위해 모든 통신 코드와 암호를 변경했다. 무기 생산에도 박차를 가해 전투기 수량을 늘렸고 조종사도 지속적으로 충원했다. 공중전은 8월 24일부터 속개됐다. 독일군 항공기들은 새로운 전술을 적절히 구사하며 영국 공군기지를 집요하게 공격했다. 2주 간 무려 33회의 공격이 주야간을 넘나들며 이뤄졌다. 이전처럼 영국군 전투기들이 독일군 폭격기들을 저지하기 위해 다가서면, 근접 호위를 하고 있던 독일군 전투기들이 거세게 반격했다. 과거와 달라진 적군의 모습에 영국군은 당황했다. 더욱이 야간 공세가 자주 이뤄지면서 영국군은 고전을 면치 못했다.

영국군 내부에서의 불협화음은 전황을 더욱 악화시켰다. 하나의 비행단이 전투를 치르면 또 다른 비행단은 공군기지를 방어해야 했는데, 그 비행단마저 전과에 눈이 멀어 전투 참여에 무게를 뒀다. 설상가상으로 수십대의 항공기가 상공에서 편대를 이루는 (시간이 많이 소요되는) '대편대 전술'을 고집하다 보니, 의도했던 전투 참여마저도 제대로 못하는 상황이 발생했다. 이에 따라 영국 공군기지들은 독일군의 공격에 쉽게 노출돼 큰 피해를 입었다. 9월 초까지 이어진 독일군의 공세로 수많은 공군기지 및 공장들이 파괴됐으며, 약 500대에 달하는 영국군 항공기가 소멸했다. 영국군의 중심에 있었던 제11전투비행단은 궤멸에 가까운 위기에 처했다. 다만 독일군 항공기들도 만만치 않은 손실을 입었다. 공중전이 잠시 소강상태에 접어들었을 때, 영국군은 사력을 다해 피해 복구에 나섰다. 공병들이 달려들어 파괴된 기지를 수리했고, 공장 노동자들은 잠도 자지 않으면서 항공기를 생산해 냈다. 숙련 조종사들도 적극적으로 양산한 뒤 전장에 투입했다. 현실은 암담했지만 영국군과 국민들의 항전 의지만큼은 조금도 꺾이지 않았다. 이를 통해 영국은 훗날을 도모할 수 있었다. 히틀러는 영국 공군이 돌이킬 수 없을 정도로 쪼그라들었고, 머지않아 항복할 것이라는 보고를 수차례 접했다. 그러나 현실이 다르게 돌아가자 대단히 난감해했다. 지지부진한 전역을 전환시킬 수 있는 획기적 조치를 모색했다. 공격을 보류했었던 런던으로 눈을 돌리기 시작한 것이다.

■ 영국의 승리

런던 대공습은 일찌감치 예고된 것이었다. 8월 24일, 독일군 폭격기 2대가 길을 잃고 헤매다가 런던 시가지에 폭탄을 떨어뜨리는 사건이 발생했다. 오폭이었지만 런던은 적잖은 피해를 입었다. 이 사실을 보고받은 처칠은 크게 분노하면서 즉각적인 보복을 지시했다. 영국 공군은 25일 야간에 베를린 중심부에 폭격을 감행했다. 비록 소규모 공습이었으나 독일군의 체면은 말이 아니었다. 방공망이 완벽해서 베를린 상공에 적기가 나타나지 않을 것이라던 괴링의 호언이 무색해졌다. 이를 계기로 그동안 런던 공습만큼은 보류했었던 히틀러의 마음이 돌아섰다. 그는 연설을 통해 "그들(영국군)이 폭탄

영국의 수도인 런던을 공습하고 있는 독일군 폭격기. 해를 넘어가며 벌어진 양국 간 공중전은 사실상 영국의 승리로 끝났다.

을 떨어뜨렸다면 우리는 그 10배, 100배, 1000배의 폭탄을 떨어뜨릴 것이다. 그들의 도시 하나도 남기지 않고 잿더미로 만들어버릴 것이다. 이제 둘 중 하나가 참혹한 패배자가 될 때가 왔다"라고 외쳤다. 독일군은 런던을 공습하기 전, 나름의 전략을 세워두고 있었다. 영국의 심장부인 이곳을 공격하면, 각지의 영국군 항공기가 몰려들어 한꺼번에 궤멸시킬 수 있을 것이라고 기대했다. 그렇게 되면 독일 육군의 영국 본토 상륙도 훨씬 수월해진다고 봤다. 수도에 대한 타격으로 영국인들의 항전 의지가 꺾이는 것도 기대해 볼만했다. 다만 일각에서 런던 공습에 반대하는 목소리도 나왔다. 독일군 항공기가 런던까지 가기에는 항속거리가 짧으며, 군부 주류의 예측과는 달리 영국군 항공기가 약 1000대에 달해 승리를 장담할 수 없다고 경고했다. 히틀러는 설득력 있는 반대 목소리를 철저히 외면했다. 그런 다음 9월 7일 런던 공습을 명했다.

영국군은 독일군 항공기가 런던이 아닌 남동부 지역으로 날아올 것이라 예상했다. 해당 지역에 수많은 방공시설을 설치했고 항공기들을 배치했다. 이 덕분에 독일군 항공기들은 별다른 저항을 받지 않고 런던으로 날아갈 수 있었다. 방어가 상당히 허술했던 런던은, 독일군 폭격기 편대의 맹폭을 받고 불바다가 됐다. 공포에 사로잡힌 런던 시민들은 지하철 등으로 대피했다. 영국군 항공기들이 부랴부랴 날아와 독일군 폭격기들을 공격했으나 이미 엎질러진 물이었다. 영국군의 오판으로 말미암아 독일군은 런던을 표적으로 한 공중전 초반에 산뜻한 출발을 했다. 괴링 등은 영국군의 방공 능력이 취약해졌다며 기뻐했고 영국의 항복이 머지않았다고 확신했다. 이 역시 오판이었다. 독일군이 런던에 집중하는 사이, 앞서 큰 피해를 입었던 영국군 제11전투비행단이 전력을 빠르게 복구했다. 9월 9일 독일군 항공기가 재차 런던을 목표로 날아갈 때, 기다렸다는 듯 제11전투비행단이 대거 출격해 공세를 펼쳤다. 이들의 공세는 도버해협 상공에서부터 시작해 런던 인근으로까지 이어졌다. 영국군 항공기들이 마치 '물고 늘어지는 것처럼' 끈질기게 공격함으로써, 상당수의 독일군 항공기들이 런던에 닿기도 전에 추락했다. 집요한 공세를 뚫고 겨우 런던에 도착한 독일군 항공기들은 또 다른 난관에 부딪혔다. 이번에는 영국군 제12전투비행단의 대편대가 기다리고 있었다. 더욱이 항속거리가 짧았던 독일군 항공기들은 런던 상공에서 불과 5~10분밖에 머무르지 못했다. 이에 독일군은 런던에 유의미한 타격을 가하지 못하고 퇴각해야 했다. 영국군 제11전투비행단은 돌아가는 독일군 항공기들도 가만히 놔두지 않았다. 이전처럼 끝까지 물고 늘어지면서 커다란 피해를 입혔다. 독일군 지휘부는 영국군의 전력이 아직 건재하다는 사실에 경악했다. 그러면서 초조해지기 시작했다. 히틀러가 야심 차게 준비한 영국 본토 상륙작전 시일(9월 21일)이 다가오고 있었던 만큼, 그전에 영국 공군과 주요 시설들을 완전히 파괴해야만 했다. 고심 끝에 괴링은 주간만이 아닌 야간에도 런던을 공습하기로 결정했다. 어둠이 짙게 깔린 상황이, 독일군 항공기들의 든든한 우군 역할을 할 것이라 판단했다. 야간 공습에 대한 방어가 제대로 돼 있지 않았던 영국군은 초전에는 당황하며 상당한 피해를 입었다. 그러나 이내 적응하며 효과적인 방어 및 반격을 해나갔다.

독기가 바짝 오른 괴링은 9월 15일 약 1200대에 달하는 항공기들을 동원한 대규모 공격을 지시했다. 물량으로 밀어붙여 끝장을 보겠다는 심산이었다. 영국군은 레이더를 통해 적기의 이동경로를 속속들이 꿰뚫어 보고 있었다. 스핏파이어와 허리케인 등 600여 대의 항공기가 런던으로부터 한참 멀리 있는 지역에서 응전에 나섰다.

이들은 숫자에서는 밀렸지만, 기민하고 집요한 전술로 독일군 항공기들을 괴롭혔다. 지난 9일 전투 때와 비슷한 양상이 나타났다. 상당수의 독일군 항공기들이 런던에 도달하기도 전에 격추되거나 본국으로 되돌아갔다. 간신히 런던에 도달한 독일군 항공기들 앞에는 또 다른 영국군 항공기들이 나타나 요격을 시도했다. 수많은 독일군 항공기들이 잇따라 격추돼 지상으로 추락했다. 일부 폭격기들이 폭탄을 떨어뜨리긴 했으나, 격렬한 반격과 연료 부족 등으로 인해 오래 지속하진 못했다. 사실상 독일군은 당초 계획한 런던 대공습을 제대로 해보지도 못하고 철수해야 하는 지경에 이르렀다. 이 날 영국군은 보유하고 있는 모든 항공기들을 전투에 투입한 셈이었다. 그야말로 총력전을 벌인 끝에 '배틀 오브 브리튼 데이'라는 영국 공군 역사상 가장 빛나는 전과를 올렸다. 이후에도 독일군의 어려움은 지속됐다. 이번에는 날씨가 걸림돌이었다. 기상 악화로 항공기가 뜰 수 없는 상황이 발생했고, 그 사이에 영국군은 전열을 재정비할 시간을 벌었다. 영국 본토 상륙작전 시일이 코앞에 닥쳤음에도 독일군은 영국 공군을 전혀 궤멸시키지 못하고 있었다. 의기양양했던 괴링은 눈에 띄게 의기소침해졌다. 결국 히틀러는 바다사자 작전이 불가능하다는 현실을 인정해야만 했다. 자존심을 누그러뜨리고 작전을 무기한 연기한다고 선언했다. 그 대신에 런던을 비롯한 영국 본토에 대한 폭격은 지속하라고 명했다.

독일군은 주간과 야간에 번갈아가면서 간헐적 공습을 시행했다. 이 와중에 상당한 전과를 올리기도 했다. 11월, 군수물자를 생산하는 공장이 모여있는 코번트리를 겨냥한 대규모 야간공습은 해당 지역을 쑥대밭으로 만들었다. 12월 말에 행해진 런던에 대한 야간공습도 굉장한 타격을 입혔다. 1941년에도 독일군은 간헐적 공습을 이어갔다. 하지만 영국군과 국민들은 굴복하기는커녕 오히려 전투를 통해 강해지는 모습을 보였다. 레이더 등의 도움을 받은 영국군 항공기들은 적시에 날아올랐고, 곳곳에 세워진 대공포대는 독일군 항공기들에게 정밀한 포격을 가했다. 국민들은 너 나 할 것 없이 용감하게 나서서 파괴된 건물 잔해들을 치우고, 노동자들과 함께 주요 시설들을 복구했다. 미국으로부터 은밀하게 군수물자가 반입돼 힘을 보태기도 했다. 1941년 중반이 되자, 독일군과 영국군 간의 대규모 공중전은 중단됐다. 이 시기에 히틀러의 관심사는 영국이 아닌 동쪽, 즉 소련에 있었다. 영국이 소련의 지원을 믿고 버틴다고 판단한 그는, 영국 점령은 잠시 뒤로 미루고 소련을 먼저 굴복시켜야 한다고 선언했다. 이에 소련을 침공하기 위해 상당량의 공군 전력을 동부전선으로 이동시켰다. (영국군은 이를 기회로 삼아 독일 본토를 겨냥한 역공을 단행하기도 했다.) 그렇다고 영국에 대한 독일군의 공세가 완전히 사라진 것은 아니었다. 1944년까지 바데커 공습, 스타인복 작전, V-1,2 로켓 미사일 공격 등이 전개됐다. 수천 명의 민간인들이 사망하고 가옥이나 시설들이 다수 파괴됐지만, 대세를 돌리기에는 역부족이었다. 역사상 유례가 없는 공중전은 사실상 영국의 승리로 끝났다. 위풍당당했던 프랑스를 단숨에 제압한 뒤 기세가 하늘을 찔렀던 독일은, 이 전역으로 말미암아 크게 꺾였다. 지휘부와 병사들의 사기 저하는 물론 심각한 전력 손실을 초래했다. 독일군 지휘부가 예상했던 것보다 훨씬 많은 항공기들이 파괴됐다. 가장 치명적인 것은 수많은 베테랑 조종사들의 소멸이다. 이는 훗날 벌어지는 전역에서 독일군에게 부정적인 요소로 작용한다. 아울러 독일은 제1차 세계대전 때처럼 양면 전선의 늪으로 빠져들게 됐다. 결과적으로 독일의 패망으로 이어지는 단초가 만들어진 셈이다. 여담으로 한 독일군 장군은 자신들의 군대가 2차 대전에서 패배한 결정적 원인이 무엇이었냐는 질문을 받았을 때, 거침없이 "영국 항공전"이라고 답했다. 질문을 했던 소련인은 '독소 전쟁'이라는 답이 나오지 않자 머쓱해했다고 한다. 반면 영국은 가장 어두운 시간에 극적으로 살아남았다. 비록 본토와 공군 전력이 격심한 피해를 입었으나, 독일군의 침공을 저지하는 데 성공했고 미국 소련과 함께 대반전을 도모할 계기를 마련했다. 전시 체제를 성공적으로 이끈 처칠은 또다시 감동적인 연설로 모든 이들의 사기를 북돋웠다. "우리들 각자 각오를 다집시다. 대영제국과 그 연방이 1000년을 더 지속한다고 할지라도, 후대의 사람들이 이 순간을 돌아보며 '이때야말로 최고의 순간이었노라'라고 말할 수 있도록 말입니다."

"누구나 전쟁에서 자신이 죽는다고 생각하지 않는다.
자신은 살아남아서 죽은 전우들을 묻게 될 것이라고만 생각한다.
하지만 현실은 그렇지 않다."
―아돌프 히틀러

06

독소 전쟁

인류 역사상 최대 최악의 전쟁

○ 히틀러와 스탈린의 총력전 전말

1945년 4월, 베를린을 점령한 소련군이 국회의사당 건물에 소련 국기를 내걸고 있다.

"그대들은 총력전을 원하는가? 필요하다면, 오늘날에는 상상도 하지 못할 더욱 총력적이고 급진적인 전쟁을 원하는가? 그대들은 조국의 군단이 되어 총통을 따라 우리 군대를 뒷받침하고, 강한 투지로 전투에 참여하여, 마지막에 승리가 우리의 것이 될 그날까지, 기꺼이 싸워나가겠는가? 이제 국민들이여, 감연히 일어나서 폭풍을 일으켜라."
－요제프 괴벨스 총력전 연설 中

"참호 바닥에는 녹색 군복의 독일군, 회색 군복의 소련군과 사람 형상의 파편이 꽁꽁 얼어붙어 누워 있었다. 부서진 벽돌 부스러기 사이에는 소련군과 독일군의 철모들이 놓여 있었다. 누구든지 어떻게 살아남을 수 있었을까 상상하기란 어려웠다. 마치 미쳐 날뛰던 정신병자가 갑자기 심장마비로 죽은 듯, 이제 이 화석화된 지옥 속에서 모든 것이 조용했다."
－스탈린그라드 회상 中

인류사에서는 수많은 전쟁들이 있었다. 이 가운데 가장 규모가 크고 악질적인 전쟁을 꼽으라면 단연 '독소 전쟁'이다. 아돌프 히틀러의 독일과 스탈린의 소련이 정면으로 격돌한 이 전쟁은 기존의 전쟁과는 차원이 달랐다. 앞서 독일과 프랑스의 전쟁에서 후자가 패배했지만, 그 누구도 해당 국가의 소멸을 의도하거나 우려하지 않았다. 프랑스는 그저 2등 국가로 전락하는 정도에 그칠 터였다. 하지만 독일과 소련의 전쟁은 어느 한쪽의 완전한 '절멸', 즉 이 지구상에서 사라지게 만드는 데에 주안점을 뒀다. 두 국가가 내세우는 이념과 가치는 결코 양립할 수 없었기에 필연적으로 파국을 초래했다. 특히 인종주의와 게르만 민족의 동방 생활권을 앞세운 히틀러는, 소련과 슬라브 민족을 반드시 제거해야 할 암적 존재로 여겼다. 이러한 바탕 위에서 벌어진 독소 전쟁은 사상 유례없는 전사자를 발생시켰다. 소련군만 최소 860만 명에서 최대 2600만 명에 육박하는 전사자가 나왔다. 민간인들도 무수히 사망했다. 소련군에 비할 바는 아니지만, 독일군도 약 300만 명에 달하는 병력이 전사했다. 현재에도 그리고 앞으로도 이 같은 피해 규모를 갖는 단일 전쟁은 좀처럼 발발하지 않을 것으로 보인다.

독소 전쟁은 소련군이 기사회생해 전세를 극적으로 역전시키는 과정이 두드러졌다. 막강한 전력을 갖춘 독일군의 기습 공격으로 소련군은 초전에 처참하게 붕괴됐다. 군사적으로 무능한 스탈린의 오판이 치명적인 악영향을 미쳤다는 것은 주지의 사실이다. 소련 내부는 물론 미국과 영국에서도 소련군이 오래 버티지 못할 것이라고 전망했다. 독일군은 다시 한번 무적의 군대로서의 위용을 유감없이 뽐냈다. 그런데 암담한 상황 속에서 소련군은 되살아났다. 소련군 병사들과 민간인들의 초인적인 노력이 빛을 발했고, 소련 특유의 자연환경과 미국의 지원 등이 힘을 보탰다. 강하게 얻어맞으면서도 적군으로부터 군사 전략을 습득하거나, 자체적 노력으로 군의 현대화를 달성하는 모습도 보였다. 놀라울 정도의 회복 탄력성이 표출됨으로써, 소련군은 독소 전쟁을 승리로 이끄는 쾌거를 이룩했다. 나아가 소련은 미국과 자웅을 겨룰 수 있는 초강대국으로까지 성장했다. 제2차 세계대전에서 소련군의 맹활약으로 연합국

스탈린과 히틀러. 두 독재자는 인류 역사상 가장 많은 병력이 동원되고, 가장 많은 전사자를 발생시킨 대전쟁을 치렀다.

이 승전한 것은 역사적으로 참 다행스러운 일이다. 시대의 강고한 흐름같이 보였던 히틀러의 독일을 꺾는데 소련의 역할이 두드러졌다는 사실은, 매우 오묘한 역사적 섭리로도 평가받는다. 다만 세계인들은 큰 혜택을 입었을지 몰라도 소련인들은 여전히 힘든 삶을 살아야 했다. 더욱 견고해진 독재자의 압제 하에서 오래도록 신음할 수밖에 없었다. 이러한 측면을 감안할 때, 세계인들은 과거 소련인들의 영웅적인 투쟁과 희생에 큰 빚을 졌다고 해도 과언이 아닐 것이다. 인류 역사상 최대 최악의 전쟁인 '독소 전쟁' 전말을 되돌아봤다.

■ 거짓 협력

나치 독일과 소련은 근본적으로 양립하기 어려운 사이였다. 아돌프 히틀러는 소련의 공산주의 이념과 민족성을 매우 혐오했다. 또한 자라나는 소련의 군사력을 위협적으로 여겼으며, 언젠가 소련과의 전쟁이 필연적으로 발생할 것이라고 확신했다. 스탈린도 히틀러와 나치즘이 지향하는 바가 소련의 그것과 완전히 상충된다고 판단했다. 기실 독일과 소련, 둘 다 국가주의 국가론에 기반한 전체주의를 지향한다는 점에선 동일했다. 다만 소련의 공산주의 이념이 노동자와 무산계급 주도로 국유화, 계획경제 등을 통한 평등사회를 지향한 반면 독일의 파시즘은 초엘리트 수뇌부의 주도로 국가 및 군국주의를 통한 적자생존, 불평등, 패권주의를 지향했다. 스탈린은 독일이 소련을 비롯한 여타 국가들을 침략할 것에 대해서도 우려했다. 극동에서 일본의 위협도 상존하고 있었던 만큼, 그는 해법을 마련해야 했다. 결국 고립을 포기하고 영국, 프랑스 등 서구 자본주의 국가들과의 관계 개선에 나섰다. 국제연맹에 가입함과 더불어 전 세계 공산당 조직에게 혁명투쟁 포기 및 반파시즘 전선을 형성하라고 촉구하는 등 서구의 환심을 사기 위해 노력했다. 영국, 프랑스도 독일의 위협을 비슷하게 느끼고 있었기 때문에 (소련이 탐탁지 않았지만) 마지못해 소련과의 협력을 모색했다. 다만 어디까지나 소극적인 협력이었다. 영국, 프랑스는 소련을 동등하게 보지 않고 하위 파트너 정도로 여겼다. 이에 소련이 무언가를 진지하게 제안하면 시큰둥하게 반응하기 일쑤였다. 소련이 발트해–지중해에 있는 국가가 독일에게 침략을 당하면 세 국가가 힘을 합쳐 격퇴하자고 제안했으나, 영국과 프랑스는 명확한 답변을 하지 않았다. 동맹이나 군사 협정을 체결하자는 제안에도 마찬가지 반응을 보였다. 실제로 군사협정 문제를 논의하기 위한 자리에, 소련은 스탈린의 최측근인 보로실로프 등 최고위급 장성들을 참석시켜 동원 가능한 소련의 군사력을 일일이 설명하는 열성을 보였다. 그러나 영국과 프랑스는 특별한 권한을 갖지 않은 인사를 참석시켰으며, 소련에 비해 매우 미비한 군사력만을 제시했다. 일례로 소련이 약 120개 사단을 전투에 투입할 수 있다고 하면, 영국은 기껏해야 16개 사단을 투입할 수 있다고 했다. 1938년, 독일이 체코슬로바키아의 주데텐란트를 병합하려 하면서 불거진 '체코 위기' 때도 소련은 하대를 받았다. 영국과 프랑스는 가급적 전쟁을 피하고 대화로 문제를 해결하려 했다. 이에 주도적으로 나서서 독일과의 협상을 시도했다. 소련은 여기에 조금도 끼지 못했다. 체코 위기 해법을 모색하기 위한 뮌헨 회담에도 초청받지 못했다.

소련이 서구와의 연대에 회의감을 갖는 것은 자연스러운 일이었다. 소련 수뇌부에서 '영국에게는 적대적이고 프랑스에게는 냉담한' 분위기가 형성됐다. 스탈린의 인내심도 한계에 도달하고 있었다. 이런 가운데 뜻밖의 반전이 일어났다. 1939년 5월, 독일로부터 소련과 몇 가지 사안들을 놓고 협상할 수 있다는 메시지가 도착했다. 이 시기 독일은 제2차 세계대전의 도화선이 되는 폴란드 침공을 눈앞에 두고 있었다. 폴란드 침공 시 영국과 프랑스의 선전포고가 있을 것으로 판단한 히틀러는, 양면 전선의 위험을 없애기 위해 동쪽의 소련을 구슬려 묶어두려고 했다. 독일이 제시한 협상안은 소련의 관심을 끌기에 충분했다. '불가침 조약'과 동유럽 영토 분할에 관한 비밀 의정서, 무제한적인 무역 재개 등이었다. 소련의 입장에서는 그토록 바라던 것들이 저절로 들어온 만큼, 적극적으로 협상에 임할 수밖에 없었다. 8월, 독일 외무장관인 리벤트로프가 소련의 수도인 모스크바로 갔다. 스탈린이 직접 나와 "우리는 그동안 서로를 참 많이 욕했습니다"라고 농담을 건네며 리벤트로프를 환대했다. 이후 본격적으로 협상이 진행됐다. 불가침 조약 건은 무난하게 넘어갔고, 동유럽 영토 분할 건에서 상호 간 이해관계 조정이 있었다. 히틀러가 쟁점이 될만한 라트비아를 포기하기로 하면서 이 건도 합의가 이뤄졌다. 마침내 소련의 외무상인 몰로토프와 리벤트로프가 한 테이블 앞에 앉아 관련 문서에 서명하면서, 독일과 소련 간의 협정이 체결됐다. 이 당시 몰로토프 뒤에 있던 스탈린은 만면에 웃음이 가득한 모습이었다. 아마도 이를 계기로 전쟁 위험에서 벗어남은 물론 옛 차르 제국의 영광까지 되찾을 수 있을 것이라고 판단했던 듯하다. 히틀러 역시 협정체결 소식을 접한 직후 "이제 유럽은 내 것이다"라고 외치며 기뻐했다고 한다. 동쪽에 대한 염려는 제쳐두고 온전히 서쪽에만 집중할 수 있게 됐기 때문이다. 도저히 양립할 수 없을 것 같았던 두 국가의 반전 행위에, 영국과 프랑스는 커다란 충격에 휩싸였다. 방심하고 있다가 제대로 뒤통수를 맞은 격이었다. 뒤늦게 진위 파악에 나섰지만 이미 때는 늦었다. 전 세계를 참화의 구렁텅이로 몰아넣는 제2차 세계대전이 곧 발발하게 될 것이었다.

■ 다가오는 파국

　독일군이 전격적으로 폴란드를 침공하자, 소련군도 빠르게 폴란드 영토로 진격했다. 협정에 의거한 대로 폴란드의 절반을 점령하기 위해서였다. 목표는 순조롭게 달성됐다. 이후 소련군은 발트해 연안에 있는 국가들을 압박했다. 에스토니아, 라트비아, 리투아니아 등이 소련군의 영향력 하에 놓였다. 또 다른 표적이었던 루마니아도 자신들의 영토 일부를 소련군에게 넘겨줬다. 스탈린은 이 기회에 소련의 영토와 군사적 지위를 크게 신장시킬 생각이었다. 다만 욕심이 과하면 탈이 나는 법. 핀란드에서는 재앙적인 상황을 맞이했다. 소련군은 핀란드를 세력권 하에 두기 위해 수십만 명의 병력을 거느리고 공격했다. '겨울 전쟁'이었다. 당초 쉽게 이길 것이라 확신했던 이 전쟁에서, 소련군은 핀란드군의 막강한 방어선인 '마너하임'에 발목이 잡혔다. 명중률이 매우 높은 핀란드군 저격수들과 스키 부대도 소련군을 극도로 괴롭혔다. 4개월 여만에 12만 명이 넘는 소련군 병력이 전사하는 사태가 발생했다. 과거 스탈린의 혹독한 군부 숙청으로 인한 폐해가 고스란히 드러나는 대목이었다. 숙청으로 전력이 취약해진 소련군은 원시적 보병 전술에만 의존하다가 궤멸적 타격을 입었다. 그나마 병력을 대폭 충원한 뒤 물량 공세를 펼침으로써, 가까스로 방어선을 돌파할 수 있었다. 이후 소련은 강화 조약을 체결하고 핀란드 영토 일부를 할양받았다. 결코 승리했다고 말할 수 없는 겨울전쟁의 책임을 지고 보로실로프가 물러났다. 그 뒤를 이어 티모셴코가 국방인민위원으로 임명됐다. 그는 나름대로 소련군의 전력을 개선시키기 위해 노력했다.

이 즈음에 독일군은 서유럽 전선을 휩쓸고 있었다. 벨기에와 네덜란드가 빠르게 함락된 데 이어, 막강한 육군력을 자랑하는 프랑스마저 단 6주 만에 독일군에게 무릎을 꿇었다. 이 같은 전개는 스탈린의 바람과는 완전히 상반된 것이었다. 그는 독일군이 제1차 세계대전 때처럼 서유럽 전선에서 발목이 잡혀 힘이 빠지길 바랐다. 그 사이 소련군은 전력을 강화하고 영토를 넓혀가면서 유럽의 새로운 강자로 부상할 계획이었다. 이것이 차질을 빚게 되자 스탈린은 매우 곤혹스러웠다. 영국과 프랑스의 패배를 의아해하면서도, 향후 독일이 소련에게까지 마수를 뻗칠 가능성을 염려하기 시작했다. 실제로 히틀러와 나치 수뇌부는 1940년 중순에 접어들면서부터 심상치 않은 모습을 나타냈다. 소련에 대한 적개심이 다시 점증했다. 독일군은 서유럽 전선에서 사투를 벌이고 있는데, 소련군은 너무도 쉽게 이권을 챙기고 있다는 불만이 작용했다. 소련군이 발칸 국가들까지 노리고 있다는 첩보는 이 같은 불만을 더욱 가중시켰다. 나아가 히틀러는 영국과 소련의 관계를 의심했다. 당시 영국은 서유럽에서 유일하게 독일에 대적하는 국가로 남았다. 독일의 평화협상 제의를 물리치고, 치열한 항공전까지 불사하며 필사적으로 저항하고 있었다. 히틀러는 이 같은 저항이 소련이라는 '믿는 구석'이 있기 때문에 가능한 것이라고 판단했다. 소련이 사라지면 영국도 더 이상 버티지 못할 것이며, 미국 역시 위협적인 상대가 되지 못한다고 봤다. 히틀러 특유의 사상까지 영향을 미쳤다. 그는 오래전부터 독일 게르만 민족이 살아갈 새로운 '생활공간'을 강조했다. 광활한 소련 영토는 이것에 적합한 것이었고, 독일군은 반드시 탈취해야만 했다. 구체적으로 아르한겔스크에서 아스트라한까지 뻗은 지역을 장악한 뒤, 게르만 민족을 이동시키고 그 땅과 원주민들을 식민 통치하는 것이었다. 우랄 산맥 너머에 있는 잔여 지역들은 소련인들로 채울 계획이었다. 이와 관련해 히틀러는 "소련을 독일의 인도로 만들겠다"라는 발언도 한 바 있다. 또한 인종주의에 심취한 히틀러는 유대인과 슬라브 민족들을 열등하게 여기고 '박멸'해야 할 대상으로 간주했다.

조만간 '프리츠'라는 암호명으로 된 총통의 극비 명령이 하달됐다. 소련을 겨냥한 군사작전 예비 연구를 실시하라는 것이었다. 독일군 수뇌부는 히틀러에게 제한 전쟁 가능성을 알렸다. 히틀러의 결심은 시간이 갈수록 뚜렷해졌다. 얼마 안 가 독일군 장성들이 모인 자리에서 충격적인 발언을 했다. 1941년 중순 정도에 소련의 '절멸'을 목표로 한 대규모 전쟁을 예고했다. 뒤이어 소련을 전방위적으로 공격할 대군을 조직하라는 명령도 내렸다. 이에 독일은 은밀히 소련과의 전쟁 준비에 박차를 가하기 시작했다. 동시에 기만책도 펼쳤다. 이탈리아, 일본과 1940년 9월 27일에 맺은 '삼국동맹'에 소련도 들어오라고 종용했다. 소련은 이에 대해 신중한 반응을 보였다. 기실 스탈린의 의중은 다른 데에 있었다. 동유럽에서 소련의 영향력을 더 넓힐 수 있는 조약 체결을 원했다. 히틀러는 불쾌한 반응을 보이며, 소련이 유럽이 아닌 영국령 인도로 나아가는 것을 제안했다. 당연히 소련은 이를 거부했다. 히틀러의 결심은 더욱 확고해졌다. 소련과의 거래를 청산할 최종 준비를 하라는 명령을 하달했고, 12월에 군사 지령 21호인 '바르바로사 작전'에 서명했다. 독일이 세계의 운명을 바꿀 대전쟁을 열심히 준비하는 동안, 소련에서는 혼란스러운 모습이 나타났다. 한편에선 독일군의 침공을 예상하고 '소극적' 대비를 했지만, 또 다른 한편에선 독일에게 '잘 보이기 위한' 의미 없는 노력이 행해졌다. (후자는 히틀러를 두려워한 스탈린의 의중이 전적으로 반영된 것이었다.) 소련군 지휘부는 1940년 중순부터 국경선 일대에 요새를 만드는 작업에 착수했다. 다만 그 요새들의 방어력은 매우 취약했다. 무엇보다 포와 무선통신 설비가 부족했다. 지뢰나 위장 등도 제대로 돼 있지 않았다. 국경선 일대에 기계화 군단과 비행 연대를 갖추려 했지만, 전쟁 직전까지 극히 적은 규모로만 갖춰졌다. 더욱이 이곳에 있는 병력은 훈련이 부족한 상태였고 사기도 최저 수준이었다. 지휘 체계가 잘 갖춰져 있다고도 말할 수 없었다. 소련군 지휘부는 독일군이 우크라이나와 카프카즈 등 남서부 지역을 공격할 것을 가정한 군사 시뮬레이션도 돌려봤다. 항공방어 등 나름대로 그럴싸한 방어 및 반격 계획이 도출됐지만, 실제로 당시 소련군의 전력을 감안할 때 실현 불가능한 계획이었다. 일부 지휘관들이 그저 스탈린의 환심을 사기 위해 허황된 계획만을 열거했던 것이다.

히틀러에게 잘 보이기 위한 스탈린의 행위는 애처로울 정도였다. 그는 주변에 있는 수많은 사람들의 우려와 경고를 귀담아듣지 않고, 독단적인 판단에만 의거해 히틀러를 상대하는 치명적 실수를 저질렀다. 독일군이 대대적으로 침공할 가능성은 낮으며, 쓸데없이 독일을 자극할 만한 군사 행동은 자제할 것을 당부했다. 이러한 기조로 인해, 국경선 일대에서는 소극적인 대비만 이뤄졌다. 불가침 조약 체결 당시 약속한 무역 의무는 충실하게 이행했다. 소련은 1년 5개월 동안 독일에게 석유 86만 5000톤, 곡물 150만 톤, 목재 64만 8000톤을 제공했다. 독일 해군에게 유익한 해상 기지를 제공했으며, 독일 공군에게 유익한 기상 보고까지 해줬다. 독일이 매우 소극적인 자세로 무역 의무를 이행하는 것과 극명한 대조를 이뤘다. 전쟁이 임박한 시기에도 스탈린은 자신의 고집을 꺾지 않았다. 이때에는 소련 내외에서 독일군이 조만간 침공할 것이라는 경고가 끊임없이 쏟아지고 있었다. 유명한 소련 간첩인 리하르트 조르게는 독일군이 1941년 6월 중순에 소련을 침공할 것이라는 구체적 정보를 제시했다. 영국의 윈스턴 처칠도 비슷한 경고를 보냈고, 소련의 정보기관인 NKVD(내무인민위원회)도 그랬다. 베를린에서 활동 중인 소련의 간첩이 직접 침공 정보를 알려주기도 했다. 하지만 스탈린은 이 모든 경고들을 무시하거나 반박했다. 독일과 소련의 좋은 관계를 이간질하려는 음모에 놀아난 것으로 치부해 버렸다. 심지어 전쟁 발발 하루 전날, 한 독일군 병사가 국경선을 넘어 "다음 날 독일군의 침공이 있을 것이다"라고 외쳤을 때 스탈린은 그 병사를 총살하라고 명했다. 스탈린의 의중을 충실히 떠받드는 소련 국영 통신사는 침공 정보를 일일이 반박하며 국민들을 안심시켰다.

두 가지 측면에서 스탈린의 판단을 분석해 볼 수 있다. 하나는 현실적 측면이다. 그는 히틀러의 독일군이 확실한 수적 우위를 확보하지 못한 상태에서 소련을 침공할 순 없다고 확신했다. 광대한 소련 영토와 군대를 공략하려면, 독일군이 2배 이상의 병력과 군수물자를 보유해야 했지만 그렇지 못하다는 것이다. 아직 영국을 굴복시키지 못한 상황이었기 때문에, 굳이 양면 전선의 위험을 감수하지 않을 것이라고도 봤다. 입수된 첩보인 6월 침공설도 현실성이 떨어진다고 판단했다. 오래지 않아 소련의 혹독한 추위가 찾아올 것이었기 때문이다. 또 다른 하나는 관념적 측면이다. 자존심이 강한 스탈린은 아마도 자신의 판단이 틀렸음을 끝까지 인정할 수 없었을지도 모른다. 그동안 소련 국민들에게 군사 천재이자 무오류의 인간으로 '개인 숭배'를 주입해 온 마당에, 이와 배치되는 양태를 용납하지 못했을 수도 있다. 설령 마음 깊은 곳에서는 다른 생각이 들 법도 했겠지만, 이를 억지로나마 억누르려 했을 가능성이 있다. 그럼에도 스탈린은 전쟁이 초읽기에 들어간 순간에는 고집으로만 일관하지 않았다. 되레 두려움과 초조함에 사로잡힌 나약한 인간의 모습을 보여줬다. 근심 어린 표정으로 이리저리 왔다 갔다 하며 혼잣말을 중얼거리거나, 주변 사람들이 약간의 조언만 해도 매우 신경질적인 반응을 나타냈다. 마지막에 가서는 두려움을 못 이기고 슬그머니 경계령을 발동하는 모습도 보였다. 경계령 발동은 너무 늦은 것이었다. 이미 독일의 대부대가 동쪽으로의 이동을 거의 완료했다. (독일은 해당 부대가 영국의 공격을 피하기 위해 잠시 동쪽에 주둔하는 것이라고 둘러댔다. 스탈린은 이 독일군이 소련이 아닌 그리스와 유고슬라비아 쪽으로 진격할 것이라고 전망했다.) 소련 침공을 목전에 둔 독일군의 전력은 실로 어마어마했다. 146개 육군 사단으로 편성된 350만 명의 병력과 3350대의 탱크, 2500대가 넘는 항공기 등이 공격 태세를 갖췄다. 독일의 동맹국이라 할 수 있는 핀란드와 루마니아도 적지 않은 병력을 파견했다. 1941년 6월 21일, 마침내 전군에 '도르트문트'라는 음어가 내려왔다. 22일 새벽 3시 30분에, 약 2000km에 달하는 국경선 전역에서 전면 공격을 개시하라는 명령이었다. 국경선에 있던 소련군 병사들은 심상치 않은 움직임을 포착했으나 별다른 조치를 취하지 못했다. 운명의 22일 새벽, 인류 역사상 최대 최악의 전쟁인 '독소 전쟁'의 서막이 올랐다.

■ 바르바로사 작전, 소련군의 붕괴

소련을 겨냥한 독일군의 공격은 초전부터 매우 신속하고 파괴적

1941년 6월 22일, 독일군이 전격적으로 소련을 침공했다. 독일군의 대규모 판터 전차가 소련 영토를 향해 진격하고 있다.

이었다. 독일군 항공기들이 빠르게 날아가 위장도 하지 않은 채 활주로에 줄지어 있는 소련군 항공기들을 대거 파괴했다. 불과 몇 시간 만에 66개 기지에 있는 약 1200대의 항공기가 파괴됐다. 주요 표적지인 민스크, 키예프, 세바스토폴에 무지막지한 폭격이 가해졌다. 경계 조치가 제대로 이뤄지지 않았기 때문에 치명적인 타격이 불가피했다. 이제 지상군이 들어갈 차례였다. 우선 특수 훈련을 받은 독일 낙하산 부대가 소련군 전선 배후로 침투해 통신 절단, 교량 장악 등을 행했다. 뒤이어 북부 집단군, 중부 집단군, 남부 집단군이 작전을 개시했다. 북부 집단군은 '레닌그라드'(구 페트로그라드), 중부 집단군은 '모스크바', 남부 집단군은 우크라이나를 거쳐 '카프카스'로 각각 쳐들어갈 계획이었다. 탱크를 앞세운 독일군의 진격 속도가 워낙 빠르고 화력 역시 막강해서, 국경선 등에 있던 소련군은 순식간에 격파됐다. 기실 소련군 병사들은 무척 용감했지만 적절한 무기나 정보, 엄호 등이 없었기 때문에 '총알받이'나 다름없었다. 수많은 병사들이 전선으로 이동하는 도중에 공격을 받았고, 독일군의 침공 사실도 모른 채 죽어나가는 병사들도 많았다. 전선 소식은 곧바로 스탈린에게 전해졌다. 주코프가 스탈린이 머무르는 곳에 다급하게 전화를 걸어, 당직 장교에게 스탈린과 빨리 연결시키라고 지시했다. 당직 장교가 스탈린이 아직 자고 있다고 답하자, 주코프는 크게 화를 내면서 "그를 당장 깨워라. 독일군이 지금 공격하고 있다니까"라고 외쳤다. 잠시 뒤 스탈린이 나타나 주코프의 보고를 들었다. 전화상으로 거친 숨소리만 내쉬며 한동안 말이 없던 그는, 일단 정치국 구성원들을 소집하라고 명했다. 일찌감치 사태의 심각성을 파악한 정치국원들이 속속 회의 장소에 도착했다. 이 자리에서도 스탈린은 어이없는 고집을 드러냈다. 독일군의 공격이 히틀러가 알지 못한 채 벌어지는 제한적 도발일 수 있다고 말했다. 주변에 있던 한 측근이 "전해지는 공세 강도를 감안할 때, 결코 제한적 도발일 수 없다"라고 반박했다. 스탈린은 창백하고 지친 얼굴로 누군가가 히틀러와 빨리 접촉해 보라고 독촉했다. 몰로토프가 독일 대사인 슐렌베르크를 급히 찾아갔다. 그가 어찌 된 일인지를 묻자, 우려했던 답이 나왔다. "현재 독일과 소련은 전쟁 상태에 돌입했다." 충격을 받은 몰로토프는 울먹이며 "우리가 이런 일을 당할 만한 짓을 한 적이 있습니까?"라고 물었다. 몰로토프가 돌아와서 전쟁 사실을 알리자, 스탈린은 꽤 오랜 시간 말을 하지 않은 채 깊은 생각에 잠겼다고 한다. 얼마 뒤 스탈린은 전시 명령을 포고했고, 몰로토프와 함께 전쟁 개시를 알리는 연설문을 작성했다. 몰로토프는 라디오 방송을 통해 "우리의 대의는 옳다. 적은 분쇄될 것이다"라고 밝혔다. 전쟁을 지휘하는 총사령 본부도 설치했다.

스탈린은 얼마간 전황의 심각성을 알 수 없었다. 주변 참모들이 그를 두려워해 전황을 사실대로 알려주길 꺼렸다. 실상은 스탈린의 예상보다 훨씬 심각한 수준이었다. 중부 전선에서부터 이것이 두드러졌다. 독일의 '중부 집단군'은 맹렬한 폭격과 소총 여단으로 브레스트 요새를 점령한데 이어, 모스크바로 향하는 철도와 주요 통신망, 그리고 소련군 제10군이 있는 비알리스토크를 거세게 몰아붙였다. 호트가 이끄는 제3기갑집단군과 구데리안이 이끄는 제2기갑집단군이 위아래에서 집게발 형태로 포위하면서, 비알리스토크의 소련군은 큰 타격을 입고 퇴각했다. 뒤이어 독일군 제47기갑군단이 빠른 속도로 민스크를 향해 진격했다. 침공 5일 만인 6월 27일, 독일군의 주요 표적지였던 민스크가 포위된 뒤 얼마 지나지 않아 함락됐다. 40만 명에 달하는 소련군 병사들이 졸지에 포로가 됐다. 스탈린은 국방인민위원회를 찾아가 이 같은 전황을 두 눈으로 확인했다. 그가 받은 정신적 충격은 상당한 듯했다. 별안간 극도로 침체된 모습을 보이며 바깥으로 나가버렸다. "레닌이 세운 국가를 우리가 다 망쳐버렸다"라는 한탄도 뒤따랐다. 이 직후 소련 정부가 갑자기 정지 상태에 빠졌다. 스탈린이 돌연 통치를 중단하고 자신의 별장으로 가서 잠적한 것이다. 심각한 현실을 인지한 스탈린이 일종의 신경 쇠약에 걸렸다는 설이 있다. 또한 자신의 통치력 및 부하들의 충성심을 시험하기 위해 고의로 그랬다는 설도 있다. 최고 통치자의 부재 속에 정부 인사들의 혼란은 극에 달했다. 독일군이 파죽지세로 진격해 오는 마당에 언제까지 이대로 있을 수만은 없었다. 정치국원들은 국가방위위원회를 창설하기로 했고, 스탈린만이 이 위원회를 이끌어야 한다고 합의했다. 그런 다음 단체로 스탈린의 별장으로 몰려가 다시 전면에 나서라고 촉구했다. 침울한 표정으로 안락의자에 앉아있던 스탈린은 정치국원들에게 자신이 정말 적합한지를 물었다. 오랜 친구이기도 했던 보로실로프가 "자네보다 더 적합한 사람도 없다"라고 답했다.

마음을 다잡은 스탈린은 크렘린으로 돌아와 대국민 연설을 했다.

물을 연거푸 마시며 긴장된 모습이 역력한 그는 이전과는 다른 용어들을 사용했다. 국민들을 '가족', '형제', '친구' 등으로 불렀고, 과거 외세의 침략에 대응했던 군사 영웅들의 이름을 나열했다. 그러면서 역사상 가장 강력하면서도 간교한 적에 맞서 총력전을 펼쳐야 한다고 강조했다. 연설은 이념이나 혁명적 측면이 아닌 애국적 측면에 초점이 맞춰졌다. 이는 어느 정도 효과를 발휘해, 레닌그라드와 모스크바 등에서 수십만 명이 의용병으로 참전했다. 연설에서는 스탈린 특유의 폭력적 발언도 나왔다. 후방에 있는 내부 교란자, 무단이탈자, 불평분자 등을 가차 없이 처단할 것이라고 밝혔다. 실제로 베리야의 NKVD가 내부 교란 등의 혐의를 받는 사람들을 대거 체포한 뒤 잔혹하게 살해했다. 항복이나 포로가 된 자들을 국가 반역자로 간주하는 명령도 발효됐다. 이로써 군대 및 사회 전반에 엄혹한 규율이 자리 잡았다. 소련 내부의 혼란은 잦아들었지만, 전황은 여전히 좋지 못했다. 민스크를 점령했던 독일 중부 집단군은 이제 모스크바 앞의 주요 도시인 스몰렌스크를 공격할 태세였다. 독일군은 하루 만에 드네프르 강 도하에 성공해 소련군의 방어선에 구멍을 냈다. 이후 독일군 제24기갑군단이 스몰렌스크 남쪽에 있는 체리코프로 진격, 스몰렌스크 방어를 위해 북진하는 소련군을 견제했다. 그 사이 제47기갑군단이 스몰렌스크로 곧장 진격해 7월 16일 그곳을 점령했다. 소련군도 마냥 당하고 있지만은 않으려 했다. 지휘관인 티모셴코는 스몰렌스크에 들어온 독일군이 많이 지쳐 있을 것이라 판단해 예비 사단으로 반격을 가했다. 여기를 내주면 수도 모스크바로 가는 길이 열리기 때문에 사력을 다해 막아야 한다고 강조했다. 이때 소련군 병사들은 불리한 여건 속에서도 대단한 용맹함을 뽐내며 선방했다. 일시적으로 스몰렌스크를 탈환하기까지 했다. 그러나 머지않아 한계가 드러났다. 소련군은 무기와 통신장비, 전차에 사용할 연료 등이 부족했다. 전술적 무능도 뒤따랐다. 특히 이들은 드넓게 펼쳐진 개활지에서 무모한 정면 공격을 자주 감행했다. 착검을 하고 용감하게 함성을 지르며 돌진했지만, 독일군의 기관총 세례에 의해 여지없이 무너졌다. 성능이 좋은 T-34 탱크는 연료를 주입받지 못해 정지하기 일쑤였고, 그 위로 독일군 항공기가 날아와 폭격을 가해 파괴시켰다. 결국 소련군은 스몰렌스크 전투에서 독일군에게 완전히 격파됐다. 이제 모스크바가 공중폭격 사정거리에 들어왔으며, 7월 21일부터 모스크바 폭격이 시작됐다. 다만 독일군의 모스크바 육상 진격은 2주 간 지체됐다. 이에 대해선 후술 하겠다.

본 레프가 지휘하는 독일 '북부 집단군'은 초전에 리투아니아를 거쳐 라트비아로 거침없이 진격했다. 기갑부대의 진격이 워낙 빠르다 보니 보병이 좀처럼 따라잡지 못할 정도였다. (통상적으로 독일군은 전차를 깊숙이 밀고 들어가게 한 다음 보병을 진격시켜 적군을 소탕하는 전략을 구사했다.) 대비가 전혀 이뤄지지 않았던 북부의 소련군은 이렇다 할 저항 한번 해보지 못했다. 조만간 독일군은 레닌그라드에서 멀지 않은 루가 강까지 도달했다. 독일군 입장에서는 레닌그라드가 반드시 점령돼야 할 곳이었다. 소련 건국의 아버지인 레닌의 이름이 걸려 있었고, 발트해에 있는 소련 해군의 무력화도 도모할 수 있었기 때문이다. 소련군 입장에서는 상징성이 강한 레닌그라드를 절대로 빼앗길 수 없었다. 레닌그라드의 군대와 시민들은 만반의 대비 태세에 들어갔다. 엄청난 길이의 참호 및 도랑을 만들었고, 폭격의 피해를 최소화하기 위해 건물에 모래주머니를 둘렀다. 도시 곳곳에 대공포도 설치했다. 독일군은 철저히 요새화된 레닌그라드를 함락시키기가 쉽지 않다는 것을 깨달았다. 그럼에도 함락을 도모하기 위해 반 인륜적인 작태를 서슴지 않았다. 레닌그라드 전방에서 벌어진 전투에서 소련의 노인과 여자, 어린아이들을 앞세우고 소련군 진지로 접근했다. 소련군이 제대로 대응하지 못하는 상황이 벌어졌다. 이를 보고받은 스탈린은 냉혈한의 면모를 유감없이 보여줬다. "감상주의에 빠지지 말고 동포들도 가차 없이 쏴 죽여라"라는 명령을 내렸다. 소련군 병사들은 눈물을 머금고 이 명령을 이행했다. 9월 26일, 독일군은 시 외곽의 동북부에 있는 라도가 호숫가에 이르렀다. 본 레프는 레닌그라드를 즉각 섬멸하는 게 아닌 포위에 중점을 두기로 했다. 무리하게 공격해 과도한 희생을 낳는 것보다 말려 죽이는 게 낫다는 판단이었다. 독일군은 레닌그라드와 외부를 연결하는 모든 철도를 끊어버렸다. 핀란드군은 레닌그라드 후방으로 가서 보급로를 차단했다. 동시에 레닌그라드에 대한 항공기 폭격과 포격이 끊임없이 행해졌다. 본 레프는 시 외곽의 도시들을 하나씩 점령해 나가면서 레닌그라드 안쪽으로 진입할 계획도 세웠다. 그런데 히틀러가 북부 집단군의 일부 병력을 중부 전선으로 빼돌리면서 포위를 지속할 수밖에 없었다. 레닌그라드 포위전은 향후 900일 간 지속될 것이었다.

룬트슈테트가 지휘하는 독일 '남부 집단군'은 프레미실 요새 등을 점령한 뒤, 거점인 지토미르를 거쳐 키예프로 진격하려 했다. 남부 집단군에는 독일군뿐만 아니라 루마니아군과 헝가리군도 있었다. 후자는 독일군 대비 전력이 취약했기에 후방을 담당했으며, 독일군을 뒤따라 가서 북해 쪽의 항구를 점령하는 임무를 맡았다. 독일군은 초전에 매우 순조로워 보였다. 제1기갑집단군은 작전 개시 8일 동안 약 200km를 진격했다. 프레미실 요새에 이어 리비우까지 빠르게 도달했다. 하지만 문제가 생겼다. 제1기갑집단군의 후방을 보호하며 뒤따라가던 제5군과 제6군이 만만치 않은 키르포노스의 소련군과 맞닥뜨렸다. 이 소련군은 T-34 탱크를 다량으로 보유한 총 6개의 기갑군단을 갖추고 있었다. 독일군 제5군과 제6군의 진격을 저지하면서, 제1기갑집단군의 후방 차단까지 시도했다. 이 전술이 최종 성공한다면, 독일 남부 집단군을 쪼갬과 동시에 앞서 가던 제1기갑집단군을 고립시킬 수 있었다. 소련군은 11일 간 사력을 다해 진격 저지 및 후방 차단을 시도했다. 한때나마 소련군에게 희망의 빛이 보이는 듯했으나 독일군은 무너지지 않았다. 소련군이 독일군 제1기갑집단군의 후방 차단에 좀 더 주력하는 사이, 제5군과 제6군이 저지를 뚫고 제1기갑집단군에게 근접해 힘을 보탰다. 결국 소련군은 패퇴했고, 남부 지역의 독일군은 다시 빠르게 진격할 수 있었다. 이들은 어느새 우크라이나의 대도시인 키예프 코앞까지 당도했다. 다급해진 키르포노스는 지원하러 오는 소련군 제64군단과 제27군단을 활용해 독일군 제5군과 제6군에 대한 역공을 단행했다. 그러나 이 소련군은 전력이 매우 취약했기 때문에 독일군을 당해내지 못했다. 소련군은 극히 암담한 상황에 처했다. 엎친 데 덮친 격으로, 히틀러의 의지에 따라 중부 전선에 있던 독일군 일부가 남쪽으로 내려왔다. 히틀러는 모스크바보다 자원이 풍부한 남부 지역 공략이 급선무라고 판단했다. 여기를 장악하면 소련군의 전쟁수행 능력이 급속히 저하될 것이라고 확신했다. 중부 집단군을 이끌고 있던 구데리안은 모스크바로 신속히 쳐들어가는 게 옳다고 주장했지만, 히틀러의 완강한 고집을 꺾을 수 없었다. (결과적으로 히틀러의 패착이었다. 구데리안의 말대로 모스크바로 곧장 진격했다면, 독소 전쟁의 결과가 달라졌을 수도 있다.) 독일군은 본격적으로 키예프 공략에 나설 태세였다. 북쪽과 남쪽에서 전개하면서 키예프를 서서히 조여들 계획이었다. 우선 구데리안의 독일군이 키예프 뒤에 있는 코노토프를 공격 점령해 소련군의 후방을 차단했다. 남쪽에 있던 클라이스트의 독일군은 체르카시와 크레멘추크를 점령했다. 진격 도중에 많은 비가 내려 애를 먹었지만, 구데리안이 보낸 지원군에 힘입어 롬니까지 장악할 수 있었다. 두 개 방면에 있던 독일군이 로크호스비차에서 만남으로써, 키예프에 대한 대규모 포위망이 형성됐다. 스탈린의 명에 따라 키예프 사수에 나섰던 소련군은 철저히 고립됐다. 어처구니없게도 키예프에서 소련군을 이끌던 부돈니는 독일군에게 겁을 먹어 일찌감치 모스크바로 도망쳤다. 소련군은 나름대로 포위망 돌파를 시도했지만 탱크에 가로막혀 좌절됐다. 도시 곳곳에서 게릴라 전술도 펼치며 결사적으로 저항했다. 독일군은 무차별 폭격을 가하며 응수했다. 이 과정에서 지휘관인 키르포노스가 전사했고, 약 53만 명에 달하는 소련군 병사들이 죽거나 사로잡혔다. 독일군도 12만 명의 사상자가 발생했다. 치열한 격전 끝에, 독일군은 키예프를 점령하는 데 성공했다. 이제 우크라이나 잔여 지역과 크림 반도를 노릴 수 있게 됐다.

크림 반도 공략은 만슈타인의 제11군이 맡았다. 그는 이곳에 있는 소련군을 궤멸시키지 않는다면, 독일 남부 집단군의 측면이 위협받을 수 있다고 판단했다. 궁극적으로는 세바스토폴 요새를 점령하는 것을 목표로 삼았다. 다만 이 같은 군사 작전은 결코 쉬운 게 아니었다. 세바스토폴에는 수많은 방어 진지들이 존재했다. 막심 고리키라고 불리는 12인치 해안포도 있었다. 이는 함선에 있는 함포를 떼어내 해안가에 설치한 것이었다. 소련군은 전함을 잡는 함포로 독일군을 격파하겠다는 의지를 내비쳤다. 또한 크림 반도에는 다수의 소련군 병력과 T-34 탱크가 있었다. 독일군은 수적으로 밀렸으며, 제공권도 완전히 장악하지 못한 상태였다. 그럼에도 만슈타인은 크림반도 공략 작전을 개시했다. 독일군은 우선 크림반도로 들어가는 진입로인 페레코프 지협을 확보했다. 다음 관문은 이춘 협로였는데, 이곳은 엄폐물이 거의 없는 좁은 지형이었고 소련군이 방어 진지까지 구축하고 있었다. 독일군은 3개의 좁은 협로를 통해 진격했다. 소련 공군의 폭격 위협에 노출되지 않기 위해, 참호를 파면서 매우 느리게 나아갔지만 폭격으로 상당한 피해를 입었다. 독일군의 후방에 있던 대공포대까지 제 역할을 하지 못하면서 피해량은 급증했다. 독일군은 잠시 추가 공세를 감행하기 어려울 정도로 약화됐다. 이를 눈치챈 소련군이 역공을 가했다. 우세한 병력 규모임에도 별다른 소득은 거두지 못했다. 전투 경험이 없는 병사들로 구성된 소련군은, 상대적으로 능란한 독일군의 방어력 앞에 무너졌다. 곧바로 독일군의 재공격이 감행됐다. 협로에서 병사들 간의 치열한 근접전이 벌어졌다. 악명 높은 제1차 세계대전의 참호전을 연상케 할 정도였다. 원시적 혈투 끝에 독일군이 이춘 협로를 돌파하는 데 성공했다. 이후 독일군은 10일 간 후퇴하는 소련군을 겨냥해 맹렬한 추격전을 펼쳤다. 그 결과 크림반도 개활지에서 2만 5000여 명의 소련군을 소멸시켰고, 10만 명을 포로로 잡았다. 큰 타격을 받은 소련군은 고지에 있는 천연 요새인 세바스토폴에서 저항하는 게 효과적이라고 판단했다. 독일군이 이곳을 공략하려면 상당수의 탱크가 필요했다. 그런데 이때 독일군 기갑부대는 루마니아군의 빈자리를 메꾸기 위해 북쪽의 제1군으로 차출된 상태였다. 탱크 없이 보병 위주로 세바스토폴을 공격하는 것은 무리였다. 만슈타인은 해안으로의 기습 침투 전술도 구상했지만, 세바스토폴은 해안가를 따라 높은 벽이 있었고 소련군이 탄탄한 방어 태세를 유지하고 있었다. 설상가상으로 소련의 매서운 추위까지 겹치면서 독일군은 매우 어려운 상황에 처했다. 그래도 만슈타인은 포기할 생각이 없었다. 한 달가량 재정비할 시간을 가지며 공격 계획을 수립했다. 그는 세바스토폴 북쪽을 주공으로 삼아 맹렬한 공격을 가한 뒤, 남쪽까지 진격해 해안가의 고지대를 점령하기로 했다. 이에 따라 독일군은 북쪽으로부터 기습적으로 진격해 카차와 벨벡 사이에 있는 소련군의 방어선을 뚫었다. 일부 부대가 벨벡 계곡의 남쪽 고지대까지 점령했으나, 또 다른 부대는 산악지형에서 고전하는 상황도 벌어졌다. 우여곡절 끝에 독일군은 스탈린 요새까지 나아갔다. 이 즈음에 뜻밖의 변수가 생겼다. 소련군의 지원 병력이 크림반도 동쪽에 있는 페오도시야와 케르치 반도에 상륙한 것이다. 이들이 독일군의 후방으로 이동한다면 자칫 포위될 수도 있었다. 룬트슈테트는 만슈타인에게 벨벡으로 후퇴해 방어력을 강화하라고 명했다. 이로써 만슈타인의 1차 세바스토폴 공세는 실패로 돌아갔다.

만슈타인은 케르치 반도에 상륙한 소련군을 저지하기 위해 슈폰넥의 제42군단을 급파했다. 전장에 도달한 슈폰넥은 도로 폭이 협소한 파르파치 지역에서 대응하는 게 낫다고 주장했다. 만슈타인은 이를 반대했다. 파르파치 지역으로 가면, 전선이 길어지고 병력 분산이 발생해 불리해질 수 있다고 판단했다. 오로지 케르치 반도에 상륙한 소련군이 재정비를 완료하기 전에 공격해 바다로 밀어내야만 한다고 주장했다. 그러면서 슈폰넥의 독일군이 케르치 반도의 소련군을 수월하게 공략할 수 있도록, 루마니아군 제4산악여단과 제8기병여단을 페오도시야로 보냈다. 페오도시야는 슈폰넥 군단의 후방에 위치했으며, 소련군이 적잖게 배치돼 있었다. 소련군이 슈폰넥 군단의 뒤통수를 치지 못하도록 루마니아군을 투입한 것이다. 슈폰넥은 마지못해 만슈타인의 명을 따랐다. 곧장 케르치 반도의 소련군을 공격해 큰 피해를 입히며 발을 묶어뒀다. 소기의 성과는 달성했으나 머지않아 난관에 부딪혔다. 소련군 6개 사단이 페오도시야에 추가 상륙했다. 이곳에 루마니아군이 있었지만, 슈폰넥은 자칫 후방이 차단돼 고립될 수 있다고 우려했다. 그는 독단적인 판단에 의거해 케르치 반도에서 군대를 철수하기로 했다. 만슈타인은 불같이 화를 내며 원위치를 고수하라고 명했다. 슈폰넥은 끝까지 명령에 불복종한 뒤, 페오도시야 서쪽에 있는 스타리 크림까지 철수했다. 급하게 철수하는 바람에 기관총, 야포, 박격포 등 상당량의 무기들이 버려졌다. 만슈타인은 즉각 슈폰넥을 해임했고, 페오도시야의 소련군부터 신속히 격파하기로 마음먹었다. 초반에 루마니아군이 공격했지만 소련군에게 격퇴당해 스타리 크림으로 물러났다. 만슈타인은 스타리 크림을 거점으로 방어선을 구축했다. 상당히 부실한 방어선이었으나 기상 악화로 소련군이 곧바로 진격해오지 못했다. 그 사이에 재정비를 마친 독일군은 빠르게 공격을 재개했다. 이때 소련군은 방심하고 있다가 뒤통수를 맞았다. 독일군이 약화돼 공격 여력이 없을 것으로 예상했으며 방어 태세도 허술했다. 가뜩이나 독일군에 비해 전투 경험도 많지 않았던 소련군은 6000명 넘게 전사하며 패배했다. 페오도시야가 독일군의 수중에 떨어졌다. 만슈타인은 내친김에 '느시 작전'을 단행, 케르치 반도에 상당한 병력을 투입해 탈환하기로 결심했다. 이 작전이 성공하면, 다른 곳에서 밀려오는 적군에 대한 걱정 없이 온전히 세바스토폴 공략에만 집중할 수 있을 터였다. 그런데 케르치 반도로 향하는 진격로에는 대량의 소련군이 존재했다. (기실 이 병력 배치는 소련군의 패착이었다. 세바스토폴 방어에 사용해야 할 병력을 이쪽으로 과도하게 끌어왔던 것이다.) 소련군은 루마니아군이 주로 배치된 약한 고리를 끊어 전선을 붕괴시키려는 속셈을 가졌다. 이를 간파한 만슈타인은 양동 작전을 구사했다. 루마니아군이 항공기의 지원을 받으며 소련군을 선제 공격해 묶어두는 사이, 그 아래쪽에 있던 독일군이 빠르게 북상해 적군을 포위 섬멸하기로 했다. 비가 와서 바닥이 진창으로 변해 애를 먹긴 했으나, 항공기와 포병 부대가 적극적으로 지원해 전황을 유리하게 이끌어 나갔다. 결국 이곳의 소련군은 만슈타인의 전술에 휘말려 격파됐다. 가장 큰 걸림돌을 제거한 독일군은, 케르치 반도로 파죽지세로 진격해 탈환에 성공했다. 이제 독일군은 세바스토폴 공략에 총력을 기울였다. 두 번 다시 실패하지 않기 위해 만반의 준비를 했다. 다른 곳에서 탱크와 항공기를 끌어왔고, 굉장한 공성 무기인 칼 자주박격포와 구스타프 열차포도 배치했다. 병력의 열세를 충분히 보완할 수 있을 정도로 막강했다. 독일군은 이를 기반으로 강력한 포위망을 형성했다. 상술했듯 세바스토폴 방어 병력의 상당수가 다른 곳에서 격파되는 바람에 이전 대비 방어력이 취약해졌다. 그래도 독일군이 뚫어야 할 3겹의 방어선들이 존재했다. 만슈타인은 '철갑상어 작전'을 수립했는데, 이는 북쪽을 주공으로 하면서 남쪽에도 공격을 가해 소련군을 분산시키는 것이었다. 독일군은 공격 첫날부터 525톤의 고폭탄을 투하하며 세바스토폴을 맹폭했다. 특히 구스타프 열차포가 엄청난 위력을 발휘해 소련군에게 치명상을 입혔다. 칼 자주박격포는 세바스토폴을 지키는 막심 고리키 해안포를 직격해 무력화했다. 슈투카 급강하 폭격기도 대거 출현해 여러 요새들을 파괴했다. 뒤이어 독일군 탱크와 보병이 신속히 진격했다. 이들은 철갑상어 작전을 적절히 구사하며, 마지막 요새인 자푼 요새까지 순식간에 다다랐다. 자푼 요새는 지형적 이점으로 인해 독일군이 다가가기가 어려웠다. 이에 만슈타인은 상륙 작전을 감행하기로 했다. 2개 군단이 고무보트를 활용해 우회하면서 자푼 요새로 은밀히 접근했다. 허를 찔린 소련군은 공황 상태에 빠지며 무너지기 시작했다. 독일군은 적군을 손쉽게 격파하면서 세바스토폴을 점령해 나갔다. 마침내 250일간의 크림반도 세바스토폴 공방전이 독일군의 최종 승리로 끝났다. 불리한 상황을 극복하고 커다란 전과를 올린 만슈타인은 당대 최고의 명장으로서 명성을 날렸다. 히틀러는 그에게 원수 지휘봉을 하사했다.

다시 중부 전선을 살펴보겠다. 1941년 9월에 접어들자, 독일 중부 집단군의 모스크바 공세가 개시될 조짐을 보였다. 히틀러는 모스크바와 인접한 지역인 뱌즈마와 브랸스크에서 '태풍 작전'을 전개하라는 지령 35호를 발령했다. 북쪽과 남쪽에 있는 해당 지역들을 거쳐 모스크바로 진입하려는 것이었다. 총병력은 80만 명이었고, 1000대가 넘는 탱크가 있었다. 지역 방어를 하는 소련군은 여기저기에서 긁어모은 패잔병들과 민병대로 구성됐다. 이들이 소지한 무기는 턱없이 부족했고 탱크와 항공기는 거의 없다시피 했다. 그럼에도 독일군에 맞서 지역을 사수하겠다는 결기는 대단했다. 9월 30일, 구데리안이 이끄는 독일군이 남쪽의 브랸스크 지역을 공격해 들어갔다. 이들의 진격 속도는 매우 빨랐다. 번개 같은 강습으로 1주일 만에 브랸스크가 함락됐고, 수많은 소련군이 포로로 잡혔다. 뒤이어 북쪽의 뱌즈마에 대한 공세도 전개됐다. 독일군은 강력한 포격과 공중폭격 등을 가하며, 소련군에 대한 거대한 포위망 형성을 시도했다. 소련군은 형편없는 전력에도 불구하고 맹렬히 저항했다. 그러나 오래 버티지는 못했고 머지않아 궤멸됐다. 마침내 독일군은 모스크바를 목전에 두게 됐다. 지금까지의 전황을 감안하면, 모스크바도 곧 함락될 것이 뻔하다는 전망이 나왔다. 이 즈음에 히틀러와 독일군 지휘부는 사실상 승리를 확정 지었다. 히틀러는 베를린의 스포츠 궁전에서 다음과 같은 연설을 했다. "방금 사상 최대의 전쟁에서 왔다. 우리들의 작전 계획은 성공했으며 적국 소련은 패배했다. 200만 명이 넘는 소련군을 포로로 잡았고, 탱크 1만 8000대를 파괴했으며, 항공기 1만 4500대를 격추했다. 소련은 다시는 일어서지 못할 것이다." 그는 모스크바를 완전히 파괴해 거대한 인공호수로 만들겠다는 선언도 했다. 이를 들은 청중들은 일제히 환호성을 질렀다. 독일의 모든 언론사들은 '동방 원정 대성공'이라는 제목의 기사들을 쏟아냈다. 히틀러는 승리 선언문에 서명한 뒤, 전쟁의 방향성을 서구로 돌리라는 지시도 내렸다. 이에 독일군은 미국과 영국을 겨냥한 군대 재무장 프로그램을 설계해 나갔다.

위기에 처한 모스크바는 혼란의 연속이었다. 연일 독일군 항공기들의 폭격이 전개되는 가운데 정부와 시민들, 주요 서류, 장비, 예술품 등을 후방으로 옮기라는 소개령이 떨어졌다. 수많은 것들을 이동시킬 대규모 화물 열차가 준비됐다. 기차역에는 공포에 질린 사람들이 한꺼번에 몰려들어 큰 혼잡이 발생했다. 스탈린도 자신의 가족과 장서들을 보냈으며, 맨 마지막에 방부 처리된 레닌의 유해를 보내기로 했다. 이미 17년 전에 사망한 혁명 지도자의 유해는 멀고 험난한 길을 떠나야만 했다. 암담한 상황 속에서도 스탈린과 소련군, 남은 모스크바 시민들은 수도를 사수할 것을 결의했다. 이에 따라 열심히 진지를 만들며 전투를 준비했다. 라디오를 통해 나온 정부 성명서는, 독일군의 파상 공세로 전황이 매우 심각하다는 사실을 솔직히 시인했다. 그럼에도 모스크바를 포기하지 않을 것이며, 무엇보다 스탈린이 떠나지 않고 자리를 지키고 있음을 알렸다. 스탈린에 대한 개인적 호불호를 떠나, 어쨌든 최고 지도자가 함께 한다는 사실은 군대와 시민들에게 큰 힘이 됐다. 모스크바 주위에 있는 모쟈이스크 방어선에도 6개 군이 투입되는 등 적극적인 방어 태세가 취해졌다. 조만간 이들은 막강한 독일군과 운명을 건 대규모 공방전을 치르게 될 것이었다.

독소 전쟁 초기의 전황을 돌아보면, 독일군의 파죽지세와 소련군의 붕괴로 요약될 수 있다. 독일군은 기동력이 우수한 전차를 앞세운 '전격전'으로 기대 이상의 전과를 올렸다. 항공기의 맹렬한 공중 폭격으로 기선을 제압한 뒤, 전차가 빠르게 돌진해 나갔고 보병이 그 뒤를 따라가면서 전선을 장악했다. 강력한 화력과 기동성은 승리의 주된 열쇠였다. 이 과정에서 평소 소비에트 체제에 불만이 많았던 비러시아계 사람들이 대거 독일군에 가담한 것도 큰 영향을 미쳤다. 반면 소련군은 기본적인 대비 태세가 매우 취약했다. 상술했듯 스탈린의 어이없는 오판으로 할 수 있는 방어 조치가 전혀 이뤄지지 못했다. 이런 상황에서 전개된 독일군의 기습 공격에 소련군은 속절없이 무너졌다. 특히 소련군의 수많은 항공기가 힘 한번 써보지 못하고 지상에서 파괴된 것은 치명적이었다. 소련군의 전술적 측면도 최악이었다. 집중 운용을 선보인 독일군과 달리 소련군은 수많은 전차들이 뿔뿔이 흩어져 있었다. 부대 간 통신도 제대로 이뤄지지 않아 우왕좌왕했으며, 항공 전술도 밀집 편대 비행이라는 초보적인 수준에 그쳤다. 그나마 할 수 있는 거라곤 적진을 향해 용맹하게 돌진하는 것이었다. '인해 전술'을 연상시킬 정도로 대규모 병력이 무작정 달려가다가 독일군의 기관총과 포격에 줄줄이 쓰러지기 일쑤였다. 이에 소련군 전사자는 하루가 멀다 하고 폭증해, 6개월 만에 무려 266만 3000명이 소멸했다. 전쟁 이전에 행해진 스탈린의 군부 숙청도 유능한 지휘관들의 부재를 낳아 소련군의 붕괴를 촉진했다. 한편 파죽지세로 진격한 독일군은 무수한 전쟁 범죄를 저지르는 모습을 보였다. '인종 청소'를 강조한 히틀러의 지시에

독소전쟁 기간 중의 레닌그라드. 장기간 포위전으로 인해 레닌그라드 시민들은 지옥을 경험해야 했다.

따라 소련 국민과 유대인, 전쟁 포로, 공산당원 수백만 명을 학살했다. 정신병원에 있던 소련인들도 불태워 죽였으며, 포로로 잡힌 소련군 병사들을 수용소로 보내는 대신 굶겨 죽였다. 전쟁기간 동안 약 75만 명에 달하는 소련군 포로들이 죽임을 당했다. 바비야르와 오데사 등 소련 내에 있던 유대인 약 115만 명도 비슷한 운명을 맞았다.

■ 지옥과 천당

독일군에 포위된 레닌그라드의 참상을 살펴볼 필요가 있다. 앞서 서술한 대로 레닌그라드 시민들은 철저한 방어 태세를 갖추기 위해 노력했다. 바리케이드, 대전차호, 기관총, 소총, 지뢰 등을 대거 설치했다. 순양함으로부터 함포도 가져왔다. 소개령이 떨어졌음에도 도시를 사수하겠다며 자발적으로 남은 사람들도 많았다. 레닌그라드 사수 임무를 맡은 주코프는 시민들의 행동에 큰 감명을 받았다. 독일군은 도시의 방어 태세와 히틀러의 명령에 따른 부대 이동 등을 감안해, 공격이 아닌 포위를 선택했다. 봉쇄된 레닌그라드는 시간이 갈수록 '지옥'으로 변했다. 무엇보다 식량이 떨어져서 시민들이 굶주림에 시달렸다. 도시로 식량을 조달하는 유일한 통로는 라도가 호수였는데, 독일군의 공세와 넓은 면적으로 인해 이쪽 조달이 여의치 않았다. 더욱이 독일 항공기들이 날아와 식량 창고, 급수 시설 등을 폭격했다. 간신히 남아있는 생명줄까지 완전히 끊어버리려는 것이었다. 시민들은 더 이상 식량을 구할 수 없게 되자 지나다니는 개, 닭, 고양이 등을 잡아먹었다. 구워서 먹는 경우도 있었지만 대부분 날것으로 먹었다. 심각한 굶주림은 질병 창궐과 죽음으로 이어졌다. 기력이 쇠약해진 시민들이 곳곳에서 쓰러졌다. 건물 안과 거리, 방공호 등에서 시체들이 늘어났다. 하루 사망자 숫자가 약 5000명에 육박했다. (포위 기간 중에 사망한 레닌그라드 시민의 총숫자는 약 64만 명이었다.) 거리에서 발생한 시체들의 경우 극심한 추위로 인해 얼어붙었다. 간신히 생존해 있는 사람들이 시체들을 옮길 힘이 없었기 때문에, 시체들은 처리되지 못하고 그대로 방치됐다. 죽음의 공포에 사로잡힌 일부 사람들은 급기야 식인 행위까지 했다. 이들은 칼로 죽어있는 사람의 살점을 잘라먹었다. 식인 행위를 한 사람들의 숫자가 수천 명에 달한다는 추정도 있다. 다만 아이러니하게도 특정 포위기간 중에 레닌그라드의 공장이 적극 가동되는 모습을 보였다. 이곳에 있는 노동자들은 암담한 상황 속에서도 필사적으로 활동해 탱크와 박격포 등 각종 무기들을 상당량 생산해 냈다. 이 무기들은 도시 방어는 물론 모스크바 방어에도 투입됐다.

11월이 됐을 때, 희망의 빛이 조금씩 레닌그라드에 비쳤다. 극심한 추위로 인해 라도가 호수가 얼어붙었다. 호수의 얼음 두께가 200mm 이상이 되면서, 비로소 말을 통한 물자 조달이 가능해졌다. 식량 등이 적게나마 레닌그라드에 유입되기 시작했다. 12월에 접어들면서 상황은 더욱 나아질 조짐을 보였다. 소련군이 라도가 호수로 연결되는 간선 철도를 확보한데 이어 호수의 얼음을 가로지르는 화물차 운행로를 건설해 나갔다. 앞이 잘 보이지 않는 눈보라와 추위 속에서도 건설에 투입된 병사들은 사력을 다해 일했다. 이들이 기적적으로 임무를 완수함에 따라, 식량과 물자가 대거 레닌그라드로 유입될 수 있었다. 여전히 독일군의 폭격은 지속됐지만 도시는 점차 지옥에서 벗어났다. 그러다가 1943년 초에 레닌그라드는 확실한 구원을 얻었다. 만약 레닌그라드가 조기에 무너졌다면, 소련군이 전쟁에서 패배했을 가능성이 높다. 독일 북부 집단군은 이곳을 점령한 후 남쪽으로 진격해 모스크바를 협공할 수 있었다. 당시 소련군은 이것까지 막아낼 여력이 없었다. 레닌그라드 시민들이 불굴의 의지로 도시를 방어해 낸 것은, 전황에 결정적 영향을 미친 셈이었다. 지옥과 천당을 오간 레닌그라드처럼 모스크바도 중대한 시험대에 올랐다. 코앞까지 다가온 적군에 맞서 주코프가 구원투수의 사명을 짊어졌다. 스탈린은 레닌그라드에 머무르고 있던 그를 모스크바로 소환했다. 어떠한 일이 있어도 수도를 사수해 달라는 간곡한 부탁이 있었다. 명장답게 주코프는 대비 태세를 침착하게 해 나갔다. 여자와 아이들까지 동원해 모쟈이스크 방어선과 2차 방어선, 모스크바 내부에 각종 방어시설들을 마련했다. 모스크바 시민들은 너 나 할 것 없이 조국을 구하겠다는 결의로 가득 찼다. 이를 본 목격자들은 '영웅적이고 투쟁적인' 모습이었다고 회고했다. 그래도 현실은 매우 암담해 보였다. 상대적으로 소련군의 전력은 취약한 반면 독일군은 막강한 전력을 보유하고 있었다. 초전처럼 독일군의 화력이 불을 뿜는다면, 소련에게 절망적 파국이 닥칠 가능성을 배제할 수 없었다. 바로 이때, 소련에게 극적인 행운이 찾아왔다. 여느 때보다 이른 10월 초부터 눈이 내렸고, 이후에 눈이 녹아 바닥이 온통 진흙탕으로 변했다. '라스푸티차'였다. 독일군의 진격 속도는 둔화될 수밖에 없었다. 길게 늘어진 보급선도 악영향을 미쳤다. 독일군은 모스크바 북쪽과 남쪽 방면에 있는 칼리닌 및 칼루가까지 진격했지만, 시간이 지나 바닥이 딱딱해지길 기다려야만 했다.

잠시 시간적 여유가 생겼을 때, 스탈린은 군대와 시민들의 사기를 끌어올리기 위한 특별한 행사를 기획했다. 10월 혁명을 기념하는 군사 퍼레이드였다. 전시에도 굴하지 않고 매년 시행해 왔던 행사를 지속하겠다는 의지였다. 극비리에 준비된 이 행사는 폭설이 오는 날에 별문제 없이 행해졌다. 독일군 항공기들의 폭격이 우려됐으나 기상 조건으로 인해 안심할 수 있었다. 열병식과 더불어 스탈린의 연설 영상이 나왔다. 그는 과거 침략자들을 물리친 러시아의 군사 영웅들을 거론하며 대중의 애국심에 호소했다. 기대했던 대로 군대와 시민들의 사기가 적잖게 고양되는 효과가 나타났다. 열병식에 참석한 병사들은 행사가 끝난 직후 곧바로 전선으로 투입됐다. 11월 중순이 되면서 독일군에게 다시 기회가 찾아왔다. 땅이 딱딱해짐에 따라 진격이 가능하게 됐다. 모스크바 북쪽 방면에 있던 독일군 제3기갑집단군과 제4기갑집단군이 전진해 클린 시를 점령했고, 모스크바-볼가 운하를 도강했다. 남쪽 방면에서는 제2기갑집단군이 모스크바의 후방으로 진격하기 위해 툴라를 공격했다. 마치 뱀이 먹잇감을 공략하듯 서서히 조여드는 모습이었다. 모스크바의 운명이 경각에 달렸다. 소련군은 필사적으로 저항했다. 이들은 툴라 지역에서 길게 늘어진 종심 방어지대를 기반으로 항전했다. 적군의 포위 시도를 차단하고 효과적인 방어전을 전개했다. 그 결과 독일군을 가까스로 저지하는 데 성공하면서, 모스크바의 후방이 뚫리는 것을 막을 수 있었다. 다른 곳에서도 소련군의 맹렬한 저항이 있었다. 결사대인 판필로프 부대 등은 적은 병력과 무기들을 갖고, 독일군 탱크 수십대를 파괴하며 진격을 저지하는 눈부신 전과를 올렸다. 소련군 병사들은 어느 누구도 목숨을 아까워하지 않고 한 명의 적군이라도 더 죽이다가 산화했다. 예상을 뛰어넘는 강력한 저항으로 독일군은 당황하는 기색이 역력했다. 설상가상으로 악명 높은 추위가 본격적으로 맹위를 떨치기 시작했다. 독일군은 동계 전투 대비가 제대로 돼 있지 않았다. 방한복, 보안경 등이 적절히 보급되지 못해 추위에 고스란히 노출됐다. 동상 사고가 13만 건 넘게 발생했다. 탱크와 항공기도 이동의 제약을 받았고 파손되기까지 했다. 독일군은 눈에 띄게 침체되는 모습을 보였다. 소련군은 동계 대비에 있어서 만큼은 독일군보다 확실한 우위였다. 병사들의 복장은 물론 차량 등도 난방이 되는 격납고에 보관됐다. 날씨의 도움에 힘입어 소련군은 극적 반전의 계기를 마련해 나갔다.

여러 난관에 부딪힌 독일군은 잠시 공세를 중단하고 소련군에 대한 전력 분석에 들어갔다. 조만간 희망 섞인 분석 결과가 도출됐다. 소련군의 전력이 거의 한계에 도달하고 있으며, 모스크바 이외에서 보충할 수 있는 병력이 매우 적다는 것이었다. 추위가 다소 사그라들면, 다시금 대대적인 공세를 전개해 모스크바를 함락시킬 수 있을 것이라 확신했다. 미국과 영국 등에서도 소련이 더 이상 버티기는 힘들 것이란 관측이 나왔다. 그런데 이를 비웃기라도 하듯 엄청난 반전이 뒤따랐다. 모스크바 전선 너머에, 대규모 소련군 병력(58개 사단)이 은밀히 대기하고 있었다. 이 병력은 어떻게 동원된 것일까. 바로 극동아시아에 있던 병력을 대거 빼돌린 것이었다. 당초 소련은 일본의 침략을 우려해 극동아시아에 수많은 병력을 배치해 놨었다. 실제로 몽골에 있는 할힌골에서 소련군과 일본군 간의 전투가 벌어지기도 했다. 그러다가 일본군이 중일전쟁에 필요한 자원을 확보하기 위해 남방(동남아시아)행을 선택하면서, 소련이 기사회생할 수 있는 단초가 마련됐다. 간첩인 조르게는 일본군의 남방행이 결정되자마자 이 사실을 즉각 소련에게 알렸다. 스탈린의 긴급 지시로 극동아시아의 소련군이 시베리아 횡단열차를 타고 모스크바 쪽으로 이동했다. 주코프와 소련군 지휘부는 이 병력을 기반으로 한 대대적인 반격 작전을 계획했다. 이들은 추위가 절정에 이르는 12월 5일을 작전 개시일로 정했다. 동계 전투에 취약한 적군의 약점을 정면으로 파고들려는 것이었다. 독일군 지휘부는 이미 대세가 결정됐다고 판단해 소련군의 반격을 조금도 예상하지 못했다. 독일군 정찰기가 일부 소련군의 이동을 탐지했지만, 지휘부는 대수롭지 않게 넘겼다. 12월 5일 새벽 3시, 드디어 소련군이 작전을 개시했다. 대규모 병력이 높이 쌓인 눈을 헤치면서 가열하게 진격했다. 소련군의 공세가 집중된 곳은 클린시와 모스크바-볼가 운하 방면이었다. 이곳에 있던 독일군 기갑부대는 크게 당황했다. 가뜩이나 기진맥진해 있는 상태인데, 예상치 못한 소련군의 반격까지 더해지자 적절히 대처하지 못했다. 소련군은 10일 간 이어진 전투 끝에 클린시를 탈환했다. 다른 지역에서도 소련군의 전과가 두드러졌다. 칼

리닌 시의 독일군을 격파했고, 남쪽의 툴라에 대한 포위를 푸는 데에도 성공했다. 독일군은 독소전쟁 사상 처음으로 명백한 후퇴를 했다. 칼루가로 후퇴한 이들은 다시금 반격을 모색했으나, 소련군의 공세가 이어짐에 따라 여기서도 밀려버렸다. 전황이 심상치 않음을 깨달은 독일군 지휘부는, 히틀러에게 방어 및 반격이 용이한 지역으로 군대를 물러나게 해야 한다고 조언했다. 히틀러의 생각은 딴판이었다. "후퇴는 결코 있을 수 없다"라고 못 박았다. 그럼에도 후퇴 요청이 빗발치자, 주요 지휘관들을 해임했고 자신이 모든 지휘권을 인수했다. 히틀러의 독단적인 행태는 앞으로 독일군에게 커다란 악재로 작용할 터였다.

모스크바에 대한 위협이 완화되자 스탈린은 갑자기 의기양양해졌다. 여세를 몰아 소련군이 모든 지역에서 적군을 강하게 몰아붙여야 한다고 주장했다. 조만간 봄이 오면 독일군의 전력이 회복되는 만큼, 그전에 확실한 우위를 확보해야 한다고 첨언했다. 그러나 주코프가 반대하고 나섰다. 성급한 공세는 패착에 이를 수 있기 때문에, 일단 소련군의 방어선을 강화하면서 주요 전선 위주로 전투를 해야 한다고 조언했다. 스탈린은 이 말을 무시했으며 소련군의 무조건적인 진격을 독촉했다. 중부 전선은 물론 레닌그라드와 우크라이나 등에서 소련군의 공세가 전개됐다. 이는 주코프의 예상대로 패착으로 귀결됐다. 소련군 병사들은 '황소처럼' 용맹하게 돌진했지만, 독일군의 견고한 방어력 앞에 여지없이 무너졌다. 스탈린의 쓸데없는 무리수로 인해, 별다른 전과도 없이 약 45만 명에 달하는 소련군이 소멸했다. 특히 이 시기에는 모스크바를 향해 위태롭게 돌출돼 있는 르제프에 대한 공세도 실패했다. 스탈린은 독일군이 이곳을 통해 모스크바로 진격할 것을 우려해 반드시 탈환하라고 명했다. 소련군은 대규모 병력을 동원해 공격했지만, 독일군의 강력한 저항에 부딪혀 목표를 달성하지 못했다. 이후에도 소련군은 르제프 공방전에서 연이어 실패했다. 1942년 7월, 약 50만 명의 소련군이 1700여 대의 탱크를 앞세워 공격했으나 30만 명의 사상자가 발생한 채 퇴각했다. 11월에도 '화성 작전'이라는 명목 하에 공격을 단행했지만, 약 34만 명의 사상자가 발생하며 물러났다. 르제프의 독일군은 비교적 미약한 전력에도 불구하고 최대 규모의 방어전을 성공적으로 이끌며 소련군을 곤혹스럽게 만들었다. 추후 전체적인 전황이 악화되면서 독일군이 자진 철수함에 따라 르제프 공방전은 일단락됐다. 1942년 초에 벌어진 일련의 상황 전개는 스탈린의 군사적 무능을 단적으로 보여준 셈이었다. 모스크바 코앞에서 극적으로 기사회생한 소련군은, 최고 지도자의 어리석음으로 인해 곧바로 커다란 홍역을 치렀다.

■ 스탈린그라드 전투

전쟁의 주도권은 여전히 독일군에게 있었다. 이들은 봄이 찾아오자 서서히 움직이기 시작했다. 주안점을 둔 곳은 남부 지역이었다. 히틀러는 수많은 광물 자원과 석유가 있는 카프카스 등을 점령해, 소련의 전쟁수행 능력을 허물어야 한다고 판단했다. 주변에 있는 장군들은 이것에 난색을 표했다. 무엇보다 소련의 수도를 신속히 함락시켜야 한다고 주장했다. 그래야 소련군과 국민들이 정신적 타격을 입고 자멸할 것이라고 예측했다. 히틀러의 고집을 꺾을 수는 없었다. 그는 장군들의 의견을 뿌리치고 '청색 작전'을 입안했다. 이것의 대략적인 계획은 남쪽으로는 카프카스 산맥의 고산 통로를 지나 카스피해의 아스트라한 및 그로즈늬이로, 동쪽으로는 '스탈린그라드'로 진격하는 것이었다. 이때 스탈린과 소련군은 치명적 오판을 하고 있었다. 독일군의 주공격이 남부 지역이 아닌 모스크바에 가해질 것이라고 예상했다. 영국에서 향후 독일군의 공세 방향을 알려줘도 별로 신경 쓰지 않았다. 전쟁 초반에 나타났던 군사적 무능이 다시 재현되는 모습이었다. 이에 6월 말에 전개된 독일군의 공세에 소련군은 쉽게 무너졌다. (이 직전에 소련군은 하르코프와 크림 반도를 탈환하려다 독일군의 덫에 걸려들어 재앙에 가까운 패퇴를 했다.) 우선 최북단에 있는 독일군이 모스크바와 카프카스 사이에 있는 보로네즈로 쳐들어갔다. 소련군은 참호를 깊게 파고 독일군에 저항했지만, 수많은 사상자를 내고 보로네즈를 넘겨줬다. 이후 독일군은 보로네즈 맞은편에 있는 돈 강으로 진격한 뒤, 남쪽으로 이동해 크림 반도에서 북상하는 아군과 결합했다. 소련군은 독일군의 추가 공세를 당해내지 못하고 동쪽으로 후퇴했다. 수많은 소련 피난민들도 뒤를 따랐다. 독일군 항공기와 탱크는 광활한 초원을 빠른 속도로 가로지르며, 후퇴하는 소련군과 피난민들을 무자비하게 공격했다. 일부 소련군 병사들과 민간인들이 급히 방어선을 형성해 적군의 진격을 저지하려 했지만 역부족이었다. 조만간 소련 전체를 새로운 충격에 빠뜨리는 사건이 발생했다. 소련군이 제대로 된 저항 한번 해보지

독소 전쟁의 분기점이 된 스탈린그라드 전투. 이는 군사 역사상 최대 규모이자 가장 많은 피해가 발생한 시가전이었다. 소련군이 극적으로 승리하면서 전쟁의 양상이 달라지게 된다.

못하고 요충지인 로스토프를 내주고 말았다. 과거 레닌그라드와 모스크바에서 보여줬던 강력한 결기는 온데간데없이 사라졌고, 두려움과 공황이 급속도로 퍼져나갔다. 스탈린은 전황의 심각성을 깨닫고 악명 높은 명령 227호를 발령했다. 공포에 휩싸여 전선을 이탈하는 '겁쟁이'들을 현장에서 즉결 처형하거나 형벌 대대로 보내라는 것이었다. NKVD와 저지 부대가 해당 명령을 충실히 이행했다.

남부 전선에서 뚜렷한 우위를 보이자, 히틀러와 독일군 지휘부는 다시 웃음기를 되찾았다. 그러면서 남부 집단군을 두 개로 쪼갰다. 카프카스의 유전을 장악하기 위한 A집단군, 그리고 이들이 원활하게 진격할 수 있도록 '통로'에 해당하는 스탈린그라드를 점령하기 위한 B집단군이었다. 드디어 독소전쟁 최악의 격전장인 스탈린그라드가 모든 이들의 관심을 끌게 됐다. 독일군은 핵심 목표인 카프카스를 장악하기 위해 이곳을 반드시 통과해야 했다. 소련군은 공업 도시들을 먹여 살리는 카프카스를 온존시키기 위해 이곳을 반드시 사수해야 했다. 파울루스의 제6군이 중심이 된 독일 B집단군은 돈 강을 건넌 뒤 불모의 초원을 빠르게 돌파해 나갔다. 소련군이 저지를 시도했으나 막대한 희생만을 낳은 채 패퇴했다. 부대 간 통신 연결도 제대로 되지 않는 소련군은 효율적인 기갑전을 펼치는 독일군의 상대가 될 수 없었다. 초조해진 스탈린은 이 시기에 티모센코를 해임하고 고르도프를 새로운 사령관으로 임명해 분위기 반전을 꾀했다. 하지만 독일군 제6군에 더해 A집단군에서 파견된 제4기갑군까지 가세하면서 소련군은 계속해서 뒤로 밀렸다. 8월 23일, 마침내 스탈린그라드 북쪽의 볼가 강에서 독일군의 공세가 전개됐고, 8km 길이의 진입로가 만들어지면서 도시 근교에 다다를 수 있었다. 히틀러와 독일군 지휘부는 연이은 승리로 기쁨을 감추지 못했다. 파울루스는 조기에 스탈린그라드를 점령할 수 있을 것이라고 호언장담했다. 스탈린그라드를 겨냥한 독일군의 공세는 하늘에서부터 시작됐다. 600대의 폭격기가 날아올라 무수한 폭탄을 쏟아부었다. 무지막지한 폭격으로 약 4만 명의 스탈린그라드 시민들이 목숨을 잃었다. 지상 작전이 임박한 가운데 스탈린은 이번에도 주코프를 소환했다. 그를 최고 사령관 대리로 임명해 스탈린그라드 방어 임무를 맡겼다. 도시 뒤편에 있는 볼가 강으로 가서 전선을 살펴본 주코프는 전황이 심각하다는 것을 깨달았다. 현재 병력과 보유하고 있는 무기로는 독일군을 막아내기가 쉽지 않을 것 같았다. 그의 옆에 있던 참모총장 바실레프스키도 비슷한 생각을 했다. 예비 부대의 즉각적인 투입을 고려했지만, 섣불리 이를 시행할 수도 없었다. 만약의 경우를 대비해 후방에 병력을 남겨둘 필요가 있었다.

스탈린은 독일군의 지상 공격이 개시되면 며칠 내로 스탈린그라드가 함락될 수 있다고 우려했다. 기적이 일어날 가능성은 극히 희박하다고 여겼다. 그런데 주코프의 생각은 달랐다. 기적이 가능하다고 봤다. 스탈린그라드 방어에 매진하다가, 어느 순간 별도의 부대를 동원해 독일군의 취약한 측면을 기습 공격한다면 적군을 두 동강 내고 도시도 구원할 수 있다고 판단했다. 즉 독일군의 모스크바 공격에 대비했던 전략 예비 병력을, 스탈린그라드로 앞장서 진격한 파울루스의 부대와 뒤따라오는 나머지 부대 사이에 전격 투입해 극적 반전을 도모한다는 것이었다. 일명 '천왕성 작전'이다. 다만 예비 병력이 작전을 원활하게 수행하기 위해선 45일의 준비 기간이 필요했다. 이 기간 동안 스탈린그라드에 있는 소련군 제62군이 파울루스의 독일군 공세를 버텨내야만 했다. 초전에는 이것이 불가능해 보였다. 독일군은 스탈린그라드의 소도시들을 하나씩 점령해 나갔고, 일부 부대는 후방에 있는 볼가 강까지 단 3km만 남겨뒀다. 소련군은 공장이나 중앙 철도역, 선착장, 도시 중앙에 있는 마마이 고지 등으로 흩어졌다. 독일군의 공세는 맹렬하게 지속돼 스탈린그라드의 수많은 건물들이 폐허로 변해갔다. 이때 소련군 제62군을 이끌던 로파틴은 어처구니없게도 병력을 볼가 강 뒤편으로 후퇴시키려 했다. 당장 맞서 싸워도 모자랄 판에 비겁한 후퇴 및 직무유기를 행한 셈이다. 로파틴은 즉시 해임됐고 새로운 62군 사령관으로 바실리 츄이코프가 임명됐다. 그는 치아에 금니가 잔뜩 달려있고 남다른 분위기를 풍기는 '원초적 싸움꾼'이었다. 원래 중국 국민당 군대의 군사고문으로 있었던 츄이코프는 궤멸의 위기에 처해있는 소련군을 시급히 재정비해야 했다. 흩어져 있는 소련군이 지휘부의 통제를 받으며 효율적인 전투를 수행할 수 있도록 최선을 다했다. 츄이코프는 마마이 고지에 있는 사령부가 적군의 공격에 노출돼 생명의 위협을 느끼기도 했지만, 급히 다른 곳에 있는 지하 벙커로 몸을 피해 생존할 수 있었다. 이런 가운데 독일군은 계속해서 소련군을 조여왔다. 이들은 폐허를 지나 소련군이 있는 중앙 철도역과 마마이 고지 등에 맹공을 퍼부었다. 한때 이곳들이 독일군의 수중에 넘어가기도 했으나 소련군도 쉽사리 물러서지 않았다. 반격을 가해 일시적으로 탈환에 성공했다. 일대 공방전이 전개되면서 하루가 멀다 하고 지역의 주인이 계속 바뀌었다. 그래도 전력이 우세한 독일군이 소련군을 조금씩 밀어내는 상황이 전개됐다. 어느덧 소련군은 볼가 강 서쪽에 있는 일부 지역을 간신히 붙들고 버텨나가는 처지가 됐다. 츄이코프와 제62군은 외부와의 통신도 차단돼 고독하고 힘겨운 싸움을 해야만 했다.

소련군이 이쯤에서 전투를 포기해도 전혀 이상하지 않은 상황이었다. 45일을 버티기에는 역부족인 듯했다. 주코프가 계획했던 천왕성 작전도 물거품이 될 가능성이 높아 보였다. 로딤체프가 이끄는 소련군 제13근위사단이 볼가 강을 건너 스탈린그라드의 아군을 지원했으나 뚜렷한 반전은 이끌어내지 못했다. 암담한 상황 속에서 츄이코프는 깊은 고민에 빠졌다. 놀랍게도 항복하거나 퇴각할 고민이 아닌, 어떻게 하면 버텨내고 이길 수 있을까 하는 고민이었다. 그는 스탈린그라드의 현재 상황을 감안해 '시가전'과 '백병전'이라는 전술을 고안해 냈다. 독일군의 공중 폭격과 포격으로 도시에는 돌무더기가 쌓였고 건물들은 폐허가 된 상태였다. 이는 역설적으로 소련군에게 유용한 기회로 작용했다. 돌무더기를 독일군의 사격을 피할 엄폐물로 활용했고, 폐허가 된 건물 곳곳에 잠복했다가 기습 공격을 가하곤 했다. 독일군은 소련군을 잡기 위해 시내를 헤집고 다녔으나, 예상치 못한 공격을 받고 쓰러지기 일쑤였다. 맹위를 떨쳤던 독일군 항공기의 폭격도 무용지물이었다. 츄이코프의 명령에 따라 소련군이 최대한 독일군과 가깝게 배치되면서 공중 폭격이 전혀 이뤄질 수 없었다. 더욱이 지형지물에 익숙한 소련군이 주로 야간에 공격을 해오면서 독일군은 크게 위축됐다. 낮에는 곳곳에 배치된 저격병들이 독일군 병사는 물론 장교들까지 대량으로 저격했다. 어느새 파울루스와 독일군은 시가전의 늪으로 빠져들었다. 사전에 조금도 예상하지 못한 사태였다. 볼가 강 너머에서 날아오는 다연발 로켓포, '카튜샤'도 독일군에게 커다란 골칫거리였다. 발사될 때 나타나는 특이한 굉음으로 인해 '스탈린의 오르간'이라는 별칭도 붙었다. 독일군 병사들은 소련군의 야간 기습보다 무지막지하게 쏟아지는 로켓포를 가장 두려워했다. 비록 독일군이 9월 말에 시내 중심 구역을 상당수 점령했지만 표면적인 것에 불과했다. 점령했다고 생각한 장소에서도, 어김없이 소련군이 은밀히 잠입한 뒤 기습 공격을 가하면서 무수한 전사자가 발생했다. 명장답게 츄이코프는 병사들의 사기까지 북돋웠다. 앞으로 어느 정도만 버티면, 지원군이 올 것이라는 희망을 계속 심어줬다. 파울루스는 크게 당황하면서도 독기가 올랐다. 스탈린그라드에 있는 소련군을 모조리 섬멸한다는 방침을 세웠다. 이에 따라 양 진영 간 소모전이 격화됐고 사상자들이 산더미처럼 쌓였다. 우여곡절 끝에 독일군은 2개 기갑사단 등으로 소련군을 북쪽에 있는 바라카드 공장으로 몰아내는 데 성공했다. 그동안 엄청나게 선방했던 소련군은 완전히 구석으로 몰렸다. 제62군 사령부에도 포탄이 날아올 정도로 큰 위기에 처했다. 로켓포가 불을 뿜어 독일군의 진격을 다소 저지했지만, 최후 생존을 가늠할 수 없는 상황이었다.

막판에 독일군이 지쳐버린 게 소련군을 살렸다. 독일군은 2개월 동안 막대한 희생과 극심한 피로에 노출됐다. 이에 따라 마지막 한 방을 날리는 것을 잠시 미루고, 참호를 파고 휴지기에 들어갔다. 결과적으로 스탈린그라드의 소련군은 천왕성 작전 준비에 필요한 시간을 벌었다. 그야말로 기적적인 일을 해낸 것이다. 소련 저편에서 착착 준비되고 있던 천왕성 작전은 11월에 그 윤곽을 드러내기 시작했다. 스탈린은 스탈린그라드 공방전이 한창일 때, 작전을 빨리 개시하라고 다그쳤다. 주코프도 도시에 있는 가련한 소련군을 구원하고 싶은 마음이 굴뚝같았지만, 천왕성 작전을 완벽하게 준비하기 위해 스탈린의 지시를 묵살했다. 준비 결과는 대단히 성공적이었다. 100만 명 이상의 병력과 약 1000대의 탱크, 1350대의 항공기, 1만 4000문의 중포가 마련됐다. 극도의 보안 속에서 준비된 만큼 독일군은 이 사실을 전혀 알지 못했다. 이쯤에서 소련군의 전쟁수행 능력이 소생한 원인을 살펴볼 필요가 있다. 독소전쟁 내내 궤멸적 타격을 입었음에도 불구하고, 단기간에 이 같은 전력을 갖출 수 있었다는 것은 실로 놀라운 일이다. 핵심은 독일군의 공격이 가해지기 직전에, 주요 기계 설비와 관련 인력을 신속히 후방으로 이동시켰기 때문이다. 수천 명의 노동자들이 달려들어 각각의 공장에 있는 기계 설비를 뜯어낸 뒤, 재빨리 화물차에 실어 우랄 산맥이나 시베리아 등으로 보냈다. 목적지에 당도하면 곧바로 기계 설비를 설치하고 군수 물자들을 대량 생산했다. 이의 효과는 1942년 말부터 본격적으로 나타나기 시작했다. 제2차 세계대전에 참전한 미국의 지원도 결정적 영향을 미쳤다. 미국은 무기대여법을 통해 소련에게 각종 무기와 식량, 의료품 등을 지원했다. 스탈린도 미국의 지원이 전쟁 수행에 크게 기여했다는 점을 인정했다.

천왕성 작전은 11월 13일 스탈린에게 최종 보고됐다. 19일에 독일군의 북쪽 측면에 대한 공격이 개시되고, 그다음 날에는 남동쪽에서도 공격이 이뤄질 것이었다. 스탈린그라드에 있는 츄이코프와 소련군 병사들은 사전에 이 작전의 존재 여부를 알지 못했다. 주코프 등이 얼마나 보안을 중시했는지를 알 수 있는 대목이다. 군대의 이동도 매우 은밀하게 이뤄졌다. 11월 19일, 마침내 소련군이 독일군의 북쪽 측면에 대한 공격을 개시했다. 당시 측면에는 독일군보다 동맹국인 루마니아군이 더 많이 있었다. 이곳이 상대적으로 취약하다는 것을 간파한 소련군 기갑부대는 빠른 속도로 들이쳤다. 소련군의 공세를 예상하지 못했던 루마니아군은 순식간에 무너졌다. 독일군의 남동쪽에서도 비슷한 상황이 벌어졌다. 수많은 소련군 탱크가 들이닥쳐 이곳에 있던 주 방어군인 루마니아군을 격파했다. 불과 4일도 안 돼서 독일군의 주요 지점이 돌파됐고, 위아래에서 진격하던 소련군이 돈 강에서 결합했다. 필리포프가 이끄는 소규모 부대가 돈 강의 다리를 장악한 뒤, 대규모 소련군이 다리를 건너 빠른 속도로 스탈린그라드 방면으로 진격했다. 별안간 진격로가 절단된 독일군은 공황 상태에 빠졌다. 스탈린그라드에 있는 파울루스의 독일군과 나머지 독일군이 갈라지고 말았다. 그 사이에는 약 160km에 달하는 거대한 회랑이 생겼다. 전쟁 초반에 독일군이 즐겨 사용했던 공격 전술이 역으로 독일군의 숨통을 죄는 형국이 조성됐다. 히틀러는 얕잡아봤던 소련군에게 뒤통수를 처맞았다는 사실에 분개했다. 급히 만슈타인을 불러 중간에 있는 소련군을 격파하고 고립돼 있는 파울루스의 독일군을 구원하라고 명했다. 이를 예측한 소련군은 철두철미한 방어전에 돌입했다. 회랑에 대규모 병력과 탱크를 깔아놓은 뒤 밀고 들어오는 독일군을 막아섰다. 잠시동안 사력을 다하는 독일군에게 약간 밀리는 듯한 모습도 보였지만, 곧바로 예비 부대까지 동원해 반격했다. 만슈타인의 공세는 12월 말에 실패로 돌아갔다. 되레 소련군에게 포위될 위기에 처하자 서둘러 드네프르 강 방면으로 후퇴했다. 이제 파울루스의 독일군은 스탈린그라드에서 옴짝달싹하지 못하게 됐다. 졸지에 양 방향에서 포위를 당했으며, 완벽한 전세 역전이 이뤄졌다.

히틀러는 파울루스에게 "절대로 항복하지 말고 마지막 한 사람까지 싸우다 죽으라"고 명했다. 스탈린그라드의 독일군은 얼마간 전투를 이어갈 순 있었지만, 시간이 갈수록 전쟁 물자가 바닥날 것이었다. 간신히 확보한 비행장을 통한 보급품 수송은 너무 적어서 큰 의미가 없었다. 소련군은 독일군에게 맹렬한 포격과 공중 폭격 등을 가하며 압박했다. 영하 35도까지 내려가는 혹한이 더해지면서 독일군은 지옥의 구렁텅이에 빠지고 말았다. 추위를 견디지 못한 병사들이 그대로 얼어붙어 죽었고, 배고픔에 시달리는 병사들은 지나다니는 고양이나 개, 심지어 사람의 시체까지 먹었다. 어느 순간에 소련군 지휘부는 독일군의 항복을 종용했다. 일단의 소련군 장교들이 독일군 진영으로 들어가 항복 조건을 전달했다. 하지만 히틀러에 대한 충성심이 남아있던 파울루스는 명을 받들어 항복을 거부했다. 이에 대한 보복으로 소련군이 맹폭을 퍼부음에 따라 산 송장이나 다름없던 수많은 독일군 병사들이 죽임을 당했다. 1943년 1월 말이 됐을 때, 소련군은 스탈린그라드의 한 구석진 곳으로 독일군을 몰아넣었다. 아직 기력이 남아있는 일부 독일군 병사들은 과거 소련군이 행했던 시가전을 전개하며 끝까지 저항했다. 이 즈음 소련군은 파울루스의 위치에 관한 첩보를 입수했다. 그가 혁명영웅광장에 있는 한 백화점 건물에 은거하고 있다는 것이었다. 소련군이 백화점에 포격을 가한 뒤, 한 소련군 장교가 안으로 들어가 파울루스의 참모진을 만났다. 이들은 항복할 의사가 뚜렷했다. 그러면서 자신들의 상관이 지하실에 있다고 알려줬다. 매우 초췌한 얼굴로 소련군 장교를 만난 파울루스는 이미 모든 것을 체념하고 있었다. 그가 항복에 동의함에 따라 스탈린그라드 전투도 마침표를 찍었다. 6개월 동안 이어진 끔찍한 소모전으로 말미암아 소련군은 약 113만 명, 독일군을 비롯한 추축국 군대는 약 85만 명의 전사자가 발생했다. 항복 소식을 들은 히틀러는 고래고래 소리를 지르며 파울루스를 맹비난했다. 한때 승리에 대한 확신에 차 있던 독일군 지휘부와 국민들은 일순간 침체의 늪에 빠졌다. 반면 스탈린과 소련군 지휘부는 전쟁의 변곡점이 마련됐다며 크게 기뻐했다. 소련 국민들 사이에서도 환희와 낙관적 전망이 표출되기 시작했다. 스탈린그라드 전투를 기점으로, 향후 독소 전쟁은 이전과는 완전히 다른 양상을 띠게 된다.

■ 사상 최대의 기갑전

추운 겨울이 지나가고 1943년 봄이 되자, 독일군은 스탈린그라드에서의 아픔을 딛고 재기를 모색했다. 기세가 한풀 꺾이긴 했으나 여전히 만만치 않은 전력을 유지하고 있었다. 조만간 만슈타인의 주도로 '성채'라는 암호명으로 된 군사 작전이 입안됐다. 이는 독일군 쪽으로 돌출돼 있는 쿠르스크 시 주변 지역의 소련군을 궤멸시키려는 것이었다. 즉 독일군이 불시에 북쪽(오룔 주위)과 남쪽(하르코프 주위)으로부터 진격해 들어와 돌출부의 목 부분을 절단한 뒤, 전선 팽창부에 펼쳐져 있는 소련군을 포위 섬멸하는 작전이었다. 이후에는 남부 주요 지역을 재탈환하거나 북동쪽으로 진격해 모스크바의 후방을 공격하려는 계획도 세웠다. 만슈타인은 신속한 공세가 필요하다고 주장했다. 적군이 전열을 가다듬고 방어선을 강화하기 전에 공격해야 승산이 있다고 했다. 이번에도 히틀러는 다른 주장을 폈다. 우선 충분한 준비가 갖춰져야 하며, 6월이나 7월 초까지 기다리라고 지시했다. 소련군도 남부 지역에서 독일군의 대대적인 공세가 전개될 것이라고 예측했다. 다만 구체적으로 어디로 전개될지를 확신하지 못했다. 만약 공격 지점을 잘못 예측한다면, 또다시 남부 전선이 위기에 빠질 가능성을 배제할 수 없었다. 주코프 등은 머리를 맞대고 예상 공격지점을 짚어봤다. 그 결과 독일군이 쿠르스크 돌출부를 공격할 가능성이 높다는 결론을 내렸다. 정찰을 통해 독일군의 이동 상황을 어느 정도 파악했기 때문이다. 정확히 예측한 셈이었다. 마음이 급한 스탈린은 독일군의 공세가 있기 전에 소련군이 선수를 치라고 명했다. 주코프가 막아섰다. 종심 방어를 탄탄히 해서 독일군의 공세를 무력화한 다음, 후방에 있는 예비 부대를 동원해 반격하는 게 옳다고 주장했다. 이전과 달리 스탈린은 자신의 주장을 고집하지 않았다. 주변 장군들에게 의견을 물으니 대부분이 주코프의 주장에 동의했다. 설득된 스탈린은 주코프에게 방어 태세 강화를 지시했다. 돌출부의 북쪽과 남쪽에 소련군이 증강 배치됐고, 전선 팽창부 내에는 7개 군이 들어찼다. 후방에도 대규모 예비 부대가 조성됐다. 총병력은 약 134만 명에 달했다. 3444대의 탱크와 2900대의 항공기, 1만 9000문의 대포 등이 함께 했다. 진지선도 겹겹이 마련됐으며 십자형의 기다란 참호가 만들어졌다. 40만 개 이상의 지뢰와 말뚝으로 만든 탱크덫도 빼곡히 들어섰다. 초

사상 최대의 기갑전이 펼쳐진 쿠르스크 전투. 약 1500대에 달하는 탱크들이 뒤엉켜 기갑 백병전이 벌어졌다.

전에는 좀처럼 볼 수 없었던 철저한 방어 태세가 갖춰지는 모습이었다. 이를 상대하는 독일군의 총병력은 약 90만 명이었고 2700대의 탱크, 2000대의 항공기, 1만 문의 대포 등이 있었다.

쿠르스크에서의 전투는 양 국가의 운명을 가를 '대회전'이 될 전망이었다. 독일과 소련 모두 군 전력의 상당 부분을 이 전투에 밀어 넣었다. 여기서 패배하면 훗날을 장담할 수 없는 지경에 이를 터였다. 양 진영은 촉각을 곤두세울 수밖에 없었다. 소련군은 독일군의 공격 지점은 예측했지만, 공격 시점을 특정 짓지 못해 애를 먹었다. 당초에는 5월 경에 공격이 있을 것으로 예상해 전 군에 상급 경계령을 하달했다. 5월에 아무 일이 없자 경계 태세가 다소 누그러졌다. 그러다가 6월에 공격이 있을 것이라는 첩보가 입수되면서 다시 경계령이 내려졌다. 6월에도 독일군의 공격은 이뤄지지 않았다. 어느 순간부터 소련군 지휘부와 병사들에게서 신경질적인 반응이 나타났다. 적군에게 놀아난다는 불만이 퍼져나갔고 사기도 저하됐다. 전선의 오묘한 정적은 공포감을 유발하기도 했다. 7월 4일이 됐을 때, 비로소 독일군의 공격 시점을 파악할 수 있었다. 포로로 잡힌 독일군 병사가 다음날 새벽에 공격이 있을 것이라고 말했다. 이 직후에 스탈린과 주코프는 선제공격을 하기로 마음먹었다. 전투의 주도권을 잡기 위한 조치였다. 7월 5일 새벽 2시 30분, 소련군의 맹렬한 포격과 공중 폭격이 전개됐다. 곧 있을 공격의 순간만을 기다리고 있던 독일군은, 난데없는 적군의 공세에 당혹감을 감추지 못했다. 즉시 성채 작전을 단행했다. 발터 모델이 지휘하는 독일군 제9기갑군이 북쪽으로부터 공격해 들어갔다. 작전은 초전부터 난관에 부딪혔다. 수많은 지뢰와 탱크덫, 그리고 목숨을 걸고 달려드는 소련군 병사들로 인해 유의미한 진격을 이뤄내지 못했다. 독일군은 탱크와 대포를 증강해 공격했지만, 소련군 역시 예비 부대를 신속히 투입해 저지했다. 독일군은 어떻게든 뚫어야겠다는 집념으로 포기하지 않고 공격을 이어갔다. 꾸역꾸역 나아가긴 했지만, 머지않아 한계에 직면했다. 포느리와 올호바트카라는 도시에서 소련군의 방어력 앞에 무릎을 꿇었다. 특히 올호바트카로 향하는 좁은 접근로에 독일군 탱크들이 밀집되는 상황이 벌어졌다. 소련군은 이를 놓치지 않고 맹공을 퍼부었다. 급강하 폭격기가 날아와 대량의 폭탄을 투하했고, 대전차포와 중포 등이 잇따라 불을 뿜었다. 큰 타격을 받은 독일군은 기세가 확연히 꺾였다. 나아가 소련군이 7월 12일 대대적인 반격에 나섬에 따라 독일군은 후퇴할 수밖에 없었다. 이로써 쿠르스크 북쪽에서의 성채 작전은 참담한 실패로 끝났다.

독일군은 남쪽에서 돌파구를 마련해야만 했다. 그나마 이쪽은 북쪽보다 훨씬 유리해 보였다. 소련군의 주력이 북쪽에 더 많이 몰려 있었기 때문이다. 호트가 지휘하는 독일군 제4기갑군이 공세를 펼쳤다. 최정예로 평가받는 3개의 나치 친위대 기갑사단으로 구성된 이 군대는, 그 명성에 걸맞게 단기간에 32km 이상 전진했다. 북쪽 전황으로 침체돼 있던 독일군 지휘부가 다시금 활기를 되찾았다. 하지만 이때의 소련군은 한번 구멍이 뚫리면 너무도 쉽게 무너졌던 그 소련군이 아니었다. 제1탱크군을 비롯한 대규모 소련군이 적극적인 방어에 나서면서 독일군의 진격이 눈에 띄게 둔화됐다. 독일군은 프숄 강을 도하한 뒤 교두보를 마련했지만, 더 이상 나아가지 못했다. 호트는 어쩔 수 없이 병력을 프로호로프카 방면으로 돌려야 했다. 기세는 한풀 꺾였으나 포기하기엔 이른 상황이었다. 프로호로프카 쪽에 집결한 독일 기갑군은 결정적인 공세를 준비해 나갔다. 막강한 화력을 자랑하는 티거와 판터 등 600대 이상의 탱크로, 방어하는 소련군을 철저히 파괴하기로 작정했다. 독소 전쟁 초반에 눈부신 승리를 안겨줬던 기갑 기동전으로 다시금 승부를 보려 한 것이다. 소련군은 이러한 움직임을 눈치챘다. 대응 조치의 일환으로 후방에 있던 로트미스트로프의 제5근위탱크군을 동원하기로 했다. 이들은 명령을 받자마자 프로호로프카로 빠르게 이동했다. 3

일 밤낮으로 370km가 넘는 거리를 달렸다. 밀집 대형으로 이동하다 보니 독일군 항공기의 먹잇감이 될 수도 있었지만, 소련군 항공기가 적절한 엄호를 해줬다. 고난의 이동 과정을 거친 뒤 전선 근처에 도달하는 데 성공했다. 놀랍게도 낙오된 탱크는 거의 없었다. 기실 소련군 지휘부는 눈에는 눈, 이에는 이로 대응하려 했다. 대규모 독일군 탱크에 맞서 대규모 소련군 탱크로 맞불을 놓겠다는 것이었다. 이때 소련군이 동원한 탱크는 약 850대였다. 로트미스트로프는 전략을 세워 나갔다. 소련군의 T-34 탱크는 독일군 탱크에 비해 화력이 떨어졌지만, 우월한 기동성을 보유했다. 이러한 이점을 살려 적군 탱크에 바짝 붙은 후 측면과 후방을 공략하기로 했다. 이른바 '기갑 백병전'을 치르려는 속셈이었다. 7월 12일, 마침내 역사상 최대 규모의 탱크전 서막이 오를 참이었다. 양 진영의 탱크들은 탁트인 평원을 사이에 두고 마주 보았다. 긴장감 있는 정적이 흐르는 가운데, 독일군 폭격기들이 나타나 프로호로프카의 숲과 마을에 폭격을 가했다. 이에 소련군 전투기들이 날아올라 폭격기들을 공격했다. 하늘에서 격추당한 항공기들이 잇따라 땅바닥으로 떨어졌다.

대격전의 시간이 초읽기에 들어갔다. 우선 소련군의 포격이 예고성 격으로 가해졌다. 이 직후인 오전 8시 30분, 드디어 로트미스트로프가 암호명 "스탈린"(강철)을 외쳤다. 공격 신호였다. 소련군의 T-34 탱크들이 삼림으로부터 대거 모습을 드러냈고, 개활지를 거침없이 내달리기 시작했다. 거의 비슷한 시점에, 독일군 탱크들도 삼림 바깥으로 나와 적군이 있는 방향으로 돌진했다. 한 공간에서 무려 1500대에 육박하는 탱크들이 엄청난 굉음과 모래 바람을 일으키며 나아갔다. 마치 원시 시대에 존재한 거대한 맹수 무리들이 서로를 향해 죽일 듯이 달려드는 모습을 연상시켰다. 하늘에서 폭우와 번개가 쏟아지면서, 사상 최대 기갑전의 묵시록적 분위기를 고조시켰다. 소련군 탱크들은 초전부터 기동성을 살려 독일군 탱크들에 바짝 붙으려 했다. 독일군 탱크들은 포격을 가하면서 가급적 거리를 벌리려고 했다. 소련군 탱크들은 적잖은 피해를 입었지만, 포기하지 않고 독일군 탱크들에게 다가갔다. 독일군은 우수한 화력에도 불구하고 집요하게 달려드는 적군을 떼어내지 못했다. 결국 양 진영의 탱크들이 뒤엉켜 버렸다. 사상 유례를 찾아볼 수 없는 기갑 백병전이 펼쳐졌다. 탱크들은 서로를 들이받았고 짧은 거리였지만 포격까지 가했다. 상호 간 거리가 워낙 짧았기 때문에 포격의 피해는 아군과 적군을 가리지 않았다. 더 이상 포격을 할 수 없을 때에는, 탱크 안에 있던 병사들이 바깥으로 튀어나와 적군 탱크에게 화염병과 유탄을 던졌다. 병사들 간 치열한 교전도 벌어졌다. 이들은 크게 손상된 탱크를 엄폐물로 삼아 난타전을 벌였다. 극히 혼란스럽고 원시적인 전투가 무려 8시간이나 지속됐다. 750대에 달하는 탱크들이 형체를 알아볼 수 없을 정도로 파괴됐으며, 그 주변에는 병사들의 시체가 무더기로 쌓였다. 저녁에 이르러서야 전투가 중단됐다. 누가 승자인지 정확히 분간할 수 없었다. 독일군과 소련군 모두 치명적인 피해를 입은 상태였다. 다만 탱크를 중심으로 지역 돌파에 사활을 걸었던 독일군이 앞으로 진격해 나갈 여력을 상실한 만큼, 사실상 소련군이 승리했다고 평가할 수 있었다. 기갑전 다음

날, 독일군은 보병을 중심으로 한차례 더 공격했지만 소련군의 진지를 뚫어내지 못했다. 이 시기에 독일군의 병력과 탱크는 절반 이하로 확 쪼그라들었다. 7월 15일, 한계를 절감한 독일군은 철수하기로 결정했다. 쿠르스크 전투의 최종 승자는 소련군이었다. 대규모 기갑전이 벌어졌던 해당 지역은, 한동안 수습되지 못한 채 거대한 사막으로 변했다. 훗날 이곳을 시찰하러 온 소련군 장군들은 기괴하게 남아있는 탱크 잔해와 시체들을 목격한 뒤 정신적 충격을 받았다고 한다.

■ 소련군의 대반격

독일군과 마찬가지로 쿠르스크 전투에 참가한 소련군의 전력도 크게 축소됐다. 독일군 지휘부는 소련군이 즉시 공세로 전환하지 못할 것이라 확신했다. 자신들처럼 취약해진 만큼, 한동안 재정비에 매진할 것이라고 봤다. (이 시기에는 미군과 영국군이 이탈리아 침공을 감행함에 따라 동부 전선에 있던 독일군 일부가 서부 전선으로 이동했다.) 독일군의 예상을 완전히 빗나가게 하는 반전이 뒤따랐다. 소련군이 곧바로 공세로 전환한 것이다. 이때부터 정식으로 공수 교대가 이뤄졌다. 소련군 전쟁수행 능력의 일취월장이 단적으로 입증되는 순간이었다. 우선 쿠르스크 북쪽에 있는 오룔 및 브랸스크의 독일군 진지가 맹렬한 공격을 받았다. 진지에 작은 틈이 발생하자, 소련군 탱크들이 비집고 들어가 방어선을 돌파했다. 탱크뿐만 아니라 보병과 항공기의 활약도 두드러지면서 독일군을 거세게 몰아붙였다. 8월에 오룔과 브랸스크가 잇따라 탈환됐다. 비슷한 시점에 쿠르스크 남쪽에서도 소련군의 공세가 전개됐다. 북쪽과 달리 이곳의 독일군은 강하게 저항했다. 하르코프를 목표로 진격하는 소련군에게 대대적인 반격을 가해 뒤로 물러나게 만들었다. 그렇다고 소련군이 과거처럼 패퇴한 것은 아니었다. 몰라보게 달라진 이들은 다시금 능란한 공세를 가해 독일군에게 큰 타격을 입혔다. 이에 힘입어 8월 말 소련군의 목표였던 하르코프가 탈환됐다. 자신감을 얻은 스탈린은 모든 전선에서 반격을 단행하라고 명했다. 9월 말이 되자, 중부 전선에서 스몰렌스크 탈환이라는 낭보가 날아들었다. 아울러 소련군은 남부 전선의 키예프 탈환을 목표로 드네프르 강으로 진격했다. 히틀러의 명에 따라 일찌감치 드네프르 강 방면으로 전략적 후퇴한 독일군은, 강 주변에 1개 기갑집단군을 집결시켜 방어에 나섰다. 소련군 병사들은 강력한 결기를 갖고 드네프르 강을 도하하기 시작했다. 독일군의 포격이 가해졌지만, 이에 아랑곳하지 않고 배를 타거나 심지어 헤엄쳐서 강을 건넜다. 강 인근에 수십 개의 교두보를 확보하는 데 성공한 소련군은 이제 키예프로의 진입을 시도할 참이었다. 만슈타인은 키예프 남쪽으로부터 소련군이 진격해 올 것이라 예상했다. 늪이 많은 북쪽과 달리 이쪽은 진입하기가 훨씬 수월했기 때문이다. 폭우가 지속돼 땅이 더욱 나빠진 만큼, 만슈타인은 소련군의 남쪽 진격을 확신했다.

명장답지 않은 치명적 오판이었다. 소련군은 북쪽으로부터 진격해 들어올 것이었다. 수많은 탱크와 병력이 늪지를 헤치면서 은밀히 나아갔다. 독일군의 정보망이 취약해져서 사전에 소련군의 움직임을 파악하지 못했다. 11월 초, 마침내 소련군이 키예프의 북쪽에서 모습을 드러냈다. 화들짝 놀란 만슈타인과 독일군은 공황 상태에 빠졌다. 많은 병력이 남쪽 방어에 매달렸던 만큼, 북쪽으로부터 쏟아져 내려오는 소련군을 제대로 막지 못했다. 이틀 만에 키예프에 있는 독일군이 궤멸적 타격을 입고 퇴각했다. 11월 6일, 우크라이나의 수도인 키예프가 탈환되자 소련 전역은 축제 분위기에 휩싸였다. 이때부터 스탈린은 주변 사람들에게 승리에 대한 확고한 신념을 피력했다. 1944년 초가 되면서 드네프르 선이 소련군의 표적이 됐다. 지휘관인 코네프는 정교한 기만책을 구사해 독일군의 오판을 유도했다. 남쪽에 제한적인 공격을 가해 시선을 돌린 뒤, 은밀히 북쪽으로 대규모 병력을 이동시켰다. 키예프 전투와 비슷하게 독일군은 또다시 뒤통수를 처맞았다. 소련군 탱크들이 북쪽으로부터 파죽지세로 진격하는 바람에 독일군은 속절없이 밀렸다. 다른 지역에 있던 탱크군단도 합세해 적군을 고립 지대로 몰아넣었다. 순식간에 독일군은 포위되고 말았다. 소련군이 맹폭을 가하면서 서서히 조여드는 가운데, 독일군 4개 기갑사단이 아군을 구원하러 왔다. 이들은 한때 외부 포위망을 뚫기도 했지만, 이내 소련군 예비부대의 투입으로 무력화됐다. 고립된 독일군은 각종 포탄을 얻어맞으며 전멸의 위기에 처했다. 그러다가 어느 순간에 목숨을 걸고 탈출을 시도했다. 눈 덮인 길을 필사적으로 헤치면서 이동을 거듭했다. 조금만 더 가면 지원군이 있을 것이라는 희망도 가졌다. 그 사이 소련군의 공격은 이상하리만큼 완화됐다. 어느 개활지에 다다랐을 때, 독일군 병사들은 환호성을 질렀다. 적군의 포위망을 벗어났다고 생각했기 때문이다. 완전한 착각이었다. 소련군은 독일군의 이동을 속속들이 꿰뚫고 있었다. '살육'을 수월하게 하기 위해 일부러 개활지로 유인한 것이었다. 기다렸다는 듯, 소련군 탱크들이 전방 위에서 몰려왔다. 이들은 독일군 병사들을 그대로 깔아뭉갰다. 육중한 탱크 바퀴에 짓이겨진 병사들이 고통스러운 비명을 지르며 죽어갔다. 시체는 형체를 알아볼 수 없을 정도로 심각하게 훼손됐다. 먼발치에서 소련군의 카작 기병부대가 쏜살같이 다가왔다. 이들은 날카롭고 기다란 기병도를 빼들었다. 그런 다음 독일군 병사들을 무자비하게 베기 시작했다. 온몸이 난도질당한 병사들이 처절하게 울부짖으며 쓰러졌다. 이미 저항 능력을 상실한 병사들에게도 확인사살과 같은 칼질이 수십 차례 행해졌다. 독일군에 대한 증오심이 하늘을 찔렀던 소련군은, 이 기회에 피도 눈물도 없이 복수를 한 셈이었다. 스탈린은 이 같은 행위를 용인하고 권장했다.

소련군의 반격은 거침없이 지속돼, 5월이 되면 크림반도 및 우크라이나 대부분의 지역을 탈환했다. 이제 남부 전선에서는 동유럽을 향해 진격할 길이 열렸다. 비슷한 시기에 북부 전선에서는 레닌그라드가 오랜 포위에서 벗어났다. 지옥의 문턱을 경험했던 레닌그라드 시민들은 해방의 날이 찾아오자 서로를 얼싸안고 환호성을 질렀다. 독소전쟁 초반에는 상상도 할 수 없었던 소련군의 대반격이 성공적으로 전개되고 있었다. 일각에서는 이때 소련군이 승기를 잡은 원인을 막대한 물량 탓으로 일반화하는 경향이 있다. 물론 소련군이 동원한 병력 규모는 어마어마했다. 연속적으로 수십만 명이 죽고 포로가 돼도, 곧바로 수많은 병력이 이를 대체했다. 다만 물량이 전부는 아니었다. 소련군은 매우 고통스러운 전쟁 과정을 거치면서, 자체적인 각성을 통해 군의 현대화를 이뤘다. 특히 현대 기갑전에 눈을 뜨면서 탱크 군단과 기계화 군단을 대거 편성했다. 이들은 날이 갈수록 타격력과 기동성의 발전을 이뤘는데, 이는 적군에게서 어느 정도 학습한 결과물이었다. (소련군의 주력인 T-34 탱크는 신세대 이동식 포를 탑재해 독일군 탱크를 능가했다. 추후에는 거대한 포를 가진 IS-2 탱크까지 출현해 전장을 완벽히 장악했다.) 또한 통신 전력도 괄목할 만한 개선을 이루면서 부대 간에 능동적인 연합 작전이 가능하게 됐다. 통신 도청을 통해 독일군의 전략을 간파하고, 기만책과 역정보를 흘려 혼란에 빠뜨리기도 했다. 현대전의 핵심인 항공 전력도 무시할 수 없었다. 전투기, 폭격기, 지상 공격용 항공기 등 체계화된 공군 부대가 만들어졌다. 이들의 작전 수행을 도와줄 레이더도 대거 설치됐다. 궁극적으로 소련군은 보병과 탱크, 항공기를 유기적으로 결합시키면서 독일군을 큰 곤경에 빠뜨렸다. 스탈린을 비롯한 소련 수뇌부의 변화도 긍정적 영향을 미쳤다. 당초 군사적 능력이 뛰어나지도 않은 스탈린이 여기저기에 관여하면서 일을 그르치는 경우가 많았다. 이후 스탈린이 2선으로 물러나 장군들의 의견을 경청하고 수용함에 따라 원활한 작전이 이뤄질 수 있었다. 군부에 대한 정치권의 영향력도 대폭 축소됐다. 기존에는 군부 내에서 정치 지도위원 등이 강력한 권한을 행사했다. 이제는 지휘관의 부관으로 낮아지면서 별다른 힘을 쓰지 못하게 됐다. 장군들이 무한 책임감을 갖고 주도적으로 전쟁을 지휘할 수 있었다. 독일군은 이것과 상반된 모습을 보였다. 군부에 대한 히틀러의 간섭과 독선이 갈수록 심해졌고, 독일군이 결정적 패착에 이르는 경우가 많아졌다.

스탈린은 이 시기에 미국의 루스벨트 및 영국의 처칠과도 긴밀히 소통했다. 이란의 테헤란에서 직접 만나 연합국의 전략과 전후 세계질서 등을 논의하기도 했다. 이념과 정치 체제 등이 근본적으로 달랐지만, 독일이라는 공동의 적 앞에서 뭉쳐있는 상태였다. 소련군이 대단한 활약을 펼침에 따라 스탈린을 대하는 서구권 지도자들의 태도도 달라졌다. 스탈린이 말할 때마다 주의 깊게 귀를 기울였고, 각종 군사적 원조를 제공하려는 의지를 내비쳤다. 제2차 세계대전 직전에 영국과 프랑스에게 노골적으로 하대를 당했던 그 소련이 아니었다. 오히려 영국의 처칠이 두 강대국 사이에서 입지가 좁아짐을 느꼈다. 스탈린이 서구권과의 협상에서 주안점을 둔 것은 '제2전선' 문제였다. 소련군이 동부 전선에서 막대한 희생을 치르고 있는 만큼, 미국과 영국이 독일군 전력을 서부 전선으로 분산시킬 수 있는 조치를 해달라고 요구했다. 당시 독일군의 70% 이상이 동부 전선에 배치돼 있었다. 스탈린은 집요하게 나왔다. 여러 번에 걸쳐 루스벨트와 처칠에게 북프랑스 침공 약속을 하라고 독촉했다. 당초 처칠은 이에 대해 난색을 표했다. 대신 지중해 등 다른 지역에서 조치 방안을 강구해 보겠다고 답했다. 스탈린이 대놓고 불쾌감을 드러내면서 협상장 분위기는 급속도로 냉각됐다. 얼마 뒤 루스벨트가 스탈린의 요구대로 1944년 5월 중에 강력한 침공 작전(오버로드 작전)을 벌이겠다고 약속하면서 접점이 마련됐다. 스탈린은 이에 대한 보답으로 추후 (미국과 맞서고 있는) 일본에게 선전포고하겠다고 약속했다. 머지않아 동부 전선과 서부 전선에서 동시에 대규모 군사작전이 전개될 터였다. 히틀러의 독일은 결코 헤어 나올 수 없는 난관에 직면하게 될 것이었다.

■ 바그라티온 작전

소련군 지휘부는 1944년 여름에 강력하고 집중된 공세를 감행할 계획을 세웠다. 이는 몇 차례에 걸쳐 행해질 것이었는데, 중부 전선의 민스크에 있는 독일군을 분쇄하는 게 핵심이었다. 이곳에서 성공하면 소련군(서부전선군)은 동프로이센과 발트해 연안 방면으로도 나아갈 생각이었다. 또한 코네프가 이끄는 소련군(제1우크라이나전선군)이 폴란드의 르부프와 루블린으로 진격해 독일군의 퇴로를 차단할 계획이었다. 끝으로 남부 전선의 루마니아와 플로예시티 유전 등에 대한 공세도 준비했다. 이 작전의 명칭은 '바그라티온'이었다. 1812년 나폴레옹의 프랑스 군대를 물리쳤던 러시아 영웅의 이름에서 따왔다. 약 230만 명의 병력과 3500대의 탱크, 4만 여문의 야포, 8000여 대의 항공기가 동원될 예정이었다. 작전 계획은 철저히 비밀에 부쳐졌다. 스탈린, 주코프, 바실레프스키 등 극소수의 사람만이 이 계획을 알고 있었다. 소련군은 상대를 속이기 위한 기만 전술도 적극적으로 구사했다. 진지를 열심히 구축하는 모습을 보이면서, 독일군에게 방어 강화에 초점을 맞추는 듯한 신호를 보냈다. 아울러 공격할 생각이 전혀 없는 곳에 군대를 증강하고 항공기들을 날아다니게 했다. 독일군은 이러한 기만책에 완전히 속아 넘어갔다. 조만간 남부 전선에서 소련군의 대대적인 공세가 전개될 것으로 전망했다. 이에 이곳으로 전력을 집중시켰다. 반면 진짜 공세가 이뤄질 중부 전선에는 미약한 전력을 남겼다. 바그라티온 작전 개시일은 6월 15일~20일로 잡혔다. 이 즈음에는 미영 연합군이 서부 전선에서 그 유명한 '노르망디 상륙작전'을 전개하기로 했다. 독일군은 서부와 동부, 양면 전선에서 전쟁을 치러야만 했다.

소련군의 제한적인 초기공세가 6월 10일 북쪽의 핀란드 국경선 일대에서 행해졌다. 이것은 본격적인 공세에 앞서 시선을 돌리기 위한 기만 공세에 해당했다. 독일군은 남부 전선과 더불어 북부 전선에서도 공세가 본격화할 것이라 예상했다. 중부 전선에서의 공세는 꿈에도 생각하지 못했다. 소련군은 탱크를 좀 더 증원하기 위해 6월 23일로 총공세 날짜를 미뤘다. 작전 개시일이 다가오는 가운데, 소련군 게릴라 부대가 19일 밤에 먼저 행동에 들어갔다. 적진에 은밀히 잠입해 독일군 보급지를 파괴해 나갔다. 뒤이어 소련군 항공기들이 날아와 독일군의 후방 지대를 폭격했다. 바그라티온 작전 이전부터 독일군의 기세는 크게 꺾여버렸다. 마침내 23일이 되자, 중부 전선에서 소련군의 대대적인 공세가 개시됐다. 우선 지뢰밭을 무력화할 수 있는 장치를 탑재한 소련군 탱크가 야간에 독일군 방어선을 돌파해 나갔다. 보병과 포병, 기계화 군단이 그 뒤를 따라 전진했다. 중부 전선 공세, 그것도 야간 공세를 전혀 예상하지 못한 독일군은 속절없이 무너지기 시작했다. 기실 바그라티온 작전에서 소련군이 가장 중시한 것은 '기동성'이었다. 적군을 완전히 섬멸하기보다는, 어느 정도 무너졌으면 다음 표적지로 신속히 이동했다. 적군에게 방어선을 강화할 틈을 주지 않기 위해서였다. 독일군이 전쟁 초반에 구사했던 전격전과 유사한 모습이었다. 거침없이 진격해 나간 소련군은 늪지대 등과 같은 난관에 부딪히기도 했다. 독일군은 우호적인 자연환경에 힘입어 한숨을 돌리고 반격에 나설 수 있을 것이라고 봤다. 착각이었다. 소련군은 이에 굴하지 않고 진격을 거듭했다. 공병대원들이 재빠르게 나서서 탱크와 병력이 용이하게 이동할 수 있는 나무 둑길을 만들었기 때문이다. 지상에 있는 소련군은 하루에 40km 이상을 주파해 나갔고, 하늘에서는 소련군 항공기들이 대거 출현해 독일군에게 맹폭을 퍼부었다. 이 시기에 발터 모델이 독일군의 구원투수로 긴급 투입됐다. 어려움이 있을 때마다 해결사 역할을 했던 그였지만, 이번에는 매우 험난한 상황에 직면했다. 나름대로 병력 손실을 줄이고, 북부 집단군을 후퇴시켜 전선 길이 축소와 전력 집중화를 모색했다. 그러나 발트해에서의 영향력 약화를 우려한 카를 되니츠 제독이 북부 집단군의 후퇴를 반대하면서 모델은 의도한 바를 달성하지 못했다. 결국 중부 전선의 독일군은 소련군의 공세를 당해내지 못하고 7월 3일 민스크를 포기했다. 엄청난 진격 속도로 인해 미처 후퇴하지 못한 약 10만 명의 독일군 병사들이 포로가 됐다. 비슷한 시기에 서부 전선에서도 미영 연합군이 공세를 펼쳤으나, 소련군의 전개 속도에는 한참 못 미쳤다.

다음으로 코네프의 소련군이 폴란드 도시들을 향해 진격했다. 제

6근위탱크군단이 앞장서서 르부프 일대의 독일군을 공격하려 했다. 초반에는 비가 많이 오고, 진격로와 적진에 대한 사전 파악이 제대로 안 돼 고전했다. 우여곡절을 거친 소련군 탱크들은 위험을 무릅쓰는 과감한 전술을 구사했다. 독일군의 포탄이 거세게 날아옴에도 불구하고, 적군 진지선 후방으로 일렬 진격해 포위 섬멸을 도모했다. 상당한 피해를 입었지만 집요하게 진격한 결과, 7월 22일 독일군을 에워싸 격파하는 데 성공했다. 곧이어 르부프에 있던 독일군을 비수아 강으로 쫓아낸 뒤 이곳을 점령했다. 또 다른 폴란드 도시인 루블린은 비교적 쉽게 점령했고, 브레스트-리토프스크도 함락시켰다. 소련군은 폴란드의 수도인 바르샤바와 가까운 비수아 강까지 도달해 교두보를 마련했다. 독일군은 이 교두보를 공격했지만 무위에 그쳤다. 조만간 소련군이 바르샤바에 대한 총공세를 단행할 것처럼 보였으나 문제가 생겼다. 파죽지세로 진격하다 보니 피로가 누적된 것이다. 탱크도 적잖게 손실돼 이전 대비 전력이 약화됐다. 독일군은 이때를 틈타 반격에 나섰다. 소련군은 큰 타격을 입고 뒤로 물러나야 했다. 도시의 주인이 바뀔지 기로에 직면한 가운데, 바르샤바 내부에서 폴란드 민족주의자들을 중심으로 봉기가 일어났다. 이들은 소련군이 진입하기 전에 자신들의 힘으로 바르샤바를 해방하려 했다. 그래야 폴란드의 독립이 원활하게 이뤄질 수 있다고 판단했다. 뜻은 이루지 못했다. 약 2개월 간 게릴라 전술로 독일군을 괴롭혔지만, 전력의 한계를 극복하지 못하고 궤멸됐다. 독일군은 바르샤바 봉기를 진압하는 과정에서 대규모 학살을 저질렀다. 봉기자들과 일반 민간인들을 가리지 않고 무차별적으로 죽였다. 여자와 어린아이, 노인들도 예외가 될 수 없었다. 병약자들이 모여있는 병원에 화재를 일으켜 불태워 죽이기도 했다. 바르샤바 도시 자체를 파괴하는 만행도 서슴지 않았다. 일각에서 소련군이 고의로 수수방관했다는 설이 있다. 스탈린 입장에서는 반 소련적인 폴란드 민족주의자들이 달갑지 않았을 것이기 때문이다. 이에 대해 명확히 밝혀진 바는 없지만, 당시 여건 상 소련군이 도와줄 수 있는 처지도 아니었다. 여하튼 중부 전선의 소련군은 바르샤바를 즉각 점령하지 못하고 얼마간 지체해야 했다.

남부 전선에서도 소련군의 작전이 전개됐다. 당초 독일군은 남부 전선에 전력을 집중했으나, 다급해진 중부 전선으로 일부 병력을 보내는 바람에 이곳이 약화됐다. 덕분에 소련군은 여기서도 거침없는 모습을 보이게 된다. 독일군 제6군이 저지하기 위해 나섰으나 소련군의 위력 앞에서 중과부적이었다. 독일군은 머지않아 궤멸됐으며 약 40만 명이 포로로 잡혔다. 이후 루마니아의 수도인 부쿠레시티가 소련군에 의해 함락됐다. 안토네스쿠의 친독 정권이 붕괴되면서 루마니아는 친소 국가로 바뀌게 됐다. 그동안 독일군에게 원유를 공급했던 루마니아의 플로예시티 유전도 소련군의 수중에 떨어졌다. 이 유전은 마지막 희망줄이었던 만큼, 독일군은 파국적인 상황에 직면한 것이나 다름없었다. 뒤이어 소련군은 불가리아를 거쳐 유고슬라비아로 진격, 수도인 베오그라드를 점령했다. 다음 표적은 헝가리였다. 이곳에서는 사뭇 다른 모습이 나타났다. 10월, 독일군과 헝가리군이 부다페스트에 대거 집결했다. 이들은 적군에게 자신들의 영토를 내주지 않겠다는 결연한 의지를 내비쳤다. 다뉴브 강 동쪽인 페스트 북부 지역에서 전투가 벌어졌다. (부다페스트는 다뉴브 강을 중심으로 부다 지역과 페스트 지역으로 나뉘어 있었다.) 소련군은 우세한 전력으로 추축군을 밀어내는 듯했다. 일시적으로 페스트 북부 일대가 소련군에게 넘어갔다. 조만간 추축군의 반격이 전개돼 소련군이 밀려났다. 의외로 추축군의 전력이 만만치 않자 소련군 지휘부는 내심 당황했다. 소련군은 작전을 바꿔 추축군에게 조건부 항복 협상을 제안했다. 순순히 항복하면 포로들을 죽이지 않고 인도적으로 대우해 주겠다고 약속했다. 하지만 소련군 사절단이 실종되는 사태가 발생하면서 전투가 재개됐다. 화가 난 소련군은 추축군을 겨냥해 무자비한 포격과 공중 폭격을 퍼부었다. 헝가리군이 큰 타격을 받으면서 병력이 급격히 쪼그라들었다. 이때도 추축군은 좀처럼 물러서지 않았다. 독일군 제13기갑사단이 거센 반격을 가하면서 방어선을 안정시켰다. 헝가리 전투는 해를 넘어서도 계속됐다. 소련군은 페스트 내에 있는 비행장들을 공격해 점령했다. 그동안 독일군 항공기가 페스트에 있던 추축군에게 필사적으로 보급을 했지만 이제 한계에 부딪혔다. 이 와중에도 독일군은 척탄병사단 등을 보강하며 고군분투했다. 기세가 오래가지는 못했다. 소련군의 공세에 큰 손실을 입고 퇴각할 수밖에 없었다. 소련군은 추격전을 펼치며 페스트 시가지의 중앙 공원까지 진격했다. 뜻밖에 여기서도 공방전이 벌어졌다. 헝가리 경찰중대가 강력히 저항해 소련군을 일시 저지시켰다. 소련군은 전열을 가다듬고 공격을 재개해 중앙 공원을 거의 다 점령하는 듯했다. 그런데 전력이 보강된 추축군이 거칠게 반격해 뒤로 물러났다. 이때까지 독일군과 헝가리군은 기대 이상으로 선방했다. 소련군은 32만 명이 넘는 사상자가 발생하며 큰 피해를 입었다. 히틀러도 추축군의 맹활약에 고무될 정도였다. 다만 여기까지였다. 보급도 제대로 받지 못하며 열세에 직면한 추축군은 소련군에게 본격적으로 밀리기 시작했다. 부다페스트 방어군 사령관인 윌덴부르치는 도시를 포기하기에 이르렀다. 추축군과 민간인들이 대거 탈출을 시도했다. 소련군은 페스트의 한 고지를 점령한 뒤, 탈출 행렬을 겨냥해 무차별적인 포격을 가했다. 다리를 건너고 있던 수많은 사람들이 포탄을 정면으로 맞고 죽어나갔다. 추축군 일부가 탈출 시간을 벌기 위해 장갑차 등을 갖고 소련군에게 맹렬히 돌진했다. 이들은 머지않아 산화했지만 소기의 목적을 달성했다. 1945년 2월 14일, 마침내 소련군이 부다페스트를 완전히 점령했다. 이들은 시가지에서 약탈과 강간을 자행했다. 무려 5만 명이 넘는 헝가리 여성들이 소련군에게 강간을 당한 것으로 전해진다. 스탈린은 소련군이 거쳐간 동유럽 국가들에 공산주의 체제를 적용할 계획이었다. 그는 이것이 당연한 순리라고 봤다. 영국의 처칠 등이 우려를 표명했지만 크게 문제 될 것은 없었다. 이미 소련은 국제무대에서 영국을 뛰어넘는 위상을 가지고 있었기 때문이다. 미국의 루스벨트는 오히려 스탈린에게 우호적이기까지 했다. 루스벨트는 일본과의 전쟁에 소련을 끌어들이기 위해 스탈린의 요구 사항을 최대한 들어주려 했다. 흑해 연안 크림반도에 있는 휴양도시인 '얄타'에서 열린 회담은, 이 같은 사실을 확인하는 자리였다. 자신의 뜻을 유감없이 관철시킨 스탈린의 만면에 화색이 돌았다. 이를

소련군의 독일 국회의사당 점령을 묘사한 기록화. 이로써 독소 전쟁에서 소련이 승리했고 독일은 몰락했다.

바탕으로 전후 소련은 동유럽 대부분의 국가들을 영향력 하에 두는 초강대국으로 거듭날 것이었다.

■ **독일의 몰락**

소련군은 드디어 독일의 수도인 베를린을 넘보기 시작했다. 매우 들떠 있던 스탈린은 소련군이 연합군보다 먼저 베를린에 입성해야 한다고 강조했다. 연합군과는 비교도 할 수 없는 막대한 희생을 치렀던 소련군이, 상징적인 베를린에 가장 먼저 발을 들이는 것을 당연한 일로 여겼다. 그러면서 장군들에게 일임했던 군 지휘권도 다시 잡으려 했다. 스탈린은 확고한 승리가 눈에 보이는 시점에는, 자신이 전쟁을 주도한다는 인상을 국민들에게 각인시키고 싶었던 것으로 보인다. 그가 중심이 돼 다시 한번 대규모 작전 계획이 입안됐다. 약 600만 명에 달하는 소련군이 베를린을 목표로 비수아 강과 오데르 강 사이에서 군사 행동을 전개하기로 했다. '비수아-오데르 작전'이었다. 코네프의 제1우크라이나전선군과 주코프의 제1백러시아전선군이 두 갈래로 진격할 터였다. 이를 상대하는 독일군 병력은 약 200만 명이었지만, 노인이나 어린아이 등이 다수 포함돼 있어 전력이 극도로 취약했다. 히틀러는 베를린을 사수하기 위해 누구든 가리지 말고 긁어모으라고 지시했다. 독일군의 보급과 무기 체계도 형편없었다. 사실상 방어 가망성이 전혀 없는 극히 암담한 상황이었다. 1월 12일, 코네프의 소련군이 먼저 공격을 개시해 폴란드 서남부에 있는 슐레지엔까지 도달했다. 이쪽 지역 우회를 통해 베를린으로 진격할 계획이었다. 주코프가 이끄는 소련군도 공세를 단행해 폴란드의 수도인 바르샤바를 해방시킨 데 이어, 동프로이센을 거쳐 베를린이 흐릿하게 보이는 오데르 강기슭까지 진격했다. 이 과정에서 소련군은 악명 높은 아우슈비츠 강제수용소도 해방시켰다. 당시 수용소에는 대량 학살의 흔적이 곳곳에 남아있었고, 고작 2800여 명의 사람들만이 간신히 연명했다. 그런데 소련군의 진격 과정에서 나타난 잔혹한 학살 행위도 간과할 수 없다. 독일인들에 대한 복수심에 불타고 있던 소련군 병사들은 독일군 병사들은 물론 피난을 가는 민간인들도 무자비하게 살해했다. 총과 대포로 죽이는 것은 기본이고 탱크나 장갑차로 깔아뭉개기도 했다. 특히 동프로이센 전투에서 소련군에 수십만 명의 사상자가 발생하다 보니, 병사들이 이성을 잃고 과도한 학살을 자행했다. 여성들에 대한 강간과 윤간, 약탈도 서슴없이 행해졌다. 소련군 병사들은 독일

여성들을 붙잡아 집단으로 성폭행한 뒤 총으로 쏴 죽였다. 여성들이 살려달라고 울부짖어도 그저 노리갯감인 마냥 조롱하다가 처참하게 살해했다. 스탈린과 소련군 지휘부는 이러한 악행들을 말리지 않고 권장했다. 당한 것이 많은 만큼 원한을 풀 수 있어야 하며, 전쟁에서는 충분히 발생할 수 있는 사소한 일 정도로 여겼다.

이제 베를린을 겨냥한 소련군의 공세가 본격적으로 전개될 것처럼 보였다. 마침 다른 방향에서 진격했던 주코프와 코네프의 군대가 한 지점에서 만났다. 스탈린을 비롯한 소련군 지휘부와 병사들이 학수고대하던 순간이 초읽기에 들어간 듯했다. 다만 그전에 해결해야 할 걸림돌이 있었다. 포즈나인, 퀴스트린, 포메른 등에 있는 독일군의 강력한 요새들을 파괴해야만 했다. 이러한 것들을 방치한다면, 소련군의 측면이 강습을 당할 가능성을 배제할 수 없었다. 스탈린과 츄이코프 등은 곧장 베를린으로 진격하고 싶었지만, 명백한 위협을 우선 제거하는 데 뜻을 모았다. 예상보다 시간이 많이 걸림에도 소련군은 위협 요소들을 하나씩 제거해 나갔다. 독일군은 포즈나인 요새와 퀴스트린 요새 등에서 용감하게 저항했으나, 소련군의 맹렬한 포격 앞에 무릎을 꿇었다. 1945년 4월에 접어들자, 모스크바에서 베를린 작전을 본격적으로 논의하기 위한 회의가 열렸다. 스탈린은 주코프와 코네프를 불러 작전 계획을 면밀히 논의했다. 주코프의 군대는 오데르 강의 교두보로부터 진격해 젤뢰프 고지 위에 있는 도시를 정면 공격하기로 했다. 이들보다 북쪽에 있는 소련군은 베를린 주변부를 돌아 도시의 서쪽 측면을 공격할 예정이었다. 코네프의 군대는 라이프치히와 드레스덴 방면으로 진격한 뒤, 베를린의 북쪽 측면으로부터 남쪽 외곽을 향해 전개해 도시의 포위를 완성하기로 했다. (코네프의 주 임무는 포위인 것처럼 보이지만, 여차하면 베를린 내부로 진격해 점령을 시도하기로 했다.) 스탈린은 베를린 점령의 막중함을 이야기하며 두 사람 간의 경쟁심을 부추겼다. 실제로 주코프와 코네프 모두 자신이 먼저 베를린을 점령해 스탈린에게 바칠 것이라는 생각을 가졌다. 베를린 작전 개시일은 4월 16일로 잡혔다. 당시 소련군의 병력은 최대 470만 명에 달했다. 1만 5000문에 육박하는 대포와 3000여 대의 탱크, 7500여 대의 항공기, 1531대의 로켓 발사 장치 등이 있었다. 그야말로 대군이었으며 객관적인 전력상 베를린의 독일군을 압도했다.

다만 베를린 공략은 결코 만만한 게 아니었다. 약 100만 명에 달하는 사람들이 도시를 방어했다. 일반 병사들에 더해 나이 든 민간인들로 구성된 국민 돌격대, 어린아이들로 구성된 히틀러 유겐트 등이 있었다. 약 1500대의 탱크와 9300문의 대포, 자동차와 가구 등으로 만든 바리케이드, 벙커 및 엄폐 진지 등이 마련됐다. 하천과 운하들이 교차했으며 요새화된 거점들도 상당수 존재했다. 주코프의 군대가 공격하려는 젤뢰프 고지와 코네프의 군대가 이동하는 방면 모두 험난한 지형지물과 적군의 강력한 반격이 도사리고 있었다. 과거 독일군의 무덤이 됐던 스탈린그라드처럼 소련군도 베를린에서 발목이 잡힐 가능성을 배제할 수 없었다. 주코프는 젤뢰프 고지에 대한 공세력을 강화하기 위해 탱크 부대를 크게 늘렸다. 코네프는 적진에 대한 사전 정찰을 강화했고 정밀한 포 사격을 준비했다. 베를린 공격 개시일이 다가오자 소련군은 전투태세에 돌입했다. 독일군도 외곽에 있는 방어지에서 전투에 대비했다. 마지막 대전투를 앞두고 긴장감이 극에 달하는 '폭풍 전야'의 시간이었다. 4월 16일 오전 5시, 마침내 소련군이 독일군을 겨냥해 엄청난 포격과 공중 폭격을 단행했다. 사방팔방에서 포탄 발사 굉음과 파괴되는 소리가 들려왔다. 날이 어두웠음에도 공세에 따른 화염으로 인해 전장을 어느 정도 확인할 수 있었다. 주코프는 초반 공세가 성과를 달성했다고 판단한 뒤 군대를 진격시켰다. 곧바로 난관에 부딪혔다. 포격에 따른 뿌연 연기와 먼지, 울퉁불퉁한 진격로가 소련군의 진격을 어렵게 만들었다. 탱크와 장갑차가 협소한 길에서 뒤죽박죽이 되는 바람에 앞으로 나아가지 못하는 상황도 벌어졌다. 또 다른 문제는 주코프가 효과가 있었다고 확신한 초반 공세가 무의미했다는 사실이다. 독일군은 소련군의 공격 직전에 병력을 2차 방어선으로 빼돌린 상태였다. 소련군이 고지로 나아갈 때는 더 힘들었다. 탱크가 가파른 고지 길을 제대로 올라가지 못했고, 보병은 올라가다가 적군의 포격을 받고 쓰러지기 일쑤였다. 나아가지 못한 채 뒤엉켜버린 탱크들로 인해 보병과 장갑차의 앞길이 막혀 지체되는 경우도 발생했다. 주코프가 사전에 예상하지 못한 총체적 난국이었다. 이 와중에 스탈린이 주코프에게 연락해 진격이 더딘 이유를 캐물었다. 그러면서 주코프의 경쟁자인 코네프가 베를린을 먼저 점령할 수 있음을 암시했다. 마음이 급해진 주코프는 그 답지 않게 무리수를 두는 모습을 보였다. 우회를 하거나 전열을 재정비하는 게 아니라, 훈련도 제대로 받지 않은 예비 병력까지 투입해 젤뢰프 고지 공격에 나섰다. 전투는 소모전으로 변질되는 양상이었다. 소련군은 막대한 희생을 감수하며 물량 공세로 밀고 나갔다. 수많은 보병과 진격이 가능한 탱크들이 합세해 젤뢰프 고지를 점차 넘어서기 시작했다. 전투 3일 만에, 소련군은 가까스로 고지 돌파에 성공했다. 단시간에 소련군 전사자가 3만 명이나 발생한 상처뿐인 승리였다. 4월 20일이 되자 소련군 선발대가 베를린 동쪽 교외에 다다랐다. 도시의 중심부가 언제든 포격을 당할 수 있게 됐다. 베를린의 측면을 노렸던 소련군은 독일군의 방어선을 무너뜨린 뒤, 도시 너머에 있는 엘베 강까지 진격했다.

코네프의 소련군은 주코프의 군대보다 훨씬 수월하게 움직였다. 강력한 포격을 가한 뒤에 면적이 넓은 나이세 강을 순식간에 도하했다. 공병들이 맹활약을 펼쳐, 강을 용이하게 건널 수 있는 부교 및 교량을 신속히 만들었다. 그다음부터 소련군 탱크들이 파죽지세로 진격하며 독일군을 몰아붙였다. 코네프는 사전에 면밀한 정찰을 통해 적진을 파악하고 있었으며, 이를 기반으로 효과적인 공세를 펼칠 수 있었다. 코네프의 소련군은 슈프레 강을 건넌 뒤 이틀 만에 96km를 주파해 4월 21일 베를린 내부로 진입했다. 휘하에 있던 르이발코의 제3근위탱크군이 쇠네펠트 비행장과 초센의 독일군 본영 등을 점령했다. 주코프는 자신보다 늦게 와야 할 코네프가 베를린 중심부에 먼저 진입했다는 사실에 충격을 받을 터였다. 주코프의 군대는 베를린에 와서도 고전을 면치 못하고 있었다. 보병과 탱크가 줄지어 시가지에 들어갔으나 독일군이 대전차포 등으로 맹렬히 저항하면서 큰 피해를 입었다. 협소한 시가지의 길 때문에 기동성이 현저히 떨어짐에 따라 적군의 손쉬운 먹잇감으로 전락했다. 게다가 하천과 운하가 진격을 멈춰 서게 만들곤 했다. 여러 우여곡절에도 불구하고 소련군은 압도적 물량으로 이를 극복해 나갔다. 주코프 휘하의 츄이코프 부대가 다메 강을 힘겹게 도강한 뒤 베를린 중심부로 진입했다. 이 즈음에 주코프의 군대와 코네프의 군대가 조우했다. 상술했듯 주코프는 코네프 군대의 움직임에 소스라치게 놀랐다고 한다. 이제 핵심부인 티어가르텐 공원과 국회의사당을 누가 주도적으로 공략할지가 관건이었다. 당초 코네프는 이곳들을 점령하고 싶은 마음이 굴뚝같았지만 한발 물러섰다. 르이발코에게 손 떼고 다른 지역을 평정하라고 명했다. 주코프에게 최후의 전투 임무가 부여됐다. 츄이코프의 제8근위군이 티어가르텐 공원을 돌파해 국회의사당 방면으로 진격했다. 도중에 히틀러가 숨어있는 제국 청사도 있었으나 큰 관심을 받지는 못했다. 가장 상징적인 건물인 국회의사당을 점령해 소련 국기를 꽂는 것이 지상과제로 여겨졌기 때문이다. 그런데 츄이코프의 군대보다 먼저 국회의사당에 도달한 이들이 있었다. 북쪽에서 진격해 온 제150소총사단이었다. 4월 30일, 소련군은 의사당 안으로 진입해 남아있는 독일군과 치열한 격전을 벌였다. 여기저기서 수류탄이 터졌고 총격전이 난무했다. 전투는 꽤 오랜 시간 이어졌다. 10시간에 가까운 전투 끝에, 의사당에 잔존하고 있던 독일군이 모조리 소멸됐다. 드디어 두 명의 소련군 상사가 국회의사당에 소련 깃발을 꽂았다. 이를 연출한 한 장의 사진은 소련의 승리와 독일의 몰락을 나타내는 상징적인 자료로 남았다.

한편 이 시기에 히틀러는 무엇을 하고 있었을까. 그는 몇몇 측근들 및 자신의 연인인 에바 브라운과 함께 크게 파손된 제국 청사 지하의 벙커에 있었다. 패배가 눈앞에 다가왔음에도 탈출 권고를 거부하고 끝까지 싸우겠다며 고집을 부렸다. 병력과 시민들을 보존하기 위한 후퇴 요청도 무시했으며, 모든 독일인들이 베를린에서 최후까지 싸우다가 죽으라고 외쳤다. 마지막 순간에 모든 것을 포기한 히틀러는 유서를 남겼다. 여기에는 카를 되니츠에게 독일 대통령 직위를, 요제프 괴벨스에게 총리 직위를, 페르디난트 쇠르너에게 육군 최고 사령관 직위를 물려준다는 내용이 담겼다. (이 순간에도 히틀러는 유대인과 슬라브 민족, 심지어 독일인들에게까지 저주를 퍼붓는 말을 했다.) 뒤이어 에바 브라운과의 결혼을 선언했고 조촐한 결혼식까지 올렸다. 히틀러는 4월 30일 점심에 마지막 식사를 한 뒤 벙커에 있는 사람들과 일일이 악수를 나눴다. 그런 다음 에바 브라운과 함께 조용히 방 안으로 들어갔다. 최후를 맞이하기 위해서였다. 히틀러는 권총으로 자신의 머리를 쏘았고, 에바 브라운은 독약을 삼켰다. 시신은 부하들에 의해 불태워졌다. 추후 주코프 등은 히틀러의 시신을 찾기 위해 노력했다. 괴벨스 등 다른 사람들의 시신은 쉽게 발견됐지만 히틀러의 시신은 좀처럼 발견되지 않았다. 일각에서 히틀러가 죽은 게 아니라 제3국으로 탈출했을 수도 있다는 음모론이 제기됐다. 스탈린은 어떠한 일이 있어도 히틀러를 잡아내 처단하라고 명했다. 히틀러가 살아남아 나치 세력을 재결집할 가능성을 우려했기 때문이다. 결국 시신은 발견됐다. 제국 청사 뒤의 작은 포탄공에서였다. 시신의 두개골과 턱뼈를 부검한 결과 히틀러라는 사실이 밝혀졌다. 전 세계를 대전쟁의 참화로 몰아넣은 광기의 독재자는 역사의 뒤안길로 사라졌다. 히틀러의 사망 소식을 접한 스탈린은 자신의 군대가 그를 직접 죽이지 못해 아쉽다고 한탄했다. 이후에도 독일군과 소련군의 전투는 잠시동안 이어지다가 독일군 측에서 협상 제의를 해왔다. 독일 육군참모총장인 한스 크렙스는 츄이코프에게 강화 조약을 맺자고 했으나 단번에 거절당했다. 츄이코프는 무조건 항복밖에는 없다고 답했다. 독일군이 이를 거부하면서 소련군의 공격이 재개됐다. 베를린의 주요 건물들이 차례차례 함락됐다. 5월 2일이 돼서야 독일군은 무의미한 전투를 중단하고 무조건 항복했다. 소련군도 포격을 중지하면서 베를린 공방전은 종결됐다.

독소 전쟁이 완전히 끝나려면 좀 더 시간이 필요했다. 수십만 명의 독일군이 체코슬로바키아 등으로 들어가 저항을 지속했다. 공식적으로 독일군의 일괄 항복을 받아내야만 할 것이었다. 5월 8일이 그날이었다. 주코프는 베를린 동부의 카를스호르스트에 있는 한 건물에 다른 연합국 대표들을 불러 모았다. 조만간 히틀러의 참모 본부장인 빌헬름 카이텔이 창백한 얼굴을 한 채 들어왔다. 그는 떨리는 손으로 항복 문서에 서명했다.(앞서 미국과 영국의 주도 하에 1차 항복 조인식이 랭스에서 열렸다. 되니츠의 명을 받은 요들이 항복 문서에 서명했다.) 다음

날에 소련 정부는 전쟁 승리를 선언했다. 붉은 광장에 수백만 명의 사람들이 모여 "스탈린 만세"를 외쳤다. 대량의 축포가 발사됐고, 수많은 항공기가 모스크바의 하늘을 날아다니며 조명탄을 쐈다. 사람들의 얼굴에는 기쁨이 넘쳐나면서도 죽은 자들에 대한 슬픔과 추모도 혼재했다. 전쟁 승리는 어마어마한 희생의 대가였다. 공식 통계에 따르면 소련이 전쟁 기간에 동원한 총병력은 무려 3000만 명에 달했다. 이 가운데 860만 명이 전사한 것으로 나타났다. 비공식 통계로는 전사자가 최대 2600만 명에 달한다는 추정도 있다. 여기에 민간인 사망자까지 합치면 피해 규모는 눈덩이처럼 불어난다. 이들은 적군의 공격으로 죽기도 했지만 굶주림과 추위 등에 의해서도 많이 사망했다. 미국과 영국이 전쟁 기간에 입은 피해 규모는 소련의 절반에도 미치지 못한다. 그만큼 독일의 절멸전에 대응해, 소련이 생존하기 위해 얼마만큼의 총력전을 수행했는지를 알 수 있는 대목이다. 또한 인명을 대거 갈아 넣어야 할 정도로, 소련이 커다란 군사적 위기 상황에 직면했었다는 사실도 알 수 있다. 전쟁 승리는 소련이라는 국가와 스탈린의 위상을 크게 드높였다. 소련은 과거 2류 국가에서 벗어나 제2차 세계대전을 승리로 이끌고 동유럽을 석권한 초강대국으로 거듭났다. 이제 미국과 어깨를 나란히 하는 수준까지 이르렀다. 이는 '냉전' 시대의 서막을 여는 단초이기도 했다. 최고사령관인 스탈린은 전쟁 과정에서 수많은 실수와 오류를 범했지만, 이를 상쇄할 만큼의 존경과 추앙을 얻게 됐다. 다시금 무오류의 인간으로 신격화되는 개인숭배 현상까지 나타났다. 쌍둥이 독재자인 히틀러는 비참하게 사라졌지만, 스탈린은 죽을 때까지 철권통치를 유지할 수 있게 됐다. 그럼으로써 소련인들의 삶은 더 큰 억압과 공포의 늪으로 빠져들었다.

"1명의 죽음은 비극이지만, 100만 명의 죽음은 통계에 불과하다."
―이오시프 스탈린

07

태평양 전쟁

일본 제국주의의 몰락

○ 광기 어린 폭주의 종지부 전말

히로시마 원폭 투하 사흘 뒤인 1945년 8월 9일, 나가사키에 두 번째 원자폭탄이 투하되고 있다. 세간에서는 이를 '분노한 신의 강림'이라고 표현했다.

"16시간 전, 미국 항공기가 일본군의 주요 기지인 히로시마에 폭탄 하나를 투하했습니다. 이 폭탄으로 우리 군대의 파괴력은 혁명적으로 증가했습니다. 이 폭탄은 '원자폭탄'입니다. 우주의 기본적인 힘을 이용한 것입니다... 폭탄을 발견한 우리는 진주만에서 예고 없이 우리를 공격한 자들, 미국 전쟁 포로를 굶기고 구타하고 처형한 자들, 국제 전쟁법을 준수하는 모든 가식을 버린 자들에게 이것을 사용했습니다. 우리는 전쟁의 고통을 줄이기 위해, 수천수만 명의 젊은 미국인들의 목숨을 구하기 위해 이것을 사용했습니다. 일본의 전쟁 수행 능력을 완전히 파괴할 때까지 계속 사용할 것입니다. 일본의 항복만이 우리를 막을 수 있습니다."

-해리 트루먼 美 대통령 연설 中

메이지 유신으로 근대화에 성공한 일본은, 비록 후발주자였지만 한동안 승승장구하며 동아시아의 새로운 패권국으로 급부상했다. 청일 전쟁에서 승리한 데 이어 대제국이었던 러시아까지 격침시키면서 전 세계를 깜짝 놀라게 했다. 이후에도 자신감이 차오른 일본의 행보는 거침이 없었다. 노골적인 침략 야욕을 드러내며 만주와 중국 본토로 그 마수를 뻗쳤다. 한번 시동이 걸린 제국주의 및 군국주의 엔진은 좀처럼 제동이 걸리지 않았으며, 일본은 걷잡을 수 없는 과대망상과 광기의 늪으로 빠져들었다. 급기야 미국에게까지 도전장을 던지면서 '태평양 전쟁'을 유발했다.

당시 일본은 기습을 통해 기선을 제압하면 자신들이 원하는 협상 결과를 얻어낼 수 있을 것이라고 판단했다. 과거 '러일 전쟁' 때에도 유사한 방법으로 목표를 달성한 학습 경험이 있었다. 초기에는 이러한 전략이 성공하는 듯했다. 진주만과 남방(동남아시아) 지역에서 잇따라 승리하면서 일본의 상승세는 하늘을 찔렀다. 하지만 오래가지는 못했다. 이번에 상대하는 적이 과거의 적들과는 차원이 달랐던 게 가장 큰 문제였다. '헤비급 챔피언' 미국은 객관적인 국력에서 일본을 현저히 압도했다. 광대한 본토에서 분출되는 어마어마한 생산력은 일본이 감히 따라올 수 없는 경지였다. 초반의 부진을 딛고 주요 전투에서 신승한 미국은, 이후 막대한 물량을 기반으로 일본을 일방적으로 몰아붙였다. 압도적 차이의 국력과 더불어 일본군 자체의 문제점들은 패전을 필연으로 만들었다. 항공기가 중시되는 현대전의 개념을 이해하지 못하고 구태의연한 전술에만 의존한 모습, 지극히 경직된 군사 문화, 근거 없는 자만심 등은 일본군에게 매우 치명적인 독소로 작용했다.

일본의 광기 어린 폭주는 역사상 최초의 원자폭탄 투하라는 엄청난 대가를 야기했다. 다만 온전한 학습 효과를 가져오지는 못했다. 지금껏 일본 내에서는 침략 전쟁에 대한 진심 어린 사과나 반성이 나온 적이 거의 없다. 되레 그 시절을 그리워하고 표방하는 모습이 지속적으로 나타나고 있다. 이에 주변 국가들의 반발이 이어지면서 동아시아에서의 외교적, 군사적 긴장은 언제든 표출될 수 있는 상황이다. 설상가상으로 국내에 있는 일부 세력이 일본의 안하무인적인 태도를 무분별하게 옹호하는 모습은 문제를 더욱 악화시키고 있다. 현재를 살아가는 이들에게는 미래의 거울인 역사를 통절하게 반추해야 할 의무가 있다. 해당 역사가 불행한 것이라면 더욱 그래야 한다. 이를 망각할 경우, 미래에 또다시 불행이 반복될지도 모를 일이기 때문이다. 일본 제국주의를 완전히 몰락시킨 '태평양 전쟁' 전말을 되돌아봤다.

■ 일본의 침략 야욕

일본은 '러일 전쟁'에서 승리한 직후부터 군국주의 및 제국주의의 길로 나아갔다. 군수산업에 대한 투자가 이전보다 훨씬 활발해졌고 중공업도 크게 성장했다. 러일 전쟁 당시만 해도 일본은 자체 생산 능력이 떨어져 함선과 주요 무기들을 대부분 해외에서 수입했다. 그러다 보니 전쟁 비용이 천정부지로 치솟았다. 여기서 교훈을 얻은 일본은 군수산업에 과도할 정도로 투자하며 군사력을 증강시켰다. 특히 전함 8척과 순양전함 8척 등을 만들어 주력함대를 증강하려는 '88함대 계획'까지 세웠다. 이상적인 함대를 구축해 태평양 등에서 주변 국가들에 당당히 맞서고, 새로운 강대국으로서의 지위를 확실히 보장받으려 한 것이다. 당시 우수한 함대를 보유한다는 것은 곧 국력과 직결되는 문제였다. 제1차 세계대전 중에 전쟁 물자 판매로 경제적 호황을 누린 일본은, 이를 기반으로 해군력 증강 계획을 더욱 가열하게 밀어붙이려 했다. 하지만 제동이 걸렸다. 1921년 11월 미국은 전쟁 재발을 막는다는 명분 하에, 태평양과 동아시아 지역에서 이해관계를 갖고 있는 9개 국가들을 수도인 워싱턴 D.C로 불러 모았다. 여기에는 태평양 제도인 마리아나, 마셜, 캐롤

라인을 위임 통치하는 일본도 포함됐다. 약 3개월 간 진행된 '워싱턴 회의'에서 의미심장한 협정이 체결됐다. 미국, 영국, 프랑스, 일본 등은 태평양 지역에 대한 영토 불가침 및 해군 군축 협정을 체결했다. 중국 시장에 대한 이해 조정 협정도 이뤄졌다. 이 가운데 해군 군축 협정은 일본이 야심 차게 추진하고 있는 88함대 계획과 정면으로 상충되는 것이었다. 미국, 영국, 일본이 보유할 수 있는 전함의 비율을 5:5:3으로, 국가당 해군 총배수량은 미국과 영국 52만 5000톤 일본은 31만 5000톤으로 제한했다. 일본은 해당 조약을 수용하기 싫었지만, 이를 거부할 경우 국제적으로 고립될 것을 우려해 어쩔 수 없이 받아들였다. 일본 군부에서는 워싱턴 회의를 굴욕 외교라고 강하게 비판했다. 추후 미국은 런던에서 열린 해군 군축 회의에서도 일본의 군사력을 축소하는 협정을 이끌어냈다.

일본 군부와 극우 세력은 당하고 있을 수만은 없다고 판단했다. 이제야 팽창 정책을 힘차게 추진하려는 찰나에, 미국이란 국가에게 계속 발목이 잡힐 수는 없는 노릇이었다. 더욱이 경제대공황의 여파를 타개하기 위한 방안 마련이 시급했다. 일본 군부는 이를 내부가 아닌 외부에서 찾으려 했다. 결국 일본의 침략 야욕이 터져 나왔다. 1931년 일본 관동군이 만주를 병참기지로 삼기 위해 '만주 사변'을 일으켰다. 일본군은 단숨에 만주를 점령했고, 청나라의 마지막 황제인 푸이를 꼭두각시 황제로 내세워 만주국을 세웠다. (당시 정부 일각에서는 만주 침략에 미온적인 태도를 보였지만, 군부에서 강경하게 밀어붙여 만주 사변이 발생했다.) 이번에도 미국이 가만히 있지 않았다. 만주 사변은 불법적인 침략 행위라며 강하게 규탄했다. 나아가 미국이 주도하는 국제연맹에서 만주 사변에 대한 진상조사가 이뤄졌다. 조사단은 일본군이 만주를 불법적으로 침략했다는 보고서를 작성해 제출했다. 국제연맹 회의에 참석한 44개국 중 42개국이 보고서 채택에 찬성했다. 일본과 태국만이 각각 반대와 기권을 선택했다. 이로써 거의 만장일치로 일본의 잘못된 군사 행위가 국제적으로 공인됐다. 일본 대사인 마쓰오카 요스케는 "일본은 이 결과를 절대로 받아들일 수 없다"라며 회의장을 박차고 나가버렸다. 이 직후에 일본은 국제연맹 탈퇴를 통보했다.

일본의 극우화, 강경화 된 모습은 비단 외부적으로만 표출된 게 아니다. 내부적으로도 만연해갔다. 군부 주도로 군사력을 지속적으로 확충해 나갔으며, 추후 전쟁에 대비해 내부통제와 식민지 수탈을 강화했다. 일본 내부에서 엄청난 사건이 터지기도 했다. 굴욕 외교를 행한 '배신자들'에 대한 테러 행위가 발생했다. 특히 비교적 온건한 태도를 보이며 해군 군축조약 체결을 주도한 제27대 총리 하마구치 오사치가 도쿄역에서 암살당했다. 극우파 청년이 자행한 이 사건은 일본은 물론 전 세계를 충격에 빠뜨렸다. 몇 년 뒤에는 29대 총리인 이누카이 쓰요시가 도쿄 총리관저에서 군부 내 강경파에 의해 암살당했다. 이누카이 쓰요시도 일본의 군사력 축소를 지향하는 모습을 보였었다. 여담으로 이때 암살범들은 일본을 방문 중이던 할리우드 영화배우 '찰리 채플린'도 암살해 미국에 충격파를 던지려 했다. 그러나 예정된 일정이 지연됨으로써 채플린은 기사회생할 수 있었다. 1936년에는 일본 육군의 황도파 청년 장교들이 쿠데타를 일으켰다. '2.26 쿠데타'였다. 쿠데타는 4일 만에 실패로 끝났지만, 이를 계기로 군부가 일본 정부를 완전히 장악하게 됐다. 비로소 일본은 '대본영'이라는 조직을 구성해 침략 전쟁을 노골화하는 국가로 나아갔다. 국민들의 정신과 삶도 전방위적으로 개조하며 일종의 '전시통제국가'를 만들었다. 이는 1937년 중국 본토를 전면적으로 침공하는 '중일 전쟁' 발발로 이어졌다. 강력한 화력을 앞세운 일본군은 전쟁 초반에 잇따라 승리하는 모습을 보였다.

■ 막아서는 미국

일본의 행태는 미국의 심기를 크게 자극했다. 당시 미국 대통령인 프랭클린 루스벨트와 미 국무부는 일본에게 구두 경고를 가했다. 다만 물리적인 제지에 나서지는 않았다. 일본도 중일 전쟁 직후에 미국의 움직임을 예의주시했다. 미국이 생각보다 강경하게 나오지 않자, 자신감을 얻은 일본은 중일 전쟁을 확대해 나갔다. 중국과 영국은 이 기회에 미국이 일본에 대한 즉각적인 압박 또는 무력을 행사할 것을 기대했다. 하지만 미국 수뇌부의 생각은 복잡했던 것으로 보인다. 일본의 중국 점령을 결코 원하지 않았지만, 그렇다고 일본을 즉각 제압하는 것도 바라는 바가 아니었다. 이념적으로 상극인 소련을 막는 방파제로써 일본을 이용할 수 있었기 때문이다. 일본이 중일 전쟁으로 지쳐가는 틈을 활용해 극동아시아에서의 패권을 용이하게 확대할 수도 있었다. 일본보다 유럽에서 세력을 확대하는 나치 독일을 우선적으로 상대해야 한다는 생각도 있었다. 이에 따라 아직은 군사적으로 별다른 움직임을 보이지 않았으며, 대일수출 등 경제적 교류도 원활하게 이뤄졌다. (1940년 1월 26일에 미일통상항해조약이 폐기됐지만, 실질적으로 양국 간 통상이 중단되지는 않았다.) 즉 이 시기에 미국은 겉으로만 강경한 체했고 실상은 온건했다. 중일 전쟁 장기화에 직면한 일본군이 자원을 확보하기 위해 남방으로 눈을 돌렸을 때에도, 한동안 비슷한 상황이 이어졌다. 마침 이 즈음에는 유럽에서 '제2차 세계대전'이 발발함에 따라 일본군이 남방 지역을 공략하기가 한층 수월해졌다. 남방 지역을 점령하고 있던 영국, 프랑스, 네덜란드 등이 유럽에 전력을 쏟아야 했기 때문이다.

일본은 갈수록 대담해졌다. 태평양에서 현상을 유지하자는 미국의 제안을 거부했다. 그러면서 '대동아 신질서'를 표방하며 남방 공략을 본격화했다. 대동아 신질서는 일본, 중국, 만주, 동남아시아의 일부를 아우르는 '대동아'를 건설하자는 것이었다. (유럽 전선에서 독일군이 승승장구하자, 독일과 밀착하려는 움직임도 나타났다.) 요나이 내각이 물러나고 제2차 고노에 후미마로 내각이 들어선 뒤, 일본은 기본국책요강 등에 기반해 프랑스령 인도차이나에 최후통첩을 가했고 네덜란드령 인도네시아에는 민간교섭원 및 특파사절을 보냈다. 중국에 전쟁 물자를 조달하는 통로인 영국의 버마(미얀마) 루트를 폐쇄시키는 데 성공하기도 했다. 급기야 일본은 1940년 9월 23일 북부 베트남에 군대를 진주시켰다. 이때 미국이 행한 조치는 날짜 변경선 동쪽에 있는 영국, 프랑스 영유지에 관여를 하겠다는 것과 3항목의 수출을 허가제로 바꾸는 게 고작이었다. 기실 전자는 물리적 조치가 뒤따르지 않는 선언적인 것에 불과했고, 후자는 단순 허가제였을 뿐 수출 자체를 금지하지는 않았다. 3항목 안에는 일본이 간절히 필요로 하는 석유와 고철 등이 포함되지도 않았다. 이후 일본이 독일, 이탈리아와 '3국 동맹'을 체결하고, 네덜란드령 인도네시아 정부에 보르네오, 셀레베스, 알로르 군도 등에 대한 세력권 인정을 요구할 때에도 미국은 강경하게 나오지 않았다. 이때까지도 미국은 가급적 무력 충돌을 피하고 대화로 문제를 해결해 볼 심산이었다. 다만 미국의 '전략적 인내'가 언제까지 유지될지는 알 수 없는 노릇이었다. 일본 역시 미국과의 군사적 대결을 바라지 않았고 대화에 무게중심을 뒀다.

두 국가의 공통된 수요로 인해 1941년 초부터 '미일 교섭'이 진행됐다. 노무라 기치사부로 해군대장이 주미대사로 임명돼 미국의 헐 국무장관과 교섭을 했다. 노무라는 처음부터 미국의 양보를 촉구했다. 아울러 양국 관계자들(드라우트, 이카와, 이와쿠로)이 교섭에 앞서 만든 '미일 양해 안' 초안을 꺼내 들었다. 이 안에는 미국이 일본에 민주주의 강요 불가, 만주국 승인 보장, 새로운 통상조약 체결 가능성 암시, 석유 등 주요 군수물자 획득 보장 등이 담겼다. 사실상 미국이 많이 양보한 셈이었다. 하지만 헐은 이것에 불만을 표했고 이른바 '4원칙'을 제시했다. 여기에는 '모든 국가의 영토와 주권 존중', '타국 내정에 대한 불간섭', '평등 원칙 준수', '무력을 통한 태평양에서의 현상변경 폐지' 등이 담겼다. 다만 여러 정세를 감안해 4원칙 이전에 양해 안을 기반으로 먼저 교섭해 보기로 했다. 고노에를 비롯한 대부분의 일본 내각 인사들은 양해 안에 찬성하는 입장이었다. 미세한 접점이 보이는 듯했다. 그런데 독일과의 관계가 문제로 떠올랐다. 독일은 영국을 겨냥해 일본의 싱가포르 공격을 요구했고, 이미 (영국을 지원하는) 미국을 주적으로 삼은 만큼 일본의 참전도 종용했다. 일본 입장에서는 매우 난감할 수밖에 없었다. 동맹국인 독일의 요구를 무시하기도 어려웠고, 미국과의 교섭을 취소할 수도 없었기 때문이다. 이때 독일과의 관계를 더 중요시한 일본 외무대신 마쓰오카는 미국에 수정안을 제시했다. 이는 독일과의 군사적 원조 의무를 재확인하고, 중일 전쟁에서 일본이 화의 조건을 지시할 권리를 보유하며, 남서 태평양에서 타국의 도발이 있을 경우 무력을 사용한다는 점을 명시했다. 남서 태평양에서의 무력 사용은 여차하면 남부 베트남, 싱가포르 등을 무력 점령하겠다는 의미였다. 이와 함께 마쓰오카는 미국에 중립조약도 제안했다. 헐은 중립조약 제안을 단번에 거절했으며, 수정안에 대해서도 "타국의 권리나 이익을 전혀 고려하지 않은 것"이라고 비판했다. 미국은 독일과의 전쟁 분위기 고조로 일본과 대화할 필요성이 있었지만, 부당한 요구까지 수용할 순 없다는 입장을 분명히 했다. 미국은 수정안에 대한 대안과 마쓰오카를 강하게 비난하는 구두성명을 일본에 전달했다.

상황이 심상치 않게 돌아가는 가운데, 1941년 7월 2일 일본 어전회의에서 '정세의 추이에 따른 제국국책요강'이라는 결정이 내려졌다. 당시는 '독소 전쟁'이 발발한 상황이었는데, 일본은 일단 여기에 개입하지 않고 전황을 지켜보기로 했다. 적절한 시기에 대소전에 나선다는 단서는 달았다. 핵심은 남방 지역과 관련된 것이었다. 베트남과 태국 등지에서 군사 행동을 전개하고, 만약 미국과 영국 등이 방해할 경우 '전쟁도 불사한다'는 내용이 담겼다. 미국과의 전쟁을 구체적으로 명시한 첫 사례였다. 이 같은 결정은 마쓰오카 및 군부 강경파가 주도한 것으로 알려졌다. 미국은 해당 내용들을 이미 간파하고 있었다. 전쟁의 위험성을 크게 느꼈지만, 여전히 대화의 끈을 놓지 않고 태평양 지역의 평화유지를 위한 회담을 일본에 제안했다. 그러나 일본에서 나타난 모습은 미국의 바람과는 상반됐다. 7월 12일 연락회의에서 일본 육해군은 "필요한 경우 태평양에서 일본의 무력 행사를 인정한다는 점을 명확히 해야 한다"라는 공동의견을 냈다. 전쟁의 먹구름이 밀려오고 있었다. 다만 아직까지 평화적 해결에 대한 실낱같은 희망은 존재했다. 호전적인 일본 군부와 달리 총리인 고노에는 미국과의 전쟁을 결단코 바라지 않았다. 제3차 고노에 내각이 들어섰을 때, 그는 "미일 교섭을 성공적으로 진행시킬 것"이라고 밝혔다. 고노에의 최측근인 토요다 테이지로 외무대신도 대표적인 대미 온건론자였다. 이들은 미국과의 전쟁이 곧 일본의 '파멸'을 초래한다는 사실을 일찌감치 내다봤다. 하지만 날이 갈수록 심화되는 군부의 압력을 물리치는 것은 여간 어려운 일이 아니었다. 군부는 고노에 내각에 "베트남에서의 군사 행동을 예정대로 전개하고, 남방 및 북방에서 전비를 촉진시킬 것" 등을 줄기차게 요구했다. 이는 미국의 오랜 인내심을 거두게 하는 파국적 조치로 이어졌다. 7월 29일, 일본군이 남부 베트남에 진주하기 시작한 것이다.

  마침내 미국은 유화적인 태도를 버렸다. 즉각 베트남을 중립 지대로 만들라고 요구하는 한편 미국 내 일본자산을 동결하고 일본에 대한 석유 수출을 전면 금지했다. 전쟁에 들어가는 석유 대부분을 미국으로부터 수입하고 있던 일본에게 해당 금수조치는 치명타였다. 당황한 일본은 대미협상안을 통해 "베트남 이외의 남서 태평양 지역에 진출하지 않을 것이니 금수조치를 풀어달라"라고 요구했다. 미국은 "일본군이 불법적인 침략 행위를 멈추지 않는 한, 협상은 없다"라고 답했다. 심각성을 인지한 고노에는 루스벨트와의 정상회담을 추진했다. 루스벨트는 처음에는 정상회담에 관심을 보이는 듯했으나, 얼마 가지 않아 무관심한 태도로 돌변했다. 노무라가 문제 해결을 위해 헐을 만나러 왔을 때, 헐은 앞서 제시했던 4원칙을 다시 전면에 내세웠다. 당초 미국은 강경한 입장이라 할 수 있는 4원칙을 잠시 누그러뜨리고 최대한 일본과 타협해보려 했다. 일본이 기대와 다르게 나오자 4원칙으로 선회한 셈이었다. 미국의 완고한 태도를 확인한 군부의 주도로 일본에서는 교섭 무용론과 전쟁론이 확산되기 시작했다. 9월 6일, 어전회의에서 '제국국책수행요강'이 결정됐다. 미일 교섭 기한이 설정됐고, 사실상 10월 말을 목표로 전쟁 준비를 완료한다는 계획이 도출됐다. 일본 육군과 해군은 작전 계획 하달, 부대 이동, 도상 훈련, 선박 징발 등을 시행하며 전시체제로 들어갔다. 이 와중에도 고노에와 토요다 등은 어떻게든 미국과의 전면전을 막아보기 위해 필사적으로 노력했다. 특히 고노에는 중국에서 기회균등을 승인할 수 있고, 3국 동맹에 대해서도 재검토할 의사가 있다고 미국에 밝혔다. 군대 주둔 문제도 군부를 뛰어넘어 일왕과 직접 협의해 보겠다는 식으로 이야기했다. 대신에 미국도 전향적인 자세로 나와달라고 촉구했다. (이것들은 사전에 군부와 전혀 협의되지 않은 고노에의 개인적 입장이었기에 명백한 한계가 있었다.)

미국의 입장이 곧 전해졌다. 4원칙을 재차 강조하면서 '중국과 인도차이나에서 일본군의 전면 철수'를 요구했다. 나아가 말로만이 아닌 확실한 '협정'을 통해 자신들의 요구가 보장받아야 한다고 강조했다. 이것이 최소한의 조건이라는 첨언도 잊지 않았다. 이전보다 더욱 강경해진 미국의 입장은, 일본으로 하여금 모든 것을 만주사변 이전으로 환원시키라는 것이었다. 고노에는 설득을 시도했지만 미국은 요지부동이었다. 루스벨트 행정부는 이때부터 일본과의 전쟁을 염두에 두고 있었다. 일본 군부도 "개전을 피할 수 없다"라고 장담했다. 육군 대신인 도조 히데키는 고노에를 찾아가 교섭 타결 가능성이 완전히 사라졌음은 물론 육해군의 뜻도 모아졌다면서 총리의 결단을 촉구했다. 10월 12일, 고노에는 5대신 회의를 열고 현 정세에 대해 논의했다. 여기서 매우 격렬한 논쟁이 오고 간 것으로 전해진다. 고노에는 미국과의 전면전을 감행한다면 일본이 결코 승리할 수 없다고 단언했다. 이에 교섭을 통해 원만히 해결해야 한다고 주장했다. 도조 히데키는 교섭 노력은 중단돼야 하며, 점령지에서의 전면 철수라는 미국의 요구를 육군은 절대로 수용할 수 없다고 못 박았다. 동석하고 있던 해군 대신은 모든 결정을 총리에게 위임하겠다는 애매한 태도를 보였다. 대세는 육군을 대표하는 도조가 쥐고 있었다. 그는 급기야 고노에 내각 총사퇴를 요구했다. 사실상 육군이 내각 불신임 및 타도 의견을 표명한 만큼 고노에는 더 이상 버틸 재간이 없었다. 10월 16일, 지쳐버린 고노에는 3차 내각이 출범한 지 3개월 만에 총리직에서 물러났다.

다음 타자가 신속히 들어섰다. 10월 18일, 초강경파인 도조 히데키 내각이 출범했다. 이를 지켜본 헐 국무장관은 "일본에 대한 모든 기대를 접었다"라고 말했다. 11월 1일 일본 연락회의에서 전쟁 결의 및 12월 초 무력 행사 결정이 내려졌다. 단, 형식적인 마지막 교섭 단계도 있었다. 일본은 11월 5일 어전회의에서 결정된 '제국국책수행요강'을 기반으로 미국에 '마지막 정성을 다해 작성한' 안을 제시했다. 크게 '갑'안과 '을'안으로 나눠 제시됐는데, 주요 내용은 다음과 같다. 전자는 일본군이 북중국과 내몽골 봉강 지역 등에서 일정기간 주둔하고, 나머지 지역에서는 일본과 중국 간에 별도로 정한 바에 따라 철수를 개시하기로 했다. 또한 프랑스령 인도차이나에서는 중일 전쟁이 해결되거나 공정한 극동평화가 확립된 후에 철수하기로 했다. 후자는 미일 양국이 인도차이나 이외의 남태평양 지역 등에서 무력 진출을 꾀하지 않으며, 양국이 네덜란드령 인도네시아에서 필요 물자를 획득하도록 상호 협력하기로 했다. 양국의 상호 통상관계를 자산동결 이전으로 되돌리고, 미국 정부가 양국 간 평화 노력에 지장을 초래하는 일을 하지 말라고도 했다. 이 모든 내용들은 미국의 입장과 정면으로 배치되는 것들이었다. 루스벨트와 헐은 일본이 그저 전쟁 준비 시간을 벌기 위해 도저히 수용되지 않을 안들을 제시했다고 판단했다. 미국은 여러 첩보망들을 통해 일본의 개전 의향을 간파했고, 이에 대비하기 위한 차원에서 자국 함대를 하와이에 증강 배치했다. (이 당시 미국 군부 내에서는 선전포고 없이 일본을 즉시 공격하자는 주장과 독일전을 의식해 일본과의 전쟁을 다소 연기해보자는 주장이 혼재했다.)

시시각각으로 파국이 다가왔다. 일본은 갑 안에 이어 을 안도 거부될 경우 개전하기로 했다. 조만간 을 안에 대한 미국의 답이 왔다. 이른바 '헐 노트'로 불리는 2통의 각서는 일본을 겨냥한 미국의 최후통첩이었다. 중국과 인도차이나에서 일본 군대 및 경찰병력의 완전 철수, 3국 동맹의 실질적 파기 내지는 사문화, 중국에 있는 일본 괴뢰정부(만주국, 난징 정권) 불인정, 다자간 불가침 협정 체결 등이 었다. 이를 받아본 일본 정부는 즉각 교섭 결렬을 선언했다. 뒤이어 12월 1일에 개최된 어전회의에서 최종적으로 개전을 확정했다. 개전일은 8일이었으며, 공격 목표는 하와이 진주만에 있는 미 해군 기지였다. 일본군은 이미 10월에 이곳을 공격하기로 결정했다. 러일 전쟁 때처럼 사전 선전포고 없이 전력을 다한 기습이 행해질 터였다. 일본 연합함대 사령관인 야마모토 이소로쿠는 미국의 어마어마한 생산력을 감안할 때, 전쟁이 장기화되면 불리해진다고 확신했다. 이에 전쟁 초반에 기습 공격으로 기선을 제압한 뒤, 유리한 위치에서 미국과의 협상을 이끌어내야 한다고 봤다. 해군 작전과 더불어 일본 육군도 말레이 반도 등에 기습적으로 상륙해 남방 지역

일본군의 진주만 공습 당시, 기습 공격을 받고 침몰하는 미군 전함.

을 공략해 나갈 계획이었다. 어느덧, 6척의 항공모함 등을 거느린 일본의 대함대가 은밀하고 신속하게 하와이 진주만으로 향할 채비를 갖췄다.

■ 진주만 공습

진주만 공습 이전, 일본군은 성공적인 작전 수행을 위한 대비를 어느 정도 해놨다. 스파이들을 통해 미 해군 방어시설과 항공기, 함정의 종류 및 동향 등을 파악했다. 진주만과 오아후 섬의 지형지물도 숙지했으며, 실제 축척대로 만든 모형 군함을 활용해 공습 시 진입 방법 등을 이미지 트레이닝했다. 진주만의 지형과 흡사한 일본 규슈의 사쿠라섬 가고시마만에서 실전 훈련을 하기도 했다. 이를 기반으로 일본군 함대는 미 해군의 심장부를 치기 위해 12일에 걸쳐 6500km에 달하는 거리를 항행했다. 항행하는 동안 보안에 철저히 신경 썼다. 민간상선이 다니지 않는 곳과 미군 정찰기가 비행하지 않는 곳만을 선정해 나아갔다. 전파 장비를 사용하지 않는 무선 침묵 상태를 유지했고 바다에 쓰레기조차 버리지 않았다. 미국은 일본군의 공격 계획을 눈치채지 못했다. (미군 일부가 일본군 잠수함을 목격했고 방공용 레이더에 일본 해군기들이 탐지되기도 했다. 미군 지휘부는 이것을 대대적인 공습이라고 생각하지 않고 넘겨 버렸다.) 일본군은 9일 만에 공격이 가능한 거리까지 접근하는 데 성공했다. 진주만에 정박해 있는 미 태평양 함대와 비행장에 있는 항공기 등은 일본군의 손쉬운 먹잇감이 될 처지에 놓였다. 운명의 12월 8일 새벽, 드디어 때가 왔다고 판단한 일본군은 각 항모에 있는 항공기 183기를 출격시켰다. 후치다 비행총대장의 돌격 명령이 떨어지자, 일본군 전투기와 폭격기가 진주만 내에 있는 미군 전함과 육상기지 등을 집중 폭격하기 시작했다. 일본군 뇌격기에서 발사된 어뢰들도 전함들을 맹폭했다. 이 어뢰들은 진주만의 얕은 수심에서도 효과적으로 기능할 수 있게 만들어진 최신형 무기였다. USS 웨스트버지니아, USS 네바다, USS 애리조나, USS 오클라호마 등이 치명적인 타격을 입었다. 졸지에 대규모 기습공격에 노출된 미군들은 어안이 벙벙할 겨를도 없이 일본군의 폭격 세례에 무너졌다. 비행장에 있던 미군 항공기들도 미처 이륙하지 못하고 대부분 지상에서 파괴됐다. 이 와중에 일부 미군 항공기들이 어렵게 날아올라 반격을 가하기도 했다. 소수의 일본군 항공기들을 격추하면서 선방했지만 머지않아 제압됐다.

일본군의 공격은 계속됐다. 1차 공격으로부터 1시간 뒤, 일본군 2차 공격편대 171기가 출격했다. 이미 진주만은 1차 공격으로 인해 사방이 온통 검은 연기로 뒤덮인 상태였다. 일본군 폭격기들은 대공포를 쏘는 미 군함들과 미군 격납고를 맹폭했다. 이 시기에 미군이 반격 역량을 완전히 상실함에 따라 일본군 항공기들은 한 대도 격추되지 않았다. 결과적으로 일본군의 기습은 매우 성공적으로 보였다. 미군 전함 6척, 중순양함 1척, 유조함 2척이 격침됐다. 아울러 전함 2척, 중순양함 1척, 경순양함 6척, 구축함 3척, 보조함 3척이 크게 파손됐다. 미군 항공기는 약 300대가 파괴됐으며, 지상에 있던 여러 시설물들도 돌이킬 수 없는 피해를 입었다. 인명 손실은 3000명 넘게 발생했다. 일본군이 입은 피해는 극히 미미했다. 2차 공격 이후 일본군 내부에선 3차 공격 필요성이 제기됐다. 하지만 나구모 제독은 미군에게 충분히 타격을 가했다고 판단했고, 혹시 모를 반격 가능성을 감안해 공격을 중단하기로 했다. 나구모는 기대 이상의 성과에 만족했을지 모르지만, 이는 좋은 결정이 아니었다. 미군의 오일탱크와 병참기지를 완전히 파괴하지 않아 미 태평양 함대가 회생할 수 있는 불씨를 남겼다. 이밖에 결정적인 문제가 있었다. 진주만 공습에서 미군 전력의 핵심인 항공모함을 단 한 척도 파괴하지 못했다. 대표적인 항공모함인 요크타운, 엔터프라이즈, 렉싱턴 등은 공습 당일 진주만에 있지 않고 대서양이나 미드웨이에 있었다. 일본군은 진주만 공습 직전에야 항공모함의 부재를 알 수 있었다. 결국 진주만 공습은 한편으로는 일본군의 훌륭한 성과로 여겨졌지만, 다른 한편으로는 미군의 거센 반격을 예고하는 단초이기도 했다.

일본군 지휘부는 몇 가지 찝찝한 측면에도 불구하고 미군에 상당한 타격을 줬다는 것에 만족했다. 일본 국민들도 대체로 환호했다. 그런데 진주만 공습은 일본보다 미국에 훨씬 큰 반향을 불러일으켰다. 미국 정치인들과 군부, 국민들은 신속히 단결하는 모습을 보였다. 그동안 참전은 무의미하다고 주장했던 고립주의자들도 이제는 일본을 비롯한 추축국들에 맞서 '정의로운 전쟁'을 치러야 한다고 주장했다. 미국 내 참전 여론이 급속도로 들끓기 시작했다. 루스벨트는 진주만 공습 직후 의회에 나와 다음과 같은 연설을 했다. "어제, 치욕의 날로 기억될 1941년 12월 7일(미국 시간), 미합중국은 일본 제국의 해군과 항공대에 의해 고의적이고 기습적인 공격을 받았습니다.... 저는 육해군의 최고 통수권자로서 방어를 위한 모든 조치를 취하라고 군에 지시했습니다. 우리나라 전체에 가해진 격렬한 공격의 성격을 우리는 항상 기억할 것입니다. 이번 계획적 침공을 극복하기 위해, 얼마의 시간이 걸리든, 미국 국민들은 정의로운 힘을 모아 '완전한 승리'(absolute victory)를 거둘 것입니다.... 우리 군에 대한 확신과 우리 국민들의 무한한 의지로, 우리는 반드시 승리할 것이니. 주님 도와주소서." 이로써 영국과 중국 등이 그토록 바라던 미국의 참전이 이뤄졌다. 미국 청년들은 90%에 가까운 입대율을 보이며 자발적으로 전쟁에 나섰다. 군수공장들도 대거 가동되기 시작하면서 이 거대한 국가는 전시 체제로 들어갔다. 야마모토 이소로쿠의 말처럼 '잠자는 사자'가 깨어나고 있었다. 다만 불의의 습격을 당한 미국이 본격적인 반격에 나서기까진 적지 않은 시간이 필요했다. 그전까지는 일본의 시간이었다.

■ 승승장구하는 일본군

일본군은 개전 이후에 사력을 다해 태평양의 섬들을 점령해 나갔다. 진주만 공습과 동시에 최서단에 있는 미국령 도서인 괌을 공격했다. 당시 괌에는 소수의 미 해병대 병력과 소형함정들 만이 존재했다. 일본군은 이곳을 단숨에 함락시켰다. 비슷한 시기에 길버트 제도의 마킨 섬, 타라와 섬도 손쉽게 점령했다. 웨이크 섬을 겨냥한 공세도 감행했다. 여기서는 수월하지 않았다. 12월 10일 일본군이 대대적인 공습을 가한 뒤, 육군을 섬에 상륙시키기 위해 함정들을 해안가로 이동시켰다. 이곳을 지키고 있던 미 해병대는 즉각 반격하지 않았고, 적군 함정들이 해안포의 사정거리에 들어오길 기다렸다. 함정들이 진입하자 미군은 집중포격을 퍼부었다. 일본군의 구축함과 경순양함 등이 격침되거나 대파됐다. 그 안에 탑승해 있던 300명 넘는 승조원들은 전사했다. 1차 전투에서 충격적 패배를 당한 일본군은 일단 물러났다. 이후 전력을 증강한 다음 재차 웨이크 섬 공략에 나섰다. 일본군의 각오는 예사롭지 않았다. 그야말로 독기를 품었다. 섬에 상륙한 일본 육군은 미군의 기관총 세례에 큰 피해를 입었으나 집요하게 앞으로 나아갔다. 함정들도 해안포의 위협에 노출됐지만, 굴하지 않고 깊숙이 들어가 미군 방어선에 맹렬한 포격을 퍼부었다. 견고해 보였던 미군의 주요 거점들이 차례로 함락되기 시작했다. 결국 태평양 전쟁 초기에 가장 격렬했던 웨이크 섬 전투는 일본군의 승리로 끝났다.

일본군은 말레이와 필리핀 방면에서도 공세를 감행했다. 우선 말레이 방면에서 항공격감작전과 상륙작전이 동시에 이뤄졌다. 일본 육군은 말레이 반도 동쪽 해안의 싱골라와 코타발루에 상륙, 그곳에 있던 영국 항공기들을 파괴해 나갔다. 이 소식을 들은 영국 해군이 일본군을 제압하기 위해 싱가포르에서 동양함대를 출동시켰다. 톰 필립스 제독은 상황을 안이하게 판단하며 작전을 전개했다. 영국 공군의 지원이 전혀 이뤄지지 않았고 호위함이 매우 부족했음에도 불구하고, 일본군을 충분히 상대할 수 있을 것이라 판단했다. 일본군은 영국 함대의 전개 소식을 접한 뒤, 공군을 동원해 이를 궤멸시키기로 했다. 8대의 폭격기와 25대의 뇌격기가 출격했다. 당초 일본군 항공기들은 영국군 함대를 찾는 데 상당한 어려움을 겪었다. 그러다가 일본군 정찰기 1대가 쿠안탄에서 함대를 발견했다. 즉각적으로 일본군 뇌격기 편대 등이 영국군 함대를 겨냥해 맹폭을 퍼부었다. 함대의 주력인 전함 프린스 오브 웨일스와 순양전함 리펄스가 엔진실과 지지대 등에 치명적 타격을 입었다. 일순간 전투 불능 상태에 빠진 이 함선들은 서서히 침몰했다. 일본군의 항공 작전은 끝내 영국 해군의 자랑이라 할 수 있는 동양함대를 궤멸시키는 데 성공했다. 이 소식은 영국은 물론 연합군 전체에게 커다란 충격을 줬다. 영국 수상인 윈스턴 처칠은 추후 회고록에 "말레이 해전은 제2차 세계대전 중 가장 큰 충격을 안겼던 사건"이라고 기록했다. 반면 일본의 사기는 크게 올랐으며 해당 전과를 대대적으로 홍보했다. (말레이 해전은 진주만 공습과 더불어 해전의 주도권이 함선에서 항공기로 넘어갔다는 사실을 여실히 보여준 사례였다.)

말레이 반도에 상륙했던 일본군은 이제 이곳을 완전히 점령하기 위해 움직였다. 말레이 반도에는 영국군이 상당히 많았고, 진지 및 정글도 있어서 일본군의 공략이 쉽지 않아 보였다. 그런데 재빠른 기동력과 비교적 가벼운 무게를 가진 150대의 전차들이 일본군의 승리를 견인했다. 진격로에 있는 대부분의 교량은 무거운 이동물체들이 지나갈 수 없었는데, 일본군 전차는 여기를 무난하고 신속하게 통과했다. 영국군은 환경적 요인으로 전차가 필요 없다고 판단해 보병 위주로 구성됐다. 병력 규모는 컸지만, 인도 등 식민지에서 온 미숙련병들이 많았다. 숙련병들은 대개 유럽 전선으로 가 있는 상태였다. 일본군은 이점을 적극 이용하며 속도전을 단행했다. 영국군은 빠르게 돌진해 오는 일본군 전차들을 상대하기가 역부족이었다. 병사들 개개인의 대응 능력도 떨어졌고, 맞대응할 만한 전차도 보유하지 못해 속절없이 무너졌다. 영국군은 수많은 군수물자와 병력을 잃고 싱가포르로 후퇴했다. 말레이 반도를 점령한 일본군은 곧바로 싱가포르를 향해 진격했다. 당시 이곳 주변을 방어하던 영국군은 치명적인 문제점을 갖고 있었다. 대부분의 방어물이 해상용이었기 때문에 육상에서 밀고 들어오는 일본군을 막는 데 한계가 있었다. 또한 영국군은 방어를 위해 병력을 분산시키는 실수도 저질렀다. 일본군의 탁월한 기만 전술도 빛을 발했다. 이들은 섬 동쪽으로 적군의 시선을 유인한 다음 조호르에 기습적으로 상륙했다. 이후 싱가포르 섬 상륙에도 성공한 뒤 부킷티마 고지를 점령했다. 전세가 완전히 기울었다고 판단한 영국군 사령관 퍼시벌은 고심 끝에 일본군에게 항복을 선언했다. 영국은 참담한 패배를 당해 수많은 식민지를 상실한 반면 일본은 막대한 물자를 노획해 전력의 개선을 이룰 수 있었다.

필리핀 방면에서도 일본군은 항공격멸전과 더불어 상륙을 시도했다. 7일 간 육군항공부대가 항공격멸전을 전개했다. 일본군 항공 전력의 핵심인 제로센은 압도적 기량을 선보이며 미군 항공기들을 궤멸시켰다. 그 사이에 일본 육군은 루손 섬의 북쪽과 남쪽에 상륙해 미군을 협공할 태세였다. 이에 미 극동지역사령관인 더글러스 맥아더는 필리핀의 수도인 마닐라를 포기하고, 모든 병력을 바탄 반도로 후퇴시켜 지구전에 돌입하기로 했다. 1942년 1월 2일, 일본군은 별다른 저항을 받지 않고 마닐라에 입성했다. 바탄 반도의 미군은 한동안 성공적인 방어전을 수행하며 버텨내는 모습을 보였다. 그러나 보급이 원활하게 이뤄지지 못했고 질병까지 창궐해 방어전을 지속하는 게 점점 어려워졌다. 전력을 더욱 증강시킨 일본군은 바탄 반도를 완전히 포위한 뒤 코레히도르 섬 요새까지 함락시켰다. 중과부적을 절감한 맥아더는 "나는 반드시 돌아올 것"(I shall return)이라는 유명한 말을 남기고 호주 방면으로 탈출했다. 이제 일본군은 궁극적인 목표라고 할 수 있는 자원의 보고, 네덜란드령 인도네시아에 눈독을 들였다. 연이은 승전에 힘입어 이들은 자바 작전을 한 달가량 앞당겨 실시하기로 했다. 일본군은 우선 보르네오

섬을 공격해 손쉽게 점령했다. 뒤이어 일본군 공수부대가 셀레베스 섬의 북단인 메나도에 공중강습을 전개했다. 네덜란드군은 메나도 비행장에서 거세게 저항했지만, 일본군의 연이은 공격으로 패퇴했다. 이를 발판으로 삼아 일본군은 2월 티모르 섬과 발리 섬에 대한 공세를 전개해 뚜렷한 전과를 올렸다. 이후 수마트라 섬 최대의 유전지대인 팔렘방에 대한 공세도 펼쳐졌다. 여기에 투입된 일본군 공수부대는, 절반이 현지인으로 구성된 빈약한 적군을 손쉽게 공략했다. 겨우 이틀 만에 일본군은 동남아 최대의 유전 및 정유시설을 확보할 수 있었다.

남은 것은 자바 섬뿐이었다. 일본군의 자바 섬 상륙을 막기 위해 미국, 영국, 네덜란드, 호주(ABDA) 연합함대가 출격했다. 하지만 일본 해군의 일방적인 우세였다. 일본군 함대는 제1차 자바 해전에서 네덜란드군 경순양함과 구축함, 영국군 구축함 등을 격침시켰고 연합함대 사령관인 카렐 도르만을 죽였다. 뒤이어 펼쳐진 순다 해협 해전에서도 미군의 중순양함, 호주군 경순양함, 네덜란드군 구축함 등을 격침시켰다. 끝으로 제2차 자바 해전에서 잔존 함정들에 대한 공격까지 성공적으로 이뤄짐으로써, 일본군은 해상에서의 위협을 완전히 제거했다. 2월 말, 일본군은 자바 섬의 동쪽과 서쪽에 상륙해 대대적인 공세를 펼쳤다. 특히 동쪽에 대규모 병력을 투입한 뒤 매우 신속하게 진격했다. 말레이 반도에서의 속도전에 비견될 만했다. 일본군을 상대하는 네덜란드군은 형편없었다. 절반 이상이 현지인들로 구성된 민병대 수준에 불과했다. 일본군은 3월 5일 바타비아에 이어 7일 수라바야를 점령했다. 전의를 상실한 네덜란드 식민지 정부는 8일 일본군에게 항복했다. 이와 비슷한 시기에 영국령 버마의 수도 랑군도 일본군의 수중에 떨어졌다. 이처럼 1942년 5월 이전까지 일본군은 승승장구하며 기대 이상의 전과를 올렸다. 동시다발적, 기습적으로 남방 전역을 제패하며 전략자원을 수급했고 잠시나마 대동아 공영권의 밑그림이 그려지는 듯했다. 일본군 지휘부는 최종 승전에 대한 강한 기대감을 가졌으며, 더욱 가열하게 공세적 전략을 취해야 한다고 생각했다.

■ 미드웨이 해전

일본군은 남방 한계선을 더욱 확장하기로 결정했다. 이에 파푸아뉴기니의 전략적 요충지인 포트 모르즈비를 공격 목표로 삼았다. 미국과 호주의 연결을 차단하려는 목적도 있었다. 일본군은 우선 라바울을 기지로 삼고 육해군 협동 공격부대를 편성했다. 뒤이어 동부 뉴기니 북쪽 해안의 라에-사라모아를 점령했다. 5월 4일이 됐을 때, 일본군은 모르즈비를 공격하기 위해 라바울에서 출격했다. 그런데 7일 해상에서 일본군과 미군 간의 전투가 벌어졌다. 미군 항공모함인 요크타운에서 출격한 급강하 폭격기가 모르즈비로 향하는 일본군 함대를 발견한 뒤 미군의 공격이 시작됐다. 공격은 일본군의 경항모인 쇼호에 집중됐다. 요크타운 및 렉싱턴의 항공대가 쇼호에게 폭탄과 어뢰를 퍼부었다. 결정적으로 쇼호는 어뢰 공격으로 인해 내부에서 연쇄 폭발이 일어나면서 침몰했다. 이날 일본군은 개전 이래 처음으로 비교적 큰 함정을 잃었고 별다른 공격

성과도 올리지 못했다. 8일에는 상황이 달라졌다. 양국의 정찰기들이 서로의 함대를 발견한 뒤 전투가 벌어졌다. 일본군 항공모함인 쇼카쿠에서 발진한 뇌격기 등이 미군 항공모함인 렉싱턴과 요크타운에게 맹렬한 공격을 가했다. 미군 항공모함에서도 함재기들이 날아올라 쇼카쿠를 공격했다. 한바탕 격전이 벌어진 끝에 미군의 피해가 두드러졌다. 주요 항모인 렉싱턴이 엔진실과 중앙제어실 등에 치명적 타격을 입고 침몰했다. 요크타운도 상당한 타격을 입었으나 가까스로 침몰은 면했다. 대신 수리하는 데 무려 100일 가까이 소요될 것으로 전망됐다. 이제 즉각적으로 전투에 투입할 수 있는 미군 항모는 엔터프라이즈와 호넷, 2척뿐인 것으로 보였다. 일본군의 쇼카쿠는 공격을 받은 후 화염에 휩싸여 전투기들의 발착이 어려워졌다. 그나마 어뢰 공격이 모두 빗나가 침몰의 비운에서 벗어날 수 있었다. 이틀간 벌어진 산호해 해전에서 뚜렷하게 승리를 가져간 쪽은 없었다. 일본군은 일부 항모들이 손실을 입어 모르즈비 공격을 제대로 지원할 수 없다고 판단, 뱃머리를 돌려 후퇴했다. 이에 일본군의 모르즈비 공략도 무기한 연기됐다.

일본의 대본영에선 향후 진로를 놓고 격론이 벌어졌다. 육군과 해군 측에서 점령지 방어 강화, 호주 침공, 뉴칼레도니아-피지-사모아 점령 등 다양한 안들이 제기됐다. 이런 가운데 야마모토 이소로쿠가 중부 태평양 방면(하와이)에 대한 공격을 강하게 제안했다. 아직 건재한 미군 항공모함들을 이곳으로 끌어내 격멸할 생각이었던 것이다. 그래야 강화협상을 용이하게 할 수 있다고 판단했다. 그러나 이 안은 환영받지 못했다. 상당한 거리가 있는 곳으로 굳이 갈 필요도 없거니와, 이곳을 점령한 후에 보급 문제가 심각해질 수 있다는 우려가 나왔다. 미군의 항공모함을 대수롭게 여기지 않는 사람들도 많았다. 중부 태평양 방면 대신에 피지-사모아에 대한 공격이 유력한 안으로 여겨졌다. 고집이 센 야마모토는 직위를 걸고 자신의 안을 관철시키려 했다. 계속 먹히지 않자 하와이가 아닌 미드웨이를 치자는 쪽으로 변경했다. 기실 하와이나 미드웨이나 큰 차이는 없었다. 대본영에선 야마모토의 주장을 끝내 뿌리치지 못했다. 마지못해 미드웨이를 치기로 했다. 다만 지속적으로 미심쩍어했고, 육군의 요구를 받아들여 알류샨 열도 공격도 병행하기로 했다. 야마모토의 작전에 일본 육군이나 항모기동부대가 제대로 호응할 지도 미지수였다. 그런데 야마모토에게 큰 힘을 실어주는 뜻밖의 사건이 발생했다. 바로 일본 본토, 그것도 수도인 도쿄가 미군에게 폭격을 당한 것이다. 진주만 공습 직후부터 미국 정부 내에선 군대와 국민들의 사기를 드높이기 위한 방안이 논의됐다. 그 결과 육상폭격기로 도쿄를 기습적으로 폭격하자는 안이 채택됐다. 제임스 둘리틀 중령을 중심으로 한 '둘리틀 특공대'가 이 작전을 수행할 것이었다. 폭격기 16대로 행해진 도쿄 공습은 일본에게 물리적으로 큰 피해를 입히지는 못했다. 대신에 정신적 피해가 상당했다. 경계 소홀로 일왕이 머무르는 심장부가 기습을 당했을 뿐만 아니라 당분간 유의미한 모습을 보이지 않을 것으로 예상됐던 미 항공모함이 동원됐다는 사실은, 일본군 지휘부는 물론 일본 국민들에게 커다란 충격을 안겨줬다. 그동안 일본군은 미 태평양 함대가 궤멸돼 항공모함도 부재하다는 식으로 선전해 왔었다.

 상황이 이렇게 되자, 대본영 내에서는 미드웨이로 태평양 함대를 유인해 쳐부수자는 야마모토의 안이 호응을 받기 시작했다. 당초 미드웨이 공격에 난색을 표했던 육군도 정예 상륙부대를 제공하기로 했다. 야마모토는 독불장군에서 단숨에 선견지명이 대단한 지휘관으로 거듭났다. 이제 미드웨이 작전은 일본군이 가장 심혈을 기울여야 할 과제가 됐다. 5월 27일, 해군기념일을 기해 일본 연합함대 주력이 미드웨이로 출격했다. 항공모함 4척을 비롯해 수많은 함정과 항공기들이 동원됐다. 이와 함께 알류샨 열도 공격도 전개됐다. 만약 미드웨이에서도 일본군의 뜻대로 이뤄진다면, 일본은 태평양 전쟁에서 매우 유리한 위치에 올라설 것이었다. 6월 5일, 마침내 일본군 대함대가 미드웨이에 접근하자마자 1차 공격이 단행됐다. 함재기 108기가 날아올라 육상기지를 무차별적으로 폭격했다. 미군의 중대 본부, 탄약고, 디젤유 저장소 등이 초토화됐다. 일본군의 피해도 적지 않았다. 미드웨이에 설치돼 있던 수많은 대공포에 의해 일본군 항공기들이 격추되거나 큰 손상을 입었다. 미군 잠수함인 노틸러스는 잠수함에 대한 대비가 부실했던 일본군 함대를 크게 괴롭혔다. (미드웨이 기지에서 발진한 미군 전투기들도 반격에 나섰지만, 일본군의 제로센에 의해 무력화됐다.) 일본군은 멈추지 않고 2차 공격을 감행하기로 했다. 이를 위해 나구모는 대함용 어뢰, 철갑탄으로 된 폭격기들의 무장을 지상 공격용 폭탄으로 교체하라고 명했다. 미군 함대가 오기 전, 지상을 완벽히 장악하기 위해 서둘러 무기들을 바꾸려 했다. 교체 작업은 최대 120분이 소요될 예정이었다. 그런데 한창 작업이 진행되던 중 긴급 소식이 전해졌다. 미군 기동함대가 그리 멀지 않은 곳에서 발견됐다는 첩보였다. 나구모를 비롯한 일본군은 순식간에 공황 상태에 빠졌다. 이들의 예상대로라면 미군 함대는 아직 먼 지역에 있어야 했다. 다급해진 나구모는 미군 함대를 상대하기 위해 폭격기들의 무장을 대함용으로 다시 바꾸라고 지시했다. 상술했듯 교체 작업은 상당한 시간이 걸렸다. 더욱이 상부의 강요로 병사들이 급하게 작업을 하느라, 항공모함의 격납고에는 위험한 폭탄들이 제대로 정리가 안 된 상태로 있었다. 이는 머지않아 일본군에게 재앙을 안길 터였다.

일본군의 허를 찌른 미군 함대의 전개는 어떻게 된 것일까. 기실 미군은 일본군의 미드웨이 작전을 속속들이 꿰뚫어 보고 있었다. 미군의 암호해독팀이 사전에 일본군의 무선교신 내용을 해독한 것이다. 미군은 당시 최신형 장비를 통해 일본군의 다음 공격 목표가 'AF'라는 것을 알아냈다. 문제는 AF가 구체적으로 어디를 가리키는 것인지였다. 이를 두고 미군 지휘부에선 격론이 벌어졌다. 하와이, 남태평양의 어느 섬, 샌프란시스코 등 의견들이 분분했다. 이때 로슈포르 대령이 중요한 단서를 근거로 AF가 미드웨이일 것이라고 추정했다. 과거 일본군의 교신 중에 "AF를 지나가고 있다"라는 내용이 있었다. 당시 일본군이 태평양에서 지나갈 수 있는 지역은 미드웨이밖에 없었다. 다만 이 추정은 곧바로 수용되지 않았다. 대함대가 움직여야 하는 만큼, 확실한 증거가 필요했다. 새로이 미군 총사령관으로 임명된 체스터 니미츠 제독도 확증을 가져오라고 종용했다. 로슈포르는 기발한 아이디어를 도출해 냈다. 증거를 잡기 위해 일본군에게 허위 정보라는 미끼를 던진 것이다. 그는 미드웨이의 미군에게 "해수 담수화 장치가 고장 나 식수가 부족하다"라는 내용을 흘렸고, 이를 일본군이 쉽게 접수할 수 있도록 했다. 과연 로슈포르의 바람대로 일본군은 미끼를 덥석 물었다. 일본군은 "AF에 식수 부족. 해수 담수화 장치가 필요할 것"이라는 교신을 날렸다. 암호 해독은 대성공이었다. 이로써 미군은 AF가 미드웨이라는 확신을 갖고 움직였다. 니미츠는 미군의 항공모함이 미드웨이가 아닌 남태평양에 있는 것처럼 위장하는 미끼도 던졌다. 이 역시 성공해 일본군은 미드웨이 해전 초반에 항공모함의 존재도 파악하지 못해 우왕좌왕했다.

미드웨이로 향하는 미군 함대는 항공모함 3척, 중순양함 9척, 경순양함 4척, 구축함 32척, 잠수함 19척이었다. 추후 압도적 생산력으로 미군의 전력이 극대화될 것이지만, 아직까진 이것이 미군 전력의 최대치였다. 특기할 만한 점은 산호해 해전에서 큰 타격을 입은 항공모함 요크타운의 가세였다. 수리 기간이 꽤 걸릴 것으로 예상됐으나, 미군은 단기간에 수리를 완료하는 데 성공했다. 정찰기를 통해 일본군의 동향을 어느 정도 파악한 미군은 3척의 항공모함으로부터 152기의 항공기를 출격시켰다. 겉으로 보기에는 전황이 미군에게 유리해 보였지만 실상은 그렇지 않았다. 출격한 미군 항공기들은 자중지란적인 모습을 보였다. 항공모함 호넷에서 출격한 비행대가 내부 갈등으로 인해 일본군 함대에게 도달하기도 전에 와해되고 말았다. 주요 지휘관들 사이에서 비행 방향을 놓고 심각한 의견 충돌이 있었고, 제8뇌격기 대대가 항명하며 이탈하는 사태가 벌어졌다. 일부 전투기들은 연료가 떨어져 항공모함으로 되돌아가다가 해상에 불시착하기도 했다. 엔터프라이즈에서 출격한 비행대도 상공에서 편대 구성을 하려다가 제각기 흩어져 버렸다. 각자 알아서 일본군 함대를 찾아야 할 형편이었다. 이는 미군의 역량이 아직 부족하다는 점을 방증하는 셈이다. 우여곡절이 많았지만 가까스로 일본군 함대에 도달한 미군 비행대가 있었다. 앞서 호넷 비행대를 이탈했던 제8뇌격기 대대와 엔터프라이즈의 제6뇌격기 대대, 요크타운에서 출격한 비행대(제3뇌격기 대대 등)였다. 머지않아 이들은 일본군 함대를 겨냥한 공격에 나섰다. 결과는 참혹한 실패였다. 한꺼번에 공격해도 모자랄 판에, 미군 뇌격기들은 순차적으로 공격에 나서는 전략적 실수를 저질렀다. 이들을 호위하는 전투기들도 부재했고 뇌격기 어뢰의 성능도 좋지 않았다. 결국 일본군 함대에 별다른 피해를 주지 못한 채, 베테랑 조종사들이 이끄는 제로센에 의해 전멸당했다.

초반 공격은 대실패였으나 운명의 여신이 미군을 외면한 것은 아니었다. 일본군 전투기들이 미군 뇌격기들을 상대하는 사이, 다른 쪽에서 엔터프라이즈 소속의 '급강하 폭격기'들이 다가오고 있었다. 처음에 이들은 일본군 함대의 위치를 찾지 못해 애를 먹었다. 연료가 서서히 떨어질 즈음, 우연히 (미군 잠수함인 노틸러스를 잡으려 한) 일본

미군 폭격기가 '미드웨이 해전' 당시 불타고 있는 일본군 미쿠마 순양함 위를 날아가고 있다.

군 구축함의 항적을 발견했다. 이를 추적하다 보니, 마침내 일본군 함대의 상공에 도달할 수 있었다. 일본군의 대표적 항공모함인 카가 등이 뚜렷하게 보였다. 항공모함들을 정밀 타격하기에 안성맞춤인 조건들이 형성됐다. 저공 비행하는 뇌격기에 익숙해져 있던 일본군은, 고공에 있던 폭격기들을 재빨리 알아채지 못했다. 결정적으로 일본군 전투기들의 엄호도 존재하지 않는 상황이었다. 베테랑이었던 미군의 급강하 폭격기 조종사들은 카가를 겨냥해 맹폭을 퍼붓기 시작했다. 매우 급격하게 강하하면서 여러 발의 폭탄을 명중시켰다. 연쇄 폭발은 피해를 크게 가중시켰다. 일본군이 급히 대함용으로 무기들을 교체하는 과정에서 사방에 어지럽게 놔둔 폭탄들이 '유폭'을 일으켰다. 카가는 치명상을 입고 침몰했으며, 그 안에 있던 1000명에 달하는 병력이 전사했다. 뒤이어 일본군 항공모함인 아카기가 공격을 받았다. 갑판에서 제로센이 발진을 하려던 찰나, 미군의 급강하 폭격기들이 아카기에게 돌진했다. 갑작스러운 급습에 일본군은 제대로 된 대응을 하지 못했다. 폭격기의 폭탄은 아카기의 격납고에 떨어졌고, 카가 때처럼 대규모 연쇄 폭발이 발생했다. 아카기는 철저히 파괴된 뒤 침몰했다. 또 다른 일본군 항공모함인 소류도 무사하지 못했다. 이번에는 요크타운 소속의 급강하 폭격기들이 공격에 나섰다. 일본군은 폭격기들이 날아오는 방향이 아닌 다른 방향을 주시하고 있었다. 뒤늦게 공격을 눈치챈 일본군이 항공모함을 대응 가능한 위치로 이동시키려 했으나 이미 때는 늦었다. 폭격기들은 1000파운드에 달하는 항공폭탄을 함체 중앙에 있는 격납고와 함미 등에 명중시켰다. 여기서도 유폭이 발생함에 따라 소류는 앞서 침몰한 항공모함들과 비슷한 운명을 맞았다. 거대한 3척의 항공모함이 격침되기까지 불과 5분 여밖에 걸리지 않았다. 항공모함 내부에 수용돼 있던 수많은 항공기들도 미처 이륙하지 못한 채 고스란히 수장됐다. 매우 짧은 시간에 행해진 미군의 격렬한 공격은 엄청난 성과를 거두고 일단락됐다. 반면 개전 초반 승리를 자신했던 일본군은 크게 휘청였다. 미드웨이 해전의 무게추가 미국 쪽으로 급격히 쏠렸다.

일본군 항공모함은 히류만이 남았다. 당초 미군 뇌격기들이 히류를 노렸지만 격침시키지 못하고 전멸했다. 일본군은 히류에 있던 급강하 폭격기와 전투기들을 동원해 반격하기로 했다. 요크타운으로 돌아가는 미군 항공기들을 발견한 뒤 요크타운을 표적으로 삼았다. 미군은 레이더를 통해 일본군의 전개를 눈치챘다. 이에 요크타운으로 돌아가던 항공기들을 다른 항공모함으로 보냈다. 동시에 요크타운에 있던 전투기들을 출격시켜 적군을 겨냥한 공격 태세를 갖췄다. 일본군 폭격기들이 다가오자, 미군 전투기들은 기다렸다는 듯 공격을 개시했다. 항공모함의 대공포도 불을 뿜으면서 수많은 폭격기들이 나가떨어졌다. 이 와중에 전투기와 대공포를 기어이 뚫고, 요크타운에 가까이 접근하는 데 성공한 폭격기들이 있었다. 이들은 요크타운에 폭탄을 투하해 상당한 타격을 입혔다. 다만 신속한 수리로 요크타운은 침몰은커녕 정상적으로 기능했다. 일본군은 요크타운이 불능 상태에 빠졌다고 보고, 다음 표적인 엔터프라이즈를 공격하려 했다. 그런데 정상적으로 기능하는 요크타운을 엔터프라이즈로 착각, 뇌격기 편대를 동원해 재차 요크타운을 공격하게 됐다. 산호해 해전에서도 살아남았던 요크타운의 운은 여기까지였다. 강력한 어뢰 공격으로 말미암아 요크타운은 치명상을 입고 침몰했다. 이에 대한 보복으로 미군은 히류의 위치를 파악한 뒤 급강하 폭격기들을 동원해 격침에 나섰다. 공격받기 전 히류는 나름대로 방공망을 형성했지만, 맹렬하게 치고 들어오는 미군 폭격기들을 막는 것은 역부족이었다. 여러 발의 폭탄이 명중해 히류의 곳곳이 파괴됐고, 전체가 불길에 휩싸였다. 그럼에도 바로 침몰하지 않고 고속으로 항진하는 모습을 보였다. 오래가지는 못했다. 히류는 서서히 침몰하며 바닷속으로 가라앉았다. 졸지에 4척의 항공모함을 잃어버린 일본군은 전력의 열세를 절감했다. 해전을 진두지휘한 야마모토와 나구모는 피눈물을 머금고 일본군의 후퇴를 명했다. 미드웨이 해전은 그야말로 일본군의 처참한 완패, 미군의 대승이었다. 이를 계기로 태평양 전쟁은 중대한 전환점을 맞았다. 미국의 대반격이 예고되는 것이기도 했다. (대본영은 미드웨이 패전 사실을 철저히 숨겼다. 그 대신 알류샨 작전을 통해 애투, 키스카 섬을 점령했다는 사실을 대대적으로 홍보했다.)

■ 과달카날 전투

1942년 8월 7일, 미 해병대는 일본군의 동부 뉴기니 작전에 대비하기 위해 툴라기와 과달카날 기습상륙작전을 전개했다. 이때 일본군은 전황을 안이하게 판단하고 있었다. 미군의 반격은 1943년 중순 이후에나 가능할 것이라고 봤다. 현재 벌어지는 작전은 그저 정찰용에 불과하다고 생각했다. 당시 일본군은 과달카날에서 비행장을 건설하고 있었는데, 미군은 이 건설이 거의 마무리될 시점에 상륙했다. 미 해병대를 목격한 일본군이 저항하지 않고 정글로 도망치면서, 미군은 과달카날 비행장을 무난하게 점령했다. 그러나 며칠 뒤에 미군은 뼈아픈 타격을 입었다. 과달카날로 향하는 수송선단을 보호하는 해상경계부대가 사보섬 해전에서 궤멸됐다. 미군 수송선단은 가까스로 무사할 수 있었지만, 지레 겁을 먹고 하루 만에 철수했다. 과달카날의 미군은 제공권 및 제해권을 상실한 채, 적은 물자로 버텨야 하는 처지가 됐다. 일본군은 폭격기와 구축함, 순양함 등을 동원해 미군을 괴롭혔다. 식량도 떨어져 가고 있었다. 극히 어려운 상황임에도 미군은 '초인적인' 능력을 발휘했다. 악착같이 달라붙어 비행장 건설을 마무리했고, 영리한 방법으로 식량 문제를 다소 해결하고 적군의 공격을 회피했다. 부실하지만 어느 정도의 보급도 이뤄지면서 형편이 조금씩 나아졌다. 이런 가운데 일본군은 과달카날을 탈환하기 위해 본격적으로 움직였다. 우선 916명의 선발대를 과달카날에 상륙시켰다. 원래 이 부대는 조만간 합류할 부대와 같이 움직여야 했다. 그런데 이들은 과달카날에 있는 미군의 규모를 과소평가했다. 자신들은 강력한 정신력으로 무장한 '무적의 황군'인 만큼, 단독으로 승리할 수 있을 것이라 확신했다. (이때 미드웨이 참패 소식은 전해지지 않은 상태였다.) 오만하기 짝이 없는 일본군 선발대는 무모한 진격을 감행했다. 미군은 현지인 등으로 구성된 수많은 첩보원들을 통해 이미 일본군의 상륙 소식을 접했다. 만반의 대비가 뒤따랐다.

일본군은 미군 진영을 발견하자마자, 착검을 하고 달려드는 '반자이 돌격'을 단행했다. 미군은 기다렸다는 듯, 중기관총과 경전차 등을 동원해 무차별 사격을 가했다. 자칭 무적의 황군이었던 일본군 선발대가 속절없이 쓰러져 나갔다. 부대를 이끌었던 이치키 대좌를 비롯해 대부분의 병력이 순식간에 소멸됐다. 살아남은 병력은 고작 100여 명에 불과했다. 전사한 일본군 병사들의 시체에 악어떼들이 달려들어 사지를 이리저리 찢고 먹어치우는 끔찍한 광경도 펼쳐졌다. 얼마 뒤 과달카날 동북 해안에서도 일대 격전이 벌어졌다.

1942년 8월, 미 해병대가 과달카날 섬에 기습적으로 상륙하고 있다.

이 '솔로몬 해전'에서 미군은 일본군의 항공모함인 류조를 격침시켰고, 증파부대 수송선단에게도 큰 피해를 입혔다. 미군도 타격을 받았다. 항공모함인 엔터프라이즈가 중파당해 철수할 수밖에 없었다. 선발대의 참담한 패배 이후, 일본군은 6000명 이상의 병력으로 재차 과달카날의 미군을 공격하기로 했다. 이를 지원하기 위해 항공모함 2척을 갖춘 제3함대도 신규 편성했다. 겉보기에는 완벽한 공격 작전처럼 보였지만, 얼마 안 가 일본군의 치명적 오판이 또다시 나타났다. 미군의 항공 전력이 부재할 것이라 믿고, 제3함대를 다른 작전 지역으로 철수시켰다. 기실 과달카날의 미군 헨더슨 비행장에는 항공모함 등으로부터 날아온 항공기들이 적지 않았다. 적군의 항모 공격으로 인해 돌아갈 곳이 마땅치 않아서 부득이 이곳에 온 경우가 많았다. 이러한 항공기들을 중심으로 과달카날에서 정교한 '캑터스 항공대'가 새로 만들어졌다. 일본군이 과달카날에 상륙을 시도할 때, 미군 항공기들이 헨더슨 비행장에서 출격해 공격을 감행했다. 허를 찔린 일본군은 급히 철수할 수밖에 없었다. 이후에도 일본군의 무리한 상륙 시도는 계속됐다. (제공권이 확보되지 않은 상황에서 행한 일련의 무리수들은, 과거 연이은 승리에 도취한 자만과 '사무라이 정신'에 입각한 경직된 군사 문화 탓이 컸다.) 구축함과 목재 동력선으로 나눠 상륙을 시도했는데, 취약한 목재선에 탑승했던 일본군은 미군 항공기의 맹렬한 공격을 받고 전멸에 가까운 피해를 입었다. 그나마 구축함에 탑승했던 일본군이 비교적 무난하게 상륙했다. 하지만 미 해병대가 이들을 노렸다. 이제 막 상륙해 어수선한 일본군을 급습해 물자를 대거 빼앗는 등 상당한 타격을 입혔다. 미군은 일본군이 남쪽에서 쳐들어올 것이라 예상한 뒤 탄탄한 방어선까지 구축했다. 이번에도 일본군은 무모한 반자이 돌격을 감행했다. 주간은 물론 야간에도 공격이 이뤄졌다. 미군은 곡사포와 항공기까지 동원해 대응했다. 결과는 일본군의 처참한 패배였다. 대규모 '학살'이 벌어지면서, 일본군의 진격로인 남쪽 능선에 병사들의 시체가 산처럼 쌓였다. 추후 이곳은 '피의 능선'이라고 불렸다. 일본군 총병력의 70%가 전사했으며, 도망간 나머지 병사들은 섬 곳곳에서 질병과 식량 부족에 시달렸다.

잇따른 방어 성공으로 미군의 사기는 크게 올랐다. 전력도 갈수록 강화됐다. 병력과 무기 충원이 지속적으로 이뤄짐으로써, 과달카날의 미군은 점차 일본군보다 유리한 위치에 섰다. (이 시기 남태평양 해군 사령관으로 부임한 윌리엄 홀시 제독은 과달카날에 전폭적인 지원을 했다.)
10월, 독기가 바짝 오른 일본군은 약 2만 명의 병력을 동원해 다시 과달카날 탈환을 노렸다. 이번에 일본군은 우선적으로 헨더슨 비행장 등을 겨냥해 대구경 함포 사격을 가했다. 공격은 성공적으로 이뤄져 비행장과 항공기 등이 크게 파괴됐다. 그런데 미군의 초인적인 회복 탄력성이 또다시 발휘됐다. 비행장 활주로와 항공기를 끈질기게 수리했으며, 항공기에 주입할 연료도 가까스로 확보해 냈다. 미군의 항공 전력은 여전히 건재했다. 이 사실을 알 길이 없던 일본군은, 미군의 항공 전력이 와해됐다는 판단 하에 구축함으로 긴급 상륙을 시도했다. 머지않아 미군 항공기가 나타나 공격을 가했다. 마침 비행장을 구원하러 온 항공모함 호넷과 구축함 등도 공격에 가세했다. 일본군은 상륙 지점에서부터 심각한 전력 손실을 입었다. 우여곡절 끝에 과달카날 섬에 진입한 일본군은 약해진 화력을 보완할 대안으로써 '기습'을 상정했다. 이를 위해 정글을 통과해 방어선 남쪽을 집중 공격하기로 했다. 다만 정글이 워낙 험난한 만큼, 공격의 핵심인 포들을 그대로 이동시키는 게 어려웠다. 해법으로 병사들이 모든 포들을 분해한 뒤, 그 부품과 포탄을 직접 들고 가기로 했다. 무거운 군장까지 메고 있던 병사들의 부담은 극도로 가중될 수밖에 없었다. 힘듦을 못 이긴 일부 병사들은 들고 있던 부품과 포탄을 무단으로 버렸다. 그러면서 일본군의 전력은 더욱 약화됐다. 치명적인 문제점은 또 있었다. 부대를 이끄는 핵심 지휘관들이 현지 지형을 제대로 파악하지도 못했고, 해괴한 명분을 들이밀며 무모한 돌격만을 강조했다. 주변에서 전멸에 대한 우려가 제기됐지만, 지휘관들은 오로지 일왕에 대한 충성과 강력한 정신력만을 언급하며 적군에게 맹렬히 돌격하라고 명했다. 아니나 다를까. 우려했던 대로 이번 전투도 일본군의 참담한 패배로 귀결됐다. 한편 이 즈음에는 일본군의 제3함대가 다시 와서 미군에게 반격을 가하기도 했다. 미군 항공모함인 호넷을 격침시켰고 엔터프라이즈에도 타격을 입혔다. 일본군도 수많은 항공기들을 잃었으며 항공모함인 쇼카쿠와 즈이호 등이 심각하게 파손됐다. 이 '산타크루즈 해전'으로 인해 미군과 일본군 모두 항공모함 전력이 잠시나마 부재하다시피 했다.

과달카날에서의 연이은 참패는 야마모토를 극히 회의적으로 만들었다. 그는 이곳에서 전투를 치르는 것은 소모전의 반복일 뿐이라고 판단했다. 시간이 갈수록 일본군은 지쳐갔지만, 미군의 육상 및 항공 전력은 눈에 띄게 강화되고 있었다. 이에 야마모토는 대본영에 과달카날 포기를 건의했다. 그러나 대본영은 다시 과달카날을 공격한다는 방침을 세웠다. 11월, 일본군 전함과 수송부대가 야간에 헨더슨 비행장을 공격하기 위해 출격했다. 이때 일본군의 해상 전력은 방어에 나선 미군의 해상 전력을 압도하고 있었다. 그럼에도 일본군 지휘관이 어처구니없는 결정을 내림으로써 목표한 임무를 완수하지 못했다. 자신이 타고 있던 전함이 다소 공격을 받자,

충분히 유리한 전황임을 알아채지 못한 채 곧바로 철수 명령을 내린 것이다. 당시 전장이 어두웠기 때문에 적군의 전력을 제대로 파악하지 못한 탓이 컸다. 일본군은 이틀 뒤에 다시 비행장 공격에 나섰다. 이번에는 목표물에 함포 사격을 가했으나 별다른 피해를 입히지 못했다. 되레 비행장에서 출격한 미군 항공기에게 거센 반격을 허용했다. 이후 곤도 제독이 지휘하는 제2함대를 중심으로 한 일본군이 대대적인 공세를 전개했다. 이들은 한때 미군 구축함에 궤멸적인 타격을 입히면서 선방했다. 하지만 어뢰 공격의 위협에서 벗어난 미군 전함들이 효과적인 작전을 구사하면서 일본군을 곤경에 빠뜨렸다. 미군 전함들은 근본적인 전력상 열세에 있었던 만큼, 일본군 함대를 어느 정도 괴롭힌 후 외곽으로 물러났다. 이쯤에서 일본군의 오판이 반복됐다. 과달카날에 상륙할 수송선단에 대한 위협이 사라졌다고 보고 함대를 철수시켰다. 표적인 비행장에 대한 포격은 이뤄지지도 않은 상태였다. 날이 밝자마자 일본군 수송선단 위로 미군 항공기들이 거침없이 날아왔고, 곧바로 강력한 폭격이 이뤄졌다. 여기에 미 해병대의 무차별적인 포격도 더해졌다. 결국 일본군은 막대한 인적 손실은 물론 다량의 군수물자를 잃고 패퇴했다.

일본군의 공세력은 완전히 상실됐다. 반면 지속적으로 증강된 약 5만 명의 미군은 방어에서 벗어나 공세로 전환했다. 당시 섬에 고립돼 있던 일본군은 야간에 구축함과 잠수함 등을 통해 수송된 물자로 간신히 버티고 있었다. 미군은 집요한 공격으로 해당 보급을 끊어버린 뒤, 12월부터 총공세를 감행했다. 곡사포와 폭격기를 동원해 오스텐 산 등 일본군이 머무르는 곳에 맹폭을 퍼부었다. 일본군이 퇴각할 것으로 예상되는 지점에 미군이 상륙해 퇴로를 차단하기도 했다. (대본영은 과달카날 인근 지역에 급히 비행장을 건설해 과달카날 일본군에 대한 항공 지원을 모색했다. 이를 눈치챈 미군이 선제공격을 가하면서 무위에 그쳤다.) 1943년 1월 말, 일본군 총사령부가 있는 지역도 함락되면서 과달카날의 일본군은 전멸 위기에 처했다. 대본영은 마치 대규모 공세가 있을 것처럼 기만함과 동시에 구축함을 통한 필사의 철수 작전을 벌이기로 했다. 미군은 기만 전술에 넘어가 과달카날에서 방어 진지를 구축하는 데 열중했다. 그 사이 일본군은 순차적으로 철수해 나갔다. 비록 미군이 일본군을 전멸시키진 못했어도, 과달카날 전투는 엄청난 의미를 지닌 대승이었다. 미드웨이 해전에 이어 육상에서도 승리를 이어간 것이었으며, 조만간 어마어마한 생산력을 바탕으로 일본을 혹독하게 밀어붙이게 될 '서막'이었다. 기실 과달카날 전투 이후부터 미국 본토에서 막대한 군수물자가 전장으로 쏟아졌다. 일본군은 오만한 태도와 경직된 군사 문화, 전략의 부재 등에 따른 대가를 톡톡히 치렀다. 무모한 돌격, 항공기가 배제된 '대함거포주의'에만 의존한 끝에, 핵심 자원들을 급격히 소모시키고 말았다. 기습 공격으로 기선을 제압해 미국과의 협상을 이끌어내겠다는 당초 목표도 완전히 물 건너갔다. 이제 돌이킬 수 없는 난관에 빠져들 일만 남았다.

■ **미군의 대반격**

　일본군은 과달카날 전투를 전후해 뉴기니 동남부에서도 패퇴하기 시작했다. 미군은 1943년 1월 초 뉴기니 부나 부근에 상륙해 일본군을 물리쳤다. 일본군은 서북방의 라에-살라마우아 지역으로 후퇴했다. 아울러 맥아더가 지휘하는 미국, 호주 연합군 가운데 호주군이 다른 방면에서 일본 남태평양 파견군을 압박했다. 과달카날 전투에서 승리한 미군은, 이제 라바울을 목표로 솔로몬 제도를 따라 북상할 계획을 세웠다. 뉴기니 부나 부근을 장악했던 미군은, 필리핀을 목표로 뉴기니 북쪽 해안을 따라 서진할 예정이었다. 다급해진 일본군은 제17군으로 중부 솔로몬 제도를, 신규 편성한 제18군으로 뉴기니를 방어하려 했다. 라바울에는 이 군대를 통할할 지휘부를 뒀다. 하지만 여러모로 불리한 상황에 처해 있었다. 특히 뉴기니를 방어할 병력이 부족했다. 일본군은 대규모 수송선으로 병력 증원을 모색했다. 수송선 곁에는 호위 임무를 맡은 구축함과 제로센 전투기들도 있었다. 그러나 이마저도 치명타를 입고 말았다. 미군이 폭격기와 전투기 등으로 기습 공격을 퍼부어, 수송선 8척과 구축함 4척이 격침됐고 제로센 6기도 격추됐다. 일본군은 내륙에 발도 디디지 못한 채 수장되거나 바다에서 표류하다 적군에게 발각돼 사살됐다. 수천 명의 병사들이 전사했고, 극히 소수의 병사들만이 간신히 생존해 라에-살라마우아로 도망쳤다. 이 수송 작전의 실패로 인해 일본군은 뉴기니 전선이 머지않아 붕괴될 수도 있다는 위기감에 휩싸였다. 여기뿐만 아니라 중부 솔로몬 제도에서도 일본군의 맹점이 드러났다. 일본군이 방어선을 형성한 지역은 라바울과의 거리가 상당해 병력, 무기, 식량 지원 등을 받기가 어려웠다. 더욱이 제공권이 없는 상태에서 미군 항공기의 위협에 고스란히 노출됐다. 일본군은 문제를 보완하기 위해 항공모함에 있는 일부 함재기들을 긴급 투입하는 '이호 작전'을 전개했다. 하지만 제공권 확보는커녕 별다른 효과를 거두지 못하고 항공 전력만 소모했다. 이때 전선을 시찰하던 야마모토가 전사하는 사건도 발생했다.

마침내 미군은 거대한 반격 작전인 '수레바퀴 작전'을 바탕으로 1943년 6월 말부터 대대적인 군사 행동을 전개했다. 이미 본토에서 쏟아진 막대한 물량으로 인해 객관적 전력 측면에서 절대 우위를 확보한 미군은 점진적으로 북상했다. 중부 솔로몬 제도의 랜도버 섬, 문다 섬, 베라베라 섬 등에 차례로 상륙한 뒤 방어 준비가 허술한 일본군을 손쉽게 격파했다. 여기를 지원하기 위해 해상에서 일본군 함정들이 오기도 했지만, 미군은 레이더와 우월한 항공 전력으로 궤멸시켰다. 비슷한 목적으로 날아온 빈약한 일본군 항공기들도 똑같은 운명을 맞았다. 10월 초에 접어들면서 중부 솔로몬 제도에 있는 대부분의 섬들이 미군에게 넘어갔다. 이에 일본군은 북부 솔로몬 제도에 있는 부겐빌 섬에 군대를 배치해 대응에 나섰다. 해당 군대는 나름 일본군의 주력이었다. 그러나 미군이 11월 초 이곳에 상륙했을 때, 이렇다 할 저항 한번 해보지 못하고 밀림으로 퇴각했다. 궁지에 몰린 일본군은 여기저기서 항공기들을 급히 끌어모아 반격에 나섰다. 대규모 공중전이 벌어졌지만, 양국 군의 항공 전력 격차가 확연히 드러났다. 전투에 참가한 일본군 항공기들은 전멸하고 말았다. 이쯤에서 잠시 미군과 일본군의 항공 전력을 살펴볼 필요가 있다. 전쟁 초기만 해도 일본군의 항공 전력이 미군을 능가했다. 일본군의 주력 전투기인 '제로센'은 뛰어난 기동성과 긴 항속거리를 바탕으로 미군을 효과적으로 공략했다. 공중전에서 12대 1의 격추율을 선보일 정도였다. 당시 세계에서 가장 유능한 항공모함 기반 전투기라는 명성까지 얻었다. 미군 전투기인 '와일드 캣'의 성능은 뒤떨어져 제로센의 상대가 될 수 없었다. 그런데 시간이 지나자 역전 현상이 벌어졌다. 미군의 신형 전투기인 'F6F 헬캣'이 등장했다. 이는 튼튼한 기체에 더해 제로센의 장점인 기동성까지 겸비했다. F6F 헬캣은 제로센의 치명적 약점이라 할 수 있는 취약한 기체를 철저히 공략하면서 압도해 나갔다. 이후 성능이 더욱 향상된 '콜세어'까지 등장하면서 양국 군의 항공 전력은 비교 불가능할 정도가 됐다.

미군이 부겐빌 섬의 공군 기지를 장악함에 따라 라바울이 폭격의 위협에 노출됐다. 일본군은 기지를 트럭 섬으로 옮길 수밖에 없었다. 12월에 접어들자, 미군은 라바울의 뉴브리튼 섬 서쪽 끝에 있는 마커스 곶에 상륙했다. 이곳에 있던 일본군의 방어도 여지없이 무너졌다. 1944년 2월에는 뉴브리튼 섬과 뉴기니 사이의 댐피어 해협을 돌파한 뒤 애드미럴티 제도에 상륙했다. 미군은 목표로 했던 라바울을 완전히 포위했고, 지속적인 공습을 가하며 서서히 파괴했다. 솔로몬 제도 작전과 더불어 뉴기니에서도 미군은 파죽지세로 나아갔다. 우선 라에-살라마우아 지역에 대대적인 공세를 펼쳐 일본군을 북쪽으로 쫓아냈다. 뒤이어 마커스 곶 공격에 발맞춰 댐피어 해협 서쪽의 핀 쉬하 펜에 상륙한 뒤, 밀림에서 넘어온 일본군을 격파했다. 뉴기니에서 전개하던 미군은 머지않아 중부 태평양 방면의 미군과 협력해 작전을 수행할 수 있게 됐다. 공세력은 한층 강화됐다. 이후 미군은 일명 '개구리 뛰기 작전'으로 일본군 점령지를 차례차례 함락시켰다. 마침내 패잔 일본군을 밀림으로 몰아낸 뒤 뉴기니 북부 지역을 완전히 장악했다. 이제 미군은 필리핀을 본격적으로 넘볼 수 있게 됐다. 한편 뉴기니 작전이 벌어질 때, 중부 태평양 방면에서도 미 태평양 함대의 공세가 시작됐다. 남서 태평양과 달리 중부 태평양은 큰 바닷속에 산호초로 이뤄진 섬들이 산재해 있었다. 일본군은 신설 병단을 파견했고, 만주에 주둔하고 있던 일부 병력까지 데려와 방어에 나섰다. 미군이 우선적으로 공략한 곳은 길버트 제도의 타라와, 마킨 섬이었다. 여기서도 미군의 압도적 우위가 예상됐지만 실상은 녹록지 않았다. 특히 타라와 베티 섬에서 양국 군의 치열한 혈전이 벌어졌다. 미군은 이곳을 마리아나 군도로 진격하기 위한 중간 거점이자 폭격기들의 항공기지로 사용할 예정이었다. 이에 대규모 군함과 함재기들을 동원해 일본군에게 맹폭을 퍼부은 뒤 해병대를 상륙시켰다. 이번에는 일본군이 호락호락하지 않았다. 사전에 탄탄한 벙커와 토치카 등을 설치했고, 서로 연결된 참호까지 구축한 상태였다. 미군의 포격으로 방어 시설들이 어느 정도 파괴됐지만, 미 해병대를 상대할 역량은 남아있었다. 미군은 일본군의 전력을 얕잡아보고 상륙했다가 막대한 피해를 입었다. 일본군은 매우 정확한 사격 및 포격으로 대응했다. 설상가상으로 일본군이 상륙 지점에 설치한 각종 장애물과 예상보다 낮은 수심이 미군을 더욱 곤경에 빠뜨렸다. 미군은 중장비와 탱크 등 우세한 전력으로 전황을 점차 유리하게 이끌었지만, 일본군이 '한 명도 남김없이 싸우다 죽겠다'는 각오로 맹렬히 저항하면서 피해가 눈덩이처럼 불어났다. 여기서도 어김없이 일본군의 반자이 돌격이 난무했다. 미군은 해병대는 물론 군함과 곡사포 공격까지 가한 끝에, 가까스로 일본군을 궤멸시키는 데 성공했다. 이곳을 방어하고 있던 총 5000명의 일본군은 거의 전멸했다. 미군도 3000명 넘는 사상자가 발생하며 '상처뿐인 승리'를 거뒀다.

다음으로 미군은 마셜 제도를 급습해 일본군을 물리친데 이어 콰잘린 환초에도 상륙했다. 이때 미군이 궁극적으로 노린 것은, 일본 해군의 진주만이라고 할 수 있는 트럭 섬이었다. 콰잘린과 애드미럴티 기지에서 출격한 폭격기 및 엔터프라이즈 등 항공모함에서 출격한 폭격기들이, 트럭 섬에 있는 일본 해군 기지를 맹렬히 폭격했다. F6F 헬캣 등 미군 최신형 전투기들은 폭격기들이 안전하게 폭격할 수 있도록 일본군 전투기들을 대거 파괴했다. 미군 잠수함과 수상함도 동원돼 일본군 구축함 등을 격침시키기도 했다. 이 공격으로 일본군은 300대에 달하는 항공기와 32척의 함선, 구축함 4척 등을 잃었다. 트럭 섬이 사실상 초토화되자, 일본군은 중부 태평양의 거점들을 버리고 필리핀과 팔라우로 퇴각했다. 전진 기지였던 라바울 등은 보급이 제대로 이뤄지지 않아 더욱 고립됐다. 미군의 진격은 거침없이 지속됐다. 1944년 3월 말부터 팔라우 섬을 겨냥한 공세를 펼쳤다. 그 결과 일본군 연합함대 대부분이 북쪽으로 쫓겨 났고 항공기 약 200대, 함선 20척 등이 파괴됐다. 연합함대 사령관인 고가 미네이치는 공격이 거세질 때 가장 먼저 비행기로 탈출하다가 행방불명됐다. 한편 일본 대본영은 앞서 어전회의를 통해 '절대방어권' 개념을 설정한 바 있었다. 중서부 태평양, 쿠릴, 오가사와라, 버마 등을 반드시 방어해야 할 지역으로 설정했다. 방어에 충실한 사이, 항공 전력을 대폭 증강해 반격한다는 계획이었다. 그동안의 대함거포주의에서 탈피하려는 조치였지만 이미 때가 너무 늦었다. 일련의 전황에서도 알 수 있듯, 일본군은 도저히 개선될 수 없는 상황으로 빠져들었다. 특히 방어권의 최전선이라 할 수 있는 마셜 제도가 뚫린 것은 치명적이었다. (부차적인 지역에 속했던 알류샨 열도에서도 미군의 반격이 전개돼 애투 섬과 키스카 섬이 함락됐다. 일본군은 알류샨 열도를 내주고 북방 방위선을 쿠릴 열도까지 후퇴시켰다.)

일본군의 패퇴가 나타난 곳은 태평양 전선만이 아니었다. 버마 전선에서도 그랬다. 이 지역의 연합군(미군, 영국군, 중국군)은 1943년 말부터 북버마의 육로와 서부 해안에서 일본군에게 반격을 개시했다. 특히 중국군은 북버마의 후콩강 계곡에서 일본군과 접전을 벌였다. 1944년 3월, 영국군 공정부대의 지원에 힘입어 중국군은 이 지역에서 일본군을 물리쳤다. 5월부터는 인도와 중국 간 연결 요충지 및 미치나를 포위 공격해 일본군을 전멸시켰다. 이로써 북버마는 일본군의 손아귀에서 완전히 벗어났다. 비슷한 시기에 중국군은 윈난성의 노강 정면에서도 공세를 전개해 적군을 궤멸시켰다. 버마 전선의 붕괴는 일본군 수뇌부에게 커다란 충격을 안겼다. 항공, 해상 전력이 기반이 되는 태평양 전선과 달리, 육상 전력이 기반이 되는 전장에선 반드시 승리할 수 있다고 호언장담했었기 때문이다. 상대가 과소평가했던 중국군이라는 점은 충격을 배가시켰다. 이에 일본군과 일본인들의 사기는 끝없이 추락했다. 그런데 1944년 3월에 또 다른 지역에서 나타난 일본군의 해괴한 움직임을 주목할 필요가 있다. 과도한 욕심의 산물이었던 버마 점령 직후부터, 일본군은 여세를 몰아 영국령 인도까지 진출하려는 계획을 세웠다. 인도 전역에 대한 장악은 물론 영국군을 궁지에 몰아 연합군에서 이탈시키려는 목적도 있었다. 전황이 갈수록 어려워짐에도 불구하고 일본군은 인도 진출 계획을 버리지 않았다. 기어이 악명 높은 '임팔 작전'이 시행됐다. 이는 일본군이 인도 안으로 진격해 임팔을 점령한 뒤, 중국과 인도 사이의 연결로를 차단해 인도 장악의 기반을 마련한다는 것이었다. 문제는 여기까지 가는 길이 너무 험난했다. 고산지대와 정글이 계속 이어져서 차량 이동이 불가능했다. 더욱이 일본군 지휘관인 무타구치 렌야의 참담한 전략이 일본군을 수렁에 빠뜨렸다. 보급을 등한시한 그는 매우 적은 식량을 구비시킨 채 진격하게 했다. 제공권이 상실돼 공중 보급을 받을 수도 없는 상황이었다. 만약 식량이 떨어지면 길 가다가 풀을 뜯어먹거나 장비를 나르던 동물을 잡아먹으라고 했다. 임팔에 당도만 한다면, 모든 보급 문제가 해결될 것이라고 장담했다. 실로 유례를 찾아보기 힘든 기막힌 전략이었다. 일본군은 선봉 부대의 고군분투로 4월 임팔을 포위하는 데에는 성공했지만, 머지않아 연합군에게 반격을 허용했다.

이미 일본군은 크게 지쳐있었고 무기도 부족했다. 우기까지 찾아와 전황은 걷잡을 수 없이 악화됐다. 7월이 됐을 때, 일본군 선봉 부대가 렌야의 명령을 무시하고 독자적으로 퇴각하면서 임팔 작전은 어처구니없이 종결됐다. 이 작전으로 말미암아 일본군은 5만 명이 넘는 병력을 잃었다.

■ 마리아나 전역

미군은 이 즈음에 유럽 전선에서도 중대한 성과를 올렸다. 영국군과 함께 그 유명한 '노르망디 상륙작전'을 전개해 독일군을 수렁에 빠뜨렸다. 소련을 비롯한 연합국에 엄청난 군수물자까지 지원하며 '민주주의의 병기창' 역할을 톡톡히 수행했다. 기실 태평양과 유럽, 양면 전선에서 동시에 승리를 이끌어가는 괴력을 발휘하고 있었던 셈이다. 이제 태평양 전선에서 미군의 다음 목표는 마리아나 군도였다. 이곳을 통하면 일본 본토가 전방위로 폭격당할 수 있었기에, 미군과 일본군 모두에게 매우 중요한 지역이었다. 일본군은 무려 1200대의 항공기를 마리아나 군도에 배치했다. 본토에서 날아온 항공기까지 동원해 미군과 격전을 벌인다는 '아호 작전'을 수립했다. 다만 여기서도 치명적인 결함이 존재했다. 무엇보다 항공기 조종사들의 실력이 형편없었다. 유능한 조종사들은 이미 앞선 전투들에서 수없이 소멸한 상태였다. 일본군 지휘부의 오판도 있었다. 이들은 미군의 상륙이 아무리 빨라도 7월 이후에나 가능할 것이라고 내다봤다. 이를 비웃기라도 하듯, 미군은 6월 11일에 공세를 감행했다. 우선 막강한 항공 전력으로 아직 이륙하지도 못한 일본군 항공기들을 기습 파괴했다. 전함과 순양함을 통한 함포 사격도 이뤄져 일본군의 해안 방어를 크게 약화시켰다. 뒤이어 7만 명의 미군이 마리아나 군도의 핵심 섬인 사이판에 상륙을 시도했다. 극히 불리한 상황 속에서도 일본군은 해안 진지에서 거세게 저항했다. 야간에도 급습을 단행해 적군을 크게 괴롭혔다. 미군은 압도적 전력으로 교두보를 확보한 뒤 내륙 깊숙이 진입하는 데 성공했지만, 이 과정에서 1000명이 넘는 사상자가 발생했다.

상륙 소식을 접한 일본군 함대가 부랴부랴 달려와 마리아나 앞바다에서 해전이 벌어졌다. 일본군은 "황국의 흥망이 이 전투에 달려 있다"라고 선언하며, 항공모함과 괌 기지 등에서 수많은 항공기들을 출격시켰다. 아호 작전의 전개였다. 그러나 앞서 언급한 결함 등으로 인해 별다른 효과는 거두지 못했다. 미군 전투기들은 일본군 항공기들을 매우 손쉽게 격추해 나갔다. 이 전투에서 파괴된 일본군 항공기는 600대 이상이었다. 해상에서도 일본군은 궁지에 몰렸다. 미군 잠수함의 맹공으로 인해 일본군의 대표적 항공모함인 다이호와 쇼카쿠가 침몰했다. 다음날에는 또 다른 항공모함인 히요가 미군 항공기의 공격을 받고 바닷속에 가라앉았다. 이 '필리핀 해 해전'에서 일본군 함대가 궤멸되면서 사이판에 주둔한 일본군은 철저히 고립됐다. 이들은 사이판 중앙에 있는 타포차우 산으로 이동한 뒤 동굴을 활용해 저항했다. 사이판에 있는 전차들을 모조리 긁어모아 야간에 기습을 감행하기도 했다. 동원된 전차들은 약 40대였다. 미군은 조명탄을 발사해 전장을 환하게 밝힌 뒤, 적군 전차들을 순차적으로 격파했다. 이미 제공권 등이 미군에게 완전히 넘어간 이상 일본군은 무슨 짓을 한다 해도 소용이 없었다. 7월 3일, 사이판 최대의 도시인 가라판이 미군의 수중에 떨어졌다. 최후의 발악으로 일본군 잔존 병력 3000여 명이 6일 밤에 미군 진지로 반자이 돌격을 단행했지만 전멸하고 말았다. 가망이 없다고 판단한 일본군 지휘관 사이토와 나구모는 권총으로 자살했다. 사이판의 일본군만 불행한 운명을 맞은 게 아니었다. 이곳에 거주하고 있던 민간인들도 그랬다. 사이판의 북쪽 절벽에서 5000여 명에 달하는 민간인들이 바다로 뛰어들어 목숨을 끊었다. 미군이 적극적으로 만류했음에도 아랑곳하지 않았다. 사전에 이들은 미군에게 투항하면 엄청난 치욕이 뒤따른다는 세뇌 교육을 받았다. 민간인들을 대상으로 한 일본군의 전쟁 범죄도 무수히 자행됐다. 전투 과정에서 일본군은 연약한 아이와 여자, 노인들을 앞세워 미군에게 진격했다. 미군은 대응 사격하는 데 굉장한 어려움을 겪었다. 일본군은 자살을 하지 않으려는 민간인들을 총이나 칼로 잔인하게 죽이는 만행도 서슴지 않았다. 극심한 고통 속에서 죽어간 민간인들의 시체가 산처럼 쌓여 음울함을 더했다. 여하간 사이판 점령에 성공한 미군은 이제 B-29 폭격기로 일본 본토를 마음껏 폭격할 수 있게 됐다.

사이판 전투에 이어 마리아나 군도에서 가장 큰 섬인 괌 탈환전도 전개됐다. 미군은 7월 21일 두 개의 지점에 상륙했다. 각각의 미군은 남쪽과 북쪽에서 진격해 합류할 예정이었다. 해안에 있던 일본군은 기관총과 야포 등으로 저항했지만, 전력 차가 워낙 커서 조만간 무너졌다. 미군은 파죽지세로 내륙으로 진격했고 24일 두 방면의 미군이 연결됐다. 나아가 괌의 서해안 중남부에 있는 고지인 오르테 반도를 봉쇄하기에 이르렀다. 미군은 전략적 요충지인 이곳을 반드시 점령하려 했다. 다만 위험부담이 큰 정면 대신 우회 전술을 구사했다. 일본군은 필사적으로 저항했으나 전차까지 동원한 미군에게 서서히 뚫리기 시작했다. 결국 오르테 반도를 비롯한 괌 남부가 미군에게 함락됐다. 미군은 곧바로 괌 북부에 대한 공세도 전개, 수도인 아가나, 바리가다, 이고를 차례로 함락시켰다. 일본군은 북부 산의 동굴진지로 들어가 최후의 저항을 시도했지만, 전멸이란 비운을 피할 수 없었다. 약 2만 명에 달하는 일본군이 괌 전투에서 소멸됐다. 잇따른 승전으로 미군은 태평양 전쟁 지휘부를 하와이에서 괌으로 옮길 수 있었다. 괌은 일본 본토와 필리핀을 겨냥하는 미군의 전력이 총체적으로 응집되는 곳이 될 터였다. 이처럼 마리아나 군도에서 일본군이 완전한 패배를 경험할 즈음, 일본 정부 내부도 심상치 않게 돌아갔다. 반 도조 세력이 움직이기 시작하면서 그 동안 전쟁을 주도했던 도조 히데키 내각이 흔들렸다. 도조는 내각 개편을 통해 돌파구를 마련하려 했으나 도조 내각의 퇴진을 요구하는 목소리는 갈수록 증폭됐다. (이 와중에 전임 총리였던 고노에는 도조 내각이 끝까지 존속돼 도조가 모든 책임을 지는 게 정치적으로 유리하다는 주장을 펼쳤다.) 중신들은 히라누마 저택에서 회합을 가진 뒤, 도조 내각 퇴진과 거국일치 내각의 출범을 강력히 요구했다. 이에 도조는 더 이상 버티지 못하고 내각 총사퇴를 하기로 결정했다. 한때 '도조 막부'라고 불리며 사실상 독재 체제를 구축했던 도조 내각은 국민들의 거센

1944년 10월 20일, 레이테 섬 팔로 해변에 상륙하는 더글러스 맥아더 장군.

지탄을 받으며 초라하게 물러났다. 도조와 그의 각료들은 추후 전범으로써 군사 재판에 회부될 것이었다.

■ 필리핀 탈환전

미군은 필리핀으로 진격하기 전, 펠렐리우라는 섬에 주목했다. 여기에 있는 비행장 등이 장애요소라고 판단한 미군은, 1944년 9월 펠렐리우 여러 곳에 동시다발적으로 상륙 작전을 전개했다. 그런데 예상과 달리 만만치 않은 저항이 뒤따랐다. 요새화된 벙커에 잠복해 있던 일본군이 나타나 무차별 포격을 퍼부었다. 병사들의 희생도 컸지만 상륙주정이 극심하게 파괴됐다. 다른 지역에선 대체로 파죽지세로 진격했던 미군이 이곳에선 초반에 눈에 띄는 진격을 하지 못했다. 그나마 해변 중앙부에 상륙한 미군이 적군의 거센 저항을 뚫고 비행장에 접근했다. 비행장에서도 미군은 큰 고초를 겪었다. 엄폐물이 거의 없었기 때문에, 이곳에서 가해지는 일본군의 공격에 고스란히 노출됐다. 미군은 전투 중에 파괴된 탱크와 추락한 비행기의 잔해 등을 엄폐물로 삼아 끈질기게 나아갔다. 가까스로 비행장을 점령하는 데에는 성공했으나 병사들의 희생이 막심했다. 게다가 무더위와 식수 부족 등의 악재까지 겹치면서 피해는 더욱 가중됐다. 혹독한 상황 속에서도 미군의 우세는 꺾이지 않았다. 이들은 비행장에 이어 펠렐리우의 남쪽과 동쪽을 점령하며 전황을 유리하게 이끌어 나갔다. 끝으로 '피투성이 코 능선'에 대한 공세까지 펼쳐졌다. 미군은 이곳에 함포와 네이팜탄을 투하했고 해병대를 진격시켰다. 여기서도 미군에게 재앙과 같은 상황이 발생했다. 미군이 좁은 공격로를 통해 진격할 때, 땅굴 속에 숨어있던 일본군이 갑자기 튀어나와 반자이 돌격을 단행했다. 이러한 공격은 어느 정도 효과를 발휘해 미군 병사들이 수없이 죽어나갔다. 일본군 저격수들도 맹활약을 펼침으로써 미군을 난관에 빠뜨렸다. 일본군은 미군이 네이팜탄 및 함포 사격을 가할 땐, 땅굴 깊숙이 숨어들어 별다른 타격을 받지 않았다. 해병대의 희생이 너무 커지자, 미군은 해병대를 철수시킨 뒤 대규모 육군 병력을 잇따라 투입해 공격에 나섰다. 미군은 1개월 넘게 지난한 공세를 이어간 끝에 능선을 겨우 점령할 수 있었다. 일본군 지휘관들은 할복 자살했고 잔존 일본군들은 무의미한 반자이 돌격을 감행하다가 전멸했다. 3개월 간의 펠렐리우 전투에서 미군은 1만 명 넘는 사상자가 발생했다. 펠렐리우가 갖는 전략적 가치에 비해 미군의 희생이 과도하게 나온 셈이었다.

10월, 드디어 필리핀 탈환전이 전개됐다. 미군은 우선 약 10만 명의 병력을 동원해 레이테 섬을 공격, 교두보를 확보하려 했다. 과거 "반드시 돌아오겠다"라고 말했던 맥아더가 총사령관이었다. 이때 일본군은 미군의 레이테 점령을 저지하기 위해 대규모 함대를 파견, 총력전을 펼치려 했다. 이에 인류 전쟁사 최대 규모의 해전인 '레이테 만 해전'이 발발했다. 미군과 일본군 모두 최신형 거함들을 대거 동원했다. 객관적인 함대 전력상 미군이 절대 우위에 있었다. 미군은 정규 항공모함 8척, 경 항공모함 8척, 호위 항공모함 18척, 전함 12척, 구축함 99척, 항공기 약 1500대를 보유하고 있었다. 일본군은 정규 항공모함 1척, 경 항공모함 3척, 전함 9척, 구축함 35척, 항공기 약 300대였다. 그럼에도 일본군은 과거 쓰시마 해전 때처럼 일종의 '도박'을 해보려 했다. 함대를 4개로 나눈 다음 미군을 뚫고 레이테에 도달하는 게 당면 목표였다. 우선 오자와 함대가 필리핀 동부의 외곽 지역에서 미군 함대를 유인하고, 그 사이에 주력인 구리타의 함대가 필리핀 중부 해역을 가로질러 산베르나르디노 해협을 통과한 뒤 레이테로 진입하려 했다. 시마와 니시무라 함대는 서쪽에서 구리타 함대를 뒷받침할 계획이었다. 일본군의 공세 주력은 전함인 무사시, 야마토, 나가토 등이었다. 이에 미군은 윌리엄 홀시 중장이 지휘하는 제3함대가 바깥 지역을 방어하고, 토마스 킨케이드 소장이 지휘하는 제7함대는 레이테 주변에서 대응하기로 했다. 10월 23일, 구리타 함대가 주력 전함을 앞세우고 브루나이에서 출격했다. 그런데 진격로인 팔라완 섬을 통과하던 중 미군 잠수함이 나타나 기함인 아타고와 마야함 등에 치명상을 입혔다. 기함의 충격으로 말미암아 구리타 함대는 나머지 함대와 긴밀히 통신하는 게 어려워졌다. 일본군은 작전 초반부터 스텝이 꼬인 셈이었다. 우여곡절 끝에 24일 필리핀 중부 해역에 도달하긴 했지만 더 큰 타격이 기다리고 있었다. 잠수함으로부터 구리타 함대의 전개를 보고받은 미군 지휘부는 즉각 항공모함에서 함재기를 출격시켜 맹렬한 공격을 퍼부었다. 이 과정에서 전함 무사시가 집중포화에 노출돼 침몰했다. 구리타 함대는 일시적으로 후퇴했다. 홀시의 미군은 이 후퇴를 완전 후퇴로 오인해 산베르나르디노 해협 방어를 완화시켰다. 뒤이어 외곽에 있던 오자와 함대를 치기 위해 움직였다. 오자와 함대는 미군 함대를 유인하려다 구리타 함대의 퇴각 소식을 접한 뒤 더 이상 유인이 필요하지 않다고 판단, 회항하던 중이었다. 이러한 움직임은 미군에게 포착됐고, 곧바로 산베르나르디노 해협에 있던 미군 함대가 오자와 함대를 추격했다. 이 틈을 타 구리타 함대는 해협을 가볍게 통과할 수 있었다.

이런 가운데 니시무라 함대가 수리가오 해협 돌파를 시도했다. 이들 앞에 있는 것은 전함과 순양함 등으로 촘촘하게 형성된 미군 방어선이었다. 일본군 함대는 적군의 전력을 제대로 파악하지 못한 채 돌진했고, 결과는 절망적인 참패였다. 미군은 무자비한 함포 사격, 어뢰 공격, 공중 폭격을 퍼부었다. 함대는 궤멸됐으며, 수많은 병사들과 더불어 사령관인 니시무라가 전사했다. 니시무라 함대를 뒤쫓아오던 시마 함대는 겁을 먹고 도망쳤다. 회항하던 오자와 함대도 위기에 처했다. 10월 25일, 홀시의 미군 함대는 오자와 함대를 치기 위해 북상하고 있었다. 어느 정도 근접했을 때, 미군은 200기에 달하는 함재기들을 출격시켜 공격을 가했다. 방어 전력이 제대로 갖춰지지 않았던 오자와 함대는 순식간에 궤멸됐다. 이 과정에서 진주만 공습에도 참여한 바 있었던 경 항공모함 즈이카쿠 등이 침몰했다. 한편 운 좋게 산베르나르디노 해협을 통과했던 구리타 함대는 레이테를 향해 진격해 들어갔다. 사마르 섬 앞바다를 지나갈 무렵, 별안간 소수의 미군 항공모함 전대가 출현했다. 이들은 수리가오 해협 방어에 참가했던 전력이기도 했다. (일본군은 이것이 미군의 주력이라고 오판했다.) 구리타 함대가 우세한 전력을 갖고 있었기 때문에, 당초 미군 전대는 후퇴하려 했다. 하지만 후퇴 요청이 불허되자 지원 병력이 오기 전까지 버티는 전술을 구사했다. 레이더에 잡히지 않는 국지성 호우 지역에 머무르면서 함재기들을 출격시켜 공세도 펼쳤다. 일본군은 호우 지역에 있는 미군에게 제대로 된 공격을 가하지 못했다. 성공적인 임기응변으로 시간을 버는 데 성공할 즈음, 구축함인 USS 존스턴이 갑자기 뱃머리를 돌려 구리타 함대에 돌진했다. 이에 힘입어 나머지 구축함들도 용기를 내 적진에 돌진했다. 객관적으로 열세에 있었지만, 가용할 수 있는 모든 전력을 동원해 필사적으로 싸웠다. 존스턴 등이 격침되는 불행이 뒤따랐으나 구리타 함대에 상당한 타격을 입히는 데 성공했다. 당황한 구리타는 전의가 약해졌다. 조만간 미군의 대규모 지원군이 올 수 있다는 판단도 했다. 아직 예정대로 작전을 전개할 수 있는 여력이 남아있었지만, 더 이상 전투를 치르면 안 된다는 결론을 내렸다. 결국 그는 의문의 '구리타 턴'을 함으로써 전장에서 스스로 물러났다. 이로써 일본군의 레이테 진입 작전은 막대한 손실만 남긴 채 참담한 실패로 끝났다. 일본군은 레이테만 해전에서 전함 3척, 항공모함 4척, 순양함 10척, 구축함 11척, 잠수함 4척을 한꺼번에 상실했다. 이번에도 제공권을 확보하지 못한 상황에서, 함포 사격을 위주로 적군에 맞서는 무리수를 두다가 참패를 당했다. 이 해전에서는 사상 처음으로 자살 공격인 '가미카제' 특공대가 출현하기도 했다. 일본군은 자살 공격용 항공기인 오카를 생산해 조종사를 탑승시켰다. 폭격기에 오카를 장착한 뒤, 적군 함정이 가까워지면 오카를 발사했다. 즉 인간이 탄 유도탄 미사일이었던 셈이다. 오카는 항속 거리는 짧았지만 매우 빠른 속도를 갖췄던 만큼, 미군을 상당히 곤혹스럽게 만들었다. 일본군은 왜 이러한 비인간적인 전투 방식까지 동원했을까. 일반적인 방식으로는 미국 군함에 도착하기도 전에 격추되는 일이 비일비재했기 때문이다. 그리고 당시 일본군에는 미숙련 조종사들이 대부분이었다. 이들의 실력으로는 항공모함에서 이착륙하는 것조차 힘들었다. 숙련된 조종사로 거듭나게 하는 데에는 적지 않은 시간과 비용이 들었던 만큼, 차라리 무작정 출격해서 일왕을 위해 몸 바쳐 죽으라는 의도가 있었다.

한편 레이테에 상륙한 미군은 일본군 사령부가 있는 오르모크 항구를 향해 진격했다. 일본군은 야간에 전차 등을 동원해 반격을 가하면서 미군에 일정 부분 타격을 줬다. 지속적인 증원(도합 5만 명)을 통해 저항력도 키웠다. 하지만 중과부적에 불과했다. 브라우엔 비행장, 오르모크 동쪽의 리몬 언덕 등에서 일본군은 궤멸됐다. 12월에 오르모크가 미군에 의해 함락됐고, 레이테 북서쪽의 팔롬폰 등도 넘어가면서 미군은 레이테 전체를 장악했다. 다만 일본군 잔존 병력이 산속에 들어가 게릴라전을 펼치면서 이들을 소탕하는 데 많은 시간이 걸렸다. 레이테 점령 직후에는 민도르 섬까지 함락시키면서 미군의 루손 섬 공략이 본격화될 수 있었다. 필리핀의 수도인 마닐라도 루손에 위치했다. (미군 일각에서는 레이테를 점령해 일본 본토와 남방 간의 연결로를 끊기만 하면 그만이라는 시각도 있었다. 그런데 맥아더가 정치적 이유에 근거해 굳이 루손 공략을 고집하면서 전투가 시작됐다는 설이 있다.) 일본군은 레이테에 병력을 많이 보냈었기 때문에 루손에서의 전력이 약화된 상태였다. 이에 산악지대를 활용해 지구전을 펼치려는 계획을 세웠다. 1945년 1월, 미군 항공기들의 엄청난 폭격과 군함들의 함포 사격이 단행됐다. 일본군의 해안 진지는 순식간에 초토화됐다. 이 직후에 17만 명이 넘는 미군 병력이 루손 섬의 링가엔 만에 상륙했다. 일부 미군 병력은 마닐라 탈환을 목표로 먼저 남부 방면으로 직행했다. 일본군은 야간에 전차로 반격을 시도했지만, 별다른 피해를 주지 못하고 산 마누엘에서 격퇴됐다. 뒤이어 비행장이 많은 클라크 지구에서 전투가 벌어졌다. 사전에 일본군은 방어 진지를 구축해 놓은 상태였지만, 미군의 압도적 공세에 속절없이 무너졌다. 얼마 지나지 않아 스탓텐버그 비행장에 성조기가 올라가면서 미군의 클라크 장악이 완료됐다. 다음으로 미군이 향한 곳은 마닐라였다. 링가엔 만에서 진격한 미군과 사방에서 낙하한 미군 공수 부대가 합세했다. 2월 초부터 마닐라 내부에서 격렬한 시가전이 벌어졌다. 1개월가량 전투가 지속되면서 마닐라는 폐허가 됐고 수많은 시민들이 목숨을 잃었다. 이때 일본군은 무고한 시민들에게 기관총을 난사하거나 가솔린으로 불태워 죽이는 등 온갖 만행을 저질렀다. 난징 대학살을 잇는 또 하나의 심각한 전쟁 범죄였다. 마닐라 시가전으로 일본군은 1만 명 넘는 병력이 전사했고, 미군도 6000명 넘는 사상자가 발생했다. 우여곡절을 겪은 끝에 미군은 3월 초 마닐라를 탈환하는 데 성공했다. (비슷한 시기에 미군은 바탄 반도와 코레히도르 섬을 겨냥한 공세도 전개, 비교적 경미한 피해만을 입고 모조리 점령했다.)

마닐라가 함락된 후, 루손 섬에 있던 일부 일본군은 남부 연안으로 이동해 지구전에 돌입했다. 대부분이 비전투 병과로 구성됐지만 나름 격렬히 저항했다. 미군 지휘관을 사살하는 등의 전과도 올렸으며, 궤멸적 타격을 당한 후에도 일부 병사들이 고산 지대로 들어가 게릴라전을 수행했다. 이들은 8월에 태평양 전쟁이 종결된 줄도 모르고 저항을 이어가다가 항복했다. 남부 지구 전투에서 10만 명 넘는 일본군 병력 가운데 4분의 3이 전사했고, 나머지는 질병과 기아 등으로 죽었다. 루손 섬 북부에서도 일본군은 가열하게 저항했다. 약 15만 명에 달했던 이들은 산악지대(바기오, 카가얀 협곡)에 방어선을 형성했다. 바기오를 겨냥한 미군은 정면 공격이 여의치 않자 우회 공격과 협공을 전개했다. 이에 힘입어 4월 말에 바기오를 함락시켰다. 카가얀 협곡 등에서도 공방전을 전개한 끝에 함락시키는 데 성공했다. 마지막으로 미군은 잔존 일본군 후방에 공수부대를 투입한 뒤 위아래에서 협공을 가했다. 소규모로 분산된 일본군은 산이나 정글 속으로 도망쳤다. 이곳에서 아무런 보급을 받지 못한 채, 끔찍한 기아와 질병에 시달리다가 죽었다. 식인하는 현지 원주민들에게 사로잡혀 살해당하는 경우도 많았다. 남부처럼 북부에서도 태평양 전쟁이 종결된 것을 곧바로 알지 못한 일본군 병사들이 적지 않았다. 여하튼 루손 섬을 장악한 미군은 목표로 했던 필리핀을 완전히 탈환했다. 필리핀에 미군의 항공 전력이 대거 들어서면서 일본군의 수송길은 철저히 차단됐다. 필리핀 탈환전으로 총 32만 명에 달하는 일본군 병력이 소멸됐고, 해상 및 공중 전력도 거의 궤멸되다시피 했다. 이제 일본 본토가 미군의 주요 표적이 됐다.

■ 이오지마, 오키나와 전역

일본은 1945년 초에 '결승비상조치요강'을 결정한 바 있다. 이른바 본토 결전과 국체 보호유지 구상이었다. 국토방위를 위해 국민조직을 재편성하고 총무장을 단행할 것, 국가가 중요생산 및 교통 수송을 관리할 것, 국가의 통제가 말단까지 미치도록 만전을 기할 것 등이 담겼다. 국가정책과 작전의 일체화, 일본 만주 중국의 일체화 등도 표방했다. 사실상 일왕과 소수의 지배층만을 위해 국민들의 막대한 희생을 요구한 것이나 다름없었다. 아울러 일본군은 미군의 다음 공격 방향을 예의주시했다. 적군이 오가사와라 제도로 상륙한 뒤 오키나와 대만으로 진격할 것이라고 예측했다. 이번에도 틀렸다. 미군은 오가사와라 제도 남쪽의 이오지마를 겨냥하고

미군 병사들이 이오지마에서 가장 높은 스리바치산 정상에 성조기를 게양하고 있다. 이 사진은 '아버지의 깃발'이라는 제목으로 유명하다.

있었다. 이곳은 대본영이 본토 방위의 한 축으로 간주한 지역이기도 했다. 미군은 이오지마의 크기가 작았던 만큼 일본군이 많지는 않을 것이라고 판단했다. 저항도 강력하지 않을 것이라고 봤다. 그러나 이오지마에는 사이판으로 가려다가 못 가고, 부득이 이곳으로 이동해 온 일본군이 적잖게 있었다. 일본군은 사력을 다해 땅굴 진지를 만들었으며 섬 전체의 요새화를 도모했다. 이를 활용해 지구전 출혈 전술을 구사할 계획을 세웠다. 미군은 1945년 2월 16일부터 B-29 폭격기를 통한 공중 폭격과 함포 사격을 이오지마에 퍼부었다. 19일에는 전차 200대 이상을 갖춘 1만여 명의 미군이 상륙했다. 이 직후부터 문제가 발생했다. 해안가에 상륙한 미군의 발과 장비가 푹푹 빠지면서 난관에 처했다. 앞으로 나아가는 게 여의치 않은 상황이었지만, 미군은 조금씩 전진해 해안가를 벗어났다. 이전과 달리 상륙지점에서의 일본군 공격은 없었다. 미군은 예상한 대로 적군의 규모가 크지 않다며 방심했다. 기실 일본군은 미군이 좀 더 들어오기만을 기다리고 있었다. 어느 정도 근접하자 맹렬한 공격이 가해졌다. 수많은 미군 병사들이 동굴 벙커에서 행해지는 기관총과 포 사격에 고스란히 노출되면서 속절없이 쓰러져 나갔다. 예상 밖의 전개에 미군은 심히 당황하며 혼란스러워했다. 얼마 뒤, 간신히 평정심을 되찾은 미군이 일본군 진영에 포를 쏘면서 반격에 나섰다. 탄약이 부족했던 일본군의 공세가 점차 무뎌지면서 미군이 유리해졌다. 이들은 앞으로 나아가 일본군 벙커와 땅굴 진지를 공격했다. 특히 화염 방사기를 동원해 벙커 등에 있던 일본군을 불태워 죽였다. 일본군은 착검을 한 채로 반자이 돌격을 하는 무리수를 뒀지만 얼마가지 않아 무력화됐다. 미군은 저항하던 일본군을 포로로 받지 않고 남김없이 사살하려 했다. 거짓 항복에 대한 악몽이 생생했기 때문이다. 대부분의 일본군도 투항보단 자살을 선택했다.

초반의 어려움을 딛고 미군은 더 깊숙이 진격해 들어갔다. 여기서도 전황이 순조롭지 못했다. 일본군이 섬 곳곳에 구축해 놓은 방어선에 막혀 고전을 면치 못했다. 미군은 타나만 산을 공격했다가 거센 반격에 직면해, 졸지에 수천 명의 사상자가 발생하기도 했다. 상술했듯 요새화된 섬에 주둔하고 있는 일본군을 제압하는 것은 만만치 않은 일이었다. 그럼에도 미군은 보유한 전력을 총동원해 기어이 적군 방어선을 돌파해 나갔다. 3월 2일, 주요 진지가 있는 모토야마와 비행장 등이 함락되면서 일본군의 조직적인 저항은 불능 상태에 빠졌다. 소수의 일본군이 최후의 반자이 돌격과 유격전을 단행했으나 이마저도 미군에게 격퇴됐다. 미군이 1주일이면 끝날 것이라 예상했던 이오지마 전투는 1개월 넘게 지속된 후 종결됐다. 일본군 못지않게 미군의 피해도 극심했다. 7000명에 육박하는 병력이 전사했고 부상자는 약 2만 명에 달했다. 전혀 예상치 못한 피해 사실이 알려지면서 미국 국민들은 큰 충격에 빠졌다. 루스벨트 대통령도 깊이 슬퍼하며 뜨거운 눈물을 흘렸다고 한다. 여담으로 미군 병사들이 이오지마에서 가장 높은 스리바치산 정상에 성조기를 게양하는 모습이 사진으로 남아있다. 일명 '아버지의 깃발'이라는 제목의 해당 사진은 태평양 전쟁에서 미국의 결정적 승리를 상징하는 것이었다. 이오지마에 이어 거대한 섬인 오키나와가 미군의 표적이 됐다. 오키나와는 앞서 1944년 10월 10일에 강력한 폭격을 맞은 바 있다. 미군은 오키나와 작전 이전에 여기에 주둔하고 있는 일본 해군 및 방공 시설의 무력화를 도모했다. 또한 상륙군의 후방을 보호하기 위해 오키나와 인근에 있는 게라마 열도를 먼저 공격하기도 했다. 1945년 4월 1일이 되자, 오키나와를 겨냥한 미군의 본격적인 공세가 전개됐다. 이번에도 일본군은 상륙지점에서 미군을 공격하지 않았다. 내륙에 있는 석회동굴 진지와 슈리성 등에 틀어박혀 끈질기게 지구전을 펼쳤다. 해당 진지들은 천연의 요새였기 때문에 미군의 고전이 예상됐다. 그런데 이오지마에서의 학습 효과가 있었던 미군은 효과적으로 대응했다. 우선 병력(18만 3000명)과 화염방사기 등을 대량으로 투입했다. 그런 다음 한 전선에서 사단급 부대가 교대로 돌아가면서 공세를 펼쳤다. 한 부대가 공세를 가하다가 지치거나 피해가 커지면 다른 부대가 와서 교대하고, 얼마 뒤에 또 다른 부대가 와서 바꿔주는 전술이었다. 이를 기반으로 미군은 오키나와 북부와 남부 지역에서 일본군 진지를 손쉽게 격파해 나갔다. 결국 6월 17일에 일본군의 조직적인 전투가 불가능해졌고 사령관과 참모장 등이 할복 자살하면서 오키나와 전투가 종결됐다. 이오지마보다 훨씬 큰 면적을 갖고 있는 오키나와였으나 전투 기간은 약 3개월 밖에 걸리지 않았다. 특기할 만한 점은 여기서도 어김없이 발휘된 일본군의 잔인성이었다. 이들은 17세부터 45세까지의 오키나와 남자들을 모두 징용했고, 여학생들까지 끌어들여 '히메유리 부대'를 창설했다. 투항하려는 자들은 무자비하게 죽이거나 자살을 강요했다. 섬 주민들을 대거 총알받이로 만든 결과, 무려 15만 명에 달하는 무고한 희생이 초래됐다. 일본군 전사자도 약 9만 명에 이르렀다.

오키나와 전투에서도 미군의 상륙을 저지하기 위한 일본 해군의 참담한 노력이 있었다. 해안가에 있는 미군 함대에 가미카제 공격을 가하는, 일명 '기쿠스이 작전'이었다. 구체적으로 일본군 함정들을 노출시켜 미군 항공기들을 유인한 다음, 항공기의 호위가 부족한 항공모함 등에 자살 공격을 가해 격침시킨다는 것이었다. 이 작전은 어느 정도 성과를 거뒀다. 미군 함정 26척이 침몰했고 164척이 큰 타격을 입었다. 그럼에도 일본군이 이때의 미군을 감당하는 것은 역부족이었다. 항공모함만 해도 수십 척에 달하는 등 막대한 물량으로 중무장한 미군에게, 결과적으로 일본군의 공세는 사소한 일에 불과했다. 더욱이 기쿠스이 작전 과정에서 핵심 전함인 야마토를 사실상 미군에게 헌납하는 어처구니없는 일도 발생했다. 일본군은 오키나와 해안 모래밭에 야마토를 좌초시켜 고정포대로 삼음으로써 미군에게 타격을 가하려 했다. 이에 구축함 몇 척과 함께 적진으로 출격시켰다. 항공기의 엄호는 전혀 존재하지 않는 상황이었다. 머지않아 야마토는 미군 항공모함에서 출격한 함재기들의 손쉬운 먹잇감이 됐다. 야마토의 좌현에 집중 공격이 가해졌고, 내부 탄약고 등에서 연쇄폭발이 발생했다. 일본 해군의 자랑이었던 야마토는 커다란 폭음과 버섯구름을 유발한 후 침몰했다. 3000명 넘는 병사들도 바닷속으로 함께 가라앉았다. 야마토의 격침은 일본 연합함대의 '종말'을 고하는 것이나 다름없었다.

■ 본토 결전 체제와 원폭 투하

이제 일본 본토에 대한 미군의 본격적인 공습이 개시됐다. 1945년 3월 9일 밤, 도쿄 시민들의 머리 위로 미군의 B-29 폭격기 300여 대가 나타났다. 도쿄 전역에서 공습경보 사이렌이 요란하게 울려 퍼졌다. 잠자고 있던 도쿄 시민들은 별안간 사지로 내몰리게 됐다. 미군이 굳이 야간에 작전을 시행한 것은, 이때 일본군의 대공 방어가 취약했기 때문이다. 폭격기들은 저고도에서 소이탄, 확산탄 등을 무지막지하게 쏟아부었다. 큰 화염을 발생시키는 소이탄은 독일의 '드레스덴 폭격' 때에도 대량으로 사용돼 그 효과를 입증했다. 엄청난 양의 폭탄들이 투하됨으로써 도쿄 시내 곳곳이 파괴됐고, 화염이 바람을 타고 빠른 속도로 번져나갔다. 일본의 가옥 대부분이 나무로 만든 목조 건축물이었던 만큼 피해는 걷잡을 수 없이 확산됐다. 도쿄 시민들은 필사적으로 화재를 진압해보려 했지만 현저히 역부족이었다. 공습은 도쿄만이 아닌 일본 전 지역으로 퍼져나갔다. 주목할 만한 점은 군사 목표물이 아닌 민간인들을 정면으로 겨냥했다는 것이다. 일본군의 군수공장, 비행장, 방어시설들을 폭격하지 않고 민가, 병원, 학교 등을 무차별적으로 폭격했다. 그 이전에 행해진 공습은 주로 군수공장을 목표로 했었다. 미군은 민간인들도 일본군의 군사적 역량을 뒷받침하는 핵심이라고 여겼다. 또한 미군은 공포를 유발하는 공습 전술로 일본 국민들과 군부의 전쟁 수행 의지를 꺾어버리려 했다. 공습은 수십만 명의 민간인 사망자와 약 900만 명에 달하는 이재민을 발생시켰다. 암담한 상황 속에서도 일본 군부와 경찰, 소방대는 일왕이나 황족, 고급 관료 등을 지키는 데에만 급급했다. 민간인들에게는 별다른 도움을 주지 않고 방치했다. 각자 알아서 생존하라는 식이었다. 심지어 연약한 민간인들은 전쟁 수행에 방해가 되니, 구석진 곳에 격리하거나 죽여야 한다고 말하는 군부 인사도 있었다. 실제로 일본 정부는 노인, 여자, 어린아이들을 척박한 장소에 몰아넣기도 했다.

대규모 공습과 동맹국인 독일의 패망에도 불구하고 일본은 항복할 생각을 하지 않았다. 되레 미군의 상륙을 대비해 군부 중심으로 본토 결전 체제를 정비해 나갔다. 이와 관련한 어전회의에선 "황국을 수호하겠다는 충성과 불패의 야마토 정신으로 무장한 1억 명의 국민들이 군대와 함께 끝까지 싸울 것"이라는 '1억 총 옥쇄론'이 등장했다. 6월에는 제국의회에서 의용병역법이 공포, 15세부터 60세 미만의 남자들과 17세부터 40세 미만의 여자들이 의무적으로 소집됐다. 뒤이어 '전시긴급조치법'도 나왔는데, 이는 정부가 비상사태 발생 시 다른 법령에 구속받지 않고 갖가지 명령이나 처분을 할 수 있는 전면적 수권입법이었다. 상술했듯 일본 수뇌부가 말하는 본토 결전은 국민들의 막대한 희생을 강제하는 것이었다. 그러면서 자신들은 비겁하게 회피하려는 모습을 보였다. 일왕과 대본영은 특정 지역에 대규모 지하요새를 만들어 숨거나 대륙에 있는 일본군 점령지로 도망칠 계획까지 세웠다. 한편 미국은 일본 본토 공략과 관련해 골머리를 앓고 있었다. 이오지마에서 뜻밖의 피해를 입었기 때문에 본토 공략에 대한 부담감이 더욱 커졌다. 미 군부 일각에선 본토 결전 시 약 100만 명에 달하는 미군 병사들이 전사할 것이라는 불길한 전망도 나왔다. (당시 미국은 이른바 '몰락 작전'이라는 본토 대공세를 입안했다. 이에 기반해 1945년 10월에 규슈 지역, 1946년 초에 간토 지역을 공격할 계획이었다.) 자국 군인들의 희생을 최소화하고 싶었던 미국은 소련의 대일전 참전을 간절히 바라게 됐다. 소련군의 참전 여부는 얄타 회담에서 논의됐었고, 조만간 열릴 포츠담 회담에서도 주요 의제가 될 전망이었다.

본토 결전 분위기가 달아오르는 가운데, 일본 내에서는 평화적으로 종전을 도모해 보려는 노력도 있었다. 이는 스즈키 내각이 들어서면서 가시화됐다. 이들은 무리한 결전 고집으로 민심 이반이 극심해지면, 과거 러시아처럼 일본에서도 공산 혁명이 일어날 수 있다고 우려했다. 무엇보다 천황제와 독점자본의 지배력을 영속화하는 게 궁극적 목표였다. 관련 방안으로 소련의 중재를 통한 미국과의 화의가 모색됐다. (이 시기에 새롭게 출범한 미국 트루먼 행정부는 일본의 조기 항복을 강력히 권고했다.) 스즈키 내각은 일왕의 명의로 된 친서를 소련에 전달했고 고노에를 특사로 파견할 준비를 마쳤다. 이에 소련은 포츠담 회담이 마무리된 후에 답변하겠다는 반응을 보였다. 자연스럽게 일본 수뇌부의 이목이 포츠담 회담 결과에 집중됐다. 1945년 7월 17일, 연합국 최고지도자들이 베를린 교외에 있는 포츠담에 모여 회담을 가졌다. 미국의 트루먼 대통령, 영국의 애틀리 수상, 소련의 스탈린 서기장 등이 모습을 드러냈다. 회담이 한창 진행되던 26일, 미국 영국 중국 3국 공동으로 '포츠담 선언'이 발표됐다. 총 13개 조항으로 이뤄진 해당 선언은 일본의 '무조건 항복'과 전후 대일처리 방침을 명시했다. 핵심 내용들을 살펴보면 일본 군대의 무장 해제, 군국주의 축출, 전쟁범죄자 처벌, 일본에서의 민주주의 부활, 언론 사상 종교의 자유 확립, 군수산업 폐지 등이었다. 또한 이 회담에서 소련군의 대일전 참전이 확정됐다. 소련은 대일전 참전 계획을 은폐하기 위해 일부러 포츠담 선언에 불참한 것으로 전해진다. 일본이 가장 민감하게 반응할 천황제 존폐 여부는 회담에서 그 결론이 도출되지 않았다. 만약 일본이 포츠담 선언을 거부할 경우, '신속하고 완전한 파괴'에 직면할 것이라는 경고도 가해졌다. 이때 미국은 가공할 만한 무기인 원자폭탄 실험에 성공한 상태였다.

회담을 예의주시했던 스즈키 내각은 크게 좌절했다. 본토 결전을 주장하는 일본 군부의 목소리는 더욱 커져갔다. 다만 일본 정부가 실낱같은 희망을 거는 측면은 아직 남아있었다. 바로 소련이다. 여전히 소련의 중재를 통한 화의가 가능할 것이라 믿었다. 그러한 기대는 일찌감치 산산조각 난 줄도 모르고 애처롭게 소련의 바짓가랑이에 매달리는 모습이었다. 일본 정부는 포츠담 선언을 애써 무시하면서 소련의 반응을 기다렸다. 이런 가운데 군부가 가만히 있지 않았다. 육해군 군부대신은 황궁에서 열린 정보교환회의 때 스즈키를 따로 만나 포츠담 선언에 대한 명확한 거부 의사를 표명하라고 압박했다. 애매모호한 태도를 취하는 것은 군부의 사기를 극도로 저하시킬 것이라고 경고했다. 끝내 군부의 압박을 견디지 못한 스즈키는 "포츠담 선언을 묵살하고 전쟁 완수에 매진하겠다"라고 밝혔다. 일본이 쓸데없는 소모전을 끝내고 수십만 명의 목숨을 살릴 수 있는 기회가 물 건너갔다. 이 같은 입장은 빠른 속도로 전 세계에 전파됐다. 미국은 매우 '파괴적인 대답'을 준비하고 있었다. 8월 6일, 두 대의 B-29 폭격기가 히로시마 상공에 나타났다. 시민들은 그저 정찰용 비행기라고 생각했고, 방공호에 들어가지 않은 채 바깥에 머물렀다. 한 대의 폭격기에서 낙하산에 매단 폭탄이 투하됐다. 오전 8시 15분, 엄청난 섬광과 폭음이 발생하면서 도시 전체가 파멸의 불길에 휩싸였다. 약 10만 명에 육박하는 히로시마 시민들이 영문도 모른 채 그대로 소멸했다. 일례로 은행 앞 대리석 돌계단에 앉아 문이 열리길 기다리던 사람이 돌연 증발해 버렸다. 그가 앉았던 흔적만이 돌계단에 남았다. 도시의 절반 이상은 폐허로 변했으며 약 18만 명에 달하는 이재민이 발생했다. 고작 한 개의 폭탄이 가져온 피해는 이처럼 어마어마했다. '리틀 보이'라고 명명된 원자폭탄은 TNT(트리니트로톨로엔) 2만 톤이 폭발한 것과 같은 위력이었다. 원폭 투하 직후에는 방사능이 섞인 검은 비가 내렸다. 타는 듯한 갈증을 느끼던 사람들은 그 비를 마셨고, 고스란히 방사능에 오염돼 목숨을 잃었다.

얼마 뒤 트루먼은 라디오 성명을 통해 다음과 같이 말했다. "포츠담에서 최후통첩을 냈던 것은 일본 사람들을 완전한 파괴로부터 구하기 위해서였다. 그러나 그들의 지도자는 곧바로 이 최후통첩을 거부했다. 만일 그들이 우리의 (무조건 항복) 조건을 받아들이지 않는다면, 지금까지 지구상에서 볼 수 없었던, 하늘에서 떨어져 내리는 파괴의 비를 기다릴 수밖에 없을 것이다." 이는 추가적인 원폭 투하를 예고한 것이었고, 그대로 실행에 옮겨졌다. 히로시마 원폭 사흘 뒤인 8월 9일, 나가사키에 두 번째 원자폭탄이 투하됐다. 폭탄의 이름은 '팻 맨'이었다. 히로시마와 똑같은 파괴적인 과정이 뒤따랐고, 순식간에 일본인 약 7만 명이 소멸했다. 미국은 이를 통해 일본의 항복을 촉진시키려 했다. 막대한 희생이 요구되는 본토 결전을 저지함과 동시에 대일전에 참전할 소련군을 제치고 일본을 단독 점령할 계획까지 염두에 둔 것이다. 그런데 원폭 투하가 일본의 항복 결정에 결정적 영향을 미친 것은 아니었다. 더 큰 원인은 따로 있었다. 소련군의 대일전 참전이었다. 나가사키에 두 번째 원자폭탄이 떨어지기 전날, 소련은 대일 선전포고를 했다. 곧바로 만주에 있는 일본 관동군에 대한 전면적인 공세가 펼쳐졌다. 당시 관동군은 70만 명이 넘는 병력을 거느리고 있었지만, 미숙련 징집병들이 대다수였다. 소련군도 과거 러일전쟁 때 무기력했던 그 러시아군이 아니었다. 독일과의 피 튀기는 혈전을 통해 최정예 군대로 거듭나 있었다. 불과 1주일 만에 관동군 주력이 궤멸됐으며, 소련군은 한반도 이북 지역으로 빠르게 진격해 들어갔다. 소련군의 진격 속도에 놀란 미국은 다급하게 북위 38도선을 경계로 한반도를 분할 점령하자고 제안했다. 소련군이 이를 수용하면서 한반도는 남한과 북한으로 분할됐다.

■ 일본의 항복

소련군 참전은 일본 수뇌부에 큰 충격을 안겼다. 마지막 희망이었던 소련의 중재는커녕 또 하나의 강력한 적군을 만나게 됐다. 나아가 소련군의 신속한 진격으로 자칫 일본 본토에 소련의 마수가 뻗치거나 공산 혁명이 일어날 가능성을 크게 우려했다. 일본 정부는 미국 등 연합국에 항복하는 게 훨씬 낫다는 판단 하에 서둘러 항복과 관련한 행동에 돌입했다. 이때는 군부도 어느 정도 항복에 동의하는 편이었다. 다만 군부는 몇 가지 조건을 내걸었다. 천황제 유지 보장, 일본이 전쟁범죄자 처벌, 자주적인 무장 해제, 소규모 병력으로 도쿄 제외한 지역 점령 등이었다. 포츠담 선언에서 나온 무조건 항복과는 완전히 동떨어진 태도였다. 조만간 열린 임시각의에서 항복 조건을 둘러싸고 오랜 시간 격론이 벌어졌다. 군부는 기존 입장을 고수한 반면 스즈키 내각의 핵심인 도고 외상은 천황제 유지 보장만을 조건으로 내걸어야 한다고 주장했다. 다른 조건들까지 내걸면 신속한 평화는 물론 천황제 유지도 어려울 것이라고 했다. 이후에도 여러 번 회의가 열렸지만, 입장의 간극은 좀처럼 좁혀지지 않았다. 그나마 해결사 역할을 한 게 일왕이었다. 일왕이 참석한 최고전쟁지도회의에서는 도고 외상의 손을 들어주면서 항복 협상을 하는 쪽으로 결론이 났다. 곧바로 일왕의 국법상 지위 유지를 조건으로 하는 항복 안이 미국 측에 제시됐다.

애매한 답이 돌아왔다. 일본이 항복하는 그 순간부터, 일왕과 정부의 통치권한은 연합국 최고사령관에게 종속된다는 것이었다. 일본의 최종적 통치 형태는 민주주의에 기반해 결정된다는 첨언도 있었다. 일본 내에서는 이의 해석을 둘러싸고 또다시 격론이 벌어졌다. 특히 일본 육군은 한층 강경한 자세로 나왔다. 미국의 답이 천황제를 유지하지 않겠다는 선언이라며 오로지 전쟁을 지속해야만 한다고 주장했다. 나아가 쿠데타를 일으켜 정부 인사들을 체포하려는 계획까지 세웠다. 스즈키와 도고 등도 긴박하게 움직였다. 사전에 육군의 쿠데타 계획을 감지한 뒤 대비를 해나갔고, 일왕을 만나 결단을 내려줄 것을 촉구했다. 이 시기에는 일본 상공에 미군 항공기가 나타나 항복협상 진행 사실이 담긴 전단을 살포하기도 했다. 그제야 일본 국민들은 현재의 전황과 일본 정부가 무슨 일을 하는지를 파악할 수 있었다. 일본의 항복 결정이 지연되면서 위기감은 다시 증폭됐다. 도고 등은 결정이 마냥 늦어지면 국내의 혼란상이 걷잡을 수 없이 확대될 수 있다고 우려했다. 이러는 사이, 스웨덴 공사로부터 극적인 메시지가 도착했다. 미국이 천황제 존치라는 일본의 요구 조건을 사실상 수용할 수 있다는 것이었다. 이에 힘입어 도고 등은 일왕을 다시 만나 설득 작업을 벌였고 절대적 권위에 기반한 '성단'을 촉구했다. 8월 14일, 일왕이 소집한 합동회의에서 마침내 결론이 도출됐다. 여전히 육군 측은 전쟁 지속을 주장했지만 일왕의 언급은 달랐다. 그는 "짐은 어찌 돼도 좋다. 국민들을 더 이상 고통스럽게 할 수는 없다"라며, 연합국의 포츠담 선언을 즉시 수락한다고 선언했다. 이는 긴급전문의 형식으로 전 세계에 타전됐다.

일본 육군은 쿠데타를 실행해 항복을 막으려 했다. 이에 잠시동안 궁성을 점령하는 데에는 성공했다. 하지만 쿠데타에 동원된 부대들이 돌아서면서 실패로 끝났다. 8월 15일, 일왕은 방송을 통해 국민들에게 다음과 같은 조서를 낭독했다. "참기 힘든 것을 참고 항복하여 국체를 보호 유지할 수 있는 것을 기뻐하며, 향후 국민들에게 맹세코 국체의 정화를 발양하기를 바란다." 이를 들은 일본인들은 무릎을 꿇고 연신 눈물을 흘렸다. 그동안 대본영에 의해 잘못된 전황 소식만을 접한 국민들은, 일왕이 직접 전하는 패전 사실을 받아들이기 힘들어했다. 중국과 남방에 있던 일본군은 일왕의 항복 조서에 일시적으로 술렁였다. 황족이 급히 파견돼 조서를 따르라고 명령하면서 순조롭게 무장해제가 이뤄질 수 있었다. 9월 2일, 도쿄만 해상에 있는 미군 함정 미주리호 선상에서 정식 항복문서 조인식이 열렸다. 연합국 측에선 맥아더를 비롯한 9개국 대표가, 일

미군 함정인 USS 미주리에서 항복 문서에 서명하고 있는 일본 외무대신 시게미쓰 마모루.

본 측에선 시게미쓰(정부)와 우메즈(대본영)가 참석했다. 맥아더가 지켜보는 가운데 시게미쓰가 항복문서에 서명했다. 이 직후 맥아더는 "엄숙한 의식을 통해 과거의 유혈과 대학살로부터 벗어나 더 좋은 세상-인간의 존엄성과 인류가 가장 소중하게 간직해 온 자유와 관용, 정의에 대한 소망을 성취하는 데 전념하는 세상-이 열리는 것이, 나의 간절한 소망이며 진실로 모든 인류의 소망"이라고 말했다. 극적인 장엄함과 심오한 상징, 관대함이 결합된 조인식을 끝으로, 비로소 태평양 전쟁과 제2차 세계대전이 종결됐다. 전후 일본에서는 미군의 단독 점령 체제 하에 군정이 실시됐다. 도쿄 재판도 열려 도조 히데키를 비롯한 일본의 전시 지도자들이 대거 전범으로 처형됐다. 한때 거침없는 광기를 드러냈던 일본 제국주의는 비참하게 역사의 뒤안길로 사라졌다.

"전쟁을 좋아하는 민족은 반드시 망한다.
그러나 전쟁을 잊은 나라 또한 망한다."
-리델 하트

08
국공 내전
중국 대륙 패권 둘러싼 거대한 충돌

○ 국민당과 공산당의 대회전 전말

세기의 라이벌, 장제스(국민당)와 마오쩌둥(공산당). 두 사람은 전후 충칭에서 만나 회담을 가졌다. 평행선을 달린 회담이 결렬된 뒤 국공은 내전에 돌입했다.

"공산당원들에게 경고한다. 6월 17일 이후 화북의 러허, 차하얼 근거지, 동북의 하얼빈을 비롯한 주요 지역, 장쑤 북부, 안후이 북부, 산시 서부, 허베이의 근거지에서 완전히 물러나도록 하라."

—장제스 최후통첩 中

"먼저 적과 괴뢰가 우리에게 투항하도록 하라. 투항하지 않는 자는 공격하라. 우리는 맹렬하게 해방구를 확대해야 한다. 크고 작은 도시들을 점령하고 교통로를 확보하라. 조만간 국민당이 우리를 공격해 올 것이다. 우리 당은 병력 이동을 준비하고 내전에 대비해야 한다."

—마오쩌둥 명령 中

현재 중국 대륙을 통치하고 있는 세력은 공산당이다. 이 세력의 통치가 가능했던 것은 1946년부터 벌어진 '국공 내전'에서 승리했기 때문이다. 결과적으로 봤을 때 공산당의 승리가 그럴싸하게 보일 수 있지만, 당초 공산당은 미약한 세력에 불과했다. 장제스의 국민당은 군벌들을 토벌한 뒤 권력을 장악했고, 압도적인 군사력을 동원해 공산당을 탄압했다. 마오쩌둥과 공산당은 속절없이 당했으며 머지않아 국민당에 흡수될 것처럼 보였다. 하지만 최후의 승자는 장제스와 국민당이 아닌 마오쩌둥과 공산당이었다. 얼핏 보기에 좀처럼 믿기지 않는 이 역사적 사실은 몇 가지 결정적 요인들에 근거하고 있다. 우선 4편에서 살펴본 '중일 전쟁'이 공산당을 살렸다. 국민당은 일본과의 전쟁으로 전력이 크게 훼손된 반면 공산당은 국민당 및 일본과의 충돌을 적절히 회피하며 힘을 키워나갔다. 마오쩌둥은 중일 전쟁이 공산당의 기사회생을 크게 도왔다는 점을 인정했다.

공산당이 내전에서 너무 잘 싸웠다는 점도 부정할 수 없다. 기본적인 군 전력 측면에서 현저한 열세를 나타냈음에도, 공산당은 상대의 허를 찌르는 전술을 잇따라 구사하며 전세를 역전시켜 나갔다. 대도시와 철로 등에 과하게 집착하며 우둔한 모습을 보였던 국민당과 달리, 자신들의 근거지까지 과감히 내주며 적군을 유격전, 소모전의 늪으로 빠뜨렸던 공산당의 전술은 적중했다. 이는 손자병법에 능통한 마오쩌둥의 기여가 상당했다고 볼 수 있다. 적진에 암약하고 있던 수많은 공산당 스파이들도 내전 승리에 크게 기여했다. 장제스와 국민당군 지휘부는 너무 못 싸웠던 게 문제였다. 지휘부 내에서도 손발이 맞지 않을 때가 많았으며, 장제스의 독단과 오판이 자주 발생해 일을 그르치기 일쑤였다. 더욱이 국민당 내부의 부정부패도 심각해 민심 이반을 야기했다. 이는 미국으로 하여금 전폭적인 지원을 꺼리게 만들었다. 공산당은 검약한 생활 방식과 토지 개혁 등을 통해 민심을 확보해 나갔다.

국공 내전의 결과는 중국뿐 아니라 한국에도 커다란 영향을 미쳤다. 중공군은 '6.25 전쟁' 때 북한군을 도와 전면적으로 개입했다. 이에 UN군과 한국군은 거의 다 잡았던 통일의 기회를 놓치고 말았다. 만약 국민당이 내전에서 승리했다면, 한국은 통일의 기회를 잡았을 수 있고 6.25 전쟁 자체가 발발하지 않았을 수도 있다. 개인적으로 매우 안타깝게 생각하는 역사다. 아울러 현재까지 지속되고 있는 '양안 갈등'(중국과 대만의 갈등)은 국공 내전의 연장선으로 볼 수 있다. 내전에서 비롯된 여러 상흔들은 좀처럼 사라지지 않았으며, 아직도 동북아시아 지역에 큰 위기감을 조성하고 있는 셈이다. 중국 대륙 패권을 둘러싼 국민당과 공산당의 거대한 충돌, '국공 내전' 전말을 되돌아봤다.

■ 국민당과 공산당

1920년대부터 중국 대륙에는 두 개의 눈에 띄는 세력이 존재했다. 바로 국민당과 공산당이다. 두 세력의 역사를 간략히 살펴볼 필요가 있다. 국민당은 1912년 쑨원에 의해 공식적으로 창당되기 전까지 비밀결사 조직으로 활동했다. 삼민주의(민족, 민주, 민생)를 바탕으로 청나라 제정을 무너뜨리기 위해 결성된 중국혁명동맹회가 그것이다. 이들은 1911년 우창 봉기를 기점으로 발생한 신해혁명을 통해 청나라를 멸망시켰고, 공화정인 '중화민국'(中華民國)을 수립했다. 지도자인 쑨원은 중화민국 초대 총통으로 취임했다. 하지만 기쁨도 잠시, 북방군벌과 열강의 지원을 얻은 청년 장군 위안스카이에게 그 자리를 빼앗기고 말았다. 쑨원은 이에 대응해 중국혁명동맹회를 공개정당으로 개편하는 것을 넘어 (위안스카이의 어용정당인 공화당의 대척점에 서는) 국민당을 창당했다. 한동안 국민당과 쑨원은 위안스카이에게 대대적인 탄압을 받으며 큰 우여곡절을 겪었다. 그러다가 위안스카이의 실책 및 죽음과 반제국주의, 반봉건주의 혁명운동인 '5.4 운동' 등에 힘입어 중국 내에서 확실히 자리를 잡게 됐다.

쑨원이 1925년 사망한 후에는 그의 후계자를 자처한 정치군인 장제스가 국민당을 장악했다.

공산당은 1921년 천두슈, 리다자오의 주도 하에 창당됐다. '중공'(中共)으로 약칭하기도 한다. 러시아 혁명으로 집권한 소련 볼셰비키당에게 큰 영향을 받았고, 5.4 운동의 시류를 타고 만들어졌다. 학계에선 1920년에 결성된 사회주의자동맹이라는 단체가 공산당의 시초라는 주장이 있다. 상하이 창당 모임 당시, 50여 명의 당원들을 대표하는 13명의 중국인과 2명의 외국인이 참가했다. 추후 중국 공산당 최고지도자가 되는 마오쩌둥도 이 13명 중의 한 명이었다. 공산당은 모스크바에서 창설된 공산주의 국제연합인 코민테른의 지도를 받았으며, 도시 노동자들의 지지를 기반으로 세력을 불려 나갔다. 초창기 공산당의 대표적인 활동은 홍콩 선원 파업 등 각지에서 발생한 노동쟁의를 조직, 후원하는 것이었다. 천두슈와 리리싼이 선두에서 공산당을 이끌며 관련 활동을 주도했다. 마오쩌둥은 뒷선에서 나름의 활동을 펼치며 서서히 존재감을 드러냈다. 그러다가 1930년대에 당세가 외부의 공격으로 급격히 위축되자, 대안으로 마오쩌둥이 급부상하며 공산당을 장악했다.

국민당과 공산당은 국내외 정세에 따라 물리적으로 힘을 모으기도 했지만 화학적 결합은 될 수 없었다. 쑨원 시대에는 국민당 제1기 전국대표대회에 공산당원 대표들도 참가하는 등 '제1차 국공합작'이 이뤄졌다. (중국에 영향력을 확대하려 했던 소련이 코민테른을 통해 "공산당은 국민당에 협조하라"라고 지침을 내린 것이 큰 영향을 미쳤다.) 하지만 쑨원 사후 장제스 시대에는 분위기가 완전히 달라졌다. 장제스는 극단적인 반공주의자였고, 이러한 성향을 결코 숨기지 않았다. 국민당의 지지기반인 자본가, 중산층은 공산당이 사유재산을 침해할 수 있다며 우려를 표출했다. 공산당은 국민당 우파를 배제한 중국 대륙의 완전한 공산화라는 야망을 심심치 않게 드러냈다. 불길한 기운이 고조되는 가운데, 1926년 장제스는 국민혁명군을 이끌고 제1차 북벌(군벌 타도를 목적으로 행한 출병)을 감행했다. 북벌이 전개되는 동안 국민당과 공산당 간 갈등의 골은 더욱 깊어졌다. 공산당은 비대해지는 장제스의 힘을 견제하기 위해 왕징웨이 등이 중심이 된 국민당 좌파와 연합, 장제스에 대한 공격을 가했다. 가뜩이나 공산당에 대한 거부감이 컸던 장제스는 참을 수 없었다. 그는 1927년 4월 공산당을 타도하기 위한 '상하이 쿠데타'를 일으켰다. 이로 인해 공산당은 심각한 타격을 받았다. 이후 장제스는 국민당 좌파의 우한 정부와 구별되는 난징 정부를 세웠다. 국민당 좌파는 상하이 쿠데타가 발생했음에도 여전히 공산당과 우호적인 관계를 맺고 있었다. 그러나 "국민당 중앙집행위원회를 장악하라"라는 코민테른의 새로운 지침이 내려오자, 국민당 좌파도 공산당과의 관계를 단절했다.

공산당은 상하이 쿠데타에 대한 대응으로 광저우 등에서 폭동을 일으켰다. 이 폭동은 실패로 돌아갔고 6만 명에 달했던 당원의 수는 1만 명으로 급감했다. 극히 어려운 상황임에도 마오쩌둥과 주더 등 유격대 지휘관들은 굴하지 않았다. 정강산 투쟁을 시작으로 중국 곳곳에 소비에트 지구를 건설해 나갔다. 특히 강서성에 건설된 강서 소비에트는 지속적으로 확대돼 중앙 소비에트로 지칭됐고, 1931년 '중화소비에트 공화국'을 선포하기에 이르렀다. 다만 내부 갈등이 뒤따랐다. 마오쩌둥과 상하이의 임시 당 중앙위원회의 대립이 격화하면서 마오쩌둥이 실각했다. 오토 브라운과 28인의 볼셰비키라고 불리는 소련 유학파들이 군사 노선 등을 지휘하게 됐다. 공산당의 소비에트 지구 건설에 큰 위기감을 느낀 국민당 정부는 공산당을 완전히 섬멸하기 위한 대대적인 작전을 펼쳤다. 이른바 초공 작전이다. 이 작전은 총 5차례에 걸쳐 이뤄졌다. 특히 1933년의 초공 작전은 공산당에게 궤멸적인 타격을 입혔다. 중앙 소비에트를 비롯한 여러 소비에트 지구들이 분쇄됐고, 중화소비에트 공화국은 멸망했다. 최악의 상황이 밀려오면서 조만간 공산당 조직 자체가 소멸될 것처럼 보였다. 그러나 그들은 잡초처럼 살아남았다. 잔존 병력과 당원들을 재편한 후 부대별로 해방구를 탈출, 중국 북서부에 있는 산시성 옌안으로 이동하는 데 성공했다. 이것이 그 유명한 '대장정'이다. 마오쩌둥은 대장정에서 눈에 띄는 활약을 펼치며 두각을 나타냈다. 더욱이 기존 공산당 지도자들의 실책이 부각되면서 마오쩌둥은 반사이익까지 얻었다. 이제 차기 공산당 최고지도자로서 각광을 받기 시작했다. 마침내 1935년 정치국 확대회의에서 당 지도권을 거머쥐었다.

장제스는 공산당을 끝장내고 싶었지만, 일본과의 전쟁 기운이 고조되면서 접어야 했다. 되레 다시 한번 공산당과 힘을 합쳐야 하는 분위기가 형성됐다. 장제스는 장쉐량이 일으킨 시안 사건까지 겪은 뒤, 마지못해 '제2차 국공합작'의 길로 나아갔다. 1937년 중일 전쟁이 발발하자 장제스 및 국민당 인사들, 그리고 주요 공산당 인사들까지 참가한 회의에서 항일전이 공식 선포됐다. 당초 국민당의 국민혁명군과 공산당의 홍군은 적절히 협력해 잘 싸울 것처럼 보였다. (홍군은 국민혁명군 휘하에 편입됐다.) 하지만 이 같은 전망은 오래가지 못했다. 시간이 갈수록 홍군은 이상한 모습을 보였다. 일본군에 정면으로 대항하는 것보단 자신들의 지배 영역을 넓히는 데 중점을 뒀다. 가끔 일본군과 전투를 벌이는 모습도 보였지만 기껏해야 국지전에 불과했다. 직속상관이라 할 수 있는 국민혁명군 지휘관의 명령도 무시하기 일쑤였다. 이는 엄연히 협정 위반이었다. 분노한 장제스와 국민당은 공산당에게 수차례 항의 및 경고를 가했다. 그럼에도 공산당은 훗날 국민당과의 일전을 대비한 세력 확대에 집중할 뿐이었다. 결과적으로 공산당의 전략은 성공적이었다. 미약했던 공산당은 이 시기에 1억 명에 달하는 인구와 100만 명이 넘는 군대를 보유하게 됐다. 지배 영역은 화북에서 서북으로 확대됐고 장강 중하류까지 미쳤다.

국민당의 인내심은 한계에 봉착했다. 이럴 바엔 국공 합작이 깨져도 상관없다고 판단했다. 급기야 공산당에 대한 물리적인 공격도 계획했다. 구체적 표적은 국민당의 거점에서 활개를 치고 있는 공산당 신4군이었다. 이 군대의 규모는 10만 명에 달했던 만큼, 국민당에게 매우 위협적인 존재였다. 우선 국민당은 신4군을 황허강 이

북으로 철수시키라고 공산당에게 요구했다. 만약 이 요구가 수용되지 않을 경우, 즉각 신4군을 공격해 전멸시킬 태세였다. 공산당은 처음에는 해당 요구를 거절했지만, 분위기가 심상치 않음을 느끼고 (안전을 보장받은 후) 철수하기로 결정했다. 그런데 장제스와 국민혁명군은 신4군이 철수를 하고 있음에도 곱게 놔두지 않기로 했다. 1941년 1월, 국민당 정찰대와 국민혁명군 7개 사단의 무차별적인 공격이 신4군에게 가해졌다. 이 공격으로 신4군 수천 명이 목숨을 잃었다. '환남 사변'이었다. 국공 합작은 사실상 파기된 것이나 다름없었다. 이후 일본이 패망할 때까지 국민당은 거의 단독으로 항일전을 치렀다. 수백만 명의 전사자가 나왔고, 공산당과의 지속적인 대립도 감수했다. 이에 반해 공산당은 항일전 기간 동안 뚜렷한 피해를 입지 않으며 서서히 세력을 넓혀갔다. 중일 전쟁은 국민당에게는 큰 어려움이 된 반면 공산당에게는 반전의 초석이 됐다.

■ 고조되는 내전의 기운

1945년 8월, 연합군에게 패한 일본이 무조건 항복했다. 중일 전쟁도 중국(국민당)의 승리로 끝났다. 길고 끔찍했던 전쟁의 포성이 멎자, 중국인들은 환호했고 앞으로 평화가 정착되길 희망했다. 국민당은 승전의 기쁨을 만끽할 겨를이 없었다. 일본군이 점령했던 지역들을 신속히 장악해야만 했다. 국민당이 바삐 움직일 수밖에 없었던 이유는 공산당 때문이다. 마오쩌둥은 일본이 항복한 직후 팔로군에게 점령지를 확대하라고 명했다. 장제스는 공산당에게 경고했다. 군대를 독단적으로 움직이지 말고, 국민혁명군 소속인 각

전구 사령관의 명령을 따르라고 했다. 일본군에게는 "국민혁명군 이외에 그 어떠한 군대에게도 항복해선 안 된다"라고 못 박았다. 공산당은 즉각 반발하며 장제스의 조치를 따르지 않을 것이라고 밝혔다. 벌써부터 국민당과 공산당 간 신경전이 달아오르고 있었다. 국민혁명군은 부득이 미군의 수송 지원을 받기로 했다. 베이핑, 상하이, 난징 등 주요 지역으로 국민혁명군이 공중 수송됐다. 전국 각지에도 국민혁명군이 급파됐다. 이러한 작전이 효과를 거둠으로써, 국민당은 핵심 도시들을 어느 정도 장악할 수 있었다. (국민당은 주로 대도시와 철로 등을 점령했다. 공산당은 도시 외곽이나 농촌에 근거지 또는 해방구를 건설해 나갔다.)

장제스는 공산당과의 협상 필요성도 느꼈다. 마오쩌둥에게 편지를 보내 "충칭에서 국가의 미래를 함께 논의하자"라고 제안했다. 이는 공산당과의 협력을 바라는 미국의 요구에 부응하는 것이기도 했다. 당초 마오쩌둥은 본인이 가지 않고 저우언라이 등을 보내려 했다. 충칭에 갔다가 자칫 변고를 당할 수도 있음을 우려했기 때문이다. 장제스는 마오쩌둥이 와야만 한다고 고집했다. 공산당 수뇌부에선 마오쩌둥의 충칭 방문을 놓고 격론이 벌어졌다. 결국 "주석이 가면 여론이 우리 쪽에 설 것"이라는 주더의 의견이 받아들여져, 마오쩌둥이 직접 충칭을 방문하는 것으로 결정됐다. 저우언라이, 왕뤄페이 등이 동행했다. 류샤오치는 남아서 주석 대리를 맡았다. 마오쩌둥은 만약의 경우를 대비해 미국 대사인 헐리가 충칭까지 동행하도록 조치했다. 충칭에 있는 소련 군사대표단에겐 피난처를 마련해 달라고도 했다. 8월 25일, 마침내 충칭에 도착한 마오쩌둥은 초반부터 의외의 모습을 보였다. 공항에서 "장제스 만세"를 외쳤다. '만세'는 황제를 떠받들 때 사용하는 용어였다. 평소 이미지와 달리 부드럽고 겸손한 태도도 유지했다. 적들의 경계를 완화하고 국민들에게 우호적인 인상을 심어주기 위한 계책이었다. 잠시나마 협상에 대한 긍정적인 전망이 나오기도 했다. 하지만 오래가진 못했다. 장제스와 마오쩌둥은 연합 정부에는 대체로 동의하면서도, 민감한 세부 사항에 대해선 한치의 물러섬이 없었다. 장제스는 홍군의 규모를 대폭 축소함과 동시에 국민혁명군 관할 하에 둬야 하며, 국민당 정부의 통치력이 중국 전역에 확고히 미쳐야 한다고 주장했다. 마오쩌둥은 홍군이 공산당 관할 하에 있어야 하며, 공산당도 베이핑 등 주요 지역에 대한 실질적 통치권을 가져야 한다고 주장했다.

이후에도 두 사람 간 협상 및 실무진들의 협상이 이어졌지만, 획기적인 합의는 도출되지 못했다. 현저한 의견 차이만 확인했을 뿐이다. 그럼에도 장제스와 마오쩌둥은 국민들에게 무언가를 내놔야만 했다. 이에 10월 10일 '쌍십 협정'이 체결됐다. 여기에는 국공 양당이 민주, 평화, 단결, 통일을 기반으로 장기적으로 합작하며, 국민당의 훈정(일당 체제)을 조속히 종료하고 헌정(헌법 체제)을 실시할 것 등이 담겼다. 민감한 사항들은 추후에 계속 협상하기로 했다. 기실 쌍십 협정은 별다른 성과가 없을뿐더러 앞으로도 합의가 어려울 것이라는 점을 방증하는 셈이었다. 마오쩌둥도 이 협정에 대해 "한

장의 종이쪼가리에 불과하다"라고 혹평했다. 더욱이 이 시점부터 양당의 군대는 동시다발적으로 무력 충돌을 벌이기 시작했다. 내전의 전초전이었다. (국공 내전의 시작으로 보는 시각도 있다.) 대표적인 충돌은 전략적 요충지였던 산시성의 상당 전투였다. 이 지역은 일본군이 일정 부분 점령했지만, 공산당군도 진입해 항일 근거지로 삼았던 곳이다. 일본군이 사라지자 옌시산이 이끄는 국민당 산시군이 이곳을 탈환하려 하면서 전투가 벌어졌다. 결과는 국민혁명군의 참패였다. 류보청과 덩샤오핑이 지휘한 공산당 팔로군은, 우세한 병력 규모를 기반으로 매복 및 포위 공격을 적절히 구사하며 적군을 궤멸시켰다. 국민혁명군 3만 5000여 명이 전사했고 주요 장교들이 사로잡혔다. 다음으로 화북 지역에 있는 허베이성 한단에서 전투가 벌어졌다. 마파우와 가오수쉰이 이끄는 4만 명의 국민혁명군이 해당 지역으로 진격했다. 이번에도 류보청이 우세한 병력 규모를 가진 공산당 팔로군을 이끌고 출전했다. 뜻밖의 지점에서 전투의 승패가 갈렸다. 국민혁명군의 가오수쉰이 자신의 병력을 거느리고 공산당 진영에 투항한 것이다. 가오수쉰은 평소 장제스와 사이가 좋지 않았으며, 공산당에 대해서도 반감을 갖고 있지 않았다. 이 점을 간파한 류보청이 가오수쉰을 적극적으로 설득해 아군으로 만들었다. 이후 팔로군은 전의가 꺾인 국민혁명군을 허베이성 최남단에 있는 린장현 일대에서 격파했다. 마오쩌둥과 공산당은 상당 전투에 이어 한단 전투마저 승리하면서 커다란 자신감을 갖게 됐다.

국민혁명군이 의미 있는 전과를 올린 경우도 있었다. '수성의 명장'이었던 푸쭤이의 제12전구는 장제스의 명령을 받들어 쑤이위안성 일대를 점령했다. 공산당 팔로군은 이곳을 빼앗기 위해 대대적인 공격을 감행했다. 푸쭤이는 정면 승부를 하지 않고, 성도였던 구이쑤이로 퇴각해 방어전에 돌입했다. 풍부한 실전 경험을 갖췄던 그는 공산당군이 공성전에 취약하다는 점을 간파했다. 전략은 들어맞았다. 팔로군은 한 달 가까이 구이쑤이를 공격했지만, 끝내 함락시키지 못하고 철수했다. 비슷한 시기에 양당의 군대는 공산당의 핵심 근거지에서도 일진일퇴의 공방전을 벌였다. 한동안 무력 충돌이 이어지는 가운데, 이를 근심 어린 눈으로 지켜보는 세력이 있었다. 미국이다. 시종일관 미국은 중국에 민주적인 연합정부가 세워지길 희망했다. 그래야 소련을 효과적으로 견제할 수 있을 것이라 판단했다. 트루먼 대통령은 12월 전직 육군참모총장인 조지 마셜을 중국에 파견해 양당을 중재하도록 했다. 내전을 중단시키고 양당의 군대를 하나로 통합하며, 주요 당파가 참여하는 정치협상회의 개최 및 연합정부 수립이 목표였다. 국민당과 공산당은 일단 미국의 바람을 수용하는 듯했다. 둘 다 미국에 잘 보여야 할 필요성이 있었기 때문이다. 1946년 1월 10일, 양당은 '제1차 정전협정'에 합의하며 휴전했다. 정치협상회의도 개최해 연합정부 구성 등에 대해 논의했고, 국민혁명군과 홍군의 병력을 조정하는 협정도 체결했다. (국민혁명군 50개 사단, 홍군 10개 사단으로의 감축이 골자였다.) 해당 협정은 동북(만주)과 화북, 서북 지역 등에서 공산당의 영향력을 축소시키는 결과를 낳을 수 있었다. 그럼에도 마오쩌둥은 긍정적으로 생각하며 협정을 준수하려 했다. 그만큼 미국에 의한 평화를 낙관했던 것으로 보인다.

그러나 정전 협정의 효력은 오래가지 못했다. 마셜이 중국을 떠나자마자 국민혁명군은 예사롭지 않게 움직였다. 약 31만 명에 달하는 병력을 동원해 동북 지역에 대한 공세에 착수했다. (앞서 소련군이 만주에 주둔하고 있었다. 이들은 노획한 일본군의 무기들을 공산당에게 넘겨주는 등 공모하는 모습을 보였다. 국민당은 격하게 반발했다. 소련과 국민당 정부가 체결한 '중소우호조약'에 위배되는 행동이었기 때문이다.) 이 즈음에 장제스는 공산당을 힘으로 굴복시키는 것만이 능사라고 확신한 상태였다. 국공 간 무력 충돌은 4월 18일 남만주의 요충지인 쓰핑에서 벌어졌다. 국민혁명군은 공산당의 동북민주연군을 맹렬하게 공격했다. 마오쩌둥은 "그 어떠한 희생을 치르더라도 반드시 쓰핑을 사수하라"라고 외쳤다. 그의 바람과는 달리 전황은 갈수록 국민혁명군에게 유리해졌다. 공세 병력이 크게 충원됐고, 신6군이 측면에서 동북민주연군을 포위했다. 전멸 가능성을 우려한 동북민주연군 지휘관 린뱌오는 퇴각 명령을 내렸다. 쓰핑 전투로 인해 남만주 대부분의 도시가 국민혁명군에게 넘어갔다. 동북민주연군은 하얼빈으로 쫓겨났다. 이후에도 국민혁명군은 승승장구하며 북만주의 쑹화강 남쪽까지 빠르게 진격했다. 이대로 가면 동북 지역에 있는 공산당군이 완전히 궤멸될 수도 있었다. 그런데 예기치 못한 상황이 발생했다. 장제스가 진격 중지 명령을 내린 것이다. 극한 위기에 몰린 공산당이 마셜에게 국민당의 정전협정 위반 사실을 알렸고, 이를 들은 마셜이 장제스에게 싸우지 말라고 윽박질렀다. 이 상황은 훗날 장제스가 '천추의 한'으로 여긴 대목이다. 만약 이때 국민혁명군이 동북 지역 전체를 접수했다면, 국공 내전은 국민당의 조기 승전으로 귀결될 수도 있었을 것이다. 가까스로 기사회생한 공산당은 해당 지역 농촌에 근거지를 마련하거나 추후 전투를 대비해 나갔다. 국민당에게 도움이 되지 않는 미국의 추가 개입으로 6월 5일 '제2차 정전협정'이 체결됐다. 다만 이것은 정전 유효 기간이 15일에 불과한 한시적 협정이었다. 조만간 내전의 서막이 본격적으로 올라갈 참이었다.

■ 국민당의 파상 공세

시점에 대한 논란은 있지만, 공식적으로 1946년 6월 26일을 국공 내전 개전일로 본다. 내전 발발 당시, 국민당과 공산당의 군 전력을 비교해 볼 필요가 있다. 국민혁명군의 총병력은 430만 명이었다.

국민혁명군은 국공 내전 초반에 파상 공세를 펼치며 전쟁 주도권을 쥐었다.

육군은 물론 16만 명의 공군과 3만 명의 해군 전력도 갖추고 있었다. 자동화기, 화포, 로켓포, 탱크 등 무기도 다양했고 질적인 측면도 우수했다. 홍군의 총병력은 127만 명이었다. 해군과 공군은 존재하지 않았으며 국민혁명군에 비해 무기 및 장비가 열악했다. 장제스는 압도적인 전력에 기반해 자신감이 충만했다. 그는 정전 유효 기간이 끝나갈 무렵, 200만 명에 달하는 병력을 이동시켜 공산당의 주요 근거지에 대한 공격 태세를 갖추게 했다. 때가 이르자 국민당 정부는 하얼빈, 장쑤성 북부, 산시성 서부 등 주요 지역에서 공산당이 완전히 물러나라는 최후통첩을 가했다. 이게 먹히지 않자, 곧바로 30만 명의 병력을 동원해 공산당의 중원해방구를 공격했다. 대륙 한복판에 위치한 이곳 주변에는 수천만 명의 인구와 드넓은 면적이 있었다. 난징 등 핵심 지역으로도 연결됐다. (이전에 국공은 중원 지대에서 무력 충돌을 억제하는 한커우 협정을 체결했다. 국민혁명군은 이를 무시하고 지속적인 공격을 가했다.) 공산당의 중원군구는 국민혁명군을 상대하기엔 너무 미약했다. 큰 타격을 받아 구석진 곳으로 밀려났고 이내 국민혁명군에게 포위됐다. 전멸을 우려한 중원군구는 자발적으로 다른 곳으로 이동하겠다고 했지만, 장제스는 이들을 모조리 소탕하라고 지시했다. 다급해진 저우언라이가 마셜에게 "정전 협정을 위반한 국민당을 막아달라"라고 호소했다. 이에 중원해방구 중심지에 시찰단이 파견됐고, 국민혁명군의 공세가 1개월 이상 지연됐다. 결과적으로 미국이 또 공산당을 도와준 셈이었다. 중원군구는 공격이 지연된 사이 필사의 탈출을 준비할 시간을 벌었다. 실제로 부대를 분산해 포위망을 벗어나는 데 성공했다. 다만 탈출 과정은 지극히 고되었고 1만 명 넘는 병력이 전사했다.

　장제스는 내전을 빨리 끝내고 싶어 했다. 중국 대륙을 장악한 뒤, 국가 발전을 위해 해야 할 일들이 너무 많았다. 그는 공산당에게 거듭 최후통첩을 가했지만 받아들여지지 않자 신속한 추가 공세를 명했다. 그런데 이 시기에 공산당의 홍군이 밀리기만 한 것은 아니었다. 일부 전투에서 눈에 띄는 승전도 기록했다. 대표적인 것이 쑤위의 화중 전투다. 국민혁명군은 리모안의 지휘 하에 공세에 나섰다. 병력 규모 등에서 우세했기에 누가 봐도 국민혁명군의 압승이 예상됐다. 쑤위는 병력의 열세를 극복하고 승리할 만한 전술을 갖고 있었다. 병력의 집중 운용과 기습, 매복, 각개격파 등이다. 쑤위의 화중야전군은 은밀하고 신속하게 기동한 뒤, 쉬안자바오와 루가오 남쪽 등에서 국민혁명군을 기습 공격해 큰 피해를 입혔다. 때로는 의도적으로 하이안과 같은 지역을 내주는 등 기만책을 펼쳤다. 해당 지역으로 유인해 포위 섬멸을 획책한 것이다. 실제로 국민혁명군은 영문도 모른 채 함정으로 들어왔고, 홍군은 기다렸다는 듯 적군을 포위해 섬멸했다. 뒤이어 국민혁명군이 화이인을 공격할 때에는, 홍군이 은밀히 우회한 다음 적군의 측면을 기습공격해 결정적 승기를 잡았다. 국민혁명군은 우세한 병력을 갖고도 고전을 면치 못했으며, 1개월 반 동안 총 5만 명이 넘는 병력이 소멸됐다. 결국 리모안은 후퇴를 명령했고 쑤위는 기발한 전략으로 승리를 거뒀다. 리모안은 지휘관 직에서 해임된 반면 쑤위는 '7전 7첩의 명장'으로 널리 회자됐다. 홍군은 산동성 서남부에 있는 딩타오에서도 대승을 거뒀다. 류보청과 덩샤오핑이 이끄는 홍군은 진격하는 국민혁명군 2개 사단(제3사단, 제47사단)의 간격이 벌어진 틈을 노렸다. 간격이 12km 이상 벌어지자, 홍군은 앞서 가는 국민혁명군 제3사단을 기습 공격해 궤멸시켰다. 이후에는 뒤따라 오는 제47사단에게도 맹공을 가해 큰 전과를 올렸다.

이처럼 홍군이 일부 전투에서 승리하긴 했지만, 전황에 큰 변화를 줄 정도는 아니었다. 머지않아 국민혁명군은 푸쭤이의 맹활약에 힘입어 화북 지대에서 큰 승리를 이어갔다. 산시성 제2의 도시이자 교통의 요지인 다퉁은 홍군이 꼭 점령하길 희망하는 곳이었다. 공산당 해방구가 있는 진차지군구와 진쑤이군구 사이에 있는 만큼, 다퉁을 획득하면 두 해방구를 용이하게 연결할 수 있었다. 홍군 일부가 다퉁을 공격했고, 또 다른 부대는 외곽 지대인 잉현을 점령한 뒤 다퉁 공격에 합류하기로 했다. 방어하는 국민혁명군(1만 9000명)에 비해 홍군 규모(10만 명)가 훨씬 커서 상당히 유리해 보였다. 다퉁에 있는 국민혁명군은 옌시산에게 도움을 요청했지만 여건상 지원이 어려웠다. 그나마 다퉁을 지원할 만한 군대는 구이쑤이에 있는 푸쭤이였다. 정예부대를 거느렸던 그는 고심 끝에 다퉁에 대한 직접적 지원이 아닌, 그 북쪽에 있는 지닝과 (지닝 방어의 요지인) 줘쯔산을 공격하기로 했다. 뜻밖의 결정이었지만 푸쭤이는 나름의 전략이 있었다. 다퉁에 대한 직접적 지원은 무리였기 때문에, 일단 지닝을 점령한 후 동남쪽으로 진격해 홍군의 다퉁 포위를 풀겠다는 것이었다. 우선 푸쭤이의 국민혁명군은 강력한 포격을 퍼부어 줘쯔산을 신속히 함락시켰다. 그런 다음 지닝을 겨냥해 맹공을 가했다. 홍군은 주력 방어 부대를 다른 곳으로 보내는 등 실책을 연발해 오래 버티지 못하고 무너졌다. 국민혁명군은 지닝을 무난하게 장악한 뒤 다퉁을 향해 빠르게 진격했다. 다퉁을 포위하고 있던 홍군은 별안간 협공을 당할 위기에 처했다. 결국 포위를 풀고 급히 철수할 수밖에 없었다. 국민혁명군은 열세였던 병력으로 다퉁 방어와 지닝 점령 등에 성공하면서, 화북 지대의 주도권을 확실히 장악했다.

국민혁명군은 여세를 몰아 공산당의 핵심 근거지인 장자커우 공략에 나섰다. 처음엔 쑨렌중이 지휘하는 군대가 장자커우 동부전선에서 홍군을 공격했다. 홍군의 반격으로 전황이 여의치 않자, 다시금 푸쭤이가 주도권을 쥐고 공세를 지휘했다. 기습공격 전략을 중시한 푸쭤이는 먼저 기병대를 투입해 장베이성을 점령했다. 그런 다음 장자커우와 장베이 사이에 있는 험난한 요새인 랑워거우로 진격했다. 여기가 무너지면 홍군으로선 장자커우 방어도 어려워지게 되는 것이었다. 국민혁명군은 도로 사정이 열악해 진격에 애를 먹었다. 목적지에 간신히 도달한 이들은 항공기와 탱크, 대포 등을 동원해 무차별 공격을 퍼부었다. 공격이 워낙 거세다 보니, 랑워거우의 홍군은 장자커우에서 지원군이 올 때까지 버티지 못했다. 랑워거우까지 점령한 국민혁명군은 이제 장자커우로 쳐들어갔다. 마오쩌둥은 무슨 일이 있어도 장자커우를 사수하라고 명했다. 그럼에도 기계화 부대와 항공기 등이 동원된 국민혁명군의 공격을 막아내기엔 역부족이었다. 10월 11일, 마침내 장자커우도 함락됐다. 공산당의 수도라 할 수 있는 옌안까지 위협에 노출됐다. 이와 비슷한 시기에 국민혁명군은 남만주에서도 창바이산 일대의 3~4개 현을 제외한 모든 지역을 장악했다. 내전 발발 이래 국민혁명군이 점령한 도시는 110여 개에 달했다. 핵심 근거지들을 잃은 공산당은 큰 충격을 받은 반면 국민당은 의기양양해졌다. 장제스와 주요 군 지휘관들은 "이르면 3개월, 늦어도 10개월 안에 공산당을 소멸시킬 수 있을 것"이라고 호언장담했다. 나아가 11월 15일 국민대회를 강행했다. 원래 국공은 연합정부가 수립되기 전까지 국민대회를 개최하지 않기로 합의했었다. 장제스는 승기를 잡았다고 판단, 더 이상 공산당과의 협정 및 미국의 눈치를 보지 않고 강경하게 나갔다. 국민대회에선 국민당 정부의 새 헌법이 통과됐다. 스스로 자신들만이 중국의 유일 합법정부라고 공식 승인한 셈이었다. 공산당 대표단은 국민대회에 참가하지 않고 옌안으로 돌아갔다.

■ 화동 공방전

국민혁명군의 공세는 계속됐다. 이번에는 장쑤성 해방구의 수도인 화이인과 그 인접 도시인 화이안이 표적이었다. 홍군은 화력의 열세를 극복하지 못하고 퇴각했다. 이후 국민혁명군은 장쑤성 북부와 산둥성 남부 해방구까지 진격했다. 탱크를 앞세운 공격에 홍군은 속절없이 밀렸다. 자오좡과 이현 등 홍군의 주요 거점들이 차례로 함락됐다. 위태로운 상황 가운데, 홍군의 두 야전군을 이끌고 있던 천이(산둥야전군)와 쑤위(화중야전군)는 부대를 병합해 공동대응하기로 했다. 그런 다음 장쑤성 북부의 쑤첸에서 국민혁명군과 격전을 벌였다. 이 전투는 홍군에게 극적인 승리를 가져다줬다. 홍군은 국민혁명군 두 사단(제11사단, 제69사단) 사이의 거리를 벌리게 만든 뒤, 앞서가는 제69사단을 맹공격해 궤멸시켰다. 이때도 쑤위의 전술이 빛을 발한 것이었으며, 국민혁명군은 2만 명 넘는 병력이 소멸됐다. 쑤첸 전투 직후 홍군은 은밀히 산둥성 남부로 진격했다. 여기서 돌출 지대에 고립돼 있던 국민혁명군을 겨냥해 기습 포위 공격을 전개했다. 고립된 병력의 절반 가량이 소멸됐고, 나머지 병력은 필사의 탈출을 감행했다. 홍군은 맹렬하게 추격해 해당 병력 모두를 섬멸했다. 지원하러 왔던 국민혁명군은 섬멸 소식을 듣고 다른 지역으로 물러났다. 기세를 탄 홍군은 빼앗겼던 자오좡 등을 탈환하는 데에도 성공했다. 그동안 파상 공세에 밀렸던 홍군은 이들 전투의 승리로 국민혁명군의 진격을 어느 정도 저지할 수 있었다.

장제스는 즉각적인 보복을 결심했다. 수십만 명의 대군을 북부, 남부 집단군으로 편성해 산둥성 해방구에 있는 홍군을 포위 섬멸할 계획을 세웠다. 장제스는 홍군의 주특기인 기습, 분할, 각개격파 등에 당하지 않도록 촘촘한 대열로 진격하라고 당부했다. 국민혁명군의 병력 규모가 워낙 커서 홍군은 정면 대결이 불가능했다. 마오쩌둥과 쑤위 등은 대응 전략을 깊이 고민했다. 그 결과 두 집단군 중 비교적 취약한 부대를 라이우로 유인해 섬멸을 도모하기로 결정했다. 유인을 용이하게 하기 위해 산둥성 해방구의 수도인 린이를 내주는 기만책까지 구사했다. 린이에 무혈입성한 국민혁명군 남부집단군은 홍군이 전투를 할 여력이 없어 도망간 것이라고 판단했다.

(장제스에게는 린이에 있던 홍군을 모조리 섬멸했다고 거짓 보고했다.) 장제스는 지금이 산둥성의 홍군을 소탕할 적기라고 판단, 라이우로 신속히 진격하라고 명했다. 일각에서 함정일 수도 있다는 우려가 제기됐지만 묵살됐다. 국민혁명군 남부집단군이 호기롭게 진격하는 동안, 홍군은 (라이우성이 아닌) 라이우 주변부에 매복하며 기습공격을 벼르고 있었다. 마침내 국민혁명군이 해당 지역에 당도하자, 기다렸다는 듯 홍군이 출현해 무차별 공격을 퍼부었다. 큰 타격을 받은 국민혁명군은 비어있는 라이우성 안으로 들어가 농성하려 했다. 지원군이 올 때까지 버티면 충분히 승산이 있다고 판단했다. 그런데 뜻밖의 변수가 생겼다. 한롄청이라는 사람이 등장해 농성이 아닌 포위망 돌파를 강력히 주장했다. 누가 봐도 좋은 방안이 아니었지만, 당시 국민혁명군을 지휘하고 있던 리셴저우는 한롄청의 주장을 받아들였다. 결과는 대참사였다. 국민혁명군은 무모한 돌파를 시도하다 약 6만 명이 전사했다. 주요 지휘관들은 포로로 잡혔다. 추후 밝혀진 바에 따르면 한롄청은 '공산당 스파이'였다. 라이우 전투의 여파로 국공 간 희비는 크게 엇갈렸다. 국민당은 장담했던 산둥성 해방구 장악이 수포로 돌아갔고 병력 손실도 극심했다. 반면 공산당은 수많은 군수물자와 넓은 해방구를 손에 넣었다.

■ 공산당 심장부, 옌안 함락

장제스는 라이우 전투 결과에 큰 충격을 받았다. 당초 내전을 빨리 끝낼 계획이었지만, 공산당의 저항이 생각보다 만만치 않아 당황스러웠다. 분위기가 심상치 않음을 느낀 장제스는 결정타를 날려

국민당군은 공산당의 심장부인 옌안을 공격했다. 이로 인해 마오쩌둥은 급히 섬북으로 피신해야 했다.

만회해야 한다고 생각했다. 그 결정타란 바로 공산당의 심장부인 '옌안' 함락이었다. 장제스는 서북지역 군 사령관인 후쭝난에게 옌안 공략을 맡겼고, 직접 시안으로 가서 공격부대 배치에 관여했다. 25만 명의 병력이 3개 집단군으로 편성됐다. 2개 집단군은 서쪽과 북쪽에서 상호 간 협력하며 공세를 펼치고, 후쭝난이 지휘하는 주력군은 남쪽에서 옌안 중심부를 향해 치고 들어갈 계획이었다. 이를 통해 공산당 총사령부를 와해시키거나 서북으로 쫓아내려 했다. 마오쩌둥을 생포하거나 죽이는 것도 계획에 포함됐다. 마오쩌둥은 10년 동안 사수해 온 공산당 수도를 결코 뺏기고 싶지 않았다. 그는 소문난 용장인 펑더화이에게 옌안 방어를 맡겼다. 펑더화이라면 상당히 선방할 것이라 확신했지만, 현실적으로 미래를 낙관할 순 없었다. 방어 병력이 3만 명도 채 되지 않았으며, 국민혁명군은 그 어느 때보다 무지막지하게 쳐들어 올 것이 분명했다. 마오쩌둥은 유연한 전술을 지시했다. 어려우면 옌안을 과감히 포기하는 대신, 적군을 깊숙이 유인해 각개격파하는 등 최대한의 소모전을 펼치라고 했다. 아울러 옌안에 있는 수많은 고위급 인사와 그 가족들을 피신시키고, 식량과 군수물자들도 이동시키라고 첨언했다.

1947년 3월 11일, 국민혁명군은 대규모 공습과 함께 옌안으로 가열하게 진격했다. 후쭝난이 옌안 함락에 소요될 것으로 예상한 시일은 불과 3일이었다. 그만큼 자신감에 차 있었다. 하지만 서북야전군과 지방부대들로 구성된 인민해방군(홍군에서 개명)은 옌안의 익숙한 지형 등을 활용해 효과적인 방어전을 펼쳤다. 어두운 야간에 신속히 이동해 적군의 취약 지점을 기습 타격하기도 했다. 인민해방군은 약 8일 동안 맞서 싸웠고, 그 사이 마오쩌둥은 섬북으로 피신했다. 펑더화이는 소모전과 지연전을 어느 정도 수행했다고 판단한 뒤 군대를 철수시켰다. 3월 19일, 국민혁명군은 비어있는 옌안에 입성했다. 후쭝난은 수만 명의 인민해방군을 소멸시켰다고 장제스에게 보고했다. 장제스는 크게 기뻐하며 후쭝난을 대장으로 진급시켰다. 청천백일훈장도 수여했다. 또한 미국 등 전 세계에 국민당이 내전에서 승리하고 있다고 적극 선전했다. 표면적으로 국민당은 목표했던 바를 달성했지만 매우 찝찝한 성과였다. 실제로 인민해방군의 사상자와 포로는 많지 않았다. 공산당 고위급 인사들도 무사히 피신했다. 수도를 내주긴 했으나, 공산당은 여전히 건재한 상태였던 것이다.

　마오쩌둥과 주요 지도자들은 섬북에서 지도부를 나눴다. 한 곳에 머물러 있다가 적군의 공격으로 한꺼번에 궤멸될 것을 우려했기 때문이다. 마오쩌둥과 저우언라이 등은 전선에서 가까운 곳에 있기로 했다. 나머지 지도자들은 훨씬 안전한 곳으로 이동했다. 일각에서 마오쩌둥도 멀리 피신하라고 권했지만, 그는 섬북에 남기를 고집했다. 이 지역 곳곳을 전전하며 전국의 전황을 지휘했다. 한편 후쭝난의 국민혁명군은 얼마 전 옌안 방어전에 나섰고, 지금은 섬북 방어를 하고 있는 인민해방군을 소멸시키려 했다. 이번에도 압도적인 군사력으로 밀어붙일 태세였다. 그러나 뜻대로 되지 않았다. 섬북의 지형이 인민해방군에게 절대적 이점을 제공했다. 인민해방군은 익숙한 지형을 활용해 또다시 유인과 매복, 기습 작전을 펼쳤다. 국민혁명군 주력을 특정 지역으로 유인해 난관에 빠뜨리거나, 그 주력을 엄호하기 위해 뒤따라가는 부대를 기습공격해 큰 피해를 입혔다. 섬북 지형이 매우 낯설었던 국민혁명군은 인민해방군이 파놓은 함정에 걸려들기 일쑤였다. 결국 인민해방군은 양마허에서 대승을 거뒀고, 국민혁명군의 보급기지였던 판룽 등을 점령하는 데 성공했다. 국민혁명군은 병력 손실과 식량 부족, 극도의 피로감으로 인해 물러나지 않을 수 없었다. 이러한 인민해방군의 전과로 말미암아, 공산당은 옌안 함락으로 불거진 위기를 극복하고 반격을 모색할 수 있었다.

■ 민심 이반과 공산당의 반격

중국인들은 내전 격화에 크게 분노했다. 중일 전쟁이 끝난 지 얼마 되지도 않았는데, 동족 간에 피 튀기는 싸움을 한다는 것을 용납할 수 없었다. 국토가 황폐화 돼 기근이 발생했고 물가는 치솟는 등 경제 상황은 악화 일로를 걸었다. 전쟁 반대 운동이 일어나는 것은 당연한 수순이었다. 특히 전국 60개 지역에서 대학생들이 중심이 된 대규모 반전 운동이 일어났다. 국민당 정부는 곤혹스러웠다. 대부분의 반전 운동이 국민당이 통치하는 지역에서 일어났다. 여기서 표출된 불만은 국민당을 향해 있었다. 시위대는 국민당이 내전을 촉발시킨 주범이라고 여겼다. 반전 운동과 더불어 노동자들의 파업도 잇따랐다. (공산당이 배후에서 조장한 측면도 있다.) 국민당 정부는 무력 탄압으로 일관했다. 모든 시위와 파업을 불법으로 규정했고, 국민당에 대해 비판을 가하는 언론 활동도 금지시켰다. 국민당의 전시 독재체제가 강화되면서 민심 이반은 더욱 극심해졌다. 반면 이 시기에 공산당은 되레 민심을 얻는 방향으로 나아갔다. 자신들이 주둔한 지역에서 지주와 부농의 토지를 몰수해 빈농들에게 나눠주는 '토지개혁운동'을 전개해 나갔다. 지역 농촌의 민심은 공산당에게로 급속히 기울었다. 농민들이 대거 인민해방군에 가담하는 결과도 낳았다.

섬북에 머무르고 있던 마오쩌둥은 슬슬 반격을 해야 한다고 생각했다. 그는 적군이 미처 예상하지 못한 전술로 허를 찌르기를 원했다. 핵심은 황허강을 도하한 뒤 '중원'으로 진격하는 것이었다. 국민혁명군은 인민해방군이 황허강을 건널 것이라곤 꿈에도 생각하지 못했다. 이 강은 견고한 방어선으로 여겨졌기 때문이다. 이러한 인식은 역설적으로 황허강 주변에서의 방어를 취약하게 만들었다. 마오쩌둥은 류보청과 덩샤오핑이 지휘하는 진지루위야전군에게 황허강을 도하하라고 지시했다. 펑더화이의 서북야전군에겐 위린을 공격하라고 했다. 이를 통해 국민혁명군이 류보청과 덩샤오핑 부대를 추격하지 못하게 하려 했다. 6월 30일, 류보청과 덩샤오핑 부대는 신속하게 배를 만들어 도하 작전에 착수했다. 도하하는 과정에서 배 곳곳에 설치된 기관총으로 국민혁명군에게 무차별 사격을 가했다. 도하 부대 뒤에 있는 또 다른 부대가 포격으로 엄호했다. 도하 작전은 매우 성공적이었다. 하룻밤 만에 12만 명의 인민해방군이 황허강을 건너는 데 성공했다. 뒤이어 이들은 다볘산을 향해 파죽지세로 진격했다. 다볘산은 국민당이 통치하는 지역 한가운데에 위치하고 있었다. 여기를 점령하면 우한 및 난징 등을 용이하게 위협할 수 있었다. 인민해방군은 다볘산으로 진격하는 도중에 산둥성의 딩타오, 원청 등을 점령했고, 류잉지와 완푸허 등에서 적군을 섬멸했다. 국민혁명군은 인민해방군의 진격을 전혀 예상하지 못했기 때문에 속절없이 무너졌다. 인민해방군을 난처하게 만든 것은 국민혁명군보단 저습지, 강물 등이었다. 황판취, 루허강, 화이허강 등이 다볘산으로 향하는 인민해방군의 발목을 잡았다. 그럼에도 류보청과 덩샤오핑은 부대를 적극 독려해 20일 간 1000리를 진격하도록 했다. 마침내 인민해방군은 다볘산에 당도했다. 마오쩌둥은 "비로소 공격 태세로 전환하게 됐다"라며 크게 기뻐했다.

제대로 허를 찔린 장제스는 다볘산을 전면 포위해 토벌하라고 명했다. 여기서 공산당군의 유기적인 전술이 빛을 발했다. 다른 곳에 있던 천겅의 천셰집단군이 황허강을 건너 허난성 서부로 진격했다. 다볘산을 공격하려 했던 국민혁명군 일부가 천겅의 부대에 대응하지 않을 수 없게 만들었다. 천겅의 부대는 룽하이 철도도 파괴해 국민혁명군의 다볘산 진격을 크게 방해하기도 했다. 또한 천이와 쑤위가 이끄는 화동야전군도 황허강을 건너 진격함에 따라, 다볘산 부근에 있던 국민혁명군 일부가 다른 곳으로 이동하게 만들었다. 이로써 국민혁명군의 다볘산 압박이 대폭 완화됐고, 중원 지역에 인민해방군이 대거 포진하는 모습이 나타났다. 약 5개월 간 다볘산을 중심으로 펼쳐진 인민해방군의 전술은 최종적으로 성공했다. 국민혁명군 수만 명을 섬멸했고 다볘산 포위 토벌을 무산시켰다. 이후 류보청과 덩샤오핑 부대는 다볘산에서 근거지를 꾸준히 확대해 나갔다. (얼마 뒤 바이충시가 이끄는 30만 명의 국민혁명군이 다볘산 재토벌에 나섰다. 이때도 인민해방군의 유기적인 전술이 발휘돼 무산됐다.) 천겅의 부대는 허난성 서부 전투에서 잇따라 승리한 뒤 새로운 근거지를 마련해 나갔다. 이를 계기로 공산당의 본격적인 반격 국면이 조성됐으며, 국민당 정부의 통치구역으로 내전의 불길이 옮겨 붙게 됐다. 한편 국민혁명군은 이 시기에 산둥성의 공산당 후방기지인 자오둥 해방구를 공격하는 9월 공세를 감행했다. 인민해방군은 특유의 기습 작전 등을 구사하며 소모전을 펼쳤지만 여의치 않았다. 그러다가 국민혁명군이 다볘산 등 중원 전선의 악화로 병력을 급히 돌리면서 9월 공세는 수포로 돌아갔다.

■ 급변하는 전황

　중원과 더불어 '동북' 지역도 심상치 않게 돌아갔다. 한때 인민해방군(동북민주연군)은 동북 지역에서 하얼빈까지 밀렸었다. 이후 지휘관인 린뱌오는 절치부심하며 군 전력을 강화했고 반격할 기회를 엿보았다. 1947년 5월, 마침내 하계공세를 감행, 쓰핑 등에 대한 점령을 시도했다. 비록 목표했던 바를 달성하진 못했지만, 인민해방군은 수많은 적군을 섬멸했고 거점 지역을 확보했다. 쪼개졌던 만주의 공산당 해방구도 연결했다. 린뱌오의 인민해방군은 여세를 몰아 9월 추계공세를 감행했다. 국민혁명군의 내부 상황이 이 공세를 유리하게 만들었다. 당시 국민혁명군에는 천청이라는 인물이 새로운 지휘관으로 부임해 부패 일소 등 쇄신에 나서고 있었다. (미국은 국민당 내에 광범위하게 퍼져있는 부패를 문제 삼으며 전면 쇄신을 요구했다.) 좋은 의도로 시작한 일이었지만, 이는 되레 군 전력을 약화시키는 결과를 낳았다. 전공이 있는 군인들도 대거 내침으로써 군의 사기를 저하시켰다. 앞선 지휘관인 두위밍의 측근들이 천청을 증오하면서 군 수뇌부가 하나로 단결되지 못했다. 인민해방군의 전술도 돋보였다. 이들은 가장 취약하거나 고립된 부대를 집중 공격했다. 지원하러 온 부대에게도 심각한 타격을 입혔다. 대규모 철로 파괴전도 벌임으로써 국민혁명군이 제대로 이동할 수 없게 만들었다. 결과적으로 인민해방군의 추계공세는 대성공을 거뒀다. 15개의 도시들을 점령했고, 7만 명에 달하는 적군을 섬멸했다. 국민혁명군이 통치하는 지역은 눈에 띄게 쪼그라들었다. 린뱌오는 12월 동계공세도 감행했다. 선양 북쪽의 파쿠를 포위하거나 베이퍄오, 헤이산 등 여러 지역을 기습공격했다. 파쿠의 포위를 풀기 위해 온 국민혁명군을 전멸시켰으며, 베이닝 철도를 차단해 적군을 선양으로 몰아넣었다. 동북 전황 개선이라는 막중한 임무를 띠고 왔던 천청은 6개월도 채우지 못하고 물러났다. 지휘관 교체와 연이은 패배로 국민혁명군의 사기는 땅에 떨어졌다. 이제 린뱌오는 동북 지역의 무게추를 공산당으로 확연히 기울게 하기로 마음먹었다. 인민해방군은 파쿠를 함락시켰고, 1948년 3월 6일 쓰핑마저도 점령했다. 지린과 잉커우 등도 차례로 인민해방군의 수중에 떨어졌다. 이로써 동북 지역의 인구 및 토지 대부분이 공산당에게 넘어갔다.

공산당은 '화북' 지역에 대한 공세에도 착수했다. 국민혁명군이 화북에 있는 병력을 동북 지역으로 증원하려는 움직임을 포착한 뒤였다. 인민해방군은 화북의 바오딩 북쪽에 있는 쉬수이를 맹공했다. 쉬수이에는 적은 병력밖에 없어서 금방 함락될 것처럼 보였다. 그런데 의외로 쉽게 함락되지 않았다. 이때 국민혁명군의 뤄리룽이 전략적 요충지인 스좌좡에 있는 병력을 바오딩 방면으로 보내, 쉬수이의 인민해방군을 협공해야 한다고 주장했다. 장제스는 고심 끝에 스좌좡에 있는 병력을 보내지 않았다. 스좌좡을 매우 중시했기 때문이다. 이것은 패착이었다. 마지못해 다른 병력이 바오딩 방면으로 향했는데 적군의 레이더망에 걸려들고 말았다. 인민해방군은 해당 병력을 기습 섬멸하기로 했다. 쉬수이를 계속 공격함과 더불어 일부 병력을 은밀히 칭펑뎬이라는 곳으로 보냈다. 바오딩으로 향하던 국민혁명군은 칭펑뎬에서 함정에 빠졌다. 수만 명의 사상자와 포로가 발생했고, 병력을 이끌었던 뤼리룽은 포로로 잡혔다. 칭펀뎬 승리와 쉬수이 점령에 성공한 인민해방군은 다음 공격 목표로 스좌좡에 집중했다. 상술했듯 스좌좡은 화북 지역의 통제권이 달려있는 중요한 장소였다. 국민혁명군은 3중 방어망을 형성하며 사수에 총력을 기울였다. 인민해방군은 가열한 포격과 함께 공병들을 통한 방어망 파괴를 도모했다. 그런 다음 보병들을 맹렬히 돌진시켜 거점들을 차례로 확보해 나갔다. 동시에 다른 곳에 요격 부대를 배치해 지원군을 견제하기도 했다. 때로는 스좌좡을 지키는 국민혁명군 병사들의 사기를 저하시키는 심리전도 전개했다. 출중한 방어지대였던 스좌좡은 인민해방군의 집요한 공세에 조금씩 무너졌다. 어느덧 최후 거점이었던 다스차오가 함락되면서 스좌좡의 주인이 바뀌었다. 공산당은 단절됐던 주요 해방구들(진차지 해방구, 진지루위 해방구)을 연결할 수 있게 됐고, 화북 지역의 주도권을 장악했다.

공산당에게 유리한 전황은 '서북' 지역에서도 펼쳐졌다. 펑더화이가 지휘하는 인민해방군은 옌안 동남쪽에 있는 이촨으로 진격했다. 이곳을 점령한 후에 웨이수이 북쪽으로 나아가 위북 근거지를 설립하려 했다. 아울러 항일 명장이자 장제스의 측근인 류칸을 유인해 함정에 빠뜨리려 했다. 이촨이 인민해방군에 포위되자 류칸이 이끄는 국민혁명군이 지원하기 위해 출격했다. 류칸의 부대가 와쯔제에 이르렀을 때, 미리 매복해 있던 인민해방군이 나타나 공격을 퍼부었다. 류칸과 그의 부대는 결사적으로 저항했지만 역부족이었다. 결국 수많은 사상자를 낸 채 패배했고, 류칸은 수류탄으로 자살했다. 동시에 이촨도 함락됐다. 류칸의 항일 전적과 용맹함을 높이 산 펑더화이는, 그의 시신을 잘 수습해 국민당 쪽으로 보내줬다. 장제스는 이 소식을 듣고 "인생을 살아갈 의욕이 생기지 않는다"라며 한탄했다. 별안간 다급해진 서북지역 전황으로 인해, 국민당은 부득이 중원 허난성의 뤄양에 있는 부대를 증원하기로 했다. 뤄양에는 비교적 소수의 병력을 남겼다. 마오쩌둥은 이것이 기회라고 생각했다. 국민당 정부 제2의 수도로 여겨질 만큼, 정치 경제 문화적으로 발달한 뤄양을 점령할 천재일우의 기회라고 판단한 것이다. 마오쩌둥은 화동야전군을 이끌던 천스쥐 등에게 상세한 전략을 지시하며 뤄양을 총공격하라고 명했다. (다른 한편으론 정저우 등에서 다가올 국민혁명군에 대응하기 위해 요격 부대를 배치했다.) 인민해방군은 뤄양을 겨냥해 강력한 포사격을 가하며 공격해 들어갔다. 성벽으로 병사들을 투입시킨 뒤, 폭파와 공성 사다리 등을 활용해 진입을 시도했다. 성안으로 진입한 후에는 국민혁명군과 격렬한 시가전까지 벌였다. 인민해방군은 격전 끝에 2만 명 이상의 적군을 섬멸했고 뤄양을 점령했다. 이후 국민혁명군의 거센 반격이 우려돼 전략상 철수를 하기도 했지만, 머지않아 재차 뤄양을 점령하는 데 성공했다. 뤄양 다음에는 허난성의 성도인 카이펑마저도 점령했다. 이를 통해 공산당은 허난성, 섬서성 등에서 근거지를 탄탄하게 다질 수 있었다. 반면 국민당은 중원과 서북 지역의 연결고리가 끊어지게 됐다.

■ **지난 함락**

초반에 우세했던 국민당은 공산당의 대대적인 반격으로 크게 흔들렸다. 지난 2년 간 내전을 겪으며 중화민국 국군(국민혁명군에서 개칭)은 약 264만 명의 병력 손실을 입었다. 무기들도 상당수 잃었으며 영토 역시 마찬가지였다. 동북에선 선양, 창춘, 진저우 등 소수의 거점들만 통치했다. 화북에서의 통치 지역은 베이핑, 톈진, 장자커우 등에 불과했으며, 서북에서는 옌안 이북을 내주고 시안으로 철수했다. 중원에선 뤄양 등 허난성의 요충지들을 상실했고, 산둥성에선 성도인 지난을 위협받게 됐다. 국민당과 국군 내부에는 패배주의가 엄습했다. 공산당과 인민해방군은 연이은 승리로 사기가 충전했다. 지속적인 모병과 적군 편입, 무기 탈취 등으로 전력도 크게 강화됐다. 국민당의 통치력이 미쳤던 수많은 지역에 공산당의 오성홍기가 꽂혔다. 이 같은 전황은 무엇보다 인민해방군의 유연하고 기민한 전략이 적중했기 때문이다. 상대적으로 우둔한 국군은 해당 전략에 잇따라 휘말렸고, 내부 혼란 등 여러 불운들까지 겹치면서 수세에 몰렸다. 커다란 위기감을 느낀 장제스는 전략을 수정했다. 공격보단 방어에 중점을 뒀다. 방어도 전면이 아닌 지역방어 위주였다. 이 즈음에 장제스를 곤혹스럽게 만든 것은 공산당뿐만이 아니었다. 내부의 거센 비판도 그를 흔들었다. 국민당 내 좌파 세력인 국민당 혁명위원회가 출범해 "장제스 독재정권은 창당 정신을 저버렸다. 이 정권을 전복하고 민주, 독립, 평화를 실현해야 한다"라고 주장했다. 여기에는 쑨원의 부인과 국민당 원로들도 적지 않게 참여해 장제스를 당황하게 만들었다. 그나마 미국의 지원이 재개된 것이 불행 중 다행이었다. 미국은 장제스가 말을 듣지 않고 내전을 개시한 것과 국민당 내부에 광범위하게 퍼진 부패에 대해 불만이 많았다. 이에 국민당에 대한 무기 금수 조치를 단행했다가 1948년 5월에 철회했다. 여전히 마음에 들지 않았지만, 국민당의 어려운 사정을 마냥 외면하고 있을 수만은 없었다. 국민당이 '헌법 실행 국민대표대회'를 통해 헌정을 실시한 것을 긍정적으로 평가한 측면도 있다.

대내외적인 어려움에도 불구하고 장제스는 역사상 처음으로 실시된 총통 선거에서 경쟁 후보를 압도적인 표차로 누르고 당선됐다. 그는 당선을 계기로 국면 전환을 모색했다. 하지만 현실은 녹록지 않았다. 공산당은 빼앗겼던 심장부인 옌안을 탈환하는 데 온 힘을 기울였다. 이미 이촨, 와쯔제 전투에서 승리하면서 매우 유리한 위치에 있었다. 사실상 옌안에 고립된 국군 지휘관 허원딩은 일찌감치 승산이 없다고 판단했다. 이에 각종 군수물자와 식량을 불태워버리고 옌안에서의 철수를 단행했다. 인민해방군은 무난하게 옌안을 탈환했다. 이 같은 전황은 공산당에겐 기쁨을, 국민당에겐 좌절을, 미국에겐 충격을 안겨줬다. 미국은 이때부터 공산당이 내전에서 승리할 가능성을 조심스럽게 염두에 두기 시작했다. 이후 인민해방군은 위둥 전투와 철옹성이라 불렸던 샹양성 전투에서도 잇따라 승리했다. 그나마 국군은 명장인 황바이타오의 맹활약에 힘입어 황판취 대첩에서 승리하며 체면을 차렸다. 이런 가운데 패배주의에 물들어 있는 국민당에 활력을 불어넣기 위한 군사검토회가 8월 난징에서 개최됐다. 주최자인 장제스는 지휘관들에게 "현재의 패배는 순간에 불과하며, 정신무장을 강화한다면 전황을 바꿀 수

인민해방군이 파괴된 성벽을 통해 지난성 내부로 진입하고 있다. 지난 함락은 앞으로 국민당에게 전개될 '재앙'과 같은 상황을 예고하는 것이었다.

있다"라고 강조했다. 가끔씩 국군 장교들의 부패 문제를 비판하기도 했지만 전반적으로 격려에 무게를 뒀다. 공산당군을 궤멸시킬 만한 새로운 전략들을 제시하기도 했다. 다만 장제스의 노력과 달리 이 회의는 국민당의 분위기를 일신하지 못했다. 맞닥뜨린 현실과 앞으로의 전망이 결코 낙관적이지 않았기 때문이다.

얼마 지나지 않아 국군은 중대한 시험대에 올랐다. 산둥성의 심장부인 지난을 사수해야 했다. 쉬스유가 이끄는 14만 명의 인민해방군(산둥병단)이 이곳을 점령하려 했기 때문이다. 만약 왕야오우가 이끄는 12만 명의 국군이 여기를 내준다면, 첫 '대규모 붕괴'라는 평가를 받을 수 있을 터였다. 인민해방군은 지난에 앞서 옌저우를 먼저 공격했다. 지난에 있는 국군과 쉬저우 간의 연결고리를 끊어서 고립시키기 위함이었다. 인민해방군이 옌저우 포위를 시도하자, 쉬저우에 있던 황바이타오의 국군 제25사단이 옌저우를 지원하기 위해 출격했다. 이대로 간다면 옌저우 함락이 쉽지 않아 보였다. 그런데 지원하러 온 국군이 다른 쪽으로 급히 이동하는 모습을 보였다. 인민해방군 화동야전군 서부병단에게 포위된 어우서우녠의 국군 제7병단을 구원하라는 명을 받았던 것이다. 인민해방군은 이 기회를 놓치지 않고, 홀로 남은 옌저우를 맹공격했다. 쉬저우에서 초비부사령관 두위밍이 국군 2개 병단을 이끌고 다급하게 출격했다. 이미 때가 늦은 감이 있었다. 목적지에 도달하기도 전에 옌저우가 함락됐다. 이제 인민해방군은 고립된 지난을 겨냥해 총공세를 가할 태세였다. 지난에 있는 국군 지휘부는 방어 전략에 골머리를 앓고 있었다. 사령관인 왕야오우가 뜻밖의 의견을 피력했다. 전황을 감안할 때, 무작정 지난 사수를 고집하는 것만이 능사는 아니며 2선으로 물러나 싸우는 게 효과적일 수 있다고 주장했다. 미국 군사고문단장도 이와 유사한 주장을 펼쳤다. 이에 대해 장제스는 강력히 반대했다. 그에게 있어 지난은 매우 중요한 가치를 지닌 곳이었다. 왕야오우는 어쩔 수 없이 100개가 넘는 방어진지를 구축하며 지난 방어전에 나섰다.

인민해방군은 9월 16일 지난 공격을 개시했다. 국군은 동쪽 방어에 집중하며 간신히 버텨나갔고, 쉬저우에서 지원군이 빨리 와달라고 요청했다. 인민해방군은 옌저우에서 그랬던 것처럼 지원군이 오기 전에 지난을 함락시켜야 했다. 밀고 당기는 치열한 전투가 지속됐다. 국군은 폭격기 71회 출격과 전투기 기총소사 50회 등 공군까지 적극 활용해 지난을 방어하려 했다. 수송기를 통한 보급품 투하도 27회 이뤄졌다. 인민해방군은 지난성 서쪽에 있는 비행장을 포격해 공중 지원을 어렵게 만들려 했다. 꽤 오랫동안 우열을 가리기 힘든 전황이 이어지다가, 예상치 못한 '돌발 변수'가 발생했다. 왕야오우의 부하인 국군 소속 우화원이 2만 명에 달하는 병력을 이끌고 인민해방군에 투항했다. 기실 우화원은 과거에 저우언라이 등 공산당 고위급 인사들과 은밀히 접촉했었다. 언젠가는 공산당에 이득이 되는 행동을 하기로 약속했는데, 지난 전투가 바로 그때였던 셈이다. 이로써 국군의 서쪽 방어선이 완전히 붕괴됐다. 왕야오우는 장제스에게 퇴각을 건의했지만 받아들여지지 않았다. 사실상 대세가 기운 상황에서도 국군은 시가전 사투를 벌이며 끝까지 저항했다. 24일 새벽, 인민해방군이 최종 승리함에 따라 지난 전투가 종결됐다. 지난 방어전에 나섰던 10만 명 넘는 국군은 전멸했다. 왕야오우는 탈출을 시도하다가 사로잡혔다. 국민당은 물론 미국마저도 지난에서의 전투 결과를 예사롭지 않게 여겼다. 이는 앞으로 전개될 '재앙'과 같은 상황을 예고하는 것이었다.

■ **3대 전역: 랴오선 전역**

전세 역전을 직감한 마오쩌둥은 1948년 9월 정치국 확대회의를 열고 군 전략 수정 및 대규모 전면공세 계획을 수립했다. 앞으로 인민해방군의 전투 방식은 유격전이 아닌 정규전이 될 것이며, "국민당을 타도하고 전 중국을 해방시킬 것"이라고 선언했다. 아울러 동북 지역에서의 '대회전'을 예고했다. 이때부터 국공 내전의 양상은 바뀌게 된다. 이전까지의 전투는 국지적이었고 규모가 압도적으로 크지 않았다. 이제부턴 국공 쌍방 모두 대규모 군대를 동원해 처절한 혈투를 벌이게 될 것이었다. 어느덧, 공격의 때가 무르익었다고 판단한 마오쩌둥은 동북 지역 사령관인 린뱌오에게 진저우를 공격하라고 명했다. 이는 뜻밖이었다. 순서상 창춘과 선양을 먼저 점령한 뒤에 진저우를 공격하는 게 상식적으로 보였기 때문이다. 린뱌오는 진저우 공격에 따르는 위험부담이 크다고 생각했다. 우선 베

공산당은 '3대 전역'에서 국민당에 대승을 거두며 확실한 승기를 잡았다. 사진은 선양에 입성하는 중공군.

이핑과 가까웠기 때문에, 푸쭤이가 지휘하는 화북 지역 국군에게 공격받을 수 있었다. 또한 진저우는 동북 지역 인민해방군의 근거지인 하얼빈과 상당한 거리가 있었다. 선양 등에는 국군의 정예 병력도 포진하고 있었다. 마오쩌둥은 나름의 계산이 있었다. 일단 충분한 병력이 있었으며, 예상치 못한 지점에 공격을 가함으로써 적군을 교란시킬 수 있다고 판단했다. 현재 분위기상 선양 등에 있는 국군이 섣불리 진저우를 지원하기도 어려울 것이라고 봤다. 그리고 진저우 점령 시, 선양과 창춘에 있는 적군의 퇴로를 효과적으로 차단해 동북 전역에서 승기를 잡을 수 있다고 생각했다. 린뱌오는 처음엔 마오쩌둥의 명령을 거부하고, (인민해방군의 오랜 포위로) 고립무원의 상태에 놓인 창춘부터 공격했다. 창춘 국군의 결사항전으로 전황이 여의치 않자 진저우 공격에 나서기로 했다. 동원된 병력은 약 70만 명이었다.

인민해방군 동북야전군은 교묘한 계책을 구사했다. 일부 병력으로 창춘을 계속 공격함으로써, 주공격 방향이 여기라고 믿게 만들었다. 그 사이 대병력을 갖춘 인민해방군 주력부대가 랴오닝성 이현에서 허베이성 루안현에 이르는 광범위한 지역에서 출격했다. 이들의 진격 속도가 워낙 빨라 예상보다 이른 시점에 진저우 외곽에 도달했다. 베이닝 철도의 거점도 점령해 적군의 퇴로를 차단했다. 갑자기 엄청난 규모의 군대가 의외의 장소에 나타나자, 장제스와 진저우의 국군은 소스라치게 놀랐다. 또다시 허를 찔린 셈이다. 더욱이 진저우에는 국군 병력이 15만 명밖에 되지 않았다. 사령관인 판한졔는 부임한 지 얼마 되지 않아, 현지 전황을 제대로 파악하지 못한 상태였다. 전투 준비가 돼 있을 리도 만무했다. 다급해진 장제스는 선양에 있는 웨이리황의 부대에게 진저우를 지원하라고 명했다. 그런데 웨이리황은 격하게 반대했다. 만약 선진로를 통해 진저우로 진격할 경우, 인민해방군의 매복 공격에 걸려들어 전멸할 수 있다고 우려했다. 웨이리황은 본인의 부대가 아닌 화북에 있는 푸쭤이의 부대가 지원해야 한다고 주장했다. 인민해방군은 한층 단합된 모습으로 진저우 공격을 앞두고 있는데, 국군은 내부 갈등으로 허우적거리고 있었다. 시작부터 지고 들어가는 셈이었다.

화가 머리끝까지 난 장제스는 선양으로 가서 웨이리황의 지휘권을 박탈한 뒤, 자신이 직접 부대를 지휘하겠다고 선언했다. 뒤이어 화북과 산둥 지역에서 해운을 통해 지원군을 급파하기로 결정했다. 동진병단과 서진병단으로 지원군을 나눈 다음, 진저우에 있는 인민해방군을 협공한다는 계획도 세웠다. 지원군 급파가 이뤄지자 공산당 지휘부는 당황하기 시작했다. 특히 푸쭤이의 화북 대군이 진저우와 매우 가까운 후루다오에 상륙하자 심각한 고민에 휩싸였다. 진저우 공격을 계속할지 아니면 창춘으로 병력을 돌릴지에 대한 고민이었다. 결론은 진저우 공격이었다. (마오쩌둥이 이를 강하게 고집했다.) 동북 인민해방군 지휘부는 진저우 총공세와 지원하러 오는 적군을 효과적으로 요격할 전략을 수립해 나갔다. 진저우에 대한 공세는 북쪽, 남쪽, 동쪽 등 사방에서 이뤄질 터였다. 관건은 지원군을 저지하는 것이었다. 린뱌오는 방어의 성패가 작은 마을인 타산에 달려있다고 판단했다. 이곳을 내준다면 진저우의 인민해방군은 협공을 당해 궤멸될 가능성이 높았다. 반대로 이곳을 사수한다면 진저우 점령이 수월해질 터였다. 사활을 걸 수밖에 없었다. 국군도 반드시 타산을 확보해야만 진저우를 지킬 수 있었다.

10월 10일, 국군 동진병단과 제7병단 등이 타산에 있는 인민해방군 진지를 맹렬히 공격하기 시작했다. 항공기 폭격이 이뤄졌고 함포도 불을 뿜었다. 국군 병사들은 밀집대형으로 적군 진지를 향해 돌격했다. 인민해방군은 자신들의 진지가 포격으로 파괴됐지만, 물러서지 않고 돌격하는 적군을 향해 기관총 사격을 퍼부었다. 국군의 집요한 공세는 며칠간 계속됐다. 하지만 인민해방군의 방어선은 좀처럼 뚫리지 않았다. 시간이 갈수록 초조해지는 것은 국군 쪽이었다. 조만간 진저우를 겨냥한 인민해방군의 총공세가 개시될 것이었다. 진저우가 함락되면 전황은 어려워질 수밖에 없었다. 심적으로 쫓기고 있던 국군은 14일 가장 격렬하게 타산 공격에 나섰다. 수많은 병사들이 포격 엄호를 받으며 적군 진지를 향해 돌격했다. 인민해방군의 기관총 세례가 쏟아지자 국군의 시체가 산처럼 쌓였다. 그럼에도 돌격전이 그치지 않고 계속되면서 병사들의 희생이 눈덩이처럼 불어났다. 무차별 포격과 사격 등으로 인해 방어하는 쪽에서도 만만치 않은 사상자가 발생했다. 타산에서 참혹한 진지전이 이어지는 가운데, 진저우 인근에 있던 인민해방군은 공격 준비를 마쳤다. 곧바로 진저우 전투가 개시됐다. 600문에 달하는 대포의 집중 포격이 이뤄졌다. 병사들은 가열하게 돌격했다. 타산 전투와 달리, 이번에는 국군이 돌격하는 인민해방군에게 기관총 세례를 퍼부었다. 인민해방군은 막대한 희생을 무릅쓰면서 방어선을 돌파해 나갔다. 나름 견고하게 보였던 진저우는 끝없이 밀려드는 인민해방군의 공세에 서서히 무너졌다. 결국 성안에서 방어하던 국군이 섬멸되면서 15일 진저우가 공산당의 수중에 떨어졌다. 이렇게 되자 타산을 공격하고 있던 국군은 힘이 빠졌다. 어쩔 수 없이 공격을 중단하고 철수하기로 했다. 일련의 전투 과정은 국민당에겐 그야말로 악몽이었다. 병력 등 잃은 것은 너무 많았고, 얻은 것은 단 하나도 없었다. 대담한 작전으로 승리를 거머쥔 공산당의 사기는 하늘을 찔렀다.

진저우 함락으로 창춘에 있는 국군은 더욱 고립됐다. 그동안 지휘관인 정둥궈와 병사들은 영웅적으로 적군의 포위 공격을 막아왔지만, 더 이상 버티기 힘들 듯했다. 성안의 식량과 군수물자가 거의 바닥났다. 정둥궈는 고심 끝에 포위망 돌파를 시도했으나, 측근이 군대를 이끌고 인민해방군에 투항하는 바람에 무산됐다. 항전 능력이 완전히 상실된 정둥궈에게 저우언라이가 투항을 권유했다. 21일 정둥궈가 이를 받아들이면서 창춘도 공산당이 접수하게 됐다. 베이핑에 있던 장제스는 진저우 함락을 도저히 묵과할 수 없었다. 그는 웨이리황에게 거듭 전보를 보내 진저우 탈환을 명했다. 이곳이 적군의 손아귀에 있는 한, 동북에 있는 군대를 철수시킬 방도가 없었다. 동북 군대를 철수시켜야 훗날의 더 큰 전투를 대비할 수 있었다. 이때도 웨이리황은 장제스와 의견을 달리했다. 선양으로 병력을 집중해 방어에 전념해야 한다고 주장했다. 장제스는 "그렇게 하면 선양도 창춘과 비슷한 운명을 맞을 수 있다"라고 경고했다. 평행선을 달리는 가운데, 장제스는 웨이리황을 제치고 랴오야오샹에게 진저우 탈환을 명했다. 23일, 랴오야오샹이 이끄는 국군은 진저우로 가는 통로인 헤이산 및 다후산을 공격했다. 3일 간 전개된 헤이산 공방전은 국공 내전 3대 공방전 중 하나였다. 그만큼 국공 양 진영이 이곳을 놓고 사생결단식으로 맞붙었다. 한때 국군이 사력을 다해 여러 개의 진지를 점령하면, 또 다른 때에 인민해방군이 밀고 들어와 탈환하는 과정이 반복됐다. 이 와중에 양측의 사상자가 걷잡을 수 없을 정도로 불어났다.

결과적으로 국군의 공세는 좌절됐다. 랴오야오샹은 한계를 절감하고 선양 방면으로 철수를 단행했다. 설상가상으로 국군이 철수하는 도중에 인민해방군이 나타나 겹겹이 포위하는 상황이 발생했다. 이번에도 인민해방군의 유격전술이 유감없이 발휘된 셈이었다. 10만 명의 국군은 격렬히 저항했지만, 중심부를 향해 치고 들어오는 인민해방군을 막아낼 수 없었다. 얼마 지나지 않아 국군은 완전히 궤멸됐다. 이후 공산당은 선양으로 눈길을 돌렸다. 장제스와 군지휘부는 이미 선양 방어가 어렵고 잉커우로의 철수도 힘들다고 판단했다. 진퇴양난이었다. 11월 1일, 인민해방군은 선양을 전면 포위한 뒤 대대적인 공세를 감행했다. 전의를 상실한 국군은 하루 만에 무너져 버렸다. 직후에는 잉커우도 신속히 함락됐다. 이로써 52일 간 전개된 '랴오선 전역'은 공산당의 완승으로 종결됐다. 국민당은 이 전역에서 지금껏 겪지 못했던 치명상을 입었다. 이전에는 약 50만 명의 군대가 동북 지역에 있었지만 거의 다 소멸됐다. 소장 이상 고위급 장교 수백 명이 사로잡히기도 했다. 각종 무기와 전쟁 물자도 공산당에게 빼앗겼다. 이 시기에 처음으로 인민해방군 병력(약 300만 명)이 국군 병력(약 290만 명)을 앞질렀다. 국공 내전 전황이 근본적으로 뒤바뀐 것을 눈치챈 마오쩌둥은 "앞으로 1년 정도면, 국민당 반동 정권을 완전히 타도할 수 있을 것"이라고 장담했다.

■ 3대 전역: 화이하이 전역

랴오선 전역이 내전의 향방에 큰 영향을 미치긴 했지만, 동북 지역에 국한된 측면이 있었다. 국공 내전 최대의 전투는 광활한 중원 지역(허난성 일대)에서 벌어진 '화이하이 전역'이다. 공산당이 난징의 관문이라 할 수 있는 쉬저우를 표적으로 삼으면서 발발했다. 마오쩌둥과 쑤위 등은 쉬저우 공격을 보다 용이하게 하기 위해, 걸림돌이 될 수 있는 황바이타오의 국군을 섬멸할 계획도 세웠다. (인민해방군의 두 축인 화동야전군과 중원야전군이 합세했다.) 이때 적군의 진격을 예상한 국군의 두위밍은, 역으로 산둥 지역을 공격해 지난과 타이안 등을 수복하려는 대담한 계획을 세웠다. 불리한 상황에선 방어에 집중하는 게 보통인데, 두위밍의 계획은 상대의 허를 찌르는 발상이었다. 국군의 기본 전력과 몇 가지 전황을 감안할 때, 충분히 기대해 볼 만했다. 만약 성공한다면 불리한 전황을 크게 만회할 수도 있었다. 장제스도 동의함에 따라 두위밍은 착실히 공격을 준비해 나갔다. 그런데 어느 날 갑자기 장제스가 두위밍에게 "동북으로 가서 국군의 철수를 지휘하라"라고 명했다. 두위밍은 어안이 벙벙했다. 장제스를 수차례 설득해보려 했지만, 완강한 그의 명령을 따르지 않을 수 없었다. 결과적으로 국민당으로선 좋은 기회를 놓친 셈이었다.

화이하이 전역은 랴오선 전역처럼 개전 전부터 국군이 지고 들어가는 모양새를 나타냈다. 인민해방군의 쉬저우 공격이 임박했을 때, 국군 지휘부는 전투의 방식도 정하지 못하고 우왕좌왕했다. 앞으로 나가 싸울지 아니면 뒤로 물러서서 방어에 집중할지를 놓고 격론이 벌어졌다. 우여곡절 끝에 일단 쉬저우를 포기하고 남쪽에 있는 벙부로 이동, 이곳을 중심으로 병력을 집중 운용해 결전하기로 했다. 이른바 '쉬벙회전 계획'이었다. 그런데 머지않아 계획이 변경됐다. 벙부에서가 아닌 '쉬저우와 벙부 사이에서' 병력을 한데 모아 결전한다는 것이었다. 사실상 쉬저우에서의 결전을 의미했다. 일련의 혼란상을 목도한 두위밍은 심리적 공황 상태에 빠졌다고 한다. 전투를 총체적으로 지휘할 지휘관을 선정하는 것도 어려웠다. 장제스는 대규모 작전을 수행한 경험이 많은 화중 초비사령관 바이충시가 전투를 지휘해 주길 바랐다. 당초 바이충시는 전면에 나설 것처럼 보였으나 어느 순간 뒤로 물러났다. 이유는 분명하지 않지만, 바이충시가 이미 완료된 부대배치 상태를 본 뒤 승산이 없다고 확신했기 때문이라는 설이 유력하다. 장제스는 차선책으로 두위밍에게 지휘 실권을 맡겼다. 개전 이전부터 극심한 난맥상을 보인 국민당과 달리, 공산당은 매우 일사불란하게 전투를 준비했다. 현장에서 의견을 개진하면 수뇌부가 곧바로 검토 승인하는 등 신속한 일처리가 이뤄졌다. 당시 국군 내부에 공산당 스파이가 깊숙이 암약한 것도 치명적이었다. 국군의 작전 계획을 입안했던 궈루구이는 추후에 첩자로 밝혀졌다. 이로 인해 공산당은 사전에 적군의 계획을 어느 정도 파악할 수 있었다.

(쉬저우에서 가장 멀리 떨어져 있는) 국군의 황바이타오도 쉬저우 쪽으로 병력을 집결해 싸우는 것이 유리하다고 판단했다. 현재 위치에 있다간 자신들을 노리는 인민해방군의 유격전에 각개격파 당할 수도 있었다. 그러나 상부에서 부대의 이동을 좀처럼 승인하지 않으면서 아까운 시간들이 그냥 흘러갔다. 적지 않은 시간이 흐른 뒤에야 부대 이동 승인이 떨어졌다. 황바이타오 부대는 이동 준비를 서둘렀다. 그런데 또다시 어처구니없는 지시가 내려왔다. 다른 지역에서 오는 아군을 기다린 뒤에 같이 이동하라는 것이었다. 그러려면 이틀의 시간을 또 허비해야 했지만 따를 수밖에 없었다. 11월 5일이 됐을 때, 인민해방군의 쉬저우 공격이 (예상보다 빨리) 초읽기에 들어갔다는 첩보가 곳곳에서 쏟아졌다. 뒤늦게 국군은 다급해졌다. 황바이타오 부대를 비롯해 각 지역에 있는 국군은 신속히 쉬저우로 이동하라는 엄명이 내려졌다. 6일, 마침내 쑤위의 인민해방군이 움직이기 시작하면서 화이하이 전역이 발발했다. 최우선적으로 쑤위는 이동 중인 황바이타오 부대를 중간에서 궤멸시키려 했다. 정예 부대가 본진에 합류하기 전에 격파된다면, 쉬저우 공략은 훨씬 수월해질 터였다. 추격을 눈치챈 황바이타오 부대는 최대한 빠르게

이동했다. 하지만 대운하에서 발목이 잡혔다. 건널만한 다리가 하나밖에 없었으며 부교나 가교도 설치돼 있지 않았다. 이동 시간이 크게 지체됐다. 대운하를 건너는 과정에서는 수많은 병사들이 뒤엉키는 바람에 희생자가 속출했다. 국군은 가까스로 대운하를 건넌 뒤 녠좡으로 진입했다. 황바이타오는 코앞까지 온 인민해방군이 운하를 쉽게 건널 수 없으리라 확신했다. 오판이었다. 운하를 방어하던 3수정구 수비병들이 부사령원인 허지펑의 지휘 하에 인민해방군에 대거 투항했다. 허지펑 역시 오랜 기간 국군 내부에 숨어있던 공산당 스파이였다.

믿었던 방어선이 조기에 뚫리자 국군은 졸지에 녠좡에 포위됐다. 황바이타오와 주요 지휘관들은 포위망 돌파를 시도할지 아니면 녠좡에서 맞서 싸울지를 두고 격론을 벌였다. 결론은 후자였다. 12일, 인민해방군은 맹공을 퍼부었다. 과연 최고 정예들답게 황바이타오의 군대는 용감하게 맞섰다. 며칠이 지나도 승자가 나오지 않는 일진일퇴의 공방전이 계속됐다. 이런 가운데 장제스는 다른 부대에게 서둘러 녠좡을 구원하라고 명했다. 치우칭취안과 리미가 이끄는 지원군이 녠좡을 향해 진격했다. 쑤위는 즉시 요격 부대를 배치했다. 지원군은 빠른 속도로 녠좡에 다가갔지만, 이내 요격 부대의 강력한 공세에 고전을 면치 못했다. 지원군은 요격 부대를 피해 다쉬자와 판탕으로 우회한 뒤, 이곳들을 통해 황바이타오 부대를 구원하려 했다. 하지만 다쉬자와 판탕에서도 인민해방군이 견결히 버티고 있었다. 더 이상 물러설 곳이 없는 국공 양 진영은 이곳에서 사활을 건 대격전을 치렀다. 국공 내전 3대 격전 중의 하나인 '쉬둥 저지전'이었다. 포격전과 근거리 백병전 등이 난무하면서 전사자가 산더미처럼 쌓였다. 단시간 내에 수만 명의 병사들이 소멸됐다. 요격하던 인민해방군이 다소 후퇴하는 모습을 보이면서 국군이 유리해지는 듯했다. 그러나 거기까지였다. 국군은 끝내 요격 부대를 돌파하지 못했다. 고립된 황바이타오 부대는 결국 독자적으로 싸워야만 했다. 지금껏 눈부시게 선방했지만, 머지않아 한계에 봉착했다. 지휘관은 결단코 용맹함을 잃지 않았다. 얼마 남지 않은 병력을 이끌고 끝까지 항전했다. 그러다가 적군의 유탄에 맞고 전사했다. 황바이타오의 정예부대 10만 명은 모조리 섬멸됐다. 국민당에겐 실로 뼈아픈 참패였다. 만약 황바이타오 부대의 철수가 조속히 이뤄졌다면, 쉬저우 방어는 물론 화이하이 전역의 결과가 달라졌을 수도 있다. 이것 역시 국군 수뇌부의 잘못된 판단에 따른 대참사였다.

녠좡에서의 공방전이 한창일 때, 황웨이가 이끄는 국군이 쑤현으로 진격했다. 쑤현을 장악해야 쉬저우에 있는 국군의 고립을 막을 수 있다고 판단했다. 하지만 인민해방군이 한 발 앞섰다. 이들은 야간에 은밀하고 신속히 기동해 16일 쑤현을 선점하는 데 성공했다. 인민해방군은 조만간 황웨이 부대를 섬멸한 뒤, 쉬저우에 있는 두위밍 부대까지 소멸시킬 계획이었다. 황웨이 부대에 대한 지원이 잘 이뤄지지 못하도록 조치를 취하기도 했다. 23일, 황웨이의 국군과 천겅의 인민해방군이 후이허 남안의 난핑지에서 맞닥뜨렸다. 전투가 벌어지던 중, 인민해방군이 난핑지를 벗어나 퇴각하는 모습을 보였다. 적군을 유인하기 위한 함정이었다. 이를 눈치채지 못한 국군은 인민해방군이 깔아놓은 함정으로 고스란히 들어갔다. 뒤늦게 이상함을 감지한 국군은 구전 방면으로 벗어나려 했지만, 25일 인민해방군에게 완전히 포위되고 말았다. 황웨이는 가장 취약한 지점을 돌파하라고 명했으나 좀처럼 뚫리지 않았다. 이 와중에 믿었던 부하가 일부 병력을 이끌고 인민해방군에 투항했다. 그 역시 공산당 스파이로 드러났다. 국군은 포위망 돌파를 포기하고 방어전에 돌입했다. 인민해방군은 마치 농락하듯 조금씩 조금씩 압박해 들어갔다. 그러다가 12월 6일, 3개 방면으로 총공세를 감행했다. 국군은 쉽사리 무너지지 않았다. 단 한 명의 투항자도 없이, 모든 병력이 결사적으로 저항했다. 황웨이는 극단적인 수단도 동원했다. 적군에게 '독가스'를 살포한 것이다. 인민해방군은 예상치 못한 저항에 당황하는 모습을 보였다. 그럼에도 우세한 병력 규모에 기반해 국군을 점차 궁지로 몰아넣었다. 15일, 마침내 황웨이의 국군 12만 명이 모두 소멸되면서 격렬한 전투가 종결됐다.

쉬저우의 운명은 황웨이 부대보다 먼저 결정됐다. 앞서 두위밍은 쉬저우의 아군 병력이 너무 부족하기 때문에, 황웨이 부대 지원은 물론 쉬저우에서의 결전도 힘들다고 봤다. 이에 30만 병력을 이끌고 쉬저우 서남쪽으로 철수했다. 12월 1일, 인민해방군은 쉬저우에 무혈 입성할 수 있었다. 두위밍은 지금은 비록 철수하지만, 보다 좋은 환경에서 전투를 할 수 있다는 희망을 갖고 내려갔다. 그런데 예기치 못한 지시가 떨어졌다. 장제스가 "철수를 즉각 중단하고 황웨이 부대를 지원하라"라고 명했다. 두위밍으로선 환장할 노릇이었다. 철수 중단 자체도 문제이지만, 황웨이 부대 지원 시 위태로운 처지에 놓일 수도 있었다. 현장을 제대로 모르는 최고 사령관이 또다시 일을 그르친다고 생각했을 법하다. 그럼에도 두위밍은 장제스의 명을 거부하지 못했다. 아니나 다를까. 두위밍이 우려했던 대로 지원하러 가는 국군이 쑤위의 인민해방군에게 포위됐다. 국군은 나름의 방어 태세를 갖추고 포위망 돌파를 여러 차례 시도했지만 뜻을 이루지 못했다. 인민해방군은 국군을 즉각 섬멸하지 않고 포위망에 계속 가뒀다. 이 시기에 화북 지역에서 전투(평진 전역)가 벌어진 데 따른 전략적 조치였다. 그 사이에 마오쩌둥은 두위밍의 투항을 집요하게 요구했다. 두위밍은 끝까지 투항을 거부하고 장제스에게 충성을 맹세했다. 1949년 1월 6일, 인민해방군은 포위망에 있는 적군에게 총공격을 가했다. 국군은 오래 버티지 못하고 무너졌으며 두위밍은 포로로 잡혔다. 이것을 끝으로 화이하이 전역은 종결됐다. 국민당은 강남으로 밀려났고, 공산당은 창장강 이북을 완전히 장악했다.

66일이 걸린 이 전역으로 말미암아 국민당은 회복 불능의 타격을 입었다. 국군이 동원한 병력은 약 80만 명에 달했는데, 이 중 전역으로 '소멸'된 병력은 55만 5000명이었다. 반면 인민해방군이 동원한 병력은 약 60만 명이었는데, 이 중 전역으로 인한 '사상자'는 13만 명에 불과했다. 인민해방군은 수많은 무기들까지 노획하며 더욱 강력해졌다. 이제 국민당은 화북과 화중에서 초라하게 버텨나가야 할 처지가 됐다. 그들 스스로도 전략 전술의 총체적 실패, 장제스의 지휘 실패를 뼈저리게 절감했다. 자연스럽게 장제스의 권위와 통치력이 바닥에 떨어졌다. 미국은 떠들썩하게 반응했다. 주중 군사고문단 및 주중 대사는 "국민당은 완전한 실패를 피할 수 없게 됐다. 장제스의 군사 역량은 사실상 붕괴됐다"라고 밝혔다. 국내외에서 국민당의 패배는 기정사실처럼 굳어져 갔다. 공산당은 여기서 그치지 않고 최후의 일격을 준비했다.

■ 3대 전역: 핑진 전역

3대 전역의 마지막인 핑진 전역은 베이핑과 톈진 등을 중심으로 한 화북 지역에서 벌어진 전투다. 화이하이 전역이 한창 전개될 때인 11월 29일, 인민해방군(동북야전군+화북야전군)이 화북에 있는 국군에 대한 공격을 개시하면서 발발했다. 당초 장제스는 화이하이 전역에서 참패가 예상되는 만큼, 화북을 방어하고 있던 국군이 베이핑과 톈진을 포기하고 남쪽으로 철수해야 한다고 생각했다. 그러면 고립의 위험에서 벗어날 수 있고, 창장강 방어선을 탄탄하게 만들 수 있다는 판단이었다. 다만 베이핑과 톈진이 갖는 상징성이 상당했기에 장제스는 망설임을 거듭했다. 그런데 화북 국군 지휘관인 푸쭤이는 다른 생각을 갖고 있었다. 그는 화북의 인민해방군이 자신의 군대보다 우세하지 못할뿐더러, 동북야전군은 앞선 전역으로 피로감이 극에 달했기 때문에 이른 시일 내로 움직이지 못할 것이라고 주장했다. 또한 푸쭤이는 남쪽으로 철수할 경우, 장제스가 자신의 부대를 접수할 것을 우려해 더욱 화북 사수를 고집했다. 이러한 주장은 받아들여졌다. 푸쭤이는 직계 부대를 베이핑, 장자커우 등에 배치했고 장제스계 부대는 톈진, 탕구 등에 배치했다. 사전에 전황 조사를 한 마오쩌둥은 국군이 언제든 주요 도시들을 포기하고 남하할 수 있다고 판단했다. 이럴 경우 창장강 방어선이 크게 강화돼 추후 (난징 등을 겨냥한) '도강' 작전이 어려워질 것을 우려했다. 그는 인민해방군의 진격을 서두르기로 결심했다.

핑진 전역에는 동북과 화북의 인민해방군 부대가 대거 동원돼 약 100만 명에 달했다. 공격이 개시됐을 때, 마오쩌둥은 국군이 남하에 대한 유혹에 빠지지 않도록 다소 생소한 전술을 지시했다. "포위한 뒤 공격하지 않거나 접근한 뒤 포위하지 않는" 것이었다. 인민해방군이 우선 장자커우로 쳐들어가자, 푸쭤이는 적군이 완전체가 아니기에 장자커우에서 협격해 격파할 수 있다고 판단했다. 그런 다음 지원하러 오는 적군도 충분히 섬멸할 수 있다고 봤다. 국군 주력은 즉각 베이핑에서 장자커우로 출격했다. 하지만 이는 함정이었다. 인민해방군 주력이 베이핑 동북쪽을 공격해 들어갔다. 베이핑과 쑤이위안 사이의 연결을 끊어 장자커우로 진격한 적군의 퇴로를 차단했다. 뒤늦게 베이핑이 위험에 처했다는 것을 확인한 푸쭤이는 급히 주력군을 베이핑으로 회군시키려 했다. 불행히도 주력군은 회군하는 도중에 신바오안에서 포위되고 말았다. 비슷한 시점에 장자커우도 인민해방군에게 포위됐다. 마오쩌둥은 국군이 포위망을 뚫고 해상이나 철로를 통해 남쪽으로 철수할 것을 계속 우려했다. 자극하지 않기 위해 2주 간 공격을 하지 말라는 엄명을 내렸다. 푸쭤이는 이미 국군의 철수가 어렵다고 판단했다. 오로지 베이핑과 톈진 방어에 모든 힘을 쏟았다. 12월 17일, 인민해방군은 베이핑을 철통같이 에워쌌다. 푸쭤이 휘하에 있는 국군이 화북지역 곳곳에서 분할 포위된 형국이 조성됐다. 마오쩌둥과 공산당 수뇌부는 '천년고도'라고 불리는 베이핑을 무혈 점령하길 원했다. 한편으로는 무력으로 압박하면서도, 또 다른 한편으로는 푸쭤이와 평화적 협상을 벌여 설득하기로 했다. 이때 푸쭤이를 설득하기 위해 나선 사람 가운데 그의 딸인 푸동쥐도 있었다. 푸동쥐는 아버지에게 평화적으로 문제를 해결하자고 권했다. 기실 그녀는 비밀 공산당원이었다.

딸의 설득에도 불구하고 푸쭤이는 공산당에게 베이핑 등을 고스란히 넘겨주고 싶지 않았다. 공산당은 국군이 무기를 내려놓으면 생명과 재산을 보장하겠다고 약속했지만, 푸쭤이는 '화북 연합정부'를 설립하자고 역제안했다. 사실상 또 다른 형태의 '국공 합작'을 제안한 셈이다. 화가 난 마오쩌둥은 장자커우와 신바오안에 포위돼 있는 국군을 공격하라고 명했다. 푸쭤이가 실낱같은 희망을 걸고 있는 요소들에 타격을 가해야 심경에 변화가 찾아올 것이라고 확신했다. 21일, 신바오안의 인민해방군은 대대적으로 국군을 공격했다. 병력의 열세에도 국군은 주력군답게 쉽게 무너지지 않았다. 10시간 넘는 격전이 지속된 끝에, 인민해방군은 가까스로 적군을 섬멸하는 데 성공했다. 이어서 장자커우에 대한 공격도 감행했다. 이때 국군은 필사적으로 포위망 돌파를 시도, 서쪽으로의 탈출에 성공하는 듯했다. 하지만 인민해방군의 재빠른 추격으로 극소수의 기병을 제외한 대부분의 병력이 소멸됐다. 푸쭤이는 오랜 기간 공들여 키운 주력군을 잃은 것에 크게 상심했다고 한다. 한편 장제스는 측근들을 여러 번 푸쭤이에게 보내 포위망 돌파를 종용했다. 푸쭤이가 공산당과 합의점을 찾을 것을 크게 우려한 조치였다. 푸쭤이는 현실적으로 포위망을 돌파하기도 어려울뿐더러, 남쪽으로 간다 해도 장제스에게 부당한 대우를 받을 것이라고 생각했다. 결국 공산당과의 협상에 무게 중심을 뒀다. (스승이었던 류허우퉁의 권고도 큰 영향을 미쳤다.)

해를 넘긴 직후, 푸쭤이는 측근을 적진에 보내 협상했다. 공산당은 베이핑 등에 있는 국군을 인민해방군이 완전히 접수하겠다고 못 박았다. 대신 투항하면 과거의 일은 절대로 문제 삼지 않을 것이며, 재산도 보장해 주겠다고 약속했다. 포로로 붙잡힌 푸쭤이의 부하들도 양호한 대우를 받을 것이라고 첨언했다. 공산당은 7일 이내로 호응해 줄 것을 요구했다. 만약 호응이 없을 경우, 즉시 톈진을 공격하겠다고 경고했다. 푸쭤이는 답변 기한인 1949년 1월 14일까지 호응을 하지 않았다. 그는 자신의 군대를 일방적으로 접수하겠다는 공산당의 제안에 난색을 표했다. 인민해방군은 곧바로 34만 명의 병력을 동원해 톈진을 공격했다. 수백 문의 대포가 1시간 가까이 불을 뿜어 방어 진지를 무너뜨렸다. 인민해방군이 성안으로 밀고 들어와 국군과 치열한 시가전을 벌였다. 13만 명의 수비병들은 나름 선방했지만, 근본적인 열세에 직면해 무너지기 시작했다. 다음 날 톈진도 인민해방군의 수중에 떨어졌다. 이제 푸쭤이가 믿을 만한 구석은 거의 다 사라졌다. 그럼에도 그는 마지막까지 자신의 군대를 유지하고, '연합판사처'를 설립해 군정, 기업, 학교 문제 등을 공동으로 처리하자고 제안하는 당돌함을 선보였다. 공산당은 판사처 설립은 수용했으나 모든 것을 단독으로 처리할 것임을 분명히 했다. 끝내 푸쮜이는 22일에 결단을 내렸다. 자신이 보유한 모든 군대가 인민해방군으로 개편될 것 등을 담은 '베이핑 평화해결 문제에 관한 협의서'에 서명했다. 백기 투항이었다. 마침내 31일 인민해방군이 마오쩌둥과 주더의 초상화를 앞세우고 베이핑에 무혈 입성했다. 얼마 뒤 푸쮜이는 마오쩌둥과 만난 자리에서 "저의 죄가 너무 큽니다"라는 말을 남겼다. 마오쩌둥은 그동안 자신을 크게 괴롭혔지만, 명장이자 대규모의 병력을 보유한 푸쮜이를 환대해 줬다. (푸쮜이는 중화인민공화국에서 22년 간 수리전력부장, 전국정치협상회의 부주석, 국방위원회 부주석 등 요직들을 역임했다.) 핑진 전역에서 완승한 공산당은 창장강 이북의 핵심인 베이핑마저 얻음으로써 굳히기에 들어갈 수 있게 됐다.

■ 평화회담 결렬, 양쯔강 도강

동북과 중원, 화북을 잇따라 내준 장제스는 매우 위태로운 처지에 놓였다. 그는 대내외적으로 2선으로 물러나라는 압박을 줄기차게 받았다. 특히 미국은 일찌감치 부총통인 리쭝런을 대안으로 삼았고, 장제스가 하야해야 한다는 뜻을 내비쳤다. 마침 이 즈음에 진행된 미국 대통령 선거에서 (장제스를 불신하는) 트루먼이 재선에 성공함에 따라 장제스 하야 압박은 가속화됐다. 트루먼은 장제스의 부인인 쑹메이링이 찾아왔음에도, 국민당에 대한 적극적 지원에 명확

베이핑에 입성하는 중공군. 이로써 국공 내전에서 공산당의 승리가 기정사실화됐다.

히 선을 그었다. 그는 오래전부터 국민당 인사들의 오만과 무능, 부정부패에 진절머리를 내고 있었다. 국내에선 리쭝런과 광시계, 바이충시 등이 장제스 하야를 요구했다.

압박을 못 이긴 장제스는 핑진 전역이 종결되기 전인 1월 21일 하야를 선언했다. 그날로 난징을 떠나 고향인 저장성의 시커우로 갔다. 다만 하야했다고 해서 장제스가 완전히 사라진 것은 아니었다. 그는 하야 직전 요직에 측근들을 앉혔고 하야 후에는 막후 정치에 돌입했다. 이때 중국 중앙은행의 황금들과 베이핑 고궁박물원에 있던 진귀한 유물들을 대거 대만으로 옮기기도 했다. 황금은 227만량, 유물은 3000 상자에 달했다.

　총통 대리가 된 리쭝런은 정부의 목표를 평화 실현으로 정했다. 즉시 마오쩌둥에게 평화회담도 타진했다. 이를 위해 베이핑으로 16명의 사절단을 파견했다. 리쭝런이 궁극적으로 지향한 것은, 창장강(양쯔강)을 경계로 삼아 국민당과 공산당이 남북으로 분할 통치하는 것이었다. 이른바 '획강이치'(劃江而治), 남북조 국면이었다. 또한 리쭝런은 평화회담이 진행되는 동안 방어선을 강화함으로써, 적군의 도강을 차단할 시간도 벌 수 있다고 생각했다. 창장강 이남에 있던 국민당 난징 정부는 아직 100만 명의 육군과 공군 및 해군을 보유하고 있었다. 국민당의 평화회담에 대해 마오쩌둥과 공산당은 단호하게 나왔다. 그들은 '평화회담을 위한 8개 항 조건'을 내걸었다. 주요 내용들을 살펴보면 전쟁범죄자들 처벌, 가짜 헌법 폐기, 가짜 법통 폐지, 모든 반동군대 개편, 관료자본 몰수, 토지제도 개혁, 매국조약 폐지, 국민당의 모든 권력 접수 등이었다. 아울러 '톈진 방식'과 '베이핑 방식' 중에서 양자택일을 하라고 강요했다. 전자는 무력에 의한 항복, 후자는 담판을 통한 해결이었다. 국민당으로선 도저히 받아들일 수 없는 조건과 태도였다. 리쭝런과 바이충시는 특사를 보내 8개 조건에 난색을 표했다. 인민해방군의 도강에 대해서도 경고했다. 방어하는 국군은 강력하고 창장강은 천험의 방벽인 만큼, 인민해방군이 고작 목선 따위로 도강할 수 없다고 했다. 이에 마오쩌둥과 저우언라이는 "인민해방군은 무슨 일이 있어도 강을 건널 것"이라고 답했다.

이 같은 소식을 접한 장제스는 다시 전면에 나서는 모습을 보였다. 우선 하야 직전에 자신이 임명한 창장강 방어 지휘관들에게 방어 구역을 두 개의 전구로 나눠 방어하도록 명했다. 추가 회담에 앞서 정전협정을 체결하고, 공산군이 도강하면 즉시 회담을 중단하고 책임을 물어야 한다는 등의 지시도 했다. 장제스의 측근들이 핵심 요직에 포진해 있었기 때문에, 여전히 그의 영향력이 막강했다. 평화회담은 4월 13일 베이핑에서 다시 열렸다. 이 회담에서 공산당 측은 8개 조건을 받아들이라고 재차 요구하면서, 핵심은 "공산당이 국군을 접수 개편하는 것"이라고 못 박았다. 국민당 측은 "수용하기 어려운 조건들이 너무 많다"라며 사실상 거부 의사를 밝혔다. 이후 행해진 2차 회담에서 공산당 측은 최후통첩을 가했다. 저우언라이는 국군 접수와 인민해방군 도강은 절대로 양보할 수 없으며, 오는 20일까지 최종안 수용 여부를 밝히라고 말했다. 국민당 회담 대표단은 최종안을 들고 난징으로 돌아와 보고했다. 장제스를 비롯해 모든 사람들이 분통을 터뜨렸다. "왜 이따위 것을 최종안이라고 들고 왔냐"라며 대표단을 꾸짖기도 했다. 국민당은 공산당의 최종안을 거부하기로 결정했다. 그 즉시 마오쩌둥은 전군에 도강 명령을 하달했다. (도강 작전은 이미 1948년 12월부터 준비됐다.) 20일 저녁, 약 100만 명에 달하는 인민해방군이 1만 여 척의 목선을 타고 일제히 도강하기 시작했다. 도강 전선은 서쪽의 후커우에서 동쪽의 장인까지, 무려 1000리가 넘었다. 의외로 인민해방군의 도강 작전은 순조롭게 진행됐다. 곳곳에서 국군의 투항이 발생했기 때문이다. 장인 요새와 난징을 수비하던 2함대 등에서 투항이 발생하자, 국군은 대혼란에 빠졌다. 충분히 창장강을 방어할 수 있다던 국민당 정부의 호언장담은 신기루에 그쳤다.

국군이 도강 전선에서 속절없이 밀리고 난징마저 위기에 처하자, 장제스는 모든 부대에게 상하이와 항저우 일대로 퇴각하라고 명했다. 또한 국민당 정부 관원들과 기관들 모두 난징을 벗어나 다른 지역으로 피신하라고 했다. 중일 전쟁에서나 볼 수 있었던 대규모 피난 행렬이 다시 재현되는 모습이었다. 국군은 난징에서 철수할 때, 수많은 건물에 불을 질렀다. 이에 난징 전체가 화마에 휩싸였다. 24일, 도강 작전을 성공적으로 마친 인민해방군이 마침내 난징에 입성했다. 국민당의 오랜 수도였던 곳이지만, 인민해방군이 진입하자 난징 시민들은 열렬히 환호했다. 국민당은 수도에서도 민심을 잃었던 것이다. 난징 총통부에 걸려있던 청천백일기가 끌어내려지고 새로이 공산당을 상징하는 홍기가 올라갔다. 마오쩌둥은 난징 점령에 크게 기뻐하며 기념으로 '칠언율시'를 지었다. 이는 "웅크린 범, 숨은 용이 오늘 승리하니. 하늘과 땅이 뒤집혀 감개하기 짝이 없다"라는 내용을 담고 있다. 때마침 다른 지역에서도 낭보가 날아들었다. 인민해방군은 타이위안 전역을 점령하면서 산시성을 평정했다. 뒤이어 저장성의 성도인 항저우도 점령했다.

■ 중국의 공산화

극히 절망적인 상황 속에서도 장제스는 끝까지 희망의 끈을 놓지 않았다. 그는 중국 경제의 중심지인 상하이를 6개월 이상 방어한다면, 미국을 비롯한 자유 진영이 적극 지원해 줄 것이라고 믿었다. 이 시기에 미국(자유 진영)과 소련(공산 진영)을 중심으로 한 '냉전'이 무르익고 있다는 점을 감안한 것이다. 더욱이 소련의 스탈린도 중국 공산당에게 창장강을 경계로 휴전할 것을 제의했다. 스탈린은 국공 내전에 미국이 개입해 제3차 세계대전으로 확대될 것을 두려워했다. 소련을 위협할 수 있는 '하나의 중국'을 원하지 않았던 측면도 있었다. 희망고문의 성격이 짙었지만, 국군은 실낱같은 희망을 갖고 상하이 방어에 총력을 기울였다. 1만 개의 진지와 4000여 개의 콘크리트 구조물, 2만 개가 넘는 지뢰를 설치했다. 이를 기반으로 상하이를 나치 독일군이 패퇴한 현장인 '제2의 스탈린그라드'로 만들 것이라고 호언했다. 엄정한 군기도 조성했다. "명령을 위반하거나 전투에서 물러서는 자는 곧바로 죽인다"라는 내용을 골자로 한 '10대 즉결처분 전투명령'을 발령했다. 과거에 죄를 지은 자가 이번 전투에서 공을 세우면 고속승진을 시켜주겠다는 약속도 했다.

5월 12일, 천이와 쑤위가 이끄는 30만 명의 인민해방군이 상하이 공격에 착수했다. 인민해방군은 초반부터 고전을 거듭했다. 견고한 방어선도 문제였지만 수뇌부에서 도시를 파괴할 수 없다며 중화기 사용을 금지했기 때문이다. 공산당에게도 상하이는 매우 중요한 도시였던 셈이다. 인민해방군은 오로지 개인 화기에만 의존하며 전투를 치렀다. 진격하다가 적군의 기관총에 의해 수많은 병사들이 전사하기 일쑤였다. 천이와 쑤위는 방어선 돌파와 관련해 골머리를 앓았다. 고심 끝에 적군의 중심부로 진입해 분할한 다음, 화력이 집중된 곳을 피해 우회한 뒤 각각의 부대들을 포위 섬멸하기로 했다. 해당 작전은 어느 정도 효과를 거뒀다. 국군은 응집된 화력을 선보이지 못하고 방어력이 약화됐다. 이와 함께 상하이에서 암약하고 있던 공산당 지하당원들이 일제히 행동을 개시했다. 각종 정치공세를 펼치며 국군을 혼란에 빠뜨렸다. 영향을 받은 장교 및 병사들의 투항이 곳곳에서 발생했다. 인민해방군은 점차 승기를 잡아 나갔다. 27일, 전투 발발 15일 만에 상하이가 공산당의 수중에 떨어졌다. 국군은 15만 명이 넘는 사상자를 내고 참패했다. 당초 장제스와 국민당이 가졌던 희망은 물거품이 되고 말았다.

상하이 함락에 앞서 후베이성의 성도인 우한도 함락의 길을 면치 못했다. 원래 국군 화중 사령관인 바이충시는 우한을 사수하기 위한 결전을 준비했다. 하지만 측근이었던 장전이 부대를 이끌고 투항하면서 퇴각할 수밖에 없었다. 덕분에 인민해방군은 우한에 무혈 입성했다. 공산당은 그야말로 파죽지세로 대륙을 석권해 나갔다. 이제 변방인 서북 지역이 공산당의 표적이 됐다. 펑더화이의 인민해방군은 이 지역에서 후쫑난의 국군과 일대 격전을 벌였다. 이른바 푸메이 전역에서 4만 명이 넘는 국군이 소멸되면서 섬서성 중부 지역이 인민해방군에게 넘어갔다. 이후 후쫑난 등은 서북을 방어하기 위한 '란저우 회전 계획'을 수립했다. 난공불락의 요새로 여겨지는 란저우를 배경으로 삼아 적군을 격퇴한다는 것이었다. (마부팡의 병력이 란저우 방어를 책임졌다. 후쫑난과 마훙쿠이 병력은 다른 곳을 방어하다가 지원을 나가기로 했다.) 인민해방군은 까마득한 거리와 온갖 질병을 무릅쓰고 란저우를 향해 진격했다. 펑더화이는 란저우 공격에 앞서 후쭝난과 마훙쿠이의 국군을 효과적으로 견제하기도 했다. 이들이 란저우에 합세해 통일된 힘을 발휘하지 못하도록 사전 조치한 것이다. 란저우를 지키고 있던 마부팡은 싸우기도 전에 두려움에 사로잡혔다. 지원군이 오는 것도 여의치 않자 아들에게 방어를 맡기고 충칭으로 도망갔다. 지휘관이 겁을 먹고 달아나자 방어하는 국군의 사기는 크게 떨어졌다. 8월 25일, 인민해방군은 란저우를 겨냥해 대대적인 공세를 펼쳤다. 란저우 주변에 있는 고지 등을 차례로 점령하면서 승기를 잡아나갔다. 전세가 기운 것을 깨달은 방어군 주력이 성 밖으로 탈출했다. 이에 서북 최대의 전투는 공산당의 승리로 끝났다.

비슷한 시기에 후난성의 창사도 함락됐다. 방어를 책임지고 있던 국군의 청첸과 천밍런이 투항하면서 비교적 쉽게 인민해방군이 접수했다. 투항은 줄줄이 이어졌다. 푸쭤이의 부하였던 둥치우 등이 9월 19일 쑤이위안에서 공산당에 투항했고, 신장에서도 경비총사령관인 타오즈웨가 10만 명의 병력을 이끌고 투항했다. 이로써 서남 지역을 제외한 전 국토가 공산당에게 넘어갔다. 비로소 마오쩌둥과 공산당 수뇌부는 '건국' 준비를 본격화했다. 9월 21일부터 베이핑에서 중국 인민정치협상회의 1차 회의가 열렸다. 여기서 180명으로 구성된 전국위원회를 조직했고, 마오쩌둥을 전국위원회 주석으로 선출했다. 뒤이어 180명 가운데 63명으로 중앙 인민정부위원회를 구성했으며, '중국 인민정치협상회의 공동강령'을 도출했다. 이

마오쩌둥과 정부 인사들이 1949년 10월 1일 베이징 톈안먼 성루에 올라 중화인민공화국 수립을 선포하고 있다.

에 따르면 새로 건국될 국가는 노동자, 농민연맹을 기초로 한 '인민민주주의 독재국가'가 될 것이었다. 수도는 베이징(베이핑에서 개칭)으로, 국기는 오성홍기로 결정됐다. 10월 1일, 중앙 인민정부위원회 1차 회의가 열린 자리에서 중화인민공화국 중앙 인민정부 수립을 결의했다. 마오쩌둥은 중앙 인민정부 주석으로 선출됐다. 주더는 인민해방군 총사령관이 됐다. 마오쩌둥과 정부 인사들은 이날 오후 3시에 베이징 톈안먼 성루에 올랐다. 톈안먼 광장에 자리한 30만 명의 군중은 마오쩌둥을 주시했다. 그는 큰 목소리로 다음과 같이 선언했다. "오늘 중화인민공화국 중앙 인민정부가 수립됐다." 마침내 중국 대륙에 공산 국가가 들어서는 순간이었다. 군중의 우레와 같은 함성과 박수 소리가 터져 나왔다. 축포와 열병식이 뒤따랐다. 주더는 열병식에 모인 군사들에게 "국민당 반동군대를 일소하고, 아직 해방되지 않은 모든 국토를 신속히 해방시켜라"라고 명했다.

인민해방군은 진격을 계속했다. 10월 14일 광저우에 무혈입성했고, 골치 아프게 만들었던 바이충시의 군대(광시군)를 헝바오 전투에서 궤멸시켰다. 국공 간 최후의 결전은 서남 지역에서 벌어졌다. 국민당은 쓰촨성, 구이저우성, 윈난성 등 서남 지역을 최후의 근거지로 삼아 항전했다. 이 지역을 지키던 후쭝난의 국군은 쓰촨성 북쪽에 대한 방어를 강화했다. 그러나 인민해방군이 서남쪽으로 우회해 쓰촨성을 들이받았다. 충칭 코앞에 있는 쓰촨성의 펑수이가 함락됐고, 구이저우성의 성도인 구이양도 비슷한 상황에 처했다. 이제 남은 것은 충칭뿐이었다. 장제스는 쑹시롄 등에게 결사항전을 명했으나, 이미 급격히 기울어진 전세를 뒤집는 건 불가능했다. 국군은 전략상 충칭을 내주고 남쪽으로 퇴각했다. 그러다가 인민해방군에게 포위돼 궤멸됐고 쑹시롄은 포로로 잡혔다. 끝으로 청두로 퇴각했던 후쭝난의 국군마저 소멸됨에 따라 서남 지역 전투가 종결됐다. 이로써 공산당은 약 4년 간 벌어진 국공 내전에서 최종 승리하며 중국 대륙을 완전히 석권했다. 더 이상 대륙에서 발붙일 곳이 없어진 장제스는 아들 장징궈와 함께 대만으로 향했다. 한때 군벌들을 패퇴시키며 대륙을 호령했고 중일 전쟁을 진두지휘했던 천하의 장제스가, 이제는 작은 섬으로 쫓겨나는 매우 처량한 신세가 됐다. 그야말로 '폐주'가 따로 없었다. 그나마 국민당은 대륙 가까이에 있는 섬인 진먼다오 전투에서 승리함으로써, 대륙 진출에 대한 희망을 가짐과 동시에 대만 방어를 용이하게 할 수 있게 됐다. 추후 장제스는 대만의 총통으로 취임했다. 오랜 기간 계엄 상태를 유지하며 독재 체제를 강화했다. 통치 기간에 대만의 경제를 획기적으로 발전시킨 것은 큰 업적으로 평가받고 있다. 한국전쟁 시기를 포함해 틈틈이 대륙 탈환의 기회를 엿보았지만, 뜻을 이루지 못하고 (마오쩌둥 사망 1년 전인) 1975년 4월 5일 세상을 떠났다.

"정치는 유혈없는 전쟁이고, 전쟁은 유혈있는 정치다."

―마오쩌둥

09
한국 전쟁
냉전 시대 최악의 열전

○ 동족상잔의 비극 전말

한국 전쟁의 중대 전환점이 된 인천상륙작전. 더글러스 맥아더 장군이 함정에서 작전을 지휘하고 있다.

"유엔 안전보장이사회는 대한민국에 대한 북한군의 무력 공격을 중대한 관심을 갖고 주목하고 있다. 이 행동이 평화를 파괴하는 요인이 된다고 단정하며, 전쟁 행위의 즉각적인 중단을 요구한다. 북한 당국은 즉시 그 군대를 북위 38도선까지 철수시킬 것을 요구한다. 본 결의의 이행에 있어, 모든 위원국이 유엔에 전적인 지원을 제공할 것과 북한 당국에 대한 지원 제공을 삼갈 것을 요구한다."

-유엔 안전보장이사회 결의 中

제2차 세계대전이 끝난 후, 전 세계는 미국과 소련을 중심으로 한 '냉전' 체제에 돌입했다. 자본주의와 공산주의라는 두 개의 상반된 이념이 초긴장 상태를 유지하며 대립했다. 이전처럼 군사적 충돌이 주를 이룬 것은 아니었다. 수십 년 간 이어진 미소 냉전의 시기동안 이른바 '열전'은 좀처럼 발생하지 않았다. 그런데 거의 유일하게 대규모 열전이라 할 수 있는 것이 한반도에서 발생했다. 바로 '한국전쟁'(6.25 전쟁)이다. 스탈린, 마오쩌둥, 김일성이 공모해 일으킨 이 전쟁은 일진일퇴의 공방전 형식으로 전개됐다. 처음에는 북한군이 기습 공격으로 승기를 잡으면서 한국군과 미군은 낙동강 방어선까지 밀렸다. 그러다가 드라마틱한 인천상륙작전의 성공으로 단숨에 전세가 역전됐다. 미군과 한국군은 북진을 거듭해 압록강과 두만강까지 진출했다. 이때 예기치 못한 중공군의 전면 개입으로 다시 37도선까지 밀렸다. 이후 정전 협정이 체결될 때까지 현재의 휴전선 인근에서 고지 쟁탈전을 벌였다. 3년 1개월 2일 동안 벌어진 전쟁에서, 당시 남북한 인구의 약 10%에 해당하는 300만 명이 목숨을 잃었다. 재산 피해는 320억 달러에 이르렀다. 승자는 없고 오로지 패자만을 남긴 '동족상잔의 비극'은 민족사회의 근간을 뿌리째 뒤흔들었다.

오늘날 한국 전쟁은 여러 가지 성격을 띤 전쟁으로 평가받고 있다. 자본주의와 공산주의의 '이념 전쟁', 수많은 국가들이 참전한 '세계 전쟁', 한반도 내에서만 전투가 치러졌다는 점을 감안해 '제한 전쟁'으로 평가받기도 한다. 하지만 우리들의 입장에서 봤을 때에는 그야말로 '총력전'이라는 평가가 가장 적합할 듯하다. 공산권의 마수로부터 자유와 민주주의를 지키기 위해 수많은 군인과 국민들이 고군분투했다. 미국과 기타 수많은 국가들은 헌신적으로 힘을 보탰다. 그 결과 기습 공격에도 무너지지 않고 남한 만이라도 보존했으며, 현재의 발전된 강국으로 성장하는 계기를 마련했다. 다만 한국 전쟁은 아직도 끝나지 않았다. 종전과 통일은커녕 대립과 긴장이 지속적으로 발생하고 있다. 언제 어떻게 전쟁이 재발할지 모르는 불확실성 속에서 우리나라 군인과 국민들은 불안한 삶을 살고 있다. 이제 한국 전쟁은 얼마동안 전쟁을 멈추는 휴전이 아닌, 반드시 '끝나야만 할' 전쟁이 돼야 한다. 대립과 긴장을 탈피하고 종전과 통일이라는 민족적 숙원을 달성해야 할 과제가 지금 여기, 우리들 각자에게 놓여 있다. 70여 년 전, 한반도에서 발생한 냉전 시대 최악의 열전인 '한국 전쟁' 전말을 되돌아봤다.

■ 분단 체제 성립

제2차 세계대전 말기, 대일전을 선포한 소련군은 매우 빠른 속도로 진격했다. 만주에 있는 일본 관동군을 순식간에 제압한데 이어 한반도 이북 지역까지 쳐들어갔다. 일본이 항복한 뒤인 1945년 8월 24일 소련군 선발대가 평양을 점령했고, 얼마 안 가 북한 전 지역이 소련군의 수중에 떨어졌다. 소련군은 '붉은 군대는 조선 인민들에게 자유와 독립을 가져왔다'는 구호가 적힌 포스터를 곳곳에 붙이며 대대적인 선전전을 펼쳤다. 북한 주민들은 소련군을 일본군의 압제에서 벗어나게 해준 해방군으로 인식했다. 이에 소련군에게 꽃다발 등을 선사하며 열렬히 환영했다. (소련군 일각에서는 만행도 발생했다. 식량 약탈과 여염집 여인들에 대한 겁탈 등이 자행됐다. 보다 못한 한 노인이 "내 재산을 모두 줄 테니 조선 여인들을 건드리지 말라"라고 호소한 기록도 있다.) 조만간 평안남도 도청에 치스차코프 대장을 정점으로 하는 군사정부가 수립됐다. 소련은 북한의 지도자를 물색해 나갔다. 무엇보다 자신들의 말을 잘 따를만한 인물을 선호했다. 그 결과 소련군 장교로 활동한 바 있는 젊은 김일성이 간택됐다. 당시 북한에서 명망이 있던 민족주의자 조만식은 일찌감치 배제됐다. 남쪽에서 비교적 큰 세력을 형성하고 있던 '조선의 레닌' 박헌영은 소련에게 적잖은 부담으로 여겨져 배제됐다. 김일성은 북조선 공산당 책임비서로 임명된 후 빠르게 권력을 장악해 나갔다. 미군은 9월 4일이 돼서야 인천을 통해 남한으로 들어왔다. 원래 일본에만 집중했던 미군은 남한에서 군정과 관련한 명확한 정책을 갖고 있지 않았다. 어느 정도의 혼란상은 필연이었다. 우익은 물론 좌익 세력도 난립하며 곳곳에서 충돌과 갈등이 빚어졌다.

　12월 27일, 모스크바에서 미국 영국 소련의 외상이 모여 중대한 합의를 봤다. 한반도에 임시정부를 수립하고, 열강들이 이를 돕기 위해 최대 5년 간 '신탁통치'를 실시한다는 것이었다. 남한 우익 세력을 중심으로 격렬한 반탁 운동이 일어났다. 이들은 신탁통치를 새로운 식민지배로 간주했다. 박헌영 등 좌익 세력은 초반엔 반탁 운동을 펼치다가, 소련의 지령을 받은 뒤 갑자기 찬탁으로 돌아섰다. 시간이 갈수록 남한에서의 이념적 분열상은 극도로 고조됐다. 이런 가운데 1946년 3월, 덕수궁 석조전에서 '미소 공동위원회'가 개최됐다. 한반도에서 임시정부를 구성하는 방식과 관련한 논의가 전개됐다. 여기서 미국과 소련은 의견 차이만 표출했다. 미국은 신탁통치 찬반 세력 모두를 임시정부 구성에 포함시키자고 주장한 반면 소련은 신탁통치 찬성 세력만 포함시키자고 했다. 미국은 찬반 세력 모두를 포함시켜야 자신들에게 유리한 정부를 만들 수 있었고, 소련은 찬성 세력만 포함시켜야 유리한 정부를 만들 수 있었다. 1947년에도 미소 공동위원회가 열렸지만 대립만 반복하다가 결렬됐다. 미국은 한반도 정부구성 문제를 유엔(국제연합)에 넘겨 해결하려고 했다. 11월에 열린 유엔총회에서는 유엔 임시한국위원단을 결성하고, 이 기구의 감시 하에 남북한 총선거를 실시하자는 결의가 도출됐다. 소련은 애초부터 유엔이 한반도 문제에 개입하는 것을 탐탁지 않아 했다. 유엔을 미국의 꼭두각시로 여겼기 때문이다. 더욱이 남북한 총선거가 실시될 경우, 북 측이 인구수 등에서 불리한 만큼 부정적인 결과가 나올 것이라 확신했다. 이에 1948년 북한으로 들어가려는 유엔 위원단을 돌려세웠다. 유엔소총회에서는 '선거 감시가 가능한 지역'에서만 총선거를 하자고 결의했다. 결국 5월에 제주도를 제외한 남한 지역에서 자유 총선거가 실시됐다. 8월에는 이승만을 대통령으로 하는 대한민국 정부가 수립됐다. 제3차 유엔총회는 이 정부를 한반도의 유일한 합법정부로 승인했다. 기다렸다는 듯, 북한에서도 단독정부 수립 움직임이 본격화됐다. 최고인민회의 선거를 통해 9월 김일성을 최고지도자로 하는 조선민주주의 인민공화국이 수립됐다. 소련을 비롯한 공산 국가들은 이 정부를 합법정부로 승인했다. 이로써 한반도에서는 남과 북이 별도로 정부를 세움에 따라 분단이 공식화됐다. 이때부터 동족상잔의 비극이 발아되기 시작했다.

■ 공산권의 적화 야욕

북한은 정부가 수립되기도 전에 정규군을 창설했다. 1946년 7월, 소련의 스탈린은 김일성과 박헌영 등을 모스크바로 초청한 뒤 소련군 지원 하에 군대를 만들라고 지시했다. 이후 무력 집단의 개편 등을 거쳐 1948년 2월 조선인민군을 공식적으로 창설했다. 정부 수립 직후에는 인민군 총사령부를 민족보위성으로 격상시키기도 했다. 소련군은 북한군이 어느 정도 자리를 잡자마자 철수를 단행했다. 철수할 때 적잖은 군수물자를 넘겨줌으로써 북한군 전력 증강에 보탬이 됐다. 기실 소련군 철수는 한국에서의 미군 철수를 암묵적으로 압박한 셈이었다. 한국은 공산 세력의 준동을 우려해 미군

스탈린, 마오쩌둥, 김일성. '한국 전쟁'은 공산 진영의 세 거두가 합의해 발발한 국제 전쟁이었다.

주둔을 계속 요청했지만, 소련군의 모습을 본 미군은 점차 철수 쪽으로 기울었다. 어느덧 북한에서의 권력 장악을 공고히 한 김일성은 1949년 3월부터 전쟁을 염두에 둔 행보를 보였다. 내부적으로는 군 병력충원제도를 지원제에서 징병제로 변경하며 전시 동원체제를 갖췄다. 외부적으로는 극비리에 모스크바를 방문, 스탈린을 만나 한반도 무력통일 계획을 제시했다. 김일성은 다음과 같이 말했다. "지금 상황으로 볼 때, 우리가 한반도를 군사적 수단으로 해방할 필요가 있고 충분히 가능하다고 믿는다. 남조선 반동 세력은 평화통일에 결코 동의하지 않을 것이다. 지금은 우리가 주도권을 확실히 장악할 수 있는 최선의 기회다. 우리 군대는 남한의 군대보다 훨씬 강하다. 게다가 우리는 남한 내에서 강력히 일고 있는 게릴라 운동의 지지를 받고 있다."

김일성의 계획에 스탈린은 의외로 단호한 태도를 보였다. 그는 "북쪽이 먼저 남침해서는 안 된다"라고 잘라 말했다. 세 가지 이유를 들었다. "첫째, 북한 인민군은 남조선 군대에 비해 압도적으로 우월하지 못하다. 둘째, 남한에는 아직도 미군이 있다. 적대 관계가 형성되면 미군이 개입할 것이다. 셋째, 38선에 관한 미소 협정이 아직도 유효하다. 우리 측이 먼저 협정을 파기한다면, 그것은 미군이 개입할 수 있는 근거가 된다." 이에 김일성은 크게 낙담하는 모습을 보였다. 그는 "가까운 장래에 한반도를 통일할 기회가 없다는 뜻인가? 우리 인민들은 다시 하나가 되고 싶어 하고, 반동 정권과 미국 상전들의 멍에로부터 벗어나기를 열망하고 있다"라고 토로했다. 스탈린은 "적이 침략 의도를 갖고 있다면 조만간 침략해 올 것이다. 그들이 공격해 오면 반격할 수 있는 좋은 기회가 된다. 그때 반격한다면 모든 사람들이 당신의 행동을 이해하고 지지할 것이다"라고 답했다. 이처럼 노련한 스탈린은 당초엔 김일성의 전쟁 계획을 반대했다. 무엇보다 미국의 움직임에 대한 두려움이 컸던 것으로 보인다. 그런데 머지않아 스탈린의 마음을 180도 바꾸게 만드는 사건들이 잇따라 발생했다. 우선 '주한미군이 철수'했다. 1949년 6월, 미군은 약 500명의 군사고문단만을 남긴 채 철수를 완료했다. '소련도 원자폭탄 개발'에 성공했다. 스파이들을 통해 미국으로부터 원폭 관련 정보를 빼내는 데 성공했으며, 이에 기반해 8월 카자흐스탄 사막에서 원폭 실험을 성공리에 마쳤다. 이제 소련은 비대칭 전력에 있어 미국과 동등한 수준에 이르렀다. 전 세계의 예상을 뒤엎고 '중국이 공산화'됐다. 장제스의 국민당이 승리할 것으로 예상됐지만, 마오쩌둥의 공산당이 탁월한 전략 전술로 최종 승리를 거머쥐었다. 끝으로 '애치슨 선언'이 나왔다. 미국 국무장관인 딘 애치슨이 미국의 극동방위선에서 한국과 대만을 제외했다.

애치슨 선언이 나온 연유를 살펴볼 필요가 있다. 당시 미국은 한국을 안보상 중요한 지역으로 여기지 않았다. 유럽이나 일본, 남미를 훨씬 중요한 지역으로 간주했다. 주한미군이 한국에서 철수한 것도, 안보상 더 중요한 지역에 우선적으로 군대를 배치해야 한다는 의견이 대두했기 때문이다. 또한 미 공군이 탄생한 것도 영향을 미쳤다. 태평양 전쟁 등을 거치며 미국은 제공권 장악이 얼마나 중요한지를 깨달았다. 자연스레 미 공군이 정식으로 창설됐고, 안보 관련 방위선에서 항공기가 수월하게 뜰 수 있는 지역이 중시됐다. 한국은 험준한 산악 지형이 많아 전략적 가치가 크게 떨어졌다. 별안간 전쟁의 시계가 빠르게 돌아가기 시작했다. 12월, 스탈린은 모스크바를 방문한 마오쩌둥과 여러 정세를 협의한 뒤 김일성에게 남침과 관련한 전향적인 전문을 발송했다. 김일성은 1950년 3월 다시 모스크바를 극비리에 방문해 스탈린과 회담을 가졌다. 이 자리에서 스탈린은 국제 환경과 국내 상황이 모두 '조선통일'에 적극적인 행동을 취할 수 있도록 바뀌었다고 강조했다. 그는 "엘리트 공격사단을 창설하고 추가 부대 창설을 서둘러야 한다. 사단의 무기 보유를 늘리고 이동 전투수단을 기계화해야 한다. 이와 관련된 귀하의 요청을 모두 들어주겠다. 그런 연후에 상세한 공격 계획이 수립돼야 한다"라고 말했다. 이어서 구체적인 작전도 지시했다. 38도선 가까이 있는 특정지역에 병력을 집결시킬 것, 북조선 당국이 평화통일에 관한 새로운 제의를 계속 내놓을 것, 상대가 평화제의를 거부하면 기습공격을 감행할 것 등이었다. 스탈린은 김일성의 옹진반도 점령 계획에 동의했으며, "전쟁은 기습적이고 신속해야 한다. 남조선과 미국이 정신을 차릴 틈을 주어선 안 된다"라고 강조했다.

스탈린은 전쟁의 책임을 교묘히 떠넘기는 듯한 태도도 보였다. 마오쩌둥에게 가서 전쟁 '동의' 및 병력 지원을 받으라는 것이었다. 이것이 필수적인 사항이라고 첨언했다. 여전히 스탈린은 미국을 의식해 소련이 전면에 나서는 듯한 모습을 보이지 않으려 했다. 그러면서 마오쩌둥의 중국이 적극적인 역할을 해주길 바랐다. 김일성은 곧바로 마오쩌둥에게 달려가 전쟁 계획을 알리고 동의 및 지원을 요청했다. 이때 마오쩌둥의 심정은 대단히 복잡했던 것으로 보인다. 엄청난 혈전이었던 '국공 내전'이 이제 막 종결됐는데, 또다시 전쟁에 관여해야 한다는 것이 큰 부담이었다. 상대가 미국이 될 수 있다는 점은 부담감을 더욱 가중시켰다. 그럼에도 마오쩌둥은 고심 끝에 "미군이 참전하면 병력을 파견해 필요한 지원을 해주겠다"라고 약속했다. 국제 공산진영의 수장인 스탈린의 암묵적 압박이 있었고, 북한이 건재해야 중국도 무사할 수 있다는 판단이 앞섰다. 결국 한국 전쟁은 김일성이 추진하고 스탈린이 승인했으며 마오쩌둥이 동의함에 따라 발발한 것이었다. 소련과 중국의 지원 하에 북한군은 전력 증강에 박차를 가했다. 소련으로부터 다량의 군수 물자들이 반입됐으며, 최정예라고 평가되는 한인계 중공군 약 5만 명이 북한군에 편입됐다. 몽골 인민공화국으로부터 군마 7000필을 지원 받기도 했다. 양적으로나 질적으로 북한군의 전력은 눈에 띄게 강화됐다. 당시 북한군의 주요 전력을 살펴보면 전차 242대, 항공기 211대, 장갑차 54대, 박격포 2318문, 대전차포 550문, 자주포 및 곡사포 728문 등이었다. 북한군 10개 사단 약 13만 명이 전방에 배치됐고, 후방에 10만 명의 예비군까지 조직됐다. 반면 한국군의 전력은 부실하기 짝이 없었다. 전차와 전투기는 아예 부재했으며 곡사포, 박격포, 장갑차 등은 북한군에 비해 극히 적었다. 병력은 예비군 없이 약 10만 명이었는데, 절반 가까이가 공산 게릴라군 소탕을 위해 38선에서 멀리 떨어진 후방에 배치됐다.

북한군은 남침 전까지 국지도발을 끊임없이 감행했다. 개성, 옹진, 춘천 등지에서 국지적 전투가 지속됐다. 특히 개성 일대에서는 2개 연대 이상의 병력이 동원된 전투가 벌어졌다. 이를 통해 북한군은 사실상 '전쟁 훈련'을 한 셈이었다. 인민유격대를 후방에 침투시키기도 했다. 이들은 험준한 산악지형에 잠입해 각종 공작을 펼쳤다. 한국군은 북한 유격대를 소탕하느라 진땀을 뺐다. 북한이 도발만 한 것은 아니었다. 스탈린의 지시를 받들어 위장 평화 공세도 펼쳤다. '조국통일민주주의전선'을 결성해 남북 총선거를 실시하자고 제안하거나 체포된 북한 간첩과 조만식의 교환을 떠보기도 했다. 앞에서 교란 작전이 전개되는 와중에 뒤에서는 북한군의 '선제타격 계획'이 도출됐다. 이는 소련의 바실리예프 군사고문단장과 북한군의 강건 총참모장이 공동으로 작성했으며, 총 3단계로 이뤄졌다. 1단계는 주공과 조공으로 구분, 주공은 서울 북쪽에서 직접 압박을 가하고 조공은 춘천-양구에서 원주-수원 방면으로 진격해 궁극적으로 서울을 점령한다는 것이었다. 2단계는 한국에서의 봉기 상황을 고려하며 4개 축선을 따라 군산-대전-대구-포항까지 조속히 진격한다는 것이었다. 3단계는 목포-여수-마산-부산을 연하는 선까지 진격, 미군 증원 이전에 한국 전 지역을 점령한다는 것이었다. 이 계획은 스탈린의 최종 승인을 받았으며, 최종적으로 1950년 6월 25일이 개전일로 확정됐다. 기습 효과를 극대화하기 위해 25일 새벽 4시에 전면 공세가 이뤄질 터였다. 뒤이어 사단급 부대 기동연습이란 미명 하에 '남침을 위한 부대이동 명령'이 하달됐다. 대규모 북한군이 38선 상에 속속 집결했다. 민족보위성은 적정 파악을 위한 '정찰명령 제1호'에 이어, 마침내 공격명령인 '전투명령 제1호'를 전 군에 발령했다. 전쟁이 초읽기에 들어갔음에도 한국군의 대비 태세는 매우 허술했다. 6월 23일, 한국군은 45일 간 지속됐던 경계령을 해제했다. 장병들의 피로도를 고려한 조치였다. 나아가 수많은 장병들이 휴가나 외출을 떠났다. 지휘관들은 전쟁 전날 한가하게 주한미군 군사고문단 장교 클럽 개관식에 참석했다. 사실상 방조나 다름없는 행태가 이어지는 가운데 거대한 폭풍이 밀려오고 있었다.

■ 북한군의 전격 남침

북한군의 남침은 서해안의 옹진반도에서 동해안의 강릉까지, 38도선 전역에 걸쳐 전개됐다. 한국군은 5시 30분 전군에 전투준비태세를 발령했다. 북한군의 주공격은 동두천, 포천-의정부 방면에서 이뤄졌다. 이곳은 서울에 이르는 단거리 접근로였다. 조공격은 서부 지역인 옹진과 개성, 문산 방면에서 이뤄졌다. 우선 옹진에서 2개 연대 규모의 북한군이 기습 공격을 감행했다. 이곳을 방어하고 있던 한국군 제1대대는 대대장이 전사하는 등 큰 피해를 입으며 속절없이 무너졌다. 예비대였던 한국군 제2대대가 역습으로 선방했지만, 우측 방어선에 있던 제3대대가 돌파당했다. 머지않아 북한군이 한국군의 주방어선을 동서로 양분하면서 옹진과 강령 등이 함락됐다. 개성, 문산에서는 4일 간 전투가 벌어졌다. 북한군 제6사단 13연대가 송악산 경계진지 상에서 한국군 제12연대를 공격했다. 한창 전투가 벌어지던 중, 북한군 제15연대가 기차를 타고 개성역으로 쳐들어와 한국군의 배후를 위협했다. 이 공격이 있은지 5시간 만에 개성이 함락됐다. 한국군은 민간 선박을 타고 후방으로 퇴각했다. 이후 북한군은 개성에서 서울에 이르는 철교인 임진강 철교를 확보하려 했다. 다른 한편으로는 임진강 상류인 가여울 지역에서 도하를 단행했다. 한국군은 북한군의 진격을 저지하기 위해 임진강 철교 폭파를 시도했으나, 공병 중대의 기술 부족 등으로 실패했다. 한국군은 2차 방어선인 임진강 차안의 파평산 등에서 반격

북한군은 한국전쟁 발발 3일 만에 서울을 점령했다. 사진은 서울 시내로 진입하는 북한군의 모습.

을 모색했다. 대전차 특공조를 편성해 북한군 전차를 공격했고, 적군의 공격이 지체된 틈을 타 과감하게 반격해 잠시 퇴각시켰다. 하지만 방어선 우측 지역이 조만간 돌파되면서 3차 방어선인 봉일천, 금촌 일대로 후퇴했다. 북한군은 야간 급습을 단행해 3차 방어선도 무너뜨렸다. 한국군 제1사단이 반격을 가해 일시적으로 좌측 방어선 일부를 회복했으나, 북한군 전차의 공격과 측면 노출 등으로 인해 퇴각할 수밖에 없었다.

북한군의 주공격 지역인 서울 북방의 동두천, 포천-의정부 지역도 위기에 처했다. 이 지역에는 개활지가 펼쳐져 있고, 서울로 향하는 도로망이 발달해 있어 방어하기가 매우 어려웠다. 동두천의 한국군 제7사단은 1차 방어선인 경계 진지에 배치된 부대로 적군의 진격을 최대한 지연시키고, 그 사이 의정부에서 훈련받은 부대를 2차 방어선에 배치하려 했다. 다만 배치를 완료하는 데에는 상당한 시간이 소요됐다. 북한군은 전차를 앞세우고 공격해 들어왔다. 정면에서만 공격이 이뤄진 게 아니었다. 북한군 일부가 한국군 진지를 우회함으로써 전후방에서 동시 공격이 이뤄졌다. 허를 찔린 한국군은 고작 3시간 만에 1차 방어선이 무너졌다. 북한군이 2차 방어선으로 나아가려 할 때, 한국군 포병대대가 포격을 가해 진격을 잠시 지연시켰다. 한국군은 2차 방어선에 부대를 배치할 수 있는 시간을 조금이나마 벌었다. 그런데 문제는 따로 있었다. 2차 방어선 부대에 탄약 보급이 제대로 이뤄지지 않아 방어가 취약해진 것이다. 결국 이곳마저도 허무하게 무너짐에 따라 북한군은 동두천을 점령했다. 포천 지역에 있던 한국군 제9연대는 사전에 전쟁을 예상했지만, 군수물자 부족과 북한군의 전차 공격 등으로 고전을 면치 못했다. 대전차 중대가 적군 전차를 공격했으나 별다른 효과를 거두지 못했다. 남쪽에서 지원군도 왔지만 역부족이었다. 끝내 동두천에 이어 포천도 함락되면서, 서울의 마지막 관문인 의정부가 북한군의 위협에 노출됐다. 한국군은 5개 연대를 의정부 방어에 투입했다. 비교적 큰 규모였지만 내실은 좋지 않았다. 지휘계통이 명확히 정립되지 않았으며, 부대 간 협조도 긴밀하게 이뤄지지 못했다. (이 즈음 한국군 일부가 동두천과 포천을 탈환하기 위해 역공을 감행한 바 있다. 제7사단 1연대가 동두천을 넘어 소요산까지 진격하는 등 부분적인 성과를 달성했다. 하지만 의정부가 함락되면서 빛이 바랬다.) 의정부 방어전 때, 육군참모총장

채병덕은 병력을 '축차적'으로 투입하는 우를 범했다. 한 연대가 쪼개져 차례대로 적군의 먹잇감이 되는 상황이 발생했다. 6월 26일, 한국군은 막대한 손실을 입고 의정부도 내주고 말았다.

이제 서울 함락이 초읽기에 들어갔다. 한국군은 창동에서 방어진지를 마련하려 했지만, 북한군 전차와 자주포의 맹렬한 공격으로 인해 미아리 일대로 후퇴했다. 6월 27일 오후, 정릉−미아리−청량리 방면에서 서울 최후 방어선이 형성됐다. 북한군은 폭우가 쏟아지는 야간에 기마대와 전차로 2차례에 걸친 공격을 감행했다. 한국군의 방어선은 2차 공세 때 무너졌다. 2대의 북한군 전차가 기습적으로 미아리 고개를 넘어 서울 시내로 진입한 게 결정적이었다. 28일, 마침내 한국의 수도 서울이 북한군의 수중에 떨어졌다. 전쟁이 발발한 지 3일 만이었다. 앞서 육군본부는 북한군 전차가 서울로 진입했다는 소식을 듣자마자, 공병대에 한강 인도교 폭파를 지시했다. 북한군의 한강 도하를 막기 위해서였다. 피난길에 오르려 했던 서울 시민들은 졸지에 북한군의 지배 하에 놓이게 됐다. 한강 북방에서 전투를 수행했던 한국군은 한강교를 통한 조직적 철수 기회를 놓치고 개별적으로 퇴각해야 했다. 이 과정에서 병력 손실은 물론 상당량의 무기를 잃었다. 서울을 빠르게 점령한 북한군은 벌써부터 승전 분위기에 도취됐다. 그런데 여기서 의문시되는 일이 발생했다. 북한군은 곧바로 한강을 도하하지 않고 무려 6일을 지체했다. 미군 육상 증원군이 오기 전에 남한 전역을 석권하기 위해선, 한시라도 빨리 한강을 넘어 남진해야 했지만 그렇게 하지 않았다. 미국

공군의 폭격과 충분하지 못한 도하 장비 탓도 있었으나, 가장 결정적인 원인은 중동부 지역인 춘천, 홍천 전투와 김포반도 전투에서 발목이 잡혔기 때문이다.

■ 유엔군 참전, 필사의 지연전

춘천은 남서쪽으로 서울, 수원에 이르는 전략적 요충지였다. 이곳을 맡고 있던 한국군 제6사단의 김종오 대령은 여러 정보를 통해 북한군의 침략이 있을 것이라고 사전 예측했다. 이에 춘천 북방에 제7연대, 홍천 북방에 제2연대, 원주에 예비 제19연대를 각각 배치한 뒤 대비 태세를 갖췄다. 초반에는 자주포를 앞세운 북한군의 공격에 밀려 소양강 북쪽 기슭으로 후퇴했다. 북한군은 소양강을 단번에 도하한 다음 춘천을 빠르게 점령하려 했다. 한국군은 이를 막기 위해 안간힘을 썼다. 특히 심일 소위와 포병대대가 눈부신 활약을 펼침에 따라, 북한군의 신속한 소양강 도하 계획은 물거품이 됐다. 이후 한국군은 북한군의 소양강 도하 시도를 재차 방어했고, 나아가 반격까지 감행해 북한군 제17연대를 궤멸시켰다. (홍천에 있던 한국군은 2차 방어선인 어론리 일대까지 단숨에 밀렸지만, 반격을 감행해 고지 일부를 탈환했다.) 춘천에서 예상치 못한 거센 반격을 당한 북한군은 홍천에 있던 일부 병력까지 춘천 쪽으로 이동시켰다. 그럼에도 곧바로 소양강을 건너지 못했다. 27일이 돼서야 가까스로 전과를 올렸다. 북한군은 소양강을 도하한 뒤 춘천 시내로 진입해 봉의산을 함락시켰다. 퇴각은 했지만 한국군은 굴하지 않고 분전을 이어갔다. 춘천-홍천 간 도로 및 말고개-홍천 방면에서 효과적인 지연전을 전개했다. 말고개에서는 김학두 일등 중사와 대전차 특공대가 자신들의 몸을 희생하면서까지 분전하면서, 북한군에 치명적 타격을 입혔다. 춘천에서 한국군 제6사단의 혁혁한 공로로 말미암아, 협공에 기반한 북한군의 한강이북 포위섬멸 계획은 물 건너갔다. 이로써 한강 방어전이 가능하게 됐으며, 초전에 북한군의 진격을 더디게 만드는 결정적 효과를 낳았다. 분노한 김일성은 춘천, 홍천 전투를 지휘한 2군단장을 보직 해임했다.

김포반도에서도 한국군은 눈에 띄는 성과를 달성했다. 춘천과 마찬가지로 이 지역이 신속히 뚫렸다면, 한강 이북의 한국군에 대한 포위 섬멸이 이뤄져 한강 방어선이 무력화될 수 있었다. 그러나 북한군은 김포반도에서 3일 간 지체했다. 한강의 빠른 유속 등이 도하를 방해했고, 급조된 김포지구사령부가 결사 항전을 했기 때문이다. 춘천과 김포반도에서의 분전으로, 한국군(시흥지구전투사령부)은 측면 위협에 시달리지 않고 한강 방어전을 수행했다. 병력 약 3000명이 한강 남쪽 방어선에 배치됐다. 무기가 형편없었기 때문에 오래 버티지 못할 것이 뻔했다. 오로지 미군이 증원되는 시간을 버는 게 목적이었다. 북한군은 6월 30일부터 노량진-신사리 방면, 여의도-영등포 방면 등을 향해 도하 작전을 전개했다. 시흥지구전투사령부는 필사적으로 저항했다. 이에 더해 미국 공군이 폭격으로 힘을 보탰다. 한강 방어선은 상당 기간 존속하는 데 성공했다. 하지만 머지않아 한계에 봉착했다. 7월 3일, 북한군이 철로를 복구한 뒤 전차와 병력을 차례로 도하시키면서 한국군 방어선이 급격히 무너졌다. 이때 김포의 북한군도 뒤늦게 진입하면서, 협공의 위기에 처한 한국군은 퇴각할 수밖에 없었다. 비록 초전의 붕괴에도 불구하고 한국군은 한강에서 무려 6일을 버티면서 회생의 단초를 마련했다. 단기간에 남한 전역을 석권한다는 북한군의 계획도 수포로 돌아간 것이나 다름없었다. 한편, 한국전쟁 발발 후 미국을 비롯한 국제 사회는 발 빠르게 움직였다. 남침을 보고받은 트루먼 대통령은 북한의 배후에 소련이 있다고 확신했다. 즉시 한국을 사수하기 위한 유엔 안전보장이사회를 소집하라고 명했다. 미 극동군사령부 사령관인 맥아더로부터 지상군 투입 필요성을 건의받은 후에는 곧바로 이를 승인했다. 6월 26일 소련이 불참한 가운데 소집된 유엔 안전보장이사회는 북한군의 침략을 규탄했고, 즉시 38선 이북으로의 철수를 요구했다. 뒤이어 한국을 무력 지원해 북한군을 격퇴할 것을 권고하는 결의안이 채택됐다. 미국 주도로 유엔군 사령부가 창설된 데 이어 유엔군이 탄생했다. 미국, 영국, 프랑스, 캐나다, 호주 등 16개국이 유엔군의 깃발 아래에 전투 병력을 파병했다. 맥아더는 유엔군 총사령관으로 임명됐다. 워커 중장을 비롯해 미 극동군 사령부에 있던 주요 참모들도 유엔군 사령부에서 일하게 됐다.

극동방위선에서 한국을 제외했던 미국이 북한 침략 직후에 적극적으로 한국 사수에 나선 이유는 '도미노' 효과를 우려했기 때문이다. 만약 한반도 전체가 공산화된다면, 극동아시아에 있는 여러 국가들이 공산화될 수도 있다고 판단했다. 소련을 정점으로 한 공산주의의 팽창 야욕을 초반부터 뿌리 뽑아야 한다고 확신했던 것이다. 아울러 유엔 안전보장이사회가 소집됐을 때, 소련이 취한 행동을 주목할 필요가 있다. 상임이사국이었던 소련이 한국을 무력 지원한다는 결의안에 거부권을 행사했다면, 유엔군 참전은 이뤄질 수 없었다. 소련이 불참함에 따라 결의안은 통과됐고 유엔군 참전도 가능해졌다. 왜 그랬을까. 소련은 북한을 의식해 결의안에 찬성할 수도, 미국을 의식해 결의안에 반대할 수도 없었다. 애매한 상황을 타개하기 위해 아예 불참과 기권을 선택했던 것이다. 국제 사회의 움직임으로 전황에 변화가 생겼다. 한국군 단독 작전에서 벗어나 한미 연합전선이 형성됐다. 한국군은 부대를 재편성한 뒤 중동부 지역을 맡았고 서부 지역은 미군에게 인계했다. 한국군의 작전 지휘권은 유엔군 사령관인 맥아더에게 넘어갔다. 머지않아 전세 역전이 일어날 것이란 희망도 생겨났다. 하지만 희망이 현실화되기까진 적지 않은 시간이 필요했다. 한국 땅에 첫 발을 내디딘 미군은 쓰디쓴 참패부터 맛봤다. 스미스 특임부대는 오산 북쪽의 죽미령에 진지를 마련하고 북한군을 저지하려 했다. 그러나 진지를 채 완성하기도 전에 30여 대의 북한군 전차가 밀려왔다. 스미스 부대는 곡사포 등으로 반격했으나, 굴하지 않고 오는 적군 전차들을 제압할 수 없었다. 전차로 인해 한바탕 혼란에 휩싸인 스미스 부대의 양옆으로 북한군 보병이 밀려들었다. 몇 시간 만에 스미스 부대의 3분의 1이 전사하는 참극이 빚어졌다. 당초 북한군을 얕잡아 봤던 미군은 큰 충격에 빠졌다. 죽미령을 돌파한 북한군은 곧바로 평택-안성 방면으로 남진했다. 미군 제34연대가 방어에 나섰지만 이번에도 허무하게 무너졌다. 34연대 장병들이 스미스 부대를 격파하고 내려오는 북한군 전차에 지레 겁을 먹었다. 이들은 제대로 싸워보지도 않고 천안으로 도망가기 바빴다. (초전에 급하게 투입된 미군은 매우 취약한 전력을 갖고 있었다. 시간이 가면서 정상 전력을 갖춘 미군이 속속 투입됐다.) 미군은 암담한 분위기를 쇄신하기 위해 천안에서 연대장을 교체했다. 그런데 새로 부임한 연대장이 무모하게 적군에 맞서다 즉사하고 말았다. 미군은 또다시 후퇴할 수밖에 없었다. 그나마 압도적인 제공권이 미군에게 위안을 선사했다. 이 시기에 미국 공군은 남쪽으로 진격하는 북한군 전차 40여 대 등을 공중 폭격으로 파괴하는 전과를 올렸다.

한국군은 험준한 산악 지형이 많은 중부 전선에서 분투했다. 서부 전선에 있는 미군을 뒷받침하기 위해 최대한 지연전을 펼치려 했다. 진천-청주 방면이 첫 시험대였다. 7월 9일, 북한군 제2사단이 전차와 포병 등으로 공격해 들어왔다. 한국군은 일방적으로 밀리지 않았다. 방어진지를 구축한 진천 남단의 문안산-봉화산에서 결사적으로 저항했다. 이에 해당 지역을 빼앗겼다가 다시 탈환하곤 했다. 한국군은 어느 정도 방어하다가 청주 북방의 미호천으로 철수하려 했다. 이때 북한군은 퇴로를 차단해 한국군을 곤경에 빠뜨리려 했다. 한국군은 묘안을 발휘했다. 유엔군에게 네이팜탄 폭격을 요청, 북한군에게 상당한 타격을 입힌 뒤 무사히 철수했다. 한국군은 미호천에서도 북한군에게 타격을 가했다. 북한군이 집결해 있는 지점에 기습적인 포격을 퍼부어 수백 명을 소멸시켰다. 얼마 뒤 북한군이 미호천과 방어선을 뚫고 문의-부강 방면으로 남진했지만, 한국군은 이미 대단한 전과를 올린 상태였다. 당초 북한군은 이곳을 신속하게 돌파한 다음, 공주-대평리 방면에서 진격해오는 다른 부대와 함께 '대전 협공'을 모색했다. 그러나 한국군의 지연전에 말려들어 대전 협공은 물 건너갔다. 이곳에서의 선방으로 한국군은 소백산맥 방면에 방어선을 형성할 수 있는 시간도 벌었다. 한국군의 훌륭한 전과는 계속됐다. 음성 일대의 무극리와 동락리에서 북한군 제15사단을 잇따라 곤경에 빠뜨렸다. 한국군 제7연대는 경계를 허술하게 한 채 동락리에서 저녁식사를 하고 있던 북한군을 급습, 수백 명을 전사시키고 각종 무기도 노획했다. 이 전과로 제7연대는 대통령 부대표창 및 전원 1계급 특진을 받았다. 이후 한국군 제1사단이 전장에 도착함에 따라 제7연대는 다른 지역으로 이동했다. 운 좋게도 북한군의 오판이 뒤따랐다. 이들은 제7연대가 철수하자 한국군 전체가 부재한 상황이라고 판단했다. 이에 거리낌 없이 진격해 들어가던 찰나, 한국군 제1사단의 곡사포 공격이 가해졌다. 북한군은 속절없이 무너져 패퇴했다. 한국군은 만회를 위해 달려드는 북한군의 추가 공세도 성공적으로 방어했다. 그러다가 어느 순간 계획에 따라 철수했다. 진천-청주에서처럼, 음성 지역에서의 지연전도 매우 성공적이었다.

한국군은 충주-문경-함장 방면에서도 북한군의 진격을 어느 정도 지연시켰다. 다만 제천에서는 어이없는 실수를 범해 북한군에게 유리함을 제공했다. 당초 한국군 제8사단은 제천에 집결했지만, 석연치 않은 명령에 따라 충주로 이동했다. 이상함을 감지한 8사단장이 명령 착오를 뒤늦게 알아낸 뒤, 다시 한국군을 제천으로 이동시키려 했다. 하지만 때는 이미 늦어 북한군에게 제천을 고스란히 넘겨주고 말았다. 한국군은 어쩔 수 없이 단양에 진지를 구축한 후 방어에 나섰다. 여기서는 크게 선방했다. 남한강을 넘어 단양에 진입하려는 북한군을 7일 동안 막아냈다. 되레 남한강을 역도하한 뒤 북한군 전방초소를 급습하기도 했다. 이처럼 중부전선에서의 한국군은 열악한 형편에도 불구하고 대체로 맹활약을 펼쳤다. 그러나 미군은 여전히 고전을 면치 못하고 있었다. 금강을 연하는 공주, 대평리 전투에서 순식간에 무너졌다. 7월 14일, 공주 지역의 북한군은 목선을 타고 금강 도하를 단행했다. 여기서 미군의 허를 찌르는 공세가 전개됐다. 미군 방어 진지의 정면이 아닌 측면부터 공략한 것이다. 당황한 미군은 적절히 싸워보지도 않고 대전으로 퇴각했다. 공주 쪽이 무너지자 대평리 쪽에 있던 미군도 위기에 처했다. 보다 자유로운 기동이 가능해진 북한군은 대평리 쪽에 있던 미군의 후방까지 공략할 수 있었다. 결국 미군은 수많은 병사들과 군수물자들을 잃고 유성으로 퇴각했다. 이제 중부지역의 최대 요충지인 대전이 북한군의 표적이 됐다. 미군은 이곳에서 적군과의 결전보다는 최소 2일가량 버틴다는 목표를 세웠다. 포항에 상륙 중인 미군(제1기병사단)을 영동 지역으로 투입할 시간을 벌기 위해서였다. 19일부터 감행된 북한군의 대전 공격은 초반부터 매서웠다. 여러 대의 야크기가 공중에서 맹렬한 폭격을 퍼부었다. 뒤이어 북한군 전차들이 밀려와 미군 방어선에 맹공을 가했다. 미군은 대전차 화기인 3.5인치 로켓포를 동원해 반격했다. 더 큰 위협은 따로 있었다. 북한군 1개 연대가 금산 및 옥천 방면으로 침투 기동해 대전 후방의 도로를 차단했다. 미군이 전방과 후방에서 동시에 압박을 받는 형국이 조성됐다. 진퇴양난에 처한 미군은 소부대 단위로 나뉘어 퇴각할 수밖에 없었다. 이 과정에서 수많은 병력과 장비를 잃었다. 대전마저 북한군의 수중에 떨어졌지만, 미군은 당초 목표로 한 시간 벌기에는 성공했다.

한국군은 중부전선 다음으로 소백산맥 선에서 북한군과 전투를 벌이게 됐다. 여기서 또다시 선방한다면, 낙동강 방어선이 효과적으로 형성되는 여건을 조성할 수 있었다. 북한군 제15사단은 화령장을 돌파한 뒤 상주를 점령하고 대구 방면으로 진격할 계획이었다. 방어에 나선 한국군 제17연대는 뜻밖의 호재를 획득했다. 해당 지역에서 북한군 통신군관을 사로잡아 작전 계획서를 입수한 것이다. 이를 토대로 한국군은 금곡리 주변에 매복해 북한군(제15사단 48연대)이 오기만을 기다렸다. 별다른 걱정 없이 진격하던 북한군은 한국군의 매복 공격에 걸려들었다. 수백 명의 북한군 병사들이 그 자리에서 전사했다. 나아가 한국군은 동비령으로 북한 증원군이 올 것이라 예상한 뒤 그곳에 다시 매복했다. 과연 48연대를 구원하기 위해 북한군 제15사단 45연대가 동비령 도로를 따라 진격해 왔다. 한국군은 기다렸다는 듯 집중 사격을 퍼부어 북한군을 궤멸시켰다. 다음날에도 이 지역으로 오는 북한군을 기습공격해 제압했다. 이로써 북한군의 상주 점령 및 대구 진격 계획은 물거품이 됐다. 열악한 여건에도 한국군은 효과적인 작전으로 승리를 거머쥐면서 사기가 크게 높아졌다. 풍기-안동 방면에서도 한국군 제8사단이 북한군 제12사단에게 큰 타격을 입혔다. 특히 풍기에서 교묘한 전술을 구사해 북한군의 오판을 유도했다. 차량의 전조등을 켜고 해당 지역 일대를 왕복 운행함으로써, 마치 한국군이 철수하는 것처럼 보이게 만들었다. 실제로는 은밀하게 병력을 투입해 적군을 기다리고 있었다. 전술에 말려든 북한군은 경계가 허술한 상태로 진격하다 맹렬한 공격을 받고 패퇴했다. 만회를 노린 북한군은 다른 사단까지 동원해 한국군에 대한 협공을 획책했다. 이때에도 한국군은 쉽사리 물러서지 않고 분투하다가 안동으로 철수했다. 안동에서는 내성천 일대와 외곽의 중앙선 축선에서 전투가 벌어졌다. 북한군의 전차 공세 속에서 한국군은 용감하게 지연전을 펼쳤다. 그런데 이때 미군이 호남 지역으로 밀고 들어오는 북한군을 감안해, 한국군에게 낙동강 방어선으로의 철수를 요구했다. 여기서 어이없는 문제가 발생했다. 부대 철수와 관련한 논의가 길어지다가 철수의 호기를 놓쳐버리고 말았다. 끝내 낙동강으로 철수는 했지만, 이 과정에서 한국군은 적군의 추격에 고스란히 노출됐고 수많은 사상자가 발생했다.

한편 동해안과 서남부 지역 전황도 숨가쁘게 돌아가고 있었다. 북한군 제5사단은 동해안의 울진과 영해에서 한국군 제3사단을 강하게 밀어붙였다. 열세를 느낀 한국군은 일단 전략적 후퇴를 한 뒤 반격을 도모하기로 했다. 북한군이 영덕으로 진입하자, 함포 사격과 공중 폭격이 쏟아졌다. 한국군의 요청으로 유엔군의 지원 공세가 펼쳐진 것이다. 이에 북한군이 퇴각하면서 한국군은 영덕을 일시적으로 탈환했다. 하지만 머지않아 북한군의 공세가 재개돼 영덕을 다시 내주고 말았다. 이후 영덕을 둘러싸고 한국군과 북한군 간의 치열한 접전이 벌어졌다. 영덕 공방전은 재편성을 마친 한국군 제22연대가 새로이 투입되면서 전환점을 맞았다. 유엔군의 지원 하에 북한군에 심대한 타격을 가하면서 영덕 탈환에 성공했다. 북한군은 우회 기동까지 감행하며 영덕을 재점령하려 했으나 무위에 그쳤다. 어쩔 수 없이 한발 물러섰다. 동해안과 달리 서남부 지역에서는 북한군의 우회 기동이 빛을 발했다. 이들은 대전을 공략함과 동시에 후속 부대(제6사단, 제603 모터사이클 연대)로 호남 지역으로의 우회 기동을 단행했다. 후방으로 기습 침투해 적군을 포위섬멸할 계획이었다. 당초 미군(제8군)은 이 사실을 전혀 눈치채지 못하다가 포로 심문 및 통신 감청으로 뒤늦게 알아냈다. 당황한 미군은 이대로는 북한군에 적절히 대응할 수 없다고 판단했다. 7월 31일, 제8군 사령관인 워커는 전 군에게 낙동강 방어선으로 철수하라고 명했다. 그동안 한국군과 미군은 수많은 지역에서 크고 작은 지연전을 펼치며 여기까지 왔다. 미군 증원군이 올 때까지 최대한 시간을 번다는 목표는 어느 정도 달성했지만, 이제는 더 이상 물러설 곳이 없었다. 최후 방어선인 낙동강 방어선(워커 라인)에서 사생결단의 일전을 치러야만 했다.

■ 낙동강 방어선 전투

낙동강 방어선은 총길이가 약 200km에 달했다. 방어선 북쪽에는

한국군이 낙동강까지 밀고 내려온 북한군에 맞서 진지를 구축하고 경계하고 있다.

산악 지형이 있고 서쪽에는 낙동강이 흐르고 있어 방어하기가 유리했다. 워커는 지연전이 한창 전개될 때부터 이 방어선을 준비하고 있었다. 미군은 서부 지역인 마산-낙동리를, 한국군은 동북 지역인 낙동리-청송-영덕을 담당했다. 한국군 관할 지역에 대한 문제제기가 나오자, 왜관-다부동-신령-기계-포항을 연하는 Y선으로 축소 조정됐다. 만약의 사태를 대비해 후방에 예비 방어선인 '데이비드슨 선'도 설치했다. 이때 한미 연합군의 전력은 눈에 띄게 증강돼 있었다. 약 15만 명의 병력과 300여 대의 탱크, 400여 문의 야포를 갖췄다. 지속적으로 증원된 결과였으며, 북한군의 전력을 이미 뛰어넘는 것이었다. 우여곡절을 거치며 낙동강까지 내려온 북한군은 표면적으로는 한반도 적화 통일을 눈앞에 둔 것처럼 보였다. 하지만 여러 문제점이 가중돼 공세 한계점에 도달해 있었다. 병력과 무기, 군수물자를 상당히 잃었고 보급선도 과하게 늘어졌다. 제공권과 제해권은 조금도 확보하지 못한 상태였다. 꽤 불리한 여건임에도 김일성은 8월 중에 부산을 점령해 적화 통일을 완수해야 한다고 다그쳤다. 이에 북한군 전력 대부분이 낙동강 방어선 전투에 투입됐다. 자연스레 다른 지역의 방어는 매우 취약해졌다. 김일성과 북한군 입장에서는 충분히 그럴 만했다. 조금만 더 나아가면 고지가 있었기 때문에 총력을 기울여야 했다. 북한군은 대대적인 '8월 공세'를 준비했다. 핵심 표적은 대구였다.

이를 간파한 미군은 대구에 대한 압력을 완화하기 위해 선제적 역공을 도모했다. 우선 마산을 확보한 다음, 사단급인 '킨 특수임무부대'를 편성해 진주 탈환을 획책했다. 다른 미군 부대들은 킨 부대의 임무 수행을 지원하려 했다. 그러나 북한군은 매복과 기습으로 미군을 크게 괴롭혔다. 킨 부대가 목표 지점 인근까지 도달은 했으나, 북한군의 계속된 공격으로 킨 부대 및 지원 부대들의 피해가 극심해졌다. 미군 지휘부는 한계를 절감하고 킨 부대의 작전을 중단시켰다. 비록 당초 목표는 달성하지 못했지만, 미군은 공세로의 전환과 마산을 안정적으로 사수할 기반을 마련했다. 8월 5일, 북한군 제4사단도 공세를 개시했다. 이들은 먼저 영산을 공격하기 위해 낙동강 돌출부라고 불리는 곳을 한밤 중에 도하하기 시작했다. 이를 예상하지 못한 미군 제34연대가 적절히 대처하지 못하면서 한때 영산이 북한군에게 넘어갔다. 미군은 곧바로 예비대를 투입해 영산을 탈환했다. 나아가 미군 제24사단은 적극적인 공세를 펼쳐 북한군을 낙동강 너머로 격퇴했다. 이 시기 북한군은 낙동강 방어선 돌파 전략의 일환으로, 거제도를 점령한 뒤 마산과 진해항을 봉쇄하면서 나아가려고도 했다. 이때 '대한민국 해병대'의 눈부신 활약이 빛났다. 해병대는 8월 17일 통영 일대에 기습적으로 상륙한 뒤 용맹하게 진격해 매일봉을 점령했다. 북한군은 이곳을 탈환하려 했지만, 해병대의 거센 반격에 휘말려 섬멸됐다. 원문고개에서도 해병대는 북한군 약 500명을 소멸시키며 승리했다. 해병대가 성공적인 단독 작전으로 통영을 완전히 장악하면서 북한군의 거제도 점령 계획은 수포로 돌아갔다. 이때부터 해병대는 '귀신 잡는 해병대'로 불렸다.

한국군은 안강, 기계 지역에서도 북한군의 남진을 저지했다. 다만 그 과정은 유독 힘겨웠다. 초반에 미군과 한국군은 북한군이 기계 방면으로 진격하지 못할 것이라 봤다. 험준한 산악 지형이 있었기 때문이다. 그런데 독기가 바짝 오른 북한군은 산악 행군을 감행하며 도평동을 거쳐 기계까지 진출했다. 곧이어 경주와 부산 방면으로까지 진격할 태세였다. 이렇게 된다면, 중간에 있는 한국군 방어선이 절단됨은 물론 낙동강 방어선마저 무너질 수 있었다. 한국군은 일단 제25연대를 긴급 투입해 방어하려 했지만 격파되고 말았다. 다급해진 한국군은 새로운 전술을 입안했다. 북한군의 진격로인 안강에 일부 부대(제17연대, 수도사단 제1연대)를 투입해 방어하면서, 그 후방인 기계에 또 다른 부대(수도사단 제18연대, 독립기갑연대)를 투입해 포위섬멸한다는 것이었다. 주요 관건은 북한군보다 먼저 안강에 도착해 계획된 작전을 수행하는 것. 이를 위해 북한군의 진격을 늦

취야만 했다. 이번에도 미군의 공중 폭격이 해결사 역할을 했다. 강력한 폭격이 이뤄지면서 북한군의 진격이 상당히 지연됐다. 그 사이에 한국군이 안강 도로를 선점해 방어에 나섰다. 아울러 기계로의 우회 기동이 순조롭게 이뤄짐으로써 북한군을 포위하는 데 성공했다. 당황한 북한군은 기계를 탈환하기 위해 무진장 노력했다. 잠시 기계가 피탈되기도 했으나, 한국군과 미군은 특수부대의 활약 등에 힘입어 북한군 1000명 이상을 소멸시키며 최종 승리를 거뒀다. 한편 기계 전투가 한창 전개될 즈음에 포항에서도 일진일퇴의 공방전이 나타났다. 북한군은 진격로인 영덕-포항 방면에 있는 한국군을 격파하고 유격대를 포항 시내까지 진입시켰다. 포항 북쪽에서도 적극적 공세를 펼쳐 한국군 제3사단을 고립시켰다. 제3사단은 구룡포로 필사의 철수를 단행해 기사회생했다. 어려운 상황 속에서 한국군은 민기식 대령이 지휘하는 부대를 기습적으로 포항 시내에 투입했다. '민 부대'는 미군 함포의 엄호 속에 혁혁한 전과를 올리며 포항을 탈환하는 데 성공했다.

낙동강 방어선 전투의 하이라이트는 '다부동 전투'였다. 이는 대구의 북쪽 관문인 다부동에서 미군과 한국군이 연합작전을 통해 북한군의 예봉을 꺾어버린 전투였다. 미군과 한국군은 대한민국 정부와 미 제8군 사령부가 있는 대구를 반드시 사수해야만 했다. 북한군도 대구의 높은 전략적 가치를 알았기에 반드시 점령하려 했다. 그러기 위해선 양측 모두 다부동에서의 승리가 필수적이었다. 초반에는 북한군이 유리해 보였다. 전방에 있던 한국군 제1사단이 방어선인 Y선에 도달하기도 전에, 북한군은 Y선 일부를 선점했다. 나아가 신주막 674 고지 등까지 점령함에 따라 다부동 피탈 위기감이 고조됐다. 북한 증원군까지 다가오는 가운데 미군과 한국군은 그야말로 사생결단식 항전을 감행했다. 우선 북한군에게 강력한 융단폭격을 퍼부었다. 엄청난 양의 폭탄이 쏟아지면서 북한군에게 상당한 타격을 입혔다. 그런데 북한군의 전투의지도 결코 무시할 수 없는 상태였다. 이들은 폭격을 뚫고 집요하게 나아가 한국군을 곤경에 빠뜨렸다. 미군은 예비대까지 투입해 한국군을 지원했다. 그럼에도 전황은 심상치 않게 돌아갔다. 다부동에서의 북한군 압력이 지속적으로 증가했다. 더욱이 가산에 기습 침투한 북한군이 대구 시내로 박격포를 발사하면서 정부가 부산으로 긴급 대피하는 상황도 벌어졌다. 워커 장군은 미군과 한국군을 다부동에 추가로 투입해 총력 방어전을 펼쳤다. 한동안 양 진영에서 대규모 부대가 투입된 혈전이 이어졌다. 먼저 물러선 쪽은 북한군이었다. 이들은 다부동에서 한발 물러나 다른 지역을 공략할 것처럼 보였다. 조만간 반전이 일어났다. 갑자기 전차를 앞세운 북한군이 다시 다부동을 공격해 왔다. 다부동 고지와 계곡 등에서 피 튀기는 혈투가 난무했다. 고지에서는 한국군이, 계곡에서는 미군이 각각 북한군에 맞서 싸웠다. 이 전투에서는 한국군과 미군이 뚜렷한 우세를 보였다. 고지의 한국군은 북한군의 진격을 막아낸데 이어, 야간 기습을 통해 적군이 차지하고 있던 주요 지점들을 탈환했다. 계곡의 미군은 일명 '볼링장 전차전'을 전개해 북한군 전차와 장갑차 등을 적잖게 파괴하는 전과를 올렸다. 결국 미군과 한국군은 결사적인 연합작전을 통해 북한군의 다부동 점령 및 대구 진격을 막아냈다.

 북한군의 8월 공세는 종결됐다. 부산은커녕 대구도 점령하지 못한 채 실패로 돌아갔다. 다만 여기가 끝이 아니었다. 최후 공세인 '9월 공세'가 남아있었다. 북한군은 3개 사단과 기갑여단을 추가로 투입했다. 북한군의 전력을 감안할 때, 9월 공세에서 승부를 보지 못한다면 더는 힘들게 될 터였다. 낙동강 방어선의 미군과 한국군은 지속적으로 전력을 증강했다. 미군이 추가로 증원됐고 영국군 보병 대대도 도착했다. 제공권과 제해권 장악은 물론 병력이나 무기 측면에서 북한군보다 확실히 우세했다. 9월 공세 방어 이후, 대대적인 반격이 전개될 전망이었다. 마지막 사력을 다해야 할 북한군은 나름대로 적군의 허를 찌를만한 전술을 입안했다. 핵심은 주공과 조공으로 나눠 기만하는 것이었다. 먼저 창녕, 영산 지역에 대한 공세를 펼쳤다. 실제로는 조공이었지만 마치 이것이 주공인 것처럼 위장했다. 미군은 영산에 예비대까지 투입하며 해당 지역 방어에 집중했다. 이 직후 북한군은 기다렸다는 듯 주공을 왜관-다부동, 신령-영천 지역 등에 투입했다. 특히 왜관-다부동에서 북한군 105 전차사단 등은 미군 제7기병연대에게 맹공을 퍼부었다. 이전보다 더 강력한 북한군의 공세로 인해 미군은 하루에만 수백 명의 사상자가 발생했다. 끝내 버티지 못한 미군이 뒤로 물러남에 따라 대구가 또다시 피탈 위기에 처했다. 이때 상황이 얼마나 심각했는지는 워커의 고민에서도 잘 드러난다. 그는 전 군을 최후 방어선인 데이비드슨 선까지 후퇴시키려 했다. 한참을 고민하다가, 조만간 인천에서 실시될 '엄청난 작전'을 감안해 결사항전하기로 결심했다. 북한군의 공세 강도가 갈수록 무뎌져가는 점도 감안했다. 미국 공군은 이번에도 든든한 해결사로 기능했다. 북한군의 보급로 등에 정밀 폭격을 가하면서 공세력을 극적으로 떨어뜨렸다. 제공권 장악의 위력이 다시 한번 입증된 셈이었다. 9월 12일, 미군은 가까스로 북한군의 공세를 막아내고 대구를 사수하는 데 성공했다.

신령-영천 지역에서도 북한군의 우세가 나타나다가 극적으로 반전됐다. 초반에 북한군 제15사단은 한국군 양 사단 사이에 벌어진 틈을 노렸다. 이곳을 빠르게 침투해 들어가 영천을 점령했다. 별안간 낙동강 방어선 붕괴 위기가 고조됐다. 그런데 북한군 제15사단은 측면이 약점이었다. 북한군 제8사단이 신령을 조속히 돌파해 이를 메꿔줘야 했다. 하지만 한국군 제6사단의 강력한 저항으로 북한군 제8사단의 진격이 막히고 말았다. 전황은 일순간 뒤바뀌었다. 지원군 없이 영천 깊숙이 들어온 북한군 제15사단은 한국군에게 포위됐다. 다급해진 북한군은 퇴각을 단행했지만 한국군의 끈질긴 추격으로 대부분 섬멸됐다. 뒤이어 영천도 탈환됐다. 이 전투를 끝으로 북한군의 9월 공세도 실패로 종결됐다. 이는 약 2개월 간 벌어진 낙동강 방어선 전투에서 미군과 한국군의 승리를 의미했다. 나아가 한국 전쟁의 전체 전황이 크게 뒤바뀌는 단초였다. 이후 미군과 한국군은 북한군이 예상하지 못한 대대적인 반격을 감행할 것이었다.

유엔군이 1950년 9월 15일 역사적인 '인천상륙작전'을 전개하고 있다. 북한군의 허를 찌르는 상륙작전으로 인해 한국전쟁 전황은 일거에 급변했다.

■ 인천상륙작전

맥아더는 한국전쟁 발발 직후인 6월 29일에 한강 방어선을 시찰했다. 그러면서 한 가지 중요한 구상을 했다. 바로 '인천상륙작전'이다. 남진하는 북한군을 적절한 지점에서 방어하면서, 불시에 적군의 측면을 급습해 전황을 일거에 뒤집어야 한다고 생각했다. 이미 태평양 전쟁에서 각종 상륙 작전을 지휘해 본 경험이 있었던 만큼 맥아더는 상당한 자신감을 가졌다. 원래는 7월 하순에 이 작전(블루하츠 작전)을 시행할 계획이었다. 그러나 북한군의 남진이 계속되면서 작전은 폐기됐다. 이후 맥아더는 극동사령부 합동전략기획단과 함께 최적의 상륙 지점이 어디일지를 재차 검토했다. 세 곳이 후보지로 떠올랐다. 인천, 군산, 주문진이다. 대부분의 참모들은 군산을 선호했던 것으로 전해진다. 상륙 조건이 양호하고, 낙동강 전선에서 올라온 병력과 협조하기가 용이하다는 판단이었다. 그런데 맥아더는 처음부터 끝까지 인천을 고집했다. 미 합동참모본부와 해군본부의 격렬한 반대가 뒤따랐다. 이유는 여러 가지가 있었다. 큰 조수간만의 차가 우선적으로 꼽혔다. 만약 함선이 밀물일 때 상륙하면, 다음 밀물이 올 때까지 좌초돼 북한군의 공격에 쉽게 노출될 위험이 있었다. 밀물이 아닐 때 상륙하면, 지상군이 수백 미터를 엄폐물 없이 질주해야 했다. 썰물이면 나타나는 갯벌도 문제시 됐다. 이는 수백 미터 이상의 폭과 길이를 가져 보병과 차량의 통행을 곤란하게 만들 수 있었다. 상륙지 주변의 돌로 쌓은 방파제와 축대도 지적됐다. 이는 높이가 상당했기에 방어 진영에는 절대적 이점을, 공격 진영에는 불리함을 제공했다. 만조 시 상륙 함정들이 비좁은 단일수로에 밀집하게 될 위험성도 제기됐다. 이렇게 되면 적군 해안포의 손쉬운 먹잇감이 될 가능성이 높았다. 이 모든 것들에 근거해 해군사령관인 찰스 터너 조이는 인천상륙작전의 성공 확률을 '5000분의 1' 정도로 보았다.

그럼에도 최종적으로 인천이 상륙지로 결정됐다. 이유는 두 가지였다. 첫째, 북한군의 보급로를 효과적으로 절단할 수 있고 서울로도 신속히 진격할 수 있었다. 군산 등은 이 같은 이점들이 부재했으며 적군을 포위할 수도 없었다. 둘째, 인천에서의 북한군 전력이 매우 취약했다. 북한군 지휘부는 유엔군이 인천보다는 다른 곳으로 상륙할 가능성이 더 높다고 예측했다. (린뱌오와 저우언라이 등 중국의 핵심 전략가들은 인천을 유력한 상륙지로 판단했다.) 이에 따라 인천에 비교적 적은 수의 병력을 배치했다. 그나마 있었던 병력을 낙동강 전선으로 보내기도 했다. 맥아더는 인천에 상륙하기 힘든 점들이, 역설적으로 북한군의 오판을 유도해 인천을 최적의 상륙지로 만든다고 설득했다. 그의 끈질긴 노력으로 미 합참은 '크로마이트 계획'을 승인했다. 이제 유엔군은 치밀한 사전 정지작업에 들어갔다. 먼저 정보들을 수집했다. 한국군 첩보부대가 인천항 주변에 있는 영흥도 등에 잠입해 북한군의 병력 배치, 장비, 해안가에 설치된 기뢰의 위치 등을 파악했다. 다음으로 기만 전술을 펼쳤다. 유엔군은 북한군의 시선을 돌리기 위해 군산, 영덕, 삼척, 남포 인근에서 군사 행동을 전개했다. 폭격을 통해 군산의 도로와 교량 등을 파괴, 북한군으로 하여금 조만간 이쪽으로 상륙 작전이 전개될 것이라는 착각을 불러일으켰다. 미국과 영국의 특공대가 군산에 기습 상륙을 단행한 뒤 철수했으며, 미군 항공기가 출현해 '민간인들은 속히 대피하라'는 내용이 담긴 전단지를 살포하기도 했다. 영덕에서도 비슷한 모습이 나타났다. 삼척에서는 미군 전함이 함포 사격을 실시했다. 아울러 워커는 한 기자회견에서 의도적으로 '10월 상륙설'을 흘렸다. 김일성 등은 이를 곧이곧대로 받아들였고, 9월 낙동강 전선에 더욱 사활을 걸었다.

유엔군의 사전 포격이 인천에만 없었던 것은 아니었다. 상륙 작전이 임박한 9월 13일, 유엔군은 인천에 있는 철도, 도로, 터널 등을 겨냥해 대대적인 포격을 실시했다. 화들짝 놀란 북한군은 즉시 지휘부에 인천으로의 상륙 가능성을 보고했으나 이미 때는 늦었다. 유엔군은 조만간 인천상륙작전을 전개할 참이었다. 미 육군 제7사단이 요코하마에서, 미 해병 제1사단이 고베에서, 미 해병 제5연대 및 한국군 해병 제1연대가 부산에서 각각 출격했다. 상륙군이 탑승한 수송선단은 261척에 달했다. 이들은 14일 서해의 덕적도에 집결한 뒤 인천으로 향했다. 운명의 15일 새벽 2시, 드디어 역사적인 인천상륙작전이 전개됐다. 상륙 명령이 하달되자, 우선 미군과 한국군의 연합 특공대가 팔미도 등대를 재빠르게 점령했다. 뒤이어 미군 항공모함에서 날아오른 함재기와 전함들이 인천 해안가에 무차별 포격을 퍼부었다. 이 직후, 미 해병대와 전차가 탑승한 여러 척의 상륙정들이 월미도 북단의 그린비치로 돌진했다. 북한군의 저항은 미미했다. 해안포는 미군의 포격으로 무력화됐고, 당황한 나머지 전선을 이탈하는 북한군 병사들이 속출했다. 1차 상륙은 순조롭게 이뤄졌고 후속 상륙도 속속 전개됐다. 미 해병대는 월미도를 신속히 장악해 나갔다. 참호 속에서 저항하는 북한군을 전차포로 가볍게 제압했으며 잔적들을 모조리 소탕했다. 오전 8시, 미 해병대는 월미도를 점령했다. 이후 미군은 전투기와 박격포 등으로 소월미도에 있는 북한군까지 공격했다. 여기서도 북한군은 가볍게 제압됐다. 1단계 작전은 매우 성공적이었다. 썰물이 되면서 미군 함정들은 잠시 뒤로 물러났고, 상륙군은 월미도에 고립됐다. 이때 미군 항공기들이 대거 출격, 북한 증원군이 진입해 상륙군을 공격하지 못하도록 엄호했다. 오후에 만조가 되면서 인천항(적색해안)을 겨냥한 2차 상륙 작전이 전개됐다. 미 해병 제5연대 등이 별다른 저항을 받지 않고 인천항 도크를 손쉽게 확보한 뒤 감제고지를 탈환했다. 그런 다음 곧바로 인천 시가지로 진격해 북한군 소탕 작전을 펼쳤다. 상술했듯 북한군 병력은 많지 않았고, 이미 상륙작전의 여파로 전의를 상실한 상태였다. 소탕은 수월하게 이뤄질 수 있었다. 인천항과 더불어 인천 남동부(청색해안)에도 미군이 상륙했다. 한국군 제17연대도 뒤를 따랐다. 이들도 머지않아 목표인 해두보를 확보했다. 9월 16일 아침, 인천은 미군과 한국군에 의해 완전히 수복됐다. 당초 우려했던 바와 달리, 인천상륙작전은 매우 순조롭게 진행돼 전사자도 적게 발생했다. 맥아더가 고집스럽게 밀어붙인 '세기의 도박'은 의외로 쉽게 전과를 올리며 전황을 급변하게 만들었다.

■ 서울 탈환

미군과 한국군의 다음 목표는 서울이었다. 한국군 해병연대가 배속된 미 해병 제1사단은 서울 서쪽 방면(영등포, 김포)으로 진격하고, 한국군 독립 제17연대가 배속된 미군 제7사단은 서울 남쪽에서 북한군 증원 및 퇴로 차단, 낙동강 전선에서부터 올라오는 미군(제8군)과 연계하기로 했다. 미 해병 제1사단 5해병연대가 김포비행장을 장악한데 이어 김포반도의 서북부까지 점령했다. 또한 미 해병 제1사단 1해병연대가 경인국도를 따라 영등포로 진격했다. 이곳에서의 북한군 저항은 만만치 않았다. 미군은 항공기와 포병으로 맹폭을 퍼부었고, 호킨즈 대대 등을 투입해 방어선을 돌파하려 했다. 그럼에도 북한군이 결사적으로 저항하면서 미군의 진격이 상당히 지체됐다. 이런 가운데 현재 영등포 로터리에 해당하는 시가지 중심부에 북한군이 부재하다는 첩보가 입수됐다. 미군은 이를 틈타 예비대(에이블 중대)를 해당 장소에 긴급 투입했다. 실제로 시가지 중심부에는 북한군이 없었으며, 시가지 양단에서만 총격전 소리가 들려왔다. 에이블 중대는 영등포 시가지의 동쪽 끝으로 진격해 진지를 구축했다. 허를 찔린 북한군이 뒤늦게 소부대로 공격해 왔으나, 에이블 중대는 이를 가볍게 격파했다. 북한군은 여러 차례에 걸쳐 야간 공격도 감행했다. 그때마다 에이블 중대는 적군을 유인하는 등의 영리한 전술로 물리쳤다. 이 중대의 맹활약으로 제1해병연대는 영등포를 점령할 수 있었다.

김포반도를 장악한 제5해병연대는 9월 21일 서울 서북쪽 외곽까지 진격했다. 이때 커다란 장애물을 맞닥뜨렸다. 북한군이 해당 지역에 있는 무악산, 금화산(105 북고지), 노고산(105 중고지), 와우산(105 남고지), 연희고지 등에 수천 명의 병력을 배치하고 결사항전 태세를 갖췄다. 지형상 이곳들은 공략하기가 어려웠다. 미군과 한국군은 함재기의 공중 지원을 받으며 북한군 진지에 대한 공격을 감행했다. 그야말로 혈전이 벌어졌다. 미군 등은 수많은 사상자를 내며 고지를 점령했다가 북한군의 반격으로 다시 빼앗기기도 했다. 뺏고 뺏기는 소모전이 생각보다 길게 지속됐다. 이는 전쟁 후반부에 나타날 악명 높은 '고지전'의 예고편이었다. 그러다가 서울 남쪽에서 진격해 온 미군 제7사단 32연대에 의해 돌파구가 마련됐다. 대부분의 북한군 전력이 고지에 투입돼 이들은 비교적 순조롭게 나아갈 수 있었다. 영등포를 점령했던 제1해병연대도 한강을 건너 공격에 가세했다. 북한군은 압도적으로 증원된 적군의 화력 앞에 서서히 무너졌다. 특히 개량형 전차, 불도저 전차, 화염방사 전차들의 활약이 빛을 발했다. 9월 25일이 되자 북한군의 고지 방어선이 완전히 붕괴됐다. 당초 유엔군 지휘부는 25일을 서울 탈환일로 계획했지만, 크게 지연된 셈이었다. 26일부터 미 해병 제1사단을 중심으로 서울 시가전을 전개했다. 중앙청, 경복궁, 서울시청 등 주요 장소들을 목표로 진격하는 동안, 중간에 보이는 북한군을 일일이 소탕하려 했다. 북한군의 방어 전력도 꽤 강력해 보였다. 이들은 힘없는 서울시민들을 강제 동원해 주요 도로마다 바리케이드를 겹겹이 설치했다. 이것 주변에는 다수의 지뢰들도 있었다. 북한군은 박격포와 기관총 등으로 중무장한 상태였다.

미군과 한국군의 대처 방식은 집요했다. 일단 바리케이드 주변에 있는 북한군 병사와 각종 무기들을 집중적으로 난타했다. 저항력이 어느 정도 수그러들면, 곧바로 공병들이 나아가 지뢰를 제거했다. 그런 다음 전차들이 진격해 바리케이드를 깔아뭉갰다. 이러한 방식으로 북한군 방어선을 하나하나 파괴해 나갔다. 상당한 시간이 걸렸지만 기어이 해냈다. 그 결과 서울 시가지 대부분을 장악했고, 27일 오후 3시에 대한민국 해병대가 중앙청에 태극기를 게양할 수 있었다. 북한군의 전격 남침으로 서울이 함락된 지 3개월 만에 거둔 가슴 벅찬 순간이었다. (원래는 미군이 중앙청을 점령한 뒤 성조기를 게양하려 했으나, 대한민국 해병대가 독단적으로 행동했다.) 29일에는 맥아더와 이승만이 참석한 가운데 서울 수복을 기념하는 환도식이 거행됐다. 한편 인천상륙작전과 맞물려 낙동강 전선에서도 대대적인 반격이 개시됐다. 유엔군의 인천 상륙 소식을 접하지 못한 북한군은 초반에는 적절히 방어하는 듯한 모습을 보였다. 이에 따라 어느 한쪽의 일방적 우세가 아닌 우열을 가리기 힘든 치열한 접전이 펼쳐졌다. 워커는 북으로의 진격이 지체되자, 병력을 뒤로 물리고 기습적인 군산 상륙을 모색했다. 그러다가 낙동강 전선 돌파 가능성이 있다는 참모진의 조언을 듣고 다시 해당 전선에 매진했다. 9월 23일, 마침내 낙동강 전선이 돌파되기 시작했다. 주공인 미군 제24사단과 제1기병사단이 각각 대구-김천-대전 방면, 다부동-보은-청주-수원 방면으로 진격해 들어갔다. 이때는 인천상륙작전 소식이 널리 전해지면서 북한군이 급격히 붕괴됐다. 심리적으로도 무너졌지만, 무엇보다 보급로가 절단되면서 북한군은 궤멸 위기에 처했다. 이들은 싸우지 않고 필사적으로 도망쳤다. 미군과 한국군의 진격은 거침이 없었다. 미군 제1기병사단 7기병연대가 26일 오산 북쪽까지 나아가 인천에 상륙한 미군과 연결됐다. 이후 대전, 논산, 원주, 제천 등이 잇따라 탈환됐다. 일부 한국군(제3사단, 수도사단)이 북한군을 맹추격하며 가장 먼저 38선에 도달했다. 이 과정에서 수많은 북한군을 소멸시켰고, 2만 3000여 명을 포로로 잡았다. 온전하게 퇴각한 북한군은 2만여 명에 불과했으며, 1만 명 정도는 지리산과 태백산맥으로 숨었다. 다만 미군과 한국군은 진격하는 과정에서 치명적인 문제점을 드러냈다. 오로지 신속한 진격만을 추구하다 보니, 남한 내에 있는 북한군 패잔병들을 제대로 처리하지 못했다. 지리산 등에 잠입한 북한군 패잔병들은 제2전선을 형성했다. 추후 중공군과 협력해 미군과 한국군을 크게 괴롭히게 될 것이었다.

■ **거침없는 북진**

미군을 비롯한 유엔군은 38선 인근에서 더 이상 나아가지 않았다. 잠시동안 38선 돌파 여부와 관련한 논쟁이 있었기 때문이다. 미국 내에서부터 그랬다. 강경파는 "즉시 38선을 돌파해 한반도를 통일하고 전범을 처벌해야 한다"라고 주장했다. 미국의 공군과 해군은 이미 38선 이북에서 작전을 수행하고 있다고 첨언했다. 반면 온건파는 소련과 중국의 개입 여부에 촉각을 곤두세우며, 이쯤에서 진격을 중단해야 한다고 주장했다. 전쟁을 지속했다간 자칫 '제3차 세계대전'이 발발할 수도 있다고 우려했다. 이승만과 한국군 수뇌부는 '북진통일'을 강력히 주장했다. 만약 유엔군이 북진하지 않는다면, 한국군 단독으로 북진할 것이라고 천명했다. 최고 결정권자인 트루먼은 조금씩 북진으로 기울었다. 이유는 소련과 중국이 전쟁 개입 시기를 놓쳤다고 판단했기 때문이다. 9월 27일, 미국 정부는 비밀리에 맥아더에게 38선 돌파 지침을 하달했다. 조심스러운 단서를 달았다. 유엔군이 중소 국경에는 절대로 접근하지 말라고 엄명했다. 10월 7일, 유엔에서 미국의 38선 돌파 결의안이 채택됨에 따라 유엔군의 북진이 확정됐다. (북한군이 서울에서 상당한 시간을 지체했던 것처럼, 유엔군도 38선 인근에서 오래 지체함에 따라 북한군 지휘부는 안전한 퇴각 및 재정비할 시간을 벌었다.) 소련과 중국은 이미 유엔군의 북진에 대해 경고한 바가 있었다. 소련의 말리크 대사는 유엔 안전보장이사회에서 북진이 이뤄질 경우 '전쟁 확대' 가능성을 언급했다. 중국의 저우언라이는 주중 인도대사를 불러 "미군이 38선을 넘는 것을 결코 좌시하지 않을 것"이라고 경고했다. 그럼에도 미국은 이것이 행동이 따르지 않는 선언적 개념에 그칠 것이라며 대수롭지 않게 여겼다.

유엔군의 동향과 별개로 한국군은 이미 38선을 넘었다. 이승만은 대구 육군본부 회의와 동해안 제3사단 방문 자리에서 한국군 단독으로 북진하라고 명했다. 자칫 미국과의 외교 마찰이 발생할 수도 있었으나, 정일권 참모총장이 워커에게 "북한군으로부터 공격을 받았으니 반격하게 해달라"라고 건의하면서 순조롭게 북진이 이뤄졌다. 10월 1일, 선발대가 먼저 북진한데 이어 중부 지역에서 제2군단, 동부 지역에서 제1군단이 북진했다. 유엔군은 9일부터 북진했다. 미군 제1기병사단이 주공으로써 금천-사리원-평양 방면으로, 미군 제24사단이 조공으로써 연안-해주 방면으로, 미군에 배속된 한국군 제1사단이 토산-신계-수안 방면으로 각각 진격해 나갔다. 북진 이후 처음으로 나타난 두드러진 전과는 원산 탈환이다. 동해안을 따라 빠르게 진격한 한국군 제1군단이 10일 북한 동부의 정치, 경제 중심지인 원산을 공격했다. 병사들의 생활 여건은 형편없었지만, 정신만큼은 또렷했기에 효과적인 공세가 펼쳐질 수 있었다. 한국군은 부대를 나눠 원산 시가지를 둘러싼 고지군들을 먼저 점령했다. 유리한 지점을 선점한 뒤, 일제히 원산 시가지로 진격해 탈환에 성공했다. 비슷한 시기, 북한의 수도인 평양을 목표로 한 미군 제1기병사단은 그 관문인 금천 공격에 나섰다. 북한군은 여기서 맹렬히 저항했다. 미군은 부진한 모습을 보이며 좀처럼 방어선을 뚫지 못했다. 이때 탁월한 전술이 나왔다. 미군은 우선 야간행군을 통해 일부 부대(제7기병연대)를 은밀히 방어선 후방으로 보냈다. 아울러 또 다른 부대(제1, 8기병연대)를 방어선 양쪽으로 우회 기동시켰다. 이른바 '양익 포위' 전술이다. 비록 북한군의 거센 저항으로 포위 전술이 완벽하게 성공하진 못했지만, 이로 말미암아 방어선을 돌파해 금천을 점령하는 데 성공했다.

드디어 평양이 눈앞에 다가왔다. 이곳은 대동강을 중심으로 동평양과 본평양으로 나뉘어져 있었다. 주공인 미군 제1기병사단은 사리원–황주–평양 남쪽 흑교리를 거쳐 대동강변으로 나아가려 했다. 그러자 조공인 한국군 제1사단의 움직임도 빨라졌다. (당초 한국군은 후방작전 임무를 맡았다. 1사단장인 백선엽이 평양 공격의 기회를 달라고 미군

한국군과 유엔군은 10월 19일 북한의 심장부인 평양까지 점령했다. 사진은 평양 입성 환영대회 모습.

에 간청해 조공으로 변경됐다.) 미군과 한국군 사이에 '누가 먼저 평양을 점령하는지'와 관련한 경쟁이 불붙었다. 한국군은 부대를 둘로 나눠 제11, 12연대는 동남쪽으로, 제15연대는 우회기동을 실시해 북한군의 퇴로를 차단하기로 했다. 이런 와중에 평양 시내에 포격을 실시하는 것과 관련한 논쟁도 있었다. 평양 출신인 백선엽은 평양에 소중한 문화재가 많기 때문에 포격은 적절하지 않다고 주장했다. 그의 참모들은 적군을 효과적으로 궤멸시키고 아군의 피해를 줄이기 위해선 포격이 반드시 필요하다고 주장했다. 참모들의 주장이 받아들여져 평양을 겨냥한 야포 사격이 실시됐다. 이후 한국군 제12연대는 대동강과 동평양 일대에 설치된 북한군의 3중 방어선을 뚫고, 동평양의 선교리 로터리에 진입했다. 이는 미군보다 빠른 진격이었으며, 한국군 제12연대는 평양에 가장 먼저 진입한 부대가 됐다. 한국군 제11연대는 미림 비행장을 점령했고, 북한군 약 3000명을 포로로 잡았다. 우회 기동을 실시한 제15연대는 대동강을 도하해 후방에 있는 김일성 대학으로 진격했다. 자연스레 이 부대는 본평양으로 진입한 최초의 부대가 됐다. 김일성 대학에서 북한군 전차 7대의 갑작스러운 반격을 받아 고전했지만, 때마침 미군 폭격기의 도움으로 적군을 궤멸시킬 수 있었다. 제15연대는 김일성 대학을 거쳐 모란봉까지 진격했다. 그런데 이때, 다른 곳에 있던 한국군 제7사단 8연대도 동북쪽으로 진격해 들어와 한국군 제1사단 15연대의 뒤를 따랐다. 두 부대는 상호 간 통신이 제대로 되지 않아 서로가 무슨 작전을 수행하는지 알 수 없었다. 이에 김일성 대학에서 아군끼리 오인 포격을 하는 사태가 발생했다. 나아가 자신들이 먼저 본평양을 점령했다고 주장하면서 치고받고 싸우는 일도 벌어졌다. 제7사단 8연대가 건물 벽에 자신들이 평양을 점령했다고 써놓으면, 제1사단 15연대가 와서 그것을 지우고 자신들이 평양을 점령했다고 써놓는 촌극도 있었다. 해프닝에도 불구하고 한국군은 본평양의 핵심인 형무소와 내각본부를 차례로 접수하며 평양 점령 임무를 완수해 나갔다. 북한군의 대동강 교량 폭파로 동평양에서 어려움을 겪던 미군과 한국군도 도하에 성공한 뒤 본평양으로 진입했다. 10월 19일, 마침내 평양이 한국군과 미군의 수중에 떨어졌다. 북한의 수도에서 인공기가 내려가고 태극기가 게양됐다. 며칠 뒤에 열린 평양입성 환영대회에 참석한 이승만은 다음과 같이 말했다. "우리는 UN의 지원을 얻어 다시 통일됐습니다. 이제는 어떠한 나라일지라도 우리를 다시 분단시키지 못할 것입니다. 공산당은 한국에서 축출됐으며, 앞으로 중공이나 소련이 온다 할지라도 우리는 하등 겁낼 것이 없습니다. 우리는 자유와 정의를 위해 싸울 뿐이요, 우리가 합하면 감히 덤벼들지 못할 것입니다. 여러분, 나와 같이 맹세합시다. 자유와 독립과 민주주의를 위해 싸울 것을. 우리 대한민국은 앞으로 국토를 튼튼히 방위하기 위해 강력한 군대를 보유할 것이며, UN이 우리를 도와줄 것입니다." 대회에 모인 평양시민들은 물론 한국인들도 통일의 시간이 왔다며 환호성을 질렀다. 한편 이 즈음에 미군은 평양 점령과 동시에 북한군의 퇴로 차단 및 북한 고위 관료들을 잡아내기 위한 작전도 펼쳤다. 이를 위해 미군 제187공수연대 전투단이 평양 북쪽에 있는 숙천과 순천에 낙하했다. 다만 기대한 전과를 올리는 데에는 실패했다.

미군과 한국군의 북진은 대체로 성공적인 것처럼 보였다. 그런데 이 과정에서 발생한 어처구니없는 실수를 간과할 수 없다. 맥아더의 명령에 따라 미군 제10군단이 원산 상륙을 계획했는데, 함정에다가 병력과 장비들을 탑승시키는 데 적잖은 시간이 걸렸다. 그 사이에 한국군이 먼저 원산을 점령했다. 이미 원산 방면으로 출항했던 미군은 별다른 의미가 없는 상륙을 해야만 했다. 설상가상으로 원산 앞바다에 있는 기뢰들이 발목을 잡았다. 미군은 기뢰들을 일일이 제거해 나갔다. 한시라도 빨리 미군 제8군과 함께 북진해야 할 마당에, 엉뚱하게 기뢰 제거 작업을 하는데 소중한 시간을 낭비했다. 이 같은 실수는 가열한 북진의 기세에 찬물을 끼얹는 것이나 다름없었다. 또한 한국군은 평양 점령이라는 지역적 목표에만 집중한 나머지 북한군 지휘부를 등한시했다. 만약 평양 점령과 더불어 북한군 지휘부를 신속히 추격해 격멸했다면, 확실한 승기를 잡았을 것이다. 여하튼 북진은 멈추지 않고 계속됐다. 이때 맥아더는 유엔군의 진출 한계선을 재조정했다. 기존의 정주–영원–함흥을 넘어 만주와 닿아있는 국경선 인근까지 진격하라고 명했다. 미 합참에서 소련이나 중공과의 충돌 가능성을 우려했지만, 맥아더는 아랑곳하지 않았다. 그는 자신감과 확신에 차 있었다. 북한의 형님 격에 해당하는 국가들이 개입할 시기는 일찌감치 지나갔으며, 설령 개입한다 해도 미군의 강력한 화력으로 충분히 물리칠 수 있다고 판단했다. 실제로 맥아더는 태평양의 웨이크 섬에서 가진 트루먼과의 회담에서 "중공군의 개입 가능성은 전혀 없다"라고 못 박았다. 트루먼도 어느 정도 공감하며 맥아더의 북진 계획을 승인했다.

낭림산맥을 기준으로 서부 지역은 미군 제8군이, 동부 지역은 미군 제10군단이 전개했다. 서부 지역에서는 미군에 배속된 한국군 제2군단이 운산, 온정리로 진격했다. 특히 한국군이 국경선 일대까지 진격하기로 함에 따라, 한국군 제2군단의 6사단과 8사단이 각각 압록강 변에 있는 초산과 만포진, 중강진 방면으로 나아갔다. 서해안에서는 미군 제24사단과 영국군 제27연대가 신의주와 가까운 정거동까지 진격했다. 동부 지역에서는 미 해병 제1사단이 장진호, 미군 제7사단은 혜산진, 한국군은 청진 방면으로 각각 나아갔다. 맥아더는 늦어도 추수감사절(11월 23일) 이전까지 전쟁을 완전히 종결지어야 한다고 강조했다. 궁극적으로 압록강과 두만강을 향한 북진 작전은 북한군의 별다른 저항 없이 순조롭게 이뤄졌다. 10월 26일, 쾌속 질주한 한국군 제6사단이 마침내 초산에 이르렀다. 이들은 수통에다가 압록강 물을 담고 벌컥벌컥 마셨다. 사실상 북진 통일이 이뤄졌다고 생각한 만큼, 저마다 눈물을 흘리며 기뻐했다. 일각에서 제기됐던 외부세력 개입 가능성도 그저 기우에 그치는 듯 보였다. 그런데, 뭔가 이상한 일이 벌어지고 있었다. 한반도 최북단을 공중 정찰하던 미군 항공기가 미군과 한국군이 아닌 제3의 군사적 흔적을 발견했다. 마치 귀신을 본 것과 같은 불길한 느낌이 엄습했다. 그랬다. 우려했던 중공군의 전면 개입이 이미 시작된 것이었다. 이는 '완전히 새로운 전쟁'을 알리는 신호탄이었다.

■ 중공군 개입

중국은 일찌감치 한반도에 군대를 파병할 태세를 갖췄다. 다만 최종적인 파병 결정이 내려지기까지 내부에서 격렬한 논쟁이 오고 갔다. 저우언라이와 린뱌오는 파병에 반대했다. 미국을 상대로 전쟁에서 승리할 수 없으며, 유엔군이 국경선을 넘지 않을 것이라고 주장했다. 이제는 전란을 끝내고 민생과 치안에 집중해야 한다고 강조하기도 했다. 반면 펑더화이와 주더는 파병에 찬성했다. 한반도의 무수한 산악 지형을 활용해 적절한 전술을 펼친다면 충분히 승산이 있다고 주장했다. 좀처럼 결론이 도출되지 않자, 마오쩌둥이 독방에서 일주일 가량 고민한 끝에 직권으로 파병 결정을 내렸다. 무엇보다 미군에 의해 둥베이(만주) 지역을 침략당할 수 있다는 위기감이 발동했다. 이를 방어하기 위해선 한반도 이북에서 대처하는 게 보다 수월하다고 판단했다. 이때 나온 유명한 고사가 입술이 없으면 이가 시리다는 '순망치한'(脣亡齒寒)이다. 입술은 한반도 이북, 이는 중국의 둥베이를 의미했다. 북한과의 의리도 생각했다. 국공 내전 당시, 북한은 중국 공산당 인사들에게 피난처를 제공하는 등 다방면으로 지원했다. 소련의 전투기 지원 약속도 마오쩌둥의 결정에 영향을 미쳤다. 앞서 마오쩌둥은 소련의 스탈린에게 전투기 지원을 요청했고, 스탈린은 소극적으로나마 이를 수용했다. (실제로 1951년 4월 소련의 전투기가 한만 국경선에 출현해 미군 전투기와 교전을 벌였다. 소련은 참전 사실을 숨기기 위해 전투기에 중국과 북한을 상징하는 마크를 달았다.) 한반도 파병 결정이 내려지자, 당초 계획했던 대만 공격은 보류됐으며 30만여 명 규모의 '중국인민지원군'이 편성됐다. 총사령관은 시베이군구 사령관인 펑더화이였다. 비록 무기나 장비는 열악했으나, 국공 내전을 통해 실전 경험이 풍부한 베테랑 군대로 거듭나 있었

1950년 10월, 압록강을 도강하고 있는 중공군의 모습. 중공군의 개입으로 한국 전쟁은 새로운 국면을 맞이했다.

다. 병력 규모도 결코 무시할 수 없는 수준이었다. 중공군은 서서히 만주 지역으로 이동했다. 교활한 마오쩌둥은 초반부터 교묘한 계책을 구사했다. 파병되는 군대가 중국의 정규군이 아닌, 일부 중국인들이 자원한 민간 차원의 군대임을 강조했다. 전쟁의 명칭도 '항미원조전쟁'이라고 일컬었다.

중공군은 유엔군의 북진이 한창일 때, 은밀하게 압록강을 건넜다. 약 18만 명의 중공군 선발대(제4야전군 예하 제13병단 12개 사단)가 10월 19일 야간에 지안에서 압록강을 도강했다. 26일에는 8만 명의 중공군이 안동-신의주 통로를 통해 도강했다. 추후에는 약 12만 명에 달하는 중공군이 임강-중강진 통로를 통해 압록강을 건널 예정이었다. 대대적인 병력 전개에도 불구하고 미군은 중공군의 이동을 정확히 파악하지 못했다. 어떻게 그럴 수 있었을까. 중공군이 그만큼 신출귀몰했기 때문이다. 이들은 압록강을 도강한 뒤, 한낮에는 절대로 움직이지 않고 산악 지형에 엄폐했다. 그러다가 해가 지면 모습을 드러냈고, 새벽 4시까지 목적지로 신속히 이동했다. 야간에 산지에서 행하는 기동으로 말미암아 미군과 한국군은 중공군을 조기에 발견할 수 없었다. 압록강까지 진격해 수통에 물을 담았지만, 이미 중공군이 한반도 내륙으로 진입한 뒤였다. 중공군은 당초 원산-평양 이북에 있는 산악 지형에 근거지를 마련하고, 덕천과 영원선 남쪽에 방어선을 구축할 계획이었다. 그런데 유엔군의 진격 속도가 빨라서, 방어가 아닌 공세를 펼치는 방향으로 전환했다. 마오쩌둥은 기본적인 전투 지침을 하달했다. "중요 지역에 매복해 기습 공격을 가하라. 화력이 약한 한국군을 먼저 공격한 뒤, 미군의 측면과 후방으로 침투해 궤멸시켜라." 기실 국공내전 때 발휘된 전술을 한국전쟁에도 그대로 적용할 예정이었다. 10월 25일, 드디어 중공군의 첫 공세가 개시됐다. 운산에 있던 한국군 제1사단이 특정 지역에 진입하려던 찰나, 별안간 중공군 제40군의 기습 공격이 전개됐다. 한국군은 큰 피해를 입었다. 이때까지 중공군의 개입 여부를 알지 못했던 한국군은, 그저 북한군이 화력을 회복한 것으로만 판단했다. 포로로 잡은 중공군 병사를 심문한 뒤에야 비로소 중공군이 개입했다는 사실을 알았다. 다급해진 한국군은 이 사실을 미군 제1기병사단에게 알렸다. 미군은 대수롭게 여기지 않았고, 제8기병연대에게 신속한 진격과 공격을 명했다. 중공군은 이미 덫을 놓고 기다리고 있었다. 무리하게 올라오는 제8기병연대가 자신들이 매복한 지역에 들어서자, 재빠르게 포위망을 형성한 다음 격퇴했다. 온정리 등에 있던 한국군(제6사단, 제8사단)도 위기에 처했다. 중공군은 매복 작전을 통해 해당 한국군 사단 예하에 있는 4개 연대를 포위한 후 섬멸했다. 초산까지 진격했던 한국군은 퇴로가 차단됨으로써 고립무원의 상태에 빠졌다. 서부 전선뿐만 아니라 동부 전선에 있는 황초령에서도 중공군 제42군의 공세가 전개돼 한국군을 곤혹스럽게 만들었다.

예상치 못한 중공군의 기습 공격으로, 미군과 한국군은 인천상륙작전 이후 처음으로 청천강으로의 후퇴를 결정했다. 민첩한 중공군은 적군이 온전하게 후퇴하도록 놔두지 않았다. 이들은 후퇴하는 미군의 우측에 있는 한국군을 집요하게 공격했다. 이곳을 뚫어 미군의 퇴로를 차단한 다음 궤멸시키려는 것이었다. 실제로 중공군이 우측을 돌파해 개천을 점령하려 하면서, 미군과 한국군에 최대 위기가 닥쳤다. 개천이 함락되면 중공군이 순천, 신안주로 진격해 미군의 퇴로를 차단하는 게 가능해졌다. 이때 한국군 제7사단이 긴급하게 중간에 있는 방어선 격인 비호산에 투입, 중공군 방어에 나섰다. 절대로 뚫리지 않겠다는 결기가 있었던 한국군은 가까스로 방어에 성공했다. 이에 힘입어 미군은 극적으로 청천강으로 후퇴할 수 있었다. 조만간 중공군의 추가 공세가 전개될 것이라 믿었던 미군은 대비 태세에 들어갔다. 그런데 중공군이 11월 6일 돌연 적유령 산맥으로 사라졌다. 10여 일동안 휘몰아쳤던 기습적인 폭풍이 믿기지 않게 잦아들고 다시 고요함이 찾아왔다. 이때 맥아더와 미군 지휘부는 중공군이 개입한 것은 맞지만, 이들의 전력이 워낙 취약해 공세가 지속가능하지 못하다고 판단했다. 또한 중공군의 규모가 약 6만 명에 불과하고, 세계적인 수력발전소인 수풍발전소를 확보하기 위한 의용군이라고 봤다. 이러한 판단에 근거해 맥아더는 다시금 대대적인 공세(크리스마스 공세)를 펼치라고 명했다. 불행히도 완벽한 오판이었다. 중공군은 나름의 전술적 판단 하에 움직인 것이었다. 명장인 펑더화이는 시범적인 1차 공세를 통해 '미군이 화력은 강하나 중공군이 난해한 지형지물과 신속한 포위 공격을 가하면 충분히 승산이 있다는 점'을 확인했다. 오판을 한 미군과 한국군이 조만간 진격해 올 것이란 점도 예측했으며, 어느 정도 유인하다가 불시에 측면과 후방을 급습해 격멸한다는 계획을 세웠다.

이를 전혀 눈치채지 못한 서부 전선의 미군(제8군)은 3개 군단으로 나눠 안주-신의주, 운산-초산, 희천-만포진 방면으로 각각 진격했다. 동시에 동부 전선의 미군(제10군단)이 서진해 중공군 포위를 도모하려 했다. 초반에는 순조로운 듯 보였다. 11월 24일, 미군과 한국군은 일부 지역을 탈환했고 압록강과 국경선 인근까지 나아갈 태세였다. 이때 중공군은 숨죽이며 적군이 더 들어오기만을 기다리고 있었다. 제13병단은 적유령산맥 남단, 제9병단은 장진호와 개마고원 인근에 있었다. 25일, 마침내 중공군이 다시 모습을 드러냈다. 이들은 이전보다 더욱 빠른 기동을 선보였다. 미군 정면이 아닌, 측면에 있는 한국군 제2군단 쪽으로 돌진해 집중적인 공격을 퍼부었다. 당황한 한국군은 순식간에 붕괴됐다. 이후 중공군은 산악지형에서도 우월한 기동력을 선보이며, 덕천과 맹산 일대를 거쳐 군우리와 순천 방면으로 침투했다. 이는 미군 제8군의 후방을 위협하는 것이었다. 또다시 미군에게 최악의 위기 상황이 도래했다. 미군은 긴급히 튀르키예군을 투입해 중공군을 저지하려 했다. 튀르키예군은 병력의 3분의 1이 소멸되는 큰 피해를 입었지만, 중공군에 맞서 4일 동안 분투했다. 그러는 사이 미군은 재차 청천강 이남으로의 후퇴를 단행했다. 방심하고 있던 상태에서 찾아온 '날벼락 같은' 중공군의 공세를 당해낼 재간이 없었다. 후퇴하는 과정마저도 험난했다. 미군 제8군의 후퇴를 엄호하던 미군 제2사단이 태형 계곡에 매복해 있던 중공군에게 궤멸적 타격을 입었다. 문제는 중공군의 공세를 계속 막아낼 수 없었다는 것이다. 미군은 청천강에서 밀린 뒤 평양 북쪽의 순안-성천에 방어선을 마련했지만, 여기서도 격퇴를 당하면서 평양까지 내주고 말았다. 미군은 어쩔 수 없이 38도선으로 철수해야만 했다. 동부 전선의 상황도 매우 심각했다. 미군 제10군단 예하의 해병 제1사단은, 낭림산맥 서쪽으로 진격해 미군 제8군과 연결한 뒤 압록강으로 진격하려 했다. 이에 인공호수인 장진호 일대에 도달했다. 바로 그때, 매복하고 있던 중공군이 나타나 미군에게 맹공을 퍼부었다. 미군은 그야말로 처참한 지경에 이르렀다. 물밀듯이 밀려드는 대규모 중공군 병력에 더해 험준한 지형과 거센 한파가 미군을 크게 괴롭혔다. 오로지 철수만이 답이었다. 미군은 살아남기 위해 필사적으로 하갈우리로 철수했다. 이것이 끝이 아니었다. 맥아더의 명령에 따라 흥남까지 철수해야 했다. 이 철수는 엄청난 희생이 뒤따를 수 있었다. 흥남으로 향하는 주요 길목에 중공군이 도사리고 있었기 때문이다. 일각에서 장비를 모두 버리고 항공기로 철수하자는 제안이 나왔지만, 미 해병 제1사단은 적군의 공격을 무릅쓰고 육로를 통해 철수하기로 결정했다. 약 2주 동안 이어진 미군의 철수는 눈물겨울 정도였다. 중공군의 지속적인 공격과 혹독한 추위를 기어이 버텨내면서 앞으로 나아갔다. 결국 수많은 병사들이 전사했으나, 목적지인 흥남에 극적으로 도달하는 기적을 만들어냈다. (미 해병 제1사단에 모든 공격이 집중된 사이, 다른 미군 제10군단 예하 부대들은 무사히 철수할 수 있었다.)

미군이 흥남에 집결하는 데 성공했지만, 고난은 좀처럼 끝나지 않았다. 북한군 게릴라 부대에 의해 원산이 피탈되면서 육상 퇴로가 완전히 차단됐다. 해상 철수를 해야만 했다. 10만 명이 넘는 인원과 2만 대에 달하는 차량, 3만 5000톤의 각종 전투물자가 있었다. 남쪽으로 가려는 수많은 피난민들도 무시할 수 없었다. 총 125척의 선박이 동원돼 이것들을 실어 날랐다. 선박만으로는 부족해 항공기까지 동원됐다. 중공군이 흥남 해두보를 겨냥한 공세 기미를 보이자, 미군 항공기와 전함들이 일제히 중공군을 공격하며 방어했다. 그 사이에 흥남 철수 작전은 계속 이뤄졌다. 12월 24일, 미군 제3사단 철수를 마지막으로 작전은 성공적으로 마무리됐다. 중공군이 사용하지 못하도록 흥남 부두와 미처 수송하지 못한 물자들은 폭파됐다. 동부 전선에서의 기적과 같은 철수는 유엔군에게 약간의 기쁨을 선사했지만, 중공군의 공세로 인한 전면 후퇴는 실로 뼈아픈 일이었다. 그동안 공세에 주력했던 유엔군은 완전히 수세에 몰렸다. 이쯤에서 구체적으로 살펴봐야 할 부분이 있다. 태평양 전쟁과 서유럽 전선에서 승승장구했던 무적의 미군이, 중공군에게 속절없이 밀린 이유를 말이다. 무엇보다 중공군의 기가 막힌 전술을 꼽을 수 있다. 이들이 장착한 주요 무기는 박격포와 산포밖에 없었지만, 전술적 능력으로 약점을 충분히 보완했다. 한반도 특유의 산악지형을 면밀히 파악한 뒤, 하루에 30km에 달하는 놀라운 기동력을 선보이며 적군의 측면과 후방으로 침투해 들어갔다. 미군의 강력한 화력은 험준한 산악지형과 중공군의 기동력 앞에서 무력화됐다. 더욱이 중공군은 야간 공세를 선호했으며, 상대적으로 취약한 한국군을 집요하게 공격했다. 어느 한 곳에 구멍을 내면, 표적 전체가 쉽게 무너질 수 있다는 사실을 간파했다. 때로는 적군에게 공포감을 심어주기 위해 음산한 피리, 나팔, 꽹과리 소리를 냈다. 일종의 심리전, '함화 공작'이었다. 이를 들은 한국군과 미군은 싸우기도 전에 극도로 위축되곤 했다. 한 한국군 병사는 "중공군은 마치 굶주린 늑대처럼 우리의 약점을 찾았다. 약점이 발견되면 그곳으로 끊임없이 몰려왔다. 진격 나팔 소리가 울리면 우리는 포위된 것이었다"라고 회고했다. 기실 당시 중공군의 병력 규모는 유엔군보다 적었지만, 적군의 약한 고리에다가 병력을 집중 운용하다 보니 자연스레 '인해전술'이라는 말도 나왔다. 한 미군 장교는 "달빛 아래 중공군이 밀려오는 모습은, 마치 밤바다의 새하얀 파도가 끝없이 밀려오는 것 같았다"라고 말했다. 중공군은 매복과 위장 능력도 뛰어나 미군 정찰에 의해 잘 발견되지 않았으며, 미군이나 한국군에 바짝 붙어서 공중 폭격을 회피하는 영악함도 선보였다. 이 같은 중공군의 전술 능력은 한국전쟁 직전에 벌어진 국공내전에서 이미 드러난 바 있다. 미군은 중공군을 얕잡아보고 이들에 대한 대비를 충분히 하지 않는 치명적 실수를 저질렀다. 그저 강력한 화력만을 믿다가 큰코 다친 셈이었다.

■ 1.4 후퇴

맥아더도 전황이 심각해졌다는 것을 명확히 인지했다. 그는 "완전히 새로운 전쟁에 돌입했다"라고 말하면서, 중공군을 겨냥해 보다 강경한 대처를 해야 한다고 판단했다. 이에 워싱턴과 합참에 '만주 폭격'을 건의했다. 전선을 한반도에 국한시키지 말고 중국 영토로 확대해야 한다는 뜻이었다. 중국 해안선 봉쇄와 대만에 있는 국민당 군대의 투입도 건의했다. 트루먼은 이를 수용하지 않았지만, "미국은 '사용 가능한 모든 무기'를 포함해 어떠한 조치도 취할 준비가 돼 있다"라고 경고했다. 여기서 언급한 모든 무기에는 '원자폭탄'도 들어가 있었다. 영국을 비롯한 서유럽은 소련의 공격을 우려해 미국의 확전 움직임에 명백한 반대 의사를 밝혔다. 국제 정세가 혼돈의 늪에 빠져드는 가운데 38선 지역이 초미의 관심사로 떠올랐다. 이곳까지 밀린 유엔군은 중공군이 곧바로 밀고 내려오지 않을 것이라고 예측했다. 사기와 전력이 크게 저하된 만큼, 유엔군은 이를 회복할 시간을 반드시 갖고 싶어 했다. 실제로 중공군도 잠시 재정비할 시간을 가지려 했다. 그런데 마오쩌둥이 펑더화이에게 "호

중공군 개입으로 인해 서울 시민들은 고향을 버리고 다시 남쪽으로 내려가야 했다.

기를 놓치지 말고 계속해서 적군을 몰아붙여야 한다"라고 다그쳤다. 중공군은 12월 31일에 공세를 펼치기로 결정했다. 총 9개 군단 (중공군 6개 군단, 북한군 3개 군단)이 서울과 홍천-원주 방면으로 진격해 들어갔다. 임진강을 도강한 중공군은 우세한 병력을 기반으로 동두천과 문산 등에 있는 한국군을 집중적으로 난타했다. 중동부 지역에 있는 한국군도 중공군의 맹공을 받고 있었다. 급격한 후퇴로 부대 정비가 제대로 돼 있지 않았던 한국군은 속절없이 무너졌다. 의정부에서 교통사고로 순직한 워커의 뒤를 이어 미군 제8군 사령관으로 부임한 매슈 리지웨이는, 이대로 가다간 앞선 전투처럼 궤멸적 상황이 올 수 있다고 판단했다. 이에 미군과 한국군에게 평택-안성 방면으로 철수하라고 명했다. 수도 서울이 다시 피탈되는 것이었지만 어쩔 수 없는 측면이 있었다. 당분간 없을 것으로 예상됐던 중공군의 공세가 대규모로 전개돼 허를 찔렸으며, 한 겨울이라 한강이 얼어붙었기 때문에 과거처럼 방어선도 형성할 수 없었다. 1951년 1월 4일, 미군과 한국군, 서울 시민들은 한강을 넘어 남쪽으로 내려갔다. '1.4 후퇴'였다. 중공군의 괴력에 힘입어 북한군은 3개월 만에 서울에 재입성했다.

홍천-원주 방면에서는 북한군이 거의 단독으로 전투를 수행했다. 북한 게릴라 부대들까지 합세해 전후방에서 공세를 전개함에 따라, 한국군은 초전에 맥없이 무너졌다. 또다시 심각한 위기 상황이 도래했다. 북한군이 원주 일대를 완전히 장악한 뒤 충주-대전 등으로 진격한다면, 서부 지역에 있는 미군과 한국군의 후방이 위협을 받고 포위 섬멸될 가능성이 있었다. 어떻게 해서든 원주 일대에서 북한군이 저지돼야만 했다. 프랑스군과 네덜란드군이 배속된 미군 제2사단이 투입돼 적극적인 행동을 취했다. 이에 더해 미 해병 제1사단도 투입돼 맹활약을 펼쳤다. 북한군도 쉽사리 물러서지 않으면서, 양 진영 간의 밀고 밀리는 공방전이 4일 동안 전개됐다. 극적인 승자는 미군이었다. 이들은 원주 남쪽에 있는 고지를 확보하면서 북한군의 진격을 막아냈다. 원주 일대 전투는 상당한 의미가 있었다. 계속되는 후퇴로 패배주의에 빠져있던 미군과 한국군이 다시 기운을 차리는 계기가 됐다. 북한군은 중공군에게 더욱 의지하게 됐다. 이 시점에서 중공군의 변화된 움직임에 주목할 필요가 있다. 미군 지휘부는 파죽지세로 서울까지 내려왔던 중공군이 조만간 추가 공세를 이어갈 것이라고 전망했다. 이것이 현실화된다면, 금강선까지 밀리게 될 가능성이 있다고 봤다. 이에 중대한 고민에 휩싸였다. 유엔군을 한반도에서 철수시키고 한국 정부의 해외 망명을 도모할지 여부였다. 이런 고민까지 할 정도였으니, 당시 전황이 얼마나 심각했는지를 알 수 있다. 서유럽 국가들도 전황이 심상치 않다는 것을 깨닫고 중국과의 정전 회담을 모색했다. 그런데 중공군은 곧바로 추가 공세를 전개할 수 있는 상황이 아니었다. 그동안 예상을 뛰어넘는 막강한 전력을 선보였지만, 그만큼 출혈도 심각해 재정비가 절실했다. 병사들의 비전투 손실이 컸으며, 전선의 급격한 확대와 미군의 공중 폭격 등으로 보급 사정이 악화됐다. 펑더화이는 마오쩌둥에게 보급 문제 해결을 수차례 건의했지만 특별한 해법이 도출되지 않았다. 중공군의 진격 중지는 필연이었다. 리지웨이는 전황의 변화가 왔다는 것을 직감했고, 중공군의 현 상태가 구체적으로 어떠한지를 먼저 파악하기로 했다. 1월 15일, 연대 규모의 미군이 '울프 하운드 작전'이라는 위력 수색을 단행해 적정 파악을 시도했다. 이를 통해 중공군의 부대 배치와 열악한 현실을 알아냈다.

중공군의 공세가 당분간 없을 것이라 확신한 미군은 역으로 반격에 나서기로 했다. '선더볼트 작전'을 수립했는데, 이는 현 위치에서 한강 이남까지 설정한 5개 통제선을 차례차례 점령하며 북진한다는 것이었다. 미군은 그동안 중공군에게 당한 경험들을 반면교사로 삼기도 했다. 무작정 진격하다가 중공군의 매복 포위 공격에 노출될 수 있는 만큼, 인접 부대와의 유기적 협조 및 진격 시 상부의 허가를 꼭 획득하도록 조치했다. 미군 제1군단과 제9군단이 처음에는 위력 수색을 하다가 안양-양평선에서 적극적 공세로 전환했다. 수리산과 관악산 등에서 중공군과 전투가 벌어졌는데, 중공군은 보급 문제로 이전과 같은 전투력을 발휘하지 못했다. 작전은 기대 이상으로 성공적이었다. 어느새 미군 제3사단이 영등포-노량진으로 진격해 한강에 도달했다. 김포반도 쪽에서도 눈에 띄게 전진했다. 1.4 후퇴 이후 약 1개월 만에, 미군과 한국군은 다시 서울을 목전에 뒀다. 이들은 곧바로 서울 탈환을 시도하지는 않았다. 남쪽으로 돌출돼 있는 중부 지역을 양평-홍천 일대로 북상시키고, 홍천에서 중공군 주력을 격파한 뒤 서울을 포위 탈환하기로 결정했다. 중공군 역시 홍천에서 미군과 한국군을 격파할 계획을 세웠다. 미군 제10군단은 제2사단과 기갑부대를 중부 지역인 문막-지평리, 원주-횡성 방면으로 진격시켰다. 비교적 순조롭게 나아가던 미군은 2월 5일 홍천에 이르러 중공군과 대치하게 됐다. 이때 미군은 필승 카드로 한국군을 동원한 홍천 포위 공격, 즉 '라운드 업 작전'을 구상했다. 정면의 미군에 더해 한국군 제8사단과 제5사단이 각각 서쪽과 동쪽에서 공격에 나섰다. 그러나 작전은 성과를 올리지 못했다. 중공군과 북한군의 효과적 대응으로 한국군이 큰 피해를 입으면서, 라운드 업 작전을 통한 홍천 탈환 계획은 무위에 그쳤다. 다만 동부 지역에서 한국군이 창동리-대관령-강릉 방면으로 나아감에 따라 공세적 분위기를 이어갈 수 있었다.

■ 유엔군의 반격

한동안 재정비를 하는 데 시간을 할애했던 중공군은 슬슬 공세를 재개할 움직임을 보였다. 서부 지역은 한강을 활용해 방어하고, 중부 지역에 온 힘을 쏟아 적군을 격퇴한다는 계획이었다. 주요 표적은 미군이 있는 지평리와 한국군이 있는 횡성이었다. 이번에도 중공군은 만만한 한국군을 먼저 노렸다. 2월 11일, 중공군은 북한군과 연합해 엄청난 물량공세를 퍼부으며 한국군을 순식간에 격파했다. 중공군이 원주 방면으로 나아가자 미군은 급하게 방어선을 형성했다. 중공군은 특유의 기습적인 우회 기동을 선보이며 미군을 곤경에 빠뜨리려 했다. 원주를 우회한 다음 제천 방면으로 진격, 미군의 후방을 위협해 궤멸시킨다는 것이었다. 다행히 한국군이 긴급 투입돼 중공군의 변칙 공세를 막아내면서 위기를 모면할 수 있었다. 중공군은 13일 지평리에 대한 공세도 전개했다. 당초 미군은 중공군의 공세가 시작되기도 전에 철수하려 했다. 중공군도 그럴 것이라 예상해 미리 퇴로 차단에 나섰다. 그런데 공세적 분위기를 이어가고 싶었던 리지웨이가 고수 방어를 천명하면서 상황이 급변했다. 미군은 견고한 진지를 만들며 중공군의 공세에 대비했다. 6개 연대 병력을 동원한 중공군이 진지를 에워싸며 공격해 들어갔다. 인해 전술이 펼쳐지는 가운데 미군은 막강한 포병 화력을 내세워 맞섰다. 중공군은 이전과 달리 결사적으로, 그리고 강력히 응전하는 미군에게 당황했다. 시간이 갈수록 미군의 화력이 중공군의 물량 공세를 앞지르는 모양새가 나타났다. 더욱이 미군에 배속된 프랑스군이 탁월한 근접전을 선보이며 중공군을 효과적으로 막아냈다. 중공군의 공세가 점차 시들해질 즈음, 미군 제5기병연대가 포위망 돌파까지 단행했다. 결정적으로 이것이 성공함에 따라 중공군의 공세는 실패로 돌아갔다. 미군은 최초로 방어전에서도 전과를 올리면서 자신감을 완전히 회복했다. 반면 등등 했던 중공군의 기세는 눈에 띄게 꺾였다.

미군은 여세를 몰아 즉시 반격하기로 했다. 주요 표적은 돌출돼 있는 지역의 중공군 주력이었다. '킬러 작전'이라고 명명된 반격은 미군 제9군단이 원주-횡성 방면, 미군 제10군단과 한국군 제3군단이 제천-평창 방면으로 각각 전개하는 것이었다. 다만 작전에는 여러 난관들이 뒤따랐다. 적군의 저항은 물론 폭설과 험준한 지형 등이 발목을 잡았다. 중공군과 북한군은 지형을 활용하며 버티기를 도모했다. 이러한 악조건 속에서도 미군과 한국군은 고군분투하며 앞으로 나아갔다. 3월 4일, 미군 제9군단에 배속된 미 해병사단이 중공군을 극적으로 격파하며 횡성을 탈환하는 데 성공했다. 미군 제10군단과 한국군 제3군단도 적군을 격파한 뒤 강릉까지 진출했다. 남쪽으로 돌출돼 있던 전선이 북상하며 한강-횡성-강릉으로 균형 잡힌 전선이 형성됐다. 이제 미군과 한국군은 본격적으로 서울 탈환에 나섰다. 정면 공격은 무리가 있다고 판단해 이전에 써먹었던 양익 포위 전술을 다시 구사하기로 했다. 즉 횡성에서 홍천-가평, 춘천 방면으로 진격해 적군을 둘로 가른 다음, 정면인 한강과 측면인 가평-춘천에서 적군을 포위 섬멸하며 서울을 탈환한다는 것이었다. 이는 '리퍼 작전'으로 일컬어졌다. 막강한 화력을 갖춘 미군 제9군단은 빠르게 진격해 3월 14일 홍천 외곽에 당도했다. 미군이 기대한 대로 허를 찔린 중공군과 북한군은 급격히 와해됐다. 위기감을 느낀 서울의 중공군은 싸우기도 전에 철수 움직임을 보였다. 이 틈을 타 한국군이 15일 한강을 신속 도하해 서울을 재탈환했다. 1.4 후퇴 후 70일 만에 거둔 쾌거였다. 서울 수복 이후에도 유리한 전황은 계속됐다. 19일 춘천을 탈환한데 이어 '요철 작전'을 통해 38도선에서 16km를 북상시키며 '캔사스 선'을 형성했다. 나아가 리지웨이는 중공군이 공세를 위해 집결하고 있는 철의 삼각지대(평강-철원-김화)도 확보하기 위해 '불굴 작전'을 전개했다. 이는 캔사스 선에서 최대 20km를 북상시키는 것이었다. 미군은 철원까지 진격하는 데에는 성공했으나 이내 중공군의 강력한 저항에 부딪혔다. 결국 리지웨이는 이쯤에서 만족하고, 조만간 있을 중공군의 대대적인 공세를 대비하기로 했다.

그런데 이 시기에 미국 내부는 복잡하게 돌아가고 있었다. 트루먼 행정부는 전쟁을 지속하거나 확대하고 싶어 하지 않았다. 이에 현재까지 형성된 전선을 돌파해 계속 북진하는 것에 대해 매우 신중한 태도를 보였다. 이유는 북진할수록 중공군의 저항이 만만치 않을 것이고, 최악의 경우 가장 강력한 적인 소련이 참전할 가능성도 있었기 때문이다. 궁극적으로 제3차 세계대전을 우려해 정치적 협상을 선호했다. 하지만 전선에서 군대를 지휘하고 있던 맥아더의 생각은 달랐다. 협상이 아닌 군사적 승리를 목표로 했던 그는, 트루먼 행정부의 입김에서 벗어나 자유롭게 북진하길 원했다. 만주 폭격과 중국 해안선 봉쇄, 국민당 군대 투입 등도 지속적으로 주장했다. 트루먼과 맥아더는 극과 극으로 대립하는 모양새를 나타냈다. 이런 가운데 4월 11일, 맥아더가 유엔군 사령관과 미 극동군 사령관 직위에서 전격 해임됐다는 소식이 전해졌다. 미국과 한국은 물론 전 세계가 깜짝 놀랐다. 트루먼은 맥아더의 행위를 군 통수권자에 대한 도전으로 받아들였다. 맥아더의 명성과 전과가 대단한 것은 알았지만, 항명과 확전은 용납할 수 없다는 입장을 분명히 했다. 맥아더는 귀국한 후 가진 미 의회 연설에서 "노병은 죽지 않는다. 다만 사라질 뿐이다"라는 유명한 말을 남겼다. 그의 후임으로 리지웨이가 새로운 유엔군 사령관이 됐다. 제8군 사령관으로는 밴 플리트가 부임했다. 맥아더와 달리 리지웨이는 트루먼의 의중을 잘 받드는 편이었다. 북진을 자제하고 현 전선을 지키는 쪽에 무게를 뒀다. 자연스럽게 정전과 휴전 분위기도 달아올랐다. 온건한 미국 입장과 달리 중공군은 다시금 대규모 공세를 개시할 참이었다. 목표는 서울 탈환이었다. 주력인 중공군 제19병단이 4월 말 개성–문산 방면으로 공격해 들어갔다. 이곳에는 한국군 제1사단과 영국군 제29여단이 있었다. 중공군은 시종일관 취약할 것으로 예상되는 한국군 쪽으로 주력을 투입했다. 자주 돌파를 허용했던 한국군은 이번에는 달랐다. 영국군과 함께 상당히 선방하면서 지역 방어에 성공했다. 이에 힘입어 김화–포천 방면에 있던 미군(제24, 25사단)이 중공군 제9병단의 공세를 따돌리고 안전하게 철수, 훗날을 도모할 수 있었다. 중공군의 조공이 이뤄졌던 인제에서도 미군과 한국군은 방어를 해냈다. 문제는 중부 전선이었다. 한국군 제6사단이 사창리 전투에서 대패함에 따라 전선이 급격히 붕괴됐다. 중공군은 가평까지 점령했고, 미군과 한국군은 홍천강 이남으로 물러나야 했다. 다시금 서울 피탈 위기감이 고개를 들었다. 중공군은 5월 1일 노동절에 서울에서 시가행진을 하겠다며 엄포를 놓았다. 그러나 예전의 중공군이 아니었다. 여전한 보급 문제로 인해 공세 종말점에 다다르고 있었다. 게다가 안전하게 철수했던 미군 제24, 25사단이 서울 북방의 마석우리-대포리에 견고한 방어선인 '노 네임선'을 형성했다. 중공군은 여기에 공세를 펼쳤지만 좀처럼 돌파하지 못했다. 되레 미군의 강력한 화력에 말려들어 수많은 사상자가 발생했다. 미군은 포병의 무차별 포격에 더해 항공기의 근접 폭격까지 행했다. 심지어 이때 중공군은 한없이 얕잡아봤던 한국군에게도 역공을 당해 큰 피해를 입었다. 펑더화이는 전사자(약 13만 명)가 걷잡을 수 없이 불어나자 역부족을 느끼고 퇴각을 명했다. 이로써 중공군이 야심 차게 준비한 춘계 대공세는 약간의 남진 성과만 올린 채 사실상 실패로 돌아갔다.

유엔군은 중공군의 기세가 크게 꺾여 더 이상 대대적인 공세는 없을 것이라고 예측했다. 미군의 강력한 화력과 중공군의 보급 문제는 추가 공세를 전개할 엄두를 내지 못하게 할 것이라 확신했다. 그러나 이 예측은 완전히 빗나갔다. 중공군은 곧바로 앞선 공세에 비견될 만한 추가 공세를 준비하고 있었다. 정전 협상이 조만간 열릴 것이라는 전망은 중공군의 움직임에 추동력을 더했다. 조금이라도 양호한 전황을 만들어야, 협상에서 유리한 위치에 설 수 있었기 때문이다. 펑더화이는 이번 공세 때 적군의 기세를 확실히 꺾어 버리기 위해 '3중 양익 포위'라는 거대한 전술을 구상했다. 중공군과 북한군이 중동부 지역(신남-현리 일대)의 한국군을 동쪽과 서쪽에서 3중으로 포위해 격멸한 다음 미군의 측면을 공략하는 것이었다. 중공군은 5월 16일 서쪽에서 한국군 제7사단을 공격하면서 작전의 포문을 열었다. 중공군 제20군과 제27군 예하의 6개 사단이 맹공을 퍼부었다. 한국군은 중공군의 공세에 속절없이 무너졌으며 오마치 고개를 내주고 말았다. 뒤이어 중공군 제27군이 신남 일대에 있는 한국군의 중앙부를 돌파해 오마치 고개 후방에 있는 침교를 확보했다. 서쪽에서 2중 포위망이 형성됨에 따라 한국군 제3군단은 갇히고 말았다. 머지않아 제3군단에게 비극이 닥쳤다. 이들은 무작정 현리로 간 뒤 오마치 고개 돌파를 시도했다가 실패했다. 포위망을 뚫지 못하자 엄청난 혼란이 발생했다. 제3군단 병사들과 지휘관들은 너나 할 것 없이 탈출을 시도했다. 지휘통제 체계가 완전히 무너진 상황에서, 중공군의 거센 공격까지 받아 군단 병력의 약 70%가 소멸했다. 추후 제3군단은 미군에 의해 완전히 해체되는 불운까지 겪었다. 중공군은 여기서 그치지 않고 서쪽에서의 3중 포위를 시도하려 했다. 중공군 제12군이 자은리 일대의 한국군을 돌파한 후 포위망 형성이 가능한 지역으로 진격할 계획이었다. 하지만 뜻하지 않은 실수로 인해 성공하지 못했다. 중공군이 자은리 일대에서 한국군이 아닌 미군을 공격했던 것이다. 미군을 한국군으로 오인한 결과였다. 미군이 벙커힐 전투에서 무제한 포격으로 반격하면서 중공군의 3중 포위망은 형성되지 못했다. 서쪽뿐만 아니라 동쪽에서도 포위망 시도가 이뤄졌다. 북한군 제5군단이 가리봉 일대의 한국군 제3사단을 돌파해 오마치 방면으로 진격, 중공군 제20군과 연결되려 했다. 한국군은 북한군의 해당 공격을 막아내는 데 성공했다. 그러나 오마치가 중공군에게 점령됐다는 소식을 접한 뒤, 포위를 우려해 스스로 철수하고 말았다. 북한군은 운 좋게 가리봉을 거쳐 운리산까지 진격할 수 있었다. 다만 험준한 지형이 북한군의 발목을 잡았다. 이로 인해 중공군과 온전히 연결되지 못했고, 방대산 후방 통로를 차단하지도 못했다. 북한군 제2군단도 포위망 형성에 실패했다. 설악산 일대에 있는 한국군의 전투지경선 우측을 돌파한 뒤 계방산-장평 일대를 점령해 중공군과 2중 포위망을 형성하려 했으나, 설악산 및 한계령의 험준함과 적설로 인해 무위에 그쳤다. 비록 펑더화이가 계획했던 거대한 포위 전술은 성공하지 못했지만, 중공군은 현리에서 속사리까지 돌파구를 마련했다.

중공군은 홍천 일대 공격에 나섰다. 미군 제2사단은 적군의 돌파구가 더 이상 확대되지 못하도록 필사적으로 저지하려 했다. 벙커 고지 일대에 탄탄한 진지를 구축한 뒤, 진격해 오는 중공군에게 맹렬한 반격을 가했다. 다행히 홍천 방어전은 대성공으로 끝났다. 아울러 현리 돌파구의 동쪽에 있는 대관령과 강릉에서도 중공군을 격퇴하는 데 성공했다. 한국군 최정예 부대인 수도사단이 해당 전과의 중심에 있었다. 이 즈음에는 서울 인근에 있던 미군 제3사단이 재빠르게 중동부 지역으로 이동하고 있었다. 이들은 중공군의 공세에 종지부를 찍으려는 대담한 목표를 가졌다. 중점을 둔 곳은 운두령이었다. 이곳은 중공군의 주력이 집결돼 있기도 했거니와 현리와 속사리를 연결하기도 했다. 점령한다면 중공군의 보급로를 절단해 효과적으로 무너지게 만들 수 있었다. 미군은 대대적인 공세를 전개한 끝에, 5월 22일 운두령을 점령하는 데 성공했다. 과연 주력이 궤멸되고 보급로가 절단된 중공군은 여지없이 무너지기 시작했다. 중공군은 퇴각할 수밖에 없었다. (이 시기 중공군은 서부 지역에 있는 용문산에서도 한국군 제6사단에게 대패했다. 한국군은 제3군단의 참패를 어느 정도 만회할 수 있었다.) 이후 미군과 한국군은 지역 탈환을 노리는 중공군의 공세를 격퇴한데 이어 대대적인 반격에 착수했다. 서부 지역의 미군 제1군단은 문산-포천선을 탈환한 뒤, 5월 27일 캔사스 선에 도달했다. 이 과정에서 중공군은 별다른 저항을 하지 않고 도망가기 바빴다. 미군 제9군단도 가평-춘천선을 탈환했고 화천까지 공격했다. 이때 (미군에 배속돼 있던) 한국군이 화천댐 전투에서 중공군을 보기 좋게 격파하는 전과를 올렸다. 동부 지역의 한국군 제1군단도 중공군을 잇따라 격파한 뒤, 약 40km를 북진했다. 반격은 대체로 성공적이었지만, 오점도 있었다. 미군이 중공군을 격멸하기 위해 양구-인제 방면 등에 포위망을 구축하려 했으나 번번이 실패하고 말았다. 어느덧 미군과 한국군은 캔사스 선을 넘어 사창리 북쪽의 작전 통제선인 '와이오밍 선'까지 진출했다. 기세를 감안하면 더 많이 북진할 만도 했다. 하지만 미군의 마음은 다른 데에 있었다. 적당한 선에서 전쟁을 마무리하고 명예롭게 물러나고 싶어 했다. 이에 따라 정전 협상이 본격적으로 진행될 터였다.

백마고지 전투에서 치열한 고지 쟁탈전이 벌어지고 있다. 양측은 정전 협상에서 유리한 위치를 차지하기 위해 혈투를 이어갔다.

■ 정전 협상과 고지 쟁탈전

　미국을 비롯한 유엔 측만 정전 협상에 뜻을 둔 게 아니었다. 공산 진영도 힘의 한계를 절감하고 정전을 추진했다. 1951년 6월 13일, 소련 중국 북한 대표가 모스크바에 모여 '조건부 정전'을 추진하기로 합의했다. 23일에는 유엔 주재 소련대사 말리크가 공식적으로 정전을 제안했다. 유엔군 측의 리지웨이가 전면에 나서 공산권과 본격적으로 접촉하기 시작했다. 막후에서 교섭이 이뤄진 결과, 정전을 위한 본 협상을 7월 10일 개성에서 개최하기로 합의했다. 미국은 협상이 길어야 1개월이면 끝날 것이라고 전망했다. 그러나 초반부터 난관에 부딪혔다. 우선 군사 분계선 문제가 발목을 잡았다.

유엔군 측은 현재 주둔하고 있는 곳에서 군사 분계선을 설정해야 한다고 주장한 반면 공산군 측은 38선에서 군사 분계선이 설정돼야 한다고 주장했다. 유엔군 측은 합리적으로 설득하려 했지만, 공산군 측은 들은 체도 하지 않고 있다가 돌연 협상 결렬을 선언했다. 미군은 의도적으로 불성실하게 나오는 공산군 측을 협상장에 복귀시키기 위해 군사적 압박이라는 강수를 뒀다. 다만 전면전은 아니고 제한 전쟁의 성격이 짙었다. 이로 인해 발발한 고지 쟁탈전은 양측에 무수한 피해를 입히며 소모전을 유발했다. (정전 협상을 앞둔 6월에 이미 양구 도솔산 일대에서 미군과 한국군이 북한군과 고지전을 벌인 적이 있다. 하나의 고지를 두고 일진일퇴의 공방전이 벌어진 끝에, 대한민국 해병대가 24개 전 고지를 확보하는 데 성공했다. 이때부터 '무적 해병'이라고 불렀다.) 미군과 한국군은 8월 중순 양구 북쪽에 있는 수리봉(983 고지) 일대에서 공세를 전개했다. 요충지였던 이곳은 방어하는 쪽이 상당히 유리했다. 남쪽 면의 경사가 매우 가팔랐고 곳곳에 수많은 지뢰들이 매설돼 있었다. 한국군 제5사단 36연대가 먼저 공격을 했으나, 지뢰와 북한군의 수류탄 공격으로 인해 큰 피해를 입었다. 그럼에도 한국군은 쉽사리 물러서지 않고 조금씩 전진해 나갔다. 가까스로 수리봉을 점령하는 듯했지만, 이내 북한군의 역공을 받고 퇴각했다. 한국군만으로는 역부족이었던 만큼, 미군 제2사단 9연대가 합세하기로 했다. 수리봉의 우측과 좌측에서 각각 미군과 한국군이 진격해 들어갔다. 북한군은 사격과 수류탄 투척 등으로 맞섰다. 무려 18일 동안 전투가 벌어지면서 수많은 사상자가 발생했고, 고지의 능선은 병사들의 피로 얼룩졌다. 일명 '피의 능선 전투'로 불린 이 전투에서, 미군과 한국군은 1만 5000여 명에 달하는 북한군을 소멸시키며 수리봉 일대를 점령했다. 미군과 한국군의 사상자는 4400여 명이었다.

이를 계기로 공산군 측은 10월 25일 정전 협상에 복귀했다. 협상장은 개성에서 판문점으로 바뀌었다. 조만간 군사 분계선 문제에서 실마리가 마련됐다. 38선이 아니라 양 진영이 현재 접촉하고 있는 곳으로 가닥이 잡혔다. (협상 중에 한국 측이 원래 자신들의 영토였던 개성을 확보해야 한다고 강하게 주장했다. 유엔군 측은 여러 사안들을 감안해 개성은 공산군 측에 양보했다.) 군사 분계선으로부터 각각 2km씩 물러나 비무장 지대도 만들기로 합의했다. 쟁점이었던 군사 분계선 문제가 해결되자, 정전 협상이 곧 타결될 것처럼 보였다. 다음 의제였던 포로 교환은 제네바 협정 제118조에 의거해 신속히 매듭지어질 전망이었다. 제네바 협정에는 '적대 행위가 종료되면 포로는 즉시 해방되고 송환돼야 한다'라는 내용이 담겨 있었다. 하지만 포로 교환 문제는 쉽게 해결되지 않았다. 유엔군에게 붙잡혔던 공산군 포로들 중 상당수가 북한이나 중국으로의 송환을 거부했기 때문이다. 기실 공산군 포로들 중에는 강제 동원된 남한 주민들이 많이 포함돼 있었다. 원래 국민당군 소속으로 있다가 국공 내전에서 참패함에 따라 강제적으로 중공군에 편입된 사람들도 있었다. 제네바 협정에는 송환 거부 포로들에 대한 처리 방식이 나와있지 않았던 만큼, 유엔군 측은 골머리를 앓았다. 대안으로 공산군 포로와 유엔군 포로의 동수 교환을 제시했지만, 공산군 측은 모든 포로들의 교환을 고수했다. 유엔군 측은 고심 끝에 자유 송환 원칙을 확정했다. 이 원칙이 끝까지 지속되지는 못하는 듯했다. 추후 정전협정 체결 직전에 유엔군 측은 (공산군 측이 원하는) 모든 포로들을 교환한다는 데 합의했다. 하루빨리 정전을 하기 위해서였다. 이때 이승만은 유엔군 측과 사전협의 없이 반공포로 2만 7000명을 석방시키는 초강수를 뒀다. 정전 협상이 다시 결렬되자, 유엔군 측과 미국은 크게 당황하며 이승만을 맹비난했다.

포로 교환 문제가 난항을 거듭할 때에도 고지 쟁탈전이 벌어졌다. 강원도 철원에 있는 백마고지(395 고지)에서, 마오쩌둥으로부터 '만세군'이라는 호칭을 얻은 중공군 제38군이 한국군 제9사단 29연대를 공격했다. 정면에서는 포격을 가함과 동시에 한국군 후방에 있는 봉래호의 수문을 폭파해 역곡천을 범람시켰다. 중공군은 퇴로가 차단된 한국군에게 대대적으로 돌진했다. 한국군의 전의가 꺾였다고 판단한 중공군은 손쉬운 승리를 예상했다. 그러나 한국군은 연대를 번갈아가며 투입하면서 거세게 저항했다. 과거에 공격만 하면 무너졌던 그 취약한 한국군이 아니었다. 보병과 포병, 전차의 협동 방어도 원활하게 이뤄졌으며, 미국 공군의 근접항공지원도 빛을 발했다. 강승우 소위, 안영권 하사 등이 폭탄을 안고 중공군 핵심 지점에 들어가 산화하는 감투 정신까지 발휘됐다. 결국 최종 승자는 한국군이었다. 10여 일간 12번 벌어진 쟁탈전에서, 한국군은 1만 4000여 명의 중공군을 소멸시키며 백마고지를 지켜냈다. 고지 쟁탈전과 더불어 미국 공군의 공세도 가열하게 전개됐다. 정전 협상에 임하는 공산군 측에 큰 압박을 가하기 위해, 미군 항공기가 시도 때도 없이 날아올라 북한의 철도와 도로 등을 집중적으로 폭격했다. 일정한 거리를 두고 수백 개에 달하는 폭탄들이 쏟아짐에 따라 북한의 기반 시설은 철저히 파괴됐다. 추후에는 무려 500대의 항공기가 날아올라 북한의 수력 발전소들을 맹폭하면서, 북한 전력이 마비 상태에 빠지기도 했다. 북한의 수도인 평양도 항공기 폭격에서 예외일 수 없었다. 평양 핵심부 타격은 물론 북쪽에 있는 덕산 저수지 등도 파괴해 주요 철도 및 도로를 유실시켰다. 북한은 미군의 폭격에 커다란 공포심을 갖게 됐다. 이에 전국에 수많은 방공호를 건설해 나갔다.

■ **정전 협정 체결**

여러 우여곡절에도 불구하고 정전의 시간은 다가오고 있었다. 1953년에 접어들면 더욱 명확해졌다. 은근히 전쟁이 좀 더 지속되길 바랐던 소련의 스탈린이 사망했고, 정전을 대선 공약으로 내걸었던 아이젠하워가 미국의 새로운 대통령으로 취임했다. 다만 이 시기 중공군의 경우, 최후 공세를 준비하고 있었다. (그동안 중공군의 병력은 꾸준히 증강돼 약 135만 명에 달했다. 북한군은 약 45만 명이었다.) 얼마 남지 않은 정전의 시간을 앞두고, 마치 승리한 것과 같은 착시 효과를 불러일으키기 위해서였다. 이에 5월부터 중부 전선에 있는 화천 북쪽의 금성 돌출부에 대한 공세를 개시했다. 이번에도 한국군이 주요 표적이었다. 6월에는 중공군 제20병단이 북한강과 금성천의 합류 지점에 있는 한국군 제5사단, 제8사단의 방어선에 맹공을 퍼부었다. 대규모 병력의 전개와 야간 공세 등으로 인해 한국군은 북한강 남안으로 후퇴해야 했다. 이후 한국군의 반격이 무위에 그친데 이어, 미군(제8군)의 주요 방어선인 미주리 선의 중앙 돌출부도 피탈되고 말았다. 이쯤에서 중공군의 공세는 일단락됐다. 당초 목표로 했던 착시 효과 달성에 성공했다고 자평하며 정전 협정이 체결되기만을 기다렸다. 그런데 상술했듯 이승만이 반공포로를 독단적으로 석방하면서 정전 협상이 결렬됨에 따라, 다시금 대대적인 공세를 준비했다. 7월 13일, 중공군은 금성 일대의 좌측과 우측에서 한국군 제2군단에 대한 양익 포위를 시도했다. 이 지역에서의 방어가 힘들다고 판단한 한국군은 미군과 함께 금성천 남단으로 철수했다. 중공군은 전쟁 막판에 적잖은 남진을 이뤄냈지만, 지속가능하지는 못했다. 어느덧 공세 종말점에 다다랐다. 한국군은 이때를 놓치지 않고 역공을 가해 북한강과 금성천을 연하는 선까지 탈환했다. 미군 지휘부에서 더 이상의 북진은 허락하지 않음에 따라 여기서 휴전선이 형성됐다. 중공군이 금성 지구 전투에서 한국의 영토를 일부 탈취했기 때문에, 표면적으로는 중공군의 승리로 보였다. 그러나 중공군 전사자가 한국군이나 미군의 2배가 넘었던 만큼, 반드시 승리로 보기 어렵다는 견해도 있다.

서부 전선에서도 전투가 벌어졌다. 임진강 상의 전략적 요충지인 베티고지가 주요 전장이었다. 중공군은 야간에 공격을 감행했는데, 김만술 소위가 이끄는 제2소대가 고지 사수 임무를 부여받았다. 사전에 김만술은 교통호를 정비하는 등 만반의 대비를 했다. 전투는 치열한 근접전, 백병전으로 전개됐다. 양 측에서 수류탄이 오갔고 병사들이 뒤섞여 피 튀기는 혈투를 벌였다. 김만술 소대는 소부대 전투사례의 모범으로 여겨질 만큼 눈부신 활약을 펼쳤다. 그 결과 13시간 동안 지속된 전투에서 중공군을 격파하는 기적을 만들어냈다. 한편 전방뿐만 아니라 후방에서의 전투도 간과할 수 없다. 남한 내에서는 '빨치산'이라는 북한의 비정규전 부대가 내륙 산악 지형을 중심으로 활동하고 있었다. 정전 협상이 진행될 때에도 후방 교란을 도모하며 한국군과 주민들에게 큰 피해를 입혔다. 이에 한국군은 '쥐 잡기 작전'이라는 대대적인 공비 토벌을 단행했다. 단계적으로 이뤄진 작전을 통해 1만 6000여 명에 달하는 공비들을 섬멸했다. 기세가 완전히 꺾인 빨치산들은 머지않아 소멸의 길로 나아갔다. 1953년 7월 말에 접어들자, 드디어 정전이 목전에 다가왔다. 골칫거리였던 포로 교환 문제는 반공 포로들을 중립국인 인도에 남겼다가 자유의사에 따라 처리하는 것으로 마무리됐다. 대부분의 포로들이 한국이나 대만행을 선택한 가운데 제3국행을 택한 포로들도 있었다. 그동안 정전에 결사적으로 반대했던 이승만 정부와 한국 국민들도 다소 누그러졌다. 현실적으로 정전이 국제적 대세라는 것을 부인할 수 없었다. 아울러 미국에게서 매우 중요한 이득을 취했다. '한미 상호방위조약' 체결과 한국군 20개 사단 증편을 확정 지은 것이다. 통일 대신 미군이라는 강력한 뒷배를 얻은 한국은 정전 협정을 수용하기로 최종 결정했다.

7월 27일 오전 10시, 유엔군 측 수석대표인 해리슨 미 육군 중장과 공산군 측 수석대표인 남일이 각각 판문점 정전협정 조인식장에

1953년 7월 27일, 유엔군 측과 공산군 측이 판문점에서 정전협정서 전문에 서명하고 있다. 이로써 3년 넘게 지속된 한국 전쟁이 종결됐다.

나타났다. 이들은 서로를 한 번도 쳐다보지 않고 곧바로 책상 앞에 앉았다. 그런 다음 한국어, 영어, 중국어로 된 정전협정서 전문에 서명했다. 조인식장에서 퇴장할 때에도 상호 간 인사나 악수가 전혀 이뤄지지 않았다. 이후 유엔군 사령관인 클라크가 정전협정 확인 서명을 했고, 김일성과 펑더화이도 각자의 위치에서 서명했다. 한국 측만 정전협정서에 미서명한 채로 남아있어 큰 아쉬움을 남겼다. 정전협정 체결에도 불구하고 잠시동안 포격전이 전개되다가, 7월 27일 밤 10시에 모든 전선에서 포성이 멎었다. 3년 넘게 지속됐던 한국 전쟁이 마침내 종결되는 순간이었다. 이 전쟁에 참전한 주체들은 전쟁 이후에도 한동안 고통을 겪었다. 한국과 북한은 국가 기반시설들이 초토화돼 전후 재건 사업을 하는데 큰 애를 먹었다.

중국은 수많은 인적 손실로 인한 후유증에 시달렸고, 향후 20년간 국제무대로 진출하지 못했다. 미국도 승리할 수 있었던 전쟁에서 승리하지 못했다는 비판을 들으며, 국제사회 리더로서의 지위에 타격을 입었다. 또한 한국 전쟁의 마무리가 종전이 아닌 '휴전' 상태로의 진입인 만큼, 이후에도 한반도는 불확실성과 전쟁 위기가 지속적으로 발생하는 불운을 겪게 된다.

"제3차 세계대전에서 이길 수 있는 유일한 방법은,
전쟁을 막는 것뿐이다."
-드와이트 D. 아이젠하워

10
베트남 전쟁
가장 치욕스러운 전역

○ 월남 패망사 전말

1975년 4월 30일, 북베트남군의 소련제 탱크가 사이공에 있는 대통령궁 문을 열어젖히고 들어오고 있다. 이는 사이공 함락과 월남 패망을 상징하는 주요 장면이다.

"수색을 하면서 걸어가면 사방은 고요하고 평화롭기 그지없었다. 새들은 지저귀고 공기는 말할 수 없이 맑았다. 나무와 푸른 숲은 그림처럼 아름다웠다. 그런데 갑자기 사방에서 총알이 쏟아지고 포성이 천지를 진동시켰다. 개인 소총, 기관총에서 로켓포에 이르기까지 광란의 '총포합동공연'이 펼쳐지는 것이다. 몇 초가 지나면 다시 평온이 찾아온다. 사상자가 발생하지 않으면 '언제 총성이 들렸던가' 할 정도로 주변이 고요해지면서 수색 정찰은 계속됐다. 언제 다시 적의 공격이 이어질지 하나님 외에는 아무도 몰랐다."

-미군 특수부대원 아이반 델릭 증언 中

"내가 베트남에 처음 갔을 때가 17세였다. 나는 베트남이 왜 중요한지 설명할 수 없었고, 아무도 그것을 가르쳐 주지 않았다. 20세가 되자 전투하는 방법은 알았지만, 왜 전쟁을 해야 하는지 그 이유는 여전히 알 수가 없었다." -미군 병사 데이브 크리스천 증언 中

군사학에서는 '유형 전력'과 '무형 전력'이라는 개념이 있다. 전자는 형태가 있는 군사나 병장기를 의미한다. 후자는 형태는 없지만 분명한 군사적 가치를 갖는 힘을 의미한다. 대표적으로 병사들의 사기와 목적의식 등 정신 전력을 말한다. 통상적으로 유형 전력에 비중을 두는 경우가 많지만, 무형 전력의 중요성도 결코 간과할 수 없다. 본편에서 살펴볼 '베트남 전쟁'은 무형 전력이 얼마나 중요한지를 알 수 있는 바로미터다. 호찌민이 이끄는 북베트남은 1946년부터 1975년까지, 무려 29년 간 세계열강들(프랑스, 미국)을 상대로 전쟁을 치렀다. 얼핏 보면 '계란으로 바위 치기'처럼 보였지만, 승리의 영광은 북베트남에게 돌아갔다. 화력 및 무기의 질적인 측면에서 비교적 부족했으나 이들에겐 명확한 목적의식과 드높은 사기, 용맹함이 있었다. 조국의 자주적 독립과 통일이라는 목표 하에, 모든 북베트남 정치인들, 군대, 국민들이 일치단결했다. 정신적 지주였던 호찌민은 숭고한 인격에 기반해 북베트남의 역량을 최대치로 끌어올리는 데 일조했다. 반면 프랑스와 미국은 달랐다. 이들은 화력이나 병력 면에서 손색이 없었지만, 대의명분과 목적의식이 부족했다. 프랑스는 자국의 경제적 이익을 위해 베트남을 다시 식민지화하려 했고, 미국은 연쇄적인 공산화를 방지하기 위해 참전했다. 전자는 제국주의 시대에나 통할 법한 구시대적인 발상이었다. 후자는 당시 국제정세상 그럴듯해 보였지만 강력한 대의명분이 되지는 못했다. 이로 인해 프랑스와 미국은 국제 사회의 지지는 물론 자국민들의 지지도 끌어내지 못했다. 전방위적인 비난이 쏟아지면서 병사들의 사기는 땅에 떨어졌고, 결국 아무것도 얻지 못하고 물러나는 지경에 이르렀다.

특히 베트남 전쟁은 미국에 뼈아픈 타격이었다. 이제껏 단 한 번도 패배한 적이 없었던 무적의 미군이, 소련 중국과 같은 강대국이 아닌 동남아시아의 소국에게 패했다는 것은 명백한 치욕이었다. 또한 베트남 전쟁은 1960년대까지의 미국 황금기가 종료되고 암흑기가 도래하는 계기로 작용했다. 승리하지도 못할 전쟁에 엄청난 비용을 쏟아붓는 바람에, 지독한 정치적 경제적 위기에 직면했다. 이의 부작용은 1990년대 초 소련 붕괴 때까지 지속됐다. 베트남 전쟁은 이전에는 볼 수 없었던 '문화적 기현상'을 낳았다는 측면에서도 주목할 만하다. 바로 매스미디어의 개입이다. 텔레비전, 신문, 라디오 등이 깊숙이 들어와 전쟁의 부정적 모습들을 널리 전파했다. 세계인들은 자신의 집 안방에서 전쟁의 민낯을 보았으며, 이후 거리로 나가 반전 운동을 펼쳤다. 이 운동의 여파는 프랑스와 미국을 궁지로 몰아넣은 반면 북베트남에는 커다란 호재가 됐다. 결과적으로 매스미디어가 전쟁의 향방을 결정짓는 중대 분수령으로 기능한 셈이다. 한국도 베트남전과 떼려야 뗄 수 없는 관계를 갖고 있다. 미국의 요청으로 수많은 장병들이 베트남 전장으로 투입됐다. 전투 과정에서 수천 명이 목숨을 잃었으며, 고엽제 등의 영향으로 지금까지 후유증을 앓는 사람들이 존재한다. 이의 대가로 국가는 미국으로부터 경제 발전에 필요한 자금을 얻어낼 수 있었다. 오늘날 '한강의 기적'은 베트남전 참전 용사들의 희생과 헌신 위에서 이뤄졌다고 해도 과언이 아닐 것이다. 그 누구도 이길 수 없었던, 가장 치욕스러운 전역인 '베트남 전쟁' 전말을 되돌아봤다.

■ 제1차 인도차이나 전쟁

프랑스는 19세기에 라오스, 캄보디아와 더불어 베트남을 식민지로 삼았다. 식민통치 기간 동안, 프랑스는 유화책과 함께 가혹한 탄압 및 착취도 병행했다. 베트남에 있는 무수한 자원들을 가져갔으며, 군대를 동원해 독립운동 세력을 때려잡았다. 베트남 독립운동을 이끈 대표적인 인물은 호찌민이다. 민족주의자이자 공산주의자인 그는 뜻을 같이 하는 사람들과 통킹, 안남 북부 지역에서 결사적으로 항전했다. 그런데 제2차 세계대전 때 프랑스가 나치 독일에게 참패하자 베트남의 주인이 바뀌었다. 일본군이 베트남을 비롯한 인도차이나 지역을 장악했다. 일본군은 자국의 물가 안정을 위해 식민지의 쌀을 대량으로 수탈했다. 쌀 수탈로 대기근이 발생하면서 무려 150만 명이 넘는 아사자가 발생했다. 일본군은 또 다른 외부 침략자로 규정됐다. 이에 맞서기 위해 호찌민은 공산주의자와 민족주의자를 규합해 베트남독립동맹, '베트민'(월맹)을 결성했다. 미국의 군사적 지원까지 얻어가며 일본군과 싸웠다. 이념적으로 상이했지만 공동의 적 앞에서 미국과 연합한 것이다. 1945년, 일본이 태평양 전쟁에서 완패하면서 베트남은 무주공산이 됐다. 기회가 왔다고 판단한 호찌민은 베트남의 독립을 위해 기민하게 행동했다. 8월 전국 국민회의를 열어 주석으로 취임했고, 9월에는 독립선언문을 발표한 뒤 베트남 민주공화국 건국을 선포했다. 미국이 베트남 독립을 지지하는 모습을 보이면서 호찌민의 활동이 탄력을 받는 것 같았다. 실제로 미국 CIA(중앙정보국)의 전신인 OSS(전략첩보국)는 호찌민을 우호적으로 평가하며 밀착 경호를 해주기도 했다. 하지만 호찌민과 베트남의 앞길에 암운이 드리웠다. 프랑스가 베트남을 다시 식민지화하려는 움직임을 나타냈다. 미국도 호찌민의 이념적 성향에 의구심을 갖기 시작했다. 더욱이 전후에 전개되는 국제정세가 악영향을 미쳤다. 미국 자본주의 진영과 소련 공산주의 진영 간에 발생한 '냉전'은 호찌민의 독립운동을 어렵게 만들었다. 동남아시아가 연쇄적으로 공산화되는 것(도미노 이론)을 우려한 미국은 프랑스의 베트남 식민지화를 암묵적으로 승인했다. 호찌민은 프랑스의 재침공을 저지하기 위해 1946년 7월 프랑스 파리로 가서 협상했다. 이 같은 노력은 드골 선언, 즉 "해외 식민지와의 연합이 프랑스를 강대국으로 만들었다. 식민지가 없다면 프랑스는 강대국이 되지 못할 수도 있다"라는 발언이 나오면서 물거품이 됐다.

프랑스는 11월 베트남 북부 지역으로 군대를 진격시켰다. 프랑스군의 전력은 비교적 양호했다. 자국 군대에 더해 외국인들로 구성된 외인부대도 있었다. 11만 명이 넘는 병력이 육상은 물론 해상과 공중에서도 공격을 퍼부었다. 호찌민과 보응우옌잡이 이끄는 베트

제2차 세계대전 이후, 프랑스가 다시 베트남을 식민지화하려 하면서 '제1차 인도차이나 전쟁'이 발발했다. 사진은 디엔비엔푸 전투에 투입되고 있는 프랑스군 공수부대.

민군은 일방적으로 밀렸다. 수많은 사상자가 발생하자 이들은 북부 산악지대로 숨어들었다. 산악 지대인 롱손에서 롱손의 서쪽 트루옹손(안남 산맥)에 이르기까지, 수많은 거점과 은신처가 마련돼 있었다. 베트민군은 베트남의 척추이자 '호찌민 루트'라고 불리는 이곳에서 게릴라전을 도모했다. 프랑스 역사교사 출신인 보응우옌잡이 이를 주도했다. 그는 나폴레옹 전쟁사와 손자병법에 능통했다. 게릴라전의 효능을 일찍이 깨달았으며, "우리의 군대는 어디에나 있고 또한 어디에도 없다"라는 유명한 말을 남겼다. 그럼에도 프랑스군의 압도적 공세는 얼마간 지속됐다. 비엣박 등에 맹공을 퍼부었고 베트민 수뇌부에도 직접적인 위협을 가했다. 그러나 험준한 산림으로 인해 곧 한계를 드러냈다. 프랑스군의 기계화 부대가 제기능을 발휘하지 못하면서 베트민은 기사회생하는 데 성공했다. 이후 베트민군은 게릴라 활동을 꾸준히 전개하며 정치적 군사적 입지를 다져나갔다. 프랑스군은 처음 겪어보는 게릴라전에 고전을 면치 못했다. 예상치 못한 곳에서 튀어나와 급습하는 베트민군을 상대하기란 여간 어려운 일이 아니었다. (베트남은 내륙 지역의 약 50%가 사람이 살 수 없는 정글, 늪지대, 잡목, 코끼리풀로 덮여 있었다. 베트민군은 이런 곳에 잠복해 있다가 공격을 감행했다.) 프랑스군은 베트민군의 또 다른 근거지라 할 수 있는 농촌 장악에도 실패했다. 당황한 프랑스군은 베트민 내부에 존재하는 분란에 주목했다. 상술했듯 베트민은 민족주의자와 공산주의자의 연합체였는데, 1947년 공산주의자들의 배신 행위로 민족주의 세력이 큰 반감을 가졌다. 프랑스는 민족주의자들에게 우호적 조건을 제시하며 접근했다. 이것이 어느 정도 성과를 거두면서 베트민은 한 날개가 꺾여버렸다. 호찌민과 베트민의 앞길이 녹록지 않은 가운데 1949년 구원의 손길이 미쳤다. 중국에서 발발한 '국공내전'에서 마오쩌둥이 이끄는 공산당이 장제스의 국민당을 물리치고 중국 대륙을 장악했다. 중국 공산당은 호찌민의 베트민을 적극적으로 지원했다. 사상적 동질감을 갖고 있었기 때문이다. 북 베트남과 맞닿아 있는 국경지대에서 베트민군의 군사훈련을 지원했다. 국민당군으로부터 빼앗은 다량의 무기와 장비도 제공했다. 기관총, 무반동총, 야포, 박격포, 바주카포, 대공포 등으로 무장한 베트민군의 군사력은 눈에 띄게 강화됐다. 보병 사단, 포병 사단, 고사포 연대 등 정규 부대까지 편성한 이들은 프랑스군을 겨냥한 대대적인 반격을 준비했다. 1950년 9월, 마침내 베트민군은 프랑스군에게 기습 공격을 가했다. 몰라보게 달라진 전력을 기반으로 동케 지역에서 크게 승리했다. 뒤이어 홍 강 삼각주 지역 전체를 장악한 뒤, 핵심 도시에 대한 총공세 계획까지 수립했다. 허를 찔린 프랑스군은 미국의 지원에 크게 의존하는 모습을 보였다. 마침 미국은 중국 공산화와 한국 전쟁 등을 거치며 공산권의 위협을 실질적으로 체감하고 있던 터라 프랑스군을 전폭적으로 지원했다. 전장에 병력만 파견하지 않았을 뿐, 프랑스군 전쟁 비용의 최대 80%를 뒷받침했다.

베트민군은 이에 아랑곳하지 않고 공세를 이어갔다. 1951년 2월, 하노이를 점령하겠다는 목표 하에 전면 공세를 감행했다. 프랑스군은 드라트르 방어선을 구축해 맞섰다. 이 방어선은 하노이, 통킹만, 홍 강 삼각주로 연결된 것이었다. 베트민군의 공세가 맹렬히 전개됐으나, 프랑스군은 네이팜탄 등을 적절히 구사하며 방어했다. 베트민군의 사상자가 급속도로 불어나는 가운데 프랑스군 방어선은 뚫릴 기미가 보이지 않았다. 결국 베트민군은 막대한 희생만 낳은 채 후퇴해야 했다. 비록 베트민군의 하노이 점령은 실패했지만, 전황은 이들에게 점점 유리해졌다. 당초 취약하기 이를 데 없었던 베트민군은 전투를 치르며 정예로 거듭났다. 프랑스군은 핵심 지휘관인 드라트르가 지병으로 귀국했고, 미국의 전비지원 예산 삭감이 이뤄져 치명타를 맞았다. 프랑스 단독으로는 늘어나는 전쟁 비용을 감당하기 힘듦에 따라 8만 명의 병력을 철수시킬 수밖에 없었다. 무엇보다 프랑스 내부에서 시대착오적인 제국주의 전쟁에 대한 비판 여론이 고조됐다. 프랑스 국민들은 귀환하는 군인들에게 돌과 계란을 던졌으며, 병기고나 장비 수송선 등에서 사보타주 및 파업이 일어났다. 프랑스의 정치인, 장군들은 베트남 전쟁이 왜 필요한지를 전혀 납득시키지 못했다. 팽창하는 소련의 위협으로부터 프랑스 본토를 방어해야 할 필요성도 커져갔다. 급기야 프랑스 의회는 징집병의 해외 파병을 금지하는 법안을 통과시켰다. 여러 가지 부정적 요인들은 전황에 실질적 영향을 미쳤다. 1953년 프랑스군은 북부 베트남에서 하노이 일대만을 차지했고, 중부 베트남에서도 대부분의 지역을 내줬다. 베트민군은 본토만이 아닌 라오스와 캄보디아를 통해서도 유의미한 활동을 펼치면서 프랑스군을 난감하게 만들었다. 다만 심각한 전황에도 불구하고 프랑스군은 아직 포기할 생각이 없었다. 이들은 국면전환용으로 베트남 북부에 있는 디엔비엔푸를 공격하려 했다. 베트민군의 핵심 보급로인 이곳을 장악한다면, 전쟁을 승리로 이끌 수 있다고 확신했다. 1953년 11월 20일, '카스토르'라는 작전명 하에 프랑스군이 많은 병력을 디엔비엔푸로 공중 수송했다. 기습적인 공수 작전이 성공하면서 해당 지역에 있던 소수의 베트민군은 축출됐다. 프랑스군은 디엔비엔푸를 사수하기 위해 각종 진지들을 만들었고, 1만 5000명에 달하는 병력을 배치했다. 기실 디엔비엔푸는 사방이 산으로 둘러싸여 있었던 만큼, 적군이 지상으로 접근하는 게 어려울 것으로 예상됐다. 또한 프랑스군은 공중 수송을 통해 보급을 원만히 받을 수 있을 것이라고 생각했다. 베트민군을 상당히 얕잡아봤기에 이러한 판단들이 나올 수 있었다. 프랑스군에게는 불행한 일이지만, 베트민군은 중국 공산당의 지원에 힘입어 무시할 수 없는 화력을 갖추고 있었다. (중국 공산당은 한국전쟁에서 미군과 한국군의 각종 무기들을 노획했다. 이를 베트민군에게 무상으로 공여했다.) 목표 지점에 치명타를 가할 수 있는 105mm 곡사포와 적군 항공기를 격추할 수 있는 대공포 등으로 무장했다. 베트민군 특유의 성실성도 가미됐다. 곡사포, 박격포, 대공포 등을 분해해 트럭에 실은 뒤 디엔비엔푸 일대의 진격로를 통과했다. 은밀하게 움직였기 때문에 프랑스군은 사전에 눈치채지 못했다. 베트민군이 이동할 때에는 공병부대의 활약이 빛났다. 이들은 좁은 협곡로를 크게 확장시킴으로써 진격을 원활하게 만들었다. 베트민군은 공격 지점에 도달한 뒤에는 분해했던 무기들을 재조립해 화력전을 준비했다. 수많은 민간인들까지 동원해 각종 군수물자도 집결시켰다.

매우 치밀하게 준비한 결과, 베트민군은 적군보다 훨씬 우월한 병력(약 5만 명)과 대포 및 방공 전력을 투입했다. 라이차우 지역에서 다가오는 프랑스 증원군도 격파함으로써 디엔비엔푸의 프랑스군을 고립시켰다. 베트민군은 프랑스군 방어 진지들의 상태도 파악하고 있었다. 대부분이 흙이나 나무로 만들어져 취약했다. 일단 간헐적인 포격을 가하면서 조만간 전개될 대대적인 공세를 예고했다. 1954년 3월 13일, 드디어 전면 공세가 개시됐다. 북쪽 고지대에 있는 베아트리스 진지에 분당 50발의 포탄이 쏟아졌다. 포격 1시간 만에 약 500명의 프랑스군이 전사했다. 뒤이어 베트민군 보병들이 물밀듯이 밀려와 베아트리스 진지를 함락시켰다. 충격을 받은 프랑스군 포병 지휘관 샤를 피로트는 수류탄으로 자살했다. 다음날에는 가브리엘, 앤 마리 진지가 극심한 포격 및 보병의 공격을 받았다. 해당 진지를 지키고 있던 알제리 부대와 프랑스군 제1외인공수대대 등이 맹렬히 저항했다. 용감하게 싸웠음에도 병력의 열세를 극복할 수는 없었다. 가브리엘, 앤 마리 진지도 베트민군의 수중에 떨어졌다. 북쪽 고지대를 장악한 베트민군은 참호를 판 후 프랑스군 비행장에 정밀 포격을 퍼부었다. 항공기 착륙을 통한 공중 수송을 차단하기 위해서였다. 많은 비행장이 심각한 타격을 입고 폐쇄됐다. 이제 프랑스군은 낙하산을 통해서만 공중 수송을 할 수 있었다. 프랑스군 항공기가 증원 병력과 물자를 낙하산에 걸어 필사적으로 수송하려 했다. 하지만 대공포의 위력으로 눈에 띄는 효과를 발휘하진 못했다. 무척 난감한 상황에 빠진 프랑스군은 나름대로 반격을 모색하긴 했다. 항공기를 동원해 베트민군이 있는 지역에 폭격을 가했다. 이 역시 뚜렷한 전과를 달성하긴 어려웠다. 베트민군은 발견되기 어려운 산악 지형에 숨었다가 폭격이 사라지면 다시 나타났다. 여세를 몰아 베트민군은 디엔비엔푸 중심부에 있는 진지들도 공격했다. 비교적 방어력이 우수한 남쪽의 이사벨 진지는 고립시켰다. 프랑스군은 하노이에서 증원된 제6식민지공수대대 등을 동원, 중심부의 클로딘 진지에서 거세게 저항했다. 이것은 효과를 거둬 베트민군은 일시적으로 후퇴했다. 며칠 뒤 베트민군의 공격은 엘리앙, 도미니크 진지를 향했다. 이번에도 프랑스군은 순순히 물러서지 않았다. 공수부대와 외인부대가 혼신의 힘을 다해 싸웠다. 이들은 하루 종일 대검을 들고 육박전도 치렀다. 그 결과 베트민군에 상당한 타격을 입혔고 공세를 포기하게 만들었다. 보응우옌잡은 잠시 시간을 갖고 새로운 전술을 짜기로 했다. 그동안의 포격 및 보병 돌격만으로는 한계가 있다고 느꼈다. 아무래도 진지 주변이 개활지로 돼 있었던 만큼, 막대한 희생이 동반될 수밖에 없었다. 이에 100마일에 달하는 참호를 파면서 접근하기로 했다. 제1차 세계대전에서 나타났던 참호전이 재현되는 양상이었다.

프랑스군은 시간이 갈수록 불리해졌다. 보급량이 점점 떨어지면서 굶주림과 탄약 부족에 시달렸다. 부상당한 병사들을 제때 치료할 수도 없었기에, 부상병들은 진지 여기저기서 방치된 채 죽어갔다. 프랑스군이 디엔비엔푸에서 오래 버티는 것은 불가능했다. 이를 눈치챈 베트민군은 5월 최후의 일격을 단행했다. 다연장로켓포 등을 동원해 각종 진지에 파상공세를 퍼부었다. 프랑스군의 사기를 꺾어버리기 위해 레지스탕스 노래를 부르기도 했다. 프랑스 공수

부대가 축차적으로 방어에 투입되며 맹활약을 펼쳤지만 역부족이었다. 5월 7일, 결국 프랑스군의 모든 진지가 함락되고 말았다. 프랑스군은 남아있는 물자와 무기를 전부 파괴하고 항복했다. 약 1만 2000명이 포로로 잡혔다. 부상자들을 제외한 대부분의 포로들이 60일 동안 걸어서 수용소로 향했다. 베트민군은 56일 간 2만 명이 넘는 사상자가 발생했지만 눈부신 승전을 달성한 셈이었다. 이로써 제1차 인도차이나 전쟁의 무게 추는 확연히 기울었다. 7월에 열린 제네바극동평화회의에서 양 진영 간 휴전 협정이 체결됐다. 북위 17도선을 경계로 프랑스의 남베트남과 베트민의 북베트남으로 나뉘졌다. 2년 내에 남북통합 총선거도 실시하기로 했다. 소련, 영국, 중국은 협정에 찬성했지만 미국은 반대하는 모습을 나타냈다. 베트남 북부 지역에서 참패한 프랑스는 남부 지역에서도 오래 머무르지 못했다. 남베트남 국민들의 반프랑스 감정이 격화됐고, 이와 동일한 노선을 갖고 있는 정치 집단이 대두했기 때문이다. 급진 반공주의 연합조직인 혁명위원회와 새로이 총리가 된 응오딘지엠은, 남베트남에 주둔하고 있는 프랑스군을 적극적으로 비판했다. 나아가 정부와 사회 안에 존재하는 친프랑스 세력을 척결했다. 프랑스군은 이러한 움직임을 견디지 못하고 남베트남에서도 철수했다. 국내에 돌아와서도 환영받지 못했음은 물론이다. 프랑스는 제2차 세계대전에 이어 또다시 쓰라린 오점을 남긴 셈이었다. 이제 프랑스의 빈자리는 미국으로 대체될 것이었다.

■ **혼돈에 휩싸인 남베트남**

　미국은 남베트남을 철저히 보호하려 했다. 도미노 이론을 맹신했기 때문이다. 아이젠하워 대통령과 덜레스 국무장관은 호찌민의 북베트남이 베트남 전체를 장악한다면, 공산화 여파가 주변 국가에 강하게 미칠 것이라고 전망했다. 이에 북베트남에 대해 적대적 태도를 견지했다. 남베트남에서는 응오딘지엠을 내세워 영향력을 행사했다. (프랑스의 경우 북베트남에 석유, 시멘트, 중공업 등과 관련한 산업시설을 유지하고 있었다. 앞서 호찌민은 이러한 산업시설을 유지한다면 경제적 보상을 해주겠다고 약속했다. 어느덧 북베트남 친화적이 된 프랑스는 미국의 북베트남 적대 정책에 반대하기도 했다.) 응오딘지엠이 전면적인 사회 개혁을 실시한다는 전제 하에 대규모 군사 경제 원조도 해줬다. 원조 첫 해에 2억 1400만 달러가 책정됐으며 군사고문단도 적잖게 파견됐다. 응오딘지엠은 미국의 후원 속에서 여러 정책들을 시행해 성과를 거두기도 했다. 농업에 대한 적극적 투자를 통해 쌀 수확량을 급증시켰다. 외자 유치를 바탕으로 면직물 및 유리공업도 크게 육성했다. 양질의 수산물을 대량으로 수출해 커다란 이득도 남겼다. 아울러 '신은 남으로 갔다'는 슬로건을 앞세워 약 85만 명에 달하는 북베트남 주민들을 남쪽으로 이주 정착시켰다. 치안을 개선하는 데에도 열심이었다. 곳곳에서 활개치고 있던 범죄 조직(빈쑤옌)을 소탕, 수도인 사이공을 '담이 낮아도 도둑 걱정을 하지 않아도 되는 도시'로 만들었다. 통치에 자신감을 갖게 된 응오딘지엠은 휴전 협정에 명시된 남북통합 총선거를 거부하고 남베트남 단독 선거를 추진하기도 했다. 그런데 잘 나가던 응오딘지엠이 어느 순간부터는 어려워지기 시작했다. 1956년 중순에 실시된 토지 재분배 계획이 고질적인 족벌체제와 관리들의 부정부패로 실패했다. 농민들은 프랑스 점령 시대보다 더 많은 세금까지 내게 돼 불만이 증폭됐다. 남베트남 국민들의 85%를 차지하는 이들의 지지세는 급격히 쪼그라들었으며, 농촌 지역에서 반정부 시위와 민중 봉기가 잇따라 발생했다. 또한 응오딘지엠 일가족들의 부정부패가 심화돼 국민들의 신임을 갉아먹었다. 가족들이 일부 국가요직을 독점했으며, 경제 개발에 사용해야 할 원조 기금을 사치품 수입에 유용했다. 응오딘지엠 동생인 응오딘누의 만행은 불에 기름을 붓는 격이었다. 남베트남 비밀경찰의 수장이 된 응오딘누는 반정부 인사나 경쟁자들을 마구잡이로 체포해 투옥하거나 처형했다. 총 7만 5000명이 살해됐고 5만 명이 투옥된 것으로 추정된다. 나치 독일의 게슈타포와 같은 행위에 국민들의 비난 여론이 거세졌다. 출발이 좋았던 응오딘지엠 정부는 난폭한 독재정권으로 인식돼 갔다.

북베트남은 남베트남의 부정적 상황을 예의주시하고 있었다. 이들은 틈날 때마다 남베트남에서 암약하고 있던 게릴라들을 통해 테러를 일으켰다. 1960년에는 남베트남 공작을 본격화하기 위해 '남베트남 민족해방전선'을 결성했다. 이 단체 산하에 있는 '베트콩'이라는 무장 조직이 맹활약을 펼치게 될 터였다. (베트콩은 베트남 공산주의자를 경멸할 목적으로 사용하는 멸칭이었다.) 남베트남 민족해방전선의 대남 공작은 농촌 지역을 중심으로 이뤄졌다. 농민들에게 폭력 투쟁을 선동함은 물론 주요 시설들을 파괴하기도 했다. 남베트남 정부는 '전략촌 계획'을 수립해 대처하려 했다. 농민들이 자력으로 베트콩을 막을 수 있는 요새화된 마을을 건설하도록 한 것이다. 전국 농촌 지역에 5000개가 넘는 전략촌이 건설됐다. 미국은 이 전략촌을 '햄릿'이라고 부르며 많은 자금을 지원해 줬다. 이를 통해 성공적인 방어를 할 수 있을 것이라고 생각했다. 그러나 실상은 녹록지 않았다. 전략촌 건설에는 수많은 남베트남 농민들이 강제로 동원됐다. 전략촌에 강제 편입되는 농민들도 많았다. 정부는 이들에게 적절한 보상이나 재산권을 보장해주지 않고 부려먹었다. 부패한 관리들이 전략촌 자금을 사적으로 착복하는 일도 비일비재했다. 이렇다 보니 남베트남 농민들의 반감이 극에 달하면서 전략촌 계획은 역효과를 낳았다. 전략촌에 방어 무기도 충분히 공급되지 않았다. 당연히 베트콩의 게릴라 전술에 취약할 수밖에 없었다. 날이 갈수록 베트콩에 포섭되는 전략촌이 증가했다. 그러면서 베트콩의 규모도 눈에 띄게 불어났다. 위기감을 느낀 남베트남 정부는 전략촌에 대한 대대적인 정화 작전을 실시했다. 베트콩으로 의심되는 사람들을 무단 감금하거나 즉결 처형했다. 베트콩과 일반 농민들을 구분하기 어려웠기 때문에, 그저 의심되는 사람들을 처단할 수밖에 없었다. 억울하게 죽임을 당하는 농민들이 늘어나면서 민심 이반은 더욱 극심해졌다. 응오딘지엠과 그의 정부는 점점 수렁으로 빠져드는 반면 호찌민과 북베트남은 쾌재를 불렀다. 이런 가운데 1961년 미국에서 존 F 케네디가 대통령에 취임했다. 케네디는 전임자인 아이젠하워처럼 도미노 이론을 우려했다. 남베트남이 무너지면 라오스, 캄보디아, 미얀마가 차례로 공산화될 것이라고 생각했다. "필요시 남베트남에 미군 파견도 검토할 것"이라고 말했다. 아이젠하워와 미 군부는 흡족해했을지 모르나, 프랑스의 드골은 진심으로 걱정했다. 그는 파리에서 케네디를 만났을 때, "미국은 끝없는 전쟁과 정치적 수렁에 휘말리게 될 것"이라고 경고했다. 제1차 인도차이나 전쟁의 아픈 경험이 드골의 마음을 여전히 짓누르고 있었다. 케네디는 이에 아랑곳하지 않고 남베트남을 노골적으로 지원했다. 미 군사고문단을 크게 늘림에 따라 1962년 말에는 해당 인원이 약 1만 2000명에 달했다. 헬기, 장갑차 등 무기들도 공급했다. 핵심 참모 및 장군들을 잇따라 만나 전투 병력 파견과 관련한 논의도 이어갔다.

그 사이 남베트남의 상황은 더욱 심각해지고 있었다. 응오딘지엠

틱쾅둑이라는 승려가 1963년 남베트남 응오딘지엠 정권의 불교도 탄압에 항의하며 사이공 시내 한복판에서 분신 자살하고 있다. 남베트남은 내우외환에 시달리면서 대혼돈에 휩싸였다.

정부에 대한 국민들의 원성이 하늘을 찔렀다. 정부는 국민들의 원성을 풀어주려 하기보단 탄압으로 일관했다. 특히 종교 박해에 항의하는 불교도들의 시위가 발생하자, 정부는 군대를 동원해 40명의 불교도들을 살해하고 수천 명을 투옥시켰다. 이에 반발해 틱쾅둑이라는 승려가 사이공 시내 한복판에서 온몸에 기름을 붓고 분신자살(소신공양)했다. 그는 화염에 휩싸였음에도 조금의 흐트러짐 없이 가부좌 자세를 유지했다. 주위에 있던 사람들이 울부짖었지만, 틱쾅둑은 마치 명상을 하는 듯한 모습으로 최후를 맞았다. 이 장면은 카메라 사진에 담겨 전 세계에 전파됐다. 이를 본 세계인들은 큰 충격을 받았다. 응오딘지엠 정부에 대한 국제 여론은 악화일로를 걸었다. 전국에 암약해 있는 베트콩의 공작도 극에 달했다. 남베트남군은 이들을 소탕하기 위해 노력했으나, 역으로 비참한 패배를 당했다. 1963년, 약 1500명의 남베트남군이 사이공에서 65km 떨어진 전략촌 마을에서 360명의 베트콩 게릴라군과 압박 전투를 치렀다. 남베트남군은 미국이 지원한 헬기와 장갑차 등으로 중무장한 상태였다. 압박 지역을 삼면에서 포위 공격하면서 손쉬운 승리를 달성하는 듯했다. 하지만 베트콩군은 만만치 않았다. 기관총, 박격포, 대공포 등을 갖추고 있었고, 메콩델타의 콩 루앙 운하를 따라 강력한 참호선을 구축했다. 이를 파악하지 못했던 남베트남군은 남쪽 측면 방어 진지에서 커다란 타격을 입었다. 뒤이어 남베트남군 병사들을 공중 수송하는 헬기 5대가 속절없이 격추됐다. 베트콩군은 헬기에서 빠져나오는 남베트남군에게 집중 공격을 퍼부었으며 장갑차의 진격도 저지했다. 크게 충격받은 남베트남군은 더 이상 진격하지 않고 멈춰 섰다. 그새 베트콩군은 자취를 감췄다. 압박전투 과정에서 남베트남군 83명, 미 군사고문단 3명이 전사했다. 베트콩군은 18명이 전사하는 데 그쳤다. 사실상 베트콩군의 대승이었다. 이처럼 응오딘지엠과 남베트남은 전방위적으로 곤경에 처했다. 미국은 위기를 타개하기 위한 획기적 조치가 필요하다고 생각했다. 이대로 가다간 남베트남의 존속을 장담할 수 없다고 판단했다. 미국의 해법은 응오딘지엠 정권을 갈아치우는 것이었다. 케네디는 국가안전보장회의를 소집한 뒤 남베트남 군부의 쿠데타 가능성을 논의했다. 쿠데타를 할 만한 장군들과도 은밀히 접촉해 거금을 쥐어주면서 쿠데타를 사주했다. 남베트남 군부가 쿠데타를 실행하되, 기본적인 각본은 백악관이 짜줬다. 1963년 11월 1일 정오에 쿠데타가 발생했다. 쿠데타군은 순식간에 응오딘지엠이 있는 대통령궁을 포위했다. 응오딘지엠이 2번이나 항복을 거부하자 쿠데타군이 포격을 가했다. 대통령궁 수비대는 열심히 맞서 싸웠다. 다음날 쿠데타군이 전투기와 탱크까지 동원해 공격을 퍼부었다. 끝까지 버티려 했던 응오딘지엠은 항복했다. 그의 최후는 비참했다. 지휘본부로 호송되는 도중에 쿠데타군에 의해 잔혹하게 살해됐다. 응오딘지엠의 목숨만은 살려주려 했던 미국은 당혹감을 감추지 못했다. 케네디는 "9년 간 공산주의와 싸웠던 응오딘지엠은 최소한 암살보단 더 나은 대우를 받을 자격이 있었다"라고 한탄했다.

남베트남은 민, 킴, 돈이라는 3명의 장군들로 구성된 군사평의회가 주도했다. 남베트남 국민들은 독재자가 사라지고 새 시대가 열렸다며 환호했다. 이 환호는 오래가지 못했다. 군사쿠데타가 빈번하게 발생하며 국가는 대혼란에 빠졌다. 20개월 동안 10번의 정권 교체가 있었다. 국민들 사이에선 응오딘지엠 시절이 더 좋았다는 여론이 확산됐다. 미국은 응오딘지엠 이후에 대한 면밀한 대책 없이, 성급하게 정권 전복을 단행했다는 비판에 시달렸다. 북베트남은 이 기회에 남베트남을 더욱 가열하게 몰아붙이기로 했다. 게릴라군이 아닌 정규군을 호찌민 루트를 통해 남파시켰다. 농촌 지역 등에서 베트콩의 준동도 강화했다. 남베트남 문제가 악화일로를 걷는 가운데 미국에서 엄청난 일이 발생했다. 케네디가 텍사스 댈러스에서 카퍼레이드를 하던 중에 암살당했다. 그 뒤를 이어 린든 존슨이 새로운 대통령으로 취임했다. 원래 부통령이었던 존슨은 남베트남 문제에 문외한이었다. 케네디와 가까운 사이가 아니었기에 이 문제에 대해 정확히 알 수 없었다. 그는 극빈자, 흑인, 교육 문제 해결 등 '위대한 사회 건설'에 더 많은 관심을 가졌다. 그런데 막상 대통령에 오르자마자 베트남 문제에 휘말렸다. 전임자들처럼 존슨도 도미노 이론에 공감했다. 이에 남베트남을 지원한다는 방침에 변함이 없었다. 가장 큰 고려 사항은 미국의 직접적인 군사 개입 여부였다. 기존의 지원 방식으로는 도무지 답이 나오지 않았다. 주변에 있는 강경파 측근들도 미군의 개입을 주장했다. 케네디 시절에도 중요한 역할을 담당했던 로버트 맥나마라 국방장관과 맥조지 번디 등이 그랬다. 남베트남의 실세로 떠오른 구엔 칸도 똑같은 주장을 펼쳤다. 그만큼 상황이 절박했기 때문이다. 이 당시 베트콩군의 공격 범위는 사이공까지 미쳤고, 미군 시설 및 병사들도 위협을 받았다.

북베트남군이 전면적으로 침공할 가능성도 배제할 수 없었다. 일각에서 베트남을 라오스처럼 중립화시켜야 한다는 목소리도 나왔지만, 시간이 갈수록 "모든 군사적 조치를 통해 공산주의를 막아야 한다"라는 의견이 대세를 형성했다. 존슨은 군사 개입을 하기로 결심했다. (여기에는 코앞으로 다가온 미국 대통령 선거도 영향을 미쳤다. 공산주의에 맞서는 강력한 리더의 이미지를 각인시켜 대선에서 승리하려는 속셈이었다.) 이에 따라 미 군사고문단을 2만 3000명으로 증원했다. 뒤이어 맥나마라와 협의해 2단계 폭격 계획을 수립했다. 1단계는 라오스와 캄보디아 국경 내에 있는 북베트남 군사시설과 게릴라 근거지를 폭격하는 것이었다. 2단계는 북베트남을 집중적으로 폭격하는 것이었다. 합참본부가 지휘하는 폭격 작전에는 호놀룰루에 있는 미 태평양함대 사령부도 참여할 예정이었다. 존슨은 이 계획을 북베트남에 전달해 압박을 가하고 협상장으로 끌어내려했다. 제한적 조처로 북베트남의 침략 및 공작 저지와 남베트남 영토 보존이라는 목표를 얻어내려 한 것이다. 뜻대로 되지 않았다. 북베트남은 미국의 압박에도 불구하고 남베트남을 포기할 생각이 없었다. 이전과 다름없이 대남 공작과 전면 침공 준비를 이어갔다. 남베트남군도 간간이 북베트남 후방에 침투 공작을 펼쳤다. 북베트남 관할 하에 있는 혼메, 혼니우섬을 무력 점령하기도 했다. 그러면서 베트남에서의 전쟁 위기감은 최고조로 치달았다.

■ 미국의 군사 개입

기어이 파국이 찾아왔다. 1964년 8월 2일, 통킹만 해상에서 제2

동남아시아가 연쇄적으로 공산화될 것을 우려한 미국이 전격적으로 군사 개입을 단행하면서 '베트남 전쟁'의 서막이 올랐다.

차 인도차이나 전쟁의 도화선이 되는 사건이 발생했다. 북베트남 해군 135편대 소속 어뢰정 3척이 미 해군 섬너급 구축함인 매독스호를 공격했다. 양 진영은 한바탕 교전을 벌였다. 이후 미군 항공모함에서 출격한 A-4 스카이호크가 북베트남군의 어뢰정을 공격해 10명의 사상자가 나왔다. 일각에서는 미국의 통킹만 사건 조작설이 존재한다. 이는 허위다. 추후에 북베트남도 선제공격 사실을 인정했다. 호찌민은 이 사건에 충격을 받고 책임자를 색출하라고 지시했다. 시종일관 전쟁을 원했던 공산당 제1서기 레주언이 통킹만 사건 배후에 있다는 설이 유력하다. 아울러 북베트남의 무전을 감청하던 (미군 구축함 터너조이의) 무전병이 북베트남의 무전 교신 내용을 오역하는 일이 발생했다. '미 해군을 공격하기 위한 북베트남의 새로운 군사 작전이 임박했다'는 것이었다. 사실이 아니었음에도, 미국은 북베트남을 겨냥해 군사 작전을 단행하기로 결정했다. 8월 5일, 64대의 미군 전폭기들이 17도선 위에 있는 북베트남 항구 시설과 유류저장 시설들을 폭격했다. '피어스 애로우 작전'이었다. 폭격 이틀 후에는 미국 의회가 통킹만 결의안을 통과시켰다. 미국은 북베트남이 충격을 받고 움츠러들 것이라 예상했다. 2개월 내에 평화협상을 모색할 수도 있다고 전망했다. 이는 완전히 빗나갔다. 곧바로 보복 조치가 들어왔다. 베트콩군이 사이공 근처에 있는 비엔호아 미국 공군 기지를 급습해, B-57 폭격기 5대가 파괴되고 4명이 사망했다. 화들짝 놀란 미군은 배럴 롤 작전으로 불리는 보복전을 시행했다. 야간에 조명탄 등을 활용해 라오스의 호찌민 루트를 폭격했다. 다만 작전이 애매하게 전개돼 유의미한 타격을 입히지는 못했다. 악순환은 계속 반복됐다. 베트콩군이 12월 24일 미군 장교 막사에 테러를 가했다. 28일에는 남베트남의 빈지아 마을을 공격했다. 빈지아를 지키고 있던 것은 남베트남군의 향토 부대였다. 위기감을 느낀 남베트남군 지휘부는 제30레인저 대대를 긴급 투입했다. 베트콩군은 매우 기민하게 대처했다. 매복한 뒤 병력을 수송하는 헬기를 잇따라 격추했다. 참호도 적절히 마련한 후 남베트남군을 크게 괴롭혔다. 남베트남군은 해병대 제4대대까지 투입해 베트콩 소탕에 나섰다. 베트콩군은 북서쪽으로 이동하는 체하다가 야간에 적군을 급습했다. 매우 집요하게 펼쳐지는 베트콩군의 공세에 남베트남군은 혀를 내둘렀다. 결국 베트콩군이 빈지아에서 철수하긴 했지만 남베트남군은 심각한 타격을 입었다. 1965년 2월에는 베트콩군이 중부 고원 지대에 있는 미군 플레이쿠 기지를 습격했다. 이로 인해 미군 9명이 전사하고 76명이 부상당했다. 미군 헬기 7대도 파괴됐다. 관련 보고를 접한 존슨은 대로했다. 곧바로 '눈에는 눈으로 대응한다'는 플레이밍 다트 작전을 명했다. 미군 제7함대에서 발진한 49대의 스카이호크와 크루세이더 항공기가 북베트남의 최대 병력 집결지인 동호이를 폭격했다. 이 지역은 무방비 상태였던 만큼 굉장한 피해를 입었다. 3일 뒤, 이번에는 베트콩군이 퀴논의 미군 기지를 급습해 미군 23명이 전사했다. 미군은 다음날에 플레이밍 다트 작전 2를 시행해 보복 폭격을 가했다.

미군은 3월 2일에는 매우 강력한 폭격 작전인 '롤링 선더'를 준비했다. 이것을 시행하기에 앞서, 남베트남 전역에 있는 미군 가족들을 소개했다. 그런 다음 수백 대의 전폭기들을 동원해 북베트남에 있는 항구, 철도, 교량 등을 무차별 폭격했다. 롤링 선더 작전은 전 세계의 관심을 끌었다. 유엔은 양측이 평화 협상에 나서야 한다고 촉구했다. 헛일이었다. 북베트남은 협상할 생각이 전혀 없었다. 미국 역시 북베트남의 침략 행위를 규탄할 뿐이었다. 나아가 미국 내에서 강경파들의 목소리가 거세졌다. 전투 병력을 동원해 지상에서 전투를 치러야 한다는 것이었다. 특히 남베트남 사령관인 웨스트멀랜드와 맥나마라가 이를 강하게 피력했다. 만약 지상군이 투입되지 않는다면, 베트콩군이 1년 이내에 남베트남 전역을 장악할 것이라고 경고했다. 폭격만으로는 원하는 바를 달성할 수 없다고도 했다. 웨스트멀랜드는 "북베트남인들이 그 어떠한 폭격도 견뎌낼 만큼 대단한 적응력과 인내력을 갖고 있다는 사실을 금방 깨닫게 될 것"이라고 말했다. 이의 영향을 받은 존슨은 기동타격대인 미 해병대 4개 대대를 다낭 기지로 파견했다. 6주일 내에 미군 4개 여단을 수용할 수 있는 독립기지 및 8만 2000명의 병력을 수용할 거점기지 건립 계획도 수립됐다. 제한전이 아닌 확전 혹은 전면전으로 나아갈 조짐을 보였다. 그런데 이때까지만 해도, 존슨은 가급적 전면전만큼은 피하고 싶었던 것으로 보인다. 이 같은 생각은 3월 30일 사이공에서 발생한 미국 대사관 폭파 테러로 180도 바뀌게 된다. 더욱이 베트콩군이 푹릉성 성도와 꽝응아이의 남베트남군을 기습 공격함에 따라 존슨은 확전 결심을 굳혔다. 미 국방부는 지상 병력을 약 50만 명으로 대폭 증강해 전쟁을 조기에 끝내야 한다고 주장했다. 실제로 대규모의 미군 병력이 남베트남에 속속 들어왔다. 미군 외에도 한국, 태국, 필리핀, 호주 등에서 전투병을 파병했다. (장제스의 대만도 파병하겠다고 했으나 미국은 중국의 개입을 우려해 거부했다. 당시 중국은 북베트남에 무기 지원은 했지만, "미군이 자국 영토를 침범하지 않는 한, 베트남전에 개입하지 않겠다"라고 선언했다.) 미국은 물론 남베트남의 티우 대통령과 군부는 전쟁 승리를 확신했다. 비록 베트콩군이 선방하고 있고 북베트남이 호찌민 루트를 통해 군수 물자와 병력을 남파하고 있지만, 미군의 전력이 압도적이고 북베트남의 경제와 식량 사정이 심각해 머지않아 붕괴될 것이라고 내다봤다. 이게 완전히 틀린 말은 아니었다. 다만 북베트남과 베트콩은 상당 기간 전쟁을 수행할 능력은 있었다. 베트콩은 이미 남베트남 농촌을 거점으로 큰 세력을 형성했다. 북베트남은 중국과 소련의 대대적인 지원으로 탄력을 받았다. 전 국민과 군대에 비상 동원령을 선포한 뒤, 본격적으로 전쟁 태세에 돌입했다.

한편 남베트남에 진입한 미군은 현지 문화나 감정에 대한 이해가 전혀 돼있지 않았다. 이것들을 무시하고 자신들의 문화를 주입시켰다. 레스토랑, 샴페인, 나이트클럽, 홍등가, 플레이보이 잡지 등이 유입됐다. 남베트남 사람들은 문화적 충격을 받았다. 미군은 남베트남의 크고 작은 사안들에 지나치게 간섭했다. 사이공 시내에 있는 분수대의 전기불빛 색깔까지도 결정했다. 또한 남베트남 군인들을 대놓고 멸시하는 모습도 나타냈다. 이에 미군과 남베트남군 사이에 불신이 심화됐으며, 미군에 대한 남베트남인들의 부정적 감정도 높아져갔다. 미군과 베트콩군 간의 첫 지상 전투는 1965년 8월에 일어났다. 한 베트콩군 탈영병이 다낭 인근에 있는 미 해병대를 베트콩군이 급습하려 한다고 알려줬다. 이를 들은 미군은 '스타라이트 작전'을 가동해 선제공격을 단행했다. 강력한 화력을 갖춘 미군은 베트콩군을 압도했다. 약 700명에 달하는 베트콩군을 소멸시켰고 수많은 포로들을 사로잡았다. 그동안 베트콩군은 취약한 남베트남군을 상대로 의미 있는 전과를 올렸었다. 이제 차원이 다른 적군을 만남에 따라 당황하는 기색이 역력했다. 뒤이어 남베트남의 중부 고원지대인 이아드랑에서 전투가 벌어졌다. 미군은 '실버 배요닛 작전'을 통해 이곳에 있는 북베트남군과 베트콩군을 격멸하려

했다. (북베트남군은 라오스와 캄보디아를 통해 중부 고원지대로 진격한 뒤 해안까지 도달해 남베트남을 분단시키려 했다.) 미군 제1기병사단의 맹렬한 헬기 공격이 가해지자 북베트남군과 베트콩군은 후퇴했다. 기실 북베트남군은 전략적 후퇴를 통해 미군을 유인, 포위하겠다는 의도도 갖고 있었다. 제2의 디엔비엔푸 전투를 재현하겠다는 것이었다. 이를 알아차리지 못한 채, 승기를 잡았다고 판단한 미군은 대대적인 '헬리본 작전'을 감행했다. 이아드랑 계곡 한가운데에 있는 공터에 알파 중대, 브라보 중대, 찰리 중대 등을 투입했다. 이들은 매우 의기양양했지만, 조만간 북베트남군 3개 연대가 파놓은 함정에 걸려들었다. 포위당한 상태에서 적군의 강력한 공격을 받았다. 북베트남군은 야간 기습까지 감행하면서 미군을 괴롭혔다. 미군도 사력을 다해 저항하면서 양측 사이에 치열한 공방전이 펼쳐졌다. 이런 가운데 미군 항공기들(F-4 팬텀, F-100 슈퍼 세이버, A-1 스카이레이더)이 대거 출격했다. 집중적인 네이팜탄 폭격이 이뤄졌다. 전선이 구분돼 있지 않았기에 아군에게 오폭을 하기도 했으나, 폭격 효과로 북베트남군과 베트콩군이 치명상을 입었다. 때마침 미군의 증원 병력까지 도착하면서 포위됐던 미군이 풀려나는 데 성공했다. 이후 북베트남군은 전열을 가다듬은 뒤 대규모 제파 공세를 시도했다. 미군은 대비를 철저히 한 만큼 훌륭히 방어했고 반격까지 행했다. 북베트남군은 병력을 한곳에 집중시킨 다음 미군의 반격을 저지하려 했다. 이것은 미군이 바라는 바였다. 미군의 건쉽 무장헬기가 빠르게 날아가 모여있는 북베트남군에게 무차별 공격을 가했다. 이로 인해 북베트남군은 궤멸적 타격을 입고 퇴각했다. 4일 동안 전개된 이아드랑 전투에서 북베트남군은 1700명이 넘는 전사자가 발생했다. 미군도 300명이 넘는 전사자가 나오는 등 피해가 작지 않았다.

이 즈음 미 국방부는 존슨에게 "미군이 전개하고 있는 군사 작전들이 순조롭게 진행돼, 이른 시일 내로 바람직한 결과가 도출될 것"이라고 보고했다. 이는 우세한 전황 만을 염두에 두고 말한 것이 아니었다. 미군이 보유한 최첨단 전력에 기반한 자신감의 발로였다. 무시무시한 항공 전력, 게릴라전에 효과적으로 대처할 수 있는 소형 전자감응 장치, 무수한 정글들을 없애버릴 수 있는 고엽제 등이 있었다. 국방부 보고를 받은 존슨은 매우 기뻐하며 추가적인 병력 투입을 지시했다. 남베트남에 주둔하는 미군의 규모는 갈수록 커졌고 전쟁 비용도 가파르게 상승했다. 다만 북베트남군과 베트콩군은 결코 만만한 상대가 아니었다. 11월에 미군 제7기병연대 2대대가 이아드랑에서 멀지 않은 LZ 알바니에 투입됐다. 이들은 적군을 얕잡아 보고 행군하다가, 미리 매복해 있던 북베트남군의 맹렬한 공격을 받았다. 순식간에 300명에 달하는 미군 사상자가 발생했다. 사실상 제2대대가 전멸한 셈이었다. 익숙한 지형을 활용한 북베트남군과 베트콩군의 게릴라전이 지속적으로 전개되면서 미군 사상자는 점진적으로 증가했다. 이들의 전술에서 특기할 만한 점은 '지하 땅굴'이다. 지하 깊은 곳(약 20km)에 수많은 땅굴을 파났다. 땅굴끼리 서로 연결되게 했으며, 그 안에 지휘본부, 보급기지 등도 마련했다. 북베트남군과 베트콩군은 미군 항공기나 보병이 오면 땅굴 속에 숨어있거나 또는 갑자기 튀어나와 급습했다. 이 때문에 무진장 애를 먹었던 미군은 대규모의 병력을 동원, 철의 삼각지대에서 땅굴 수색 및 초토화 작전을 펼쳤다. 철의 삼각지대는 사이공 북쪽에 있는 벤캇, 벤쑤억, 푸추옹 3개 지점을 연결하는 약 40평방 마일의 정글이었다. 미군은 집중 포격을 가함과 동시에 고엽제까지 살포했다. '땅쥐'라고 불리는 병사들이 땅굴 입구에 수류탄을 터뜨린 뒤, 아세틸렌가스를 주입한 다음 다이너마이트로 가스를 폭발시키기도 했다. 이를 통해 지하 땅굴이 분쇄됐다고 판단한 미군은 의기양양해졌다. 그러나 거미줄처럼 여러 갈래로 뻗어있는 지하 땅굴을 완전히 없애는 것은 불가능했다. 파괴된 땅굴도 얼마 지나지 않아 복구되는 모습을 보였다. 기실 미군은 지하 땅굴 분쇄는커녕 정확한 규모조차 파악하지 못한 채 전쟁을 치러야 했다. 상술했던 '호찌민 루트'도 북베트남군과 베트콩군의 강력한 무기로써 기능했다. 정글을 가로지르는 여러 개의 도로망(최대 3만 2000km)인 호찌민 루트를 통해 수많은 병력과 물자가 남베트남으로 공급됐다. 루트 주변에는 병원, 막사, 휴게소, 주유소, 농장 등도 마련됐다. 미군은 호찌민 루트의 위험성을 깨닫고 조치를 취하려 했다. 베트남 내부는 물론 중립 지대인 라오스에 존재하는 호찌민 루트에 대대적인 폭격을 가했다. 별다른 효과를 거두지는 못했다. 루트들은 절묘하게 위장돼 있었으며, 미군 항공기들을 격추하기 위한 수많은 대공포들이 불을 뿜었기 때문이다. 북베트남군과 베트콩군은 각종 함정들을 총동원하기도 했다. 대표적인 것이 인간을 살해하기 위한 장치인 '부비트랩'이다. 도저히 탐지할 수 없는 수류탄을 작은 지뢰로 개조한 뒤 빈깡통에 넣어 땅에 묻었다. 이를 가느다란 철사줄을 활용해 바깥으로 연결해 놨다. 눈치채지 못한 미군이 철사줄을 건드리는 순간, 부비트랩이 폭발해 신체 주요 부위가 절단되거나 목숨까지 잃는 일이 발생했다. 정글과 같은 협소한 곳에 이것이 대량으로 설치돼 미군에게 엄청난 피해를 입혔다. 더욱이 미군은 농촌 지역에서 일반 농민과 베트콩군을 제대로 분리해내지 못하면서 수난을 겪었다. 수색과 섬멸이라는 명분 하에 수많은 농촌 지역에서 소탕 작전을 펼쳤으나, 베트콩 색출은커녕 무고한 농민들을 베트콩으로 오인해 체포하거나 사살하는 일이 비일비재했다. 미군에 대한 남베트남 농민들의 원성은 극도로 높아져갔다.

이제껏 경험해보지 못한 새로운 전쟁 양상이 나타나면서 미군은 당황하기 시작했다. 분명 전투에서는 미군의 승리가 훨씬 많았다. 그런데 적군의 기세는 조금도 꺾이지 않았다. 되레 수단과 방법을 가리지 않고 지독하게 덤벼들면서 미군 전사자가 계속 늘어났다. 1967년에 이르렀을 때, 미군 전사자는 1만 6000여 명에 달했다. 이러한 전황을 반영하듯, 보응우옌잡은 "우리는 전투에서는 여러 번 패배한 경험이 있지만, 전쟁에서는 한 번도 지지 않았다"라고 말했다. 단기전이 될 것이라 예상됐던 전쟁은 소모적인 장기전으로 흘러갔다. 미군의 어려움은 비단 적군 때문만이 아니었다. 미군 내부에 존재하는 기강 해이와 남베트남의 무능 및 부정부패도 부정적 요소로 작용했다. 미군 3명 중 1명이 사창가에서의 문란한 행위로 성병에 걸렸다. 1년 단기 복무로 인해 전투 의지도 높지 않았다. 남베트남 정부와 군부 인사들은 미국의 지원금, 군수물자를 개인적으로 착복하는 일이 허다했다. (이 당시 미국은 매년 10억 달러 이상의 전비를 베트남에 쏟아붓고 있었다.) 또한 남베트남군은 농촌 지역 등에서 베트콩군을 제대로 처리하지도 못했다. 되레 파벌 싸움에 전념하며 무능의 극치를 달렸다. 미군과 남베트남 정부 및 군부에 대한 남베트남인들의 반감은 최고조에 달했다. 온갖 악재들로 인해, 미국에서는 베트남 전쟁에 대한 의구심이 확산됐다. 국방부의 보고를 듣고 조기 승전을 확신했던 존슨도 심상치 않은 전황에 긴장감을 드러냈다. 그나마 미군이 1967년 11월 중부 고원지대인 꼰뚬성의 닥토에서 적군 1600명을 소멸시키며 승리했다는 소식이 전해지긴 했다. 그러나 이 역시 제한적이고 일시적인 승리에 불과했다. 오히려 북베트남군이 1968년 초에 전쟁의 향방을 결정지을 매우 강력한 공세를 앞두고 있었다.

■ 케산 포위

1968년 1월 초, 북베트남군 325사단과 304사단(약 2만 명)이 호찌민 루트를 따라 빠르게 남하하고 있었다. 이들은 북베트남군을 대표하는 정예 병력이었다. 특히 304사단은 과거 디엔비엔푸 전투를 승리로 이끈 주역이었다. 주요 표적지는 미군이 주둔하고 있는 케산 기지였다. 웨스트멀랜드는 인구 밀집 지역에서 멀리 떨어진 (고원 지대인) 이곳에 병력을 배치해 두고 있었다. 북베트남군이 다가오고 있다는 정보를 입수한 미군은 비상사태에 돌입했고 병력을 5600명으로 증원했다. 21일 새벽이 됐을 때, 케산 기지를 겨냥한 북베트남군의 전면 포격이 실시됐다. 포격은 미군이 놀랄 정도로 정확하게 이

미국의 군사 개입에도 불구하고 북베트남군과 베트콩군은 정면 대결을 불사했다. 사진은 베트콩군이 카누를 활용해 메콩 강을 도하하고 있는 모습.

뤄졌다. 기지 동쪽에 있는 탄약고가 박살이 났으며, 60여 명의 미군 사상자가 발생했다. 북베트남군은 포격과 함께 케산 기지를 신속하게 포위했다. 다른 지역에 있던 미군이 9번 도로를 통해 케산으로의 접근을 모색했으나, 북베트남군이 도로 인근에 매복해 있어서 접근이 불가능했다. 북베트남군은 2월에는 소련제 탱크를 앞세워 케산으로부터 9km 떨어진 랑베이를 공격했다. 측면 위협을 제거하기 위해서였다. 이곳에는 미군 특수부대인 그린베레 등 1000여 명이 주둔해 있었다. 북베트남군의 공세가 밀려오자, 랑베이의 미군은 케산에 병력 지원을 요청했다. 이미 케산은 포위돼 있었기 때문에 지원군을 보낼 형편이 못됐다. 북베트남군은 우세한 병력과 탱크로 전황을 유리하게 이끌었다. 미군은 무반동포 등으로 격렬히 저항했으나 역부족이었다. 미군 900여 명이 전사했으며, 극히 소수만이 살아남아 케산으로 도주했다. 북베트남군은 여세를 몰아 케산에 있는 미 해병대 중대기지를 공격했다. 미군은 소대장이 전사하고 전초 기지를 빼앗기는 등 고전을 면치 못했다. 그럼에도 몸을 아끼지 않는 육박전과 최루가스 살포 등을 통해 필사적으로 저항했다. 곧이어 항공기와 포병의 지원이 더해지면서 극적으로 적군을 패퇴시키는 데 성공했다. 북베트남군은 전술을 수정하기로 했다. 돌격이 아니라 장기간 포위 공격을 통해 케산의 미군을 무력화시키기로 했다. 이는 프랑스군과의 디엔비엔푸 전투를 연상케 하는 것이었다.

북베트남군은 '철 코끼리'와 같은 대포를 총동원해 하루 종일 케산 기지를 포격했다. 전투 기간 중에 북베트남군이 발사한 포탄은 1만 발이 넘었다. 미군의 포 반격을 회피하기 위해 땅굴을 파서 포들을 분산 배치하거나, 포격 직후 숨은 뒤 다시 나타나곤 했다. 일부 북베트남군 보병들은 끈질기게 참호를 파가면서 미군 진지로 다가가려는 모습을 보였다. 참호는 지그재그형으로 약 300m 앞까지 접근했다. 미군은 감시 카메라로 이를 포착한 뒤, 항공기를 투입해 네이팜탄으로 파괴하곤 했다. 케산에 포위당한 미군은 과거 프랑스군처럼 처참한 꼴이 될 것을 우려했다. 다행히 프랑스군보다는 양호한 상황에 놓였다. 다낭, 태국, 오키나와 등 각지에서 항공기들이 이륙해 북베트남군에게 엄청난 폭격을 퍼부었다. 폭탄의 양은 무려

12만 톤에 달했는데, 이것이 마치 나이아가라 폭포수처럼 쏟아진다고 해서 '나이아가라 작전'으로 불렸다. (지원 폭격은 하루 평균 300회, 5분마다 폭격이 있었던 셈이다.) 히로시마에 떨어진 원자폭탄의 5배에 달하는 화력이 발생함에 따라, 케산 주변 2마일 이내에 있는 마을들은 평지나 황무지가 됐다. 미군의 공중 보급도 비교적 원활하게 이뤄졌다. 하루 평균 300회 이상의 공중 보급이 이뤄지면서 케산 기지의 미군은 숨통을 틔울 수 있었다. 북베트남군이 공중 보급을 막기 위해 37mm 대공포로 응전했으나, 보급용 항공기가 워낙 많았을 뿐만 아니라 전폭기의 지원까지 이뤄져 효과를 거두지 못했다. 보급이 안돼 굶주림에 시달렸던 디엔비엔푸 악몽은 재현되지 않았다. 다만 무시할 수 없는 문제가 존재했다. 케산에 있는 미군 병사들의 생활 수준이 점차 열악해졌다. 잦은 폭우로 인해 방공호는 축축해지기 일쑤였다. 물이 충분히 공급되지 않아 목욕이나 면도, 빨래를 제대로 할 수 없었다. 위생 수준은 그야말로 최악이었다. 쥐떼들의 습격도 있었다. 참호 여기저기서 쥐들이 튀어나와 병사들을 괴롭혔다. 드러누우면 쥐들이 올라왔기 때문에 수면도 온전히 취할 수 없었다. 참다못한 병사들이 권총으로 쥐들을 사냥하기에 이르렀다. 더 큰 문제는, 이러한 처참한 모습들이 텔레비전이나 신문을 통해 적나라하게 노출됐다는 것이다. 저녁에 방송되는 미국 텔레비전 뉴스들은 케산 전투를 상세히 보도했다. CBS는 전체 보도의 절반을 이 전투 보도에 할애했다. AP통신도 3분의 1 수준으로 보도했다. 미국인들은 처음으로 베트남 전쟁의 끔찍함을 체감했다. "우리의 아들들이 왜 저런 곳에 갇혀서 고생하고 죽어나가야 하는가?"라는 의문이 곳곳에서 제기됐다.

존슨과 정부 인사들도 방송 보도를 보고 놀라기는 마찬가지였다. 그동안 문서와 구두로 보고를 받았던 이들은 방송에서 나오는 장면들을 직접 목격한 후 눈에 띄게 침체됐다. 베트남전과 존슨에 대한 국민 지지도가 추락하면서 침체는 더욱 심화됐다. (1968년 말에 미국 대통령 선거가 있었던 만큼, 존슨과 정부 인사들은 당혹감을 감추지 못했다.) 언론들은 연일 케산 전투의 부정적 측면을 보도하면서, "확전이 아닌 협상을 통해 미국이 전쟁에서 빠져나와야 한다"라고 주장했다. 현지 지휘관인 웨스트멀랜드는 언론들의 보도 행태에 분노를 표출했다. 그는 흔들리지 않고 본국에 추가 병력까지 요청했다. 그러나 지휘관과 달리 미군 병사들은 전반적으로 언론 보도와 국민 여론에 큰 영향을 받는 것이 틀림없었다. 케산은 군사적으로는 디엔비엔푸가 아니었지만, 정치적 심리적으로는 제2의 디엔비엔푸가 돼가고 있었다. 이와 관련해 웨스트멀랜드는 "케산이 미국 내부에 아주 상세히 알려지는 바람에, 이곳은 심리적으로 적군의 수중에 떨어져 버렸다. 국민들은 우리의 군대가 케산 전투에서 도저히 승리할 수 없을 것이라고 생각하고 있다. 프랑스를 정치적인 방법으로 격퇴했던 적들은 미국 또한 정치적 패배에 민감하다는 것을 잘 알고 있다. 그들은 우리를 비슷한 방법으로 이길 수 있다는 자신감에 차 있다"라고 말했다. 이처럼 미군은 뜻밖의 여파로 곤경에 처했다. 더욱이 이 즈음에 단행된 베트콩군의 '구정 공세'로 인해 케산의 미군을 즉각 구출할 수도 없었다. 그나마 북베트남군의 집요한 공세에도 불구하고 케산 방어선을 사수해 낸 것은 성과였다. 역시 레이더를 활용한 근접항공지원 작전이 주효했다. 북베트남군은 허술하게 파놓은 참호 안에 있다가 미군 항공기의 폭격을 받고 즉사하기 일쑤였다. 사상자가 급속도로 증가하면서 북베트남군은 케산 방어선을 돌파할 엄두를 내지 못했다. 1968년 4월에는 미군 제1기병사단이 페가수스 작전을 시행, 케산 구원에 나섬에 따라 북베트남군은 포위를 풀고 철수하기로 했다. 무려 77일 동안 이어진 케산 포위가 종결됐고, 마침내 미군은 구원받을 수 있었다. 그런데 이상하게도 미군은 같은 해 7월에 케산 기지를 해체하고 철수했다. 뒤이어 북베트남군이 케산을 점령했다. 꽤 오랜 기간 피 흘리며 지켜낸 장소를 스스로 내준 것은 일견 이해할 수 없는 측면이 있다. 이는 작전 반경을 축소함과 더불어 전쟁에서 발을 빼기 위한 예비단계로 보는 것이 타당하다. 케산 전투 직후 자존심 강한 웨스트멀랜드는 "미국이 케산에서 승리했다"라고 떠들어댔다. 실상은 달랐다. 이를 계기로 미국 내 반전 여론이 거세졌기 때문에 사실상 북베트남군의 승리라고 평가할 수 있다.

■ 구정 공세

케산 전투가 한창 전개되던 1월 30일, 베트콩군은 미군과 남베트남군의 허를 찌르는 또 다른 공세를 개시했다. '구정(설날) 공세'였다. 베트남은 음력 설날을 쇠는 국가였다. 보통 이런 날에는 전투를 하지 않고 쉬는 게 관례였다. 남베트남군은 물론 미군도 명절 중에는 전투가 없을 것이라 생각해 경계심과 긴장감을 내려놨다. 심지어 남베트남군의 절반 가량이 명절 휴가를 떠난 상태였다. 베트콩군은 바로 이점을 노렸다. 공세의 의도는 자신들의 통일혁명 열정을 전방위적으로 과시하고 싶었던 것이다. 농촌뿐만 아니라 도시까지 점령하는 무력시위 성격을 지녔다. 또한 남베트남 정권의 신뢰도를 추락시키고, 앞으로 있을지 모를 협상에서 유리한 위치를 선점하려는 의도도 있었다. 기실 미군이 베트콩군의 공세를 아예 예측하지 못했던 것은 아니다. 웨스트멀랜드는 1967년 12월에 "적군이 무엇인가 거대한 작전을 준비하고 있는 것 같다"라고 보고했다. 다른 지휘관들도 적군의 대규모 병력이 시골 등지에서 이상한 움직임을 보이고 있다는 등의 첩보를 입수했다. 그럼에도 해당 공세가 구정에 이뤄질 것이라곤 생각하지 못했다. 더욱이 비슷한 시기에 단행된 케산 포위 작전으로 집중력이 분산되기도 했다. 구정 공세 당일 새벽 2시 30분, 한 택시가 사이공에 있는 미 대사관의 철문을 뚫고 들어갔다. 이 직후 자살특공대가 등장해 기관단총을 난사하기 시작했다. 구정 공세의 신호탄이었다. 급하게 증원된 미 해병대가 대사관으로 진입해 이들을 전원 사살했다. 진압 과정에서 미군도 7명이 전사했다. 이때의 전투 장면은 방송을 통해 미국인들에게 전파됐다. 미국인들은 대사관에 널브러진 시체 등을 보고 큰 충격을 받았다. 사이공의 탄손누트 공항과 남베트남 정규군 사령부, 대통령궁도 잇따라 공격을 받았다. 이뿐만이 아니었다. 사이공 외에 100여 개에 달하는 남베트남 도시 및 미군 기지들에 동시다발적인 공격이 가해졌다. 남베트남의 전 국토가 전쟁터가 된 것 같았다. 이러한 공격에는 총 8만 명의 베트콩군이 참가했으며, 초기에 남베트남 도시 13개를 함락시키기도 했다. 미국 언론은 "소스라치게 놀랄 일이 발생했다. 깜쪽같이 사라져 흔적을 찾아볼 수 없었던 적군이 홀연히 나타나 전국적으로 기습 공격을 가했다"라고 긴급 보도했다.

구정 공세의 충격파가 오래간 것은 아니었다. 미군은 곧 전열을 가다듬고 신속히 대응에 나섰다. 폭격기들이 날아올라 베트콩군이 밀집해 있는 미토, 칸토, 벤트레 지역 등에 무지막지한 폭격을 퍼부었다. 베트콩군에 대한 북베트남의 군사 지원도 제대로 이뤄지지 않았으며, 베트콩군이 기대했던 남베트남인 봉기도 일어나지 않았다. 남베트남인들은 정부에 불만이 많았지만, 그렇다고 공산주의를 옹호하는 것도 아니었다. 이에 따라 구정 공세는 대부분의 도시에서 3~10일 만에 진압됐다. 다만 문화와 종교의 중심지였던 후에에서는 격전이 벌어졌다. 베트콩군이 농민 복장을 하고 위장 잠입한 뒤, 하루 만에 후에 시가지와 응우옌 왕조의 왕궁으로 사용됐던 보방식 요새를 점령했다. 이에 미 해병대가 투입돼 섬멸전을 전개했다. 미군은 적군을 금세 섬멸할 수 있을 것이라 예상했지만 의외로 고전을 면치 못했다. 그동안 논이나 정글에서만 싸웠던 이들에게 후에의 시가전은 적잖게 생소한 것이었다. 미군은 한 달 동안이나 격렬한 시가전을 치러야만 했다. 후에 전투에서도 어김없이 공중 폭격이 감행됐다. 당초 미군 지휘부는 문화 유적지가 많은 이곳을 폭격하는 것을 주저했다. 그러나 베트콩군이 완강하게 저항하는 이상, 폭격을 하지 않을 수 없다는 결론에 이르렀다. 결국 시가전과 대대적인 폭격으로 인해 후에는 철저하게 파괴됐다. 수많은 문화재와 베트콩군이 소멸했고 민간인들도 6000명 가까이 사망했다. 군사적으로 봤을 때, 구정 공세는 북베트남과 베트콩의 패배였다. 미군과 남베트남군에게 상당한 피해를 입히지 못했으며, 되레 4만 5000명의 전사자가 나왔다. 전사자 중에는 정예로 평가되는 간부급 군인들이 많았다. 하지만 북베트남과 베트콩은 정치적으로 승리했다. 케산 전투 때와 마찬가지로 구정 공세의 실상이 텔레비전 방송을 통해 미국 전역에 전파되면서 반전 여론이 들끓기 시작했다. 미국 정부는 항상 승리가 자신들의 손에 있고, 전쟁도 막바지에 다다랐다고 선전해 왔다. 텔레비전 방송에 나오는 모습들은 이 같은 선전과는 상반된 것으로 인식됐다. 미국인들은 베트남 전쟁을 공포스러운 것으로 평가함과 동시에 정당성에 강한 의문을 제기했다. 전쟁 개시의 주요 명분이었던 도미노 이론은 미국인들에게 아무것도 아닌 것으로 여겨졌다. 존슨을 비롯한 미국 정치인들은 부정적인 여론에 휘둘리기 시작했다. 존슨의 지지율이 곤두박질쳤다. 이대로 가다간 조만간 있을 대선에서 패배할 것이 뻔했다. 정치적으로 움츠러들 수밖에 없었다. 처음에 미국의 북폭과 지상군 투입을 강하게 주장했던 맥나마라는 평화협상안을 들고 나왔다. 호기로웠던 모습은 온데간데없고, 이제는 장기전을 두려워하고 있었다. 북베트남에 의해 협상안이 퇴짜를 맞자, 1968년 2월 국방부 장관 자리에서 물러났다. 강경파였던 번디는 "미국은 정치적인 역량 부족과 미국민들의 지지를 끌어내지 못해 군사적인 승리는 기대할 수 없게 됐다"라고 말했다. 139명의 미국 하원의원들은 전쟁 관련 정책을 상원에서 즉시 재검토해줄 것을 요구하는 결의안을 통과시켰다. 새로

이 국방부 장관이 된 클라크 클리퍼드는 대놓고 '철군' 입장을 표명했다. 오로지 웨스트멀랜드만이 전쟁 지속을 주장했다. 그는 "미군이 승리할 수 있는 전력을 보유하고 있으며, 언론들이 편향된 보도로 국민들의 불안감을 조장하고 있다"라고 말했다.

여론은 갈수록 악화됐다. 미국인들의 60% 이상이 베트남전은 무익하며 패배할 수밖에 없다고 답했다. 반전 운동도 곳곳에서 일어났다. 학생들부터 참전 용사에 이르기까지, 다양한 사람들이 반전 운동에 참가했다. 특히 참전 용사들은 전장에서 입은 군복과 훈장을 공개적으로 불태워버렸다. 방송을 통해 이 모습을 접한 베트남의 미군 병사들은 위축될 수밖에 없었다. 수많은 미국 청년들이 징병을 회피하기도 했다. 대학원 진학, 결혼, 해외 망명 등의 회피 수단이 동원됐다. 어떤 사람은 "자유 민주주의와 상관없는, 무모한 허상과 싸우고 싶지 않다"라며 자발적으로 교도소 행을 선택했다. 전쟁이 끝날 때까지 약 25만 명이 징병을 회피한 것으로 추정된다. 반전 운동은 때로는 크게 격화되기도 했다. 워싱턴 D.C에 있는 국방부 본부청사(펜타곤) 앞에서 5만 명이 넘는 시위대와 1만 명의 주 보안군이 충돌했다. 보안군은 최루탄과 곤봉 등을 무지막지하게 사용했다. 시위대도 각종 무기들을 소지한 채 맞서 싸웠다. 중경상을 입는 사람들이 속출했으며, 약 1000명에 달하는 사람들이 체포 구금됐다. 이때의 사건은 미국 남북전쟁 이후 가장 과격한 시위로 손꼽힌다. (북베트남은 미국 사회의 여론 동향에 촉각을 곤두세우고 있었다. 자신들이 원하는 대로 여론이 움직이자 상당히 고무됐다.) 협상을 하라는 국제사회의 압박도 갈수록 강화됐다. 백악관에 있는 존슨은 확전 또는 중단이라는 선택의 기로에서 괴로워했다. 남베트남을 쉽게 포기할 수 없다는 생각이 강했으나, 안팎에서 가해지는 반전 여론을 결코 무시할 수 없었다. 깊은 고민 끝에 존슨은 1968년 3월 전향적인 대국민 성명을 발표했다. 남베트남에 더 이상의 군대는 파병하지 않을 것이며, 북베트남을 겨냥한 폭격도 제한할 것이라고 밝혔다. 나아가 북베트남과의 평화협상을 모색할 것이라고 했다. 어려운 전쟁을 치르며 건강까지 악화된 존슨은 개인적 진로도 밝혔다. 차기 대통령 선거에 출마하지 않고 시골 목장으로 돌아가 조용히 여생을 보내겠다고 했다. '위대한 사회 건설'을 부르짖었던 꿈 많았던 정치인은, 결국 베트남 전쟁이라는 수렁에서 빠져나오지 못했다.

한편, 이 시기 베트남의 미군 병사들은 심각한 사기 저하에 직면했다. 당초 전쟁에 참전할 때에는 영웅 심리나 보상, 존중에 대한 기대감이 크게 작용했다. 제1, 2차 세계대전에 참전한 앞선 세대들과 동일한 대우를 받을 수 있을 것이라고 생각했다. 하지만 국내에서 거세게 일어나고 있는 반전 운동은 병사들의 기대감을 산산조각 내 버렸다. 전쟁 자체에 대한 회의감과 목표의식 부재 현상이 나타났다. 미군 기병사단에 소속된 한 병사는 "내가 왜 고향에서 1만 마일이나 떨어진 베트남에 와 있는가? 나에게 아무런 의미도 없는 나라에서 무슨 짓을 하고 있는 것인가?"라며 자조했다. 전장에서 펼쳐지는 참혹한 상황은 병사들의 마음을 더욱 힘들게 만들었다. 전사자 수가 지속적으로 늘어났고, 이질이나 십이지장충, 말라리아 등 각종 질병에 시달리는 병사들도 많아졌다. 예민해진 미군 내부에서 부정적 모습들이 잇따라 나타났다. 평소 불만이 많았던 병사가 장교를 수류탄으로 살해하는 사건이 무려 790회나 발생했다. 일반 폭력 사건도 빈번했다. 마리화나, 헤로인 등 마약을 복용하는 병사들이 단기간에 폭증했다. 탈영병들도 많이 생겨났다. 1969년부터 1971년 사이에 탈영병들은 이전 3년 대비 100% 증가했다. 급기야 미군 병사들의 폭력성이 미라이에서 과하게 표출되기도 했다. 수백 명의 베트콩 게릴라군이 미라이에 진을 치고 있다는 정보를 입수한 미군은 해당 지역을 포위했다. 문제는 게릴라군이 아닌 무고한 어린아이, 여자, 노인들까지 잔인하게 학살했다는 것이다. 포위 지역 바깥으로 뛰어나오는 이들을 향해 미군의 기관총이 무차별적으로 난사됐다. 수류탄을 던져 폭사시키기도 했으며 총검으로 사지를 난도질하기도 했다. 국제법을 준수하며 민간인에 대한 처우만큼은 올바르게 했던 미군이, 과거 독일군이나 소련군, 일본군과 같은 모습을 보인 것에 전 세계는 충격을 받았다. 한 미군 병사는 "전쟁 과정에서 동물처럼 변해 갔다. 삶과 죽음에 대한 생각이 무딜 대로 무뎌졌고, 내 주위를 둘러싼 고통과 시련에 대해 무감각해졌다"라고 고백했다. 천인공노할 미라이 학살 사건은 조국에게 버림받다시피 한 미군 병사들이 울분을 못 이기고 벌인 '집단 히스테리 발작'으로 평가된다. 베트남의 미군이 안으로부터 무너지는 모습까지 나타나면서 전쟁은 더욱 깊은 수렁으로 빠져들었다.

■ 미치광이 전략

미국이 대내외적으로 어려움에 처한 것과 달리 북베트남은 견고하게 단결된 모습을 보였다. 대부분의 국민들이 시종일관 강력한 투쟁 의지를 갖고 성심성의껏 활동했다. 비록 미군의 대규모 북폭으로 인해 국가 기반시설과 삶의 터전이 파괴됐지만, 끝까지 포기하지 않고 복구와 방위, 생산에 전념했다. 폭격이 있을 때는 지하도시나 방공호로 대피했다가 폭격이 지나가면 즉시 공장 및 농촌으로 향했다. "싸우면서 건설하자"라는 구호가 방방곡곡에 메아리쳤다. 이에 힘입어 전쟁 중에도 식량 생산량이 늘어나는 효과를 거뒀다. 폐허가 됐던 장소에는 새로운 건물들이 들어서기 시작했다. 북베트남 국민들의 정신을 지배한 것은 공산주의 이념보단 애국심과 민족주의였다. 침략해 온 외세에 맞서 자신의 형제자매와 국토를 지켜야 한다는 의지가 빛을 발했다. 더욱이 남베트남과 달리 북베트남 지도자들의 역량은 훌륭했다. 국부로 추앙받는 호찌민은 청렴함과 도덕성에 기반해 국민들을 이끌었다. 평생 결혼을 하지 않은 그는 자동차 타이어를 잘라 만든 슬리퍼를 신고 다녔다. 으리으리한 관저가 아닌 작은 오두막에 거주했다. 지방으로 순시를 나갈 때에는 밥에다 돼지고기 볶은 것을 얹은 도시락을 직접 싸갖고 다녔다. 추후에 남긴 유산은 고작 옷 몇 벌과 지팡이뿐이었다. 호찌민은 국민들이 고생하고 있는데, 자신이 좋은 음식을 먹고 좋은 집에 있을 수 없다고 강조했다. 그의 행정 및 군사적 능력도 매우 출중했다. 이러한 호찌민을 국민들은 '호 아저씨'라고 부르며 진심으로 존경하고 따랐다. 호찌민뿐만 아니라 다른 북베트남 지도자들도 민생에 진심인 모습을 보였다. 농촌 등을 돌아다니며 일손을 직접 거들었고, 생필품의 원활한 공급을 위한 제도를 도입했다. 북베트남 국민들은 훌륭한 역량을 가진 지도자들을 믿고 국가 재건에 최선을 다했다. 이를 본 미국의 관리는 "어떠한 압박이 있어도 하노이의 의지와 단결을 꺾지는 못할 것"이라고 단언했다. 이런 와중에 1969년 9월 호찌민의 서거라는 슬픔의 시간이 찾아왔다. 미국은 이의 여파로 북베트남이 분열돼 자중지란에 빠질 것이라고 전망했다. 완벽한 착각이었다. 북베트남 정부와 국민들은 이전보다 더욱 굳게 뭉쳤다. 호찌민이 유언에서 강조한 '단결'이 지대한 영향을 미쳤기 때문이다.

미국의 제37대 대통령인 리처드 닉슨. 그는 '미치광이 전략'을 통해 북베트남을 궁지에 몰아넣으려 했다.

미국에서는 존슨이 물러가고 새로운 대통령이 취임했다. 리처드 닉슨이다. 처음부터 그는 전임자와는 다른 면모를 보였다. 남베트남의 탈미국화와 명예로운 평화 정착을 역설했다. 남베트남에서 미군이 단계적으로 철수할 것이라고도 했다. 미국 내 반전 여론 및 변화에 대한 갈망을 의식한 듯했다. 그런데 닉슨의 속마음은 사뭇 달랐다. 공산주의 세력을 억제해야 하며, 미국이 베트남에서 아직 무력하지 않다는 것을 과시하고 싶어 했다. 심지어 한 측근과의 대화에서는 "언제나 핵폭탄의 단추 위에 손을 올려놓고 있다"라고 말했다. 닉슨은 북베트남과 반전 세력이 원하는 대로 순순히 철수하기보다는, 가능한 한 충분한 전과를 올리고 철수하길 바랐다. 머지않아 이와 관련한 군사적 조치가 나왔다. 극비리에 캄보디아에 있는 북베트남군의 군사 시설 등을 폭격하는 '메뉴 작전'이었다. '중식', '스낵', '후식', '만찬' 등에 해당하는 목표물을 정한 뒤, B-52 전폭기가 매우 정확하게 폭격을 가했다. 폭탄이 하도 많이 떨어져 해당 지역은 폐허로 변했다. 북베트남은 캄보디아 폭격에 특별한 반응을 보이지 않았다. 나아가 미군은 1970년 4월 남베트남군과 함께 지상에서 캄보디아를 침공했다. 국경 부근에 있는 낚싯바늘 지역 20마일까지 진격해, 적군 4776명을 소멸시키고 기관총 및 소총 탄약, 대공포탄 등을 대량으로 노획했다. 다만 목표로 했던 북베트남군 사령부는 찾아내지 못했다. 닉슨은 북베트남을 겨냥한 적극적 무력사용도 시사했다. 이른바 '미치광이 전략'을 구사하는 것이었다. 자신을 마치 광인인 것처럼 보이도록 만듦으로써, 상대방에게 공포를 유발하고 협상을 유리한 방향으로 유도하려는 전략이었다. 북베트남은 "참담한 패배를 모면해 보려는 미국의 절망적인 노력일 뿐"이라고 비판했다. 닉슨은 국내에서 발생하고 있는 반전 운동에도 단호한 태도를 보였다. 반전 세력을 철없는 불만 세력으로 규정, 공권력을 동원해 탄압하려 했다. 실제로 오하이오 켄트 주립대학교에서 발생한 반전 시위에 실탄을 장전한 주 방위군을 투입했다. 여기서 4명이 총에 맞아 죽고, 11명이 부상당하는 유혈 사태가 벌어졌다. 이의 여파로 전국 450개 대학이 항의 차원에서 휴교에 들어갔다. 수만 명의 군중이 워싱턴 D.C로 몰려들었으며 백악관으로 항의 방문이 잇따랐다. 당황한 국내문제 담당 보좌관들이 닉슨에게 유화책을 건의했지만 전혀 먹히지 않았다. 닉슨은 여전히 베트남에서 유의미한 전과를 올리길 원했으며, '조용히 있는 다수의 국민들'이 자신을 지지하고 있다고 확신했다.

미국이 뜻밖의 강공으로 나오자 북베트남도 적극 대응하기로 했다. 비밀리에 이뤄지고 있던 평화협상을 철회한 뒤, 호찌민 루트를 통해 병력을 남파하기 시작했다. 앞서 북베트남은 미국의 상황을 예의주시하며 전투를 자제하고 병력도 남파시키지 않았다. 평화협상에 특별한 진전이 있는 것은 아니었지만, 양국 간에는 잠정적 휴전 상태가 조성됐었다. 하지만 이제는 그럴 필요가 없어졌다. 다시금 전면전이 시작된 셈이다. 닉슨은 북베트남의 움직임에 개의치 않고 라오스 침공도 단행했다. '람손 작전'을 통해, 라오스 국경 내 25마일 지점에 있는 북베트남군의 대규모 기지(체폰)를 파괴하려 했다. 주로 남베트남군이 선봉에 서고 미군이 뒤에서 지원하는 형식을 취했다. 결과는 대참사로 이어지고 말았다. 남베트남군은 체폰으로 서서히 나아갔으나, 북베트남군의 맹렬한 반격을 받아 5000명이 넘는 사상자가 발생했다. 사상자 중에는 젊고 유능한 남베트남군 장교들이 많이 포함돼 있었다. 남베트남군을 수송하는 미군 항공 병력도 상당한 피해를 입어, 약 1200명이 죽거나 다쳤다. 언론들은 이 작전을 "1급 참사"라고 비난했다. 언론들의 비난이 갈수록 고조되자 닉슨은 언론들도 통제하려 했다. 특정 언론들이 발췌 보도를 하지 못하도록 법원에 제소했다. 제소의 표면적 이유는 언론 기사가 국가 안보를 저해한다는 것이었다. 이에 언론들은 물러서지 않고 맞섰다. 연방 대법원이 언론의 손을 들어주면서 베트남전 관련 기사를 계속 쓸 수 있게 됐다. 그런데 닉슨이 항상 강경하게 나온 것만은 아니다. 어느 순간부터 북베트남과의 평화협상 재개라는 전향적 모습을 보이기도 했다. 당초 그는 강경책으로 나가면 북베트남이 어느 정도 수그릴 것이라고 예상했다. 의외로 북베트남이 맞불 작전으로 나오자, 온건하게 나갈 필요성도 느꼈다. 또한 이 시기에 중국 방문 및 소련과의 정상회담 등 외교적 성과를 도출함에 따라, 베트남에서도 유의미한 성과를 얻어내려는 욕심이 생겼다. 조만간 대통령 선거도 예정돼 있었던 만큼, 반전 여론을 의식하지 않을 수도 없었다. 닉슨의 최측근인 헨리 키신저 국무장관이 북베트남 수석대표인 레둑토를 만나 협상했다. 이 과정에서 키신저는 강온 전술을 적절히 구사했다. 닉슨은 예측 불가능한 미치광이인 만큼, 자신의 선에서 협상이 잘 돼야 좋은 결과를 얻어낼 수 있다고 압박했다. 협상이 잘 되지 않으면, 곧바로 본국에 연락해 무력시위

성격의 폭격을 단행하게 만들었다. 반면 일부 북베트남군의 남베트남 주둔을 허용하는 회유책을 펼치기도 했다. 평화협상안이 체결된 날로부터 6개월 이내에 모든 미군이 철수하고, 유엔 국제감시단의 감독 하에 총선거를 실시하자는 제안도 했다. 노련한 협상가였던 레둑토는 미소를 지으면서도 명확한 답변을 하지 않았다. 미국의 제안이 나쁘지는 않았지만, 이의 대가로 남베트남을 명시적으로 포기할 수는 없었기 때문이다.

기실 북베트남은 협상을 하는 체하면서 비밀리에 거대한 공세를 준비하고 있었다. 1972년 3월 말, 12만 명에 달하는 북베트남군이 소련제 탱크를 앞세워 춘계 공세를 감행했다. 지금껏 전개됐던 북베트남군의 공세 중 가장 큰 규모였다. 허를 찔렸다고 판단한 미국은 경악했다. 북베트남군은 춘계 공세를 통해 미군을 두려워하지 않는다는 인상을 심어주려 했다. 아울러 협상 체결 전, 좀 더 많은 군대를 남베트남에 주둔시키려는 목적도 있었다. 닉슨은 무엇보다 북베트남군이 소련제 무기로 공격해 오는 것에 당황했다. 얼마 뒤 모스크바에서 소련 서기장인 브레주네프와 정상회담을 앞두고 있었기 때문이다. 닉슨은 정상회담을 의식해 소련에 별다른 항의는 하지 않는 대신, 북베트남 항구에 있는 소련 선박들을 기뢰로 봉쇄하기로 했다. 그런 다음 북베트남의 수도인 하노이와 하이퐁 인근 시설들에 대한 대규모 폭격을 명했다. 적군에 맞서 싸우는 남베트남군을 근접 지원하기 위한 폭격도 지시했다. 북베트남군은 공세 초반에 남베트남의 일부 영토를 취득하는 전과를 올렸으나, 미군의 폭격이 심화되면서 점차 한계를 드러내기 시작했다. 북베트남의 주요 도시들도 미군 폭격으로 심각한 타격을 입었다. 결국 북베트남은 춘계 공세를 중단하고 협상으로 선회하기로 했다. 미국 역시 다른 공산권 국가들과의 친선 유지에 집중하고, 베트남전에서의 출구 전략을 모색하기 위해 협상하기로 했다. 양 측의 이해관계가 어느 정도 부합하면서, 협상은 생각보다 빨리 체결 단계로 나아갈 것 같았다. 그렇게 된다면 북베트남은 미군 철수, 남베트남에 군대 주둔이라는 성과를 얻을 수 있었다. 미국은 포로 교환, 남베트남의 안전 보장이라는 성과가 기대됐다. 국제기구의 감시 하에 총선거를 실시하자는 안에도 합의가 이뤄졌다. 다만 미국과 남베트남 내부에서 협상안에 대한 비판론이 대두했다. 실질적으로 얻은 것이 없다는 비판이었다. 가장 크게 비판의 목소리를 낸 것은 남베트남 대통령인 티에우였다. 그는 남베트남 내부에 북베트남 병력이 주둔해선 안되며, 미국이 무책임하게 남베트남 국민들에게 짐을 지우고 있다고 소리쳤다. 협상안에 서명하는 것도 거부하면서 협상 체결이 지연됐다. 미국은 어쩔 수 없이 티에우를 달래기 위해 노력했다. 전후 남베트남에 대규모 군사, 경제 원조를 해주겠다고 약속했다. 티에우는 조금씩 미국의 설득에 넘어갈 조짐을 보였다. 그런데 접점이 만들어지려던 찰나, 북베트남이 돌연 협상 체결을 기피하는 모습을 보였다. 미국 내의 반전 여론을 이용해 추가적인 이득을 취하려 했다. 닉슨과 키신저는 크게 분노했다. 곧바로 "협상이 결렬될 경우, '잔혹한 행위'를 통해서라도 전쟁의 종지부를 찍을 것"이라고 경고했다. 실제로 미국은 경고에서 그치지 않고 행동에 들어갔다. 1972

년 12월 18일, 북베트남 대도시들을 겨냥한 '크리스마스 대공습'을 단행했다. 121대에 달하는 B-52 폭격기들이 하노이 등에 엄청난 양의 폭탄을 쏟아부었다. 북베트남군이 소련제 샘-2 미사일로 대응했지만 도저히 당해낼 수 없었다.

대공습은 무려 11일 간 이어졌다. 일본 히로시마에 투하된 원자폭탄 5개에 해당하는 위력이 발생하면서 무시무시한 파괴와 인명 살상이 뒤따랐다. 문제는 이러한 폭격이 군사 목표물만이 아닌 민간인 및 민간 시설까지 겨냥했다는 것이다. 미국 안팎에서 거센 비난의 목소리가 터져 나왔다. 언론들은 "인류의 파괴"라고 했고 유엔과 교황청도 "범죄"로 규정했다. 극심한 피해에도 불구하고 북베트남 정부가 두려워하거나 혼란에 빠졌다는 증거는 없다. 다만 미국과의 물밑 접촉을 끊임없이 행했다. 그 결과 평화협상은 가까스로 체결 단계로 나아갈 수 있었다. 1973년 1월 23일, 마침내 가시적인 성과가 도출됐다. 프랑스 파리에서 강화 협정이 체결된 것이다. 이에 따라 그동안 남베트남에서 단계적으로 철수하던 미군이 완전히 철수하게 됐다. 이제 남베트남에는 50명의 군사고문단만 남았다. 참고로 베트남전에서의 미군 총 사망자 수는 5만 6962명이다. 이는 제1차 세계대전 때와 비슷한 규모였다. 미군에 이어 한국군 등 다른 파병국들도 철수를 단행했다. 한국군은 베트남전에서 약 5000명의 사상자를 냈다. 미국 상원의회는 정부가 더 이상의 군사조치를 하지 못하도록 관련 수정법안까지 통과시켰다. 이의 대가로 북베트남은 하노이 수용소에 있는 미군 포로들을 석방시켰다. 3

월 29일, 미국과 북베트남이 맞붙은 제2차 인도차이나 전쟁은 공식적으로 종결됐다. 키신저는 파리 강화 협정을 이끌어낸 공로로 노벨평화상까지 수상했다. (공동 수상자로 선정된 레둑토는 "베트남에 아직 평화가 찾아오지 않았다"라며 노벨상 수상을 거부했다.) 미국의 직접적인 군사 지원을 받지 못하게 된 남베트남의 처지는 매우 궁색해졌다. 티에우는 미국의 설득과 압력으로 평화협상안에 서명했으나 허점들이 너무 많다고 우려했다. 특히 남베트남 주둔이 허용된 약 15만 명의 북베트남군을 위협적으로 여겼다. 미국이 10억 달러 상당의 군사 원조를 제공하고 북베트남의 평화협정 파기 시 적극적인 대응 조치를 공언했으나, 실질적 효과가 없는 미봉책에 불과할 수도 있다고 판단했다. 불길한 예감은 추후 현실로 나타나게 된다. 반면 북베트남은 눈에 띄는 이득을 취한 셈이었다. 미군의 폭격에서 벗어났으며, 남베트남에 이미 주둔해 있는 군대 등으로 훗날 통일 과업을 도모할 수도 있었다. 강력한 적수인 미군도 없는 만큼 남베트남은 그저 손쉬운 먹잇감 정도로 여겨졌다. 주요 국가들도 북베트남에 손길을 뻗쳤다. 영국, 프랑스, 서독 등은 자원이 풍부한 북베트남과 수교를 맺었다. 이들 국가는 경제적 이득을 감안해 진즉에 수교하길 원했지만, 미국의 눈치를 보느라 참고 있었다. 여러 우호적인 여건들에 힘입어 북베트남의 사기는 하늘을 찔렀다. 이제 궁극적인 목표를 향해 나아갈 태세를 갖췄다.

■ 북베트남의 총공세

북베트남은 앞에서는 평화협정 준수를 약속하며 미국과 남베트남을 안심시켰다. 뒤에서는 남베트남 침공 준비에 여념이 없었다. 전형적인 교란 전술을 구사한 것이다. 소련과 중국으로부터 무장헬기, 지대공 미사일, 대전차 로켓포, 경기관총, 보병전투차, 탱크 등을 대량으로 들여와 중무장했다. 남베트남도 미국이 지원해 준 무기들로 무장했으나, 사기가 크게 저하돼 제대로 싸울 수 없는 상태였다. 군대뿐만 아니라 남베트남 국민들도 전의를 상실했다. 오히려 북베트남에 의한 무력 통일을 바라는 사람들도 적지 않았다. 보응우옌잡과 레둑토 등은 남베트남의 절망적 상황을 충분히 인지하고 있었다. 다만 이들의 마음에 걸리는 부분이 있었다. 미군의 개입 여부였다. 철수는 했지만 유사시 개입할 가능성이 여전히 존재했다. 실제로 닉슨이 티에우에게 관련 발언을 한 적도 있었다. 북베트남군은 미군을 시험해 보기로 했다. 1975년 1월, 캄보디아를 통해 남베트남의 푹롱성을 공격했다. 이에 대응해 미군의 B-52 전폭기가 출격하는지를 예의주시했다. 북베트남군이 우려했던 일은 발생하지 않았으며, 불과 3주 만에 푹롱성의 성도인 푹빈이 함락됐다. 미국은 이미 남베트남 방어 의지가 크게 약화된 상태였다. 미국인들의 반전 여론은 매우 높았고, 미국 의회도 남베트남에 대한 예산지원 한도를 제한했다. 미국의 주요 인사들은 "전쟁이 재개되면 남베트남은 6개월 정도밖에 버티지 못할 것"이라며 일찌감치 체념하는 모습을 보였다. 더욱이 당시에는 중동 문제가 화두로 떠오르고 있었던 만큼, 베트남전은 더 이상 중요한 문제가 아니었다. (평화협정 체결 이후 약 2년 간, 남베트남군은 농촌 지역에서 발생한 베트콩군과의 국지전에서 나름 선방했다. 그러나 시간이 갈수록 미국의 지원이 줄어들면서 남베트남군 전

등 각종 질병에 시달리는 병사들도 많아졌다. 예민해진 미군 내부에서 부정적 모습들이 잇따라 나타났다. 평소 불만이 많았던 병사가 장교를 수류탄으로 살해하는 사건이 무려 790회나 발생했다. 일반 폭력 사건도 빈번했다. 마리화나, 헤로인 등 마약을 복용하는 병사들이 단기간에 폭증했다. 탈영병들도 많이 생겨났다. 1969년부터 1971년 사이에 탈영병들은 이전 3년 대비 100% 증가했다. 급기야 미군 병사들의 폭력성이 미라이에서 과하게 표출되기도 했다. 수백 명의 베트콩 게릴라군이 미라이에 진을 치고 있다는 정보를 입수한 미군은 해당 지역을 포위했다. 문제는 게릴라군이 아닌 무고한 어린아이, 여자, 노인들까지 잔인하게 학살했다는 것이다. 포위 지역 바깥으로 뛰어나오는 이들을 향해 미군의 기관총이 무차별적으로 난사됐다. 수류탄을 던져 폭사시키기도 했으며 총검으로 사지를 난도질하기도 했다. 국제법을 준수하며 민간인에 대한 처우만큼은 올바르게 했던 미군이, 과거 독일군이나 소련군, 일본군과 같은 모습을 보인 것에 전 세계는 충격을 받았다. 한 미군 병사는 "전쟁 과정에서 동물처럼 변해 갔다. 삶과 죽음에 대한 생각이 무딜 대로 무뎌졌고, 내 주위를 둘러싼 고통과 시련에 대해 무감각해졌다"라고 고백했다. 천인공노할 미라이 학살 사건은 조국에게 버림받다시피 한 미군 병사들이 울분을 못 이기고 벌인 '집단 히스테리 발작'으로 평가된다. 베트남의 미군이 안으로부터 무너지는 모습까지 나타나면서 전쟁은 더욱 깊은 수렁으로 빠져들었다.

압박도 갈수록 강화됐다. 백악관에 있는 존슨은 확전 또는 중단이라는 선택의 기로에서 괴로워했다. 남베트남을 쉽게 포기할 수 없다는 생각이 강했으나, 안팎에서 가해지는 반전 여론을 결코 무시할 수 없었다. 깊은 고민 끝에 존슨은 1968년 3월 전향적인 대국민 성명을 발표했다. 남베트남에 더 이상의 군대는 파병하지 않을 것이며, 북베트남을 겨냥한 폭격도 제한할 것이라고 밝혔다. 나아가 북베트남과의 평화협상을 모색할 것이라고 했다. 어려운 전쟁을 치르며 건강까지 악화된 존슨은 개인적 진로도 밝혔다. 차기 대통령 선거에 출마하지 않고 시골 목장으로 돌아가 조용히 여생을 보내겠다고 했다. '위대한 사회 건설'을 부르짖었던 꿈 많았던 정치인은, 결국 베트남 전쟁이라는 수렁에서 빠져나오지 못했다.

한편, 이 시기 베트남의 미군 병사들은 심각한 사기 저하에 직면했다. 당초 전쟁에 참전할 때에는 영웅 심리나 보상, 존중에 대한 기대감이 크게 작용했다. 제1, 2차 세계대전에 참전한 앞선 세대들과 동일한 대우를 받을 수 있을 것이라고 생각했다. 하지만 국내에서 거세게 일어나고 있는 반전 운동은 병사들의 기대감을 산산조각 내 버렸다. 전쟁 자체에 대한 회의감과 목표의식 부재 현상이 나타났다. 미군 기병사단에 소속된 한 병사는 "내가 왜 고향에서 1만 마일이나 떨어진 베트남에 와 있는가? 나에게 아무런 의미도 없는 나라에서 무슨 짓을 하고 있는 것인가?"라며 자조했다. 전장에서 펼쳐지는 참혹한 상황은 병사들의 마음을 더욱 힘들게 만들었다. 전사자 수가 지속적으로 늘어났고, 이질이나 십이지장충, 말라리아력이 현저히 약화됐다.) 발등에 불이 떨어진 티에우는 새로운 미국 대통령인 제럴드 포드에게 여러 번 편지를 썼고, 사이공 주재 미국 대사를 찾아가 적극적 지원을 요청했다. 기껏해야 정찰 비행 복원이라는 답변만 접한 티에우는 좌절했다.

북베트남군 지휘부는 더욱 자신감을 가질 수 있었다. 레주언은 "미국은 절대로 오지 않는다"라고 확신하며 계획대로 총공세를 단행하라고 명했다. 3월 초, 북베트남군은 서부 고원 지대인 반메투오트 인근으로 대규모 병력을 이동시켰다. 군대의 이동은 남베트남군이 눈치채지 못하게 매우 은밀히 이뤄졌다. 탱크, 트럭, 장갑차 등을 나뭇잎으로 위장했고 병사들은 호찌민 루트의 경사진 비탈에 엄폐하면서 이동했다. 남베트남군은 물론 미국의 정보기관도 북베트남군의 이동 및 병력 규모를 제대로 파악하지 못했다. 북베트남군 총사령관인 반티엔둥과 레둑토 등 주요 인사들이 남베트남에 잠입해 있다는 것도 몰랐다. 또한 남베트남군은 북베트남군의 기만 전술에 넘어갔다. 이에 북베트남군이 노리고 있는 반메투오트에는 소수의 병력만 배치했고 북쪽에 있는 플레이쿠에 주력을 배치했다. 3월 10일, 반메투오트를 겨냥한 북베트남군의 대대적인 공격이 개시됐다. 로켓포 등을 동원한 포격이 4시간 동안 지속되면서, 해당 지역에 있는 남베트남군 23사단 본부가 초토화됐다. 사전에 공격을 전혀 예상하지 못한 남베트남군은 우왕좌왕하다가 몰살됐다. 가끔씩 항공기 반격을 시도하긴 했지만 얼마가지 않아 제압됐다. 북베트남군은 반메투오트를 가볍게 점령한 뒤 북쪽의 플레이쿠로 나아갔다. 이때 남베트남군은 나름의 자구책을 모색했다. 고원 지대 등에 있는 병력을 철수시킨 후 핵심 지역 몇 곳만을 보존하기로 했다. 상당히 넓은 영토를 적군에게 넘겨주는 것이었음에도, 전선 범위를 축소시켜 핵심 지역 사수에 집중할 필요가 있었다. (급박한 와중에도 티에우는 미국의 지원을 간절히 요청했다. 미국은 응답하지 않았다.) 군대의 철수에 발맞춰 남베트남 국민들의 대규모 피난 행렬도 이어졌다. 군인들과 뒤섞인 행렬의 규모는 약 50만 명에 달했다. 혼잡한 피난길에서 사고가 대거 발생해 수많은 사람들이 목숨을 잃었다. 남베트남군은 협소한 7번 고속도로를 통해 철수하다가 북베트남군의 매복에 걸려 소멸되기도 했다. 의도는 그럴듯했으나 무모한 철수 작전으로 인해 남베트남군은 스스로 위기를 심화시킨 꼴이 됐다. 북베트남군은 기존 작전을 변경해 북쪽 지역 대도시인 후에와 다낭을 노렸다. 후에는 문화의 중심지, 다낭은 베트남에서 두 번째로 큰 항구 도시인만큼 북베트남군은 사활을 걸었다. 반티엔둥은 병사들에게 '속도전'을 강조했다. 이에 부응해 병사들은 밤낮을 가리지 않고 진격했다. 북베트남군 제2군단이 사방에서 후에를 포위해 나갔다. 강력한 소련제 대포가 포격을 가하자 남베트남군 장교와 병사들은 지레 겁을 먹었다. 이들은 제대로 싸워보지도 않고 도망치기 바빴다. 기민한 북베트남군은 적군의 도주로도 이미 차단해 놨다. 후에에서 다낭에 이르는 1번 고속도로를 장악하고 있었다. 일부 남베트남군 병사들은 육로가 막히자 바다를 통해 다낭으로 탈출했다. 3월 25일, 북베트남군은 무주공산이 된 후에를 손쉽게 점령했다.

다음 목표는 다낭이었다. 당시 이곳에는 남베트남군 10만 명이 주둔하고 있었다. 피난민들도 대거 몰려들어 인구는 약 300만 명에 육박했다. 공격에 나선 북베트남군은 3만 5000명이었다. 병력 규모에선 남베트남군이 우세했지만, 사기가 땅에 떨어져 정상적인 전투가 불가능한 상황이었다. 북베트남군이 접근하고 있다는 소식이 들려오자, 수많은 남베트남군 병사들과 피난민들이 항구로 도망쳤다. 여기서 아무 배에 올라타려고 안간힘을 썼다. 너무 많은 사람들이 탑승하다 보니, 배가 뒤집히고 바다에 빠지는 일이 허다했다. 다낭 항구는 완전한 혼란 상태였다. 북베트남군은 이러한 모습을 비웃으며 다낭을 서서히 장악해 나갔다. 오합지졸이었던 남베트남군은 저항 한번 해보지 않고 항복했다. 3월 30일, 후에에 이어 다낭도 함락됐다. 이 과정에서 북베트남군은 10억 달러 상당의 미국 지원 물자까지 취득했다. 이렇게 되자 사이공에 있던 미국 군사고문단은 남베트남이 소생하기 어렵다는 결론을 내렸다. 남베트남 국토의 절반 이상이 북베트남군에게 넘어갔고, 남아있는 남베트남군은 전투력을 상실했다고 보고했다. 4월 1일에는 남베트남에서 세 번째로 큰 도시인 퀴논이 함락됐다. 북베트남군 지휘부는 크게 고무됐다. 당초 통일 과업을 달성하는 데 2년 이상이 소요될 것이라 예상했던 이들은, 1975년 내로 목표를 달성할 수 있을 것이라고 전망했다. 좀 더 욕심을 내서 장마철이 시작되는 여름 이전에 전쟁을 끝내자는 목표를 세웠다. 전황은 계속해서 북베트남군이 원하는 대로 흘러갔다. 남베트남군의 해안 거점들이 줄줄이 함락됐다. 투이호아, 나트랑, 캄람 만 등이었다. 그나마 사이공 북동쪽 60km 지점에 있는 쑤언록에서는 남베트남군이 선방했다. 5000명에 불과한 남베트남군 제18사단은 4만 5000명의 북베트남군을 맞닥뜨렸다. 북베트남군은 이번에도 가볍게 승리할 것이라 예상했다. 하지만 남베트남군을 이끌고 있던 레민다오는 명장이었다. 그는 병사들을 적극 독려해 15일 동안 적군을 막아내는 기염을 토했다. 반티엔둥이 "내 인생에서 가장 힘든 전투"라고 말할 정도였다. 티에우와 남베트남 수뇌부는 모처럼 활기를 되찾는 듯했다. 그러나 쑤언록 선방이 더 이상 지속되지는 못했다. 북베트남군은 병력을 증강해 맹렬한 공세를 퍼부었다. 특히 쑤언록 주변 지역을 공격, 점령함으로써 남베트남군이 보급을 받을 수 없게 만들었다. 갈수록 궁색해지는 처지에 놓인 남베트남군은 퇴각할 수밖에 없었다. 4월 21일, 결국 마지막 격전장인 쑤언록도 함락됐다.

남베트남 장군들은 연이은 패전의 책임을 티에우에게 돌렸다. 미국 역시 변화를 이끌어내려면 티에우가 책임져야 한다고 주장했다. 티에우는 몹시 서러웠지만 어찌해 볼 도리가 없었다. 조만간 하야를 선언하고 남베트남을 떠났다. 그의 하야 성명에는 지원 약속을 준수하지 않은 미국에 대한 원망이 담겨 있었다. 티에우의 후임자로 두옹반민이 떠올랐다. 이 사람은 중립주의자였고, 북베트남 지도부에 친인척을 두고 있는 것으로 알려졌다. 프랑스가 두옹반민을 지지했으며, 미국도 그를 통해 북베트남과의 협상을 수월하게 진행할 수 있다는 희망을 가졌다. (다만 티에우가 두옹반민을 적극 반대해 잠시동안 트란반후옹이 남베트남을 이끌었다.) 이런 가운데 미국의 포드 대통령은 남베트남을 끝까지 포기하지 않으려 했다. 예전부터 전쟁을 지지했던 그는 상하원 합동연설에서 "군사적, 인도적 지원을 통해 남베트남에게 소생의 길을 열어줘야 한다"라고 강조했다. 이를 통해 어느 정도 시간을 벌면서 북베트남과 협상한다면, 남베트남 패망만은 막을 수 있다고 생각했다. 이때까지 국무장관으로 재임하고 있던 키신저도 비슷한 생각을 했다. 그러나 상원을 설득할 수 없었다. 이들은 포드가 요청한 지원금 10억 달러 중 미국인 철수 비용 2억 달러만 승인해 줬다. 사실상 남베트남은 사이공만 겨우 움켜쥔 사상누각과 같은 존재가 됐다. 북베트남군은 최후의 표적인 사이공을 목표로 하루에 50km씩 진격했다. 사이공 인근 30마일에 펼쳐진 방어선도 순식간에 궤멸시켰다. 남베트남군 패잔병들은 사이공 안으로 도망쳤다. 외곽 지대의 걸림돌을 제거한 북베트남군은 사이공을 포위하기 시작했다. 이 도시의 부유층은 대부분 탈출한 상태였고 주로 평범한 시민들이 있었다. 북베트남군의 포위가 견고해지고 사이공 인근에 있던 비엔호아 공군기지가 집중 포격으로 함락됐음에도, 사이공 시민들은 의외로 차분한 모습이었다. 시장이 열렸으며 평화롭게 산책을 즐기는 사람들도 많았다. 이들은 북베트남군이 오더라도 이전과 크게 달라지진 않을 것이라고 생각했다. 되레 북베트남군이 하루빨리 사이공을 점령하길 바라는 사람들도 있었다. 이런 상황에서 북베트남군은 사이공 함락 작전인 '호찌민 운동'을 준비해 나갔다.

사이공 함락 하루 전인 1975년 4월 29일, 미 대사관에서 800여 미터 떨어진 CIA 요원 아파트 옥상에서 남베트남 피난민들이 미군 헬기를 타기 위해 대기하고 있다.

■ 사이공 함락

북베트남군 지휘부는 총 5개의 공격 목표를 정했다. 첫째 대통령궁과 정부 청사, 둘째 탄손누트 공항, 셋째 남베트남군 사령부, 넷째 경찰청, 다섯째 미 대사관 거리였다. 게릴라 공작원들의 인도에 따라 총 10만 명의 북베트남군이 돌진할 것이었다. 사이공에서 전투가 가능한 남베트남군은 고작 3만 명에 불과했다. 다만 북베트남군은 곧바로 사이공을 공격하지 않았다. 미국인들이 안전하게 철수할 수 있도록 시간 여유를 줬다. 막판에 미국을 자극해 대업을 그르치지 않으려 했던 것이다. 시간이 갈수록 사이공에서는 공포 분위기가 조성됐다. 북베트남군이 사이공을 점령한 뒤, 무자비한 숙청을 단행할 것이라는 소문이 나돌았기 때문이다. 갑자기 수많은 인파가 공항으로 몰려들었다. 이들은 사이공을 탈출하기 위해 온갖 노력을 기울였다. 자살하기 위해 독약을 구입하는 사람들도 있었다. 영국, 캐나다, 독일, 일본, 네덜란드 등 외국 대사관들도 잇따라 철수했다. 철수 직전에 대사관에서는 검은 연기가 자주 목격됐는데, 이는 기밀문서들을 소각하는 작업을 행한 것이다. 약 1500명의 미국인들은 아직 사이공을 떠날 계획이 없었다. 본국으로부터 미국인들의 완전 철수 명령이 떨어지지 않았다. 또한 그레이엄 마틴 대사는 북베트남과의 협상을 통해 문제를 해결할 수 있다는 희망을 가졌다. 상술했던 두옹반민을 매개체로 삼으면 이것이 가능하리라고 봤다. 그러나 북베트남군의 인내심은 한계에 다다르고 있었다. 반티엔둥은 미국이 진정성 없이 게임을 하려 한다고 생각했다. 분개한 그의 명령에 따라 4월 28일 북베트남군이 사이공 시내에 로켓포를 발사했다. 뒤이어 전방위적으로 포위망을 좁혀오다가 사이공 외곽 1마일 지점에서 정지했다. 반티엔둥은 미국이 꼼수 부리지 말고 얼른 나가라는 신호를 보낸 셈이다. 그럼에도 미국인들은 당장 떠날 움직임을 보이지 않았으며, 마틴은 가망 없는 협상의 끈을 여전히 부여잡고 있었다. 반티엔둥은 북베트남군에게 뉴포트 다리를 건너 사이공 시내로 진입하라고 명했다. 동시에 24시간 내로 무조건 항복하라는 방송을 내보냈다. 사이공 전역은 대혼란에 휩싸였다. 곳곳에서 약탈과 방화까지 자행됐다.

이런 가운데 미국이 마지막까지 기대를 걸었던 두옹반민이 뜻밖의 연설을 했다. 미국인들은 즉시 베트남을 떠나라는 것이었다. 북베트남군과 동일한 입장을 취한 두옹반민을 보고 마틴 대사는 망연자실했다. 이 즈음에 북베트남군의 항공기까지 등장해 폭격을 퍼부었다. 돌이킬 수 없는 상황에 처했다고 판단한 마틴은, 키신저에게 연락해 '프리퀀트 윈드 작전'의 최종 단계인 옵션 4를 발동해 달라고 요청했다. 헬기를 동원해 미국인들을 공중 수송하는 작전이었다. 44척의 전함으로 구성된 태스크포스팀이 이 작전을 지원했다. 4월 29일, 모든 미국인들에게 "대사관 등 13개의 건물 옥상에 마련된 헬기 착륙장으로 나오라"라는 지침이 하달됐다. 미국인들은 철수할 수 있는 시간이 많지 않았기 때문에 필사적으로 내달렸다. 오후 6시까지 철수하지 않을 경우, 북베트남군의 장거리 포가 불을 뿜을 것이었다. 예상치 못한 혼란이 빚어지기도 했다. 미국인들뿐만 아니라 남베트남인들까지 몰려들었다. 이들은 자신들도 헬기에 태워달라고 아우성쳤다. 혼란을 잠재우기 위한 조치가 필요했다. 이때 미 해병대 130명이 극적으로 투입돼 혼란에 빠진 대사관 건물을 평정했다. 미 해병대를 본 남베트남인들은 미국인들이 철수하지 않을 것이라고 착각해 뒤로 물러섰다. 그 사이 미국인들은 재빨리 헬기에 탑승한 뒤 사이공을 떠났다. 일부 미국인들은 자신과 함께 일했던 남베트남인들을 구하기 위해 노력했다. 철수 과정에서 나타난 헬기 조종사들의 초인적인 헌신이 특기할 만하다. 이들은 북베트남군의 대공포 공격 등 여러 위험에도 불구하고 몇 번이나 반복비행을 감행했다. 이로 인해 생각했던 것보다 더 많은 피난민들을 실어 나를 수 있었다. (반티엔둥은 미국인들의 철수를 기다리지 않고 사이공을 휩쓸어버리려 했다. 하지만 레주언이 "미국인들이 사망하면 B-52 폭격기가 다시 돌아올 수 있으니, 저들에게 충분한 시간 여유를 주라"라고 명했다.) 철수 작전은 4월 30일 오전 7시 53분에 종결됐다. 미 해병대가 대사관에 걸려있던 성조기를 내리면 서다. 총 7000명의 미국인 및 남베트남인들이 탈출하는 데 성공했다. 남베트남인들 중에는 가족들과 생이별을 한 경우도 많았다. 프리퀀트 윈드 작전을 비롯, 다양한 방법으로 탈출에 성공한 남베트남인들은 약 14만 명에 달했다.

가장 큰 장애물을 거둬낸 북베트남군은 사이공으로 본격 진입했다. 조금의 저항도 받지 않고 사이공 전역을 점령해 나갔다. 두옹반민이 특별방송을 통해 남베트남군의 항복을 종용한 탓이 컸다. 사이공 시민들도 그저 북베트남군 병사들을 바라볼 뿐이었다. 4월 30일 오전 11시, 북베트남군의 소련제 탱크 1대가 대통령궁 문을 열어젖히고 들어왔다. 그런 다음 일단의 병사들이 대통령궁 내부로 진입해 남베트남임시혁명정부의 깃발인 금성홍기를 게양했다. 이 역사적인 순간을 놓쳤던 서방 기자들이 북베트남군에게 재현해 달라고 요청했다. 북베트남군은 다시 한번 해당 장면을 연출했다. 두옹반민이 북베트남군에게 항복하면서 사이공 함락이 공식화됐다. 북베트남군이 총공세를 단행한 지 겨우 55일 만에 남베트남의 심장부가 무너졌다. 메콩강 삼각주 일대에서 남베트남군의 잔존 병력(제4군단)이 저항을 이어가긴 했지만, 얼마가지 않아 정리됐다. 제4군단 사령관인 응우옌콰남은 현실을 비관해 자살했다. 남베트남군 2군단장, 5사단장, 7사단장 등도 사이공 함락 소식을 접한 후 스스로 목숨을 끊었다. 1975년 5월 3일, 길고 길었던 베트남 전쟁이 마침내 종지부를 찍었다. 하노이와 사이공 등에서는 수많은 사람들이 거리로 나와 폭죽을 터뜨리고 노래를 불렀다. 베트남인들은 독자적인 힘으로 독립과 통일을 달성했다는 사실에 기쁨을 감추지 못했다. 장기간 분단됐던 베트남은 1976년 통일 베트남 사회주의 공화국으로 거듭났다. 베트남 정치인들과 국민들은 합심해서 국가를 재건해 나갔다. 반면 미국은 베트남전에서 입은 상처를 치유하는 데 적잖은 시간이 걸렸다. 우려했던 대로 인도차이나 반도에서 도미노 이론이 현실화되는 모습도 나타났다. 베트남 인접 국가인 캄보디아와 라오스가 공산화됐다. 태국과 인도는 공산화 위험에서 벗어났다. 미국의 강력한 권유로 참전했던 한국도 많은 병사들이 전사하고 치명적인 후유증에 시달리는 아픔을 겪었다. 그러나 참전 대가로 건네받은 자금을 통해 경제 발전을 이룩하는 쾌거를 달성했다. 결과적으로 베트남 전쟁은 '한강의 기적'이 발현되는 밑거름으로 작용한 셈이다.

> "100번 싸워 100번 이기는 것은 최선 중의 최선이 아니다.
> 싸우지 않고 적을 굴복시키는 것이 최선 중의 최선이다."
> −손자병법

• 전쟁사 연대기 •

- 남북 전쟁 — 1861년 4월 12일~1865년 5월 26일
- 러일 전쟁 — 1904년 2월 6일~1905년 9월 5일
- 제1차 세계대전 — 1914년 7월 28일~1918년 11월 11일
- 중일 전쟁 — 1937년 7월 7일~1945년 9월 2일
- 서부 전역 — 1940년 5월 10일~1940년 10월 31일
- 독소 전쟁 — 1941년 6월 22일~1945년 5월 9일
- 태평양 전쟁 — 1941년 12월 7일~1945년 8월 15일
- 국공 내전 — 1946년 6월 26일~1949년 12월 7일
- 한국 전쟁 — 1950년 6월 25일~1953년 7월 27일
- 베트남 전쟁 — 1955년 11월 1일~1975년 4월 30일

참고 매체

- 남북전쟁의 시대(19세기)-기도 요시유키
- 역전다방(역사와 전쟁을 다루는 방)
- 링컨과 남북전쟁 그리고 노예해방선언-김종선
- 미국 남북전쟁(링컨 리더십의 본질)-김형곤
- 이야기 남북전쟁-김준봉
- 러일전쟁-니콜라이 레비츠키
- 러일전쟁 1,2(기원과 개전)-와다 하루키
- 러일전쟁(쿠로파트킨 장군 회고록)-쿠로파트킨
- 제1차 세계대전(모든 전쟁을 끝내기 위한 전쟁)-피터 심킨스 외 2명
- 제1차 세계대전(유럽의 종말과 새로운 세계의 탄생)-A.J.P. 테일러
- 제1차 세계대전(품격 없는 문명과 탐욕의 소용돌이)-윤형호
- 중일전쟁(역사가 망각한 그들 1937~1945)-래너 미터
- 중일전쟁(용, 사무라이를 꺾다)-권성욱
- 중일전쟁과 중국혁명-윤휘탁
- 중일전쟁과 한반도 병참기지화-김윤미
- 전격전, 프랑스 패망과 거짓 신화의 시작-로버트 알란 다우티
- 제2차 세계대전(탐욕의 끝, 사상 최악의 전쟁)-폴 콜리어 외 4명
- 세계의 운명을 바꾼 1940년 5월, 런던의 5일-존 루카치
- 다키스트 아워(Darkest Hour)
- 독소전쟁(모든 것을 파멸시킨 2차 세계대전 최대의 전투)-오키 다케시
- 히틀러와 스탈린. 독소전쟁 4년의 증언들-로런스 리스
- 스탈린과 히틀러의 전쟁-리처드 오버리
- 제2차 세계대전의 신화와 진실: 독소전쟁과 냉전, 그리고 역사의 기억-로널드 스멜서, 에드워드 데이비스 2세

- 태평양 전쟁사-일본역사학연구회
- 태평양 전쟁(펠렐리우, 오키나와 전투 참전기 1944-1945)-유진 B. 슬레지
- 태평양 전쟁의 지상전(일본 육군의 태평양 전쟁)-하야시 사부로
- 태평양 전쟁과 역사학-아베 다케시
- 아시아 태평양 전쟁(총력전 하의 인간의 인생이란)-요시다 유타카
- 국공내전(신중국과 대만의 탄생)-이철의
- KBS 역사저널 그날
- 장제스 일기를 읽다-레이 황
- 장제스 평전(현대 중국의 개척자)-조너선 펜비
- 마오쩌둥(살아서는 황제, 죽어서는 신)-김상문
- 마오쩌둥의 국제정치사상-정세현
- 마오쩌둥 평전(현대 중국의 초상, 마오쩌둥의 모든 것)-이창호
- 한국전쟁(끝나지 않은 전쟁, 끝나야 할 전쟁)-박태균
- 한국전쟁(38선 충돌과 전쟁의 형성)-정병준
- 한권으로 읽는 6.25 전쟁사-강경표, 남궁승필
- 한국전쟁(원인 과정 휴전 영향)-김학준
- 한국 전쟁사(개정판)-주시후
- 유엔과 한국전쟁-강성학
- 한국전쟁의 기원-브루스 커밍스
- 맥아더와 한국전쟁-이상호
- 한국전쟁의 진실-김준봉
- 베트남 전쟁(잊혀진 전쟁, 반쪽의 기억)-박태균
- 베트남 전쟁과 나(채명신 회고록)-채명신
- 미국의 베트남 전쟁(미국은 어떻게 베트남에서 패배했는가)-조너선 닐
- 역사 속의 베트남 전쟁-후루타 모토오
- 베트남 10,000일의 전쟁-마이클 매클리어

• 추천사 •

"최경식 작가는 '히스토리텔러'로써 미국의 남북 전쟁사를 비롯해 1,2차 세계대전, 러일 전쟁, 중일 전쟁 등 인류사에서 발생했던 주요 전쟁사들을 객관적이고 이해하기 쉽게 전달하고 있다. 다방면에서 취득한 풍부한 자료들을 바탕으로 독자들의 호기심을 자극할 만한 내용들이 곳곳에 담겨있다. 작가의 역할은 사실 전달에만 국한되지 않는다. 전쟁의 부정적 측면을 있는 그대로 보여줌으로써, 역설적으로 평화의 당위성을 강조한다. 최근 유럽, 중동 지역에서 발생한 전쟁과 여전히 지속되고 있는 남한과 북한의 첨예한 대립 상황을 감안하면, 이 책은 우리들에게 매우 시의적절한 시사점을 제공하고 있는 셈이다. 6.25전쟁 75주년을 맞이하는 올해, 정말 오래간만에 전쟁을 소재로 한 제대로 된 작품이 나왔다. 많은 사람들이 이 책을 정독함으로써 전쟁의 역사를 제대로 이해하고, 튼튼한 국가안보를 바탕으로 한반도의 항구적 평화를 정착시켜야 한다는 신념을 갖길 기대해본다."

― 정경두 前 국방부 장관, 합참의장

"'전쟁의 역사'는 단순한 전투의 나열이 아닌, 인류 문명을 뒤흔든 전쟁의 본질과 그 참혹함을 되새기게 하는 귀중한 저술이다. 최경식 작가는 방대한 자료와 정밀한 분석을 기반으로, 시대를 바꾼 10개의 전쟁사를 입체적으로 복원하며 우리가 지금 반드시 기억해야 할 질문들을 던진다. 특히 '한국전쟁'에 대한 서술은 군사적 사실의 정확성은 물론 그 비극의 사회적·정치적 맥락을 깊이 있게 조명함으로써, 동족상잔의 참상이 오늘날 우리에게 주는 경고를 생생히 전달한다. 전쟁을 직접 경험했거나 전장을 지휘한 사람이라면 공감할 수밖에 없는 통찰이 곳곳에 배어 있다. 이 책은 군사적 전략뿐 아니라 인류사적 교훈을 함께 담아낸 보기 드문 전쟁사이다. 전쟁을 이해하는 것은 평화를 지키기 위한 첫걸음이다. '전쟁의 역사'는 바로 그 길 위에 놓인 단단한 이정표가 될 것이다."

— 이호연 前 해병대 사령관

"이 책은 무척 재미있다. 그리고 유익하다. 우리와 직간접적으로 연관된 10개의 전쟁사를 기자의 필체로 담백하게 다룬다. 잔인한 전쟁에 묻힌 인간의 노력과 투쟁, 세력과 나라의 협력과 충돌을 섬세하게 드러낸다. 열전이 진행되고 냉전의 그림자가 드리워진 요즘 시대에 매우 시의적절한 책이다. 많은 사람들에게 정독을 권한다."

— 김병연 서울대학교 석좌교수, 서울대학교 국가미래전략원 원장

"전쟁사에 관한 책은 저자가 어떻게 쓰느냐에 따라 보통의 독자 입장에서는 지루할 수도 있고 지루하지 않을 수도 있다. 예컨대 처칠 전 영국 수상은 회고록 '제2차 세계대전'을 써서 노벨 문학상을 받았지만, 그 책은 너무 길고 지루해서 다 읽지 못했다. 하지만 최경식 기자님이 저술한 이 책은 일단 읽기 시작하면 손에서 놓기 어렵다. 그만큼 주요 전쟁사들이 생생하고 재미있게 담겨 있기 때문이다. 나는 밤늦도록 이 책을 읽고서야 잠이 들었다. 최 기자님은 수많은 도서와 논문들을 폭넓게 참고하

며 글을 썼다. 나는 이전 작품들인 '정변의 역사', '숙청의 역사', '암살의 역사'도 유익하게 읽었지만, 이번 '전쟁의 역사'는 전작들을 뛰어넘는 깊이를 가졌다고 생각한다. 많은 사람들에게 이 책을 정독해 볼 것을 강력히 권한다. 꼭 정독이 아니어도 좋다. 이 책의 10개 파트 중 개인적으로 관심이 가는 부분들만을 골라 읽어도 좋을 것이다."

- 이충상 前 서울중앙지법 부장판사